中华传世藏书

【图文珍藏版】

# 大清十二帝

马 博⊙主编

第二册

线装書局

# 目　录

大清十二帝

# 顺治帝福临

綫装书局

# 名人档案

**顺治帝：** 名爱新觉罗·福临。太宗皇太极第九子。属虎。性格好佛。皇太极病死后即位。在位18年，因爱妃病殁忧伤过度而死，终年24岁。

**生卒时间：** 公元1638年~公元1661年

**安葬之地：** 葬于孝陵（今河北遵化西北70里昌瑞山）。谥号体天隆运定统建极英睿钦文显武大德弘功至仁纯孝章皇帝，庙号世祖，史称顺治皇帝。

**历史功过：** 迁都北京，统一中原；和善蒙古，治理西藏；奖励垦荒，减轻赋税；惩治贪污，整顿吏治。

**名家评点：** "践阼十有八年，登水火之民于衽席。虽景命不融，而丕基已巩。"

# 皇位天降

说起来，在皇太极驾崩以后，本来无论如何也轮不到福临做皇帝的。

当时的有资格参与竞争的人里，好像谁的实力都比这个六岁的小男孩要强，谁继位的可能性都比他大。

机缘巧合加上精心策划，各方势力博弈的结果，是皇位从天上掉下来，落到了年幼无知的福临头上。然而，谁能确定，这究竟是上天给予的一份美好礼物，还是命运的一个陷阱呢？

### （一）福临降生

到崇德三年福临出生的时候，庄妃博尔济吉特·布木布泰已经渴望一个儿子太久太久了。

福临

作为蒙古科尔沁部贝勒塞桑的小女儿，她的婚姻本来便寄托着联结后金和科尔沁的使命。而一个有着双方血脉融合的儿子，才是实现这种联结的有力纽带。因为皇太极的正妻、布木布泰的姑姑哲哲没能生儿子，她才嫁了过来；可是，从天命十年（公元 1625 年）、时年 13 岁的她与皇太极成婚开始，她一次又一次失望。

天聪三年（公元 1629 年），庄妃 17 岁，生皇四女，后来受封为固伦雍穆长公主：

天聪六年（公元 1632 年），庄妃 20 岁，生皇五女，后来受封为固伦淑慧长公主；

天聪七年（公元 1633 年），庄妃 21 岁，生皇七女，后来受封为固伦端献长公主。

五年间三次生育，可见其时皇太极和她的关系还是比较密切的。可是，和皇帝亲近的机会不少，却全生了女儿，她的失望与焦灼，可以想象。

而早在她的姑姑哲哲嫁过来之前五年，乌拉那拉氏就为皇太极生了长子豪格，两年后又生了第二子洛格，同年，钮祜禄氏生下一个儿子，名洛博会。洛博会夭亡，豪格和洛格，年纪比布木布泰还要大好几岁，已经跟着父亲沙场征战了。

她嫁过来的第二年，后金的年号从天命变成天聪，皇太极从四贝勒变成大汗，"儿子"的重要性更上一层，有可能，那便意味着一个帝国的继承之人啊！

而且，庄妃的竞争者在不断出现，皇太极的宠爱有太多人来分，她怎么能不着急呢？

天聪六年正月，皇太极声明：现在已经册立了中宫皇后和西宫妃，唯有东宫未备，闻听蒙古扎鲁特部博尔济吉特氏戴青之女有贤名，特遣使前往下聘。新娘子顺利嫁进来了，她出身于蒙古的黄金家族，被册封为东宫妃，皇太极当时曾大宴诸贝勒，以示郑重。中宫皇后哲哲尊贵依旧，西宫妃布木布泰的位序却后移了。女真民族居室尚东，东宫妃的地位高于西宫妃。

布木布泰心里当然不会很开心。

当年，她的婚礼也得到过极高的重视，科尔沁贝勒的世子吴克善把妹妹送到了辽阳，皇太极亲自去半路上相迎，大汗努尔哈赤率领着自己的妃子和贝勒们摆下仪仗，出城十里迎候。入城后，"设大宴以礼成婚"。——她的姑姑哲哲嫁给皇太极时，仅是"太祖命太宗亲迎，至辉发扈尔奇山城，大宴成礼"罢了。

可是，她脸上没有半点不悦流露到别人眼中。这是好事，要祝贺大汗，要跟新来的姐妹和睦相处……她已经不是那个初嫁的十三岁女孩了，这些年，跟在皇太极身边，她学会了许多东西，包括忍耐。

幸好，那位素有贤名、出身高贵的东宫妃并未构成太大的威胁，她进宫后于天聪七年和天聪九年两次生养，也都是公主。

这些年里，哲哲也生了三个女儿。

庶妃颜扎氏生下第四子叶布舒，侧妃叶赫那拉氏生下第五子硕塞。

到了天聪八年，皇太极的事业发生了一个巨大的飞跃。

皇太极一直声称要与明朝议和，原因之一是为了对付强大的漠南蒙古察哈尔部，阻止察哈尔部与明朝的联合。

当时的漠南蒙古，东到吉林，西至贺兰山，南邻长城，北距瀚海，在这广阔的土地上生活的部落，大多是元朝的后裔，其中最强大的察哈尔部首领林丹汗。林丹汗是成吉思汗的直系后代，黄金家族的后人，被蒙古各部族奉为共主，称蒙古大汗。公元1604年林丹汗登上汗位时，只是个十三岁的少年，但他和皇太极一样雄心勃勃，立志要重振祖业，找回往昔一统天下的光荣。十数年来，他卧薪尝胆，积蓄力量，终于具备了号称十万铁骑的强大武力，蒙古各部无人能及。他试图循着先祖成吉思汗的足迹，统一蒙古，争雄天下，于是横行于草原诸部间，不断征伐。

两个同样雄心勃勃的男人同时生在草原上，自然是要一争雌雄的。

成吉思汗并不是容易做的，此时的蒙古的局面，也与成吉思汗时代已经完全不同。

皇太极恩威并施，许多部落纷纷摆脱林丹汗，归附后金以求得保护。这样一来，察哈尔蒙古与后金的敌对更尖锐了。

皇太极毫不犹豫地发动了对察哈尔部的强力打击，先后在天聪二年（公元1628年）、天聪六年（公元1632年）和天聪八年（公元1634年）三次亲征，取得大胜。林丹汗先败遁西土默特部，后又逃奔青海，天聪八年病死在青海的大草滩。

皇太极终于灭掉了这个老对头，除去了他进军中原、完成大业的最大后患，后金国势大张，举国欢腾。

皇太极的后妃们包括庄妃，当然也一样兴高采烈。

但是很快，她们发现自己笑不出来了：与胜利同时到来的，是后宫里竞争者的突然增多。

林丹汗兵败远逃，病死在青海大草滩，他的部下和后宫妻妾们，纷纷率着部众投奔后金。

第一个，是林丹汗的窦土门福晋。天聪八年八月，窦土门福晋率领众多部属，由察哈尔贵族多尼库鲁克护送，在皇太极的军营行幄拜见了皇太极，然后移往木湖尔伊济牙尔地方驻扎恭候，要归嫁天聪汗。皇太极有点犹豫不决，大贝勒代善鼓动诸贝勒合词奏请皇太极应允，认为只有将窦土门福晋选入宫闱，才能抚慰众心。

收纳窦土门福晋有利于笼络察哈尔部众，皇太极决定前往迎亲。他的这个决定让护送窦土门福晋来的多尼库鲁克为此十分高兴，说皇上肯纳窦土门福晋，则新附诸部和护送诸人都不胜踊跃欢庆之至。

天聪九年（公元1635年）二月，皇太极授命贝勒多尔衮、豪格、岳托、萨哈廉率精兵一万西征，进入河套地区，消灭了林丹汗的残部，路上遇到前来归附的林丹汗多罗大福晋囊囊太后，又说降了林丹汗妻苏泰太后。

四月，大军班师回沈阳。皇太极亲率诸贝勒远迎至阳石木河。跟苏泰太后一起来的，不但有林丹汗的嗣子额哲，有大量部众，还有元朝的传国玉玺。这实在是皇太极梦寐以求的瑞祥和喜兆。

后金国上上下下，一片欢腾，觉得天命所归，人心大为振奋。

皇太极设大宴款待来归之众。宴会上，烈酒助长着人们的兴致，使他们更为兴高采烈。乘着酒兴，诸贝勒纷纷奏请，说囊囊太后乃察哈尔林丹汗多罗大福晋，既归我朝，必应使得其所，只有汗王纳娶，最为适宜。

两位太后都带来众多的部众，囊囊太后有一千五百户，苏泰太后也有一千户，察哈尔林丹汗作为大元朝的直系后裔，保存和搜集的财富也很可观。皇太后应允了臣子们的提议，纳娶了囊囊太后。

窦土门福晋、囊囊太后有部众、有财产，维系着蒙古的人心，是皇太极打天下的助力，她们的出身及影响力，决定了她们在后宫中的地位，让原来的后宫嫔妃感到了巨大的压力。

而此时，科尔沁蒙古也给皇太极送来了一个女人。

随着后金征战的马蹄，他的女人正和疆土一起增多，而哲哲和布木布泰仍然没有生下儿子来，在布木布泰婚后的第九年，她的哥哥吴克善坐不住了，他给皇太极送来了科尔沁的第三个女子，已经二十六岁的海兰珠。——亲姐妹同嫁皇太极，海兰珠比布木布泰大五岁，嫁来时间却晚了九年。这个年纪，应该不是初婚，以科尔沁格格的身份来说，嫁的不该是无名之人。有人推论，海兰珠的前夫，很有可能是察哈尔蒙古的人，甚至有可能也是林丹汗。

或许科尔沁的博尔济吉特家已经找不出合适的女孩了，也或许海兰珠的确美得无人可比。反正科尔沁的王公们对海兰珠寄予厚望，期待她获得皇太极的宠爱，生下融合着爱新觉罗与博尔济吉特血脉的继承人。

皇太极的后宫里，一下子增加了三位尊贵的大福晋。她们是：林丹汗窦土门福晋巴特玛，林丹汗多罗大福晋囊囊太后娜木钟和布木布泰的亲姐姐海兰珠。

这对原来的中宫皇后和东西二宫妃的地位会发生什么样的影响呢？

皇后哲哲毕竟是原配嫡妻，哪怕没有儿子，哪怕皇太极有再多的女人，她的地位总是不会轻易动摇的。而布木布泰的地位就没这么稳固了。

本来，她的地位仅次于哲哲，多次生育未能得子也没有影响皇太极对她的宠爱；后来，来了东宫妃戴青之女；现在，多了这三位，一下子就把她挤到了五大福晋的末位。

而皇太极对海兰珠的热烈情爱，让布木布泰倒吸一口冷气。

科尔沁的王公没有送错人，皇太极恋爱了。这个已经人到中年、历尽世事的君王沉入对海兰珠的热烈情爱之中。

他对哲哲有结发之情，他对布木布泰亦曾看重宠爱，他还拥有过很多女人并且跟她们生儿育女。可是他对海兰珠的感情不一样，他真真正正地，爱上了她。

自从海兰珠进宫，皇太极就变得儿女情长了，一颗心全放在了她的身上。朝夕做伴，形影不离，三千宠爱一身专，六宫粉黛无颜色。

布木布泰从来没有见过丈夫这个样子。或许，根本没有人想到过，他们的大汗，会这么样爱一个女人。

朝鲜臣服，察哈尔蒙古灭亡，元朝传国玉玺到手，汗位汗权空前强大，沈阳皇宫建成，皇太极志满踌躇，于公元1636年，正式登基为帝，称"宽温仁圣皇帝"，将国号由后金改为大清，并改元崇德。

七月初十日，皇太极在崇政殿举行大典，册封五大福晋，她们是：清宁宫中宫大福晋哲哲，为国君福晋，称皇后；东关雎宫福晋海兰珠为东宫大福晋，称宸妃；西麟趾宫福晋娜木钟，即原察哈尔多罗大福晋囊囊太后，为西宫大福晋，称贵妃；东衍庆宫福晋巴特玛，即原察哈尔窦土门福晋，为东次宫侧福晋，称淑妃；西永福宫福晋布木布泰为西次宫侧福晋，称庄妃。

五宫全是蒙古女子。

哲哲自不必说，她是皇太极的结发正妻，地位无可置疑。而海兰珠，她的地位只明明白白地昭示着一种东西，一种叫爱情的东西：她的封号用宸字——这个字，为帝王专用，"宸妃"二字，为后妃制度的例外。此前的历史中，曾出现过一次，是唐高宗李治给武则天的，并且，没封成，被臣子的劝谏所阻。她住的宫殿叫关雎宫，"关关雎鸠，在河之洲，窈窕淑女，君子好逑"的关雎。如果哲哲不是早年嫁过来的、正位二十年的嫡福晋；如果哲哲不是海兰珠的亲姑妈，那么，清宁宫中宫皇后的地位一定会属于海兰珠。就是作为东宫宸妃，海兰珠的地位也已不啻于皇后了。

次东宫为麟趾宫贵妃娜木钟、西宫为衍庆宫淑妃巴特玛，本是林丹汗的遗孀。有没有青春美貌不要紧，她们有她们的地位和作用，是以尊贵。

布木布泰居于五宫之末。虽然，她来得比宸妃海兰珠、贵妃娜木钟、淑妃巴特玛都早，还为皇太极生了三个女儿。

布木布泰不可能不失望、不落寞，她本来是最得皇太极宠爱的小福晋，还深得姑母哲哲的信任，一下子被挤到边缘，成为一个可有可无的人，怎么能感觉不到压力与危机感？

凤凰楼，是盛京皇宫后宫的大门，凤凰楼后，一组建在高台之上的四合院式的宫殿，就是皇太极的后妃生活区。正中是清宁宫，东宫为关雎宫，西宫为麟趾宫，东宫下首为次东宫衍庆宫，西宫下首为次西宫永福宫，统称台上五宫。五宫之主位，就是当时后宫、也是大清国最尊贵的女人了。

每当高台五宫的后妃们凝目凤凰楼，等待着随驾侍卫的开路呼喊和宫婢的禀告、等待着迎接皇太极回后宫时，心里总充满新的希望：也许在清宁宫帝后同坐、众妃请安拜礼之后，皇上会进自己的宫门，进自己宫内的暖阁，给自己一次获得皇子麟儿的机会。然而绝大多数时间，绝大多数宫妃们都失望了，因为皇太极只到关雎宫，只宠幸宸妃海兰珠。

总而言之，海兰珠一嫁过来，很快就与皇太极情投意合、形影不离了。所以，崇德元年，她能后来居上，一跃而成为位居四妃之首的东宫大福晋。

崇德二年（公元1637年）七月初八，宸妃海兰珠为皇太极生下了皇八子。这孩子虽然称皇八子（按活着的皇子排行是第六子），但却是尊贵的大福晋所生的第一个儿子。

皇太极非常高兴，开有清一代的先例，在皇宫举行重大庆典的场所崇政殿，为这个孩子的出生特地发布了立国以来的第一个大赦令，御制文中说："今蒙天眷，关雎宫宸妃诞育皇嗣。"故而大赦天下，使万民咸被恩泽。一个初生的婴儿，被定为皇嗣，立为皇位继承人，可见其母在皇帝心中的位置。

一时间，举国欢庆。蒙古诸部，尤其是与大清有姻亲关系的各部，尽都不远千里，一路上驱赶着牛羊驼马，带着各种土产方物，奔赴盛京，朝见皇太极，献物示庆，上表称贺。朝鲜国王在元旦日上皇帝皇后贺表、敬献方物的同时，还上了皇太子贺表，并进献皇太子礼品，其中有绢、绸、葛、席、貂皮及高丽纸等。

皇太极于此时，正当登上皇帝宝座的第二年，他继承努尔哈赤的遗志，继续进行对黑龙江流域的统一。就在这一年，黑龙江上游南北两岸索伦部落各城各屯都来归附，鄂嫩河、尼布楚一带的蒙古部落和贝加尔湖以东的使鹿部落等，也都先后归附。国家稳定巩固，势力强大，皇室内部也平稳和顺，团结一致，后宫兴旺，爱妻生子，真所谓春风得意，处在他一生的巅峰。为表庆贺，他数次大宴宾客于崇政殿、清宁宫，着实盛况空前。

海兰珠是哲哲的亲侄女、布木布泰的亲姐姐，她的儿子身上，流着科尔沁博尔济吉特的血，对家族来说，算得上是件好事。可是，作为女人，谁能忍受丈夫的心完完全全被人夺走呢？

皇后哲哲和另外的三大福晋怎么对待和处理，做了些什么，不见端倪，布木布泰没有放弃努力，她不甘心，她已经从丈夫那里学到了不达目的绝不甘休的坚强毅力。

她绞尽脑汁，从姐姐专宠的缝隙中争取到了机会，在皇太子出生前的两三个月，她又怀孕了。

她怀孕怀的很辛苦也很紧张，同时满怀希望的时候，皇八子出生了，被立为皇嗣，关雎宫的盛宠如鲜花着锦烈火烹油。

如果这一次又是个女儿呢？即使是个儿子，皇嗣已经立下了，以他母亲的受宠来看，地位难以撼动，一个儿子能带来她想要的东西吗？

想必那时候，皇太极是没有多少时间想起她和她腹中的孩子的，每一个寂寞的深夜，布木布泰或许都在深思。

她不是甘居人下的人，也不是轻易放弃、轻易认输的人。

皇太极的宏图大业正一日千里。

漠北蒙古喀尔喀三部的土谢图汗、扎萨克图汗和车臣汗，在崇德三年（公元1638年）遣使来朝归附，皇太极给他们规定了每年各部奉献一匹白驼八匹白马的九白之贡，喀尔喀三部与清朝建立了臣属关系。漠南、漠北蒙古的广大地区，都成了清朝的势力范围。从此后，骁勇善战的蒙古骑兵兵团，成了皇太极进攻明朝的重要军事力量。

然而，帝业大兴的同时，他的家事却过早地越过了高峰。谁也想不到，皇太极爱如心肝的皇八子只活了六个月，就不明不白地夭折了。一个娇弱的婴儿，因病夭亡，在当时的医疗条件下，是很正常的事，不管他有多尊贵。不知道有没有人怀疑过什么，反正，看起来，皇太极极为悲痛，却好像没有怀疑和追究什么。

皇嗣死在崇德三年（公元1638年）正月二十八日，两天以后，正月三十日，布木布泰在她的永福宫里生下了皇九子，后来的顺治皇帝福临。

福临降生的时候，并没有伴随着普天同庆的贺仪，也没有得到皇太极多少重视。

皇太子夭折和皇九子出生，两件事情几乎就在同时。皇帝和他心爱的东宫大福晋都沉浸在悲痛之中，别人不管心里怎么想，行动和表情都得与皇帝一致，整个宫廷内外和朝廷上下都为国家失去皇嗣而被一团悲雾所笼罩，谁还想得起永福宫里的新生儿？

"是个男孩儿！"这一声报告，令疲惫的产妇脸上浮现出欣慰的笑，笑得不觉落下泪来。可是看到众人高兴得要拍手笑出声的时候，她又摇摇头，用眼睛向大家示意：不要得意忘形。

她更不能表现出一点欣喜，她一定得和大家一样显得悲痛惋惜，并且一定在月子里频频遣人去向失去儿子的亲姐姐和丈夫致以哀悼和慰问，表达出她无限的悲伤，和他们一样悲伤。

她的心里，无比踏实。

关于顺治皇帝的降生，《清史稿》中有这样一段记载："母孝庄文皇后方娠，红光绕身，盘旋如龙形。诞之前夕，梦神人抱子纳后怀曰：'此统一天下之主也。'寤，以语太宗。太宗喜甚，曰：'奇祥也，生子必建大业。'翌日上生，红光烛宫中，香气经日不散。上生有异禀，顶发竖起，龙章凤姿，神智天授。"

乍听起来，这种说法颇为耳熟，许多皇帝以及其他杰出人物出生之前都有过这样的"吉兆"。但是，这种汉人玩熟了的把戏，在尚且较为淳朴的清朝早期，是第一次出现。

第二次出现，是在十几年之后，未来的康熙皇帝身上。《清史稿》记载："孝康章皇后，佟佳氏，少保、固山额真佟图赖女。后初入宫，为世祖妃。顺治十一年春，妃诣太后宫问安，将出，衣裾有光若龙绕，太后问之，知有妊，谓近侍曰：'朕妊皇帝实有斯祥，今妃亦有是，生子必膺大福。'"这一次的"衣裾有光若龙绕"，发生在孝庄太后宫里，而且，是她看见然后问出来的。

——所谓"吉兆"的背后，是这个女子的玲珑心思。

是不是真的做过神人送子的梦，只有她自己知道。但她一定会把这个哪怕是编造的梦告诉皇太极。不过，她选择的进言时间绝不是本纪所记载的福临诞生前夕。

这个前夕，当是崇德三年正月二十九日，正当皇太子去世的次日，关雎宫乃至整个后宫都还沉浸在一片悲痛之中。宸妃被失子之痛击垮了，伤痛至昏迷；皇太极强忍焦虑伤感，寸步不离地陪伴在旁。聪明的布木布泰，是绝不会在这个时候去向皇太极说梦讲神话的，而皇太极此时也不可能有"喜甚"的心情。

而且，她讲这个梦给皇太极听的时间也不会是在皇太子还活着的时候：有皇太子在，怎么轮得到你的儿子成为"统一天下之主"？你竟敢有夺嫡的心思？

只有在皇太极因皇太子夭折的伤痛基本平复之后，布木布泰才会选择适当的机会，以一种很自然的方式，不无天真和惊异地，把她产前的梦兆说给皇太极听。皇太极毕竟是一代雄主，接受了皇太子夭折的事实之后，或许会对一个得到神明福佑的儿子产生一点喜悦。

然而，皇太极虽然回答了"奇祥也，生子必建大业"的话，还给这个孩子起名"福临"，满文的意思，是"天生福人"；而且，皇八子死后，福临便成了皇太极的儿子们中母亲身份最高的，他也没有半点将八子立为皇位继承人的意思。除了这个吉祥的名字之外，他并没有再给福临什么。

皇太极直到去世，也没有再立太子。也许，他还在盼望宸妃再为他生一个儿子，也许，他没料到自己的人生会结束得那么突然、那么快。

### （二）太宗驾崩留下的权力乱局

布木布泰精心养育儿子、并且开始教他如何做好一个皇子的时候，她的姐姐海兰珠正在痛苦中沉沦不可自拔。

在关雎宫里，随着皇八子的死，海兰珠的生命一下子委顿了，就像一朵花，被迅速抽干了水分。关于这个女子，史料上只记载了皇太极对她的热烈爱情，此外，对于她的性格、才能、行事，一无记述。总觉得，她应该是个心机并不深刻的女人，却妩媚、感性而温暖，充满女性特质和直抵人心的魅力。皇太极这样的男人，会热烈地爱恋的，不会是端庄严谨的皇后，也不会是有见识有心机的布木布泰。可是，一个简单多情的女人，在后宫这个地方，要活得长往往很难——如果她得到了人所不及的爱重，就更难。人家或许根本不用直接下杀手，无形之中，充斥于生活的压力与抑郁，便能让她的生命加速消耗。

失去儿子，尤其是已被立为皇太子的儿子，这样残酷的打击是宸妃海兰珠难以承受的。她终日哭泣，日夜悲伤，寝食不安，一天天的消瘦了。这使得皇太极更加关怀怜爱，多方劝慰，赐珍宝锦缎，调饮食药饵，只要穿过凤凰楼回到后宫，就在东关雎宫里陪伴郁郁寡欢的海兰珠，还不时带她去到郊外散心。这一切都不见效时，皇太极又请来了海兰珠的娘家人，试图由祖母和母亲的抚慰来消除爱妃心头的创伤。

崇德三年夏，年前刚刚受皇太极封赠为和硕福妃的科尔沁蒙古大福晋，莽古思之妻、哲哲之母，带领着儿媳妇寨桑之妻和孙子满珠习礼、吴克善等前来朝见，都是凤凰楼下五宫里姑侄三人的至亲。皇太极亲自率领诸王贝勒福晋到演武场迎接，直迎回盛京皇宫。

皇太极在崇政殿里对亲戚们举行了规格最高的接见之礼，和硕福妃献上鞍马、骆驼和贵重的貂皮。

皇太极在金銮殿上摆开了盛宴，家族亲戚欢聚一堂，歌吹响亮，舞队翩翩，欢快达于顶点时，在筵席间打起了莽式，这满洲传统的粗犷又豪放的舞蹈，几乎把所有的宾客都卷进了欢乐的旋风之中。皇太极宴前申明：大家都要尽欢！

亲人相见，不知道海兰珠是感到安慰，还是看着众人的欢愉笑脸，愈加伤情？

几天之后，皇太极又诏封海兰珠和布木布泰的母亲科尔沁小福晋为贤妃，并赐给仪仗。这可是非同一般的极大荣宠，可算是爱新觉罗氏家族之外的独此一家了。

然而，这一切可以让科尔沁蒙古感到荣耀，感到自己家的女儿有福气、嫁对了人，或许，还可以激起后宫其他人的羡慕与忌妒，却无法再带给海兰珠真心的笑容。不管皇太极如何施恩赐物，不管皇太极用怎样的怜爱去抚慰、去宽解，她仍然一天天的衰弱下去。

公元 1641 年九月，海兰珠的一生走到了尽头。那时，明朝蓟辽总督洪承畴，率十三万大军前来援救关外重镇锦州。皇太极御驾亲征，在锦州、松山一线主持明清之间的一次重大决战——松锦大战。他本是要陪在海兰珠身边的，可是八月十四日，前线局势危急，皇太极只好六个日夜长途奔驰六百里，前去主持大局。一个月后，战局得以扭转，就在此时，京城传来海兰珠病重的消息。时值两军对垒的时刻，皇太极却毫不犹豫地立刻召集诸王、贝勒、贝子、公及各固山额真，命他们固守杏山、高桥，随后，九月十三日一大早，皇太极就车驾起行，赶回盛京。他昼夜兼程，一路上累死了六匹宝马，十七日，抵达旧边界驻跸。当夜一更时分，盛京遣使来奏报宸妃病危，皇太极闻讯立即拔营，连夜赶奔，并遣大学士希福、刚林及冷僧机、索尼等急驰前往候问病势来报。希福等人五更赶到盛京，方入大清门、至内门击云板叫门时，宫内传出一片哭声，宸妃正于此刻薨逝，没能与丈夫再见最后一面。冷僧机和索尼等人不顾人马劳乏，立刻回马急奔，在盛京城外遇到圣驾，便以宸妃已逝奏闻。

皇太极犹如五雷轰顶，登时恸哭失声，飞马驰入大清门，直扑关雎宫，直扑到海兰珠的遗体上，恸哭不止，捶胸顿足。皇后与众妃力劝、诸王贝勒跪求，都不能阻止他如流泉一样的热泪。海兰珠去世的时候三十二岁，来到皇太极身边只有六年，却成了他生命中最重要的女人，得到了他全部的爱恋。

海兰珠去世的消息，粉碎了他的心。史书记载说，皇太极大恸，连续六天六夜不吃不喝，并一度在恸哭中昏迷不醒。后妃与臣子、太医们乱成一团，对他的哀伤无计可施。

皇太极哀毁逾垣。都察院参政等人谏劝说："天佑皇上底定天下、抚育兆民，皇上一身关系重大。今天威所临，功成大捷，松山锦州克取在指顾间，此正我国兴隆、明国败坏之时，皇上宜仰体天意，自保圣躬，可为情率而不自爱乎？"他说："天生朕为抚世安民，岂为一妇人哉？朕不能自持，天地祖宗特示谴也。"

也许是英雄志终于克服了儿女情，皇太极终于有所醒悟，表示今后要擅自排遣。但实际上，他仍是难以自拔。他为宸妃频繁地举行各种祭奠：初祭、月祭、大祭、冬

一二

至节令祭、岁暮祭等等。重要的祭祀，皇太极都亲率王公大臣、后妃福晋等参与典礼，宣谕祭文，献茶献酒；还召喇嘛、僧、道等念诵经文，使宸妃早生福地；在宸妃丧期内作乐的官吏和宗室，都招来皇太极的暴怒，被一一革职禁锢。这已经成为事实上的国丧，连外藩蒙古、朝鲜等都遣专使来朝吊祭。

十月里，宸妃海兰珠受册谥为敏惠恭和元妃。

后来为了恢复衰弱的身体，排遣忧伤，皇太极每月出猎郊原；但每一出猎必定过宸妃茔墓，皇太极必定又恸哭一场，并与同行的皇后诸妃奠茶奠酒。自他闻宸妃病的消息从前线赶回盛京后，就再也没有重返松锦战场，从而也就结束了他四十余年的戎马生涯。他的身体虽也有见起色的时候，但元气已伤，已无完全恢复的可能了。

看着丈夫为另一个女人伤痛至此，不知布木布泰心里是什么样的滋味。人前，她当然会流足够的泪，夜静无人之时，她是否把儿子紧紧抱在怀里，一语不发？

入宫十六年，曾经是皇太极最心爱的小福晋，在宫里的地位仅次于皇后；天聪六年（公元1632年）降到第三位，可以解释为没有生儿子来自我安慰；崇德元年（公元1636年）降到第五位，无疑已是失宠；好不容易生了儿子，而且是在皇嗣死后立刻出生、正足以补缺的皇子，却仍然不能挽回丈夫的心。皇太极的爱恋、皇太极的情意，海兰珠生时由她全部领受、死后由她全部带走，所有的聪明美貌，全都败在她的手下，这又是多么可悲的一件事？

在皇太极的伤痛与布木布泰的百感交集之中，日子仍在继续，大清的国势仍在蒸蒸日上。不久之后，发生了一件大事：松锦大捷，洪承畴被俘，在守节许久之后，归降。

据说，使他转变态度的关键人物，便是布木布泰。

她亲自来到三官庙，温柔劝说。洪承畴折服于她的美貌和智慧，拜倒归降。

这件事究竟有没有发生，姑且存疑。洪承畴不是没见过美女的人，只是，当时的他，纠缠于节操、对明朝的失望以及求生欲望之中，或许，一个以温柔的面目出现的契机，有可能促使他做出决定；而对当时的满洲人而言，一个女性能收服一个英雄，并不是一件该当对她产生鄙视的事情。

反正，此后的岁月里，洪承畴对大清，尤其对布木布泰和她的儿子，竭尽忠诚。

松锦大战，明朝的有生力量受到了致命的打击，而洪承畴的归降，无异于让清帝国拥有了一个入主中原的引路之人。

然而，公元1643年——大明崇祯十六年、大清崇德八年——八月九日亥时，皇太极在沈阳城中宫清宁宫东暖阁猝然逝去。离海兰珠的去世不到两年。

那一天的深夜，盛京皇宫宫门云板传出哀音，大清宽温仁圣皇帝皇太极，在清宁宫端坐而崩。

《清史稿》上说，皇太极"庚午，上御崇政殿。是夕，亥时，无疾崩"。无疾而终，是一种痛苦最少的死法，可是好端端一个人，五十二岁也不算太老，怎么会上午还在办公，晚上便这么突然地"无疾崩"了？

皇太极的暴崩，也曾引起质疑，引申出无限传闻，比如，他是被人谋害的，谋害他的原因，有争权说、政变说、私情说等等。金庸小说《碧血剑》中，则说他撞破了庄妃和多尔衮私通，被多尔衮情急之下背后一刀杀死。

而从医学角度分析，有人推论皇太极死于脑血栓引起的脑溢血。

皇太极久历战阵，身体本来还是甚为强健的，不止一种史书记载道：远征蒙古察哈尔部林丹汗时，途中缺粮，皇太极与全军将士一起射猎为生。他一个人一次便猎杀黄羊五十八只，其中，竟有不少一箭贯穿两只黄羊者，可见其武功神力。据说，沈阳实胜寺里收藏着皇太极当年使用的弓箭，矢长四尺多，寻常的强壮汉子根本就拉不开那张弓。

只是，皇太极是个大胖子，身材比父亲努尔哈赤还魁梧，中年以后发胖得厉害，体重大约在二百五十斤左右，加上很重的盔甲，致使一般的战马都负担不起这超常的重量。他有两匹心爱的战马，名字分别叫大白和小白。皇太极死后，他的陵墓前面有两匹石雕的骏马，据说就是按照大白和小白的形象雕制的。皇帝心爱的战马，应该是最为神骏的了。可是，这两匹马，其中一匹，皇太极一天只能骑乘五十里，另一匹，一天也只能驮着他走一百里而已。

《清史稿》太宗本纪开篇就描述说：皇太极"颜如渥丹，严寒不栗"，就是说，他不畏严寒，脸色就像涂了红颜色一样赤红而有光泽。天聪四年，时值十一月，正是东北冻裂石头的时节，皇太极带领满、蒙、汉官兵举行大规模围猎。当时，几乎所有的人都在寒风中瑟缩，唯独皇太极，只戴一顶小窄帽，手不入袖，像根本不知道寒冷一样纵马驰骋，致使周围的人们惊异兼钦佩莫名。虽然如此，这"颜如渥丹，严寒不栗"，从现代医学的角度观察，这种体征可不是好现象。身材高大肥胖，再加上脸色赤红，其实是多血症加上高血压的体征。史料中也有记载，晚年的皇太极鼻衄严重，时常大量流鼻血、晕眩，他在伏案工作中猝然死去，可能就是因为高血压导致的颅内出血和脑溢血。

可能皇太极本人对他这样的突然死亡毫无思想准备，他没有留下遗嘱，在宸妃所生之皇嗣夭折后，他也没有再指定继承人。

正因为如此，于是，皇位继承再一次成为一个爆炸性问题摆在了人们的面前。

皇帝猝然死亡，使得大清王朝的权力结构突然间就失去了平衡。受到激烈震动的统治层内部意识到，他们将要面临诸王兄弟为窥伺帝位相争为乱的局面。当时在盛京的朝鲜使臣也看出，因为国本未定，而诸王各分其党，必有争夺之事，竟也幸灾乐祸地奏报他们的国王说："汗死，则国必乱矣！"

国会不会乱，取决于继位问题能不能妥善解决。

妥善解决此事的关键，在于推举出一个令诸王大臣都口服心服的皇位继承人。

谁来继承皇位？

当时的大清，尚存部族社会的遗风，并没有如汉族王朝那样坚定的嫡长子继承观念，皇太极本人，也是在努尔哈赤死后由王公亲贵推举继位的。这样一来，有资格竞争皇位的人选就比通常情况下的汉族王朝多得多。

第一拨竞争者为皇太极的儿子们，第二拨竞争者为努尔哈赤的儿子们，第三拨竞争者为近系子弟。皇太极的长子豪格、四子叶布舒、五子硕塞、六子高塞……接下来，努尔哈赤的二子代善、七子阿巴泰、九子巴布泰、十二子阿济格、十三子赖慕布、十四子多尔衮、十五子多铎，直至努尔哈赤的侄子济尔哈朗以及其他近亲……从理论上说，都是有可能的继承人。

时年六岁的福临，原本连这场赛事的入场券都拿不到，争位的早期，好像也没什么人想到他也是可能的人选。但是他的生母，那个聪明厉害的女人，将他送上了皇位。

此刻，各派政治力量都在积极活动，努力争夺自己的权益。盛京城内空气分外紧张，就如夏日暴风雨来临之前那么阴霾，那么令人窒息，翻滚的浓厚乌云中，不时传来隐隐雷声、灼灼闪电，使得所有的人，不论有关还是无关，都异常焦躁不安。

——排查下来，最有夺位实力，又有继位权利的，当属礼亲王代善、肃亲王豪格和睿亲王多尔衮。

### （三）礼亲王代善

代善是努尔哈赤的原配嫡妻佟佳氏·哈哈纳札青所生的次子，在长子褚英死后，曾经被努尔哈赤立为皇太子。努尔哈赤安排代善监理国政，并一度让他和自己一样，一个人兼任了两个旗的旗主。努尔哈赤还表示，自己百年之后，要将深受宠爱的大妃，还有年幼的子孙们托付给代善。从而，一度使代善的权势极为显赫。

但是，天命五年，发生了两件事，将代善推下了太子之位。

这年三月，努尔哈赤的一个小妃子德因泽告发大妃阿巴亥让贴身侍女将一匹蓝布送给情人。当时，女真人中有一项严格的禁忌：不经丈夫同意，女人若将财物送人，就是欺骗丈夫，若是送给男人，就会被认为是倾心于该男子。德因泽进一步揭发说："阿巴亥曾经两次备饭送给大贝勒代善，一次给四贝勒皇太极。代善接受并且吃了，皇太极接受而没有吃。而且，大妃一日之内两三次派人去大贝勒家，不知道他们在谋划什么？大妃自己深夜出去也有两三次。"努尔哈赤命人调查，结果证实揭发属实。

而且，每当诸贝勒大臣在汗王家里议事或宴饮时，大妃阿巴亥都会浓妆艳饰，精心打扮，并且可能在语言眉目之间对代善颇多表示，使在场的其他人很尴尬，又谁都不敢声张，只能假装看不见。

　　虽然努尔哈赤表示过自己百年后将大妃托付给代善的意思，他死后大妃嫁予下一任大汗也是当时满洲的婚俗，但是，这不等于在他还活着的时候，大妃可以和代善私相往来。

　　努尔哈赤当时并没有对代善做出处罚，只宣布大妃"奸诈虚伪"，"人所有的邪恶她全都有。我努尔哈赤用金银珠宝从头到脚地妆饰你，用别人见所未见的上好绸缎供着你，养着你，你竟然不爱你的汗夫，把我蒙在鼓里，去勾引别人，难道不该杀吗？"随后，将这位大妃休弃。

努尔哈赤

　　而到了九月里，有人告发代善之子硕托要潜逃投明。努尔哈赤立刻将硕托监禁，在事情还没弄清的时候，代善竟一反常态地向汗王五六次跪求杀掉他的儿子。努尔哈赤很疑惑，反复查问，硕托才讲述了父亲虐待他的内情，他不过是喝醉了酒，发泄对父亲的不满时说了些气话。

　　努尔哈赤再次找代善查对，代善竟拙劣地诬蔑儿子硕托与他的侍妾通奸。努尔哈赤亲自审讯，弄清了代善的继福晋密谋诬陷硕托的真相，进一步了解到代善听信继福晋之言，长期虐待前妻之子岳托、硕托的事实。他怒斥大贝勒说："如果称了你的心，使硕托受诬陷被杀，你是不是又将去对付岳托？岳托、硕托都是你的儿子，你若听信你妻谗言而杀亲子，又将怎样对待其他兄弟？你这样听信妇人谗言而欲将亲子诸弟全都杀尽的人，哪里有资格当一国之君执掌大权？"

　　努尔哈赤的渐次推理的责备可能是太过分了。但对于他这个大金国的创始人来说，是很实际的担心，是很可以理解的。他接着就宣布了对代善的严厉惩罚："先前欲使大贝勒袭父之国，故曾立为太子；现废除太子，将其所属的僚友、部众，全部褫夺！"

　　代善失去了父亲的欢心，被迅速边缘化。代善屈服了，认罪了。九月二十八日，代善亲手杀掉被父亲视为祸根的继妻，用她的血洗刷自己，向父亲请求赦罪。天命六年，他得到了汗王的原谅，被复封为贝勒。然而这两场风波，使他在家族中的声望地位一落千丈，永远失去了成为储君的可能。

　　努尔哈赤也受到了很大的打击，从此不再立皇太子。

　　天命五年九月，努尔哈赤表达了想在子孙中立八人为王，称八和硕贝勒，共柄国政，将汗王置于八和硕贝勒的监督之下的想法。次年二月，努尔哈赤便指令代善、阿敏、莽古尔泰、皇太极为四大贝勒，协助自己"佐理国政"。四人按月轮值，一切军国机要事宜，由当月轮值的贝勒负责处理。天命七年三月初三，努尔哈赤以《汗谕》即国家元首文告的形式，宣布了以八和硕贝勒共治国政、以推举制传承国家最高权力的制度与原则。

从此，八和硕贝勒会议成为努尔哈赤之后的最高国家权力之所在。

努尔哈赤逝世后，没有留下清楚可信的遗嘱，由众贝勒推举新汗王。四大贝勒中，二贝勒阿敏是舒尔哈齐的儿子，虽属王族，但系旁支，在资格上天然不具优势；三贝勒莽古尔泰是努尔哈赤的五儿子，凶猛能打仗，但声名狼藉，曾亲手把自己的母亲杀死，以取悦父汗。他虽然因此得到了努尔哈赤的欢心，但是，这桩恶行使得他名声很坏，没什么威望和人缘。

大贝勒代善那年四十六岁，是努尔哈赤诸子中最年长者，有功劳、有部众，本来是有实力一争的，却在与大妃的暧昧传闻中被弄得灰头土脸，锐气尽失。而四贝勒皇太极干干净净，没有任何污点。他跟随努尔哈赤征战已近二十年，在一系列重大战役中，如萨尔浒大战、辽沈战役、征服叶赫、驰援科尔沁等，他都独当一面，身先士卒，立下了卓越的战功，而且，在努尔哈赤的众多子侄儿孙中，只有皇太极在满、蒙、汉三种语言和文字的修养上最为出色。努尔哈赤认为皇太极就像是自己的眼珠子一样重要和宝贵，以至于爱如心肝（《清太祖武皇帝实录》卷三）。而其他人更无法与皇太极抗衡。

在推举继承人时，努尔哈赤的子孙们很轻易地就做出了选择。

代善的长子岳托和三子萨哈廉是青年一代将领，军功、才干、影响力都不低，岳托是掌管一旗的旗主贝勒，萨哈廉的地位同样很高，是议政贝勒，相当于今天的国务委员，此二人认为皇太极"才德冠世"，"众人心悦诚服"，因此，建议他们的父亲推举皇太极尽快接替汗位。

代善表示，自己早就有这个想法，"人心正合天意，不会有人反对"。于是，亲自出面找到二贝勒阿敏和三贝勒莽古尔泰，征得他们的赞同后，代善又立即通报诸兄弟子侄。皇太极众望所归，登基继位。

皇太极做了汗王后，情况变得异常复杂，特别是在皇太极与代善、阿敏、莽古尔泰几个大贝勒的关系上。

按照八大贝勒共理国政的制度，皇太极登上汗位之后，与其他和硕贝勒之间并没有君臣之别，在理论上讲，他们的身份是平起平坐、平等共处的，在举行朝会、各种集会和重大典礼时，四大贝勒并肩而坐，共同接受大家的叩拜。在元旦大典时，皇太极还要率领众兄弟子侄们向代善、阿敏、莽古尔泰三人行拜贺大礼。有证据显示，相当长一段时间里，在这种制度原则下，大体上维持了一种均衡的态势。随着形势的发展，皇太极威权日重，最后，平衡终于被打破了。

皇太极有集权的需要，而阿敏和莽古尔泰不肯将自己放在臣服的位置，也不能适应情势的变化，做了很大的错事。几番较量之下，阿敏和莽古尔泰相继被剥夺了原来的地位，崇德五年，阿敏在幽禁中死去；而莽古尔泰在天聪五年十月，众贝勒议定，以莽古尔泰"御前露刃"的"大不敬罪"，革去其大贝勒爵位，降为多罗贝勒，罚款一万两白银，夺五牛录。第二年，莽古尔泰参与了征伐蒙古察哈尔部与攻掠大同、宣化的战斗。十二月，莫名其妙地死去。三年后，莽古尔泰的弟弟德格类死后一个月，有人告发莽古尔泰兄妹三人合谋危害皇太极。抄家时，发现了十六块刻着"大金国皇帝之印"字样的牌印，遂削夺封爵，莽古尔泰的妹妹和一个儿子被处死，六个儿子降为庶人，所有人口财产抄没入官。莽古尔泰所属的正蓝旗收归皇太极自己统领。

四大贝勒中，除了皇太极，只剩下了一个大贝勒代善。

皇太极继承汗位时，代善推举最力。皇太极取得汗位以后，无论在对阿敏和莽古尔泰的处理上，还是在由四大贝勒并坐受朝变为皇太极独坐南面的改革中，代善都是站在皇太极一边的，二人的关系还算不错，团结多，斗争少，即便有斗争也从不涉及根本的利害关系，一旦触及，代善立即谦让后退并坚定支持皇太极。皇太极对代善也格外礼敬，常赐给良马金帛等物，常召请他到清宁宫行家庭礼，举行家宴，元旦时还命中宫皇后及众妃向代善拜贺节庆，等等，比对待其他兄弟都要优厚。

问题是，当阿敏和莽古尔泰被除去以后，无论怎么说，代善仍然是对汗权的一个不大不小的威胁。代善本人又毛病不少，很容易被善于等待时机的皇太极抓住。

皇太极只要抓住，就不会轻易放过。

天聪九年（公元1635年）征服察哈尔蒙古之后，当皇太极命诸贝勒在前来归附的察哈尔蒙古贵妇中挑选中意之人时，代善看中了富有而美貌的苏泰太后。但因苏泰太后是济尔哈朗的妻妹，皇太极已先许给济尔哈朗而不能答应代善，便退一步让他娶囊囊太后。代善却嫌囊囊太后穷，娶了有钱的察哈尔汗女泰松格格。事情本该就此告一段落，代善却不肯罢休，仗着自己是皇太极之兄，是国中大贝勒，此后又多次提出要强娶苏泰太后为妻，皇太极一直不准，代善便耿耿于怀。

这不满很快勾起了代善多年埋藏在心里的怨恨，有怨恨就得找出气口，出气的机会说来就来，几乎就在同时。

诸贝勒选娶察哈尔蒙古贵妇时，豪格娶了伯奇福晋，这一下惹恼了他的岳母大人哈达公主莽古济。

莽古济是努尔哈赤与继福晋富察氏衮代所生的女儿，是莽古尔泰的同母妹、德格类的同母姐，皇太极的同父异母姊。初嫁哈达贝勒武尔古岱，所以人称哈达公主；天命末年夫死，后嫁蒙古敖汉部琐诺木杜棱。莽古济与前夫所生两个女儿，一个嫁给岳托，一个嫁给豪格。她一听说豪格又娶了一个蒙古贵妇，便生气地说："我女儿还在，为何又令豪格娶妻？"她一向与皇太极关系不好，此时更迁怒于他，满怀愤恨之下，不经皇太极同意，就从远迎凯旋大军的阳石木河擅自回家。这一行动，是明明白白地向皇太极示怨示威。

当莽古济回家途中路过代善营前时，代善竟一反常态，和他的大福晋一起，把莽古济迎进大帐，设大宴款待，并赠以名马财帛——自然是因为同病相怜。

得知此事，皇太极非常生气，不但遣人去责问代善是何用心，而且盛怒之下，撇下众贝勒，独自先回盛京，进了宫后就紧闭宫门，不上朝也不许诸贝勒大臣进见。

数日后，皇太极召集所有贝勒大臣与侍卫，当面痛斥代善。他长篇大论，痛说革命家史，把数十年来和代善之间的恩恩怨怨一一倾诉。他愤怒责问代善，为什么过去和哈达公主的关系并不好，如今看到哈达公主与自己闹别扭，就这样对待哈达公主？居心何在？然后，又一一点名痛斥其他贝勒。最后，他愤怒地表示，你们悖乱如此，我将杜门而居，你们另外推举一个强有力者为君吧，我安分守己过日子足矣。随后，怒火万丈地返回宫中，关闭宫门不再露面。

最后，心惊肉跳的诸贝勒大臣会同六部官员公审代善，拟定革大贝勒名号，削和硕贝勒职，夺十牛录，罚雕鞍马十匹，甲胄十副，银万两，并拟定处罚他的儿子萨哈廉。然后，所有人等一齐来到朝门前，跪请皇太极出宫视政。皇太极挣足了面子，遂下令宽免代善、萨哈廉，罚款了事。

这件事情过后不久，代善、萨哈廉就成为拥戴皇太极上皇帝尊号最为积极的人物。皇太极也在登上帝位之后，封代善为"和硕兄礼亲王"，成为皇帝之下的第一亲王。

当年十二月，代善随皇太极征朝鲜。次年皇太极命法司追论攻朝鲜时违法妄行之罪时，代善又被议得六条罪状——这些罪行其实都是些微不足道的小事。皇太极亲自在崇德殿将代善之罪宣谕诸王贝勒贝子及群臣。虽然没有给任何处分，但对代善的威望又是一次沉重打击。

恩威并施，忽冷忽热，一边拉拢厚待一边时不时敲打两下，代善在皇太极手下锋芒敛尽、意气消磨。

代善在诸贝勒发誓效忠皇太极时明确表示："自今以后，效忠于皇上。"他效忠的具体表现，就是以年老为由，从此不问朝政。

如今，皇太极又去了。代善是年岁最长、行辈最高、资历和战功最显赫的在世者，论尊、论长，都非代善莫属；论实力，他掌握着两红旗，仅次于手握上三旗的皇帝本人。他的实力与影响力，是不容轻视的。

然而，代善这年已经六十三岁了，多年的征战消耗了他的体力，年事渐高，也使他越来越保守，特别是政坛上的风风雨雨，更消磨掉了他对朝政的雄心。

他会怎么做呢？

**（四）睿亲王多尔衮**

多尔衮是清太祖努尔哈赤的第十四子，生于明万历四十年十月二十五日（公元

1612年11月17日），为太宗皇太极的异母弟。他的母亲是努尔哈赤的大妃乌拉那拉·阿巴亥。努尔哈赤的第一位妻子佟佳氏早亡，生有两个儿子嫡长子褚英、次子即后来的大贝勒代善。佟佳氏之后，努尔哈赤的第二位大妃是富察氏，有人称呼她为衮代皇后。她为努尔哈赤生育了两个儿子、一个女儿。四大贝勒之一、三贝勒莽古尔泰就是这位衮代的亲生儿子。努尔哈赤起兵不久，衮代便成为他的妻子之一，与他患难与共，度过了最为艰难的岁月。努尔哈赤成为天命汗之后第五年，年近五十、已经色衰失宠的衮代突然获罪，被努尔哈赤下令离弃。不久，她的亲生儿子莽古尔泰竟然亲手杀死了自己的妈妈。第三位大妃则是皇太极的生母孟古姐姐。她出身叶赫部，十四岁嫁给努尔哈赤，也曾一度受宠，但是当阿巴亥嫁过来之后，她迅速失宠。

大明万历二十九年，阿巴亥12岁的时候，嫁给努尔哈赤。当时，努尔哈赤43岁，已经有了六七位妻子，一大群孩子。史书记载说，阿巴亥风姿俊美，颇有心机。老夫少妻，阿巴亥很受努尔哈赤宠爱。两年后，皇太极的母亲大妃孟古格格病逝，不久，阿巴亥便被立为新的大妃。

共同生活26年，努尔哈赤去世时，阿巴亥37岁，正值盛年，丰姿饶艳，养育三个儿子：阿济格22岁、多尔衮15岁、多铎13岁。

阿巴亥十分得努尔哈赤宠爱，即使在前文与代善的暧昧事件中，努尔哈赤休弃了她，也在不久之后又把她接回了汗王宫。

据说，多尔衮长得最像努尔哈赤，生母地位高又受宠，使得他极得汗父的爱重。

努尔哈赤崩逝的时间是天命十一年八月十一日下午，地点是在离沈阳尚有四十里的瑷鸡堡；身边除了一般侍从仆役之外，只有应召而来的大福晋乌拉那拉氏阿巴亥。诸贝勒大臣赶来，轮班肩抬汗王棺椁，当夜初更时分才到了沈阳。

大福晋忍泪叙述了汗王临终的遗言：由十四子多尔衮继承汗位，由大贝勒代善辅政，待多尔衮成年后，代善归政。

众人难以置信。这是真正的汗王遗嘱吗？为什么完全违背了他生前反复训示过的八王共执国政的体制，违背在八王中择贤者继汗位的原则？多尔衮才十三岁，还是个孩子，没有任何功劳，很难说贤与不贤；而且代善辅政，不就等于为天命五年那件汗王极力要遮掩的丑闻翻案吗？

没有书面证据，没有旁证，只凭大妃的一句话，就此把一个十三岁的孩子推上汗位，这些手里掌握着旗兵、有战功有实力的大贝勒，怎么能甘心？

须知，汗王薨逝之时，诸贝勒无人在侧，只凭大福晋口述遗嘱，谁能心服？

此时的八旗，皇太极掌握两黄旗，代善掌握正红旗，阿敏掌握镶蓝旗，莽古尔泰掌握正蓝旗，所余镶红、正白和镶白三旗旗主，分别是阿济格、多尔衮和多铎。在皇太极等跟随努尔哈赤驰骋疆场时，多尔衮还没有出生。这三兄弟在他们分别只有十九岁、十二岁和十岁的时候，就成为拥有一旗、与诸兄并驾齐驱的旗主。所谓"位尊而无功,俸厚而无劳",他们的兄长得为旗主,无不在战场上出生入死,流血拼命,对幼弟恃母亲受宠而得汗王厚赐,怎能心平气和?平日碍于汗王的威严、碍于兄弟情分还都能忍耐,现在还要奉其为主,怎么可能?

阿巴亥想为儿子和自己夺取权势地位,可是,她毕竟只是个无知妇人,以为单凭着一句汗王遗命就可以让四大贝勒俯首。其实,就算努尔哈赤真有这样的命令,她又如何保证它的施行,多尔衮又怎么来保证权力的顺利交接呢?

理论上说来,阿济格、多尔衮、多铎这三个同母兄弟所掌握的力量已经超过四大贝勒中的任何一个,如果再有他们的母亲阿巴亥以国母之尊连缀其上,也是可以一拼的。然而,三个没有经验、没有战功威望的半大孩子,加一个没有政治能力的女人,并不能发挥手上军队的效力。

而阿巴亥的这一举动,表明了她的野心,给她自己带来了杀身之祸。她对其他旗主是有威胁的,她和她的儿子们有实力,只是眼下无力发挥,一旦有人出主意或者多尔衮他们有了能力,阿巴亥就能因此而左右八旗、左右整个大金国的政局,破坏八王共执国政的均衡,对大金国、对他们每个人,尤其是对与阿巴亥有宿怨的皇太极和莽古尔泰,后果都是不堪设想的。

必须除掉阿巴亥。因为除掉这个总挈首领的母亲,就容易使三个同母兄弟分离,不能成就对抗的雄厚力量。而当前正是多尔衮、多铎尚未成年还不具备竞争能力,阿济格一人难以抗拒众兄的时候。

办法也很现成,那就是殉葬。

第二天早晨七点钟前后,和硕贝勒们转达努尔哈赤遗命,让大妃为老汗王殉葬。他们说,汗王有这样的遗言:大福晋虽然丰姿美貌,但心怀嫉妒,常常使汗王不悦,虽有机变,终究逃不出汗王的明察,如果留下,将来恐怕会成为乱国的根由,所以,"俟吾终,必令殉之"!

阿巴亥大吃一惊,她没想到生殉的命运会落到自己的头上。按当时的习俗,妻殉夫必须具备两个条件:一是爱妻,一是没有年幼的儿子。阿巴亥虽然符合前一条,但她却有两个幼子需要抚育,而且她也不相信诸贝勒掌握的这个汗王遗言,努尔哈赤去世前五天,自己一直随侍在旁,大汗并没有流露过让自己殉葬的意思。

她要据理力争。

但是,她面对的,是战功赫赫、魁梧威严的四大贝勒,他们进一步威逼说:这是汗王的遗命,他们纵然不忍心、不愿意,却不敢不从。从殉的仪式都已经准备好了:按规矩,当殉者盛装坐炕上,众人对之下拜,然后以弓弦扣颈勒毙;若殉者不肯殉,则群起而扼之,至死为止。

没有人为她说话。阿巴亥传达的遗嘱对大贝勒代善有利,况且天命五年的案件表明,他对大妃还是情有所钟的,这时理应出面保护阿巴亥才是。但代善自失去太子之位以后，变得谨小慎微，杯弓蛇影，此时避嫌尚且不及，哪敢替阿巴亥说话？一个为了求得汗父谅解、恢复荣华富贵而亲手杀妻的人，是不可能为另一个女人再冒风险的。

这些努尔哈赤的成年儿子们，以汗王对国政及子孙早有明训为名，断然否定了阿巴亥所传达的"多尔衮嗣位、代善辅政"的所谓努尔哈赤临终遗命。他们是有道理的，因为和硕贝勒共治国政，不但汗王生前反复强调，而且书写成训示交给了每位贝勒，白纸黑字，证据确凿；而所谓的临终遗言没有第二人能够证明，即使汗王真的在去世前的昏迷中说了类似的话，也只能视为乱命，不可执行。

到了这一步，阿巴亥还有什么办法？她只能屈从，换上礼服，戴满珠宝饰物，哀告诸贝勒，请求他们照顾她的幼子多尔衮和多铎，在不得已的情况下，她还说了些冠冕堂皇的话："我自十二岁侍奉汗王，丰衣美食已二十六年；汗王恩厚，我不忍离开他，所以相从于地下。"

阿巴亥生殉而死，时在八月十二日辰时。与努尔哈赤崩逝，相距不过十八个小时。

那么，她宣称的那条遗命是真是假呢？努尔哈赤有没有让多尔衮继位的意思？

汗王最疼爱幼子，阿济格、多尔衮、多铎三人的王府离汗宫最近，几乎就挨在汗宫墙边。按照当时的标准，多尔衮虽然已经成年，并且最受晚年努尔哈赤的喜爱。但他当时没有尺寸战功，在皇太极跟随努尔哈赤驰骋疆场时，多尔衮还没有出生。按照努尔哈赤确定多年、且生前从无改变迹象的八旗制度根本原则来看，他没有可能被推举成继位的汗王。假如努尔哈赤要强行指定他为继承人的话，事情就会变得异常复杂。因为，那将意味着八旗制度中根本原则的改变，意味着游牧渔猎部族国家文化上的改变。我们知道，除非在特别特殊的情形之下，这种改变是不太可能发生的。就像一代天骄成吉思汗晚年最喜爱幼子拖雷，但拖雷终究没能当上蒙古大汗一样，年轻的多尔衮只能得到旗主的权力与财富，却不能坐上部族国家汗王的位置。

而且，努尔哈赤并不是笨人，他也对自己的妻子和儿子们十分了解，该当明白，让多尔衮继位，成年的、亲掌各旗的大儿子们是不会同意也不会服气的，这样岂不是给国家种乱、引逗他们兄弟相残吗？如果说他想用代善来制衡的话，以代善的能力性格，能完成这样的任务吗？后金方当立国，周围蒙古、朝鲜、大明，强敌环绕，怎么禁得起内乱？

在努尔哈赤初崩、议立继承人的时刻，多尔衮兄弟没有什么特殊的表现被记录下来，皇太极被推举为大汗之后，他们也没有表达出什么异议。

皇太极虽然登上汗位，但从登基那天开始，便一直实行着四大贝勒并坐大政殿同受群臣朝贺的形式，而且还按月分值，国中一切政务，都由值月贝勒掌管，成了轮流执政。三大贝勒以汗兄自居，拥功自傲，在皇太极继位后，都或多或少地有藐视汗王的表现。

当时的满洲社会想要进一步发展经济，提高生产力，就必须更快地脱离氏族奴隶制社会的束缚，尽快地完成封建化过程。表现在国家政权方面，就是必须放弃努尔哈赤晚年所制定的八旗旗主联合共同主政、社会财富也由他们平均分配的体制。事实上，这种氏族社会军事民主合议制，已经严重地阻碍着后金的前进：事权不一，没有集中统一的领导，在政治上、经济上和军事外交上都会陷于被动和混乱。

无论对国家还是对汗王本人，这都是不能不解决的问题。

为了压制三大贝勒，皇太极极力笼络优待四小贝勒，尤其是身为旗主的多尔衮、多铎兄弟，以增强与三大贝勒抗衡的力量。

皇太极长期保持着对三位兄长的谦恭和礼敬，长期维持与三位兄长并坐受朝贺的御殿之礼，但是，在他即位后的第二个月，便向每旗派设了一名掌管旗务大臣，他们有参与国政的权力，有稽查旗内一切事务的权力，直接向汗王负责。

不久，又扩大了议政会议的范围，所有贝勒都参与议政，每旗再增派三名议政大臣，打破了八旗旗主独享的对国政的控制权。

天聪三年（公元1629年）皇太极以政事繁杂、不应使兄长过于劳累为理由，免去三大贝勒按月分掌国事的旧例，而以诸小贝勒代理值月当班。在诸小贝勒中，阿济格懒散、平庸，多铎更是借荒唐胡为，时常故意与皇太极作对。而多尔衮跟随皇太极南征北战，勤学向上，谨慎自持，深得皇太极的好感，便有意识地培养和优待他，对他多次委以重任，多尔衮得到了不少建功的机会，而他的出色表现，则为自己争得了更大的舞台。

天聪二年三月，即皇太极继承汗位一年半之后，十七岁的多尔衮随皇太极征察哈尔蒙古凯旋，庆功宴上，皇太极说，"两幼弟初次远征，克著勤劳，克期奏凯"，应予嘉奖。于是赐多尔衮号"墨尔根代青"，是汉文"睿智"的意思。多尔衮和硕睿亲王的汉文爵位便是由此而来。同时，还晋封多尔衮为固山贝勒。显然，皇太极对多尔衮的才智具有清醒的认识。同月二十九日，阿济格违反制度，擅自为多铎定亲，被皇太极罚银一千两，并罢免了他镶白旗旗主的名位权力，多尔衮这才正式成为镶白旗旗主。

后来，为了进一步笼络幼弟，皇太极给多尔衮和多铎做主聘娶了继福晋，她们是布木布泰三哥索诺穆的两个女儿，即皇后的侄孙女、庄妃的亲侄女，以婚姻关系来巩固多尔衮的忠诚。

天聪五年（公元1631年）七月，皇太极初设六部，命十九岁的多尔衮掌管吏部。吏部乃六部之首，掌理着官吏任命升迁等人事调动，是权力很大的一个部门，重要的权力机构。除了笼络的目的之外，皇太极也看中了多尔衮的聪明机敏。多尔衮不是一个只会带兵打仗的赳赳武夫，他知书达礼、通满汉文字，政治头脑远在其他王公贝勒之上。他曾经对大学士刚林回忆说："以前经常看明朝的朝报，下面的人糊弄皇上，皇上的旨意也糊弄下面的人们，最是可笑。越看越不得了，索性不看了。"可见此人的文化素养与政治敏感。

他任事以后，勤勉政务，才能出众，办事妥善，常得众人赞扬，吏部被皇太极称为他最放心的一个部门。在战场上，多尔衮也是出众的将领，"倡谋出奇，攻城必克，野战必胜"，他富于谋略，在战争中能够因势利导，以较少的代价，获取最大的胜利，屡立大功。

天聪八年（公元1634年），察哈尔林丹汗病死青海，其子额哲驻兵于托里图。皇太极抓住这一有利时机，天聪九年二月，命多尔衮为主帅，同岳托、萨哈廉、豪格率兵一万前往征讨。多尔衮一路严明军纪，先至锡喇珠尔格招降了察哈尔林丹汗妻囊囊太后和台吉索诺木及所属一千五百户，然后进逼托里图。到达时适逢大雾，多尔衮恐额哲所属人众惊溃逃走，下令按兵不动。他利用额哲之母苏泰太后是叶赫贝勒金台什的孙女这层亲属关系（金台什是皇太极生母叶赫那拉氏的哥哥），特派已是后金大臣的苏泰太后的亲弟弟南褚前去劝降。

败亡之后无路可走的苏泰太后母子，遇着靠山强大的亲弟亲舅来说降，焉有不从之理？多尔衮和领兵贝勒还与额哲郑重盟誓，保证秋毫不犯。于是，林丹汗余部不战而降，并献出了中华帝国失踪二百多年的"传国玉玺"。据说，这颗传国玉玺从秦始皇之后一直传到了元朝，具有天命所归的象征意义。

多尔衮得到这颗传国玉玺并献给皇太极，对于皇太极和后金臣民的影响极大。他们真诚地相信后金汗国确实得到了上天的护佑，而皇太极也就接受了大家的拥戴，在"服膺天命"的崇高名义下，登上了大清帝国的皇帝宝座。

皇太极称帝时，册封了四大亲王，他们是和硕兄礼亲王代善、和硕郑亲王济尔哈朗、和硕睿亲王多尔衮、和硕肃亲王豪格。

称帝之后，崇德元年（公元1636年）十二月，皇太极亲率十万大军第二次征朝鲜，围困朝鲜国王李棕于南汉城。李棕虽然递了请降书，却紧闭城门不出，意在拖延时间以待援兵。皇太极立命多尔衮率军进攻朝鲜王子王妃大臣及其眷属所驻的江华岛。多尔衮一改多铎等人大肆屠戮、侮辱俘虏的做法，严令部下对这些妃嫔、宗室、眷属待之以礼，并派兵护送，将她们交还给朝鲜国王。结果，朝鲜国王立即率群臣出城投降，并对多尔衮的温文有礼、冷静老练大加赞赏。这一年，多尔衮只有二十四岁。

崇德三年（公元1638年）八月，多尔衮首次被任命为奉命大将军，与扬威大将军岳托各统左右翼大军分道伐明。多尔衮从青山关入，岳托从密云东北墙子岭入，两军会师于北京东郊的通州。

铁骑纵横山西、河北、山东三省，"自北京以西，千里之内明军皆溃散逃遁"。在长达半年时间里，"转掠两千里"，"旌旗所指，无不如意"。大明总督、名将卢象升和那位为了给监军太监祝寿而喝了一百杯酒的总督吴阿衡，就是这一次战死在多尔衮手下。洪承畴和孙传庭也是这一次被急急调离围剿李自成的第一线，从而，导致李自成有了喘息之机并死灰复燃的。右翼军统帅岳托病死在军中，多尔衮攻克山东重镇济南，生擒了德王朱由枢，陆续攻克城池五十余座，杀死两名总督级大员，在五十七次战役中全部获胜，俘获人畜四十六万余，黄金四千多两，白银九十七万余两。在八旗铁骑先后五次大规模绕道伐明的军事行动中，多尔衮指挥的这一次战果最为巨大。他的军功，使素以勇猛善战著称的豪格、阿济格、多铎等人全部相形见绌。

大明千里国土尽被蹂躏，给河北、山西、山东人民造成了深重灾难。而对清朝来说，削弱明朝的国力，搅乱明朝的人心，增加自己的财富以解决国内的困难，正是一项大大的功劳。多尔衮又一次得到了皇太极的嘉奖。

此后，多尔衮又参加了历时两年的松锦之战，清军在松锦战场上的两名主帅，一位是郑亲王济尔哈朗，一位就是多尔衮。此战歼灭明军十三万，俘获洪承畴，多尔衮更率军围困锦州，迫使明朝守将祖大寿投降；又攻克塔山、杏山，为清朝入关前与明朝的最后一次大战赢得了辉煌胜利。

应该说，多尔衮能有这样的成绩与地位，和皇太极的栽培、重用、给予机会是分不开的。

皇太极主政十七年间，几乎所有王公贝勒都受到过严厉处罚。皇太极最有出息的儿子豪格曾经三次受到过降级、罚款的处分，而多尔衮只受到过一次。崇德六年三月，皇太极确定了对锦州长围久困的战略，下令部队轮番围困锦州，由远渐近，最后直逼城下，意图迫使锦州守军弹尽粮绝后不战而降。不料，时间一长，锦州城内被围的人们几近崩溃，城外围城的人们也受不了了，结果，领兵主帅多尔衮和豪格等助手商量后，私下里决定放官兵轮流回沈阳探家。兵员减少后，害怕城里的明军乘虚劫营，又将包围线后撤了三十里，事实上等于撤除了包围。

皇太极知道后勃然大怒，他把多尔衮等人调回来，不许进城，在城外听候处置。从多尔衮、豪格开始，皇太极一一点名痛斥，多尔衮的睿亲王爵被降为郡王，罚款一万两白银，夺两牛录；豪格的肃亲王爵被降为郡王，罚款八千两白银，夺一牛录。其他三十多人受到处分。

训斥的时候，皇太极对多尔衮说："我对你特加爱重，超过了所有诸子弟，好马任你挑，好衣任你穿，好饭任你吃，比对谁都好。就是因为你勤劳国事，能够恪遵朕命。如今，你让我怎么再信任你？"

皇太极"特加爱重"，多尔衮自己心里也是有数的。对于皇太极，他的感受十分复杂，他曾经说："太宗文皇帝之位，原系夺立。"而母亲的死，皇太极也是有责任的。

另一方面，他也亲口对大小贝勒们说过："太宗之所以给予我特殊不同的恩情培育，超过了对于所有其他子弟，是因为他知道诸子弟只有靠我才能成就事业。我很明白他的意思，你们明白吗？"

他当然靠了自己的努力与才能、功绩才获得了权势地位，赢得了皇太极的信任重用，可是，他不能否认皇太极的恩情培育。

现在，按照推举制的旧规，就能力、威望、地位与实力而言，多尔衮最应该被推举为最高权力继承人：有老汗王要他继位的遗嘱，尽管被否认了，但是这样的说法也构成合法性的来源；他的母亲是尊贵的大福晋；他身为旗主并手中握有两白旗，实力很强；他有显赫的军功；他有卓越的治国行政的才能。四大亲王里，代善年迈软弱，济尔哈朗是努尔哈赤的侄子，支脉已远；肃亲王豪格正当盛年，军功卓著，但是政治素质与他相差甚远。其他未封亲王的亲贵们，希望更为渺茫。

但是，豪格功劳不比他多，政治素质与才能远逊于他，却能构成强有力的威胁。因为此时的情形已经和当年努尔哈赤去世时大不相同了。皇太极十七年经营，收缴亲贵手中之权，剪除威胁，削弱八旗旗主共掌国政的旧制，集中权力，把当年的后金改造成了一个集权的大清，无论是组织结构、决策与施政程序，还是政策法令、思想观念，这个政权都已深深汉化了。

豪格能力功劳威望各方面都比不上多尔衮，但是，他的一个身份构成了巨大的竞争力：他是皇子，先帝太宗的皇长子。

### （五）皇长子豪格

豪格出生于明万历三十七年（公元 1609 年）三月十三日子时，母亲为皇太极的继妃乌拉那拉氏。他是皇太极的长子，年龄只比父亲的嫡妻哲哲小九岁，比叔叔多尔衮还大三岁，比九弟福临的母亲庄妃大四岁。他的母亲乌拉那拉氏史料上记载不多，只知她是海西女真乌拉贝勒博克泽的女儿，跟随皇太极很早，生有二子一女，除了豪格之外，还有比他小两岁的弟弟洛格，以及皇太极的长女固伦敖汉公主。从生育子女的数量与时间来看，乌拉那拉氏早期还是颇受皇太极宠爱的，只是，随着爱新觉罗家的家业越来越大，地位越来越高，皇太极便愈加需要来自更高贵更有势力的家族的女儿，一来，配合整体利益的需要，二来，加重自己的分量。

在豪格五岁的时候，皇太极以庄严的婚仪迎娶了科尔沁蒙古贝勒莽古思的女儿哲哲为正妻；在豪格十六岁的时候，皇太极亲迎至沈阳北冈，努尔哈赤也率大小福晋出迎十里，大宴宾客，迎娶哲哲的侄女布木布泰，连她的地位也比豪格母亲高；接下来，皇太极迎娶东宫妃、迎娶察哈尔林丹汗的遗孀苏泰太后、囊囊太后，迎娶海兰珠，她们每一个的地位都比乌拉那拉氏高。

年华流逝，乌拉那拉氏不再拥有青春美貌，也没有那些出身高贵的福晋们的见识与风范，皇太极对她颇为冷落，称帝封妃时，她只是五宫大福晋之外一个微不足道的偏妃。

沾不上母亲什么光，也没什么母族的势力好依靠，豪格只能靠自己。好在，豪格生性勇武，满洲以武开国，最重军功，豪格凭着沙场搏杀，争取到了自己的地位与实力。

豪格少年从征，随同祖父和父兄进行统一女真的战争，在对蒙古董夔、察哈尔、鄂尔多斯诸部的作战中屡立战功，十六七岁时就得到贝勒的封号。他作战极为勇猛，后来又多次同代善、济尔哈朗、多尔衮等统兵出征，立下不少功劳。天聪三年，皇太极第一次绕道入关伐明时，在广渠门外，与袁崇焕的宁锦援兵发生激战，豪格勇悍异常，一直冲杀到了护城壕边上，令明军大溃。

豪格也不仅仅是个武夫。在对待大明、朝鲜与蒙古察哈尔的战略关系上，他眼光独到，认为大明是需要首先对付的主要矛盾，并颇有创见地建议，应该想办法联合农民军，共同削弱大明的力量。在当时，能够看到这一点的，在王公贝勒中并不多见。

天聪六年豪格晋升为和硕贝勒，崇德元年皇太极称帝时，更被封为肃亲王，并兼理户部。他是天命天聪间有名的战将之一。但是，皇太极对他十分严格，豪格受过不少处分，但不久又因军功得到宽免。成为诸王贝勒中沉浮最频繁的一个，其中第一次比较严重的处分，与他的家事有关：

后金平察哈尔，林丹汗的诸妻妾带着不少贵族女子来降，诸贝勒选娶察哈尔蒙古贵妇时，豪格娶了伯奇福晋，这一下惹恼了他的岳母大人——哈达公主莽古济。

莽古济是努尔哈赤与大福晋富察氏生的女儿，大贝勒莽古尔泰和贝勒德格类的同胞姐妹，明万历二十九年（1601年），努尔哈赤原准备把她嫁给哈达部贝勒孟格布禄。后因孟格布禄与努尔哈赤侍妾通奸，又想谋反，被努尔哈赤一怒之下杀掉。为了笼络哈达部的人心，努尔哈赤把她嫁给了孟格布禄的儿子武尔古岱，她因此被称为"哈达公主"或"哈达格格"。天命末年，武尔古岱病逝后，莽古济守寡，直到其弟皇太极登基，又改嫁蒙古敖汉部博尔济吉特氏琐诺木杜棱。

莽古济与前夫武尔古岱生有两个女儿，长女嫁给了代善的长子岳托，二女嫁给了皇太极的长子豪格。莽古济于豪格，既是姑姑，又是岳母，这样的近亲结婚在当时的满族社会中颇为流行。但这种亲上加亲的做法，并不一定能化解家族内部的矛盾，何况莽古济性格倔强暴烈，与皇太极一向不和，随着这对同父异母姐弟间愈演愈烈的仇怨，处境两难的豪格被卷入了无法摆脱的纠葛中。

察哈尔来降，诸王贝勒纷纷纳娶蒙古贵妇，豪格选娶了伯奇福晋。欢宴之中，喜庆之时，他的姑母兼岳母莽古济大怒，对皇太极说："我女儿还在，为何又令豪格娶妻？"她满怀愤恨，径自从远迎凯旋大军的阳石木河擅自回家，向皇太极示怨示威。

她在路过代善营前时，得到代善与他的大福晋大宴款待，并赠以名马财帛，前文已经说过。

当着众多贝勒和蒙古宾客，莽古济大闹婚宴，本来就让皇太极很下不来台，代善这样的做法，更让他感觉这二人有给自己示威、不把自己放在眼里的感觉。皇太极大怒，遣人去责问代善是何用心，而且盛怒之下，撇下众贝勒，独自先回盛京，进了宫后就紧闭宫门，不上朝也不许诸贝勒大臣进见。次日，他在内殿召集诸贝勒大臣，声色俱厉、长篇大论地训斥代善有六项罪行，指责莽古济一贯行为暴戾、谗毁他人；对皇上早就心怀怨恨，其夫琐诺木杜棱还假装酒醉，多次破口大骂皇上。所以，对她的险恶用心一定要提高警惕。随即议定莽古济的罪状三条："一、怨恨皇上；二、诬陷部属；三、与丈夫擅自出猎。"

诸贝勒大臣议拟革除代善大贝勒名号，削和硕贝勒爵，夺十牛录属人，罚银万两。莽古济革除公主名号，夺其所属满洲牛录并罚款。

代善服罪之后，皇太极又开恩免革代善贝勒爵，还给十牛录属人。对莽古济的处罚也恩免，却补充了一道特殊规定：今后所有亲戚，不许与莽古济往来，否则，处罚不贷。这样，就把莽古济一家彻底孤立起来。

天聪六年（公元1632年）年底，正蓝旗旗主莽古尔泰暴卒后，其弟德格类继为旗主。莽古济是德格类和莽古尔泰的亲姐姐，在这次事件中，德格类和莽古济的两个女婿岳托和豪格也受到处罚，理由是他们身为莽古济的亲戚，没有与她划清界限。

九月受罚，十月初二的夜里，德格类就像三年前的莽古尔泰一样，暴毙身亡了。据清朝官书记载，两兄弟临死前的症状如出一辙，都是"口不能言"，非常痛苦地死去，而且只说是"暴疾"，究竟是什么样的暴病却说不清楚。和莽古尔泰死时一样，德格类之死也获得汗王亲临其丧的崇高待遇。莽古尔泰死时，皇太极在灵前痛哭，并摘帽缨，着丧服，居侧殿，亲送灵舆到寝园后才回宫；德格类灵前，皇太极哭得更为悲痛，三更以后才离开，不回寝殿而在凤凰楼前设账幄而居，并撤馔三日以示哀悼。在诸贝勒大臣的再三劝解之下，汗王才回宫。

然而，一个月后，有人告发莽古尔泰兄妹三人合谋危害皇太极。抄家时，发现了十六块刻着"大金国皇帝之印"字样的木牌印，他们曾对佛跪焚盟誓，要夺皇位。这样重大的案情，处理也就非常严厉。莽古尔泰与弟德格类已死，于是决定将两人的坟墓平毁，骸骨抛洒；莽古济及知情的异父兄昂阿拉、莽古尔泰之子额必伦都被诛杀；参与盟誓的其他人并其亲友兄弟子侄一概凌迟，莽古尔泰和德格类的所有儿子也都降为庶人，所有人口财产抄没入官。有逃亡者向明朝官员报告："两家相争厮杀，四王子（皇太极）将大王子蟒五儿代（莽古尔泰）儿子三个俱都杀死，还杀死相关的重要人员一千多人。"莽古尔泰所属的正蓝旗收归皇太极自己统领。就此，形成了正黄、镶黄、正蓝的所谓上三旗。

这起案子牵连甚重，还运用了凌迟这样极其残酷的千刀万剐的酷刑，处罚之严、诛戮之惨，令人惊心。引起这起惊天大案的导火索、莽古济那个嫁给豪格做嫡福晋的女儿，本来并没有受到皇帝的直接处罚，出嫁了的姑娘是不用为母亲的行为承担责任的，但是，她依然没能逃出性命。

她的丈夫豪格，刚因与莽古济的关系受到处罚，心有余悸。对于这场惊天动地的大案，再不敢有丝毫懈怠，他审时度势，很快表明了自己在这场大火并中的立场，他义正词严地说："我乃皇上所生之子，妻之母既然想害我父，我怎能与谋害我父之女同处！"然后，亲自下手杀了他的妻子。

豪格用妻子的鲜血，向父亲清洗自己的嫌疑，表示效忠之心，挽回此前因为"不曾与岳母划清界限"在父亲心里扣掉的分数。事后，皇太极将莽古尔泰的妻子指婚给他，作为这次杀妻行为的补偿，还在分配莽古尔泰财产时，给了豪格诸多好处，分给他八个牛录的人口。

——和他同样娶了莽古济女儿的岳托被挤到了夹缝中，他们夫妻感情很好，心下不忍，皇太极问他怎么处理时，岳托反问道，"大汗要我怎么办？"皇太极不好下让他杀妻的旨意，饶过了他妻子的性命。但不久之后就在岳托家中发生了莫名其妙的魔魅事件，皇太极以此事为岳托之妻即莽古济的长女所为的理由，将她定罪幽闭，永远不得与岳托见面。

在这件事里，可见豪格对权势的热衷，也可以看到他在父亲面前的心态。但是，在次年，即崇德元年（公元 1636 年）六月，豪格刚当上亲王两个月后，就同上次的难兄难弟成亲王岳托一同被论罪，降级为贝勒，罢了掌理户部的职位。此事的起因，是岳托对谋逆案表示怀疑，说过"德格类哪有此事？定是妄言"的话，豪格没有告发，以"党附岳托"的罪名受到惩罚。诸王会议的结果，认定豪格与岳托结党，有怨恨皇上之心。但是在讨论对岳托、豪格如何处罚时却出现意见分歧，一半人主张处死，另一半人主张监禁。最后，由皇太极裁断，他说："虽然他们对朕抱有异心，朕如加以诛戮，将招致恶名。二人一为朕的儿子，一为朕的侄子，朕应以宽容对待他们。"以降爵、罢职、罚银了事。

豪格

两个月后，豪格用同睿亲王多尔衮一起攻锦州的功劳，换回了皇太极的原谅，让他仍旧管理户部。

好景不长，崇德二年（公元 1637 年），豪格属下的马屁精强迫一个蒙古部落酋长把女儿献给他，豪格没有治那个马屁精的罪，被皇太极再罢部务。这次的贬谪长达两年，直到他随同睿亲王伐明，入关、下山东，多所斩获，凯旋时，才因大功恢复了肃亲王爵，重管户部。

崇德五年（公元 1640 年），豪格又同睿亲王多尔衮一起去围困锦州，因擅自离城远驻，和多尔衮一起被处分。多尔衮的睿亲王爵被降为郡王，罚款一万两白银，夺两牛录;豪格的肃亲王爵被降为郡王,罚款八千两白银,夺一牛录。这一次贬谪又是两年,他戴罪立功,在大败洪承畴率领的十三万明军的战斗中功绩辉煌,崇德七年(公元1642年)七月,复封肃亲王。

虽然如此,他总还算是皇太极儿子里最有出息、有功劳的一个,心中自然怀有对储位的希冀之心。当宸妃盛宠,八阿哥刚生下来就被立为太子时,豪格一定极为失望。皇八子夭亡,他又重新有了机会,怎么能不全力争取?

现在皇太极驾崩,没有留下遗嘱,作为皇子中唯一的亲王,豪格已经成为大清国位高权重的人物。而皇长子的身份,更令豪格具有了其他宗室诸王包括多尔衮在内都不具备的优势,得到了不少人的支持,尤其是皇太极生前亲掌的两黄旗。

豪格与多尔衮,成为继位可能最大的两个待选者,剑拔弩张。说起来,豪格的母亲乌拉那拉氏是努尔哈赤的大妃、多尔衮生母阿巴亥的族姑,豪格也有许多次与多尔衮共同领兵的记录,他们多次并肩作战,经常是多尔衮为主帅,豪格为副帅,那颗传国玉玺就是二人一起拿到的。但是,战争上共同经历生死厮杀、协同配合,二人母族的亲戚关系,再加上叔侄血缘,却并没有在豪格与多尔衮之间催生出多少良好的关系与情感。

或许,这与皇太极对他们二人的态度有些关系。皇太极明显对多尔衮更为重视、赞赏,着力培养;豪格是他的亲生儿子,却不见他给豪格多少特别的关照,反而更为严苛。豪格比多尔衮年纪要大上几岁,上战场也比他早,对这个父亲口中大加赞扬的叔叔好像也并不服气。在围困锦州被处罚时,多尔衮自请死罪,豪格的表态意味颇有些复杂。他说:"多尔衮是亲王,我也是亲王,因为他是叔父,所以命令他为主帅。既然他失策犯了错,我跟着他,自然也该死。"言语之间,他对多尔衮多少有点忌妒、也有点不以为然。

现在,两个人站在了一个PK台上。

豪格是皇长子,并有很突出的战功,但是他母亲地位不高;他虽是黄旗下的一员大将,却不是一旗之旗主。因为两黄旗及正蓝旗是天子自将,旗主是皇帝本人。另外,从他不断犯大大小小的错误和杀妻求宠的行为来看,作为皇长子,他不无跋扈横暴之嫌。

然而,皇太极生前自领的两黄旗将士和多尔衮三兄弟所属的两白旗之间,关系不太和睦,而一旦多尔衮继位,两白旗的地位势必上升,而两黄旗不再是天子亲掌,其利益必然受到损害。因此,两黄旗的重臣特别不愿意看到多尔衮继位,他们的目光转向豪格。

## （六）各方博弈的结果：福临六岁登基

如果按照父死子立的方式，豪格是帝位的当然继承者。问题是兄终弟及，在满族先世也有俯拾即是的惯例。推举制已经没有努尔哈赤崩逝时那么大的威慑之力，而嫡长子继承，在当时的满洲也还不曾真正成型。这样的情况下，矛盾变得分外尖锐复杂。

各方蓄势待发，剑拔弩张，局势一触即发。原来旗主是皇帝本人的两黄旗，是大清国最精锐的队伍，集中了满洲的精兵强将，更享受着高于其他各旗的荣誉和待遇。要想维护他们的既得利益，立皇子继位是唯一的途径。豪格在皇子中年最长且居亲王高位，久经征战，声望素著，所以两黄旗大臣一开始把目光投向了他。

两白旗也在积极奔走计议。他们听说两黄旗要拥立豪格，坚决反对，都说："若立肃亲王，我等都活不成了！"一致拥戴他们的旗主多尔衮。多尔衮的同母哥哥阿济格、弟弟多铎和一批王公贝勒、高级将领跪在多尔衮面前，请求他当机立断继承大位。他们分析形势，认为死心塌地拥戴皇子的就是两黄旗那些人，甚至在两黄旗中，也有重臣拥戴多尔衮。因此，他们直截了当地告诉多尔衮，不必畏惧两黄旗。

豪格在两黄旗大臣的支持和怂恿下也积极展开活动，派人到郑亲王济尔哈朗府中，告知两黄旗大臣已定：立肃亲王豪格为君。济尔哈朗表示不反对，但是又提出尚需与睿亲王多尔衮和诸王商量。

原来的天子自将上三旗，显然拥立皇子；两白旗则坚持拥立皇弟；济尔哈朗的镶蓝旗倾向于上三旗，而也有继位可能的代善和他的两红旗态度暧昧，处身事外作壁上观。

在这种实力分布中，双方可能都感受到了形格势禁，都产生了投鼠忌器的心理。不管是多尔衮还是豪格，若想强行继位的话，都难免遭到激烈反弹，甚至引发满洲人的内乱。

多尔衮不动声色，仔细衡量各方面的力量对比。为了打破两白旗与两黄旗各持己见的僵局，在皇太极死后的第五天，八月十四日凌晨，多尔衮来到三官庙。他要在三官庙里会晤皇太极生前最为信任的内大臣索尼与图赖。这两个人都是由皇太极一手提拔起来的，是两黄旗中最为重要的管理大臣。多尔衮约见他们的目的，是要探询两黄旗对皇位继承人的最后态度。

索尼告诉多尔衮："先帝有皇子在，必立其一，其他的我们什么都不知道。"

多尔衮听完，没做任何表示就离开了三官庙。

索尼语气很坚定，看上去没有商量余地。这不是他一个人的看法，而是代表了整个两黄旗的态度。但是，索尼并没有说一定要立豪格，而是要在先帝的皇子中"必立其一"。内容实际上已经发生了很大变化。想来他们也已知道两白旗坚决反对立豪格为君的消息，对自己的立场做了一定的修正，后退了一步。——事实上，只要拥立的是皇子，他们将来就依然归皇帝亲领，利益并不会受到损失。

也有可能，他们得知了另一股力量的态度——皇太极的遗孀，大清尊贵的女主人们。宸妃海兰珠病逝后，五大福晋只余下四位。大福晋们手中没有直接的武装力量，却并不意味着她们对于谁来继承皇位的问题无所谓，漠不关心。首先，她们当然都是主张立皇子的，皇子即位，她们便是太后太妃，立了多尔衮，她们的利益与地位便会受到损害。

那么，立哪个皇子呢？豪格的生母乌拉那拉氏当然希望立自己的儿子，可是对四位大福晋来说，立一位年纪不比自己小多少甚至比自己年龄还大、与她们毫无亲缘关系、有功劳有地位的皇子，并不是一个有利于自身的选择。这样的皇子，怎么会尊重厚待她们呢？

此时由尊贵的五宫大福晋所生的皇子只有两个，一个是西次宫永福宫庄妃布木布泰所生的皇九子福临，当时刚刚五岁多；另一个是西麟趾宫贵妃娜木钟所生的皇十一子博穆博果尔，当时还不到两岁。皇后哲哲无子，以母亲的地位而论，福临和博穆博果尔是头一等，地位高于豪格，更高于其他侧妃庶妃所生之子，福临年纪稍长，但是西麟趾宫贵妃位在西次宫永福宫之先，博穆博果尔自然比福临更尊贵一点。

在皇九子福临与皇十一子博穆博果尔两个孩子之间，皇后哲哲自然要立亲侄女的儿子福临。她嫁予皇太极多年，是堂堂正正的皇后，西麟趾宫贵妃是无法和她相比的。

两黄旗旗主皇帝本人去世，皇后作为女主人，对旗下大臣自有她的影响力。所以，很有可能，两黄旗大臣得到了后宫之主派人送来的懿旨，向他们指出：两白旗坚决反对豪格继位，如果两黄旗依旧坚持，将会产生僵持不下甚至内乱的后果，不如就立福临，可以两全。

上三旗态度改变，镶蓝旗的济尔哈朗也会跟着改变。两红旗始终骑墙，不足为虑，关键就在两白旗有没有可能改变态度，最重要的就是多尔衮能不能退让了。

对多尔衮这一方，哲哲和布木布泰也不会安静地等待他的态度，而是会主动做出些什么。她们应该告知了他后宫的态度：上三旗和镶蓝旗可以扬弃豪格，但决不立皇弟。可以解决目前僵局的最好安排，是立福临、设辅政王，由多尔衮执政，掌握实权，辅佐幼主。皇后勉励多尔衮为国家大局着想，不要因争位而使祖宗百战艰难而获得的宏业毁于一旦。皇后和庄妃的态度，应该是很温柔、很恳切的，调动起自己全部的智慧和情感，来打动多尔衮的心。他们认识很多年了，他的嫡福晋也是科尔沁博尔济吉特氏家族的格格，是庄妃的堂姐、皇后哲哲的堂侄女。

传说里，庄妃是用爱情征服了多尔衮。在这样的时刻，我相信，为了儿子的皇位，为了自己的未来，布木布泰什么都不会吝惜。她或许不会有什么直白明确的行动，却一定会温婉地用目光、用表情、用姿态、用所有的热情，表白自己的心意，成为压倒多尔衮决定的最后一根稻草。按照满洲旧俗，皇太极已死，只要过了丧期，他们两个要在一起，是并没有什么障碍的。

多尔衮面对这样的情势，如何抉择？

和硕兄礼亲王代善，也被请进清宁宫，同皇后皇妃商讨过继位的人选。老迈的礼亲王总是那样模棱两可，其实他心里有数，也已拿定了主意。他本来是有资格问鼎的，但是，他老了，雄心不再，已经无意跟弟弟和侄子争位，那么，就要尽力保证国家和自己的利益。

八月十四日上午，崇政殿中，皇太极灵柩之前，王公亲贵齐集推举大清皇帝的继承人。

皇太极驾崩已经五天，这五天中有多少幕后活动，难以记述。现在到了公开较量的白热化阶段了。此时，全副武装的两黄旗精兵已经把皇城内外围得铁桶一般。按照制度，皇宫警卫历来由皇帝自领的两黄旗护军担任。不同的是，今天拱卫的兵力显然比平时多得多，崇政殿沿途与四周也被围得水泄不通。

会议的过程，被一位在大清做人质的朝鲜世子写在了秘密报告中。他在滞留沈阳期间，颇受满清王公贝勒们的礼遇，交游很广泛，了解许多大清朝高层的秘密，很多重要的场合都有所参加。他的《沈馆录》中记载了这样的情形：

这一天的黎明时分，两黄旗大臣便会于大清门对天盟誓，要同心协力，誓立皇子。两黄旗的巴牙喇兵张弓挟矢，环立宫殿，说是保卫会议，其实大有武力威慑的意思。他们本来便有护卫皇宫的职责，能比其他旗更方便、更名正言顺地控制会场。

这样一来，议立嗣君的会议一上来气氛就非常紧张。

会议一开始，索尼和鳌拜抢先发言，提出了立皇子的要求。多尔衮命大臣们暂退，因为这是诸王议立嗣君的会议，大臣无权参与。大臣们遂退后静听，不再出声。

冷场片刻，资历最高、年长威重的礼亲王首先发言，他说："帝逝当立皇子。豪格乃帝之长子，当继皇位。"

郑亲王济尔哈朗接着表示附和礼亲王的意见。

肃亲王豪格说："我福少德薄，不能当此大任！"说罢，竟退出会场。——或许，他已经通过某些渠道探知了自己的处境，自知无力回天？

总之，他的离场，使自己再无半点机会。

豪格一走，豫郡王多铎和武英郡王阿济格就更加坚决地反对立豪格，说两白旗大臣都怕豪格继位后不得活路，可知他如何的不得人心。

本人退席、反对者又非常强烈，代善和济尔哈朗顺势收回提议。随后，阿济格与多铎提议多尔衮继位，多尔衮沉吟不语，未置可否。多铎即声称："你若不愿意，就立我为帝。我的名字是在太祖遗诏里的。"

多尔衮迅即反驳道："太祖遗诏里也提到了肃亲王豪格的名字，不只是你一个人。"

多铎气鼓鼓地说："要是不立我，论长就该立礼亲王！"

礼亲王一听多铎提到的三个人选：多尔衮、多铎自己，还有他代善，都是皇太极的兄弟，没有一个是皇子，便十分圆滑又十分巧妙地说："睿亲王若应允，当然是国家之福；否则还是应该立皇子。我老了，难胜此任了。"

代善把自己的意见最后又落实到了"立皇子"，这无疑是对两黄旗大臣的一种提示，也无异于火上浇油，他们一齐佩剑而前，大声说道："我们吃穿都是皇帝恩赐，养育之恩大于天！如果不立皇帝之子，我们宁可从死皇帝于地下！"

会场的气氛骤然紧张起来。"从死皇帝于地下"，充满火药气息，表明不惜一战的决心。

在这一触即发的时刻，代善说道："我是皇帝的大哥，我老啦，皇帝在时，我都不参与国家大事，现在哪里还能过问这么大的事？"

随即起身离开了会场。

阿济格见多尔衮已经继位无望，也跟在代善后面走掉了。

多铎眼看事态突变，便也不作声了。一直在观望中的济尔哈朗更是一言不发。

多尔衮则当机立断，顺着两黄旗大臣的话说道：

"你们说得对！肃亲王既然谦让退出，无继位之意，那就当立皇九子福临为帝。只是他还年幼，由我和郑亲王左右辅政，分掌八旗军。待他年长之后，当即归政。"

这一折中方案，符合两黄旗大臣立皇子的要求，保住了他们上三旗的地位；两白旗因多尔衮为摄政王也得到实利；济尔哈朗与代善都没有任何损失；而且多尔衮与济尔哈朗左右辅政，也是皇太极崇德末年的实际状况，顺理成章。

唯一一无所获的，是豪格。他既已离场，而且，失去了黄旗的力挺，不足为患。

多数人的意愿被满足了，各派政治势力再度达到了新的平衡。

大家按照惯例，在崇政殿共同盟誓，效忠皇帝，绝无异心。诸王、贝勒与满蒙汉文武大臣都参加了盟誓。

崇德八年（公元1643年）八月二十六日，六岁的福临在大政殿正式举行了即皇帝位的盛大典礼，改明年为顺治元年，尊中宫皇后哲哲和生母西永福宫庄妃布木布泰为皇太后，命叔父睿亲王多尔衮、从叔父郑亲王济尔哈朗共同辅政。

此时此刻，多尔衮和豪格，想必心里都十分不是滋味。他们都觉得，自己比一个六岁的孩子更有资格、更有能力来坐那个宝座，却因为形势所迫使大好机会从身边溜走。

福临的优点，就在于他的"弱"，他的"小"，所以，不会给任何一方带来威胁。并且，只有他即位，能容留出一个"辅政"的空间，来协调各方的利益与要求。他的母亲以巧妙的方式四两拨千斤，借助各方的冲突，将他送上皇位。

或者说，正是因为皇长子豪格和皇弟多尔衮两派势均力敌，才有了福临的机会。

他们不能接受对方，也没有足够的压倒性实力迫使对方接受自己而剑拔弩张，不惜以武力相拼。千钧一发之际，哲哲和布木布泰这一对科尔沁博尔济吉特家的姑侄，以国母皇妃之尊，以两黄旗主母的身份介入争端，软化了双方的立场，以幼主登基、叔王摄政的折中方案，避免了流血冲突，避免了满洲八旗的分裂和大清国的内战。

登基大典这一天，福临表现不俗，留下了不少轶事传闻。

据说，小福临离开永福宫前往大政殿时，已是秋凉，宫女跪进貂裘披风。小皇帝看了一眼就推开了，说："这披风里子不是明黄的，朕岂能着它？"

出了宫门，高大华丽的御辇在阶下候着。福临的乳母李嬷嬷习惯地抱起小福临，就要一同上辇入座。福临却一本正经地对她说："这不是你能坐的。"李嬷嬷先是一愣，接着满脸笑容，把福临安置在御辇中，自己在道边跪送。

大政殿内外，庄严肃穆地排列着仪仗卤簿、侍卫亲兵、文武百官、王公贵族，这样的场面没有使这个六岁的小男孩慌乱失措，反倒是那些长辈的脸叫他心里疑惑起来：他悄悄问身边的内大臣："一会儿诸位王伯王叔王兄来朝贺，朕应当答礼呢，还是应当坐受？"内大臣说："不宜答礼。"接下来钟鼓齐鸣，王公百官朝贺跪拜之时，那个小小的男孩便端坐龙椅，安然受拜，俨然天子之风。

喀尔喀蒙古的使者朝拜的时候，举止不合规范，起落与众人不齐。小皇帝板起了脸，问："这是什么人，怎么不会行礼？"侍臣赶忙回答说，因是远方使者，礼节未能娴熟。福临这才微微点头，表示理解。

朝贺完毕，按照礼仪，王公大臣们应当恭送皇上退朝出大政殿回宫。福临却走到白发苍苍、德高望重的礼亲王代善面前，一再谦让，定要礼亲王先行，才肯升辇回宫。礼亲王十分感动，老泪纵横……

这些故事里，可能有为表明顺治皇帝"天纵英明"夸大和渲染的成分，就像他出生时"满室异香、红光满天"一样。不过，作为皇太极和布木布泰的儿子，自幼耳濡目染，做出这样的举动也并不十奇怪。

小皇帝坐在了龙椅之上，背后，是他美丽聪明、洞察人心的母亲。

但是，皇帝不是容易做的，所有的一切，才刚刚开始。

## 顺治迁都

福临登极，意味着清朝历史进入了新帝时代，然而，刚刚即位的新帝毕竟年龄幼小，一切事务，均仰仗摄政王操持。甚至，定鼎中原的战争，也是在摄政王多尔衮的领导下进行，并取得成功的。在福临正式亲政之前，清初历史舞台上，活跃着一个比帝王还要重要的人物——摄政王多尔衮。

## （一）帝位争夺战的后遗症

登基大典进行完毕后不久，王公大臣们再次齐集崇德殿，送走皇太极的梓宫，至此，老皇帝的时代宣告终结，新的帝王时代已经开始。帝位争夺战虽然暂告结束，而后遗症却需要一一根治。此时拿起手术刀，冷静娴熟地进行一次次外科手术的并非新帝福临，而是作为辅政王，并在崇德八年（1643）正式称摄政王的多尔衮。

帝位争夺战最大的后遗症当然是失败者们，因为失败，所获得的利益最少，怨气最多，也就最容易起异心，他们当然成为首要的靶子了。豪格毫无争议地成为第一个靶子。

福临称帝，最痛苦最懊悔的人就是豪格。所谓大意失荆州，心气很高、势在必得的豪格没有料到，在斗争的最后一刻会因为自己用于摆姿态的辞让坏了大事，更没料到的是，他视为敌手的多尔衮会在最后一刻改变策略，转而支持福临。他提及此事，曾后悔莫及地说，"由今思之，殆失计矣"，但后悔毕竟无补于事。豪格满腹牢骚，无处发泄。

对多尔衮来说，豪格何尝不是眼中钉、肉中刺，如果没有豪格及两黄旗作梗，多尔衮又何须屈居辅政与摄政的地位。更何况，彼此既然已经视为仇敌，对仇家就无法客气，更无法和平共处了。重要的是，寻找到豪格的破绽，并一举铲除之。多尔衮很快等到了豪格的把柄。福临被拥立七个月后，豪格被部下揭发。正黄旗固山额真何洛会揭发说，豪格曾经当面大发牢骚，发泄对多尔衮的不满，他说："固山额真谭泰、护军统领图赖、启心郎索尼向皆附我，今伊等乃率二旗附和和硕睿亲王。夫睿亲王素善病，岂能终摄政之事。能者彼即收用，则无能者我当收之……尔等受我之恩，当为我效力。"甚至还说，"和硕睿亲王，非有福人，乃有疾人也。其寿几何？而能终其事乎？设不克终事，尔时以异姓之人主国政，可乎？"昔日的亲信谭泰及护军统领图赖、启心郎索尼离开豪格，率二旗附会多尔衮，豪格难免不胜恼怒。作为失败者，私下里发一些牢骚是难免的，可怕的是这些私下里发的牢骚被视为亲信的人出卖，并被作为把柄。

多尔衮就是根据何洛会的揭发，给予豪格相应的罪名。多尔衮以豪格"其罪过多"，"夺所属七牛录人员，罚银五千两，废为庶人"。而豪格的死党也一一受到整治。多尔衮以"附王为乱，不行举首"为名，将固山额真俄莫克图、议政大臣杨善、甲喇章京伊成格、罗硕等人弃市。何洛会检举有功，多尔衮便将没收的俄莫克图、伊成格的家产赏赐给他。另外，叛主投靠的图赖得到杨善、罗硕的家产，谭泰则被赐予玲珑鞍辔和马一匹、银二百两。

豪格的阵营分崩瓦解，而对豪格的惩罚却远未结束。顺治元年（1644）十月，豪格被恢复和硕肃亲王的爵位，不久，便被派遣进入山东，协助地方，稳定漕运，拱卫京畿，配合多铎渡江进攻南明福王政权。豪格此行，屡建战功，在山东平定满家洞抗清义军十余支，填塞二百五十一洞，多有斩获，收降弘光朝军队二十万人。然而，豪格回京，未得任何赏赐。多尔衮故意冷落豪格，似乎在等待豪格继续发牢骚一般。

顺治三年（1646），豪格被派到四川征讨张献忠的大西军。豪格率兵至西安，廓清了李自成大顺军余部。五月，又兵发汉中，击败大西军贺珍部。十一月，招降大西军百丈关守将，并在此后的作战中射杀张献忠。此后，豪格继续领兵深入四川，平定荣昌、富顺、资阳、内江、隆昌、夔州、遵义等地的农民军。一去两年有余，战功赫赫，旋师回朝，不仅未见半点赏赐，却有新的噩运临头。顺治五年（1648）二月，就在豪格回京当天，多尔衮便以争功为由，处罚了追随豪格麾下的将领希尔艮，随即，豪格手下的其他将领鳌拜、苏纳海、觉罗巴哈纳等分别被处以降职、停赏的处分。随即，豪格再一次被检举揭发，定以三条罪名，其一，捷报征服四川已经两年，而四川地方却没完全平静；其二，推举多尔衮的政敌杨善之弟机赛补任护军统领；其三，姑息希尔艮，不予处罚。如此三罪并罚，豪格被处以幽闭之罪。一月之后，豪格暴死狱中，在战场上英姿飒爽、战功赫赫的豪格未能战死沙场，却在政敌的迫害下郁郁而终。多尔衮将自己的侄子迫害致死后，又将豪格的福晋博尔济吉特氏纳为妃子。据说，幽闭期间，豪格曾经对阿济格尼堪、苏拜发誓说，"将我释放则已，如不释放，毋谓我系恋诸子也，我将诸子必以石掷杀之。"临死仍诅咒多尔衮不得善终，心中怨恨不已。

顺治亲政后，豪格的冤屈才得以昭雪，顺治皇帝亲自为他平反，复封为和硕肃亲王，并在其墓地建碑记功。顺治十三年（1656），追谥为"武"，尊称为"武肃亲王"。

作为帝位争夺战的最主要的后遗症，豪格在多尔衮的外科手术中，如同痈疽一样被轻巧摘掉了。而其他的遗留问题，多尔衮将用裁枝剪叶的手法一一根除。

裁枝剪叶的手法在对付豪格的时候就已经用过，对两黄旗大臣，多尔衮分而治之，一手打，一手拉。在何洛会揭发豪格的事件中，受罚者与获奖者均是两黄旗的人，多尔衮在两黄旗中成功策反，瓦解了豪格的力量。那么，接下来，多尔衮的其他政敌也将一一受到制裁。

树倒猢狲散，当年依附豪格的两黄旗大臣逐渐感到了危机。多尔衮还记得崇政殿会议前在三官庙碰的索尼的软钉子。并且，福临即位后，索尼等人担心多尔衮谋篡皇位，曾同"谭泰、图赖、巩阿岱、锡翰、鳌拜盟于三官庙，誓辅幼主，六人如同一体"。索尼的所作所为，已经成为多尔衮的巨大威胁。尤为可怕的是，索尼与图赖为人正直，不受威胁，亦不受利诱，六人之中如谭泰、巩阿岱、锡翰已经逐渐转化，背盟依附多尔衮，而索尼与图赖则始终不予妥协。

多尔衮首先收买谭泰告发索尼"以内库漆琴与人，及使牧者秣马库院"等罪名，索尼因之被罢官。到顺治五年（1648），贝子吞齐告发索尼与图赖谋立肃亲王，索尼被抄没家产，安置昭陵，成为孤苦伶仃的守陵人。图赖亦因正直，多次与多尔衮龃龉，到顺治五年，图赖本人已经病死多年，但迫害并未告终止。多尔衮命追夺图赖公爵，籍没家产，革其子辉塞所袭世职，夺所有投充人役及赏赐之物，其兄弟子侄充当侍卫者被全部辞退，整个家族就此萧条。

当豪格的势力逐渐被清除之后，多尔衮的视线转向另外一些权力征途上的障碍物。当年，迫于压力，二王辅政，另外一个辅政王济尔哈朗的势力日益受到关注。实际上，济尔哈朗早在得到辅政地位的同时就保持低调，甘居多尔衮之后。崇德八年（1643）十月，福临登极后不久，济尔哈朗就带兵前往中后所、前屯卫、中前所军事前线，征讨明军，朝中执掌大权的辅政王只有一人，就是多尔衮。顺治元年（1644）正月，济尔哈朗主动召集内三院、六部、都察院、理藩院上官，谕之曰："嗣后凡各衙门办理事务或有应白于我二王者，或有记档者，皆先启知睿亲王。档子书名，亦宜先书睿亲王名。其坐立班次及行礼仪注，俱照前例行。"济尔哈朗已经明确表态愿意让出第一辅政的位置，却仍然难以免除祸患。

顺治四年（1647）正月，多尔衮以济尔哈朗府第逾制为由，罚银千两，并令多铎与济尔哈朗共听政务。顺治四年，济尔哈朗被罢辅政，而多铎则被令参与决策内院、六部、都察院、理藩院事务。顺治五年（1648）三月，贝子吞齐等人告发济尔哈朗的种种罪状，多尔衮抓住机会，召集诸王会议，济尔哈朗被论死。最后多尔衮裁定，免死，降为多罗郡王，罚银五千两。济尔哈朗逐渐被排挤出统治核心。

多尔衮沉着冷静地挥舞着权力所赋予的剪刀，在朝堂之上旁若无人地裁枝剪叶。政敌被一一清理，亲信被一一扶植。多尔衮着力扶植的当然是同母所生的两个兄弟——阿济格和多铎。顺治元年（1644）四月，多尔衮三兄弟齐率大兵进军山海关，同年十月，福临迁都北京，大赏功臣，阿济格晋为和硕英亲王，多铎晋为和硕豫亲王。此后，多尔衮将追剿农民军的重任也分别交给两位兄弟。顺治二年（1645）十月，多铎凯旋回京，顺治帝亲自出正阳门，到南苑附近迎接，几天后，多铎被加封为和硕德豫亲王，"赐黑狐皮帽、貂皮朝服褂各一；金五千两，银五万两；玲珑鞍、漆鞍马各一匹，空马八匹"。顺治四年（1647）七月，为了进一步扶植多铎，多尔衮召集内大臣、各部尚书、启心郎等官，声称：

兹内大臣、礼部佥以和硕德豫亲王剿灭流寇，咸定陕西，殄福王、平江南及击败喀尔喀部落土谢图汗、硕雷汗，厥功甚懋，应进封辅政叔德豫亲王。予初念及此，尚以王为余季弟，故犹豫未果。然予恭摄大政，简贤黜不肖，国之钜典，勿容瞻顾。尔等诸王定议以闻。

诸大臣聆听之后，当然只有唯唯诺诺，表示同意，于是，济尔哈朗的位置由多铎替代。

一方面，多尔衮尽其能事，奖励多铎；另一方面，也竭尽全力，包容擅长惹祸的兄长阿济格。阿济格行事粗野，易惹祸端，但作战凶猛，英勇顽强，他为大清王朝建下不少功勋，同时也滋生了很多是非。对待阿济格，多尔衮尽可能地弥和其罪过，而大肆表彰其功勋。

顺治元年（1644）五月，多尔衮挥师入关，阿济格主张大肆屠杀抢掠，撤离北京，退守山海关或者还守沈阳，与多尔衮的战略思想完全相悖。但多尔衮不以为意，仍旧大力提携兄长。同年十月，阿济格被委以靖远大将军的重任，率师进攻陕西的大顺军。行军途中，阿济格自恃满洲亲王，清军所过，藐视有司，无理干涉地方行政。甚至还绕道鄂尔多斯、土默特地方，妄行索取马匹。为此，直到多铎一军攻下西岸，朝廷尚不知阿济格一军所在何处。多尔衮面子难堪，虽恼怒不已，却拿阿济格没有办法。后来，阿济格在追击大顺军过程中八战告捷，立了一些军功，多尔衮马上欢欣不已，立即派人到军中慰问，并认为阿济格"运筹决胜，茂著勋庸"。

顺治五年（1648）九月，阿济格被派去天津、曹县征剿农民抗清义军。两个月后，又被派遣进驻大同。这一次出师，阿济格紧急催办粮草，丝毫不讲究策略，动辄欲行杀戮，搞得绅士军民苦不可当。甚至，阿济格还纵容部下糟蹋民间出嫁的新娘。由于阿济格行事冲动，粗暴无理，直接导致大同总兵姜瓖反叛。这次反叛，是多尔衮摄政时期投入兵力最多、最难平定的一起叛乱。阿济格给多尔衮造成了棘手的麻烦，但多尔衮并未追查其责任，而是当即派遣他为平西大将军，率军讨伐。

平定叛乱之时，阿济格亦相当卖力，期间，他的两位福晋染天花而亡，多尔衮命阿济格回京料理丧事，阿济格上疏拒绝："王恭摄大政，正在为国不遑之际。若不乘此效力，更于何时？今余不复希冀富贵，但以丈夫重名誉，欲佐命效力，俾后世垂名史册尔。以妻死之故，弃大事而归，有是理乎！"阿济格一番话，深明大义，令多尔衮感动不已。

除了有阿济格和多铎作为左膀右臂之外，多尔衮还拉拢了两黄旗的部分大臣，使其投入麾下效力。这样一来，多尔衮裁剪掉一些多余的枝叶后，亦形成了自己的坚固阵营。多尔衮的势力更加羽翼丰满，开始以辅政、摄政的身份威福自专，在福临正式执政之前决定着满族以及大清王朝的历史命运。

### （二）李自成进北京

17世纪，整个世界都处于一种震荡之中。而17世纪中叶的中国，关外与关内则俨然两个世界。崇德八年（1643），关外满族痛失领袖，皇族内部因继统问题引起不大不小的纷争，这些因皇太极崩逝所引起的骚动，仍局限在山海关外，甚至局限于盛京，以及王公大臣们内部。随着继统问题的顺利解决，这些震荡逐步趋于平复，并逐渐消失，并未过多地传入山海关内。然而，山海关内，尤其是作为大明王朝都城的北京，经历着更为持久和异常的震荡，这些震荡，是不那么容易消弭的。

这一时期的关内大明王朝的都城北京，如同落日即将西垂，迟暮之态毕现，危机现象百出，人们生活在一种莫名的恐怖与不安之中。

崇祯十六年（清崇德八年，公元1643年），北京城内瘟疫流行，很多人早上得病，晚上即死去，甚至一家数口同日毙命。当时人们认为天降瘟疫，惶惶不安。明朝的统治者崇祯皇帝自己祈祷无效，就命令道士打醮祈安，终无效果。当时北京城几乎变成了一座鬼城，有的商店收的银钱，据传说转眼间就变成了废纸，于是各店家纷纷在门口放置一盆清水，将收到的银钱先放在水盆中，以验明真伪。在北京城周围，有的地方农民终日敲打铜锣等物，以驱赶魔鬼。这种声音在皇宫中甚至都可以听到。崇祯皇帝下令禁止，却仍然可以在漆黑的夜里听到这种恐怖的声音，仿佛更可怕的灾难即将来临。

由于明朝统治日益黑暗腐朽，人民处于水深火热之中，农民起义陆续发生，并不断壮大。崇祯十六年（1643），李自成率领的农民军相继攻克襄阳、荆州、德安等地，又经过汝州战役，击败明军主力。十一月，攻破潼关，占领西安，分兵进攻汉中、榆林、甘肃等地。到年底，已经占领西北以及河南中、西部及湖广的数十府县。另外一支农民军在张献忠率领下，进入湖广，攻克汉阳、武昌，转战湘鄂赣数省。一时之间，群雄蜂出，中国大地上出现了多支颇具实力的军事力量，关外的满族、北京的明王朝，以及活跃的李自成和张献忠的农民军队伍。

而此后的一年，公元1644年成为决定多支武装力量前途的重要一年。

这一年的正月初一日，关外盛京（今沈阳）洋溢在节日的喜悦之中，年幼的皇帝福临至堂子行礼，上殿接受朝贺。在经历了帝位的新陈代谢后，满族统治者踌躇满志地筹备着新的军事部署和目标。

农民军领袖李自成亦在西安正式建国，国号大顺，改元永昌，并造甲申历，铸永昌钱，定军制，平物价，减赋税，开科取士，增设官职，热闹非常。逐渐站稳脚跟的农民军政权亦在酝酿新的军事行动。

而北京城内的明王朝，则一派凄凉与萧条。崇祯帝视朝，立班者仅锦衣卫一人，懊恼的崇祯帝下令鸣钟，钟声不止，城门不闭，而良久未见群臣。稍后群臣渐至，却个个狼狈不堪，朝班混乱。

正月初三日，农民军领袖李自成率领大军渡黄河，并移牒明朝兵部，相约决战，并声称将于三月初十日至京。山海关内的明王朝，已是危在旦夕。

明崇祯十七年（清顺治元年，公元1644年）三月十八日夜，这是一个不平静的夜晚。史书中关于该夜的记载众多而不尽相同。历史赋予这一个夜晚以非同寻常的意义，这一夜标志着统治关内达二百余年的明朝政权正式崩溃瓦解。由于官书对此语焉不详，民间的史家们根据传闻，根据亲历的细节，在私修史书中以不同的侧面再现了当日情形。

当夜，北京城城门俱开，农民军控制了全城，城中官民自上而下惊魂难定。悲惨的事件屡屡发生，而普遍被认为最悲惨的是皇族的命运。据说，紫禁城内，崇祯皇帝朱由检带着心腹太监王承恩跑到煤山上四处瞭望，旌旗招展，俱是农民军的旗号，知大势已去，于是返回乾清宫，处理善后。朱由检先命皇后自尽，周皇后含泪答应，又命太子及定王、永王易装逃生，并告诫说，务必谨慎小心，如途中遇老者当呼为老爹，幼者呼为相公，文人呼为先生，军人呼为户长，或者长官，并告诫儿子们勿忘今日之耻辱。一生小心谨慎、注重细节的崇祯皇帝似乎在人生的最后一刻仍然没有摆脱婆婆妈妈的絮叨。送走儿子们后，朱由检回到坤宁宫，见周皇后已经上吊自尽，女儿长平公主在身旁痛哭不已，遂挥剑砍向女儿，长平公主的手臂被砍断，昏厥过去。妻离子散的人间悲剧在皇室上演。

崇祯皇帝易服后携太监王承恩等数十人，持枪执斧出东华门，至朝阳门、崇文门、正阳门，均不得出，又走安定门，城门坚固不可启，无奈返回宫中。最后，在司礼监太监王承恩的陪同下，朱由检登上煤山（今北京景山），在寿皇亭附近的一棵大树下上吊自杀，王承恩也随之自缢。明朝的最后一代君主以最惨烈的方式结束了生命。

李自成率千骑从正阳门入城，京师居民设大顺永昌香案迎接。李自成拔箭去镞，连发三箭，约定说，"军兵入城，有敢伤一人者斩，以为令。"着毡笠缥衣，乘乌驳马，李自成由承乾门入宫，登皇极殿，命故明百官于二十一日朝觐。

三月二十日，北京城在一片喧闹声中迎来黎明。到处是农民起义军胜利的呐喊声，城内的老百姓怔忡地看着城门上高高悬起的白色灯笼，一时之间，不知道是喜是悲。仅仅一夜之间，江山易色，王朝鼎革。这一巨大的历史变动产生了波及全国的声势浩大的冲击波，震撼着人们的心灵。历史展开了新的一页，而人们也将在新的坐标系中选择合适的位置，定位并继续人生。比较而言，被撼动根本的是明朝的皇室，是自崇祯皇帝朱由检到大大小小的皇室宗亲们。

晨光熹微中，紫禁城内的寂静令人心慌。宫殿内一片狼藉，珠宝、书画、瓷器零乱地散落各处，显示出这里经历过一场争夺。人们在宫殿内没有找到崇祯皇帝的尸体。三天后，在煤山寿皇亭，崇祯的尸体才被发现。场面极其狼狈，朱由检披散头发，以发覆面，身穿蓝衣，左足裸露，右足穿朱履，衣前书曰："朕凉德藐躬，上干天咎。然皆诸臣误朕。朕死无面目见祖宗，自去冠冕，以发覆面，任贼分裂，无伤百姓一人。"有关崇祯皇帝的临终遗言史家记载纷纭，互有出入，但大致意思则都为体现皇帝的哀伤与怨恨、痛苦和果敢，对于明朝的最后一位统治者，人们给予的更多的是同情和思念。

一代明朝天子的生命就此终结，大明二百余年的江山社稷也随之轰然倒塌。大顺军占领京城，江山易主，山河变色。

### （三）山海关之战

山海关内局势的发展变化或多或少地传到了关外。根据史料的记载，早在天聪崇德年间，一批降附的汉族已经向皇太极汇报过有关农民军的情况。松锦之战后，多年来镇压农民军的洪承畴降附，有关该方面的信息则知之更多。多尔衮显然对农民军方面也有较为粗浅的了解，顺治元年（1644）的一封书信暴露了当时的微妙关系。

在《明清史料》丙编中收录了这样一封书信，是多尔衮派人与陕西农民军联系时所写，信中言：

大清国皇帝致书于南据明地之诸帅

朕与公等山河远隔，但闻战胜攻取之名，不能悉知称号，故书中不及，幸毋以此而介意也。兹者致书，欲与诸公协谋同力，并取中原，倘混一区宇，富贵共之矣，不知尊意何如耳。惟速驰书使，倾怀以告，是诚至愿也。顺治元年正月二十六日。

可见，顺治元年之初，远在关外的满族统治者已经开始注意洞察关内的动向，并有了并取中原的雄心。只不过，随着局势的发展，并取逐步改为独取。毕竟，此时多尔衮仅能耳闻一些信息，由于信息传播速度的问题，他尚无法得知关内的确切动向。无论怎样，在关内农民起义的烽火如火如荼之时，关外的满族正秣马厉兵，欲求渔翁之利。

多尔衮积极备战，修整兵器，准备相时而动，而真正促成清军入关的则是范文程出军前的上书。四月初四日，范文程上书摄政王，"中原百姓，塞罹丧乱，茶苦已极，黔首无依，思择令主"，"是明之受病种种，已不可治"。通过分析明朝境内局势，范文程认为，有明之劲敌，一为农民军，即流寇，一为关外的满族政权。明朝政权丧失民心，"如秦失其鹿，楚汉逐之，是我非与明朝争，实与流寇争也。战必胜，攻必取，贼不如我；顺民心，招百姓，我不如贼。"分析了满族政权与农民军政权的利弊之后，范文程进一步提出了入关作战的方针政策，认为，其一，"宣谕以昔日不守内地之由，及今进去中原之意。而官仍其职，民复其业，录其贤能，恤其无告"，因此，入关作战应严格约束八旗士兵，秋毫无犯。其二，"夫如是，则大河以北可传檄而定也，河北一定，可令各城官吏移其妻子避患于我军，因以为质。又拔其德誉素著者置之班行，俾各朝夕献纳，以资辅翼"。其三，"此行或直燕京，或相机攻取，要当于入边之后，山海长城以西，择一坚城，屯兵而守，以为门户"。

范文程的上书，在战略上为八旗劲旅中原作战开辟了道路，立即得到多尔衮的重视。四月七日，摄政和硕睿亲王正式决定要统率大军，出师中原，并祭告太祖、太宗。

四月初八日，顺治帝在笃恭殿，赐多尔衮敕印。敕文曰：

念当此创业垂统之时，征讨之举，所关甚重。朕年幼冲，未能亲履戎行，特命尔摄政和硕睿亲王多尔衮代统大军，往定中原。用加殊礼，赐以御用纛盖等物，特授奉命大将军印。一切赏罚，俱便宜从事。至攻取方略，尔王钦承皇考圣训，谅已素谙。其诸王、贝勒、贝子、公、大臣等，事大将军当如事朕，同心协力，以图进取。

四月初九日，多尔衮统豫郡王多铎、武英郡王阿济格、恭顺王孔有德、怀顺王耿仲明、智顺王尚可喜、多罗贝勒罗洛宏、固山贝子尼堪、博洛、辅国公满达海、吞奇喀、博和托、和托等等，至堂子行礼，又陈列八纛向天行礼。然后统率满洲、蒙古兵三分之二以及汉军恭顺等三王和续顺公所部兵，鸣炮启行。如同一只展翅的雄鹰，多尔衮率领着八旗士兵，要奋勇翱翔在山海关之内的战场上。

范文程

就在关外满族力争用最短的时间解决内部纷争，消弭因继统问题而带来的波动的同时，山海关之内，刚刚进入北京城的农民军也在争取时间。多尔衮率兵鸣炮启行动当日，正值志得意满的农民军领袖商议登极称帝之时。

四月初，农民军入城后，以牛金星、宋献策为代表的官员已经开始筹划李自成称帝事宜，并正遵循着历代王朝鼎革之际上演的劝进与婉拒的模式逐步走向正式日程。四月初九日，牛金星等再次劝李自成登极称帝，并提议于十七日正式即帝位。与此同时，制将军李岩上书条陈四事：其一，择吉期迎进大内，次议登基大典；其二，对明官除死难归降者外，其余应分三等区别对待；其三，各营兵马应皆退出北京城外，听候调遣出征；其四，及时招抚吴三桂。李岩的上书，针对农民军面临的局势，提出了相应的解决方案。尤其是，他敏锐地察觉到农民军入北京城后所面临的潜在危机，甚至提出了争取吴三桂的重要性，这些对农民军在城内站稳脚跟，坐稳江山都至关重要。可惜，刚刚入城的农民军，上下将领为突来的胜利喜悦所蒙蔽，未曾意识到李岩上书的意义，李自成仅仅批示为知道了，仅此而已，未能落实，从而为此后的败退埋下伏笔。

李岩提示李自成注意吴三桂的动向，并争取吴三桂，显然是十分明智的，因为，吴三桂所处的位置，乃兵家必争之地，而争取其人，对决定战争走向，亦至关重要。山海关之战，则成为影响战局的重要战役。

有意思的是，最初的满族贵族同农民军一样，丝毫没有意识到吴三桂的重要性。吴三桂，明平西伯，山海关总兵，三月初，明崇祯帝迫于农民军逼近，曾飞檄命吴三桂弃宁远入关，保卫京师。然而奇怪的是，吴三桂虽然兵发京师，但仅仅日行数十里，丝毫不急于为崇祯帝排忧解难，大概早生异心了。吴三桂的舅父祖大寿、上司洪承畴、兄长吴三凤、表兄弟祖可法、亲友张存仁等，都已降附清朝，并竭力劝吴归顺清朝。吴三桂本人确在关外拥有大量田庄和财产，明王朝已经分崩离析，他正在寻找新的政治依托也是非常可能的。只是，他究竟选择哪一方呢？

三月二十日，农民军攻进北京城，吴三桂的军队刚刚行进至丰润，仿佛为一路慢进找到了最终的理由，吴三桂立即返师山海关。三月二十七日，吴三桂的举动更加令人怀疑，他命部下袭击大顺守关兵，并派遣副将杨坤、游击郭云龙向清朝乞师，其书曰："先帝不幸，九庙灰烬。今贼首僭称尊号，掳掠妇女财帛，罪恶已极。"吴三桂蒙受明朝厚恩，愿肝脑涂地以报，奈何京东地小，兵力未集，故向满族统治者泣血求助。吴三桂提出，希望满族统治者"速选精兵，直入中协西协，三桂自率所部，合兵以抵都门，灭流寇于宫廷，示大义于中国，则我朝之报北朝者，岂惟财帛，将裂地以酬，不敢食言。"只不过，吴三桂的书信四月中旬才得到多尔衮的回复，在此之前，农民军仍然有机会争取吴三桂。

山海关本是吴三桂拱手相让的，去而复返令农民军难于防备，而当吴三桂据守山海关袭击大顺军，并扬言要为明帝复仇的消息传到京师之后，农民军的领袖李自成先乱了阵脚。未雨绸缪，李自成思谋着退归陕西，"陕，吾之故乡也，富贵必归故乡，即十燕京未足易一西安"。吴三桂的反复无常令李自成重蹈项羽的覆辙。第二天，他命令工匠熔化追赃所得的金银器皿，并开始征用骡马运往陕西。

四月十二日，李自成召集农民军首领商议征讨吴三桂之事，刘宗敏、李过等将领耽于享乐，迟疑未应，无奈之下，李自成决定亲征。这样一来，吴三桂彻底投靠到了清朝一方。而李自成万万没有料到的是，山海关一战，他的敌人不仅仅是吴三桂，而且还包括从未与之交锋的八旗劲旅。

多尔衮接到吴三桂来书之后，即派遣学士詹霸、来衮往锦州，命汉军携红衣大炮向山海关进发，进抵西拉塔拉后，多尔衮回信给吴三桂，云："予闻流寇攻陷京师，明主惨亡，不胜发指。用是率仁义之师，沉舟破釜，誓不返旌，期必灭贼，出民水火。及伯遣使致书，深为喜悦，遂统兵前进"。至于吴三桂所说的裂地相酬之意，多尔衮却未做理会，而是颇有深意地回复说，"伯虽向守辽东，与我为敌，今亦毋因前故，尚复怀疑。昔管仲射桓公中钩，后桓公用为仲父，以成霸业。今伯若率众来归，必封以故土，晋为藩王。一则国仇得报，一则身家可保，世世子孙，长享富贵，如江山之永也。"

多尔衮的回复无疑与吴三桂的期待还有一段距离，不过，随着农民军大敌当前，吴三桂已经顾不得许多了。四月十八日，李自成调动兵力向山海关进发，派人招降吴三桂，吴不从。十九日，大顺军三面包围山海关，又以骑兵二万从山海关城西一片石出口，东突外城，进抵关门，截断了吴军向关外的通道。吴三桂派人至清军处告急，而多尔衮方面则令大军星夜进发，越过宁远（今辽宁兴城），进抵沙河地区。

二十一日，清军距山海关仅有十里之遥，而著名的决定胜负的山海关战役正式开始了。李自成挥师对山海关东罗、西罗、北翼等城发起猛攻。由于西罗城面向关内，所以两军首先在这里接触。两军大战自辰时杀至午时，大顺军数千骑兵飞驰过阵，直攻西罗城。东罗城、北翼城亦遭到猛攻，逐渐地，吴三桂军已抵挡不住大顺军的攻势。到二十二日黎明时分，吴三桂情知不妙，亲自出关搬兵求援。欢喜岭上吴三桂剃发称臣，与多尔衮对天盟誓。多尔衮与吴三桂约定，"尔回，可令尔兵各以白布系肩为号，不然同系汉人，以何为辨，恐置误杀。"多尔衮还召集诸王、贝勒、贝子、公及大臣们告诫说，"尔等毋得越伍躁进，此兵不可轻击，须各努力，破此则大业成矣！"

二十二日上午，吴三桂军倾巢而出，大顺军英勇搏战。战场之上，大顺军张开两翼围击吴军，吴军陷入重围，苦战多时，几不能支。到中午时分，风沙突起，遮天蔽日，对面不见人，两军均筋疲力尽之时，情形因满族军队的加入发生了急剧变化。多尔衮发兵二万骑从阵右冲出。大顺军缺乏同满族军队作战经验，一时之间措手不及，抵挡不住，纷然崩溃。农民军领袖李自成在庙冈之上观看，见情形不妙，急令撤军。一时之间，大顺军阵脚大乱，遂一败涂地。清军则乘势追杀四十里，大顺军被杀者不计其数，投水溺死者数不胜数，有目击者称，"凡杀数万人，暴骨盈野，三年收之未尽也。"到康熙初年，还有人作诗凭吊，"二十年前战马来，石河两岸鼓如雷。至今河上留残血，夜夜青磷照绿苔。"

李自成毕竟是草莽英豪，经不起失败的打击，他认为在京城已经立足不稳，而且自山海关兵败后，北京城人心浮动，谣言四起，长此以往，将不利于农民军的继续发展，为此，他决心退出北京城，回师山西、陕西，以图东山再起。吴三桂军紧追不舍，在临近京畿地区再次与大顺军展开激战，大顺军将领刘宗敏、李过等与之决战失利，刘宗敏负重伤。李自成将作战失利归咎于吴三桂，因此对吴三桂的家族进行了惩罚。据彭孙贻《流寇志》记载，吴三桂降而复叛，奴侍外族的恶劣行径激起了农民军的强烈愤慨，吴三桂全家三十余口被斩首示众，首级被悬挂在城门上，以示对投敌卖国者的严惩。

据说，吴三桂降清，还有另外一个理由，即诗人吴伟业在诗中所描绘的，"恸哭六军俱缟素，冲冠一怒为红颜"，红颜，指的是吴三桂之妾、苏州名妓陈圆圆。李自成农民军入北京城后，陈圆圆为大顺军将领刘宗敏所掳，吴三桂闻听消息，怒发冲冠，拔剑斩案，大怒道："大丈夫不能保一女子，何面目见人耶？"于是一怒降清。自古英雄爱美人，多情英雄为红颜的故事在民间广为流传。

顺治四年（1647），顺治帝为奖赏吴三桂及其部属在山海关战役中的贡献，特颁发告敕，此件档案现收藏于中国第一历史档案馆。顺治帝授随吴三桂投诚之各官何进忠等一百二十四员世职，由二等昂邦章京至三等甲喇章京不等。可见，数年之后，清廷对吴三桂在山海关之战中的功劳还念念不忘。

李自成兵败，忍痛退出北京。在退出北京城之前，李自成没有忘记临行前在武英殿上上演一出登极加冕的典礼，圆皇帝之梦。毕竟，人都是喜欢做皇帝的。加冕当日，新皇帝李自成难免心境凄凉，虽有一丝成功的喜悦，生于草莽民间的李自成能够在京城称帝，何等荣耀！但是，另一方面，追兵就在不远处，危机形势已经露出端倪，李自成心中又平添了许多怅惘。李自成败退北京城后，于四月二十九日在武英殿匆匆即皇帝位，在登极仪式开始之前，李自成就派遣兵卒将木柴、硫磺等物运至承天门，预备到二更时放火烧城。熊熊的火光之中，四月三十日，李自成率领大顺军从阜成门撤出北京城。北京城内"日晡火发，狂焰交奋，城中妇女号哭震天"。北京城内百姓刚刚亲眼目睹农民军杀进城中，又再次目睹其仓皇退出京城。自进京到出京，不过四十余日，仿佛黄粱一梦，而北京城上下，则经历了天崩地裂的震撼。当日意气扬扬的农民军如今风光不再，因作战失利而导致全军士气低沉。起初军队携带大量辎重，行进缓慢，而清军在其后紧追不舍，不得已尽弃辎重，一路丢盔弃甲，从卢沟桥至固安，衣服盈路。

而对于清军方面来说，山海关一战的胜利让多尔衮尝到了成功的喜悦。早在出兵山海关之前，明降将洪承畴就提出建议：为了不让农民军遁逃，必须派遣精兵先行追击，而粮食辎重等后勤物资可以缓行，跟在队伍后面。多尔衮深知洪在追剿农民军方面很有一套，他立即分封吴三桂为平西王，赏赐给他玉带、蟒袍等物，命令吴与多铎、阿济格等率兵追击溃逃的农民军。多尔衮自己则坐镇军中，他给自己设定的任务是建立大清王朝的中原的根基。多尔衮命吴三桂以自己的名义发表檄文，号召汉族官民归顺清军。由于吴三桂的檄文以为崇祯皇帝复仇、借师助剿为名义邀请清军南下，对汉族群众带有一定的欺骗性，加之农民军一路溃败，为此，多尔衮一路上几乎没有遇到其他的抵抗力量，各地乡绅往往望风而降。所以，多尔衮的军队几乎是一帆风顺地到达了北京城。北京，再次成为历史的见证。

五月初一日，多尔衮率军至通州。随着李自成军队的撤出，北京城内谣言四起。刚刚经历农民军进京震荡的北京城，被突如其来的新状况笼罩着。人们纷纷传说，吴三桂已经联合关外满族战胜农民军，将会护送太子返回京城。人们心中萌生出对明王朝新的期望，盼望着新一代的朱姓君主返回京城，重整河山。为此，故明吏部侍郎沈惟炳、户部侍郎王鳌永、锦衣卫指挥使骆养性率文武百官将崇祯帝牌位立于午门，每日哭临。到五月初二日，京城内人们纷纷传说，吴三桂当日将护送太子回京。民心雀跃，骆养性等遂又准备銮仪法驾，百官随卤簿，在朝阳门外等待迎接太子。

北京城没有在李自成临行前的大火中焚毁，一场从天而降的大雨，及时熄灭了熊熊燃烧着的火焰。但是，皇宫中的主要建筑还是遭受了涂炭，几乎成为灰烬，而宫城内外的白玉石桥则经受住了考验，虽然被大火烤得漆黑发亮，但却完好无损。在火的余温、烟的余味中，北京城迎来了新的主人。

马队远远而来，扬起的烟尘迷失了人们的双眼，跪伏在道左的故明群臣们不敢抬头，窃喜大明王朝的灾难已经过去，等待太子东山再起。等到来人登舆，众人抬头定睛仔细观看，却纷纷叫苦不迭，哪里有崇祯太子的踪影，高坐在銮仪之上的竟是一个瘦小枯干、精神抖擞的满族王爷，满脸傲气，气势逼人，一头乌黑长发在身后结成一条长辫，此人原来是关外满族的摄政和硕睿亲王多尔衮！随后，清兵大队人马蜂拥入城，等待着的故明百官面面相觑，一个个作声不得，善于见风使舵者早已拿出准备好的劝进表，诚心诚意迎接再一次的改朝换代。此时，大学士范文程上前说道，"我朝皇帝去年已经登极，何劝进之有！"多尔衮下令把卤簿向宫门陈设，排列仪仗，奏乐，对天行三跪九叩头之礼，又向盛京方向行三跪九叩头之礼，于是乘辇入武英殿，故明众官均山呼万岁。

满族铁骑开进北京城了，历史掀开了新的一页。

### （四）顺治帝迁都北京

清军入城，惊慌失措的不仅仅是故明官吏们，还有全城的百姓，以及陆续接到清军入城消息的其他地区的官员和普通百姓。远在关外的满族，此时不再是明清交战时期的一个代号，而是化为活生生的现实，呈现在人们的面前。对于关外的满族，故明的官吏和百姓们实在是既熟悉又陌生。多年的交战使得人们对满族军队的彪悍均有深刻的了解，在他们的心目中，满族是少数民族，往往代表着野蛮、不开化，以及行事狠毒、残忍。覆巢之下，岂有完卵？战战兢兢的北京城的居民们，等待着更可怕的命运的降临。满族军队屠城的谣言，不胫而走。

在满族贵族中间，确实也有一些人持同样的看法，毕竟，他们已经习惯了屠城的做法。多尔衮的亲哥哥阿济格首先提议，借助大军入城的兵威，大肆屠戮，在明王朝的京城尽情劫掠，然后携带金银珠宝扬长而去，留诸王驻守燕京，其他清军或者退还沈阳，或者保守山海关。其他将领也纷纷附和，面对着富庶的京城，他们的手痒痒的，早就准备大肆抢夺，回关外炫耀享受。

多尔衮也在思索着，作为新一代的满族领袖，他的想法与众不同。屠城确实可以得一时之快，金银珠宝，以及超越满族历史上英雄人物的光辉业绩已经足以令所有参战者彪炳史册。但屠城而去，势必失去满族军队多年来一直汲汲争取的对山海关外的统治权，满族军队的统辖范围，将逐渐再次退缩回山海关，局限于关外；留守北京，任重道远，敌手众多，明朝势力的残余退于江南，伺机反扑，刚刚撤出北京的大顺军亦有可能卷土重来，仍属后患，最重要的，满族统治者是否能够站稳脚跟，还要看民心向背。紫禁城内春光怡人，清风拂面，花香扑鼻，与关外相比，自是一派旖旎风光。多尔衮所面对的，是满族历史上任何一代统治者均未面临的难题，而无疑，能够圆满解决该难题，将会使其人名垂青史。

多尔衮的耳边，回想起太宗皇太极的遗训，"若得北京，当即迁都，以图进取"。迁都北京，夺取中原，是几代满族君主的梦想，念及此，多尔衮果断决定，一定要迁都北京。六月十一日，多尔衮派遣辅国公吞齐喀、和托，固山额真何洛会等携带奏章，前往盛京迎接顺治皇帝，奏章中陈述道，"燕京势踞形胜，是自古兴王之地，明建都之所。皇上迁都于此，以定天下，则宅中图治，宇内朝宗，无不通达，可以慰天下仰望之心，可以锡四方和恒之福，祈皇上熟虑俯纳。"

同时，为了安抚民心，杜遏谣言，六月十八日，摄政王多尔衮又谕京城内外军民，强调大清王朝剿灭寇匪，监督燕京，将以体恤百姓为治国之本，实心为百姓生计着想，并明确指出，目前北京城内流传的屠城谣言，以及东迁的谣传，都不属实，燕京为定鼎之地，清朝统治者已经下定决心，迁都于此。在多次晓谕之下，京城民心稍定。

远在盛京的顺治皇帝福临接到多尔衮的奏章之后，开始筹备具体的迁都事宜。应该说，尚在幼龄的福临对迁都的意义并不完全了解，甚至，迁都后的命运究竟如何都无法把握。为此，迁都之议虽定，但迁都付诸行动尚推迟了一段时间。根据史书记载，七月初八日，顺治帝始以迁都北京之事，遣官祭告上帝、太庙、福陵，并在一月之后，才开始着手具体的筹备。八月初二日，因为即将迁都北京，顺治帝命固山额真何洛会等统兵镇守盛京等处。八月二十日，顺治帝率领诸王启程。

从历史上看，顺治帝不是第一个迁都的皇帝，但却是历史上最年轻的迁都的皇帝。八月，正值北京酷暑季节，从凉爽宜人的关外向关内启行，确需一定的耐心和毅力，好在皇帝的銮仪一路行走缓慢，到九月初一日，刚刚行至大凌河。而由于顺治皇帝启程带来的谣言再次席卷了北京城。

从崇祯末年开始，北京城就自然而然地成了谣言的集散地。李自成进京，谣言铺天盖地；崇祯皇帝自杀，谣言四起；清军入城，谣言不止。这一次，对于顺治皇帝一路前来，北京城的居民们再次被谣言惊扰得不得安宁。有人传言，顺治皇帝进城后，将纵容八旗将士抢劫三日，尽杀老壮。京城内外，久经战火，本来就人心不稳，加上当年大旱，百姓缺衣少食，相聚为盗者日多。农民军在撤出北京城之前，运走了大批粮食，城中所剩多是陈年旧米，已经腐烂生霉，兵丁吃了腹痛不已。更重要的是，中原地区的汉族居民对满族兵丁的到来心怀疑虑，一些明朝遗老趁机散布反清情绪，这些都严重影响着清军在京城的稳定。

为了安定民心，刚刚进入京城之初，多尔衮就曾下令，军队驻扎在京城之外，以防扰民，并且严格规定，禁止八旗士卒进入百姓之家，如有违反，斩首示众。此外，多尔衮还发布文告，表明清军纪律严明，不会轻动百姓财物。多尔衮还命令跟随清军进驻北京的蒙古军队暂时离开京城，以解决粮饷短缺的问题。并且，借助为崇祯皇帝复仇的旗号，多尔衮声势浩大地为崇祯皇帝发丧，并发布谕旨，指斥农民军弑君的暴行，宣扬清军乃仁义之师，奉辞伐罪而来。这些举措取得了显著的效果，汉族地主们感激涕零，日益归服。此外，多尔衮还多次传谕，要求各部严惩奸细以及煽惑百姓之人，以绝谣言。一切基本就绪之后，重归宁静的北京城等待着缓缓而来的少年君主。

顺治元年（1644）九月十一日顺治皇帝一份谕旨对于粉碎谣言，安定民心亦起到了关键作用，这份谕旨现收藏于北京大学图书馆，是颁给蓟州总兵官的。顺治皇帝的銮仪行至京东永平府（府治在今河北卢龙）之时，敕谕授原明总兵孔希贵为蓟州（今河北蓟县）总兵官，要求其用心操练兵马，防范故明兵民反叛，镇守畿辅要地，以确保京师安定。这件谕旨表现出清朝统治者已经注意维护京城的安全，刻意营建京城的外围防卫系统了。

九月十五日，一路缓慢而行的顺治皇帝銮仪到达梁家店，摄政和硕睿亲王多尔衮派遣学士詹霸、吴达礼、护军参领劳翰、侍卫葛布喇、扈习塔等自燕京迎驾。九月十八日，顺治帝到达通州，多尔衮率诸王、贝勒、贝子、公及文武群臣赴通州迎驾。顺治帝至行殿，设仪仗，奏礼乐，对天行三跪九叩头礼。多尔衮率出师诸王、贝勒、贝子等先至皇太后前行三跪九叩头礼，再至顺治帝前，行三跪九叩头礼。

九月十九日未刻，顺治帝从正阳门入宫。紫禁城换了新主人，一个年仅 6 岁的稚龄童子成为统驭天下的少年天子。

早在福临到达京城之前，北京城内已经紧锣密鼓地开始了登基大典的筹备工作。在多尔衮的授意之下，进入山海关的满族文武大臣会同降清的故明官吏们，共同策划，要举行一次盛大的开国典礼。北京大学图书馆收藏有朝臣都指挥同知王鹏冲于顺治元年（1644）所上的启本，奏请设卤簿仪仗，恭迎圣驾。北京大学图书馆还收藏有国子监署监司业薛所蕴的启本，奏请以登基大典，普天同庆，应为国学封典加恩，以示朝廷重视人才。这些都表明，京城正在进行顺治皇帝登基大典的筹备工作。福临进京不久，多尔衮就按照预定的方案率领满汉群臣上书，请求福临马上登极称帝。此时，福临处处倚重多尔衮，言听计从。很快，多尔衮以福临的名义发布谕旨，定于十月一日举行开国大典。

十月初一日，北京城南郊天坛举行了盛大的天子祭告天地仪式。顺治帝亲自至南郊行定鼎登基礼，祭告天地，读祝文，"臣祗荷天眷，以顺民情，于本年十月初一日告天即位，仍用大清国号，顺治纪元。"在庄严肃穆的即位仪式之后，顺治帝起驾回宫。十月初十日，顺治帝于皇极门向全国颁发即位诏，诏告天下，成为有清一代入主中原的第一位君主。即位诏书初步制定了入主中原后的大清王朝的政治纲领，"缅维峻命不易，创业尤艰。况当改革之初，更属变通之会"，为此，提出"合行条例"凡五十五款，蠲免钱粮，大赦天下，展示了大清王朝君主的宏大气势。

完成开国庆典，大封功臣后，清廷以顺治帝的名义，一一制定了政治、经济、军事、文化等多方面的制度。十一月初一日，选满洲子弟入国子监读书。月底，又成立八旗官学。十一月初七日，试贡生，分别以知州、推官、知县、通判、县丞任用。官制方面，大略仿照明朝制度。设翰林院，置汉掌院学士一人，侍读、侍讲学士各二人。改部院左右参政为左右侍郎。改理事官为郎中，副理事官为员外郎。又定八旗骁骑营制。满洲、蒙古、汉军各八旗，旗各设固山额真一人，梅勒章京一人。所属甲喇章京，满洲、汉军每旗五人，蒙古每旗二人。并规定，以镶黄、正黄、正白为上三旗，其余为下五旗。又设京师提督九门步军统领，统辖八旗步兵营及九门官兵。又设置户部宝泉局、工部宝源局，钱上镌刻"顺治通宝"字样，每文重一钱。

　　作为开启清朝宏图伟业的君主之一，顺治帝面临的政治军事形势仍然十分严峻。农民军退出北京城后，实力不容小觑；弘光政权等南明各政权次第建立，踞守南方，与北方的满族政权相抗衡；归降的故明官吏亦非全心全意，在政治形势的转换过程中随时可能蠢蠢欲动。尚在稚龄的小皇帝，江山尚不稳固。并且，福临面临的还不止这些。所谓主幼臣疑，年幼的福临尚不具备调遣朝臣的能力，一举一动均需依靠摄政王的支配，在皇权正式返还君主之前，朝中还有一场钩心斗角的硬仗要打。

　　福临最初是在孝庄皇太后的陪伴下住在乾清宫中。清朝政府决定迁都之后，摄政王多尔衮为了迎接皇太后和福临进京，对紫禁城进行了修缮，首先是将明朝宫殿修而用之，作为皇帝居住的宫殿，其次是于顺治元年（1644）七月修建内廷乾清宫，以供皇帝居住，另外还在东皇城外御河桥东营建堂子，以保证满族重要的祭祀活动，如谒堂子、祭天等活动正常进行。福临进京后，本应独自居住在乾清宫，但由于年纪尚幼，因此，与皇太后同住。

　　顺治二年（1645）五月，顺治帝福临营建位育宫，至次年十二月，位育宫建成，福临遂移驾位育宫。根据文献记载，位育宫即现在故宫保和殿的旧称。福临在位育宫住了 10 年之久，最初这里是皇帝的寝宫，同时又是皇帝召见大臣、处理政务的场所。根据《清实录》记载，位育宫连廊共九间，左右配殿连廊共七间。后来到顺治十三年（1656），福临移居乾清宫，位育宫改为保和殿。在这里，少年天子福临逐渐积聚统治经验和智慧，度过了入主中原的早期生活。

　　福临正式宣布登极之后，大封群臣，多尔衮以功劳最大，被封为叔父摄政王，并且福临还命令礼部为多尔衮树碑立传，以传后世。多尔衮对此谦虚接受，在政治上他已经逐渐敛去了嚣张跋扈之气，而代之以更高的修养和气度。

　　开国大典的举行在名义上确定了大清王朝对全国的统治，但与事实上的一统天下还有一些距离。实际上，当时清军占领的只是北方的少数城镇，南方的故明残余势力以及李自成、张献忠的农民军还占据着不小的地盘。顺治元年（1644）五月十五日，福王朱由崧在凤阳总督马士英、诚意伯刘孔昭、总兵高杰、刘泽清、黄得功、刘良佐等人的拥戴下，在南京称帝，建立弘光政权。从此，进入北京城后，清军的敌对势力主要来自两个阵营，一是南方的故明势力，一是农民军，二者各自占据优势。并且，在条件允许的情况下，二者很有可能联手，形成足与清军相匹敌的军事力量。

对此，多尔衮有较为清醒的认识，待福临完成登基大典之后，立即调遣军队，兵分两路，向大顺军和南明弘光政权同时发起进攻。顺治元年十月十九日，多尔衮先任命阿济格为靖远大将军，讨伐李自成，十月二十五日，又任命多铎为定国大将军，率清军过黄河，南下征伐南明政权。

两个战场相继传来捷报。顺治二年（1645）五月，李自成在湖北通山县境内的九宫山遇袭身亡，大顺军从此进入涣散状态，丧失了与清军大规模较量的实力。南明的弘光政权，则成为清军主力的军事目标。

一度富庶美丽如诗如画的江南风雨在即。

# 顺治亲政

## （一）母后嫁叔王皇父

顺治朝有两个太后，一个是皇太极的中宫皇后博尔济吉特氏，世祖继位，尊为皇太后。该太后一生无子，只有三女，视福临为己生，她又是福临生母的亲姑，同出于科尔沁蒙古，不论是从科尔沁蒙古的利益还是大清国的利益，她对幼小的顺治都是百般呵护，多尔衮摄政时尽管势可灼手，但一直未敢对福临采取篡权夺位的举措，不能不说有这个太后的一份辛劳。该太后死于顺治六年四月，年51岁，谥孝端，就是历史上所称的孝端文皇后。

另一个太后即福临之生母永福宫庄妃，福临继位，尊为皇太后，史称孝庄文皇后。孝庄文皇后聪慧漂亮，传说在崇德年，她曾凭其美丽的英姿和伶牙俐齿劝降了顽固的明蓟辽总督洪承畴。对福临在群龙争位的形势下能继承皇位，她是又喜又忧。喜的是儿为天子，为天下万民之主，不枉自己诞育之苦心。忧的是福临太小，实权被掌握在睿亲王多尔衮的手中，稍有不慎，她们孤儿寡母的命运难测。因此她一方面教育福临凡事忍耐，国事全权委之于多尔衮，从不过问，以释其疑，一方面自己有意亲近多尔衮，以笼其情。

多尔衮是个精明强干、文韬武略的全才，他从少年的时候起就随皇太极东征西讨，征察哈尔、朝鲜，攻明围锦州。尤其是皇太极死后，他率清军大举入关，不失时机地击败了李自成，占领了明都燕京，打击南明各政权，又力主迁都，为大清朝打下了半壁江山，可谓功勋卓著。只是他居功自傲，威福自专，表面对福临毕恭毕敬，特权窥位的气势却咄咄逼人。豫亲王多铎是多尔衮的同母弟，多尔衮对他极力关照和扶植。多铎出征苏尼特，多尔衮亲送之出安定门，归来，亲迎之于乌兰诺尔。后来，又召集诸王大臣，谕以多铎功劳卓著，应该封辅政叔王，借机罢免了郑亲王济尔哈朗辅政叔王之位。多尔衮因当初争立对豪格一直怀恨在心，尽管豪格在入关后一直披挂战袍，驰骋疆场，屡立战功，多尔衮还是不放过他。顺治五年二月，豪格平定四川凯旋，福临特在太和殿为这位兄长摆宴犒劳，可没几天，多尔衮就以豪格徇庇部将冒功及擢用罪人杨善弟吉赛的罪名，将豪格投之于狱，随即不明不白而死。眼见多尔衮对异己势力毫不留情地排挤与陷害，想到渐渐长大的儿子福临可能会成为睿王下一个打击的目标，孝庄后怎能不胆战心惊！为了太宗的基业，为了亲子福临的皇位和生命，她决定委身事贼，下嫁多尔衮！多尔衮本是个好色之徒，对与自己年岁相仿的漂亮皇嫂（孝庄小多尔衮一岁）早就垂涎三尺。平时他借请示政务经常出入皇宫内院，对孝庄不无眉目传情，今得孝庄首肯，自是喜不自胜。顺治五年十一月皇太后与多尔衮的婚礼在太后居所慈宁宫举行。时人张煌言曾做《建夷宫词》记录此事："上寿饬为合卺婚，慈宁官里喜迎门。春宫昨进新仪注，大礼躬逢太后婚。"还有记载说，福临当时曾有恩诏颁布天下，其中说："太后盛年寡居，春花秋月，悄然不怡。朕贵为天子，以天下养，乃独能养口体而不能养心志，使圣母之丧偶之故，日在愁烦抑郁之中，其何以教天下之孝？皇叔摄政王现方鳏居，其身份容貌，皆为中国第一人，太后颇愿行尊下嫁。朕仰体慈怀，敬谨遵行，一应典礼，着所司予办。"还有记载说曾见故宫所藏清礼部旧档中有顺治间关于太后下嫁礼仪的请示报告。

关于太后下嫁一说，历来议论纷纷，莫衷一是。但有一点是不容置疑的，即多尔衮的名分是一天天提高了。入关之初，他以定鼎之功，借福临的名义封自己为叔父摄政王，并建碑记功，比原与自己同级的辅政叔王济尔哈朗高了一级。顺治二年，有个很会溜须拍马的陕西道监察御史赵开心给多尔衮上了一本奏疏，说是"称号必须正名"，叔父是皇上的叔父，皇上可以这么叫，君臣百姓却不可这么叫。应该在"叔父"的前面加上一个"皇"字，这样就上下分明，尊卑有别了。多尔衮自然是采纳这个建议，不出十天，就让礼部重订了与"皇叔父摄政王"相称的各种礼规和仪注，凡文移章奏皆称"皇叔父摄政王"了。太后下嫁后，皇叔父摄政王的称号更进了一步。顺治五年十一月初八日，清廷为奉太祖配天、四祖入庙，祭告天地并追尊四祖考妣帝后尊号大赦天下，其中第一条就提道："皇叔父摄政王治安天下，有大勋劳，宜增加殊礼，以崇功德。"让部院大臣们集议俱奏。结果是"加皇叔父摄政王为皇父摄政王，凡进呈本章旨意，俱书皇父摄政王"。朝鲜方面对此反映极为敏感，知道多尔衮今后之地位和权势更非昔日可比，不仅仅是"与皇帝一体"，而且是名副其实的"太上皇"了。

亦有说太后下嫁系在多尔衮王妃博尔济吉特氏殡世之后，为范文程所穿针引线。孝多尔衮王妃死于顺治六年十二月，死后封为尽孝忠恭正宫之妃。若如此，则多尔衮晋封皇父摄政王之舆论在前，纳太后为妻在后。而顺治七年正月，多尔衮又娶他的侄子肃亲王豪格福晋为妃，五月，又与征之于朝鲜的王女成婚，太后之下嫁似乎不能与她们搅和在一起，否则对太后似有不敬。仅存疑。

尽管母后下嫁给皇叔，叔父成了皇父，可是并未见福临对多尔衮有什么亲密的表示。顺治七年八月以后一段时期，多尔衮染病在床多日，福临也没主动去看望他。惹得一向深沉不露的多尔衮竟当着前去看望的贝子锡翰和内大臣席纳布库大发牢骚道："我得了这么严重的病，身体很不好受。皇上虽然是百姓之主，难道就不能按着家人的礼节来看看我？如果说皇上小不懂事，你们都是跟在他身边的亲信大臣，怎么就不向他提一提呢？"说罢又觉后悔，告诫锡翰等人："不要因我说的这些话请皇上来看我。"可是锡翰回去便将多尔衮的话禀告了福临，福临请示了母后之后，马上亲临睿王府探望慰问。多尔衮的这番表演，福临既莫名其妙，又无可奈何。只好在礼貌地慰问之后离去。多尔衮不依不饶，将锡翰等人上议政王大臣会议议罪，连巴图鲁詹达云、鳌拜、坤巴哈等人，也因未阻拦锡翰等人的行为受到了降爵或罚款赎身的制裁。

### （二）皇父殡天儿迎枢

顺治七年十二月初九日夜，多尔衮突然死于其行猎之地热河喀喇城，享年三十九岁。

多尔衮身材颀长，面目清秀，一副漂亮的虬须，英俊潇洒，有儒将之风。但他自幼体弱多病，用豪格诅咒他的话说是个"有病无福"之人。多尔衮则自称是在关外松山大战时"劳心焦思""披坚执锐"种下的病根。入关后，国家军政要务集于一身，加上水土不服，他经常感到头昏目眩，精力不胜，以至于顺治四年以后，特通过王公大臣之口，请求免去了他除元旦圣节外对皇上的跪拜。据后人推测，多尔衮很可能是患了脑血管硬化方面的病。军政要务的操劳，统治者内部争权夺利的斗争使多尔衮无一时得到安宁，尽管他厚自奉养，甘食美味，但因在私生活上极无节制，纵欲过度，耗虚了身体，故他的健康状况一直是时好时坏。顺治七年十一月，多尔衮又感到身体不适，心情烦躁，于是率诸王贝勒、贝子公及八旗官兵出边行猎，借以散心解闷。不意行进中，突感头晕目眩，摔落马下，把膝盖跌伤。当地土民用石膏给他涂绑伤口，他勉强支持，继续前进。后来，旗兵们将一只老虎赶入围中，多尔衮连射三箭未中，便感膝盖剧疼，胳臂无力，急传令收围时，已是面色苍白，伏鞍不起。诸王大臣们慌忙布置担架，将多尔衮抬至附近的喀喇城，可叹一世枭雄竟来不及对后事多所嘱托就一命呜呼了！

消息传到北京，如晴空霹雳，举国震惊，不论是王府还是宫中，不论是亲人还是仇敌，一时都不知所措：事情发生的实在太突然了！很快，宫中以皇上的名义发出了命全国臣民都换上素服，为皇父摄政王服丧的诏书。十七日，多尔衮的枢车回至北京，福临率领诸王贝勒文武百官身穿缟服，迎于东直门外五里之地。福临亲自举爵祭奠，向多尔衮的灵柩行三跪的大礼，扶棺痛哭失声，跪在大路左边的文武百官也不禁涕泪长流，号啕唏嘘。枢车入东直门缓缓向西行进，又向南至玉河桥，只见四品以上官员沿途跪倒，哭声此起彼伏不断。到了南池子睿王府门前，则是素灯高挂，公主、福晋及文武百官们命里，枢车一到，即时传出一片妇女们撕心裂肺的哭声。诸王贝勒以下各官俱不回府，都要留下为多尔衮守丧。

对于多尔衮的猝死，这时的福临还是真心悲痛的。因为在一，福临看来不管多尔衮生前如何威福自专，毕竟是在他主持下扶立自己成帝，而且几年来内外大事全靠他来操劳，现在多尔衮突然故去，对于从未理过政的少年天子来说就像倒了一堵常年依靠的墙，墙倒了，没依靠了，很不习惯，很空虚。

二十日，福临向全国发出哀诏，其中就谈道："当初太宗文皇帝升遐的时候，诸王群臣中不少人拥戴皇父摄政王，而我皇父摄政王坚持推让，扶立我，又平定中原，统一天下，其崇高的品德、伟大的功绩，千古无二。"为了表达对多尔衮的哀悼，福临定自九日开始为国丧日，日内官民人等一律服孝，京师十三天内禁止屠牛；京城内外，官员百日之内，民间一月之内，禁止嫁娶及娱乐鼓吹。二十六日，又颁诏追尊多尔衮为懋德修道广业定功安民立政诚敬义皇帝，庙号成宗，尊其福晋为义皇后。顺治八年正月十九日，又将其夫妇同附于太庙。

### （三）睿王之后暂加礼

多尔衮无子，以其弟豫亲王多铎之子多尔博过继承袭。多尔衮死后不久，顺治八年正月初六日，福临曾就多尔博承袭事特命议政诸王、固山额真及大臣会议。会议的结果是多尔博袭睿亲王爵，其俸禄和护卫的人数及各种用品的供应为其他亲王的三倍，原有护卫百名裁去四十员剩六十员，使用的物品有和御用相同的不得再行使用。报告上来，福临批示说："依我的初衷，本想等摄政王摄政之后以优异的礼遇报答他。不料他英年而逝，我的报恩的心愿也无法实现了。只能将这个心愿实现于王的后代多尔博身上。要对多尔博特别加以礼遇，怎么能和一般亲王相比？所以诸王定的多尔博的待遇是其他亲王三倍是正确的。但是将护卫裁去四十员，剩的似乎太少，我很不忍心，仍留八十员吧。"

这时福临仍对多尔衮有依恋之情，爱屋及乌，对其后也不无惺惺恻隐之心。然而政治斗争，风云变幻，不足两月，福临便被向多尔衮反攻倒算的政治旋风所席卷，彻底倒向另一边去了。

## （四）英王试刃首犯鳞

阿济格，是多尔衮的同母兄，皇上福临的叔父。该人粗鲁无文，魁梧的身材，出痘落下一脸麻子，眼睛看起人来令人生畏。也许是由于这种种原因，同为努尔哈赤嫡子，他并不得父王的喜欢，太祖时期，多尔衮、多铎都封了贝勒，阿济格只是个台吉。太宗崇德元年，大封诸王，多尔衮、多铎为亲王，阿济格只封个武英郡王。直到顺治元年，从多尔衮入关破李自成，多尔衮才趁机封他个英亲王之爵。他打仗勇敢，不怕死，立下过不少战功，因是多尔衮的亲兄弟，多尔衮扶植他，希望他能成为自己忠实的膀臂，但他竟在自己的亲弟多铎死后还与之争功，说多铎在追击李自成的庆都、潼关、西安诸战役中没有什么明显功绩，不应该对多铎的子弟优遇封爵；说郑亲王是叔父的儿子，不应该称叔王，他是太祖的儿子，皇帝的亲叔父，应该称"叔王"等等。多尔衮不得不斥责其狂妄，禁止他参与部务、交结汉官。终因多尔衮之世，阿济格所属只有十三个牛录，不到半旗，并未得到太高的礼遇。

多尔衮死于喀喇城，当时阿济格跟在身边，错误地以为摄政王一死，接替摄政者非他莫属（多铎已于顺治六年三月以痘症死去），忙派出三百骑兵，赶往京城，欲先声夺人，控制形势。同在行营的大学士刚林发觉情况有异，立刻上马，日夜兼行七百里，入京告变。结果比阿济格的人马先到一步，京城有备，九门尽闭，英王人马一到，尽成瓮中之鳖。阿济格随多尔衮的枢车进京时，还以为能得到其子劳亲的接应，不料毫无动静。愚钝的阿济格仍毫无觉醒，继续异想天开地为自己摄政制造舆论，说什么多尔衮生前曾对他说，对抚养多尔博甚是后悔，说多尔衮将劳亲取入正白旗，就是想以劳亲取代多尔博，而且"两旗大臣堪称劳亲之贤"。又怂恿被多尔衮立为理事之王之一的博洛说："原来让你们三个人理事，如今摄政王死了，为什么你们不商议一下，推立一个摄政的人呢？"暗示应该推他摄政。

多尔衮在世时，多尔衮属下尚不服阿济格，如今多尔衮已死，怎能听阿济格指挥调遣？于是揭发阿济格有为乱之心，列了许多罪状，可笑的是首要罪状竟是诸王五次哭于多尔衮灵前，并为守灵而阿济格独不至。以郑亲王济尔哈朗为首的昔日受多尔衮压抑的势力趁机抬起头来，枪打英王阿济格这个冒冒失失的出头鸟，不久，即以谋逆的罪名幽禁了他。诸王会议没收原属阿济格的十三个牛录，归于福临所属两黄旗下，将他从多铎那里得到七个牛录，拨还多铎之子多尼。投充其下的汉人全部出旗为民。除留部分僮仆和三百妇女为其服役，其余人口、牲畜全部入宫，劳亲受其父牵连，降贝子，夺摄政王所给四牛录。

阿济格一直未把福临放在眼里，认为他是个小孩子，平时很不尊重，他的一些藐视皇上的言行随着福临渐渐长大成熟，深为福临所厌恶。多尔衮枢车进京，福临迎丧时，阿济格又身挎腰刀出现在福临面前，被一些人告为图谋不轨，福临也不禁为之心动。所以议政诸王对阿济格的处理，福临是同意的。但当只想囚禁他，尚未想立即置之于死地。

阿济格

可是阿济格不服囚系，他私自藏了四口刀，命手下的妇女偷挖地道，欲与其子内外呼应，越狱逃跑。福临闻报大怒，把原给的三百妇女减为十人，原留的一些衣物、牲畜、金银及僮仆全部收回，阿济格的饮食都从外面送进，不让里面举火。这样阿济格仍不老实，八年十月的一天，他对看守他的章京大发脾气，说："我的一个儿子给巽王为奴，一个儿子给承泽王为奴，女儿原来的亲事完了，另配给了别人，我的侍婢也全都分给了别人。我要把厢房拆了，堆起衣服放把火把这间牢房烧掉！"他说了就做，真的就动手拆起了房子。看守忙报告诸王，议政诸王会议认为阿济格应处死。这次福临也不再保留，说："即使再从宽饶恕他，他也不会安分。"下令赐阿济格自尽，其子劳亲亦与其父同死。这样，叔父阿济格成为福临亲政后首当其冲以身试法的人。

### （五）昨夕功臣今贼子

多尔衮死后，原来受其压抑的诸王、大臣无不想伸直腰板重整势力；一些原隶属于多尔衮属下的人见阿济格被杀，多尔衮养子多尔博软弱无能，多尔衮一派随多尔衮之死将鸟去兽散，转而投靠福临。八年二月十五日，原多尔衮的亲信苏克萨哈、詹岱、穆济伦等首先出卖多尔衮，说多尔衮死后，其侍女吴尔库尼在殉葬之前曾把詹岱、穆济伦等五人叫来，告诉他们王爷还有暗自准备的八补黄袍和只有皇帝才能佩戴的大东珠、素珠、黑狐挂，让他们将这些东西偷偷地放入棺内；多尔衮还曾派人到永平府圈房，准备偕两旗同驻，以此作为政变的根据地。被多尔衮一手提拔起来重用的巽亲王满达海、端重亲王博洛、敬谨亲王尼堪因怕被划入多尔衮一流，也急忙合词表白，揭发多尔衮"潜妄不胜枚举"，说他们从前是"畏威吞声"。如今觉悟了，要"冒死奏明"。郑亲王济尔哈朗更是不失时机，召开议政王大臣会议，收集罗列多尔衮罪状。最后列出的主要罪状有：谎说太宗死时诸王有立多尔衮之议，任摄政王时，排挤郑亲王，以其弟多铎为辅政叔王，妄自尊大，以福临的继位尽为己功，将诸王大臣东敌剿寇之功尽归于己，其府第金碧辉煌，豪华逾皇宫，其所用仪仗、音乐、服饰"潜拟至尊"，假称太宗之继位原系夺立，迫害豪格，又娶其妻；将原属黄旗的伊尔登、陈泰一族和刚林、巴尔达齐二族收入己旗，拉拢皇上侍臣额尔克戴青、席纳布库，独裁专政，不通过皇上，随意升降官员；以朝廷自居，在王府发号施令，令诸王大臣每天听命于府前。这些罪状被归纳后上报福临，福临联想到七年来耳闻目睹多尔衮日益嚣张的气焰和被巩阿岱、席纳布库等冷嘲热讽的凌辱，一种嫉恨之情不禁迸发出来。二月二十一日，福临颁诏宣示中外，将济尔哈朗等揭发的多尔衮的罪行毫无保留地公布于众，并做出结论说："根据上述罪状，多尔衮'谋逆果真，神人共愤'，谨敬告天地、太庙、社稷，将伊母子并妻所得封典，悉行追夺。"

### （六）摄政王毁墓鞭尸

睿王府在今北京城，南池子小学一带即其旧址。时人杨义曾记录过它昔日的辉煌："墨尔根王府晕飞鸟革，虎踞龙盘，不惟凌空计拱与帝座相同而金碧辉煌，雕镂其异，尤有过之者。"随着多尔衮被迫罪，多尔博之回籍，王府同时被废。

多尔衮的坟墓在今东直门外路南，当初占地三百余亩，修的也很雄伟壮观。福临一时气愤，曾下令毁掉多尔衮的坟墓。这时多尔衮的政敌们可有了宣泄的机会，他们把多尔衮的尸体从墓中翻出，棍打鞭抽，甚至砍下头颅，暴尸示众，最后他们掘去了所有陪葬的金银珠宝，豪华器具，而换上粗陋的陶碗陶罐，草草将尸首抛进墓穴，合土埋葬。

三年之后，福临也觉如此对待多尔衮有些过分，特谕工部，"睿王的坟墓，因为他的罪行竟被废坏，我有些不忍心，你们可派人将其房屋门墙修理一下，柱子用黑色，还让信郡王拨人看守。"

以后终顺治之世，福临对多尔衮的"恩泽"至此为止，因为济尔哈朗等多尔衮的政敌当政，少年天子无论如何也不能为多尔衮恢复什么名誉了。

### （七）执敲扑鞭策天下

顺治八年正月十二日，大清北京皇宫内彩灯高挂，鼓乐飞扬。顺治皇帝福临的亲政大典在雄伟壮丽的太和殿举行。诸王大臣、文武百官和各路外藩使臣在赞礼郎的导引下分批向端坐在金銮殿上的福临行三拜九叩之礼并上表祝贺，殿上殿下一片山呼万岁之声。

福临在亲政诏书中说："我从今天就要开始亲政总理天下事务了，深深地感到天地祖宗付托给我的责任重大。全国的官民们，正殷切盼望有一个良好的和平的环境，我自知德行不高，因此从早到晚都战战兢兢，怕这么大的国家，这么纷繁的政务，不是我一个人就能治理得好的。必须每个部门，每个人都承担责任，贡献力量。具体说，内要靠诸王、贝勒、大臣、内三院、六部、都察院、理藩院卿寺等衙门，外要靠诸藩王、贝勒及各大臣以及督抚司道府州县卫所等衙门、提督镇守将领等官，一应满汉内外文武大小官员都有处理好政事、治理好兵民的责任。希望各位都能竭尽忠诚，恪遵职守，严于律己，仁以爱人，任劳任怨，不推脱责任。对那些于国有利的事认为应该推行的，那些于国有害的事认为应该杜绝的，一定要反映上来，以便及时实行或禁止。且希望你们能体会朝廷各项方针政策的意图，并把朝廷的恩惠毫无保留地施之于人民。这样，各项工作才能做好，老百姓才会安定，国家才会早日获得和平和繁荣。凡是我的国民，应该理解领会我的心意，老老实实安居乐业。让我们大家共享太平。"诏书中还宣布对一些拥戴有功之臣封官晋爵，减免民间的一些赋役和钱粮，大赦十恶之外有关罪犯。当然，也少不了对顽固的渎犯和叛逆者的警告。

福临亲政时十三岁。

### （八）嫡庶母人人得封

福临亲政后，不忘诸母后多年的慈育抚养，分别给予了应有的礼遇。

首先，他命礼部主持了隆重的原皇太极中宫皇后配享太庙的仪式，并上尊谥为"孝端正敬仁懿庄敏辅天协圣文皇后"。在其宣告天下诏书中特别提到"佑翼冲子、宏昭启迪之恩。贻训如存，追思罔极"。孝端死于顺治六年，她生前对福临的维护和关怀不亚于福临的生母孝庄，以致福临始终难忘其"启迪之恩"，一直记着她的音容，深深地怀念她。

福临对两宫太妃也很敬重，他认为"皇考麟趾宫大贵妃、衍庆宫淑妃，敬事先皇，恭勤素著，雍和肃穆，誉洽宫闱"，应该晋封美好的称号，以表彰她们高尚的品德。特命礼部，尊大贵妃为皇考懿靖大贵妃，淑妃为皇考康惠淑妃，相应的礼仪均升格执行。

对自己的生母自然不能忽略。顺治八年二月初十日，宫中举行了极为隆重的上皇太后尊号、敬献册宝的仪式。据实录记载，头一天，特就上皇太后尊号事派遣官员祭告了天地、太庙。初十日一大早，亲王以下公以上的大臣就身着朝服，齐集午门内，依序而立，满蒙汉固山额真、尚书及侍郎、章京齐集左翼门外，依序而立，其他文武百官在午门外，也排列得整整齐齐。福临宫前，銮驾和乐队齐设，左翼门内，摆放着专为安置皇太后册宝而扎制的缤纷彩亭。早七时整，福临出宫。册宝彩亭在礼部官员的前导下起行，从左翼中门出，至太和殿前。福临銮驾恭随其后，王以下公以上的队伍经过太和殿丹墀屏随驾而进，沿途各官跪迎然后尾随行进。

皇太后宫中，早有内院和礼部官员布置好了仪仗，一金黄条案摆在了正中。福临驾至宫前，下辇，请皇太后陞坐。皇太后身着礼服居中坐定。这时，捧册官从彩亭上取出宝册，双手捧于胸前，毕恭毕敬由正中门进入宫内，立于左侧，然后导礼官将福临引进宫门，到跪拜的位置上站定。这时王以下公以上大臣在宫门外序立，固山额真以下、侍郎章京以上各官则站于更远些的地方。一时宫内一片肃穆。突然乐起，鸿胪寺官高唱向皇太后"跪"，福临率众大臣、官员皆跪；鸿胪寺官又高声唱奏："进册宝"，只见立于左侧的捧册宝官向前跪进，将册宝捧给福临，福临接过，象征性地奉献给太后，实则由立于右侧的捧册宝官跪着接过册宝，然后放于正中黄案之上。这时鸿胪寺官又高奏："叩头！"福临率宫门内外诸官再向太后行三拜九叩头礼。行礼完毕，这一天的册上尊号仪式始告结束。

第二天，福临在太和殿大会百官，百官纷纷上表祝贺，诸公主、福晋及官员命妇们则齐至皇太后宫中，礼拜致贺。福临为此特别颁告天下，又行大赦。

福临当时恭上其生母的尊号为"昭圣慈寿皇太后"。

### （九）剿抚兼施威天下

针对多尔衮摄政时期实行的一些弊政，经过与大臣们反复商讨，顺治决定首先采取一些措施缓和民族矛盾，在军事上，他决定首先采取以抚为主的怀柔政策和先西南后东南的战略措施。顺治当时，江、浙、闽、粤一带有郑成功的水师出没，滇、桂、川、黔的大部又被李定国等分据，清军穷于应付，疲于奔命。因此，集中兵力于一隅，改变两个战场同时作战的被动局面，是尽快结束战争再造一统的上策。八旗劲旅娴于骑射，"固习于陆战"。郑成功指挥的三千多艘船只云集在厦门附近的港湾河口，令清兵望而生畏。因此唯有采取先西南后东南的战略才为适宜。为了实现这一战略部署，顺治采取了两项措施：一方面极力争取招抚郑成功，以便集中兵力对付西南战场；一方面任命洪承畴为五省经略，直接负责西南的战争。他还谕令兵部，对各地小股农民武装，不管人数多寡，罪行大小，只要能真心改悔，主动投诚，全部赦免其罪，由当地政府安置。命各级官吏将文告遍布通衢要道，使之家喻户晓。

顺治十年（1653）五月，洪承畴出任湖广、广东、广西、云南、贵州五省经略，总督军务，兼理粮饷。顺治给予他节制升迁地方文武官员、决定进兵时机的大权，特令他遇到紧急情况，可以"便宜行事，然后知会"。这种知人善任、事权划一的做法，有利于指挥者主动灵活地捕捉战机，为西南战局的根本改观提供了重要保证。洪承畴对皇帝的意图自然心领神会，他谋略很深，又十分熟悉西南的山川形势，到任不久便有了起色。他先是控制了湖广，在南下时机业已成熟之际，适逢孙可望为权欲所驱袭击李定国，后来又走投无路投靠清军。孙可望"开列云贵形势机宜"作为进见之礼，使洪承畴尽知义军内情，遂大举向西南进军。清军相继攻克贵阳、重庆、遵义等地，于顺治十六年（1659）一月进入云南，在永昌磨盘山一带歼灭了李定国主力，桂王朱由榔逃入缅甸。至此，最后一个维系明朝遗民的南明政权已经名存实亡。

西南形势出现根本好转后，郑成功仍在坚持抗清拒不受抚。这时，顺治的态度开始强硬起来。顺治十四年（1657）三月，他下令对郑成功"当一意捕剿，毋复姑待"，一个月后又将其父郑芝龙及其亲属子弟等"俱流徙宁古塔地方，家产籍没"。在顺治的招抚下，郑氏部将黄梧、施琅、苏明相继降清，抗清形势趋于低潮。在这种情况下，郑成功率师东渡，驱逐荷兰殖民者，收复了台湾。持续了近20年的大规模武装反清斗争已接近尾声，一个统一的多民族的封建王朝终于在刀光剑影中完成了草创。

### （十）郑氏北上南京危

郑成功，福建南安人，其父郑芝龙曾官明总兵，清初，贝勒博洛大军征南至福建，洪承畴与郑同乡，以书通问，郑芝龙遂降清，随军至京。命入汉军正黄旗，不久以其投清叙功，封三等子爵。郑成功不降，召集数千人，始据南澳，后陷同安、漳浦等七县，对清朝是个很大的威胁。

最初，清廷对郑成功采取的是招抚政策，一方面相继将郑芝龙之妻妾诸子召至京师，暗为人质，一方面用封郑芝龙同安伯、郑成功海澄伯等加官晋爵的方式羁縻之。郑成功仍不为所动，十一年攻克漳州，并奉朱由榔为帝，接受明永历封号。这下子惹恼了福临，他调兵遣将，特派出郑亲王的世子济度为定远大将军，赴福建围剿郑成功，并传谕浙江、福建两省的总督、巡抚和总兵官说："郑成功啸聚海滨，窃行狡诈，竟敢上悖天道，下灭人伦，负恩梗化甘为釜底游魂"，说郑成功连在北京的父亲都不顾"逆理丧心，行同禽兽，"真盖载之所不容，王法之所必弃，而"似此枭獍，若应招抚优容，使得滥滥爵禄"是"辱衣冠"而"羞士类"，所以他是"独断于中，意在必讨"。他给各路督抚总兵鼓劲："尔等不必迟疑瞻顾，必灭此逆贼，以彰国法！"

十二年夏，郑成功占据了舟山，福临囚禁了郑芝龙。这时，原为郑成功部下的黄悟，投降了清朝，被封为海澄公。黄屡屡密奏，献计献策，说是郑成功恃其父在京，欺骗江南民众，这样本来想要向朝廷投诚的，总以为朝廷以抚为策，不能把他们怎么样，仍然坚持反叛之心。而且郑芝龙经常派人与郑成功互通音信，恐为内患，等等。福临闻奏，让兵部密议对策。

不久，议政王大臣议：郑芝龙寄书其子郑成功，书中言语无劝降之意，不应再留，郑芝龙及其弟的几个儿子随在京师的都应该正法。福临考虑再三，说："依法，郑芝龙早应处斩，念其投诚的功绩，所以从宽，只将他禁锢起来。如今马上就杀了他，非我原来的意思。还是免其一死吧。本人及其子侄迁徙东北宁古塔地方，家产籍没也就可以了。

福临除加强军事征剿外，在东海沿海实行封禁政策，严禁沿海居民与郑成功军接触。郑成功军虽遭挫折，仍顽抗奋战，十三年冬，攻下了闽安镇，转战攻打福州及浙江温州、台州地方。

清政府为此坐无宁日，浙闽总督李率泰上疏言："郑芝龙一日不杀，郑成功之心一日不死"，其部之观望之心亦一日不决。刑部亦议奏，请于宁古塔地方将郑芝龙立地正法。诸王会议同意刑部所议。福临仍犹豫不决。最后为防郑芝龙逃跑，命加三条铁链，将手足拷牢，章京兵了严加防守，——仍未下决心判郑芝龙死刑。

不久郑成功攻下了台州，又攻下温州，并接受了明永历皇帝朱由检封的延平王的封号。浙江震动。清廷调江宁满兵援剿，并调德州一千旗兵南下杭州助剿。命赵国祚为浙江总督，李率泰专为福建总督，充实了领导力量。十五年八月，浙江传来"捷报"，说因海上台风大作，"贼"船飘散，"官兵了其所向，分兵迎剿，当阵生擒及投诚九百余名，并获关防、器械、甲马等项，"郑成功属下"俱已沉逆"，郑成功因此"丧气归巢"，去向不明。清廷接报，以为郑氏大受挫折，不免松了一口气。谁知不到半年的时间，郑成功大军竟然卷土重来，连江的战舰，数万的水陆大军，遮云蔽日呼啸北上，没几日便过崇明，入海口，攻陷了江南重镇镇江，大江南北的要路被郑成功的巨舰隔断了，南京城被郑氏大军团团围住了。

### （十一）劈御座发誓亲征

南京城被郑成功的水陆大军铁筒式地围困起来，满城百姓和六千守城清兵屡次突围不成，而派去的一批援军又被郑成功的军队歼灭于城外的消息传来，北京城沸腾了。朝廷大员们议论纷纷，一些人预测南京城必将陷落，一些人为首都的安全而担心，有的暗自收拾细软，安排家小做避难计，福临这时也完全失去了他镇静的态度，想放弃北京，回守盛京。

福临的这个念头一吐露，立刻遭到他的母亲孝庄皇太后的严厉训斥，说他怎么可以这么卑怯，把祖先们以他们的勇敢、浴血奋战打下的江山轻易地放弃了呢？简直不配做爱新觉罗的子孙。福临从小到大，一贯为母后所宠爱，有些意见不同之处，如他执意使性，也是以母后的让步而解决，何曾想到会遭此严厉的训斥？他的脸红了，涨紫了，他狂呼怒吼起来，说："我不是胆小鬼，我要率满汉大军亲征郑成功，不获胜利，就战死疆场！"孝庄太后见他这样躁怒激动，劝他冷静下来，大臣们也吓得跪满阶前，劝他从长计议。这时的福临如发疯一样，不听劝阻，他忽然一下子抽出架上的宝剑，"啪啪"几剑将面前的皇帝御座劈成碎块，声嘶力竭地喊："谁要对御驾亲征的计划说个不字，就像劈御座一样劈死他！"孝庄见状挺身返回后宫。

不一会儿，福临的乳母来到福临跟前。这个乳母姓李，是内务府汉军旗人，福临一出世便由她用自己的乳汁喂养，长大后一直到亲政后很长一段时间均在福临身边照料福临的，平时，福临待她比自己的亲生母亲还亲，所以太后回宫特意将她派了来劝说皇上。福临这时谁也不认了，见乳母进宫像哄孩子似的喋喋不休，更增添了他的怒气，他挥舞着手中的剑，让乳母赶快走开，不然就把她也劈成碎块。吓得李氏颠着半大不大的小脚急忙跑开了。

很快，根据皇帝的谕旨，北京各城门旁都贴出了朝廷的布告，晓谕人民，不要害怕海上草寇，皇上要亲自出征了，胜利一定属于朝廷。福临原以为这会安定或激励民心的，谁知反倒引起了更大的激动和恐慌：老百姓知道，繁重的征敛和签派是不可避免了，闹不好男人们还要被趋往前线冲锋卖命。满汉大员们也个个忧心忡忡，他们知道皇上性格暴烈，万一在前线遭受不测，那么大清国的统治就要动摇，不仅满洲人的特权可能丧失，效忠于清朝做了顺民的汉官们的下场不是要更惨吗？这时满洲老臣郑亲王济尔哈朗已死，没有谁能敢于逆龙鳞而行了。怎么办？这时，一些人又想起了汤若望。他们络绎不绝地到汤若望的馆舍中，请他相助。而这时汤若望对福临的影响已非昔日可比，故良久拒绝不允。无奈诸王大臣苦苦相求，汤若望又考虑到天主教会的前途，决定冒着犯上死罪的危险孤注一掷。汤若望与数日前才到北京的苏纳和白乃心两个神甫密议一番，然后亲自写了一封奏疏。第二天，三个神甫郑重地做了弥撒神事，并且祷告汤若望此行成功。汤若望走出馆舍向两位同行道别的时候，两位同行怕暴躁的皇帝一怒之下将汤氏杀害，竟然像送死囚赴刑场一样流下了"永别了"的眼泪。

庆幸的是，福临经过一天的折腾之后，觉得很累很累，他回到内宫躺在御床上似睡非睡，待他"醒"来的时候，头脑清醒了许多。汤若望走到内宫门前的时候，一个与他很有交情的太监附耳相告：皇上已经有点安静了。汤若望觉得正是其时，疾步进殿，跪倒在皇上脚下，奉上奏疏，并十分真诚地恳求皇上取消亲征。汤若望顾不得皇上的脸色，详细剖析了亲征的影响和危害，最后他说：他是大清的臣民，不能有所见而不言，也不怕皇上见怪，为了大清国的利益，粉身碎骨在所不辞。

不知是福临先此已意识到自己言行的莽撞正思有所改而又"君无戏言"无法退步，还是汤若望的这番谏言起了作用，大概是两者兼而有之吧，福临的态度终于和缓和转变了，他请汤若望平身，并说"玛法"的见解是正确的，他会听从他善良的劝告。马上各城门又贴出了新的告示，说皇上决策千里，成竹在胸，只需派一支人马就可把那些草寇铲除干净，何劳御驾亲征？

像一场狂烈的暴风骤雨，来也急剧，去也迅速，皇上停止亲征了。老百姓自然是欢天喜地。百官们则又忙于给皇上出谋划策，如何去对付那个可恶的"海盗"了。

# 清初恶政

清军南下，满族统治者以胜利者的姿态一步步进逼退守南方的故明官民，而伴随着胜利者的旌旗与号角的，当然还有失败者的血泪。满族统治者入主中原，不仅带来了令人耳目一新的东北地区独特的少数民族文化，也将关外一些粗劣的风俗带到了中原地区，并由于统治者的强制推行而遭到中原地区百姓的强烈抵制，从而制造了一起又一起惨绝人寰的事件，构成了清初的几大恶政。

受自然历史的时间和空间的影响，人都是有局限性的。入主中原的满族统治者摆脱不掉关外生活的影响，自然而然地，把一些满族生活习俗带到了中原。但想当然地推行这些习俗，引起了汉族人民的强烈不满，并由此引发蔓延至全国的武装反抗斗争，应该说，多尔衮的政治考虑在这方面显得缺乏远见。圈地、逃人以及剃发易服等引起社会矛盾激化，是为清初的主要社会问题，这些问题在多尔衮摄政时代无法解决，作为难题，留给了大清王朝的真正主人——顺治皇帝。

### （一）血泪扬州

顺治元年（1644）五月十五日，福王朱由崧于南京即皇帝位，定下一年为弘光元年。

弘光政权承袭了故明的所有黑暗与腐朽，如同一只溃烂了核心的苹果，一切腐败都是从统治的核心地带开始的。福王缺乏治理国家的才能，更缺少复兴明朝的决心，却对吃喝玩乐无师自通。每天不理朝政，以演杂剧、饮酒作乐、奸淫幼女为务。为满足淫欲，福王命令在民间大选淑女，甚至就在清军兵临长江之时，福王挑选美女的工作还在紧锣密鼓地进行着，凡有女之家，黄纸贴额，太监即携之而去。朱由崧还命苏州、杭州、绍兴、嘉兴等地搜求美女进献，按抚道等官有奉行不力者治罪。于是，江南各地家家骚动，老百姓昼夜嫁娶，甚至有不愿入宫而投水自尽者。皇帝纸醉金迷，臣子们则多忙于党争，争权夺势，文官内讧，武官跋扈，对于南下的清军熟视无睹。老百姓切齿痛恨，民间流传着谚语，"相公只爱钱，皇帝但吃酒"，声色犬马的弘光政权在明清之际的风云变幻中摇摇欲坠。

诸臣之中，惟史可法坐镇扬州，力图挽狂澜于既倒，独自迎敌。史可法（1602~1645），字宪之，号道临，河南祥符（今开封）人，崇祯元年（1628）进士，崇祯十六年（1643）拜南京兵部尚书。弘光元年（1645），授官为东阁大学士兼兵部尚书，督师扬州。

在蒋良骐的《东华录》中，收录着一封重要的书信，展示了当年清军与史可法军对峙于扬州的严峻状况。这是一封多尔衮写给史可法的书信。顺治元年（1644）七月二十六日，多尔衮致信史可法，劝其投降，信中指责故明旧臣，永历弘光，"便是天有二日，俨为敌国"，否定弘光政权的合法地位，而称清朝政权是从农民军手中夺取天下，为崇祯皇帝复仇，名正言顺。同时，多尔衮作为清朝统治者对史可法许以高官厚禄，"诸君子果识时知命，笃念故主，厚爱贤王，宜劝令削号归藩，永绥福禄。朝廷当待以虞宾，统承礼物，带砺山河，位在诸王侯上，庶不负朝廷申义讨贼、兴灭继绝之初心"。多尔衮劝史可法投降，并指出清军势力之强大，要求弘光朝廷无条件投降。书信辞藻华美，措辞得当，据说是请一位江南名士所写。

在故宫博物院收藏的《史忠正公集》中，收录有史可法的《复摄政睿亲王书》，其语言优美流畅，严词恳切，铿锵有力，史可法在信中坚决表示要鞠躬尽瘁，克尽臣节，同时也寄希望于弘光政权与清朝政权通过和谈解决矛盾，化干戈为玉帛。但史可法的美好愿望很快随着清军兵临城下而成为泡影。

顺治二年（1645）四月十四日，多铎率清军渡过淮河，千里河堤竟然没有遇到一兵一卒的抵抗，很快，清军兵临扬州城下。史可法传檄诸镇，元一至者。多铎派明朝降将李遇春持檄文欲招降史可法，遭到史可法痛骂，并命守城士兵以箭射之，李抱头鼠窜。多铎又命乡民持书信，再欲招降史可法，史可法并不打开书信，全部投入水中，再次表明了誓死一战的决心。四月十九日，鉴于形势日益危急，史可法一面积极组织文武官员守卫，一面作遗书五封，分别留给母亲、妻子及叔伯兄弟。在给母亲的遗书中，史可法沉痛地表示，"儿在宦途一十八年，诸苦备尝，不能有益于朝廷，徒致旷违于定省。不忠不孝，何颜立于天地之间。今以死殉，诚不足赎罪。望母亲委之天数，勿复过悲。儿在九泉，亦无所恨。"留给清军统帅多铎的遗书则称，"败军之将，不可言勇；负国之臣，不可言忠。身死封疆，实有余恨。得以骸骨归钟山之侧，求太祖高皇帝鉴此心，于愿足矣。"

四月二十五日，清军炮击扬州城，扬州城破，史可法自刎，打算以死殉国，谁知自刎不死，于是令部将史德威用刀砍死自己，史德威痛哭不敢仰视。参将张友福将史可法拥出扬州城小东门，途遇清兵，史可法大呼，"史可法在此！"于是，史可法被清军俘获。多铎仍想招降史可法。《扬州十日记》的作者王秀楚这样描写了豫王多铎劝降史可法的戏剧性场面。"忽见一人红衣佩剑，满帽皂靴，年不及三十，骑马而来。身穿精美之锁甲护胸，坐骑华饰，多人随从，虽为满人，其体貌甚伟俊，下巴突出，前额宽大，其随员中有多名扬州人。是为满人总督和皇帝之叔父豫王"。豫王尊称史可法为师，备极谦恭，希望史可法降清，为其所用。对于豫王的招降，史可法铿锵有力地回答，"天朝大臣岂肯偷生作万世罪人！头可断，身不可屈，愿速死从先帝于地下。"于是，史可法被清军杀害。

事后，部将史德威寻找史可法的遗体，由于天气炎热，尸体腐烂难以辨别，遂在一年后造衣冠冢于扬州城北广储门外的梅花岭。史可法鞠躬尽瘁，死而后已，精神永存。南明唐王朱聿键追谥"忠靖"，清乾隆皇帝追谥"忠正"。乾隆三十三年（1768），乾隆皇帝命在史可法墓前建立祠堂纪念。乾隆四十年（1775），乾隆帝为史可法赐匾，"褒慰忠魂"，对史可法舍生取义、视死如归、效忠先主的忠义之举大加褒扬。

由于攻打扬州城时清军遭到顽强抵抗，清军遂在入城后对城内居民实施了残酷的报复行动，城内数十万生灵惨遭涂炭。从四月二十五日到五月五日，清军在扬州城内屠杀了10天，扬州沉浸在血泪之中。

据有关史料记载，尽管当时大雨倾盆，但是一些居民忙着烧香，大量地隐藏他们的金银财宝。他们只是做了这些谨慎的准备，但是全然无力抵抗那些已接管这座城市的满族人、蒙古人和投降了的汉人。王秀楚写道，"众皆次第待命，予初念亦甘就缚"。

叛徒们领着清兵在这座商业城市中搜寻有利可图的商人之家，从一个富户进入另一个富户。清兵们先是要银子，后来就无所不要了。一开始还没有人身伤害，但是夜幕降临之后，人们听到了砸门声、鞭子抽人声和受伤人发出的嚎叫声。扬州变成了屠场，血腥恶臭弥漫，到处是肢体残缺的尸首，一切社会准则都不复存在了。

当时有诗记载："杀戮不分老与少，城中流血迸城外。十家不得一家在，到此萧条人转稀。家家骨肉都狼狈，乱骨纷纷弃草根。黄云百日昼俱昏，仿佛精灵来此日。"人们把这段血腥的历史称为"扬州十日"。

顺治二年（1645）五月十五日，多铎率领清军开进南京城。弘光朝的文武官员数百人，马步兵二十余万跪道旁迎降，5天后，福王被清军俘获。当日，老百姓自发地沿街唾骂，甚至还有人对荒淫无耻的朱由崧投掷了瓦砾和石块。南明弘光政权的灭亡，是历史的必然，也是人心之所向。而清军的势力遂从黄河流域推进到长江流域，满族的统治，日益稳固。

## （二）圈地、投充、逃人

随着清军南下，一些关外旧制也不可避免地被带到中原，从而引发了民族征服之后的民族矛盾和斗争。

顺治元年（1644）五月十一日，多尔衮占领北京城后10天即下达了一项强制性命令：尽圈西城、北城、东城、中城之房地作为屯兵之所。镶黄旗驻安定门内，正黄旗驻德胜门内，正白旗驻东直门内，镶白旗驻朝阳门内，正红旗驻西直门内，镶红旗驻阜成门内，正蓝旗驻崇文门内，镶蓝旗驻宣武门内。明王朝时经营的北京内城，成为八旗军营，剩下的唯有明嘉靖中叶为了防御蒙古部落掠夺前门外商业区而建立的外城——即前门、崇文门、宣武门以南，永定门、右安门、左安门以北，广渠门以下，广安门以东的狭小地带。多尔衮下令，内城居民在三日内迁至外城。

无辜的内城居民满含血泪，离家舍业，迁至外城。三天时间短暂，既无从筹备周详的迁居计划，更无从新建宅第，重建居所。京城百姓流离失所，遂成难民。

同年十二月，又颁布了"圈地令"。由于满族在关外以渔猎为业，入关后无以为业，急需安顿，为了解决入关满族的衣食住行问题，解决八旗生计，多尔衮下令，对近京 300 里以内的土地进行圈占，按照每丁五垧的标准"量口给予，其余田地尽行分给东来诸王"。虽然圈地法规定八旗将士只是获得无主的荒地，但是，实际上，圈地法令下达之后，被圈占的远不止为无主荒地。负责执行法令的官员拿着绳子，不分有主无主，看好哪一块地，不由分说，四周一拉，田地就更换了主人。据当时人记载，"圈田所到，田主登时逐出，室中所有皆其有也。妻孥丑者携去，欲留者不敢携。"汉族百姓不仅失去了土地，失去了赖以生存的生活来源，甚至连房屋、妻子儿女也难以保全，陷入了苦难的深渊。这次圈占了畿辅地区五分之一左右的耕地，大约 15 万顷，造成数十万汉族百姓流离失所。这是清初第一次大规模的圈地，陆续的圈占还在其后。

顺治四年（1647）正月，清朝统治者又进行了第二次大规模的圈地，以用来安顿陆续进入关内的八旗官兵，并且，还对第一次圈地中的贫瘠土地进行调换。这次圈地从近京 300 里扩展到 500 里，东起迁安、永平、滦州一线，西至延庆、易州一代，南从保定、定县、高阳、河间、献县等地，北达密云、怀柔，都在被圈之列。此次圈占的土地达 5 万顷。

起初，圈地仅限于京畿地区，但随着清军南下，占领的地区越来越大，圈地浪潮也随之疯狂地扩展到全国各地。当北京附近地区如河间、滦州、遵化等地的土地被圈占殆尽后，多尔衮又命令将直隶顺德府、山东济南府、德州、临清、苏北徐州、陕西潞安府、平阳府、蒲州等八处地方的所谓无主荒地分给驻防八旗。这样一来，圈地扩展到了山东、陕西和江苏的北部地区。

圈地只是维持满族贵族奢侈生活的最基本条件，获得了大量土地之后，满族贵族还需要大量的劳动力，在这种情况下，出现了投充现象，当时投充八旗为奴的现象可以分为三种情形：一种是汉族地痞恶棍，为了寻求靠山，自愿投充到旗，喜爱为奴，这些人是少数，不具代表性；一种是一些农民的土地被圈占之后，走投无路，缺衣少食，为了谋求生存，被迫投充；还有一种情况则是被强行投充的。早在顺治二年（1645）的时候，多尔衮就曾晓谕户部，称，"闻贫民无衣无食，饥寒切身者众，如因不能资生，欲图入满洲家为奴者，本主禀明该部，果系不能资生，即准投充。"就这样，汉人投充为奴以法律的形式被确定下来。

所谓的自愿投充只是一纸空文，执行之时满族贵族以言语恐吓者有之，以行动要挟者有之，汉族民众遂被迫为奴，无处控诉。直到顺治四年（1647），由于大量汉人投充旗下，导致政府财政收入锐减，多尔衮才下令永远禁止投充。但是，由于汉人的投充给满族贵族带来巨大收益，政府虽然明令禁止，但民间投充事件仍然屡见不鲜。

投充到旗下为奴，意味着失去人身自由，成为受人役使的奴隶，不仅本人遭受奴役，甚至子孙后代也要世世代代为奴，生命失去保障，心灵饱受屈辱。为此，汉人无路可走，往往选择逃亡。

对于逃人，清初统治者采取了严厉的惩戒，顺治元年（1644）五月初五日，兵部正式颁布了严惩隐匿逃人的法令，为了杜绝奴隶的逃亡，从惩罚藏匿逃人入手，法令规定，"隐匿满洲逃人，不行举首，或被旁人讦告，或查获，或地方查出，即将隐匿之人及邻居九家、甲长、乡约人等提送刑部勘问。将逃人鞭一百，归还原主。隐匿犯人，从重治罪，其家资无多者，断给失主；家资丰厚者，或全给、半给，请旨等多处分。"逃人受到的惩罚并不算重，因为考虑到满族贵族还需要其作为劳力，而隐匿逃人之家则面临严惩。

缉捕逃人和严惩窝藏的法令在清初社会引起强烈反响。一旦有逃人流散民间，则家家恐慌，户户不得安宁，拿获一名逃人往往会株连几十户无辜之家。逃人所过之处，食宿之处均受株连，甚至负责移送逃人的官长对逃人也要高看一眼，视为长上，不敢斥责。社会上因此产生了一批无赖之徒，借助举告逃人之名，敲诈勒索，使得人人自危。

在对待逃人问题上，多尔衮严惩不贷，对贵族功臣也丝毫不留情面。靖南王耿仲明属下藏匿逃人，耿本人竟差点被削夺爵位。

圈地、投充、逃人三大恶政，引起社会矛盾急剧恶化。汉族百姓的积怨如同翻江倒海的火山，烈焰不断蒸腾着，火山喷发的时刻即将到来。而剃发令的颁行则使局势进一步加重，并成为大规模武装反抗斗争的导火线。

## （三）剃发易服

作为长期生活在东北地区的少数民族，满族有独特的民族习俗，剃发则是其中之一。满族的风俗是男子将头顶四周的头发剃去，只留顶后中间头发，编成辫子，垂落在肩背。除了在服丧期间不剃头之外，平时四周头发不得蓄长，要时时剃除。并且，满族人民以渔猎为主，为此，服饰崇尚简洁，多穿窄衣短袖，与汉族自明朝以来的服饰特点不同。民族的文化习俗如同民族的血液一样，深深蕴含在本民族人民的心灵深处，祖祖辈辈生活在白山黑水之间的满族重视剃发与民族服饰，这一点，对于汉民族来说，是一样的。但与之不同的是，长期受儒家生活信条影响的汉民族，重视身体的任何组成部分，并视为孝道。为此，因头发而引起的战争愈演愈烈，持续不断。

剃发令的颁布和执行经过了多次的反复。据《清世祖实录》记载，多尔衮占领北京后不到10天就颁布了剃发令，要求，汉族居民"谕到即行剃发"，但因引起强烈抵制，几天后又发布谕令，"天下臣民照旧束发，悉从其便"。但随着清军铁蹄南下，尤其是多铎占领南京，俘获福王，捷报频传的时候，多尔衮遂忘乎所以，于顺治二年（1645）六月十五日重新颁布剃发令，严格要求各省军民人等在命令到达10天之内全部剃发。

实际上，多铎占领南京之时，鉴于当时占领北京后剃发令颁行的不利，曾经于五月二十六日发出告示，张贴在城门之上，表示，"剃头一事，本国相沿成俗。今大兵所到，剃武不剃文，剃兵不剃民，尔等毋得不遵法度，自行剃之。前有无耻官员，先剃求见，本王已经唾骂，特示。"在多铎看来，剃发令的颁行似乎并不急于一时，有弹性地缓缓而行更为适宜。但可惜，多铎的告示贴出还不到20天，多尔衮就发布了严格的剃发令。

顺治二年（1645）十月三十日，清廷原任陕西河西道孔文𣿰曾就剃发事上疏，请求念及孔圣人后裔，保留先世衣冠，免剃发，结果遭到多尔衮的严厉训斥，孔文𣿰被革职，永不叙用。当时执行剃发令非常严格，有的限令三日内剃完，有的地方则关起城门，强迫在一日内剃完。当时剃发明令规定样式，头颅四周的头发要全部剃掉，只留下头顶如钱大的区域，结成辫发，垂在身后，称为金钱鼠尾。如果剃发但不遵从这种发式的，轻则游街示众，重以违抗法令罪至处死。

心甘情愿地剃发而从是一回事，被强迫着低头剃发则完全是另一回事，汉民族的民族尊严惨遭蹂躏，于是，一场保卫头发的战争一触即发。"留头不留发，留发不留头"，命令一下，全国上下人心沸腾，无论是故明官吏，还是普通的汉族百姓，都压抑不住心中的愤慨，纷纷武装起义，反抗清朝统治者的欺辱。

为了保卫象征着民族尊严的头发，江南地区展开了如火如荼的武装斗争。

### （四）江阴抗清

攻占南京之后，清廷悍然宣布恢复剃发令，威逼汉民在10天之内剃发易服，改从满人习俗。此令一出，许多地方纷纷起兵反抗，誓死不从，其中尤以江苏江阴和嘉定的斗争最为惨烈。

北京大学图书馆馆藏的题为七峰道人辑撰的《定鼎江南纪略》记录了清军平定江南之事，其中有江阴、常熟自顺治二年（1645）四月至九月间的史事，反映出清军的暴行以及当地人民的反剃发斗争。另外，民间史家修纂的《江阴城守纪》以及《江阴城守后纪》也详细记录了江阴守城的具体情形。

顺治二年（1645）六月二十日，清廷委派故明进士方亨出任江阴知县。方亨进入江阴之时，并未改易明朝服装，戴纱帽，着蓝袍，带领二十余家丁到江阴就任。当时，江阴城中耆老八人入见，方亨令造册表示归顺清朝。为此，江阴城百姓对方亨满怀期望，未曾料到此人执行剃发令之时丝毫不念及故明臣民情谊。

二十八日，方亨出示晓谕要求县民剃发。当地父老以方亨曾为明朝进士，故呈文请求留发。众人纷纷斥责方亨道："汝是明朝进士，头戴纱帽，身穿圆领，来做清朝知县，羞也不羞，丑也不丑！"方亨全然不顾，不为所动，众人于是四散离开。后方亨赴文庙烧香，众人问及剃发之事，遭到方亨严词拒绝，称"此清律，不可违"。于是，诸生相聚在明伦堂中，相约，"头可断，发绝不可剃也！"甚至，衙门中的书吏也拒绝抄写关于剃发的文告。剃掉头发，令大多数人感到屈辱，故激起反抗。

方亨看到事态紧急，于是躲在衙门中不敢出来，却一面敷衍民众，一面派人请求常州太守派兵征剿。江阴民众闻讯，愤恨不已，捉住方亨质问说："你想活，还是想死？"方亨则秘密派人声称江阴已经反叛，速派大兵征剿，幸亏使者在城门被查获，方亨于是被

**江阴抗清浮雕**

逮捕，愤怒的江阴民众擒拿并杀掉了清廷派来的督行剃发令的满兵。他们推举典史陈明遇为首领，正式筹备武装抗清。人们打开城中的兵器库，分发火药兵器，分兵扎营。

得知江阴民众造反的消息后，清廷发兵征剿。江阴城内的安徽人程璧在城中开当铺，自发拿出家中财产，作为饷银。起义民众杀死了狱中的知县方亨，誓死决战。由于连日未能攻克江阴，清廷派遣降将刘良佐为前锋，命诸王率领马步兵十余万向江阴进发。刘良佐作招降书，称，"你等皆系清朝赤子，钱粮尤小，剃发为大，今秋成时，你等在乡者即便务农，在城者即便贸易，你等及早投顺本府，断不动你一丝一粒。"城内居民则公议回书，义正词严，"剃发一令，大拂人心，因此城乡老少，誓死不从。纵有百万大兵临城，江阴死守之志已决，断不苟且求生。"

七月初一日，清军全力攻城，在危急情况下，陈明遇推举阎应元指导全城的斗争。阎应元，字丽亨，明北直隶通州人，崇祯十四年（1641）为江阴典史，以功迁升为广东韶州英德县主簿，因为母亲患病以及道路不通而未能及时赴任，此时正避居在江阴砂山之麓。阎应元入城后，整顿防务，苦心经营，江阴城的防守力量大为加强，给予攻城清军以重创。八月十三日，临近中秋，阎应元令发放赏月钱，与军民共同赏月，欢度中秋。中秋当日，江阴城中作《五更转曲》，唱道：

宜兴人一把枪，

无锡人团团一股香。

靖江人连忙跪在沙滩上，

常州人献了女儿又献娘，

江阴人打仗八十余日，宁死不投降！

表现出全城同仇敌忾、誓死不降的决心。据说，当时，城外清军听后也深受感动，为之泣下。

然而，毕竟众寡悬殊，八月二十一日，江阴城破，阎应元慷慨激昂题诗歌曰："八十日带发效忠，表太祖十七朝人物。十万人同心死义，留大明三百里河山。"而后率领

千人上马格斗，杀敌很多，巷战八次，背中三箭。欲夺门而出，不得，于是跳入湖中，但因湖水太浅，于是被清军俘获。当他被押到刘良佐面前时，刘良佐一面双手拍着阎应元的肩膀，一面低声哭泣。阎应元说道："何哭？事至此，只有一死，速杀我！"阎应元在满洲贝勒面前，挺立不屈，骂不绝口，一清兵用枪矛刺伤其小腿，阎应元血流泉涌，于是扑倒在地。当夜，阎应元被杀害于栖霞禅院。陈明遇在城陷后也进行了英勇的斗争，身负重伤而死。清军攻陷江阴后，下令屠城三日，无发者不杀，城中的幸免者唯有僧侣。

江阴人民在这次抗清斗争中，守城八十一日，付出了生命的代价，"城内死者九万七千余人，城外死者七万五千余人"，但他们给予清兵的打击也非常沉重，"清兵围城者二十四万，死者六万七千，凡损卒七万五千有奇"。有人写诗描述当时江阴城破，满城居民被杀尽、血流成河的惨景时说，"提起江阴城破日，石人也要泪千行"，也有人为之惋惜赞叹，"寄语行人休掩鼻，活人不及死人香"。

## （五）嘉定三屠

江阴人民的斗争只是一个开端，为了保卫头发，保卫人格尊严不受侵犯，武装斗争在全国范围内进行着。嘉定因为反对剃发曾经爆发过三次起义，亦遭受清军三次剿杀，历史上把这三次血腥的屠杀事件称为"嘉定三屠"。

朱子素的《嘉定屠城纪略》记录了作者亲历的清军在嘉定大规模屠杀的史实。

清军进入南京之后，故明嘉定县令弃官逃走，清廷派安抚官周荃单骑到嘉定招抚，满城百姓张灯结彩，欢迎清军的到来，并在门上大书"大清顺民"，表示正式归顺清朝。六月二十四日，清廷派新任县令张维熙到嘉定就任。

不到一个月，就在嘉定百姓准备开始新朝生活之际，嘉定城内外传出剃发令，人们担心恐惧，对清廷有了不同看法。随着剃发令推行逐渐加紧，被逼无奈的百姓在街头大呼曰："安得官军来，为我保此发肤，苟有倡议者，即揭竿相向矣。"当时，故明有吴淞总兵吴志葵驻兵于泖湖，于是，派人到嘉定宣传说，即将统率大兵进入嘉定解决百姓之困，令附近百姓当晚用白布裹头，杂插柏枝、竹叶、红箸、鹅毛为号，共同剿灭清军，事成后有赏。于是，嘉定百姓闻风而起，举火烧毁清军兵船。负责把守吴淞的是明降将李成栋部下，仓皇逃窜，李本人闻知此事，惊惶恐惧，整夜绕船踱步，不敢睡觉。

起初，嘉定百姓并未形成集中统一的领导核心，都是临时聚，旋聚旋散，随着斗争的开展，嘉定人民推举进士黄淳耀和前左通政侯峒曾为领袖，共同布置守城方案。黄淳耀（1605~1645），字蕴生、松崖，号陶庵。侯峒曾（1691~1645），字豫瞻。在二人的主持下，嘉定抗清划地而守，百姓人情激愤，争先挎刀相从，并用木石垒在街道上阻断道路，以此阻止清军前进。百姓们逐出清廷派来的县令张维熙，在城上树白旗，大书："嘉定恢剿义师"，并制定挨门出丁法，分为上中下三等，按等出丁，保证守城兵丁之用。城中秩序井然，划地为信，搜查简析，各处均有人昼夜巡视。

闰六月二十四日，清军首领李成栋派遣其弟李成林率领几十名骑兵，企图杀出一条道路，向娄东求救。李成栋嘱咐弟弟，"我军成败在此一举，汝不胜，勿复见我矣！"结果，李成林等人在北门被乡兵包围，厮杀中，李成林被杀死在路旁，其余逃出者飞奔返回吴淞。李成栋得知惨败的消息后，日夜与副将相对涕泣。

七月初一日，嘉定集合乡兵十余万，在娄塘砖桥东杭家村、安亭镇一带与清军交战，但由于乡兵缺乏实地作战经验，彼此之间缺乏配合，为清军李成栋部打败。败退时，一片狼藉，乡兵尸横遍野。当时正值南方酷暑季节，河水暴涨，败退的乡兵无路可走，多投戈赴水，尸骸乱下，一望无际。事后，李成栋指挥清军入镇肆意屠戮，共杀1073人，在镇中大肆抢掠金银布帛，掳掠妇女无数。李成栋还在镇中挑选美貌女子单独囚禁在一户民宅之中，供部下淫乐。

嘉定城百姓起初得到消息说乡兵大捷，因此，忙着煮酒烧饭，犒劳乡兵。不久，失败的消息传来，于是城中不分男女老幼全部上城防守，接连几日不敢合眼。

七八月间，嘉定正值阴雨连绵之时，守城百姓冒着酷暑，在雨中坚持守城，连续三昼夜，疲惫不堪，力不能支。这时，李成栋会合娄东所有精锐部队，炮击嘉定城，不久，嘉定城被攻破。侯峒曾投水自杀，因水过浅未遂，被清军捉住后杀害。黄淳耀与弟弟在一座僧舍上吊自杀，死前，黄淳耀题字于壁："弘光元年七月四日，遗臣黄淳耀自裁于西城僧舍。呜呼！进不能宣力皇朝，退不能洁身自隐；读书寡益，学道无成，耿耿不灭，此心而已！异日寇氛复靖，中华士庶再见天日，论其世者，尚知予心。"

李成栋率清军入城后，下令屠城三日，以炮声为讯号，清军即可肆意杀戮。疯狂的士兵在嘉定城中四处屠戮，每家每户，大街小巷，甚至乱草丛中，都要用枪乱搅一阵，确定无人后方离开。清兵每遇一人，先令献宝，城中百姓于是献其所有，再遇到其他清兵，献宝如故，最后，家产丧尽，则惨遭杀害，一时嘉定城中僵尸满路，居民遍体鳞伤。朱子素的《嘉定屠城纪略》中记载了城中百姓的惨象，清兵杀人之时，初砍一刀，尚听到大呼饶命的声音，到第二刀声音渐渐低微，到后来清兵持刀乱砍，只能听到刀声了。全城到处是乞命之声，嘈杂如市。城中死者数不胜数，悬梁者、投井者、断肢者、血面者、被砍未死而手足犹动者，肉骨狼藉，到处都是。

嘉定城变成了人间地狱，疯狂的清兵在城中搜寻美貌的妇女，对"妇女寝陋者一见辄杀，大家闺彦及民间妇女有美色者，生掳。白昼于街坊，当众奸淫，毫不知愧；有不从者，用长钉钉其两手于板，仍逼淫之。"

七月初六日，满足了兽欲的清军离开嘉定返回娄东。初十，一些屠城之时侥幸逃脱的百姓开始络绎入城，见到城中惨象，无不放声痛哭。嘉定城百姓三次抗清，三次遭受屠杀，鲜血染红了嘉定。嘉定三屠，前后相继七十余日，城内外死者两万余人。

江南地区的其他城镇如常州、宜兴、常熟、昆山、松江、绍兴等地，都有反清斗争开展。甚至清军最早进入的京畿地区，也因剃发令的颁行而武装反抗。剃发令引起的反抗不仅波及范围广，而且持续时间长，造成了极大的影响。到康熙统治时期，吴三桂反清，还曾借助汉族人民对剃发令的仇恨心理，以蓄发、恢复明朝衣冠作为口号，以争取百姓的支持。到康熙年间，还有隐匿山林，拒不剃发被告发事例的存在，可见，反剃发斗争在民间影响深远。

据说，最终清朝统治者为了缓和因头发问题引起的矛盾与冲突，采纳了汉臣的"十不从"建议，即"男从女不从；生从死不从；阳从阴不从；官从吏不从；老从少不从；儒从而释道不从；娼从而优伶不从；仕宦从而婚姻不从；国号从而官号不从；役税从而语言文字不从。"

就文化的发展而言，与其他历史现象不同，文化的选择有其内在的规律。一般而言，比较落后的文化会逐渐为先进的文化所融合，满族文化置身于有悠久历史和文明发展进程的中原文化之中时，面临着文化的强大吸引力，同时也必须面对融合的危险。

为了弥合满汉两个民族之间习俗风尚的差异，清初统治者多尔衮野蛮地实行了强制性的政策，力图通过血腥的杀戮来达到目的，使汉族人民俯首帖耳，完全顺服。但是，多尔衮没有料到的是，民族文化之间的差异往往不能够通过强制性的手段想当然地弥合，文化自有其发展的规律和方向，在一定的历史背景下不受人为因素的控制。

因此，表面上，清朝统治者仿佛已经达到了目的，全国上下，剃发归服，但是，在文化的深层，究竟哪个民族文化能够超过对方，占据上风，要看民族文化本身的生命力。文化方面的斗争与角逐对于刚刚入主中原的满族统治者来说，仅仅是刚刚开始而已。

# 刻意求治

福临亲政之后，时常把明代兴衰得失的历史经验教训引为鉴戒。他指出，帝王治理天下，一定要以国计民生为首要任务。明初曾采取一些发展生产的措施，使人民得到休养生息的机会，所以直到万历年间都是海内富裕，天下太平。然而到天启、崇祯朝，任意扩兵增饷，加派繁多，贪官污吏横行不法，民不聊生，社会矛盾全面爆发，明朝随之灭亡。当此之际，清入关不久，也连年战乱，土地荒芜，广大农民流离失所，无法正常生产，以致国家财政困难，军饷难以支出，严重影响了政权的巩固。以史为鉴，福临亲政之后，时刻注意与民休息，道在不扰，不横征暴敛。

顺治八年正月初七日，顺治帝谕户部：停止陕西贡柑子、江南贡橘子、河南石榴。十四日停止江西进贡额造龙碗。八月二十四日停止四川进贡扇柄、湖广贡鱼鲊。以表示不因口腹之乐在而骚扰百姓。为了减轻百姓途中运输的困难，同时决定，建造宫殿必须就地取材，永远不许再用山东省临清烧造的城砖。二月十三日，福临命户部，停止多尔衮生前为避暑在边外兴修的一座小城，甚属无用，徒费银两，劳民伤财，立即停建。二十八日，命各地为打猎放鹰往来下营而圈占的民地，一同退回原主。闰二月十九日，命令兵部整顿驿政。谕云：驿递疲困，至今已极，奉差官员恣意苛索，驿夫不足，派及民夫。甚至牵连妇女，系累生儒（学者）鞭打驿站官员就像打罪犯一样，侮辱州县官就同对待奴隶一般，结果是夫逃马倒，罢市止耕，上误公务，下害小民，深可痛恨。命督抚严察参奏，以后各衙门均不得滥差官员。三月十六日，顺治帝召户部尚书巴哈纳问国库情况。当得知俸银共需六十万两，而银库仅存有二十万两时，他感叹地说：大库的银两已为多尔衮用光了。为了不向百姓加派，福临决定动用内库银两按时发放官吏奉银。四月初三日谕礼部：今后皇帝出都行幸，不许行在地方官进献礼物。五月二十四日，福临在一次行猎中，看到沿途庄稼茂盛，联想到过去诸王随意放鹰驰猎，蹂躏田禾的情景，回京后立即颁发了一道谕旨，规定诸王须待秋收后，方可放鹰，不扰农事。八月初四日，原曹州副将许武光上疏说：明代开封曾被水淹，故周王府内有二三百万两白银，被淹没埋藏地下，要求皇帝给假三年，搜尽天下遗银，以供军饷。福临非常生气，指出帝王生财之道，主要在于节用爱民；掘地求金，亘古所未有，如果按此议行事，势必生事扰民。他还严厉斥责了许武光借端求官，兼图牟利的卑劣企图，令交该城御史严加申斥。十年五月二十五日，福临筹建乾清宫，时值旱涝异常，人民困苦不堪，大臣们奏请工程暂停，以节省出的钱粮救济军民。他看到奏疏后批示：这本说得有理。下令暂时停止宫殿建筑。同时要求诸王以至百官，凡祭把饮食概宜从简。类似的措施以及受灾地区蠲免钱粮或缓征租税等事，在顺治亲政的十年间是经常出现的。

亲政之初，刻意求治，大大地稳定了社会秩序，缓和了各种矛盾，有利于统治地位的巩固。

由于摄政王多尔衮的阻挠，福临在幼年时期没有受到应有的教育，直到十四岁亲政时，对汉文依然十分陌生，甚至在阅汉大臣的奏章时，往往茫然不知其中的意思。

福临亲政后，为了能够阅读诸臣章奏和处理政务，以极大的毅力苦读汉文书籍。他把乾清宫当作书房，摆放数十个书架，经史子集，稗官野史，小说传奇等无不备之。殿中还摆列长几，放置商彝周鼎、印章画册等文物。他每天除了处理军国大事外，都能读书到深夜。有时他五更起床读书，至黎明拂晓，能够流利地背诵，方始罢休。为了保证有充足的读书时间，他还规定每月中，逢五为视朝之期。短短的几年，福临对先秦、两汉和唐宋八大家的著作（唐宋两代八个散文代表作家的合称。含唐朝的韩愈、柳宗元、宋朝的欧阳修、苏洵、苏轼、苏辙、曾巩、王安石），明朝各代皇帝的实录，以及元明戏曲、话本等，无不涉猎，学识水平不断提高。他对当时著名小说评论家金圣叹评点的《西厢记》写下评语："议论颇有遐思（想得远），未免太生穿凿，想是才高而见僻"。足以证明福临对汉族文化的理解，已经达到相当的水平。平日，他也能够熟练地运用汉语批阅奏章，评定考卷。

关于顺治帝少年时期刻苦读书的情况，时人有生动的描写和如实的记录。据弘觉禅师《北游集》记顺治十六年九月至十七年五月，在京见帝奏对情形云：上一日同师座次，侍臣抱书一捆，约十余本，皇帝告诉禅师说：这是朕读过的书，请老和尚看看。禅师（僧侣之尊称）细阅一遍，皆左史庄骚（左传、史记、庄子、离骚）先秦两汉唐宋八大家，以及元明撰著，无不毕备。皇上说：朕非常不幸，五岁时先帝太宗早已晏驾（死亡），皇太后生朕一身，又娇生惯养，无人教训，坐此失学习机会。年至十四岁，九王爷多尔衮死才开始亲政。阅读诸臣的奏章，茫然不解，从此开始发愤读书，好学不倦。每天早晨到中午，处理军国大事外，即读书到深夜，然而顽皮之心尚在，多不能记忆。等到五更起来读书，到天亮时，始能背诵。计前后诸书，读了九年，曾经呕血。

读书、为政之余，福临还喜爱书法和山水画。有一次他和临济宗（佛教南宗禅宗五宗之一）的知名和尚道忞谈论书法，问道：先老生和尚与雪峤大师书法谁好？道忞回答说：先师学力既到，天分不如。雪大师天资极高，学力稍欠。故雪师少结构，先师乏生动，互有短长。先师常告诉说：老僧半生劳作，运个生硬手腕，东涂西抹，有甚好字，亏我胆大。皇帝说：这正是先老和尚，之所以善书法之处。挥毫时如不大胆，则心手不能相应，则底欠于圆活。他还询问道忞学习楷书，曾以哪家书法作帖，道忞回答说：初学黄庭坚无成就，继学遗教经，后来又临夫子庙堂碑。向来不能专心致志，故无成字在胸，往往落笔即点画走窜。福临说：朕也临此二帖，怎么道得老和尚田地？道忞表示要看看福临的书法，获睹龙蛇势。福临索取纸笔，命侍臣研墨，即席濡毫，先书写一敬字。接着又连写数幅，并选其中一幅，问道忞怎么样？道忞说：这幅最好，请皇帝赐给。史记中记载的这些轶事说明，顺治帝对汉字书法颇有研究，而且字也写得相当漂亮。

几年的读书生活，大大提高了顺治的汉文化修养水平，并从中学习到历代汉族皇帝的丰富统治经验，决心效法历史上的贤主明君。顺治十年正月二十九日，皇帝到内三院阅读《资治通鉴》问随从的大学士范文程，额色黑、宁完我、陈名夏等人：自汉以下，明代以前，何帝为优？陈名厦以唐太宗回答。顺治帝说：朕以为历代贤君，莫如洪武，为什么？洪武（朱元璋）所定条例章程，规划周详，朕所以认为历代的群主不及洪武。这表明，他要以明太祖制定的典章制度等作为自己的典范，以便巩固清朝的统治。

福临亲政后，正是在汉族的历史文化影响下，锐意图治，使大清王朝的统治逐步得到加强，并深刻影响到其后代子孙。

任何社会都有流氓、地痞、恶棍、危害国家、危害人民、扰乱社会秩序，封建社会更为严重，有产生这一社会阶层的土壤。为维持社会的安定，封建统治都有时也采取措施，严厉打击社会棍徒，抓、关、流放、处死，兼而行之。顺治皇帝亲政后，打击一等市棍、人贩子黄膘李三，就是其中一例。

黄膘李三，本名叫李应试，是顺治年间活动在京师一带的大盗、大奸大恶之徒，横行都下乡里，贩卖人口，交结官府，杀人越货，无恶不作，远近闻之，胆战心惊，是社会的一大害群之马。最后由皇上出面，通过刑部衙门将本人和他的同伙处决，大快人心。

顺治九年三月初十日，管都察院事的吴达海等人上奏说：皇上考虑百姓冤枉，准许打官司告状。近来奸棍企图报复，动不动就捏造无影之词，诈害平民，虚多实少。或雇人顶告，或夥靠夥证，或将匿名信在大街小巷张贴，投递各衙门，种种恶习，大干法纪。请求皇帝下令刑部严禁。如有故违，依律治罪。皇太认为说的对，令刑部刊示晓谕。十三日，顺治谕刑部：商贾贸易原为裕国便民而设。今有一等市棍，称为人贩子者，不守本分，贸易时或诱拐无知，私自禁锢在土窖中，从而外贩；或将满洲妇人子女，圈诱贩卖；或掠卖民间子女。更有一种强悍棍徒，托卖身为名，将身价集体瓜分者。似此恶习，如不严行禁止，为害匪浅。自今以后，将人贩子各色，永行禁止，如有故违，后被发觉，定行治以重罪。

谕旨中谈到的一等市棍，人贩子等，就含大盗李三之流在内。十二月二十四日，处决京师恶霸李三、潘文学，并布靠全国。顺治帝就此发长篇谕旨，内称：

朕认为表扬好事必须抓住典型人物、典型事例；打击坏人坏事必须惩办首恶分子。有个元凶巨盗李应试、潘文学，盘踞在京城之下，已经好多年了，官民闻之丧胆，不敢接近与之斗争。今因别事发觉，朕命叔父、和硕郑亲王及内大臣、内院型部大臣，共同审问，查出李应试，别名黄膘李三，原来是明朝的重犯，漏网逃跑，专做豢养强盗的勾当，勾结奸雄，交结官府，役使衙门的邪恶之徒，远近盗贼纷纷向他提供钱财，南城铺行照常给他纳税，明火执仗，坐威坐福，暗中操生杀予夺之权。所喜欢的事，即有邪党代替他邀功求赏；所讨厌的事，即有凶恶之徒全力为他谋害。比如崇文门有关税务，自立规则，擅抽课钱；凶恶的侄子，到处杀人，死者之家不敢申诉。诸如此类，罪不胜数。

潘文学则充当马贩子，暗中和贼人勾结，挑选良好马匹，接济远近盗贼，每次多至一二百匹头，少则数十匹头，群盗得骑，如虎生翼。而且还交通官吏，打点衙门（办公机关），包揽不公不法之事，任意兴灭（无的说有，有的说无）。甚至文武官员，多与投靠，吃喝玩乐，行人看见，不敢奈何？

以上二犯，罪大恶极，举国上下，官吏人民等，都说所犯罪行，死有余辜。故决定，将李应试、潘文学及其子侄，俱行枭斩（杀头示众）。同时将首恶为从分子高思敬等八人，一并处死。有牵连官员，分别受到惩处。命各缉捕衙门以后对"大奸大盗"勿得姑息，文武大小官员，如再与奸盗往来者，事发，定行连坐，决不姑贷。下一年正月十二日谕刑部，黄膘李三已经正法，他的兄弟子孙、亲戚朋友，一概不准牵连拿问。同时就些案件，不断发出谕令，与臣下谈话，总结经验教训，以儆效尤。

十二月二十五日，顺治帝就李应试、潘文学案件，责备言官们为什么在事发前一言不发？你们都察院等部官员，凡官员犯法、民贼出现，都应据实检举揭发，所以通上下之情、锄掉大奸大恶呀。近如李应试、潘文学等人，通盗害民，适遇他事牵连，才得以穷究根源，立正典刑。在未发觉以前，李三把持衙门，毒害小民，举国痛恨，深入骨髓，你们这些当官的人，为什么都一言不发？如果真的不知，已是渎职，若恶迹显露，害怕举报，养奸助恶之罪，你们何以推辞？除过往不究外，你们应自思人臣事君，立身行己，一秉法度，事事为国为民，怎么能包庇坏人呢？奸恶去则民安，民安则朕心始安。你们难道不知道尽心报效吗？如养奸助恶，谁得谁失，如再有如前包庇坏人之事发生，法人留情，各宜反省警惕，以尽职守才，不辜负朕对言官的期望。

顺治十年正月十八日，福临到内三院视察工作，对大学士洪承畴、范文程等六人谈话说：不久前因违法被诛的黄膘李三（即李应试），是微不足道的小民，而住居之外，复多造房屋，每间都修饰得整整齐齐，是什么原因呢？洪承畴回答说：他修造的房屋分照六部，或某部人到，或自外来有事到某部者，即请到某部房内。皇帝说：以一细民，而越分妄行如此，故上天下罚于他，由他案牵连，始得治罪。皇帝又说"凡人坏事做绝，恶贯满盈，不久自败。同时皇帝自责地说：可惜，朕也曾经宠爱过他，但这位大盗行事不守法度，最终是自我暴露，自取灭亡。正月三十日，是顺治帝生日，问前来庆贺的大学士陈名夏：李三是一区区小民，为什么当官的、普通百姓们，都怕他呢？陈名夏回答说：原来京都五方杂处，像李三这样的人还不在少数。李三与各衙门人员无不勾结，故官民们都怕他。关键在于拔本塞源，令人人都谨小慎微，不敢效尤，那位小李三何足挂齿呀。皇上说：李三一小人物，不要认为朕常常谈论他，朕之所以经常提到他，是想要诸臣改过自新，有所见闻，即行报告。朕自今以后，就不再重谈李三的问题了。

到此为目，李三之案就算彻底解决了，自九年三月办案起，到十年正月止，在不到一年的时间里，顺治皇帝亲自过问此案，并多次下达谕旨、谈话，从中总结经验教训，警告世人，提醒官员，以杜绝类似事件重演。

福临自幼好学不倦，博览群书，通晓古今事务，十分懂得儒家以文教治天下的道理，竭力提倡尊孔读经，利用传统的封建礼教向全体臣民进行灌输，以便巩固大清王朝的统治地位，并使自己在人民心目中，以传统道德捍卫者的形象出现，为此在亲政之后，采取相应措施，发展文化教育事业。

顺治八年四月，遣官赴山东曲阜祭孔。次年九月二十二日，顺治帝往太学，释奠（置酒而祭）先师孔子，行两跪六叩头礼。听祭酒、司业（皆学官名）讲易经、书经。讲话说：圣人之道，如日中天（悬在空中，普照万物），牢记心中，衷心信服，有利于治理，你们师生要努力向上，二十三日，宴庆五经博士等学官于礼部。二十四日，于午门前赐衍圣公（孔氏后人）等礼袍帽。以后几年，他还大修孔庙，还定孔子的谥号为"至圣先师"。

亲自主持编纂诸书，认为是移风易俗，稳定社会，一心求治的首要任务。先后提议和主持编定的重要书籍，计有太祖、太宗朝实录、玉牒、明史、资政要览、劝善要言、顺治大训、大清会典、通鉴全书等。同时，为将汉文化普及到满族当中，还把汉文的重要典籍，翻译成满文，以供阅览。为说明书中要旨和社会意义，有时亲自为该书作序，以表重视。以下举几部书为例，予以证明。

顺治十二年正月二十日，顺治帝编《资政要览》书成，亲自为序曰：朕想帝王为政，开明修身，莫不是本于德（道德修养）而成于学（文化素质），如同大匠（手艺高超的木工）以规矩而定方圆，乐师以六律（律，即定音器，六律是：黄钟、太簇、姑息、蕤宾、夷则、无射）而正五音（指宫、商、角、徵羽，也叫五声）。凡是古人美言善行，在典籍上有所记载的，都是修己治人的方略，可以为当今所利用。朕孜孜图治，学习古人的教导，看过四书、五经、通鉴等书，得其要领，推之十三经（古代的十三种经典：易、诗、书、礼、春秋、周礼、仪礼、公羊、谷梁、孝经、论语、尔雅、孟子）、二十一史（明万历国子监刊行的二十一部正史：史记、汉书、后汉书、三国志、晋书、宋书、南齐书、梁书、陈书、魏书、北齐书、后周书、南史、北史、隋书、唐书、五代史、宋史、辽史、金史、元史），以及诸子书中，不违背圣人经典的地方，莫不条理其中，而成一家之言。但因卷帙浩繁，如果用作教科书教育人，恐不能一时尽解其义，亦未能一时尽得其书；因此，考虑到记事应当提纲挈领，说话应当言简意赅（音该），于是采集各书中有关政事部分，分作三十篇而成。又考虑到分散而不集中，于是在每篇中写出内容提要，联其文辞，于忠臣孝子、贤人廉吏，略举事迹；对那些奸诈、贪污、不肖（贤）、作乱之徒，也载在其中，使历史上的好坏人，一目了然。加之训诂（解释），详其证据，就如同集中狐腋之白毛而作成狐皮大衣，集中六种金属成分而铸成宝鼎一般，简约而易明，文简而易读，名曰《资政要览》。读这部书的人，深思熟虑而认真体会，可以做老实厚道的善人，推而广之，可以做明理的君子。不要单纯欣赏其中的语言文字，那么联谆谆教谕的思想，就能得到贯彻执行了。

正月二十五日，御制《劝善要言》成，亲自作序说：朕认为天道自然是善良的，就应当以善政对待下民，故人生在世上没有不善的，即使有不善的人，都是因为自己有私心杂念，加上社会上恶劣的习惯对人们的影响，于是就失去了善良的本性，而逐渐背离天理人性。人之思想行动不同，所以上天鉴察，降以灾难和吉祥，其降吉祥者，固然是造福于好人；即使不得已而降灾难者，也是公开地警诫下民，使之改过迁善。从来是因果报应，分毫不差，难道还不可怕吗？古人根据天理垂训于世，以教天下，正论嘉言，不一而足。但文理深奥，或不易理解，说得太简单，又不能完全表达意思。朕奉上天的命令，抚育万方之民，深刻体会到上天教育下民，以劝善为首务，人们立身行世，做好事是最大安慰，故取诸书之要者，辑为一编，名曰《劝善要言》。语言不想文深义奥，只想说明道理；词句不厌其详，只想让大家都明白；欲使贤愚同喻，小大共知。读这部书的人，应当深刻领会其中的意义，牢记在心，体现在实际行动上，善者益加做善事，以求得天下的赞誉，即或是无知之徒，而误入歧途而不做善事的人，尤其应迅速改正而使自己不犯错误，以免大难临头。如此，才不负上天好生之心，而朕诚恳教化的意愿，也就不能落空了。凡是我的人民，都应该老老实实地做人啊。

正月二十六日，顺治帝命设馆编《顺治大训》一书，将忠臣义士，孝子顺孙，贤臣廉吏、贞妇烈女以及奸贪鄙诈、愚昧不肖等情，分门别类编辑。以大学士额色黑等十八人为纂修官。编此书的意图是：使天下得治，莫大乎教化之广宣，务令臣民皆可诵习，以彰法戒。

与此同时，特命大学士冯铨等主编《孝经衍义》颁行天下，大肆旌表忠孝节烈。还命内院诸臣翻译五经。

以上措施，有利于社会风气的好转，有利于大清王朝的统治，故清代历代皇帝皆效而行之。

任何社会都有烧香弄鬼、算命打卦等封建迷信的害人的活动，一害人民、二扰乱社会治安，在封建社会尤为严重。因此当权者总是下令制止。但是效果不佳，留传后世，仍在为患。

清顺治六年六月二十六日，清廷下令：凡是和尚老道、巫医大神，算命瞎子之流，只应该是礼神明推命运，不许胡作非为，玩弄法术，蛊惑人民，愚弄群众。如果有谁违犯，治以重罪。命令礼部官员，严行稽查。

顺治八年四月，清内院大学士洪承畴，看到皇城西北建塔，喇嘛乘马出入其中。于是上奏说：连日载运土木，人畜疲敝，装扮驱鬼，远近都很惊动和恐惧；甚至是深宫大院，王公大臣不能进，可是一些僧人能够不时进见；又听说不久将由陕西、宁夏、甘肃边外远迎活佛，因此，没见到护国家保人民，先见到病国家害人民，请立即停止，并将在京喇嘛送往城外，陆续发回，不许出入禁地。

顺治九年九月十九日，福临谕礼部：佛教清净，理应严饬。今后凡是僧人、道士、尼僧，已经领取度牒（僧尼出家由官府发给的凭证，无度牒者视为非法）的人，必须遵守法律戒规，穿戴规定的衣帽，各居住本寺庙，敬供神佛；如果没有度牒，私自为僧、为道、为尼而往来的人，以及僧、道、尼假装喇嘛，穿戴喇嘛衣帽往来的人，定行治罪。如果有这些人妄自非为，各寺庙庵观的住持（寺庙的掌老主僧）、僧、道、尼，知而不举，一体治罪。在京城附近寺庙居住的喇嘛之徒弟，理潘院规定数目，如有喇嘛徒弟，不符合规定数目，有本人愿做徒弟者，及有愿给予做徒弟的人，俱报告理藩院，该院酌情处理。不许越过理藩院规定的数目，私自做徒弟，以及给予喇嘛为徒弟。又有妇女，或叩拜喇嘛，或叩拜寺庙观宇，必须随本身丈夫同行，不许妇女私行叩拜喇嘛、寺庙庵观，如有违者，定行治罪。

顺治十年正月三十日，与大学士陈名夏论古往今来治天下之道，其中谈到治天下不但要注意大道理，而且要注意小道理。如喇嘛竖旗，动言逐鬼。朕想他们怎么能躯鬼呢？只不过妖言惑众，扰乱民心而已。陈名夏回答说：皇上此言，真是洞察当的地方，可以研究参考。你们内三院要传谕诸位官员，一定要体会朕的意图，襟怀坦白，大公无私，提出意见，以昭（表示）一心一德之盛。

真就有敢提出意见的人，吏科官员魏象枢奏称：人君御世之权，莫大于赏罚，国家察吏之典，不外乎升降，三年朝觐，名为大计，是必不可少的，今当皇上亲自掌政，首举计典，恭情皇上面召各省两司等官，凡是三年中，国赋的盈亏、民生的利害、官吏的好坏、机关是否廉政？准其一一报告；称职者奖赏，不称职者处分。

掌管河道道的监察御史朱鼎延上奏说：自古帝王之治，先天下之忧而忧，后天下之乐而乐。近来灾害迭见，水旱频仍，民穷财尽，尤其不可不深忧而熟虑的是：如黄屋细旃（同毡），只能显示皇帝居住的壮观美国；而老百姓还没有房子住，风雨不能遮蔽，愿皇上居深宫而能想到人民流离失所的苦楚。山珍海味，可以享受口头之福；而老百姓却有连粗粮都吃不饱肚子的人，饿着肚子实在可怜，原皇上一举筷子就想到老百姓供纳的艰难。豹皮大衣，锦绣龙袍，穿起来真舒适美观大方；可老百姓竟有连补了又补的衣服都穿不上，原皇上一着龙装圣衣，就能想到民间百姓捉襟见肘，衣不蔽体，冒冻号塞的可怜相。

上述意见，与人为善，可以提出，但未免言词过急，讥讽相加。可是，这样挖苦的语言年青的皇帝也竟然接受了，疏入之后。"上是其言"，即说得对。

正月初四日，顺治帝又谕内三院，征求对皇上的意见。说：近来言官条奏，多是小事，未见到涉及朕本身的事。朕一日万机（忙得很）。事务缠身，难道就没有不合天意、不近人情、不顺人心的事发生吗？都是因为诸臣畏上忌讳、不敢向上进谏。朕虽然道德修养差，但对古帝王纳言求是，每每怀有欣赏羡慕之情，朕自己如有错误，诸位臣下须直接提出，不要保留，即使偶有不对的地方，不妨再三提出，才能反省改正，力行正道，天下大治。提意见正确的人，一定会受到表扬奖励；意见提得对，言词过当者，也不谴责。你们内三院立即传达给大小诸臣，使大家都知道朕的意图。

正月三十日，在太和殿召见大学士陈名夏，商谈人君治国的大道理。皇上问：天下何以治，何以乱，而且如何使国家长治久安？陈名夏对曰：皇上如天，上心即天心，天下治平，唯在皇上，皇上要想天下太平，唯在一心求治，心想求治，则天下就得治。皇上说：你说得对。其具体治理方法在哪？名夏奏报说：治理天下没有别的道，唯在用人得当，得人则治，不得人则乱。皇上说：讲得有理。如何才能得到贤才？名夏回答说：知人甚难，但是要想知人也是容易的。现在认真地在群臣中，选择德高望重的人经常召见访问，那么天下人心就鼓舞起来，无不勤奋效力。皇上又说：唐朝家法为什么那样丑？名夏说：由于太宗家法不善，故导致女主擅国，祸乱蔓延，但是贞观政治，可以和三代比美，因为用人得当。皇上又说：人君之有天下，非图自身的安乐，应当孜孜爱民，以一身治天下，如只为自己一身享乐，又怎么能指望天下太平呢？唯有勤劳其身，政治修明，名垂青史，才是美事。联虽然勤于图治，也不能无过失，专靠你们，指出不足，倘朕身有过，请大胆提出才是。名夏说：皇上宠眷诸臣，常加诚谕，人心大不同于过去，况臣受皇上厚恩，岂敢闭口不言，但恐提出的意见有失当之处。

三月二十七日，召原任大学士冯铨入见，问铨年岁多大，某科进士及历升官品，然后说：朕对翰林官亲自考试，文章的优劣完全掌握，可以定他高低上下，能否做官？冯铨就此发表意见说：皇上简用贤才，也不应该只论其文章，或有人善于文章而不能办事，自己表现不好者；或有不善于文章而能办事，操守清廉者。南方人善于写文章而实际行动差，北方人文章差而实际行动可嘉。现在考试，也不应只看其文章好就用他。理论联系实际，办事能力强者廉而用之，才合乎条件。皇上听后，认定冯铨说的对。

四月十七日谕内三院：今年三春不雨，入夏大旱，农民失业，朕非常忧虑。考虑到朕身有缺点失误，政事有不当之处；或大小官员有自私自利，重贿赂，不肯实心为国，消极怠工，招致上天下罚。或有民间疾苦，无所控诉，地方官隐瞒下情。令三品以上及科道官各抒所见，凡是有关联躬及天下大利大害，应兴应革之处，认真上奏，不许含糊两可，不准借端影射，如果提得合理，切中过失，朕不怕改过。

顺治十二年正月十三日，谕诸王大臣等说：自朕亲政以来，五年左右，仍是疆土未靖，水旱频仍，吏治怠惰，民生憔悴，钱粮侵欠，兵食不足，教化未兴，纪纲不立，保邦致治之道，到现在还抓住要领。朕思诸王大臣，都亲见太祖、太宗创业时期的艰难，年来辟地绥民的艰难，定有长策，以有利于治安，而未见有直接得出政治得失者，难道朕不愿听取意见，而虚怀纳谏有不足之处吗？你们大家为什么都闭口不言呢？以后凡养兵爱民，兴利除害，有关政治者，在家要深思，进朝要表奏，各抒己见，以满足朕的要求。

正月十九日，又谕史部：今广开言路，征求各方意见，以资治理。凡是事关朕本身的问题，何令不行，何政不修；诸王贝勒、办事官员，旷职的错误，多方弊端；及内外各有关部门，何害未除，何利未兴；各据见闻，极言无隐。一切能启迪朕本身的问题，有利于国家治理的问题，提出意见合情合理，立即采用，如有未当之处必不加罪，不许敷言塞责，辜负朕求言的意愿。

以上所举，即顺治帝虚怀纳谏，兼听则明的生动实例，反映其大度不凡之精神。当然，也有进谏不从，反遭处分的情形。顺治十年九月初九日，礼部郎中郭一鹗奏言：臣办事衙门，屡奉上谕，取用药品，而且设立御药房制造诸药。臣反复思考，皇上年盛德茂，可以为尧舜，政治上应究心经史，每天与满汉大臣，研究用人行政，治国平天下的大道理。今日一旦留意医药，虽说没有误政事，臣认为金石之味，不可以宜人，盖人有老少虚实，药有温凉泄补，倘用得不当，那么养人者反足害人。从来帝王用药是慎重的。我皇上，上继祖宗之业，下开亿万年之基，大任在身，敬天尊祖，仁民爱物，就是永远健康的基础，区区草木之味，受益是有限的。孟子说：养心莫善于寡欲，说得真对呀？诚恳请求我皇上节饮食，谨嗜欲，省游玩，亲大臣，唯以有用之精神，集中精力注意政事文学，将会修身养性，清明健体，万年有道之意，就在这里，又何必专注意医药呢？顺治帝忍耐着听完后说：准备药物，原为供给宫眷近臣，郭一鹗为什么要妄加评论？显然是借此沽名钓誉，令从重议处，决定降一级，调外地任职。

这说明再虚怀若谷的人，也经受不住讥讽，所以顺治发火是有理由的，可以理解的。

清军入关不久，战乱之余，荒地甚多，无人耕种。有识之士，议开屯田，济兵饷利民生，此乃长久大计。

顺治九年八月十九日，礼科给事中刘余谟请开屯田。奏称：国家钱粮，每岁大半揩担饷。今年直省水旱异常，处处请求蠲免钱粮、请求救济灾民。大兵直取云南贵州，远则万里，久必经年，即使马上克取，也要驻兵把守。兵饥则叛，民穷则盗，关系非小。臣想湖南、四川、两广初定，地方荒土极多，诚恳祈求皇上敕谕统兵诸将及地方官，凡是遇到降寇流民，择其强壮者为兵，其余老弱者，完全令他们屯田。湖南、川广驻防官兵，也选择其强壮者讲武，其余老弱者给予荒刻苦空地耕种，但不许侵占有主的熟田。顺治阅后批曰：这本奏疏讲得有理，令户兵二部研究办理。九月十五日户部议定，由各省总督、巡抚，逐一查明荒地、兵丁、牛种情况，从长酌议。十月三十日，大学士范文和等奏言：各直省钱粮，每年缺额至四百余万，赋亏饷缺，急宜筹划，因陈兴屯四事：一、兴屯宜选举得人，二、开垦宜收获如法，三、积贮宜转运有方，四、责成宜赏罚必信。顺治帝认为奏中讲得对，命议政王大臣开会研究上报。十二月十七日，山东巡抚夏玉田，看到各省地亩荒芜，钱粮缺额至四百余万请求开设官屯。内称：湖广、江西、河南、山东、陕西等省，所报荒地有十分之三四者，有十分之五六者，建议在各省设兴屯道，凡无主之地及有主而过限期不种者，均为官屯之地，不论土著或流民，官助牛种，三年之后，准为永业（永久之田）。

顺治十年闰六月十三日，清廷从巡视中城监察御史王秉乾的意见，凡自首投诚者，皆隶兴屯道，授以无主荒田，听其携带家口，耕种为业。又命各省巡抚管理屯田。准四川荒地官贷牛种，年民开垦。调兵步开陕西屯田。

顺治十一年六月二十二日，顺治帝颁恩诏于全国。其中谈道：兵火之后，田土荒芜，须令民间尽力开垦，不许膏强占隐，以致究民失业，违者重惩。又说：饥民有愿意到辽东讨饭耕种的人，山海关章京不得拦阻，所在地的府州县官员，随民愿往处所拨与田地，酌给种粮，安插抚养，不准流离失所。

顺治支持屯田，收到了稳定社会的效果。行的同时，不断地发出停止圈地的命令。

顺治四年三月二十九日，清廷下令停止圈地。以世祖福临名义谕户部：满洲从前在盛京的时候，原有田地耕种，凡是赡养家口，以及行军作战的需要，都从这里出。数年以来，圈拨田层，实出于万不得已，不是想扰累我们的人民（显然是为统治者辩护，开脱罪责）呀。今闻被圈之民流离失所，煽惑讹言，相从为盗（实则官逼民反），以致犯罪人多，实在令人同情。自今以后，民间田屋不得复行圈拨，令永行禁止。以前曾经被圈占有的人家，命令快速拨补。如果该地方官怠惰不办，重困我民，听户部严察究处。

顺治亲政后，重申其令。顺治八年二月二十八日，上谕户部诸臣说：田野小民，全靠土地养生。朕闻各处圈占有民地，以备畋猎放鹰用，作为行走往来的宿营地。畋猎一事，目的在于讲究习武，古人不废，但是恐妨民事，必须在农闲时进行。现在狩猎夺人耕耨之区，断其衣食之路，老百姓怎么能生活呢？朕心大为不忍。你们户部要马上行文地方官，将从前圈占有的地土，尽数退还给原主，令他们按时耕种。

顺治十年十月初三日，户部奏请，圈拨民间房地，给移住在永宁、四海堡及关外看守山梨的壮丁。福临批曰：地准拨给，房令自造，不必圈占。其民地被圈者，有关官员即照数拨补，勿令失业。以后仍遵前旨，永不许圈占民间房地。

有令不行，有禁不止，以后仍有零碎圈占了，直到康熙二十四年四月，做出永远不许再圈的决定，圈地至此最后停止。

顺治亲政后，整顿吏治，不遗余力，为此采取诸多有力措施，其中巡方御史之设，作为皇帝耳目之官，就是其中之一。巡方御史，亦称巡按御史，巡察御史，巡按监察御史，始自唐代，沿至明清。

顺治八年三月初十日，根据都察院条议，定御史巡方之制。北畿八府督学为一差；江宁、苏松督学为二差；顺天、真定并为一差；江宁、苏松、淮扬并为二差；浙江、江西、湖北、湖南、福建、河南、山东、山西、陕西、四川、广东、广西、宣大、甘肃各为一差；巡漕、茶马各为一差；京通巡仓一差；巡视五城为五小差；合计共三十二差。凡御史奉差后，应照主考、分考例回避，不见客，不收书，不用投充（投到旗下之人）书吏员役，不赴宴会钱送，领敕后三日即出都门。御史入境之日，只许自带经承文卷书吏，所到府州县取书吏八名，快手（衙门掌缉捕的差役）八名，事毕发回，严禁铺设迎送。在差期间，一应条陈、举劾、勘报等事，按日登记，以凭考核。差期：督学或三年或二年半，俟岁考科考一周，造册报满；巡漕、盐政一年交代；其余大差、中差以一年六个月为期。差回之日，共同考核，三日内议定优劣，具疏奏请分别劝惩。顺治皇帝同意此方案，不久见诸实施。

三十五日，遣监察御史巡按顺天府以及各省，并巡视盐政和漕运。

十六日，就巡方的目的和职责，顺治帝谕各巡按监察御史曰：朝廷遣御史巡视各地的目的，原为察吏安民。向来所差遣的御史，受贿赂，收礼品，身己贪污，何能察吏治，不能察吏治，何以安民生？现在重新经过甄别调查，留下出差的各位官员，不可能都是清白无瑕的，也姑且使你们，以便给以悔过自新的机会。自今以后都应洗心革面（改造思想）。振作精神。如都察院（主管监察的中央官署）上奏禁约所规定的那样，经过点差，就不能见客、不收书信、不要拖延时日，沿途及境内，私书私馈，一概不得滥行收受。又轮班使用府州县书吏快手，事完即行遣回。凡是巡按旧书吏承差各缺，一概不留。不许设中军听用（听他人言辞而处理事情）等官，不许用主文代笔，不许府州县运司等官铺设迎送，不许假借公事滥差员役下府州县，不许拿访，不许选用富豪官吏，诸如此类，难以枚举。巡方御史如果按规定办事，自然就会公生明、廉生威，地方利弊、民生疾若，必能上达朝廷，大小官吏必能廉洁守法，一心为公。凡事须设法确访，不能专凭府和厅的报告，不能纵容司、道、府厅官，而只参劾州县官，不能庇护大贪大恶之辈，而只纠参老弱者。如果能做到这些，那么就会没有不能察的吏治，没有不能安抚的人民。倘总督、巡抚、总兵等官，有不公不法、蒙蔽专擅、纵兵害民、纵贼害良等事发生，许巡方御史即行纠举。如果御史有事，违反前项禁约，许总督、巡抚、即行纠举。都察院堂官，尤其应该督责河南掌道等官，时时察访勿拘巡方日月，不待回道考核，有真心实政，先行奏闻，物旨褒奖。有不遵禁约，贪污怠玩，先行参劾，请撤职治罪，另差人前去代理，才不负朕治安天下的愿望。各差御史，将此敕谕，入境三日内，誊黄（黄纸诏书）刊刻，每一司道发十张，每一府州县各发十张，遍示城乡各地的乡绅、士、人民等。如不刊刻、不便发。经都察院纤参，即日违旨论罪。

谈话完毕，皇帝又对大学士陈泰等人讲：凡是御史出差，皆当陛见（面见皇帝）。他们回答：诚如圣谕，臣等正想说这话。皇上又谕曰：御史是朕的耳目之官，所以察民疾若及地方官员的好坏，临差之时，必须面见皇帝。朕将地方兴利除弊事宜，面谕遣之，使你们能够亲自听到圣上之言，才能忠于职守，你们可传知都察院，令以后遵守行。

四月十八日，顺治帝在太和殿召见巡按各省御史，请他们坐下，告诉他们说：朕命令你们巡按各省，原来是为国计民生啊？你们如果真能廉洁奉公，为朕受养百姓人民，使天下太平，自得升赏；如果贪婪害民，必行治罪。谕告完毕，赐茶，然后送往差出之地。

　　巡按御史是否真的起到察吏安民作用，有待实践证明，可能在清初起到一些对地方官的约束作用。随着历史的发展，上有政策，下有对策，日久必生弊端，所以到清代中期以后，就停止奏派了。不管怎样，顺治察吏安民的苦心，对御史的谆谆告谕，还是值得称誉的。

　　顺治戊戌科的状元孙承恩是皇上福临亲裁亲点的。

　　孙承恩，江苏常熟人，与其弟孙旸，同是才子名流。十四年，孙旸参加了北闱顺天府的乡试，因牵连治罪，被谪戍边外。孙承恩早年中举，十五年参加殿试，福临亲阅试卷，对孙承恩卷"克宽克仁，止孝止慈"一句颂语的笔意十分欣赏，赞叹良久。拆开试卷一看，见籍贯常熟，怀疑与十四年科场案中的罪犯孙旸是一家或同族人，便派学士王熙骑快马出城到孙承恩住的馆舍中问个明白。王熙原与孙承恩关系不错，知道孙旸是承恩亲弟，把来意原原本本告诉了孙承恩，很为孙承恩担忧。王熙急切地对孙承恩说："如今是升天还是沉渊，就决定你一句话了。我回禀皇上的时候究竟怎么说呢？"孙承恩沉思了好半天，最后长叹一声慨慷言道："是福是祸，都是命啊。我不能欺骗皇上，出卖兄弟！"王熙已跨上马走出一段路，又策马跑了回来，再问孙承恩："你再好好想想，这么决定将来不后悔吗？"孙承恩决然答："死也不后悔！"于是王熙策马疾驰而去。

　　进得宫来，福临这边正点着蜡烛等着回音呢，王熙把孙承恩的情况如实上奏。福临听了，对孙承恩不怕牵连的品格很是赞赏，尤其是他不欺骗皇上，更令福临高兴。于是亲点孙承恩为一甲第一名。

　　福临同他的父亲一样，十分重视同外藩蒙古的关系，蒙古信喇嘛教，对喇嘛之言唯命是听，所以从太宗时起，就屡修书敦请当时五世达赖喇嘛去盛京，并修实胜寺（黄寺）以待之，后来太宗死，此事暂止，福临亲政后，即修书请达赖喇嘛来北京，并在北京德盛门外建西黄寺，以为达赖留京期间讲法之用。

　　顺治九年九月，消息终于传来，说达赖喇嘛即将启行，从者3000人。福临闻讯亦喜亦忧。喜的是活佛终被请到，忧的是来的不是时候。这二年国内水旱连绵，庄稼歉收，一下子来了3000人，再加上蒙古各部朝圣都随后而至，将如何应付？若不去迎接，那么喇嘛是我请来，又不往迎，一定中途返回，已降蒙古必不心服，未降的将不再来归。思忖再三，他决心亲迎喇嘛于边外，让喇嘛即住在蒙古地方，蒙古各部即于该地相见。福临将这个想法说出，请诸王大臣议论。满洲大臣们赞成皇上亲迎，说这样喀尔喀亦可从之来归，大有裨益。并建议，如喇嘛愿入内地，可让其少带从人，不愿入听其自便。我们以礼相请，又不入喇嘛教，他进京呆几天，又有什么关系呢？

　　汉官们则持不同意见，他们认为皇上不可亲迎，国内歉收，不应让喇嘛入内地。如果因是我们特请的原因，那么可以在诸王中派一人代皇上迎接，让喇嘛住在边外，多馈赠些金银物品，也就可以了。福临表示考虑考虑。

时钦天监被耶稣会传教士汤若望等所掌管，为宣扬天主，正极力抵制喇嘛教。报告说："昨天太白星与日争光，流星入紫微宫。"汉大学士、洪承畴、陈之遴等与汤若望关系甚密，借此争报皇上，说："日象征着人君，太白星竟敢于与日争明，紫微宫是人君的宝位所在，流星竟敢于突入，说明是上天特别发出种种异常征兆来警告世人的。况且今年南方苦旱，北方苦涝，年成不好，土寇蜂起，到处有警，国不太平。保护宗庙社稷是大事，现在不是您远行的时候。虽然蒙上天保佑，六军护从，在外总不如宫中，游幸总不如静息安全。派遣一个大臣代劳也可表示我朝优待喇嘛的诚意，何必皇上您亲往呢！"

汤若望

福临看了洪、陈二人的奏疏非常满意，很快命内大臣索尼回复说："你们说得很对，我决定停止远迎。"并对洪等的忠心表示称赞，说："因诸卿贤能，所以我提拔你们任高官，掌机要。以后国家的一切重要事务、和民间疾苦如何处理才能够合乎民心，还须你们直言不讳，详晰陈奏。我生长在深宫，对外边的事了解很少。所以你们有何见闻只管奏来，可行则行，不可行，我也不会责怪你们。"

福临于是取消了亲迎达赖的决定，改命和硕承泽亲王砍塞代之迎接。并传言达赖喇嘛："我原欲亲往迎接，因近来国内时有盗贼横行，各地警报接连不断，国家重大事务难以放下不管，所以不能亲往了，特派和硕承泽亲王及内大臣代迎。你应当了解我不能亲行的缘由，不要见怪。"

当时，清与喀尔喀蒙古土谢图、车臣诸部因朝贡赏例和巴林逃人问题关系比较紧张，福临曾有旨谴责，也希望能借达赖喇嘛之来予以调停，11月中，达赖喇嘛携少数喇嘛至京。福临在南苑设宴接待了他。

可是达赖进京之后，似乎未在重大问题上发挥过什么作用。福临对达赖虽是静而恭之。也似乎未曾给予更大的依赖。自第一次接见后，到第二年正月才于太和殿再次接见了他。之后福临曾专宴喇嘛数次，诸王也将达赖喇嘛请至各自府中，轮番设筵，如对外藩蒙古诸部王公台去例。但达赖喇嘛终觉不贯。不久他以水土不服，本身与众人毕病为辞请示告归。

福临与诸王大臣商议。一种意见认为：达赖要归，我们虽以礼相待，却一直没向他征询过任何意见。他必然含愠而去，喀尔喀，厄鲁特蒙古会随之而叛。所以应该虚心征求他的意见，他说的于我有利我们就按他的意见去做，于我无利，我们只听不做就是，也没什么。一种意见认为：不应征求意见，若询之而不用，他会更加恼怒。况且我大清朝是依仗的是上天的眷佑，当年并没依赖喇嘛也征服了各处，创建了今天的宏大基业。因为是持请而来，可以多赏赐金银绸缎，并适当封以名号，颁发册印，这样就可以了。

福临权衡再三，定议曰：“不必问什么。派一个部院大臣对喇叭说：当初我们到北京时，也曾水土不服，慢慢就好了。请他再多住几日，然后送他去代噶，待草青的时候，为之召集外藩诸王贝勒等与之相会。”

可是达赖喇嘛执意要行。福临也不再强留，十年二月初八日，福临为送达赖喇嘛在太和殿大摆宴席，赐给达赖鞍马、金银、珠玉、缎匹等许多东西，并赐他“西天大善自在佛所领天下释教普通瓦赤喇怛喇达赖喇嘛”的封号。

第三天，达赖起程，福监派郑亲王济尔哈朗礼部尚书郎球践之于清河，并派和硕承泽亲王硕塞、固山贝子顾尔玛洪、吴达海率八旗官兵一直送到代噶地方。

# 倾心汉化

顺治十年（1653）二月初九日，十六岁的少年天子福临来到内院，读过少詹事李呈祥奏请“部院衙门应裁去满官，专任汉人”之疏后，对大学士洪承畴、范文程、额色黑、宁完我、陈名夏等人，将李痛加斥责，说：李呈祥此疏太不合理。“夙昔满臣赞理庶政，并畋猎行阵之劳，是用得邀天眷，大业克成，彼时可曾咨尔汉臣而为之乎？朕不分满汉，一体眷遇，尔汉官奈何反生异议？若以理言，首崇满洲，固所宜也，想尔等多系明季之臣，故有此妄言耳”。

福临在这段话里既清楚地、准确地、坚定地表述了朝廷的一项基本国策——“首崇满洲”，或者叫“满洲根本”，又言简意赅地说明了制定这一国策的基本依据，即大清王朝是得力于“满臣赞理庶政，并畋猎行阵之劳”，才建立起来的。言下之意是，今后也将继续执行这一基本国策，对‘满臣’要继续重用和倚任。

这一国策，早在九年以前幼君在北京举行登基开国大典的恩诏中，即已明确无误地表述出来了。即位恩诏的第一条就是：“亲王佐命开国，济世安民，有大勋劳者，宜加殊礼，以笃亲贤”。第二条是封授亲王郡王之子孙弟侄封爵。第三条为：“满洲开国诸臣，或运筹帷幄，决胜庙堂，或汗马著功，辟疆展土，俱应加封公侯伯世爵，锡之诰券，与国咸休，永世无穷”。第四条是：“开国以来，满洲将领等官，应得叙荫”，照例办理。

皇父摄政王多尔衮是这样办理，世祖福临也是这样做的。他委任满洲开国元勋及其子弟为六部尚书、侍郎、八旗都统、副都统、护军统领、前锋统领、驻防将军和出征大将军、将军，分任军政要职，统军治政。他又扩大议政人员，让更多的满洲王公大臣成为议政王大臣会议的成员。

顺治八年十月初五日，他命和硕承泽亲王硕塞、多罗谦郡王瓦克达为议政王，在此前后又命显襄王富寿为议政王。九年十月二十日，他又命世子济度、多罗信郡王多尼、多罗安郡王岳乐、多罗敏郡王勒都、多罗贝勒尚善、杜尔祜、杜兰分别为议政王、议政贝勒。加上原有的议政王贝勒，至此，议政王、议政贝勒多达十六七名。

议政大臣增加更多。顺治八年正月，以布丹、苏克萨哈、詹岱、巩阿岱、鳌拜、巴哈、伊图、巴图鲁詹、杜尔玛为议政大臣。七月，以护军统领杜尔德为议政大臣。九年三月，以公遏必隆、公额尔克戴青、赵布泰、赖塔库、索洪为议政大臣。九月，以朱孔格、阿济赖、伊拜为议政大臣。十月，以内院大学士希福、范文程、额色黑、户部尚书车克、礼部尚书觉罗郎球、兵部尚书蒙古固山额真明安达礼、刑部尚书蒙古固山额真济席哈、工部尚书星讷为议政大臣。十年十二月以阿达哈哈番博博尔代为议政大臣。十一年二月，命大学士宁完我为议政大臣。十二月以长史济世为议政大臣。总计从顺治八年至十二年，新任命的议政大臣多达三十余员，成员也复杂化了，其中，六部满蒙尚书全是议政大臣，八旗满蒙固山额真全是议政大臣，大学士、内大臣、侍卫、长史，也有充任议政大臣者。这是体现"首崇满洲"基本国策的重要手段，对维护、保持、发展满洲贵族的特权地位，起了很大的作用。

顺治帝福临之所以要委任满洲八旗王公大臣分任要职，统军治政，议处军政要务，不仅是为江山系由彼等尽心效力百战沙场创建而来，今后还需仰仗他们辅佐皇上保卫御座。而且因为面对上亿汉民和其他少数民族人员，区区五六万名满洲男丁就分外显得特别珍贵，要充分利用他们的力量，要从他们之中擢用有才之人，成为军政财经等各个方面的主要骨干和高级官将。因此，不仅授以要职，还经常叙功加恩，封授和晋升其爵位世职。自顺治八年少君福临亲政到其身染重病临死前夕的顺治十七年底，十年之中，他新封和晋封了一大批满洲王公贵族。

顺治八年正月少君福临亲政后，他在这一年初封和晋封了一大批宗室的爵位，顺治十年又追封了一批已故多年的宗室之爵位，同时，也就在顺治八年，他又削了和降了一些王贝勒的爵位。这显然是出于政治原因，他刚亲政，急需赢得皇族成员的拥戴，应该大施特恩，扩大统治基础，故封赐和晋封了一大批宗室的爵位，他又急于清除政敌，利用有利时机，彻底削弱两个白旗王公势力，使摄政时代永远结束，开始进入由他主宰天下的乾纲独断之日。第二，初封和晋封的爵位，主要是镇国公与辅国公，属于宗室的九等封爵中的中等封爵，在它之上，有亲王、郡王、贝勒、贝子，在它之下，有镇国将军、辅国将军、奉国将军，而初封晋封为亲王、郡王的则很少，只有尼堪、岳乐、硕塞三人从郡王晋为亲王，而原来的英亲王、睿亲王、劳亲王已削爵，豫亲王、端重亲王分别降为郡王、贝勒。这是世祖崇君抑王政策执行的结果。通过宗室爵位的封授晋升和降革，对促进和保证世祖福临的乾纲独断和至尊无上地位，起了相当大作用。

另一方面，世祖对异姓贵族（宗室以外的八旗贵族），也采取了类似政策，封晋了一大批开国元勋之后和有功之臣，太祖、太宗时期，费英东、额亦都、扈尔汉、何和礼、扬古利等将，统兵治政，南征北战，破敌克城，开疆辟土，为全国——大清国的建立和发展，做出了重大贡献，他们的子弟侄孙又在入主中原统一全国中建树了功勋，分别被封授爵位世职，成为朝廷的坚定支柱。世祖亲政后，立即对开国之勋之后裔叙功嘉奖，晋封爵职。比如，五大臣之一费英东，娶太祖之孙女，授三等总兵宫世职（后之三等子），卒后追封直义公，但其世职仍以三等子往下传袭。顺治十六年世祖特下诏旨晋其爵职说，"费英东事太祖，参赞庙谟，恢扩疆土，为开创佐命第一功臣，延世之赏，勿称其勋"，命进为三等公，以原袭其三等子职之查喀尼，晋为三等公，世袭。五大臣之一何和礼，娶太祖之长女，授三等总兵官世职，其第四子和硕图袭职，娶太祖之孙女，号和硕额驸，以军功超封三等公，世袭，顺治九年其孙衮布以"恩诏"晋为一等公。三等子劳萨之子程尼，顺治九年超封一等伯，卒后，顺治十二年其叔一等阿达哈哈番罗壁袭侄之爵，合并为二等公。杜雷，何和礼之第五子，母系公主，顺治九年由三等子超晋二等伯。明安，其女为太祖之妃，顺治九年由三等子晋为二等伯。额亦都之第十子伊尔登，"勇冠全军，尤长于应变，潜机制敌，诸宿将皆弗能及，顺治九年由三等子晋二等伯。追赠武勋王扬古利之弟冷格里，以军功封一等子，其孙穆赫林于顺治九年由一等子晋为一等伯。三等子图鲁什之子巴什泰，顺治九年晋为三等侯。

由于开国元勋皆已去世，顺治帝为统一全国，巩固统治，陆续擢用了一大批勇将，授以要职，封赐爵位。例如伊尔德，系扬古利族侄，本一普通诸申，因其早年从军，勇猛冲杀，战功累累，顺治六年已晋世职为一等子，九年又晋为一等伯。十一年伊尔德以满洲正黄旗固山额真身份偕敬谨亲王尼堪出征大西军李定国，尼堪轻敌冒进阵亡，伊尔德被论罪削爵革职籍没。十二年蒙帝赏识，他被授为宁海大将军，往征南明鲁王部将阮进等，大胜，取丹山，师还论功，复世职，又进为一等伯。

由于顺治帝擢用勇将，厚待功臣子孙，封晋爵职，八旗异姓贵族有了很大发展。

"首崇满洲"国策在经济上的体现就是，高俸厚禄，广收包衣，庄园遍地，屡赐银帛。顺治七年议准：亲王岁给俸银一万两、禄米一万二千斛，郡王银四千两、米八千斛，贝勒银两千两、米二千一百斛，贝子银一千两、米一千六百斛，公银五百两、米一千二百斛。第二年改定；亲王俸银照旧。郡王岁给银五千两、贝勒三千两、贝子两千两、公一千两，每俸银二两，给禄米三斛。据此，郡王俸银增加了一千两，贝勒加了五百两，贝子增一千两，公增五百两，禄米也增加了一些。顺治九年又定：亲王世子俸银六千两，郡王长子三千两。顺治十年定制：亲王、世子、郡王、长子俸银照旧，贝勒二千五百两，贝子一千三百两，镇国公七百两，辅国公五百两，一等镇国将军四百一十两，以下各递减二十五两。每俸银一两，给禄米一斛。这是非常高的数量。堂堂一品大学士，年俸银才一百八十两、米一百八十斛，而一位亲王的岁俸等于五十五位大学士的年薪，一位郡王之俸银超过二十七位大学士禄银的总数，二者之间悬殊是何等之大！

宗室王公还不断得到赏银。顺治二年五月初四日，以定国大将军豫亲王多铎出征西安大顺军所获金八万四千余两、银一百五十三万余两、缎三千余正分赐诸王、贝勒、贝子、公、公主及各旗官员。五年，赐亲王金一百两、银一万两，郡王金五十两、银五千两，贝勒金二十五两、银二千五百两，贝子金十三两、银一千二百五十两。八年二月、八月两次共赐亲王各银一万七千两、郡王各银一万八千两、贝勒各三千七百两、贝子一千二百二十五两。十年一次和十四年两次，三次共赏亲王各银一万四千两、郡王各银七千两、贝勒二千四百五十两、贝子银一千五百两。从顺治五年到十四年的十年中，六次累计赐每位亲王银四万一千两，郡王二万一千五百两、贝勒一万零六百五十两，贝子五千六百七十五两。这批赏银，相当于他们每人一年的正额俸银四倍多，即十年中他们每人多领了四年的俸银。

宗室王公还占有大量包衣，庄园牧场星罗棋布于河北、辽宁、内蒙古、山西等地。顺治八年二月原皇父摄政王多尔衮被追罪削爵籍没，八月帝斥其滥收投充包衣说，多尔衮滥收投充人一千四百余名，多系"带有房产富厚之家"。其兄英亲王阿济格亦大肆逼民带地投充，仅在滦州、香河、宝坻、三河、玉田、丰润、乐亭及开平卫的投充人六百八十七名，就有地八十五万余亩。

据清政府官方册籍记载，清初八旗宗室王公庄园共有整庄一千四百零七所，半庄、庄、园八百一十七所，共二千二百二十四所，另有果地、靛地、网户地、猎户地、菜地，主要分布于河北、辽宁等地，共有田地一百三十三万余亩。其实，这并不是王公庄园的全部数字，而只是其中的一部分，即清初分封给王公的免交国赋的旗地，亦称"老圈地"。各王公实际拥有的庄园牧场田地，远比此数更多。仅顺治帝福临之五兄和硕承泽亲王硕塞（后改称庄亲王）家，到清朝末年，在河北省的延庆、宝坻、昌平等二十二个州县及张家口、承德、独石口和山西省、辽宁省，共有土地五十五万余亩。福临的长兄肃亲王豪格于顺治五年三月被多尔衮削爵幽禁籍没，八年复爵，由其子富寿袭封。肃王府之庄园牧场田地比庄亲王府还多，在河北、奉天（辽宁）有"耕作地"三十万余亩，在"东蒙古察哈尔属白旗地"有牧场地一百二十六万亩，另外在热河还有一百七十余万亩土地的所有权及面积为二十平方里的森林一处、金矿一处、山地十处、果园三处。

八旗异姓贵族也占有成百上千名包衣和辽阔田地。平南王尚可喜之子尚之隆于顺治十七年六月被皇上选为驸马，以皇兄承泽亲王硕塞之女为皇女，下嫁与尚之隆，尚可喜感谢皇恩，"遣包衣闲丁家口共计八百一十五名，进京伏伺公主"。仅服侍公主的包衣就有八百余名，其家拥有的包衣之多，可以想见，因而其按"计丁授田"政策而占有的田地之多，亦不难想象了。尚府虽经战乱而有所衰落，但直到乾隆初年仍在关外有庄地五万余亩，还在直隶有顺治年间和硕公主下嫁时从内务府分得的陪嫁庄园五所，占地七千余亩。

父任大学士的开国功臣一等子范文程家，也有很多包衣和庄地，除直隶之庄园人丁外，范府在辽宁有田地四万余亩及包衣一百三十余户六百多人。

少年天子福临在沿袭"首崇满洲""满洲根本"的基本国策同时，也继续执行了祖先所定的"满汉一家"政策，并有了很大的发展。大清王朝的江山，是以满洲官兵为主力而打下来的，今后也主要靠八旗军尤其是满洲八旗王公大臣将士来保卫和扩展，因此必须"首崇满洲"，保障、维护八旗贵族大臣的特权和特殊利益，这是不容异议的。但是清帝是大清国亿万人民之君，他的子民百分之九十九点几，都是汉民，近亿汉民和九百万上千万其他少数民族人员皆系清帝赤子，分居全国一千七百余府厅州县，仅靠区区五六万丁的满洲男丁，哪怕尽皆披甲当兵，也无法长期控制住汉民和其他族人员，大清王朝便难长治久安。另一方面，马上固然可以得天下，但却不能马上治天下。久居偏远山区的满洲，入关以后，面临辽阔领土，地形复杂，人口众多，言语不通，文字各异，风俗有别，民情不谙，恐怕即使诸葛再世，也无法单独治理全国，必须大量吸收其他族人才，尤其是汉族的有才之人。汉族有悠久的文化，人才济济，治国有道，统军有方，不做好对汉民的工作，不争取汉族之上层人士和有才之人，不"以汉治汉"，清王朝的统治就难以持久，就不能巩固。因此，太祖努尔哈赤就曾手定厚待降金汉官的政策，太宗皇太极予以发展。

皇父摄政王多尔衮对此更做了许多工作，明确提出"满汉一家"的政策。他多次讲述"满汉一家，同享升平"之理。入关之初，他一再宣布率兵归顺者，"地方官各升一级"，"各衙门官员，俱照旧录用"，"官仍其职，民复其业"。不久定制，内院大学士满汉并用，六部尚书、侍郎、都察院左都御史、左副都御史，以及大理寺、通政使司、太常寺、光禄寺之卿、少卿，是满汉复职，司官则多系汉人。地方大员总督巡抚亦满汉并用，初期以汉军旗人和汉官为多，司道州县则主要是汉官。顺治五年八月二十日、二十八日他又以帝名义，两次谕告礼部、户部，允许满汉通婚说："方今天下一家，满汉官民，皆朕臣子，欲其各相亲睦，莫若使之缔结婚姻，自后满汉官民，有欲联姻好者，听之。"但是，摄政期间，满官权大，汉官势弱，部务皆由满臣裁处，大印亦由满官执索，汉官很少晋见摄政王，不敢奏事谏阻。

顺治帝福临于八年正月亲政以后，继续实行"满汉一家"政策，而且有了很大的发展。他经常驾临内院（顺治十五年改为内阁），和大学士（主要是汉大学士）们讨论前朝政事得失，评论帝王，从中记取经验教训，探讨治国之道。现以顺治十年正月为例，略加录述。

顺治十年正月初二日，帝幸内院，"遍问中书姓名"，又谕内院诸臣说，前闻兵部尚书明安达礼等受贿一事，朕甚懑焉。初三日，他谕内三院，命令今后各部院进奏本章时，革除先前只有满臣奏事的积习，改为满汉侍郎"参酌共同来奏"。

正月初四日，他又谕内三院传谕诸臣直谏说：近来言官条奏，多系细务，"未见有规切朕躬者"，朕一日万机，岂无未合无意未合人心之事，良由诸臣畏惮忌讳，不敢进谏耳。"朕虽不德，于古帝王纳言容直，每怀欣慕"，朕躬如有过失，诸臣须直谏无隐，即偶有未合，不妨再三开陈，庶得省改，力行正道，希臻治平。"进言切当者，必加旌奖，言之过戆者，亦不谴责"。内三院即传与诸臣，俾咸悉朕意。在这里，他对前代名君"纳言容直"，不胜欣慕，故谕告群臣，叫他们放心直谏，以图治好国家，天下太平。

初五日，帝至内院，顾问诸臣说：向曾再三敕下都察院，命其条奏，后复数加面谕，为何至今无一建言？顺治帝又问：明时票本之制如何？诸臣奏称：明时京官奏疏，恭进会极门，中官转送御览毕，下内阁票拟，复呈御览，合则照拟批红发出，否则，御笔改正发出。帝说：今各部奏疏，但面承朕谕，回署录出，方送内院，其中或有差讹，殊属未便。顷者都察院纠参吏部侍郎孙承泽、通政使司右参议董复，朕原令交吏部议覆，乃误传革职。朕日理万机，恐更有似此舛错者，若人命最重，倘轻重颠倒，致刑辟失宜，亦未可知？大学士们奏称："诚如上谕，此非臣等所敢议也"。

第二天，正月初六日，帝召集议政王大臣、内三院、满汉九卿，命内大臣伯索尼、大学士范文程、额色黑对群臣传谕说：各部院奏事，经朕面谕者，部臣识其所谕，回署录记票拟，送内院照票批红发科，如此则错误必多。前都察院参吏部侍郎孙承泽重听，通政使司参议董复年老，朕原令交吏部议覆，乃传旨错误，命俱革职。此尚易于改正，至于罪人生死，躯命攸关，误免犹可，倘一时误杀，悔之何及，朕心惕然。今后如何始得详明无误，合于大体，著定议具奏。诸王大臣遵旨议奏说："圣谕诚然"，今后各部院奏事，各臣照常面奏，候上览毕，退下，上批满汉字旨，发内院，转发该科。其满洲事件只有满字无汉字者，亦只批满字旨，发内院，转发该衙门。帝从其议。

正月十四日，福临又到内院，阅会典，问大学士范文程等人："凡定各项条例，会典可备载否"？范文程等大学士奏称："备载"。帝又览吏部覆奏重犯塔八未获之疏，问大学士陈之遴、陈名夏说：黄膘李三，一小民耳，廷臣为何畏惮不敢举发？陈之遴等人回奏：如讦奏其事，皇上睿明，即行正法，诚善，倘宥其死，则讦奏之人必隐受其害，是以畏而不敢言耳。帝不以为然说："身为大臣，见此巨恶，不以奏闻，乃瞻顾利害，岂忠臣耶！"当天，帝赐内院满汉大学士、六部汉尚书宴于中和殿，奏满汉乐。

正月十八日，福临到内院，又就黄膘李三一事和大学士们议论。他问大学士洪承畴、范文程、额色黑、宁完我、陈名夏、陈之遴：顷因乱法而被诛之黄膘李三，一细民耳，而住宅之外，复多造房屋，每间修饰整齐，何故也？洪承畴对答说：其修造房屋，分照六部，或某部人至，或自外来有事与某部商处者，即延入某部房内。福临说：以一细民，而越法妄行如此，故天使其败，致因他案发觉，而得以将其置于法耳。凡人恶贯满盈，不久自败。

正月二十一日，福临到御马厂，阅视马匹，观看睿王及一等侍卫巴哈之甲胄后，对大学士范文程等说："兵器固不可不备，然戈甲虽备，亦不可徒恃军威，军威虽盛，而德政不足以合天心顺民望，亦不可也。"范文程对答说："诚如圣谕。"这最明显不过地表明，顺治帝福临称赞和决定按儒家王道仁政之说，来治国理政。

正月二十六日，福临到内院，阅吏部大计疏后，对大学士范文程等说："贪吏何其多也！此辈平时侵渔小民，当兹大察之年，亦应戒慎"。范文程奏称：彼等平时未仕之时，亦知贪吏不可为，一登仕籍，则见利而智昏矣。帝就此评论说："此由平素不能正心之故也。苟识见既明，持守有定，安能为货利摇夺。"群臣皆顿首称赞。

正月二十九日，福临又到内院，阅读《通鉴》，读到唐朝武则天之事时，对大学士范文程、额色黑、宁完我、陈名夏等人说："唐高宗以其父太宗时之才人为后，无耻之甚，且武则天种种秽行，不可胜言。"又问诸臣："上古帝王，圣如尧舜，固难与比伦，其自汉高以下，明代以前，何帝为优？"诸大学士对称："汉高、文帝、光武，唐太宗、宋太祖、明洪武，俱属贤君。"帝又问：此数君中，"孰为优"？陈名夏回奏说："唐太宗似过之。"福临不以为然说："岂独唐太宗。朕以为历代贤君，莫如洪武。何也？数君德政，有善者，有未尽善者，至洪武之所定条例章程，规划周详，朕所以谓历代之君不及洪武也。"年方十五周岁的少年天子福临，居然能破除传统看法，首崇明太祖朱元璋，可见其之聪睿精细，独思创新，不囿旧说，哪怕是历代大儒名家形成之定论，亦不轻易相信盲目服从，而是提出自己的看法。而且尤为难得的是，明太祖是驱逐元顺帝出边取元而代之的明朝第一个皇帝，是体现了执行了儒家华夷之别观点的汉人皇帝，而他这位大清皇帝，却是夺取了明太祖创立的江山的"夷人之君"，照说是不应赞颂逐夷之华君，可是，他独具慧见，大颂特颂明太祖，的系难能可贵。

第二日，正月三十日，福临御太和殿，诸王、贝勒、文武群臣上表，行庆贺礼，帝赐众人宴毕，然后命学士图海召大学士陈名夏至，讨论治国之道。福临问："天下何以治，何以乱，且何以使国祚长久？"陈名夏对答说："皇上如天，上心即天心也。天下治平，唯在皇上，皇上欲天下治平，唯在一心，心乎治平，则治平矣。"帝又问："然其道如何？"名夏奏称："治天下无他道，唯在用人，得人则治，不得人则乱？"帝言："然得人如何？"名夏奏："知人甚难，然所以知之亦易，今诚于群臣中择素有德望者，常赐召见访问，则天下人心鼓舞，无不欲宣力效能者矣。"帝又问："唐朝家法，何以甚丑？"名夏奏："由太宗家法未善，故致女主擅国，祸乱蔓延，然贞观政治，可比隆三代，惟能用人故耳。"帝又问：黄膘李三，为民大害，诸臣畏不敢言，鞫审之时，宁完我、陈之遴默无一语，"岂非重身家性命乎"？名夏奏：李三虽恶，一御史足以治之，臣等叨为朝廷大臣，发奸摘优，非臣所司，且李三广通线索，言出祸随，顾惜身家，亦人之恒情也。"今皇上召见臣等，满汉一体，视如家人父子，自今以后，诸臣同心报国，不复有所顾惜矣"。福临又问："人君之有天下，非图逸豫乃身，当孜孜爱民，以一身治天下也。若徒身耽逸乐，又安望天下治平，惟勤劳其身，以茂臻上理，誉流青史，顾不美欤！然朕虽勤于图治，岂遂无过失，专赖卿等匡其不逮，倘朕躬有过，慎勿讳言。"名夏奏："皇上宠眷诸臣，常加诫谕"，人心大不同于往时。况臣受厚恩，岂甘缄然，但恐指陈过当耳。福临说："李三一小人，勿谓朕屡言及之，朕之所以屡言者，欲诸臣改心易虑，有所见闻，即行陈奏耳，朕今以后，不更言李三矣。"帝又说："治天下大道，已略言之，更言其小者。如喇嘛竖旗，动言逐鬼，朕想彼安能逐鬼，不过欲惑人心耳。"名夏奏："皇上此言，真洞悉千载之谜，尝谓有道之世，其鬼不灵，光天化日，岂有逐鬼之事。"帝又说："朕思孝子顺孙，追念祖父母、父母，欲展己诚，延请僧道，尽心焉耳，岂真能做福耶？"名夏奏：若果有学识之人，必不肯延请僧道，为此者，多小民耳，以其爱亲之诚，故圣王不禁也。

从以上谈话，结合有关史料，清楚地表明了四个问题。第一，求知若渴，博览群书。顺治帝为了弥补摄政时期受到睿王限制而很少读书的损失，发愤攻读，经史子集无所不读，尤其是著名史籍，更是反复阅览，仔细思考，对前朝盛衰兴亡的历史，十分熟悉。第二，胸怀大志，欲为明君。就在正月十一日，工科给事中朱允显在奏请开经筵之疏中，便讲道："我皇上以尧舜自期，动合古道。"福临虽不好意思承认这一心愿，谦称难与尧舜比伦，但他却明确提出，他要"孜孜爱民，以一身治天下"，要"勤劳其身，以茂臻上理，誉流青史"，且评述千余年间之六位贤君，显然是以明君自期，欲图做番宏伟事业。第三，倾心汉化，以儒治国。正月里君臣之议论国事，基本上是儒家"文教治天下"之道，人事取例，是非标准，道德风尚，君臣楷模，治乱之因，皆以儒学为准，十五周岁的少君福临，已成为深受儒学熏陶欲行仁政之帝了。第四，赏识汉官，倚其治国。入都燕京九年以来，只有现在才是"皇上日召见"汉大学士陈名夏等人，才是"满汉一体，视如家人父子"，时时事事询问于汉臣。顺治帝之倾心汉化，已为朝野共知，自然会遭到部分顽固、保守、落后的满洲王公大臣反对，从而引出了一系列的重大政治斗争事件。

顺治帝福临很重视通过科举，来发现人才，选择聪睿饱学之士，加以培养提拔，擢任尚书侍郎总督巡抚和大学士。他亲政十年内，共举行了四次会试，即顺治九年、十二年、十五年、十六年，其中十六年为恩试加科，共取中进士一千五百名。

他亲政后的第一次会议，是顺治九年。九年正月三十日，大学士范文程等奏称："会试关系抡才大典。按明朝主考官，万历以前，不拘大学士、学士、吏礼二部尚书侍郎由翰林出身官员，皆得简用，万历末年，方始专用阁臣，今自顺治元年至今，已历三科，未有定例，伏候睿裁。"福临阅后批示："著照明朝万历以前例行。"同日，礼部奏称，"壬辰科会试，恩诏广额取进士四百名"，应照会典开载南北中卷之例，南卷取二百三十三名，北卷取一百五十三名，中卷取十四名。帝从其议。

同年三月二十四日，福临命大学士希福、范文程、额色黑、洪承畴、宁完我、陈之遴，学士伊图、蒋赫德、能图、叶成格、刘清泰、白色纯、张端，侍读学士索诺木、魏天赏，侍读叟塞，吏部尚书高尔俨、礼部尚书郎球、吏部侍郎熊文举、礼部侍郎恩格德、户部侍郎王永吉、赵继鼎、兵部侍郎李元鼎、刑部侍郎孟明辅、工部侍郎李迎晙、礼部启心郎董卫国、礼部理事官杨萧、礼部主事颜喀代为殿试读卷官。读卷官阵容之庞大、官阶之高，充分体现了帝对殿试之重视。

第二天，三月二十五日举行殿试，他对满洲蒙古贡士麻勒吉等出的政策是："朕闻至治之世，讦讼无人，刑罚不用，是岂民之自然息争与，抑抚道各官贤良之所致也，抑亲民之府州县等官各得其人与，尔积学诸士，必有灼知，务抒所见，朕亲览焉。"他策试汉军及汉贡士张星瑞等的政策是："朕承鸿业定鼎九年矣，亲政以来，日益兢惕，念治天下之道，莫大乎用人听言，人有真邪正，言有真是非，往往混淆难辨，今欲立辨不惑，一定不移，将遵何道与？开创之始，凡官制、赋役、礼乐、兵刑、营建、风纪，规模初设，未协至道，自唐虞三代以来，其制可得详闻与？或因或革，或盛或衰，意者不在制度文为，而别有在与？用正人，闻正言，行正道，朕日切于怀，未得其要，尔诸士幼学壮行，宜各出所见，实陈方略。其文务以汉廷贾董诸臣为式，毋治对偶冗长故习，朕将亲览焉。"

过了三天，三月二十八日，试卷阅完，钦赐满洲蒙古贡士麻勒吉等五十人、汉军及汉贡士邹忠倚等三百九十七人为进士及第、赐进士出身、赐同进士出身（一甲为进士及第，二甲为赐进士出身，三甲为赐同进士出身，通称进士），其中，汉军及汉进士之状元为江苏人邹忠倚，榜眼为顺天人张永祺，探花为江苏人沈荃，满洲蒙古进士之状元为麻勒吉，榜眼折库纳、探花巴海，皆满洲旗人。

四月初一日，赐宴满洲蒙古汉军及汉进士麻勒吉、邹忠倚等于礼部。初三日赐一甲一名进士（即状元）麻勒吉、邹忠倚朝服顶戴及各进士折钞银两，初四日诸进士上表谢恩。

五月二十四日，帝谕授满洲一甲一名进士麻勒吉为内翰林弘文院修撰，一甲二名进士（榜眼）折库纳为内翰林国史院编修，一甲三名进士（探花）巴海为内翰林秘书院编修，汉人一甲一名进士邹忠倚为内翰林秘书院修撰，一甲二名进士张永祺为内翰林弘文院编修，一甲三名进士沈荃为内翰林国史院编修。

四月初二日吏科给事中高辛允奏请慎选庶吉士说："庶吉士一官，见为清华近侍之臣，允则司公辅启沃之任，年貌文章品行并重"，宜详慎选择。七月二十日内院议覆此疏时奏称：臣等参考旧例，斟酌时宜，择其年貌合格文字雅醇者充任，名数照己丑科

（顺治六年科），取汉进士四十名，其中直隶、江南、浙江各五名，江西、福建、湖广、山东、河南各四名，山西、陕西各二名，广东一名。内取二十名年青貌秀声音明爽者习学清书，余二十名习学汉书，届期恭请御赐题目考试。满洲进士取四名，蒙古进士取二名，汉军进士取四名，同汉进士一体读书。进馆之后，仍不时稽覈敬肆勤惰，以为优劣，用昭朝廷作养人才之意。帝允其议。

过了四天，七月二十四日，考试完毕，选授进士白乃贞、方犹、程邑、杨绍光、汤斌等二十人为清书庶吉士，周秀琬、曹尔堪、张瑞征等二十人为汉书庶吉士。

至此，顺治九年会试、殿试全部工作，方算正式结束。顺治十二年、十五年、十六年又三次举行会试殿试，共取中进士一千一百余名。

顺治帝福临非常重视对庶吉士的培养，特别要求他们学好清书（即满文），以备将来大用。为此，他经常予以考试，区别优劣，进行奖惩，以励其才。顺治十三年二月十五日，他下谕内三院褒贬优劣的庶吉士说："翰林为储才之地，鼎甲庶常，皆使兼习满汉文字，以俟将来大用，期待甚殷。乃习满书者，将及一年，须经亲试，语句生疏，皆因不肯专心，工夫怠惰，若不分别劝惩，何以激励。"此次考试，胡简敬、田逢吉、党以让、邓钟麟、冯源济、史大成、田种玉、王泽弘等十名，俱加赏赉。程邑、吴贞度、范廷魁、韩雄允等最后之四人，各罚俸三个月。"嗣后俱当精勤策励，无负朕倦倦作养谆谆教诲至意"。十九日，他以右春坊右庶子王熙精通满书，特以御服貂褂赐予，并谕告诸豫等七人说："尔等同为习满书翰林，"而王熙独优，朕故加赐，尔等所学不及，亦当目惭，今后其益加勤勉毋怠"。因赐大学士金之俊、刘正宗、傅以渐及王熙汉字表忠录各一部。

过了一些时候，十三年闰五月初八日，他又亲试翰林词臣，试完，谕告吏部施行奖惩说："朕简拔词臣，教习满书，乃预为储养，以备将来大用，属望之意甚殷。伊等学习满书，久者或十余年，或七八年，少亦三四年，若果专心肄习，自能精通。今朕亲加考试，王熙、张士甄、诸豫、王清、余恂、沙澄，学问皆优，足征勤励，不负作养"。至白乃贞、范廷元、李仪古、许赞曾，向之所学，今反遗忘，著住俸，于翰林院再行教习三年，倘能省改勤勉，仍准留用，如怠惰不学，从重议处。郭棻、李昌垣，习学已久，全不通晓，旷业宜惩，著降三级调外用，仍于补官之日，罚俸一年。

顺治十五年十二月初七日，他谕翰林院：庶吉士孙承恩等，俱经简拔，特命习学清书，以备任用，自当尽心肄业，今加考试，熊赐玙、肖惟豫、王子玉、孙承恩、邹庶珙、张贞生、殷观光、陈敬、熊赐履、宋德宜，清书俱未习熟，若不惩罚，何以励其将来，著各罚俸一年。

顺治十六年十月初六日，他又亲考庶吉士后谕吏部："朕亲考试翰林庶吉士"，熊赐履、谭篆、富鸿业、肖惟豫、张贞生、熊赐玙、邹度珙、陵懋廷、马晋允、崔蔚林，俱著照例授为编修检讨。王遵训、田麟、彭之凤、俞之琰、王封溁、郭谏、陈廷敬、王日高、吴本植、宋德宜、王飏昌、杨正中、王钟灵、孙一致、李天馥、王吉人，吕显祖、吴珂鸣，俱著照旧教习。陈敬、殷观光，习学清书日久，文义荒疏，足见平日全不用心，殊不称职，俱著革退，永不叙用。

　　顺治帝这几次亲试和奖惩，做得很好很及时，起了很大作用。他真正做到了对事不对人，按各人之优劣，该奖则奖，该罚则罚，不以爱恶而上下。能中进士，且被选为庶吉士，自系学富五车之名士才子，尤其是状元、榜眼、探花、传胪（二甲第一名，即仅次于探花之第四名进士）、会元（会试之第一名）五人（或四人，因不少科次是状元或榜眼或探花与会元为同一人）更系俊中之俊秀中之秀。一般情况下，对于这样全国之中前几名的大名士大才子，还要予以斥责，确是难以启齿。然而顺治帝福临为了爱才，就是要严加要求，不留情面。上述几次遭他诉斥，谕令罚俸或再学的，有顺治十五年状元孙承恩、传胪张贞生、会元王遵训，有誉满京城的熊赐履、宋德宜、陈廷敬、李天馥等名家，真正做到了论文不论人。尤为难得的是孙承恩亦遭到训罚。孙承恩系江苏常熟人，与弟孙旸皆系才子。孙旸于顺治十四年因科场案被遣戍边外，其弟兄父子亦应连同流徙。顺治十五年孙承恩应试于京师，"胪传前一夕"，世祖阅承恩卷，见"其颂语有云：克宽克仁，止孝止慈"，遂"大加称赏"，"拆卷见其籍贯，疑与孙旸一家"，"问学士王熙：与孙旸一家否"？"遣学士王熙疾驰出禁城，至承恩寓面询。学士故与承恩善，因语之故，且曰：今升天沉渊，决于一言，回奏当云何？承恩良久慨然曰：祸福命耳，不可以欺君卖弟。学士叹息，既上马复回，顾云：将无悔乎？承恩曰：虽死无悔。学士疾驰去"。"上犹秉烛以待，既得奏，尤嘉其不欺，遂定为状元"。这样经过皇上亲自嘉奖选中的状元，也因清书未学好而不免于挨训罚俸，实为难得。

　　顺治帝十分重视科名，会元及解元中进士者，皆命入翰林。时人称："世祖报重科名，自丙戌迄己亥，会试第一皆入翰林。"

　　万岁的惜才爱才，严格要求，对有志之士是极大的鼓励和鞭策，曾经因清书欠佳而罚俸的孙承恩、熊赐履、熊赐玛、张贞生、肖惟豫、邹度琪等人，苦学一年，成绩优异，即结业授官，宋德宜、陈廷敬、李天馥等继续留馆学习，不久亦考试合格。不少进士、庶吉士后来成为大学士、六部尚书和总督巡抚。

　　正当顺治帝大开科举广选英才之时，突然于顺治十四年（丁酉年）传来了科场舞弊之讯，顿时龙颜大怒，立即严办。这一年的科场案，一般称之为"丁酉之狱"，主要是北闱顺天和南闱江南，另外河南、山东、山西，考官因试卷之中有不合程式者，亦遭惩罚。现着重叙述京闱、南闱之案。

　　其实科场舞弊，由来已久，明季即已盛行。史称："科场之事，明季即有以关节进者。每科五六月间，分房就聘之期，则为道地，或优谒，或为之行金购于诸上台，使得棘闱之聘，后分房验取，如操券而得也。每榜发，不下数十人。至本朝而益甚。顺治丁酉□□□，营求者蝟集，各分房之所私许，两座师之所心约，以及京中贵人之所密属，如麻取粟，已及千百人，闱中无以为计，各开张姓名，择其必不已者登之，而间取一二孤贫以塞人口，然晨星稀点而已。至北闱尤甚。北闱分房诸公及两座主，大率皆辇下贵人，未入场已得按图挨次，知某人必人，故营求者先期定券，万无一失。……甲午（顺治十一年）一榜，无不以关节得倖，于是阴躁者走北如鹜，各入成均，若倾江南而去之矣。至丁酉，辇金戴宝，辐辏都下，而若京堂三品以上子弟，则不名一钱，无不获也。若善为声名，遨游公卿者亦然。"

顺天闱主考官系左春坊左庶子曹本荣、右春坊右中允宋之绳，江南乡试主考官为内翰林国史院侍讲方犹、弘文院检讨钱开宗。帝于顺治十四年七月初四日谕告方犹、钱开宗说："江南素称才薮，今遣尔等典试，当敬慎秉公，倘所行不正，独不见顾仁之事乎，必照彼治罪，决不轻恕。尔等秉公与否，朕自闻知，岂能掩人耳目，尔其慎之。"

然而，圣谕谆谆，前车之鉴（顺天巡按顾仁贪婪处死），并不能扑灭贪官索银卖袷之念，方犹、钱开宗、李振邺、张我朴等主考官同考官，照样沿袭前任恶习，舞弊犯法。顺天乡试同考官李振邺、张我朴更为放肆。他们力图通过此科，"纳结权贵，以期速化，揽收名下，以树私人"，"爵高者必录"，"财丰者必录"，仅李振邺一人便"在处所通关节者二十有五人"。榜发之日，录取二百零六名举人，"人情大哗"。于是刑科右结事中任克溥上疏参劾说："乡会大典，慎选考官，无非欲矢公矢慎，登进真才。北闱榜放后，途谣巷议，啧有烦言。臣闻中式举人陆其贤，用银三千两，同科臣陆贻吉送考官李振邺、张我朴贿买得中。北闱之弊，不止一事，此辈弁髦国法，亵视名器，通同贿卖，愍不畏死，伏乞皇上大集群臣，公同会讯，则奸弊出而国法伸矣。"吏部、都察院奉旨严讯后，审理属实，向上奏报。顺治帝大怒，于十四年十月二十五日降旨批示说："贪赃坏法，屡有严谕禁饬。科场为取士大典，关系最重，况辇毂近地，系各省观瞻，岂可恣意贪墨营私，所审受贿、用贿、过付种种情实，可谓目无三尺，若不重加处治，何以惩戒将来。李振邺、张我朴、蔡元禧、陆贻吉、项绍芳，举人田耜、邬作霖，俱著立斩，家产籍没，父母兄弟妻子俱流徙尚阳堡，主考官曹本荣、宋之绳著议处具奏。"

第二月，十一月十一日、十九日，他又两次谕告礼部说："国家登进才良，特设科目，关系甚重，况京闱乃天子观瞻，必典试各官皆矢公矢慎，严绝弊窦，遴拔真才，始不辱求贤大典。今年顺天乡试发榜之后，物议沸腾"，同考官李振邺等、中式举人田耜等，贿赂关节，已经审实正法，其余中式举人之卷，岂皆文理平通，尽无情弊，尔部即将今年顺天中式举人速传来京，候朕亲行覆试，不许迟延规避。如有托故规避者，不来覆试，即革去举人，永远不许应考，仍提解来京严究规避之由。

顺治十五年正月十七日，世祖福临亲自于太和门覆试丁酉科顺天举人，"面谕之曰：顷因考试不公，特亲加覆阅，尔等皆朕赤子，其安心毋畏，各抒实学，朕非好为此举，实欲拔取真才，不获已尔。"众举人"皆顿首称万岁"。时人记述覆试情形说："时新举人多半归里。祠部文移严厉，该府县拘执锁项，押送起解，如同隶囚，无不震恐兼程。会朝廷避痘南院（苑），覆试未有期，诸举人僦寓，家家畏同疫鬼，未去者驱出恐后，复至者闭户不纳，流离冻馁，与诸保解杂役偃息于破寺废观，颓垣倒屋之间，爨烟如燐，面灰如死，犹执卷呻唔，恐以曳白膏斧锧"。覆试之日，"每人以满兵一人夹之，仍谕之尽心搆艺，不必畏惧。供给茶烟，未尝缺乏，即所监押，亦尽小心执礼，安慰致嘱，绝非外间凌侮之辈。题目乃上所亲定，阅卷某某等，上所猝点"。

十五年二月十三日，帝谕礼部：前因丁酉科顺天中式举人，多有贿买情弊，是以朕亲加覆试，今取得米汉雯等一百八十二名，仍准会试。苏洪澝、张元生、时汝身、霍于京、尤可嘉、陈守文、张国器、周根郁等八人，文理不通，俱著革去举人。

四月二十六日，顺治帝对丁酉顺天科场案作了最后的处理。他谕刑部等衙门："开科取士，原为遴选真才，以备任使，关系最重，岂容作弊坏法。王树德等交通李振邺等，贿买关节，紊乱科场，大干法纪，命法司详加审拟。据奏王树德、陆庆曾、潘隐如、唐彦曦、沈始然、孙旸、张天植、张恂，俱应立斩，家产籍没，妻子父母兄弟流徙尚阳堡。孙珀龄、郁之章、李倩、陈经在、邱衡、赵瑞南、唐元迪、潘时升、盛树鸿、徐文龙、查学诗，俱应立斩，家产籍没。张旻、孙兰苗、郁乔、李树霖、张秀虎，俱应立绞。余赞周应绞，监候秋后处决，等语。朕因人命至重，恐其中或有冤枉，特命提来亲行面讯，王树德等俱供作弊情实，本当依拟正法，但多犯一时处死，于心不忍，俱从宽免死，各责四十板，流徙尚阳堡。"余依议"。董笃行等（同考官），本当重处，朕面讯时，皆自认委系渎职，姑著免罪，仍复原官。曹本荣等，亦著免议。"自今以后，考官士子俱当格遵功令，痛改积习，持廉秉公，不得以此案偶蒙宽典，遂视为常例，妄存幸免之心。如再有犯此等情罪者，必不姑宥。尔等衙门即行传谕"。同日，大学士管吏部尚书事王永吉因其侄王树德私通科场关节，自请处分，帝降旨批示说："王永吉乃朕破格擢用，受恩深厚，未见克尽职业，实心为国，负朕简任之恩。王树德系其亲侄，岂不知情，著降五级调用。"

在审处顺天科场案的同时，顺治帝又对主持江南省乡试的主考官、同考官的索银舞弊，施予了更为严厉的处罚。顺治十四年十一月二十五日，工科给事中阴应节上疏揭发江南科场舞弊之情说："江南主考方犹等，弊窦多端，榜发后，士子忿其不公，哭文庙，殴廉官，物议沸腾。其彰著者，如取中之方章钺，系少詹事方拱乾第五子，悬成、亨咸、膏茂之弟，与犹联宗有素，乃乘机滋弊，冒滥贤书，请皇上立赐提究严讯，以正国宪，重大典"。帝阅后甚怒，降旨批示说："据奏南闱情弊多端，物议沸腾。方犹等经朕面谕，尚敢如此，殊属可恶。方犹、钱开宗并同考试官，俱著革职，并中式举人方章钺，刑部差员役速拿来京，严行详审"。本内所参事情，及闱中一切弊窦，著

中华传世藏书

大清十二帝

顺治帝福临

九七

郎廷佐（西江总督）速行严察明白，将人犯拿解刑部。方拱乾著明白回奏。

顺治十五年二月初三日，掌河南道御史上官鉝又劾江南科场弊说：江南省同考官舒城县知县龚勋，出闱后被诸生所辱，事涉可疑。"又有中式举人程度渊者，啧有烦言，情弊昭著"应详细磨勘，以厘凤奸。帝阅后降旨：著严察逮讯。二月二十九日，礼部议覆前疏时奏称：应照京闱事例，请皇上钦定试期，亲加覆试，以核真伪。另外，直省士子云集，闱务不便久稽，其江南新科举人，应停止会试。帝允其议。

三月十二日，顺治帝亲自覆试丁酉科江南举人。二十日谕礼部：前因丁酉科江南中式举人情弊多端，物议沸腾，屡见参奏，朕是以亲加覆试。今取得吴珂鸣三次试卷，文理独优，特准同今科会试中式举人一体殿试。其汪溥勋等七十四名，仍准作举人。史继佚、詹有望、潘之彪、洪济等二十四名，亦准作举人，罚停会试二科。方域、顾元龄、刘师汉、夏允光、程牧、孙弓安、叶甲、林大节、杨廷章、张文运、汪度、陈珍、华廷樾、孙长发等十四名，文理不通，俱著革去举人。

顺治十五年十一月十八日，刑部审理核实江南科场舞弊案后奏称：正主考方犹拟斩，副主考钱开宗拟绞。同考试官叶楚槐等拟责遣尚阳堡。举人方章钺等俱革去举人。顺治帝阅后降旨加重惩治说："方犹、钱开宗，差出典试，经朕面谕，务令简拔真才，严绝弊窦，辄敢违朕面谕，纳贿作弊，大为可恶。如此背旨之人，若不重加惩治，何以警诫将来，方犹、钱开宗，俱著即正法，妻子家产籍没入官。叶楚槐、周霖、张晋、刘廷桂、田俊民、郝惟训、商显仁、李祥光、钱文燦、雷震声、李上林、朱建寅、王熙如、李大升、朱范、王国祯、龚勋，俱著即处绞，妻子家产籍没入官。已死卢铸鼎妻子家产，亦著籍没入官。方章钺、张明荐、伍成礼、姚其章、吴兰友、庄允堡、吴兆骞、钱成，俱著责四十板，家产籍没入官，父母、兄弟、妻子并流徙宁古塔。程度渊在逃，责令总督郎廷佐、亢得时等速行严缉获解，如不缉获，即伊等受贿做实是实。尔部承问此案，徇庇迟至经年，且将此重情，问拟甚轻，是何意见，著作速回奏。余如议。"

将此案与顺天案相比较，显然可以看出顺治帝对江南案之处理，远重于顺天案。其一，京闱案仅斩两位同考官，两位主考官和其他同考官俱蒙恩免议，而南闱（江南）则主考方犹、钱开宗立斩，同考官叶楚槐等十七位同考官立绞，妻子家产籍没入官，另一同考官卢铸鼎虽已死，亦难逃其罪，妻子家产同样籍没入官。其二，京闱覆试，仅革去张元生等八名举人，其他米汉雯等一百八十二名举人俱准参加会试，而南闱却革去十四名举人，其余举人中，只吴珂鸣一人准参加当年会试，汪溥勋等七十四名举人不得参加此次会试，史继佚等举人还罚停会试二科。其三，京闱舞弊受罚之举人王树德等系流徙尚阳堡，而南闱举人方章钺等则流徙宁古塔，道路更远，地更荒凉，戍人更悲惨。其四，京闱案，刑部拟议重，王树德等十九人拟立斩，李苏霖等六人中五人立绞一人绞监候，而帝加恩从宽，皆予免死而流徙，南闱则刑部拟议较轻，仅拟斩、绞两位主考，同考官皆责遣尚阳堡，而帝却摈斥其拟，改将主考、同考官一律处死。其五，京闱之拟议衙门刑部，虽拟议甚重，由帝改定，但没有受到训诫，而南闱之议，刑部却遭皇上严斥，并责令刑部回奏为何"问拟甚轻"？为何迟迟不报？刑部诸臣遵旨回奏后，吏部循谕，议拟惩治意见：刑部尚书图海、白允谦，侍郎吴喇禅、杜立德，郎中安球护、胡悉宁，员外郎马海，主事周新民等，"谳狱疏忽"，分别革职、革前程并所加之级。帝降旨批示："图海等本当依议，姑从宽免革职，著革去少保、太子太保并所加之级，其无加级者，著降一级留任。

为什么顺治帝对南闱舞弊案要如此从重惩处？虽无明文述帝之内心想法，但若联系时局，分析清人对此案的一些评述，也许能有所了解。帝之此举，首先是因为南闱考官是违谕坏法。其他各省乡试考官，皆係按制前往，未经皇上召见面谕，而江南主考官方犹、钱开宗，则专门被帝召见"面谕"，令其"敬慎秉公"，否则，一旦违法，将按处决巡按顾仁之例惩办，"决不轻恕"，可是，方犹、钱开宗却听而不闻，视而不见，贪婪纳贿，败坏国法，帝若不从严处治，岂不是言而无信。令出不行，今后臣人谁会遵旨？故予严办。

其次，南闱之案，流传甚广，物议沸腾。清人评述此狱之起因说："南场发榜后，众大哗，好事者为诗为文，为传奇杂剧，极其丑诋。两座师撤棘归里，道过毗陵、金阊，士子随舟唾骂，至欲投砖掷礫。"此狱，"相传因尤侗著《钧天乐》而起。时尤侗、汤传楹高才不第，隐姓名为沈白、杨雪，描写主考何图，尽态极妍，三鼎甲贾斯文、程不识、魏无知，亦穷形尽相"。"前此江陵（宁）书肆刻传奇名《万金记》，不知何人所作，以方字去一点为万，钱字去边旁为金，指二主考姓，备极行贿通贿状，流布禁中，上震怒，遂有是狱。"尤侗，乃著名才子，清人赞其"所作骈俪各种，脍炙人口。尝以西厢词句题作文，流闻禁卫"，世祖观其所著，"叹曰真才子"。康熙时尤侗官翰林，"偕诸儒进平蜀诗文，上见其名曰：此老名士。西堂（尤侗之字）以此六字刻堂柱，左曰章皇天语，右曰今上玉音。极文人之荣"。南闱之弊，影响太坏，流传太广，不予严惩，难平民愤和士心。

再次，江南人才辈出，人文茂盛，状元、榜眼、探花，多为江浙才子所得。包括顺治十八年在内，顺治朝共举行了八次会试殿试，其中，吕宫、邹忠倚、孙承恩、徐元文、马世俊五名状元是江苏人、史大成是浙江人，只有傅以渐、刘子壮两名状元是山东、湖北人。八名榜眼中，江苏有两名。八名探花里，江苏有蒋超、沈荃、秦钺、叶方霭四名，浙江有张天植、吴光两名。若将时间放长一些，则到乾隆六十年止，清朝共举行了六十六科殿试，选中状元、榜眼、探花各六十六名，其中江浙出了状元五十一名、榜眼三十八名、探花四十七名。总的是江苏、浙江名士才子夺走了百分之七八十的状元、榜眼、探花桂冠，大学士、九卿总督、巡抚亦多系江浙之人。因此，如果科场弊端太甚，真才不得选拔，那么，一则清帝难觅贤才，佐政乏人，再则有才之

士埋没山林，怀才不遇，难免滋生不满情绪，诋毁朝政，动摇民心，尤其是在清初局面尚未完全稳定的形势下，争取士子，特别是争取江南士子，乃系朝廷当务之急，更需要纠正科场舞弊积习，更应严惩贪婪考官。

也许这些情况，以及顺治皇帝福临之爱才求贤，才使他加重惩罚南闱纳贿违法的考官和私通关节的举人。他在十五年四月初七日御乾清门考选庶吉士后，谕告诸进士，言及处治考官之事说："朕屡重试典，严除弊窦者，实欲得真才而用之耳！"

其实，南闱处理固然很重，北闱的惩办，也很严厉，尤其是对违法之举人，南闱、北闱案的处治是大同小异，即都是连妻子父母兄弟一并流徙，只不过是京闱案流徙的地点是尚阳堡，比南闱案之宁古塔，要近一些而已。

仅仅是因为一人中举有舞弊之事，就连父母妻子兄弟都要连坐，都要充军数千里外，而且是荒凉边外。特别是宁古塔，清人称"其地重冰积雪，非复世界，中国人亦无至其地者。诸流人虽各拟遣，而说者谓至半道，为虎狼所食，猿狄所攫，或饥人所啖，无得生也"。被惩之举人，连同父、母、妻、子、兄、弟，当有四五家之七家数十人，就这样流徙边外，尸横异乡，惨不忍言。惩罚确是太重了。

清人对"丁酉之狱"，虽不敢直言皇上苛暴，也讲点个别考官舞弊及明末清初敝习，但大体上皆认为此狱过严，非仁君之政，且为被惩之举人鸣冤叫屈，认为他们本系才子名士，并非腹内空空行贿得中，实即对"丁酉之狱"持否定态度。

以北闱为例，被罚流徙尚阳堡的举人中，有被清初大文豪吴伟业赞颂的孙旸、陆庆曾，孙旸系状元孙承恩之弟。吴伟业为孙氏兄弟专作《吾谷行》一诗。《吴诗集览》引《苏州府志》："孙承恩，……。弟旸，字赤崖，少游文社，名与兄埒。顺治丁酉，举顺天乡试，科场事发，为人牵连，谪戍尚阳堡。圣祖东

紫禁城鸟瞰图

巡，献颂万余言，召至幄前，赋东巡诗，试以书法，上叹惜其才"。吴伟业又写诗赠陆庆曾，题为《赠陆生诗》："陵生得名三十年，布衣好客囊无钱。尚书墓道千章树，处士汇邨二顷田"。董含在《三冈识略》中亦赞陆庆曾"素负才名"。

南闱之方章钺、吴兆骞二案，更为时人叹息。结事中阴应节参劾南闱有弊时所举之唯一例子，是江南主考方犹取中了少詹事方拱乾之子方章钺，因二方是"联宗有素"。尽管方拱乾在奉旨回奏时辩称："臣籍江南，与主考方犹从未同宗，故臣子章钺不在回避之例，有丁亥、己丑、甲午三科齿录可据。"但方章钺仍被罚徙，其父方拱

乾、兄悬成、享成、膏茂，以及妻子和兄长之妻、子，俱同徙宁古塔。方家父子皆系有才之士，名声远扬。方享成"二诗文，善书，精小楷，兼长山水，与程青溪、顾见山称鼎足"。方悬成就是有名的方孝标，官至学士，著述甚丰。方家父子兄弟皆因一人之案而全部流徙，着实令人悲痛感慨。

更为冤屈的是众所周知的吴兆骞。吴兆骞，字汉槎，乃江南名士，"善属文"，考试之事，本系易如反掌，不料，州县押解，千里迢迢，道途艰辛，身心交瘁。皇上亲自覆试之日，"堂上命二书一赋一诗，试官罗列侦视，堂下列武士，银铛而外，黄铜之夹棍，腰市之刀，悉森布焉"。"每举人一名，命护军二员持刀夹两旁，与试者悉惴惴其慓，几不能下笔"。而且，"不完卷者，银铛下狱"。在此恶劣形势威逼之下，下笔千言的才子吴兆骞竟"战栗不能握笔"，"不能终卷"，从而险遭斩杀，最后连妻子、父母兄弟一起流徙宁古塔。

顺康时期，许多名人学士为吴之冤屈鸣不平，作诗填词相赠，最著名的是吴伟业（吴梅村）之一诗和顾贞观的两首词。人文学家吴梅村以诗《悲歌赠吴秀子》，赠予吴兆骞。其诗为：

"人生千里与万里，黯然销魂别而已。君独何为至于此，山非山兮水非水，生非生兮死非死。十三学经并学史，生在江南长纨绮。辞赋翩翩众莫比，白璧青蝇见排诋。一朝束缚去，上书难自理。绝塞千山断行李，送吏泪不止，流人复何倚？彼尚愁不归，我行定已矣。七月龙沙雪花起，橐驼腰垂马没耳。白骨皑皑经战垒，黑河无船渡者几？前忧猛虎后苍兕，土穴偷生若蝼蚁。大鱼如山不见尾，张鬐为风沫为雨。日月倒行入海底，白昼相逢半人鬼。噫嘻乎，悲哉！生男聪明慎勿喜，仓颉夜哭良有以。受患祇从读书始，君不见吴季子。"

梅村此诗，描景抒情议事皆佳，实为绝唱之作，其最末两句"受患祇从读书始，君不见吴季子"，更点明了此诗吴兆骞保含冤流徙的主题。

被誉为"词家三绝"之一的大词家顾贞观，与吴兆骞系好友，当吴远流之后，为此冤案，特写《贺新郎》亦名《金缕曲》二首相寄，题为《寄吴汉槎宁古塔，以词代书》。第一首：

"季子平安否？便归来生平万事，那堪回首！行路悠悠谁慰藉？母老家贫子幼，记不起从前杯酒。魑魅择人应见惯，料输他覆雨翻云手。冰与雪，因旋久。泪痕莫滴牛衣透。数天涯依然骨肉，几家能勾？此似红颜多薄命，更不如今还有。只绝塞苦寒难受。廿载包胥承一诺，盼乌头马角终相救。置此札，君怀袖。"

第二首为：

"我亦飘零久！十年来深恩负尽，死生师友。宿昔齐名非忝窃，试看杜陵消瘦，曾不减夜郎僝愁。薄命长辞知己别，问人生到此凄凉否？千万恨，为兄剖。兄生辛未我丁丑。共些时冰霜摧折，早衰蒲柳。辞赋从今须少作，留取心魂相守。但愿得河清人寿。归日急翻行戍稿，把空名料理传身后。言不尽，观顿首。"

这两首词，情深意浓，念友心切，悲惨凄然，字字是血，声声是泪，读后令人无不悲从中来，凄然泪下。据说大词家纳兰性德见此词后，"泣曰：山阳思旧之作，都尉河梁之什，并此而三矣"。遂竭力奔走求情，筹措赎金，名人学士达官，争相捐助，吴兆骞得以离戍返归。

吴兆骞之革举远戍，实为冤屈，被罚之举人连同父母妻子兄弟流放边远荒凉之地，亦系太重，这是事实，但并不能因此而否定顺治皇帝福临对科场舞弊的惩处。士子献金求中，考官纳银受贿，本来就犯了贪婪之罪，国法不容，行贿者与受贿者皆应惩治。何况，其他贪污案件之后果，大都不如科场舞弊危害之严重。有清一代，科举为做官之正途，尤其是知县以上内外文武官员，大都由此而出，设若科场贿赂盛行，有银即可入学中举名登进士金榜，荣为状元、榜眼、探花，他日为官，必然贪婪虐民，那时内而大学士、九卿、司官，外而总督、巡抚、司道、州县官员，岂不皆成为贪官赃官，形成"政以贿成"的混浊局面，于国于民，害莫大焉。因此，顺治帝严革科场舞弊，是完全正确的，也起到了革明季颓风树清初新习的作用。《清史稿》赞其严惩顺天、江南纳贿坏法之考官及行贿中式之举人说："一时人心大震，科场弊端为之廓清者数十年"。此见还是比较符合历史实际的。

少年天子福临从顺治八年正月亲政伊始，即感到用人之重要。他的母后于八年二月十一日便诰谕爱子说："民者国之本，治民必简任贤才，治国必亲忠远佞，用人必出于灼见真知。"一年多以后，大学士陈名夏奏称："贞观政治，可比隆三代，惟能用人故耳"。大学士范文程等人在奉旨会推大臣时奏称："治天下首在用人，内而部院卿寺，外而总督抚镇，皆佐皇上经理天下之大臣也"。福临完全遵循了母后的教诲，采纳了范文程等人的建议，对任用文臣武将，特别是委任大学士和九卿，非常重视，力求选用贤才及合适之人。

福临亲政以后，官制大体上虽仍沿袭摄政时期之制，内三院和顺治十五年改为内阁的大学士，系满汉兼有，但也有较大的变动。变动之一是增加了汉大学士名额。顺治元年到七年，大学士一般是五六名或六七名，其中多系满洲旗人和汉军旗人，汉大学士较少。顺治三年到七年，每年大学士共七名，即范文程、刚林、宁完我、冯铨、洪承畴、祁充格、宋权，其中刚林、祁充格是满洲旗人，范文程、宁完我、洪承畴是汉军旗人，只有冯铨与宋权是汉人。顺治八年人员变化很大，但格局仍与前几年相同。顺治九年里先后有八名大学士，即范文程、宁完我、洪承畴、宋权、希福、陈名夏、额色黑、陈之遴，其中满洲二名、汉军三名、汉人三名，但汉大学士宋权于年初致仕，实际上只有陈名夏和陈之遴二人。顺治十年六月二十七日，世祖福临下谕内三院命增加汉大学士说："纶扉为机密重地，事务殷繁，宜选贤能，以弘匡赞，每院应各设汉官大学士二员，著吏部详察实行，确举堪任者奏闻，尔内院即传谕行"。随即命吏部尚书成克巩为内翰林秘书院大学士、礼部左侍郎张端为内翰林国史院大学士、吏部右侍郎刘正宗为内翰林弘文院大学士。这样一来，大学士主要便由汉官担任了。比如，顺治十一年的大学士有：范文程、宁完我、洪承畴、陈名夏、额色黑、冯铨、图海、成克巩、张端、刘正宗、吕宫、金之俊、蒋赫德、王永吉、党崇雅、傅以渐，共十六人，其中范文程于九月解任，陈名夏于三月处死，张端在六月病故，余下十三位中，满洲两人，汉军旗人两人，汉官九人。顺治十二年共有大学士十六位，扣除因病免任二位，还有十四位，其中满洲四人，汉军二人，汉官八人。十三年起，满洲、汉军旗大学士和汉大学士的人数才大体相等，有时汉大学士还略多于满洲、汉军旗大学士。

顺治十五年七月二十三日，世祖福临下谕吏部，命将内三院改为内阁，大学士改加殿阁衔，称中和殿大学士、保和殿大学士、文华殿大学士、武英殿大学士、文渊阁大学士、东阁大学士，品级由原来的二品改为正五品（明朝大学士为正五品），但"照旧例兼衔"，取消原有的内三院秘书、弘文、国史院大学士名称，翰林院照旧独立出来，（原混入内三院内）。这一年的大学士有满洲额色黑、图海、车克、巴哈纳等四人，汉军宁完我、洪承畴、蒋赫德等三人，汉大学士有成克巩、刘正宗、金之俊、傅以渐、王永吉、胡世安、卫国祚、李蔚等八人，汉大学士仍略多于满洲、汉军旗大学士。

其次，大量委任新人。从顺治八年起，世祖除继续留用一些旧大学士外，不断擢用新官，到顺治十年十一年以后，内院内阁大学士，基本上是由帝新委任的。顺治七年内院大学士共七人，即范文程、刚林、宁完我、冯铨、洪承畴、祁充格、宋权，第二年刚林、祁充格处死，冯铨致仕，新任了希福、陈泰、雅泰、陈名夏、额色黑五位大学士。顺治十二年起，内院十几名大学士中，只有宁完我、洪承畴、冯铨三人是顺治八年以前的大学士，且宁完我于十五年致仕，冯铨于十三年二月致仕十六年二月复任，洪承畴虽一直是大学士，但从十年五月即已往湖南，兼任五省经略，不问院事，十七年才以病回京调理，十八年四月致仕，也就是说旧大学士实际上只留下两名，其余十一二名十三四名大学士皆是世祖新任的。

再次，世祖最重庶吉士，尽量擢用入主中原后开科取士选录的进士和庶吉士，超级提拔为大学士，一共任用了傅以渐、吕宫、李蔚三人。傅以渐，山东聊城人，顺治三年一甲一名进士，即状元，授弘文院修撰，四年充会试同考官，五年充明史纂修官，八年迁国史院侍讲，九年充太宗实录纂修官，十年正月迁秘史院侍讲学士，五月迁少詹事，闰六月擢国史院学士，七月教习庶吉士，十一年八月授秘书院大学士。吕宫，江苏武进人，顺治四年一甲一名进士，授秘书院修撰，九年加衔右中允。十年二月，帝幸内院，吕宫与侍讲法若真、编修程芳朝、黄机并召对，命撰柳下惠《不以三公易其介论》，赐茶食。十年五月，帝谕吏部："翰林官升转，旧例论资俸，兼论才品。朕思果有才品特出者，何必拘于旧例？右中允仍管秘书院修撰事吕宫，文章简明，气度娴雅，著遇学士员缺，即行推补。寻授秘书院学士。十年闰六月擢吏部右侍郎，十二月授弘文院大学士。李霨，直隶高阳人，父国缙在明朝天启时任大学士。李霨七岁而孤，弱冠登第，于顺治二年中举，三年成进士，改庶吉吉，授检讨，寻晋编修。十年二月世祖亲试清书翰林，李霨列上等，擢中允，五月迁侍讲，寻擢侍讲学士，十二年迁秘书院学士，任日讲官，十四年充经筵讲官。十五年二月充会试副考官，五月授秘书院大学士，时年才三十四岁。世祖擢用倚任三人，三人也多有建树。李霨一直任到康熙二十三年病故，刚六十岁，人赞其"风度端重，内介外和，久居相位，尤娴掌故，眷遇甚厚"。康熙帝赞其"慎勤敏练，宣力有年，劳绩素著"。康熙三年吕宫卒时，范文程为其作诔说："本朝第一人物，第一知遇，惟先帝知公，惟公不负先帝"。

又次，培养见习，为康熙朝准备了一大批名相能臣。顺治帝亲政不过十年，从顺治三年举行第一次会试起，到其十八年正月病故，一共举行了七科会试。由于他英年去世，一些优秀进士、庶吉吉虽然还来不及治理部院入阁拜相，但经世祖擢用培养，多已直入内廷，或为部院司员侍郎尚书，到康熙前期入阁拜相，成为创建"康乾盛世"的主要大臣，比如，徐元文，少年英俊，二十岁中举，顺治十六年二十五岁钦点状元。顺治帝召见元文于乾清门，谕以特简之意，"还启皇太后曰：今岁得一佳状元。赐其冠带蟒服裘靴，视旧典有加"。元文率诸进士谢恩，"世祖为御殿，百官陪列，鸿胪读表，前此未有也"，授翰林院修撰，"数被宣召"。元文为诗记此说："空传枚马金门侍，只倚雕虫侍武皇"，抒发了其"生平致君之志"。元文曾从幸南苑，帝赐其乘御马，命学士折库纳为其执镫，折库纳乃元文馆师，元文"逊谢不敢"，乃改命侍卫执镫。元文又曾于晚上入宫，帝在便殿召对，帝命赐馔，又赐其从者食，此皆罕有之殊遇。元文后在康熙朝历任国子监祭酒、翰林院掌院学士、左都御史、刑部尚书和大学士。

冯溥，顺治三年进士，选庶吉士，授编修，迁翰林院侍读学士，直讲经筵。"世祖幸内院，顾大学士曰：朕视冯溥乃真翰林也"。十六年冯溥升任吏部侍郎，康熙六年迁左都御史，八年擢刑部尚书，十年升任大学士，直到康熙二十一年七十四岁时始致仕还乡。吴正治，顺治六年进士，选庶吉士，授编修，迁右庶子，十五年出任江西南昌道，迁陕西按察使，"所至以清廉执法著称"，十七年内擢工部侍郎，调刑部侍郎。康熙时历任左都御史、工部尚书、礼部尚书，二十年拜文华殿大学士。黄机，顺治四年进士，选庶吉士，授编修，迁侍读，再迁侍读学工、礼部侍郎，康熙六年进尚书，后任至大学士。宋德宜，顺治十二年进士，选庶吉士，授编修，屡迁至国子监祭酒，康熙时历任左都御史、刑部尚书、兵部尚书、吏部尚书，二十三年拜大学士。伊桑阿，满洲正黄旗人，顺治九年进士，累擢至内阁学士，康熙时历任吏户礼兵工部尚书，二十七年拜大学士。魏裔介，顺治三年进士，选庶吉士，历任给事中、都给事中，太常寺少卿、左副都御史，康熙三年拜大学士。熊赐履，顺治十五年进士，选庶吉士，授检讨，进侍读，康熙十四年超授大学士。李之芳，顺治四年进士，屡擢至郎中、御史，巡按山西，康熙时历任浙江总督、兵部吏部尚书，拜大学士。王熙，顺治四年进士，选庶吉士，屡受世祖嘉奖，十五年擢礼部侍郎兼翰林院掌院学士，为世祖起草遗诏，康熙时历任左都御史、尚书，拜大学士，为相二十年。陈廷敬、李天馥、吴琠等进士，在康熙时亦任至大学士。他们都为"康乾盛世"之奠立，做出了重要贡献。《清史稿》第二百五十卷记述了李霨、冯溥、王熙、吴正治、黄机、宋德宜、伊桑阿、徐元文、孙廷铨、杜立德、阿兰泰等十位大学士事迹后，加以评论说："康熙初叶，主少国疑，满汉未协，四辅臣之专恣，三藩之变乱，台湾海寇之□荡，措置偶乖，皆足以动摇国本。霨、廷铨、立德、溥当多事之口，百计匡襄；熙预顾命，参军谋；正治等入阁，值事定后，从容密勿，随事纳忠；伊桑阿、阿兰泰推诚布公，受知尤深。康熙之政，视成、宣、文、景驾而上之，诸臣与有功焉"。

再次，慧眼识奇才，破格擢用卑微小吏。顺治帝虽特重庶吉士、进士，大量擢用汉官，倚任前朝旧宦（如陈名夏、金之俊等），但对非科举出身之能员，哪怕是职卑望浅，只要是确有真才实学，亦破格提拔重用，图海之起，即系明证。图海，字麟洲，马佳氏，满洲正黄旗人，初系笔贴士，顺治初充中书舍人，"具文武才"。清人载述图海之被皇上擢用情形说："初，公为中书舍人，负宝从世祖之南苑，上心识其人，欲重用之。恐人不服，因谓众辅臣曰：某中书举趾异常，当置于法。众以无罪请。上曰：否则立置卿相，方可满其愿也。因立授内阁学士"。这是顺治八年的事。第二年授骑都尉世职。顺治十年四月，图海被擢任内弘文院大学士、议政大臣，十二年又加太子太保，摄刑部尚书事，十三年考满，加少保，荫一子入监读书，又兼任都统，十五年同大学士巴哈纳等校订《大清律》。三年之间由小小中书舍人一跃而为大学士，荣为三公三孤。但顺治帝对臣僚并不溺爱姑息，一旦发现其有大过，即严加惩处，对图海也不例外。顺治十六年闰三月，公额尔克戴青之家奴陈保等人殴打侍卫阿拉那后，反诬告阿拉那抽刀相击，并擅自将其绑缚，刑部审理此案时，竟偏听陈保等恶奴之言，拟议将阿拉那鞭一百，折赎。世祖初允其议，不久发现此案是非颠倒，遂于闰三月二十二日将图海革职议罪。他谕告吏部说：

"图海向经简用内阁，期其格恭赞理，克副委任，乃不肯虚公存心，凡事每多专擅，无论朕所未见之处，恣肆多端，即在朕前议论，往往谬妄执拗，务求己胜。朕知其行事如此，不可久留密勿之地，故调用刑部，彼犹不悟，以为不能堪任，侈然自满，受事有年，不思感恩报称，过误愈多，屡加诫谕，迄无悛悔。朕复不忍遽弃，屡以小事惩处，使之警省，犹然置若罔闻，如阿拉那一案，问理不公，是非颠倒，情弊显然，朕面加诘问，仍巧言支饰，不以实对，负恩渎职，殊为可恶，已经革职付部，著议政王、贝勒、大臣、九卿、科道会同从重议罪具奏。"

过了两天，闰三月二十四日，议政王、贝勒、大臣、九卿、科道等官遵旨会议奏称：刑部尚书图海负恩渎职，应论绞。帝降旨批示：图海情罪重大，本当依议正法，但念其任用有年，姑免死，革职，家户籍没。

　　经过这次重惩，图海闭门思过，潜心研讨，文武才干俱增，世祖亦念其惩处过重，欲加宽宥，因去世未及发旨。顺治十八年十月二十四日，四大辅臣以新君圣祖名义谕告吏部说："世祖皇帝遗旨：原任都统图海，情罪原曲，欲改未及，遇有满洲都统缺补用"。著图海补授满洲正黄旗都统。康熙六年图海复任大学士，后为平定三藩和察哈尔部蒙古亲王布尔尼叛乱，建树了巨大功勋。

　　世祖福临对前明故臣，尤其是进士出身的旧臣，因其谙悉故事和典籍，亦很赏识和重用，如洪承畴、陈名夏、冯铨、陈之遴、刘正宗、成克巩、金之俊、王永吉、党崇雅、卫周祚、高尔俨、张端等，皆先后擢任大学士，参赞密勿。

　　在清初大多数满洲臣僚不谙明例政事，不悉民情，不知汉官贤奸，甚至不通汉话汉文的情况下，顺治帝能大量擢用汉官，任以大学士，参议政务，对革除明季积弊，妥善处理满汉关系，减轻黎民痛苦，缓和民族矛盾，安定社会，恢复和发展经济，稳定政局，进行统一全国的工作，无疑起了较好的作用。

　　顺治皇帝福临在顺治十年正月、十六年十月，先后颁发了两道震惊朝野的谕旨。十年正月初三日，他谕内三院："朕稽历代圣君良臣，一心一德，克致太平，载诸史册，甚盛事也。朕自亲政以来，各衙门奏事，但有满臣，未见汉臣，须经御史条奏，甚属详恳。朕思大小臣工，皆朕腹心手足，嗣后凡进奏本章，内院、六部、都察院、通政使司、大理寺等衙门，满汉侍郎卿以上，参酌公同来奏，其奏内事情，或未当者，可以顾问商酌。尔等传谕诸臣，务体朕怀，各竭公忠，尽除推诿，以绍一心一德之盛。"

　　顺治十六年十月初四日，帝谕吏部："向来各衙门印务，俱系满官掌管，以后各部尚书、侍郎及院寺堂官，受事在先者，即著掌印，不必分别满汉。尔部即传谕各衙门一体遵行。"

　　这两道谕旨之所以会震惊朝野，主要是因为它道出了满官掌握实权汉官只是虚列其位的情形，并要将此敝习予以革除，真正授予汉官较大的权力。从顺治元年五月摄政王多尔衮统军入京定鼎中原以后，就定制部院除理藩院外，侍郎以下，皆是满汉复职。顺治五年起，增设汉尚书，各部都是满尚书一员汉尚书一员，侍郎则是满汉各二员，都察院是满汉左都御史各一员，左副都御史各二员，郎中、员外郎、主事等司官也是满汉兼有。乍看起来，好似满汉真是一家，对半掌权，实情却远非如此，这两道谕旨便是说明这种情形的最有力证据。

　　这种异常现象带来的后果是相当严重的，极不利于巩固满洲贵族的统治。入关初期，满洲尚书侍郎大多数是仅会清语清文（即满语满文），对汉文可说是目不识丁，对中原王朝的历史、制度、典故、律例、例案也不了解，这样的文盲和门外汉，怎能处理纷繁复杂重大的部务。拿起汉字公文，看不懂，找人翻译，一则兼通满汉文者当时太少，再则既会满汉文又熟悉部务的更为罕见，怎能准确翻译。堂堂六部，是具体治理全国的最高衙门，每年要处理成千上万的事件。以吏部而言，它的总职掌是管理全国文职官的任免政令，制定京内外各衙门文职官名额，各衙门的官员或由吏部铨选，或由该衙门报部任用，并按规制领叙品秩，考核功过政绩，拟议升降赏罚，以及守制、终养、封衔、议恤、荫子、土官世职等等问题。每一事件，每一问题，拟议之时，必须援引合适的例案律例，作为根据，否则便易发生差错，或虽无误，遇到别人驳议时，有例可援，也可持之有据，不易驳倒。"而例案之堆积，高与屋齐"，不要说不懂汉文的满洲尚书、侍郎、郎中、员外郎、主事，无法从中找到合适的例案，翻译也束手无策，事情就无法办理。汉尚书、侍郎、司官在办事上，当然比满官方便和高明，他们大都是科班出身，或系两榜进士，或系举人，既能随手翻阅，下笔千言，又善字斟句酌，还较熟悉典章制度掌故例案，因此繁重部务主要是由汉尚书、侍郎和司官具体处理的，但满洲尚书侍郎官员有最后决定权。尽管在大多数场合下，这种权的使用是虚的，是依汉官之议而行，但也有些事情却又系满官独立，汉官只能遵其意旨而选找例案理由，以作其议之根据和藉口。这本来就已经大大压抑了汉官积极性，限制了汉官才能的发挥，妨碍了部务的正确妥善处理。而且，许多重大问题，非本部所能决定，必须奏报皇上，由帝亲裁，可是，入关以后十年里，各部院奏事，"但有满臣，未见汉臣"，汉官不能向皇上奏陈自己的意见，仅管满臣所奏并非汉臣赞同者，亦只好强抑己见，不能陈述争辩和驳议，当然是满臣主宰本部了。

现在，两道谕旨的下达，授予了汉尚书汉侍郎的奏事之权和掌印之权，汉尚书侍郎可以直接就本部之事向皇上呈奏，特别是当满汉尚书侍郎异议之事，这一陈奏权就给予了汉官很大的支持。掌印之权，更为重要，以往印归满官掌管，满官不同意之事，哪怕满尚书出缺或前往外地，只满洲侍郎在部，大印亦归这位侍郎掌管，他也就可否决或不理汉尚书之议，而按己意办理，盖上大印，上呈下达。现在谕旨现定，不分满汉，但论就任先后，"受事在先者，即著掌印"，这样，汉尚书侍郎便可能有一半左右的时间掌管大印。因为，尚书之缺，经常变动，或因为帝赏识，擢用大学士，或调往他部及地方督抚，或因过降革外调，那么，即使先是满尚书就任，掌管大印，但他不可能久任不变，一旦调走，自然是由该部汉尚书掌印了。

顺治帝如此倾心汉化，提高汉官职权和地位，扩大汉官的影响，固能对军国大政的妥善处理，起了相当大的作用，但也招致满臣愤怨，满汉之争加剧，因此，在顺治八年至十七年的十年里，连续发生了一系列政治斗争事件。

# 平定南明

从清军入关的那一刻开始，就注定要为坐稳江山进行无数次的征伐。1644 年到 1711 年间，在中原大地上发生了一次又一次的战事，包括围剿李自成和张自忠领导的农民起义军，南下摧毁南明弘光、鲁监国、隆武、永历政权，平定三藩，收复台湾等等，这些规模大小不一的战争造成了整个社会的不安定局面。清初的历史事件有一个共同的特点，就是持续时间比较短，一般不超过五年，最多也就是在十几年左右。几个短命的南明政权就是如此，弘光政权仅仅存在了一年，鲁监国政权存在的时间不到一年，隆武政权与鲁监国政权兴起和灭亡正在摩肩接踵之间，绍武政权存在不到四十天，形同儿戏，最后一个南明政权——永历政权维持的时间稍微长一些，也就是十五六年，这些政权的兴亡也就是在弹指一挥之间。

但南明政权既然作为一种政治力量存在，就必然有其政治机构等相应的组织形式以及社会活动的具体内容，南明君主在各自短暂的君主生涯中，均留下了一定的痕迹，南明臣僚亦在同样的时段内，各有不同的经历和取向。南明，是顺治皇帝统治时期特有的风景。

### （一）昙花一现的几个南明政权

顺治元年（1644）五月初三日，故明福王朱由崧监国于南京。五月十五日，即皇帝位，改次年为弘光元年，这是清初历史上最早的一个南明政权。政权建立之初，就抱定宗社大计在于讨贼和复仇。在即位诏书中，弘光帝大肆攻击李自成农民军，切齿痛恨，要求同仇敌忾，为崇祯皇帝复仇。当时，弘光政权拥有相当庞大的兵力，总兵左良玉、左梦庚父子率领二三十万大军驻扎武汉；总兵刘泽清、刘良佐、高杰、黄得功等四镇，拥有兵力三四十万，驻扎在江淮一带。但是，在军事部署方面，弘光王朝并未将入主中原的满洲统治者作为主要威胁，而是将斗争的矛头直接指向农民军。为此，弘光政权甚至派出和谈使臣赴北京，携带黄金一千两、白银十万两，以割地、岁纳白银十万两等为条件，请求清军不要南下，并提议联合进攻农民军。

福王朱由崧奢侈腐化，素质低下，整日"深居禁中，唯以演杂剧，饮火酒，淫幼女为乐"，民间戏称他为"老神仙"。据说，皇宫里悬挂着朱由崧请大学士王铎撰写的一副对联，"万事不如杯在手，一年几见月当头"，表现了这位烽火中的南明皇帝及时享乐的人生哲学。

在弘光政权内部，不同军阀集团之间的矛盾和斗争势如水火，彼此争权夺利，互相攻击，各将领之间内耗不已，为了争夺地盘和财富而互相火并，各霸一方。因此，号称数十万兵马徒有虚名，在清军的强大攻势面前，政权很快陷于崩溃。顺治二年（1645）五月十五日，清军开进南京城，宣告了弘光政权的瓦解。

同年七月，在抗清义军、故明官吏、缙绅钱肃乐等的扶持之下，明太祖第十世孙鲁王朱以海监国于绍兴，建立政权。鲁王政权当时控制着浙东绍兴、宁波、温州、台州等地，拥有浙中义师和驻守浙江的明总兵方国安、王之仁的部队。凭借钱塘江天险，鲁王政权维持了大约一年的时间，但是由于军阀专横，外戚宦官专权，对人民横征暴敛，而真正抗清出力的士兵则得不到粮饷，如钱肃乐所说，"竭小民之膏血，不足供藩镇之一吸，合藩镇之兵马，不足卫小民之一发"。第二年的六月，清军乘天旱之机渡过钱塘江天险，攻破绍兴，鲁王出走逃命，这个政权存在不足一年，再遭夭亡的命运。漂泊海上的鲁王朱以海，后投奔郑成功，于康熙元年（1662）病死于金门。

在鲁王宣告监国的同时，在福建军阀郑芝龙、郑鸿逵和明官吏黄道周等的扶持下，明太祖第九世孙唐王朱聿键在福州称帝，年号隆武。政权建立之初，曾经对抗清事业做过筹划，颇有一些作为。但由于军政大权完全掌握在郑芝龙手中，随着郑芝龙暗中投降，隆武政权也很快灭亡。顺治三年（1646）八月，清征南大将军博洛平定鲁王政权后，南下福建。总督军务大学士洪承畴派遣密使招降郑芝龙，郑芝龙投降后，清军长驱直入，唐王被清军俘获，解至福州，以不降被戮，隆武政权很快灭亡，历时一年三个月。

1646年十一月初五日，由明官僚苏观生等拥立隆武的弟弟朱聿𨮁，在广州称帝，年号绍武。绍武政权与十多天后建立的永历政权同室操戈，鹬蚌相争，清军得利。十二月十五日，绍武政权仅存在四十天就被清军攻陷广州。绍武帝被清军俘获，不吃清军嗟来之食，自缢身亡。

南明的另外一个政权，也是南明诸政权中历时最长的一个政权，就是永历政权。顺治三年（1646）十一月十八日，在肇庆建立，永历帝名朱由榔，明神宗之孙。这个政权在何腾蛟、堵胤锡、瞿式耜等抗清将领的经营下，获得了大顺军余部和大西军余部的鼎力支持，因此得以存在较长时间，这个政权前后维持了大约十五六年的时间。

如同昙花一现，南明政权一一迅速瓦解。

## （二）真假太子

顺治元年（1644）底到顺治二年（1645）年初，不到半年的时间里北京和南京同时出现了两个崇祯太子朱慈烺，二者究竟何为真，何为假，抑或二者均为假？一太子北来，一太子南来，带来惊人的骚动，无论是北京的满洲统治者，还是南京的南明统治者，均对太子一事给予了极大的关注，其实太子身份的真假已经不再重要，但太子的名头带来的影响以及震动和不安则是为南方和北方的统治者们所深切恐惧的。

崇祯太子，本名朱慈烺，明崇祯二年（1629）二月出生，九月立为太子。当李自成统率农民军进入北京城之时，崇祯皇帝自己选择上吊自杀，却命太子易服变装逃出宫廷避难，但还是落入了李自成农民军手中，被封为宋王。不久，李自成亲政，故明宁远总兵吴三桂、太子也在随行之列。山海关之战，农民军败退，太子遂不知所终。一些故明官吏期待李自成农民军被击败，引师助剿的吴三桂带回随行在农民军中的太子，缘由即在于此。然而，最终他们的期盼化为泡影，马蹄声中，进入北京城的是满洲统治者，而太子却从此在战争中失去了踪影。

十二月，一名自称崇祯太子刘姓者，神秘地出现在北京城。当时内监杨玉护送一名自称崇祯太子的男子到故明周皇后之父周奎家中。此太子形容憔悴，但气质儒雅，雍容淡定，颇有帝王之风。当时崇祯公主，正在周奎府中，闻讯前来相见，二人掩面对泣，悲不自胜。年已老迈的周奎跪献酒食，似乎已经确认此人即是真正的崇祯太子。但事后不知何故，一改初衷，又以其人假冒崇祯太子为名，到官府告发。于是，这个南来的神秘男子，引起了清朝统治者的莫大关心。

为了鉴别太子的真假，清廷派出了一拨又一拨的试探者。故明贵妃袁氏及东宫内官前往辨认，一致认为男子并非真太子，乃是假冒。花园内监常进节、主会李时荫则认为，男子为真太子。真真假假，众说纷纭，一时真假莫辨。后清廷再次审问周奎以及自称太子的男子，不知为何缘故，匆匆判定男子为假冒，于是，认为其为真太子的杨玉、李时荫等十五人被处死。甚至，御史赵开心所上奏疏中有"太子若存，明朝之幸"等语，也因此被论死，后因其为言官，免死罪，夺俸三个月。

令人疑惑的是，太子究竟是真是假，已经无从查考。而判定太子为假冒的有力证人，故明贵妃袁氏则早在当年五月已经与崇祯帝后、两公主、天启后张氏以及万历妃刘氏一起由清廷安葬了，时隔半年多，死人竟然能够从坟墓中站出来指认太子为假，足以令人忍俊不禁。可见，无论太子真假与否，都事关新统治者的威严，为此，判定其为假冒也就是必然的了。

就在北京的假冒太子被处罚后不久，南方的弘光政权也出现了类似的案件。公元1645年的春天，鸿胪寺少卿高梦箕忽然向皇帝密奏了一个惊人的消息，崇祯太子由北方南来，现正居浙江。此事非同小可。如果说清廷对崇祯太子事件的重视是由于担心太子在民间引起的反响会危及江山的稳固，那么，对南明弘光政权来说，太子的出现则令统治者喜忧参半，一方面，如果太子仍然生存在世，将会极大地调动南方人民的反清抗清热情，从而为反清复明大业提供舆论支持和精神力量，但是，另一方面，太子的出现也会切实地危及弘光帝朱由崧的地位。因此，南方的太子事件受到了同样的重视。

就在北来太子事件发生之前，弘光政权还发生了另外一起令人惊异的案件。公元1644年十二月的一个夜晚，洪武门传来急促的敲门声，守门兵丁参着胆子向外一看，门外站着的竟然是一个衣衫褴褛的和尚，和尚自称为崇祯皇帝，月色之中，几乎令守门兵丁魂飞魄散。此和尚语无伦次，被擒后，改口不以崇祯皇帝自居，自称齐王，再审问，又改口说是潞王之弟，后又称僧号大悲。僧大悲案已经引起了朝中一些大臣的警觉，阮大铖即提出借此案广为株连，尽杀东林、复社党人。后由于马士英不从，仅以谣言罪处死大悲一人。僧大悲案的影响尚未消除，现在，又来了崇祯太子了。

起初，弘光帝派遣太监李继周持御札前往太子寓所，召唤太子来到南京，并居住在兴福寺。同样，小心谨慎地，弘光帝派出一拨又一拨的人马前往验看此太子究竟是否为真。首先负责去验看的太监回宫禀报的结果是，此太子非真。这样，弘光帝稍微吃了定心丸，于是，不再坚持把太子接回宫中，命将太子移送到锦衣卫都督冯可宗家中，命文武百官前往识认。百官见到自称太子的男子后，大学士王铎指着原任太子讲官方拱乾问，此为何人，男子认出方为其先生。但当另一讲官刘正宗走到男子面前时，男子毫无反应，竟然不认得。于是，刘正宗、方拱乾问男子，当时讲读书籍的先后次序以及书章字句，男子皆回答忘记了。给事中戴英又提出，崇祯十六年（1643）太子陪同崇祯帝在中左门审问吴昌时时，太子立于何处，男子竟然连吴昌时为何人都不知道。于是，戴英当面责问男子，"汝是假冒，以实告，当救汝。"男子立即跪倒地下，坦白相告，供认自己本名叫王之明，是崇祯驸马的侄孙，家破逃亡到南方，遇到高梦箕的家人穆虎，教唆他诈冒太子。于是，南方的太子案真相大白，乃为王之明假冒。

弘光朝廷将审问的结果刊刻颁行，此事应该无可置疑。谁知民间对此看法不同，天下之人更加怀疑，甚至闾巷小民有见之泣下者，为此，弘光朝廷不敢贸然处死王之明，仅命"将王之明好生护养，勿骤加刑，以招民谤，俟正告天下，愚夫愚妇皆已明白，然后申法。"

就在南方的弘光政权准备处罚假冒太子及其相关人等时，清军逼近南京，弘光帝与大臣们纷纷出逃。一片混乱之际，南京拥立了王之明。几天后，王之明投降了清军，随后被带往北京。北来太子亦未得善终。

北京的南来太子有可能为真，却惨遭清廷屠戮；南京的北来太子十足为假，却在民间引起广泛响应。可见，太子的真与假似乎并不重要，崇祯太子只是人们心目中的一个象征和符号，代表着已经逝去的故明王朝。对北京的满族统治者来说，故明王室的后裔意味着政权的觊觎者，而对南方的普通百姓来说，崇祯太子为腐朽不堪的弘光朝廷带来了新的希望。无论前者还是后者，显然都是为当权者所厌恶的对象，为此，南来太子和北来太子的结局也就在历史的意料之中了。

### （三）童妃案谜团

就在北来太子真假莫辨，令弘光帝朱由崧焦头烂额之际，南京城来了一个与众不同的妇女，她显然也来得很不是时候，给弘光帝增加了新的烦恼。

1645 年的三月，南京的春天伴随着骚动。春光明媚，百花齐放，空气中有一丝丝人们久违了的香甜的味道，花粉的清香令人陶醉，却也令一些适应不了的人产生过敏反应。北来的太子比花粉更具功效，令很多人过敏，显然，这一月会是弘光政权的不平静之月。北来太子承认为王之明假冒之后，又一个不速之客来到了南京。三月初九日，广昌伯刘良佐会同河南巡抚越其杰小心翼翼地带来了一个女子，这一女子，身份非常，她自称童妃，乃是福王朱由崧嗣福王之位时的妃子。

女子的到来令很多人神经紧张，弘光帝朱由崧即为其一。有很多现象表明这位南明的皇帝偏好美色。去年，弘光帝宣布即位不久，就曾在南京城内大选淑女，并宣称，隐匿者罪，邻里连坐。言下之意，一定要在南京城内寻觅美貌的女子。当时，南京城鸡飞狗跳，骚动非常。由于南京城内的选取工作没能令弘光帝满意，朱由崧又派遣太监前往浙江，为皇帝物色容貌端庄、语言清婉的美女。当福王得知只选奉一女时，大为不快，批示说："选婚大典，地方官漫不经心，且以丑恶充数，殊为有罪。责成抚按道官于嘉兴府加意遴选，务要端淑。如仍前玩忽，一并治罪。"显然，弘光帝对抗清的部署安排不是非常热心，但对挑选美女是非常热切的。继之，苏州、杭州、嘉兴、绍兴等地也开始了搜求美女的行动，地方官员如果奉行不力，就要受到严惩，自然加倍努力，于是，江南各地家家骚动。直到清军已经临近，福王还忙于挑选美女。为了焙制房中药，朱由崧还命乞丐捕捉癞蛤蟆，在夜晚出动，灯笼上大书："奉旨捕蟾"。为此，朱由崧还落了个"虾蟆天子"的绰号。

自称童妃的女子面容平常，举止亦没有过人之处，实在难以与王妃之尊联想在一起。但是，离乱之中，此女子竟然能够千里寻夫，且自称为贵为君主的弘光帝的妃子，论勇气，论恒心，也非寻常人所能比。为此，刘良佐与越其杰信以为真，将女子妥善安排，送到了朱由崧的面前。

自称童妃的女子见到朱由崧，双目含泪，款款下拜，确实是久别见亲人的光景，弘光帝朱由崧却面沉似水，不予理会，如同路人。朝堂之上，皇帝咆哮如雷，大骂自称童妃的女子为妖妇，令下锦衣卫狱。自称童妃的女子始而羞，既而惊，进而怒，从怀中取出一叠纸来，自诉上写与朱由崧相识及离散的全部经过，朱由崧命人取来观看，一开始表情轻蔑，既而面红耳赤，将纸掷于地上，命将女子赶快拖走。无论女子如何哀声求救，却丝毫动摇不了君主的冷酷之心。自称童妃的女子被拖走了，满朝文武面面相觑，不敢作声。

童妃与北来太子不同，不需要文武群臣来辨认，皇帝一人就可以识别真假。这样看来，造假者的手段过于轻率和疏忽，选择一个貌不惊人的陌生女子来试探君王，未免荒谬而可笑。但也有为童妃鸣不平者，自古以来秦香莲常有，陈世美亦常有，焉知不是朱由崧有意不予承认，导致女子处境可怜。传说，女子乃是朱由崧避大顺军之乱在河南府遇到的民间女子，曾与之同居，到此时则拒不相认了。朱由崧矢口否认，自然群臣默不敢应。此时，马士英则站出来，令法司追究主使、附逆者，于是人心惶惶起来。此时，关于童妃的认定已经不再是是与非的问题了，而是在政治上大大关联起来。当童妃案与弘光政权内部的党争联系起来，被别有用心者作了文章，真假更难判断。

童妃事件没有影响到弘光帝的好心情，四月十五日，弘光帝根据安排在元晖殿大选美女，在为帝的风光与美好中，他陶醉了自己。

显然，弘光帝并未从北京的明朝中央政权倒台的噩梦中惊醒，而是继续以统治者的姿态享受着浑浑噩噩的人生，外面风雨不休，而南京城作乐不已。自然，弘光政权的瓦解不可避免。多铎进入南京后，曾出告示谴责弘光政权的奢侈腐化，"福王僭称尊号，沉湎酒色。信任金壬，民生日瘁。文臣弄权，只知作恶纳贿；武臣要君，惟思假威跋扈。上下离心，远近仇恨。"朱由崧被清军俘虏后，被解进南京城，乘无幔小轿，头蒙包头，身穿蓝布衣，以油扇掩面，百姓夹道谩骂，有向其投掷瓦砾者。

## （四）马士英禅隐青云圃道院

弘光政权历史上另外一个留下悬疑的人物恐怕就是朝中的重要权贵马士英了。

马士英（1591~1646），贵阳人。于万历四十七年（1619）考中进士，历任南京户部主事、郎中、知府。崇祯五年（1632）任宣府巡抚，才上任一个月，就因为用公帑数千金来馈赠当朝权贵，为镇守太监王坤告发，被遣戍，不久就在南京"流寓"。在南京时，因马士英与阉党阮大铖结交，被东林党人斥责为奸臣。马士英在南京闲居十年后，被明朝的崇祯皇帝重新启用为兵部右侍郎兼右佥都御史，总督庐州、凤阳等处军务。李自成攻入北京，崇祯皇帝自杀的消息传到南京之后，马士英联合武将刘孔昭、高杰、刘泽清、黄得功、刘良佐等迎立福王朱由崧，即弘光帝。以拥立之功，马士英官居东阁大学士兼兵部尚书、都察院右佥都御史。马士英随后向弘光帝荐举阮大铖，联合把持朝政，遂形成弘光朝马阮专政的格局。

有人曾在马士英家的堂屋中，贴出一副对联：

闯贼无门，匹马横行天下。

元凶有耳，一兀直捣中原。

这副对联，上联指马士英，下联指阮大铖，二人十分恼怒，下令追查，却无任何结果。不久，在南京东西长安门的门柱上，出现了这样一副对联：

福人沉醉未醒，全凭马上胡诌。

幕府凯歌已休，犹听阮中曲变。

马士英与阮大铖把持朝政，压制东林党。屯兵武汉的宁南侯左良玉袒护东林党，率兵几十万东下九江，以"清君侧"为名，发动内战，与马士英争夺权力。此时清军渡过淮河，包围扬州，有大臣提出应赶紧调兵防御增援，马士英极力反对，声称，"宁可君臣皆死于清，不可死于良玉之手"，并瞋目大呼："有准议守淮者斩"，于是，史可法的告急被搁在一边，不予理睬。清军血洗扬州之后，乘势渡过长江，不久，进占南京，弘光政权宣告瓦解。

关于马士英的下落，却在史书中出现了不同的记载。

《明史·马士英传》载："士英欲拥残兵入闽，唐王以罪大不许。明年大兵剿湖贼，士英与长兴伯吴日生俱擒获，诏俱斩之。事具国史。"官方史书记载马士英被清军斩于太湖。而民间对此记载众说纷纭，莫衷一是。

吴伟业《鹿樵纪闻》卷上："士英窜伏天台寺中，其家丁缚以献。贝勒命剥其皮实以草械置道旁，用快公愤。时人为之语曰……马士英字瑶草，生怀瑶死怀草，草装瑶草之皮，群笑犬羊之犗"。按记载，马士英死于天台山寺庙之中。

道光时期清人李聿求撰《鲁之春秋》，卷二十一记载："国安降，士英遁入新昌山中。大兵追之，其总兵叶承恩等降并报士英披剃为僧，至寺拘获斩之"。按照李聿求的记载，马士英死于浙江的新昌山寺。

史家记载纷纭，民间更盛传孔尚任的《桃花扇》中暗示的结局，马士英被雷击死于台州山中，阮大铖亦不得善终，跌死在仙霞岭上，皮开脑裂，悲惨异常。

由于明清鼎革之际，野史众多，加之史家对东林和阉党持论不同，故对马士英的评价也有差异。清朝光绪九年（1883）贵州进士姚大荣撰《马阁老洗冤录》为马士英鸣不平，陈垣先生也认为，《明史》将马士英入《奸臣传》不当，关于马士英的历史评价还有待进一步商榷。

据有关学者考证，康熙年间的《清云圃志略》中记载了一个颇有传奇色彩的马道人。其书中记载："马道人者，道人生于蜀，本姓上官，莫知其名，后易姓。法名道常，号常住。亦莫知其易姓出世之故。涉大江，过越王城，至南浦，稍言其经历地。朗遇之省城，同至圃内。年可六十许，肢体雄伟，须眉间另具一色相。书法飞动有生气，然亦不甚书。昔之相识者叩之辄不应，凡有馈遗悉屏不受，计六载如一日。"这个身世诡秘的马道人，是否即为兵败后脱身遁迹的马士英呢？有学者专门考证，认为清初清云圃之马道人即为南明弘光朝首辅马士英，但也有学者表示存疑。马士英的下落，仍谜团重重。

沧海桑田，世事变幻，身处明清鼎革之交的人，经历生死轮回，马士英如能看破生死，绝迹红尘，遁迹禅隐，未尝不是一个好的结局。

### （五）隆武帝朱聿键

顺治二年（1645）闰六月二十七日，福州的南郊举行了一场颇为隆重的典礼，在庄严而肃穆的气氛中，明太祖的第九世孙唐王朱聿键在福建军阀郑芝龙、郑鸿逵和明遗臣黄道周等的扶持下称监国，改元隆武，是为南明的另一位君主——隆武帝朱聿键。作为乱世之明朝贵胄，隆武帝朱聿键的经历颇为坎坷。

从出身上讲，朱聿键（1601~1646）是明太祖朱元璋第二十二子朱桱的末世孙，出自朱姓王朝的嫡系。虽为明朝皇族后裔，但朱聿键的身世颇为凄苦。朱聿键的父亲为端王长子，但端王朱硕熿宠信次子，听信谗言，怀疑长子对己有二心，遂囚禁长子，欲立次子为继承人。当时朱聿键年仅3岁，与父亲同时入狱。不久，朱聿键的父亲被图谋不轨的叔父毒死在狱中。年幼的朱聿键过早地承受了失去父亲的痛苦。此后，被祖父冷落的朱聿键一直生长到28岁还尚未命名。后来守道陈奇谕入见端王，警告端王世子（即朱聿键的父亲）薨逝，原因不清，如又不为世子之子（即朱聿键）命名，恐怕会为皇族追究，端王才为朱聿键请名，立为世孙。崇祯五年（1632），端王薨，31岁的朱聿键继立为王。

明太祖朱元璋

崇祯八年（1635），农民起义军攻打南阳，朱聿键上奏请求崇祯皇帝发兵三千，援助南阳，但未获许可。崇祯九年（1636）秋八月，京师戒严。朱聿键请求率兵入援京师，疏发后即领兵前行，结果遭到崇祯皇帝切责，令返回南阳，不久，崇祯帝又令废为庶人，押送囚禁凤阳。朱聿键因勤王被责废，其他明朝宗室不再敢过问国事，唯日益贪惰而已。

福王朱由崧在南京称帝后，赦免了朱聿键，但仍然不许他回到南阳，于是，朱聿键出走广西，行至杭州，遇到靖虏伯郑鸿逵。当时，南京被清军攻陷，福王投降，于是郑鸿逵等人奉朱聿键进入福建，并称监国，改元隆武，改福建省为福京，福州为天兴府。

隆武政权建立后，得到了福建以外各地起义军的拥护。明末官僚中较为开明和讲求务实的湖广总督何腾蛟，招抚了李自成的部将李过、郝摇旗等及左良玉旧部，号称荆、襄十三家军，拥护隆武。隆武政权建立之初，对抗清事业做过一番筹划。以建宁、天兴、延平、兴化为上游，漳州、泉州、劲武、汀州为下游，各设巡抚。对闽北自仙霞岭以外一百七十处设兵把守，以十万兵防镇，十万兵讨伐。

根据史料记载，隆武帝朱聿键敏而好学，纯真率直，且能励精图治，他的经历品行，不同于其他几位昏聩无所作为的君主，本应有所作为。但朱聿键主要依靠的是军阀郑芝龙的军事力量，而郑芝龙一心只为谋求私利，根本无抗清之意。郑芝龙，福建泉州南安县人，本是海盗首领，后来接受明朝招抚，官至都督总兵官，拥兵二三十万，又把持海上贸易，往来日本和南洋的商船必须得到他的许可，并向他交纳税款。郑芝龙之所以选择拥立朱聿键，只是为了获取更大的政治资本，扩充政治实力。拥立当年，郑芝龙即提出，二十余万的军队需要大量的军饷，请求隆武帝将两年的赋税在一年内催纳，并劝绅士之家捐献。而当隆武帝屡次敦促郑芝龙出兵之时，则以军饷不敷为由拒不出兵。因此，当起义军展开英勇顽强的抗清斗争时，郑芝龙却按兵不动，导致隆武政权实际上无所作为。

隆武朝中任礼部尚书，后加兵部尚书的明朝旧臣黄道周，已经察觉到郑芝龙心怀不轨，请求督师北伐，但郑芝龙只拨给羸弱的士卒千人，以至于黄道周感叹，虽身为礼部尚书和兵部尚书，然而"于饷部实未尝有一毫之饷；于兵部实未尝有孑体之兵；于府属实未尝有一锥一粒火药器械之助"。黄道周的北伐军由福州，经延平，至建宁，得到远近响应。凭借隆武帝朱聿键发给黄道周的密札，黄招来门下数百名弟子，没有武器，就用扁担武装自己，甚至组织"夫人军"作为后援。黄道周一度取得婺源之战的胜利。但随着清军大举压境，粮饷不继，出征江西的黄道周弹尽粮绝，兵败被俘。为了报主，黄道周在狱中曾绝食 14 日。顺治三年（1646）三月初五日，黄道周在南京皇帝陵寝附近被清军杀害，在他身穿的袍子上，用鲜血书写了"大明孤臣黄道周"七个大字。隆武帝闻讯，赠文明伯，谥忠烈。

当清军逼近浙闽之时，郑芝龙审时度势，认为隆武政权已经难以支撑残局，为了保存实力，保留家产，暗中投降清朝。仙霞岭本来是浙闽之间的天险，但郑芝龙假传有海盗出没，撤兵回安平镇，使得仙霞岭空无守军，清军在无人防守的山区长驱直入，进入福州。隆武王朝的文官武将，或逃或降，未做有效的抵抗。隆武帝与妃子曾氏被清军捕获，曾氏途中投水自杀，隆武帝朱聿键则被杀于福州。统治一年又两个月的南明隆武政权宣告灭亡。

传教士卫匡国在《鞑靼战纪》中这样描述隆武政权的覆灭："那个隆武皇帝表现得像一只懦弱的绵羊，他带着'强大'的部队逃跑了。我使用'强大'这个词，不过表示这些没有心肝的人数量很多罢了。但他逃跑也不能挽救自己，鞑靼的敏捷的骑兵追上了他，用箭把这群愚蠢的绵羊都射死了。"

### （六）最后的永历政权

顺治三年（1646）十月，朱由榔监国于肇庆，十一月称帝，号"永历"。这是南明历史上维持时间最长的一个政权，大约十五年。

朱由榔是明神宗的孙子、桂端王朱常瀛之子，崇祯时封为永明王。鲁王、唐王等政权相继灭亡后，两广总督丁魁楚联合广西巡抚瞿式耜、巡抚王化澄等，提议立永明王朱由榔为帝。朱由榔的母亲王太妃推辞说，"吾儿柔弱，非拨乱才，愿更择可者。"王太妃的话情真意切，确实不愿意让儿子在乱世之中冒风险，出风头，但诸臣坚决请求，执意要立朱由榔，于是朱由榔即位，年号为永历。

朱由榔即位后，颠沛流离，并未享受作为帝王的尊崇与安逸。甚至为了苟全性命，永历帝不断逃亡，一路惊魂不定，没过几天安稳日子。公元1647年（永历元年，清顺治四年），在清军逼迫下，朱由榔先后逃奔到梧州、平乐、桂林、全州。朱由榔风声鹤唳，闻听清军前来，马上准备上马逃亡，皇帝的逃亡引起朝中大臣不满。清军攻陷平乐，永历帝欲逃入楚时，瞿式耜曾经上疏进谏，谴责永历帝"半年之内，三四播迁，民心兵心狐疑，局促势如飞瓦，翻手散而覆手合，诚不知皇上之何以为国也。"并指出，"我退一步则清进一步，我去速一日则清来亦速一日，今日勿遽出楚则出楚也易，今日若轻弃粤则更入粤也难。"无奈永历帝根本不听劝阻，一路惊惧逃亡，确如瞿式耜后来所言，永历帝是朝闻警而夕登舟，终至于无路可退，逃亡到缅甸。

四月间，永历帝逃亡到湖南武冈依附刘承胤。刘承胤根本无意抗清，仅仅利用永历帝为自己捞取好处而已。当清军攻破常德、宝庆，直捣武冈之时，刘承胤甚至暗通清军，准备献永历降清。朱由榔得知消息，深夜狼狈逃窜到靖州。七月，由于大学士瞿式耜等英勇抗击清军，使得清军进攻暂时受挫。十一月，清军退回湖南，朱由榔才于十二月回到桂林。

后李成栋将朱由榔迎接到肇庆，从此朝政取决于李成栋之子李元胤。时局不稳，而永历政权内部不仅不能互相团结，和衷共济，反而分帮立派，党争剧烈。都御史袁彭年、少詹事刘湘客、给事中丁时魁、金堡、蒙正发等人，依附李元胤，外趋势起，揽权植党，人称"五虎"。他们自称"反正功臣"，结成"楚党"，又叫"虎党"，一时之间，权倾朝野，"言非虎党不发，事非虎党不成"。而一直跟随朱由榔的礼部尚书东阁大学士严起恒、朱天麟、尚书吴贞毓、王化澄等，内通马吉翔，外结陈邦传，结成"吴党"。"楚党"与"吴党"形同水火，互相攻击，导致朝政混乱，乌烟瘴气。

后孙可望等率领大西军进入遵义后，决定"扶明抗清"，于是，永历王朝得到了有力的支持。但不久，孙可望请封为秦王，遭到永历朝臣反对，于是逐渐与永历帝关系疏远。1652年，孙可望派兵迁永历入居贵州安隆所，并将安隆所改称为安龙府。孙可望任命文安侯马吉翔掌戎政、庞天寿掌勇卫营、危应旭作安龙府知府。永历完全在孙可望的控制之下，备受欺凌。朱由榔所居住的文华殿，寝室的窗子、墙壁都破败不堪，以至于刮风下雨，屋漏难眠，请求用一张蒲席来遮挡风雨，这时，作为知府的危应旭竟然以未接到孙可望的指令为由而不给。可怜的朱由榔，每日在破败不堪的简陋居所中沮丧度日。当时孙可望每年只供给八千两银、六百石米，而知府危应旭给孙可望的账簿上写着皇帝一名、后妃若干名、皇子宗室若干名、从官大学士以下若干名，每月支银若干两等等，丝毫没有把皇帝放在眼里。

朱由榔日夜忧惧自己的处境，于是想召李定国统兵入卫，来牵制孙可望。朱由榔与太监张福禄、全为国暗中商量，二人举荐朝臣徐极、林青阳等合谋，并告知大学士吴贞毓。结果，事情被孙可望得知，于是，以吴贞毓为首的十八人被处决。可怜的朱由榔只能与后妃在宫中暗自流涕而已。

孙可望担心李定国夺走永历帝，派遣大将白文选迁永历入贵阳。永历帝闻听消息，与后妃合宫痛哭，白文选同情朱由榔的处境，一再推迟行期。1656年正月，李定国率军星夜兼程赶到安龙，君臣相见，抱头痛哭。于是，李定国带永历帝离开安龙，移至云南。朱由榔方过了几天安生的日子。然而，不久，清军大兵压境，朱由榔再次四处逃亡。1658年，清廷命信郡王多尼率领清军分三路进攻云南，李定国仓促迎战，节节溃败。十二月十四日，李定国败回昆明。次日清晨，永历帝仓皇出逃。

1659年正月，清军进攻云南，永历出奔腾越，又逃到缅甸边境。二月，永历帝到达缅甸阿瓦。在缅期间，永历帝饱受屈辱。永历帝进入缅甸境内之时，缅王勒令从官尽弃兵杖，方派遣四支小船渡永历及其妃子过江，而六百多名从官自行寻找渡船过江，九百多人陆行，途中多被缅人劫杀。永历到达阿瓦后，缅王见册上的玉玺印鉴比万历时的玉玺印鉴小，怀疑是假的，等到拿出沐国公的印信出示后才相信。阿瓦有新旧两城，永历君臣被安置在旧城。三月二十七日，陆行的诸臣才到达阿瓦，可是缅王硬说永历君臣试图里应外合，发兵围攻，死伤更多。为了获得避难的一席之地，永历君臣只能强忍屈辱。八月二十五日，诸蛮朝拜缅王，为了显示威风，缅王命沐国公跣足以人臣礼拜见缅王。沐天波担心拒绝会危及永历君臣的性命，只好脱下鞋袜，露出双足，上前参见。

1659年十一月，永历皇帝朱由榔从缅甸向永历在国内的最后一个都城腾越州传回了一份圣旨，据有关学者考证，这件圣旨是永历皇帝最后的圣旨。圣旨赞誉管兵部右侍郎尹三聘"亮节清忠，老成练达"，擢升为兵部左侍郎。尹三聘，字简在，号芙山，进入南明政权后，全心全意辅助永历帝。永历逃亡缅甸后，尹三聘在清军四面包围、皇帝逃亡国外、朝官大量散失的情况下，收集南明余部，于1659年收复腾越州，兵泣血向永历帝报捷，辗转数月后，永历帝才收到尹三聘的奏折，龙心大悦，于是，颁诏嘉奖尹三聘。尹三聘的捷报似乎给朱由榔带来了最后的一线期望，永历帝最后一份圣旨表现出朱由榔还勉强保持着君主的尊严，传达的是南明最后一个君主孤苦无助的最后期盼。然而，显然，希望最终还仅是希望而已，此后再未见永历帝颁诏，他在缅甸的处境每况愈下，终于谈不上什么君主的尊严了。

朱由榔在缅的状况越来越不容乐观，为此，后来，白文选曾到缅迎驾，但缅人竟然以之为要挟的条件，悍然不给。白文选于是举兵攻打，缅王在即将城破失败的情况下假意求和，要求白文选暂时退兵十里，答应三日之内让出新城给永历君臣居住。结果，白文选退兵后，缅王出尔反尔，迅速加固城池，增强防御，白文选攻城久攻不下，损失严重，只得退兵。最终未能救出永历君臣。

1660 年四月，吴三桂奏请率兵入缅消灭永历王朝。七月二十三日，缅甸内部发生叛乱，缅王杀兄自立，逼迫永历君臣渡河，渡河之后即大肆屠戮，沐天波、王维恭、马吉翔等皆被杀死。接着，缅王又发兵围攻永历住所，吉王与妃子上吊自杀，从臣妻女与宫中贵人、宫女自杀者不计其数，永历帝与太妃躲在一间小屋里，过了很长时间，才得以移居沐国公住所。移居后，又被围困三天之久，几乎断粮，朱由榔与三十多名随从日夜啼哭不止，痛苦万状。

永历帝朱由榔命运多舛，坎坷一生谈不上太多的作为，但作为朱姓家族的后裔，其血液中的遗传因素却令民间百姓对他敬慕不已。清初著名学者刘献廷的笔记《广阳杂记》中记述了一些关于永历帝的神奇民间传说。据记载，永历帝逃至安龙之时，孙可望已经谋图不轨。永历帝居住的临时处所有一处古井，井上压了符咒。孙可望对此疑惑不已，询问周围的士人，被告知说井中压有一条孽龙，是当年张三丰锁在此处的。孙可望认为自己即是天命所归，于是强令打开符咒，以见真龙。结果符咒打开后，大水汹涌而出，孙可望惊吓逃走，水势更猛。众人一同大呼："此龙来朝王，王命免朝，则水退矣。"孙可望一面奔跑，一面大声呼叫，"免朝！免朝！"水来势更凶。一直冲到永历帝居住的房前。众人大声喊："此龙来朝万岁，以万岁命免朝，水其退乎？"说也奇怪，众人告知永历帝，并传达永历帝的旨意，命孽龙不必朝见后，水竟然应声而退，退回至井中了。孙可望从此知道自己并非天命所归，篡位阴谋渐渐平息。

云南地区还流传着很多关于永历帝的传说。据说，永历帝来到滇中，驻跸在一座山中，有士人劝说此山瘴气最为严重，外人住此，无不死者，请求永历帝尽早离开此地。永历帝曰："吾居之，何瘴之有。"从此之后山中瘴气全消。

可叹的是，永历帝高贵的出身与民间的舆论声援都未能改变其可悲的命运。维持了 15 年之久的永历政权最终也崩溃瓦解了，在历史的车轮推动下，故明王朝的身影渐渐散去，清王朝的统治则日趋稳固。

### （七）永历朝君臣信奉天主教解密

生活的痛苦使得永历朝贵族们寻求精神上的解脱和安慰，西方天主教所营造的天父、天堂的理想空间适应了永历君臣们的精神需要，因此，永历朝宫中天主教非常活跃。1911 年，张元济先生在梵蒂冈图书馆发现南明永历太妃、王太后烈纳致罗马教皇书，永历君臣与耶稣会传教士的交往浮现水面。

中国史籍中有关传教士与南明政权的关系的记载极少，有关南明的史籍，仅仅提到宰相、太监庞天寿信奉天主教。王夫之在《永历实录》中记载："天寿事天主教，拜西洋人瞿纱微为师，勇卫军旗帜皆用西番书为符识，类儿戏。又荐纱微掌钦天监事，改用西历，给事中尹三聘劾罢之。"

根据国外的史籍记载，南明弘光政权就曾与西方传教士接触。弘光帝朱由崧曾召意大利籍耶稣会传教士毕方济，命奉使澳门求援。此后，永历帝朱由榔也曾委派传教士寻求外援。

在耶稣会传教士瞿安德、卜弥格等人的劝导下，永历帝的生母马太后、王皇后、太子、内监以及很多官吏都受洗入教。国外有不少著作提到南明将领瞿式耜、焦琏也是天主教徒，但在中国史籍中尚未发现相关记载。永历帝对天主教耶稣会传教士瞿安德和卜弥格信任有加。据记载，1648 年，永历皇帝妃子诞生皇女，但出生不久即夭折，瞿安德等乘机进言，说："此女非后所生，故不得天佑。"不久，信奉天主教的王后怀孕，瞿安德劝告永历夫妇"祈祷天主，俾天赐王子，并赠白烛六，嘱于诞生时在圣像前燃之。"四月，永历帝的儿子诞生，朱由榔欢喜非常，命瞿安德推算皇子将来的命运。瞿安德又乘机进言："如果入教，蒙天之佑，将不可限量。"因为入天主教后只能娶一位妻子，永历帝起初并未答应，但三个月后皇子重病，瞿安德声称是天怒所致，永历帝才允许皇子领洗礼，皇子之病于是痊愈。为了感谢天主的恩德，永历帝派遣使者到澳门答谢。

关于此次南明使者赴澳门，波兰学者爱德华·卡伊丹斯基这样记述说："派去的使团成员在耶稣会长的教堂里做了庄严的弥撒，他们和澳门当局进行了谈判，在谈判中主要是请葡萄牙给南明大炮，并派一支由三百人组成的部队来支援他们。葡萄牙人答应给他们这些援助，但是再多就不行了，因为澳门周围有很多海盗，他们自己也需要防备。"但也有学者提出，此次援助并未成行，来自葡萄牙的援助成为一种遥远的期望。

顺治七年（永历四年，公元 1650 年），军事形势更加不利于南明永历政权的发展。年初，清军越过南岭，进占南雄和韶州，包围了广州城。永历帝慌忙逃离肇庆，逃奔梧州。6 月，清军攻陷武冈和靖州，桂林危在旦夕。在这种恶劣的局势之下，为了表示对教皇的虔诚和敬意，并获得教廷对南明政权的保佑和支持，永历王太后致书教皇及耶稣会。传教士波兰人卜弥格奉命携书出使，于顺治八年（1651）从澳门出发赴罗马。卜弥格的旅途并不顺利，经过很多波折才抵达罗马。在罗马，卜弥格一直无法见到教皇。有人对他的使者身份表示怀疑。为了弄清卜弥格的身份，罗马教廷多次召开专门会议，反复进行审议。卜弥格无奈地在罗马苦等了三年，终于在1655年12月18日得到教皇亚历山大七世的接见，呈上永历皇太后烈纳致罗马教皇的信函。

1650年11月4日，南明王太后烈纳致书罗马教皇："伏乞圣父向天主前，怜我等罪人，去世之时，赐罪罚全赦，更望圣父与圣而公一教之会，代求天主保佑我国中兴太平。俾我大明第十八代帝，太祖第十二世孙，主君等悉知敬真主耶稣。更冀圣父多遣耶稣会士来，广传圣教。……今有耶稣会士卜弥格，知我中国事情，即令回国致言我之差圣父前，彼能详述鄙意也。"

1655年12月18日，教皇亚历山大七世复函南明王太后烈纳，说传教士前往中国，"不望金银，超越此类险阻，冒犯危险死亡，而为汝等讲说真理，置汝等于救赎之途。吾爱女，此诚一大恩宠也。……第若皇帝能将全国伪神之教悉皆毁灭，则吾人欢欣更大。吾人今以父执之情抱持汝等，极愿赐予陛下所求之嘱咐，自今以后祈祷天主，使汝国统一，永享太平。"

不久，卜弥格携带教皇亚历山大七世颁发的答王太后烈纳书返回中国。但不幸，顺治十六年（1659）卜弥格病死于广西百色，复信未能交至永历王太后手中。

天国的理想只能在精神上给人安慰，使得痛苦万状的人免于精神上的崩溃，而现实生活的痛苦仍在继续。遥远的来自天国的安慰并未使永历君臣摆脱溃败亡国的命运。

# 几次大战

虽然在多尔衮摄政时代，取得了一系列军事方面的胜利，为统一全国奠定了坚实的基础。但顺治亲政之后，军事方面仍需继续经营。当时，除了一系列的南明政权之外，入主中原的满族统治者在中原地区的两大对手，即为农民军建立的大顺和大西政权。大顺政权虽然撤出了北京，失去了大片土地，但农民军的抗清斗争，仍然具备深厚的基础。当时，大顺军太原有陈永福率众兵镇守，延安、绥德有李过、郝摇旗率雄师占据，加上黄河和潼关天险，有充足的实力阻挡清军西进。另外，1644年年初，张献忠农民军从湖南进入四川，十二月，张献忠在四川称帝，建立大西政权，成为清军夺取全国的另一重大障碍。对两个农民军政权的战争，事关清军夺取全国的重要军事目标，两个农民军政权，亦为清军在中原大地上的首要对手。郑成功崛起海上，亦为清军重要的海上对手。此外，沙俄不断骚扰北部边境，战火频起。顺治统治时代，中国大地，战火硝烟弥漫。

### （一）九宫山之谜——李自成之死

李自成退兵西安后，在军事部署上制定了南取汉中，西征甘肃，攻克兰州，确保关中，并以关中为抗清基地的战略方针。清顺治元年（1644）八九月间，大顺军多次挫败清军进攻。但由于起义军内部发生分裂，文武不和，军士解体，战斗力大为减弱。

收藏于中国第一历史档案馆的《多尔衮给唐通的劝降信》揭示了当时李自成陕西防线的虚弱。对大顺军实施军事打击的同时，多尔衮还招降大顺军将领，从内部瓦解起义军。多尔衮致信陕西保德的大顺军将领唐通，劝其投降。在信中写道："众鸟累百，不如一鹗。前朝名将似将军者有几？……我国家用人，唯贤才是取，惟更能是拔，不追往事，不记私仇……将军何不早定至计，以建盖世之奇勋耶！"多尔衮娓娓动听的劝降信说动了唐通。顺治元年（1644）九月，唐通接受招降，接引清军攻陷李自成故里陕西米脂县，杀大顺军家属，掘李自成祖坟。唐通的倒戈相向，令李自成大顺军的形势更加雪上加霜。

顺治元年十月，清廷晋封阿济格为和硕英亲王，封靖远大将军，率领八旗将士和吴三桂、尚可喜两部汉军，从大同出发，经鄂尔多斯挺进陕北，再南下直捣西安。与阿济格军队相呼应，豫亲王多铎率满蒙八旗和孔有德、耿仲明部汉军从陕西东面进攻大顺军。顺治元年年底，这支清军抵达潼关。在这里，清军与大顺军展开了殊死激战。

顺治二年（1645），在清军的连续追击之下，潼关陷落，李自成被迫放弃西安，经蓝田、商州、武关入襄阳。占领西安之后，清军兵分两路，豫亲王多铎所部转而进攻南明弘光政权，英亲王阿济格所部则继续追击李自成农民军，下河南，入湖广，奔江西。顺治二年四月，在江西九江，大顺军与清军展开最后决战。这一战清军再次告捷，李自成节节败退，向湖南转移，到顺治二年五月初，大顺军就退到了湖北通山县九宫山区。而十几天后，当大顺军离开九宫山区继续转移时，队伍里不见了李自成的身影。关于李自成的归宿，遂成为历史上又一大疑案。

数百年来，各种李自成归宿的记载和传说扑朔迷离、人各异词。归纳起来，大致有七种说法：一、死于黔阳罗公山；二、死于辰州九宫山；三、死于通城九宫山；四、死于通山九宫山；五、死于广西峡山；六、石门夹山为僧；七、死于平阳。另外还有十四种说法之说，但大致同样是指上述的几个地区之内。比较而言，上述说法中有两种所据史料较为翔实，且影响较大，即湖南石门夹山为僧说和湖北通山县九宫山遇害说。两说之间争来争去，各执一词，又各有所本，故悬案依然未决。

大约在顺治二年的四月下旬，大顺军主力在行进到距离江西九江不远的地方被清军又一次追上。混战后，清军攻入了大顺军的老营，将汝侯刘宗敏、军师宋献策、李自成的两位叔父（赵侯、襄南侯）以及一批将领家属俘获，大顺军士气遭受强烈打击。由于清军已经追击到九江，大顺军东下的路途就有可能在长江下游被截断。而此时清军的东路由多铎率领正在取道河南归德府、安徽泗州向南京迫近，随时有可能回师而上，进而对大顺军实施包围。李自成了摆脱清军，准备穿过江西北部转入湖南。但不幸，途经湖北通山县和江西宁州（今修水县）交界的九宫山时，李自成发生了意外。

南明政权的五省总督何腾蛟在隆武元年（1645）所写的《逆闯伏诛疏》中说：

臣揣闯逆知左兵南遁，势必窥楚，即飞檄道臣傅上瑞、章旷，推官赵廷璧、姚继舜，咸宁知县陈鹤龄等，联络乡勇以待。闯果为清所逼，自秦豫奔楚。霪雨连旬，闯逆困于马上者逾月，此固天亡之也。闯逆居鄂两日，忽狂风骤起，对面不见，闯心惊疑，惧清之蹑其后也，即拔贼营而上。然其意尚欲追臣，盘踞湖南耳。天意亡闯，以二十八骑登九宫山为窥伺计。不意伏兵四起，截杀于乱刃之下。相随伪参将张双喜系闯逆义男，仅得驰马先逸。而闯逆之刘伴当飞骑追呼曰：'李万岁爷被乡兵杀死马下，二十八骑无一存者。'一时贼党闻之，满营俱哭。

何腾蛟的奏疏是关于李自成归宿之最原始文献之一。几个月后，李自成的一些部将接受了他的节制，因此，何的记述可能得之于大顺军将领及士兵的口中。另外，清军负责追击李自成的统帅阿济格也向清廷报告了李自成的死讯。他说，大顺军在九江失利后，"……尽力穷窜入九宫山。遂于山中遍索自成不得，又四出搜缉。有降卒及被擒贼兵俱言自成窜走时，携随身步卒仅二十人，为村民所困，不能脱，遂自缢死。因遣素识自成者往认其尸，尸朽莫辨，或存或亡，俟就彼再行察访……"

清初的史家费密在所著《荒书》中对李自成死亡的经过做了如下描写：

大清追李自成至湖广。自成尚有贼兵三万人，令他贼统之，由兴国州游屯至江西。自成亲随十八骑由通山县过九宫山岭即江西界。山民闻有贼至，群登山击石，将十八骑打散。自成独行至小月山牛脊岭，会大雨，自成拉马登岭。山民程九伯者下与自成手搏，遂辗转泥淖中。自成坐九伯臀下，抽刀欲杀之，刀血渍，又经泥水不可出。九伯呼救甚急，其甥金姓以铲杀自成，不知其为闯贼也。武昌已系大清总督，自成之亲随十八骑有至武昌出首者，行查到县，九伯不敢出认。县官亲入山谕以所杀者流贼李自成，奖其有功。九伯始往见总督，委九伯以德安府经历。

费密的这段记载相当详细，文中提到的牛迹岭的确是当地的地名，而程九伯也确有其人，康熙四年（1665）《通山县志》有他的小传："程九伯，六都人，顺治二年（1645）五月闯贼万余人至县，蹂躏烧杀为虐，民无宁处。九伯聚众，围杀贼首于小源口。"另查《德安府志》职官志"国朝经历"条下第一人即"陈九伯，通山人，顺治二年任"。姓名虽稍误，但也证明程九伯确实得到了清政府的奖赏。

根据这些史料，似乎可以基本断定李自成死于九宫山。但是，李自成的归宿又何

以成为千古之谜，引来各种猜疑和议论呢。

其实，当时清军事实上的最高统治者多尔衮刚刚收到阿济格关于李自成困死九宫山的奏疏时，曾郑重其事地告祭天地太庙，宣谕中外，地方官员也纷纷上表庆贺。可见，当时，这一消息曾经为清廷所信。可是，就在阿济格班师回朝的途中，得到了大顺军重现江西的情报。由于阿济格并没有取得李自成的首级为验，多尔衮因此就开始怀疑李自成的死讯不可靠。为此，他派人对即将进京的阿济格大加诘责。确实，李自成牺牲以后，大顺军余部曾进入江西宁州、瑞昌一带。此时，没有得到闯王首级的清朝统治者难免怀疑此前的报告不确切了。

无论怎样，从此之后，李自成在历史上消失了踪影。无论是对逐渐强大的大清王朝，还是对继续艰苦斗争的大顺军余部，他都只是属于历史的英雄人物。至于，他是否在九宫山遇害，就显得未必那么重要了。

李自成死后，大顺军余部进入湖南，不久，与南明政权的何腾蛟部结成抗清联军，进入了新的斗争阶段。

### （二）大西政权的没落——张献忠之死

四川，活跃着另外一支农民军，即张献忠领导下的大西军。张献忠，本是陕西延安府肤施县柳树涧人，幼年时，曾跟随父亲到四川内江一代贩卖枣子。张献忠年纪幼小，将驴的缰绳系在一个富户家牌坊的石柱上，驴子的粪便弄脏了石柱，因此，富人家的仆人鞭打张献忠的父亲，张献忠在一旁亲眼目睹父亲遭毒打，却敢怒不敢言，手握拳头，发誓要报此仇。张献忠加入明末农民起义军后，所部逐渐发展壮大，于顺治元年（1644）正月沿江而上大举入川。六月，攻克重庆，八月，攻下成都，先后杀掉明朝的端王和蜀王。

顺治元年十月十六日，张献忠称帝于成都，国号大西，年号大顺。命改蜀王府正殿为承天殿，以府门外层作为朝房，以成都为西京。命养子孙可望节制文武百官，桐城诸生汪兆琳总决诸事。为养子孙可望与李定国建东西二府。又任命孙可望为平东将军，李定国为安西将军，刘文秀为抚南将军，艾能奇为定北将军，四将军均赐给张姓，封为王。另外，还任命了丞相、六部以下官员，设立铸局，铸造钱币，开科取士等等。

在四川，大西军遭到了故明势力的反对，顺治二年（1645）以后，大西军在四川越来越难以立足，为了镇压一切反抗力量，张献忠听从了汪兆麟的建议，开始对成都等处居民残酷杀戮。顺治二年七月十三日至十八日，张献忠指挥部队在成都搞了一次大屠杀，先杀男子，后逼女子跳江，"除投缳赴井有莫可查考，其膏锋刃者，男妇不下四五百万"。不久，张献忠又以举行"特科"为名，命令将各府县生员一律送到成都，到齐后全部杀光。当时平东将军孙可望领兵在外，闻讯叹息说："我们辛苦数年，是为百姓，今付之东流，难道不可惜！父王此举，实在不可思议。父王为百姓之首，如一身之肢体，今手足已去，其头安能独存？有王无民，何以为国？"

张献忠的残酷杀戮激起了各地官民的武装反抗。顺治二年（1645）十一月，四川各府州县官绅武装群起抗拒大西军。曾英部屯重庆，朱化龙部屯茂州，曹勋部据大渡河，赵荣贵部屯来归，屠龙部屯纳溪。南明总督樊一衡率副将侯天锡等屯庐州，巡抚马乾率兵三万屯内江。川北各地，人们用马粪涂抹大西年号，刺杀大西官员，有到任二三月即被杀害，甚至有一县于三四月内连杀十余县官。

与此同时，清廷平定江南之后，开始武力征讨四川。顺治二年十一月二十日，多尔衮任命驻防西安内大臣何洛会为定西大将军，加派左翼固山额真巴颜、右翼固山额真墨尔根、侍卫李国翰等率兵前往陕西，"会剿四川，征讨叛逆"。顺治三年（1646）正月，清廷命肃亲王豪格为靖远大将军，会同郡王罗洛宏、贝勒尼堪等统兵征讨四川，并颁布诏谕，劝告从贼者归降。

在台湾的历史语言研究所，收藏着当年肃亲王豪格征伐四川时发布的安民告示，"朝廷命将出师，削平寇乱，一年之内，席卷风靡，势成一统"，要求地方百姓各安本业，不必惊扰。

张献忠受到来自南明和清廷两方面的威胁，决定放弃成都。顺治三年（1646）八月，张献忠率部离开成都。出发前，张献忠下令有妇女必杀，有金银必缴，藏一两者斩首，藏十两者剥皮示众，并下令将收缴到的金银全部投入江中。张献忠还下令焚烧成都，摧毁成都及州县的城墙。火光冲天中，大西军撤离了成都，到达西充，驻扎在凤凰山金山铺。张献忠命兵丁到山中砍伐大树，建造大船，准备顺江进入湖广。

这时，大西军内部发生了刘进忠降清事件。刘进忠是大西军骁骑营都督，其部下多是四川人，由于张献忠在四川大肆屠戮，营中传言四川兵也将被杀戮，于是，刘进忠的一些部将叛投南明。由于部下叛逃，刘进忠担心受到张献忠的严惩，于是率部下叛逃，大约在顺治三年（1646）十月间，与清军接洽，于是接引清军入川。

有刘进忠做向导，十一月，清军昼夜兼程，迅速入川，二十七日抵达西充凤凰山。美丽的凤凰山下，成了清军与大西军交战的战场。据史料记载，当日朔风刮面，大雾迷空，目不见形状。张献忠走出帐篷，忽然，有哨兵前来报告说后营有人马盔甲之声，张献忠闻言大怒，命将哨兵捆绑起来，以煽惑军心罪斩首，但接二连三又有三处报告相同的情况，张献忠只好放了先前报告的哨兵，但并不相信，决定亲自看个究竟。张献忠于是衣飞蟒半臂，不披甲，手中拿着一张弓，带着三支箭，策马独出，直奔凤凰山下。此时，大雾散开，阳光耀眼，张献忠亲眼看到满山遍野都是清军，如同涌动的潮水一般。张献忠与清军仅有一溪之隔，刘进忠望见张献忠，急忙告知清军，此人就是张献忠。张献忠刚拉弓，就被清将雅布兰射中，滚下马背，气绝身亡。大西军失去统帅，顿时惊溃，伤亡惨重。

关于张献忠战死的经过，当时在大西军营中的外国传教士这样记述：

突有侦探队某兵飞奔入营向长官报告，谓在营前高山上见有满洲兵四五人，各骑骏马，由山谷中迎面而来。献忠闻报，即时震怒，欲将报信之兵正法。幸被人讨保，未能加罪。献忠未能深信满兵竟敢如此。殊不知满兵大队已匿营前大山反面矣。献忠闻警告不疑，以为谣传。于是提问昨日某逃官之夫人，历半小时。又有探兵入营告急，谓满兵马队五人已到营外面高山矣。献忠闻警，不问详细，是否果系满兵马队，随即骑马出营。未穿盔甲，亦未携长枪，除短矛外别无他物，同小卒七八名，并太监一人，奔出营外探听满兵虚实。至一小岗上，正探看之际，突然一箭飞来，正中献忠肩下，由左膀射入，直透其心，顿时倒地，鲜血长流。献忠在血上乱滚，痛极而亡。太监见献忠已亡，先奔回大营，高声叫道：大王已被射死！声震各营，一时大乱。各营军队不击自散，各奔一方，各逃性命。

关于张献忠之死的另一记载为：清军抵达西充山后，乘大雾登山。有探兵报告发现清军，张献忠不以为然，"岂真从天而降耶？或秦都孟乔芳兵至耳，一战当立败矣"。不久，清军逼近，张献忠正在马厩阅马，闻听探兵报告，大惊失色，仓皇之下率领麾下的马兵、步兵迎战，来不及穿上盔甲。清军将领一箭射中张献忠，张带伤回营。后清军大败农民军，张献忠被俘获斩首，营中士兵有切齿痛恨张献忠者，争相砍斫其肢体，不多时骨肉俱尽。

这次交战，清军大破大西军一百三十余营，斩首数万级，获得马匹一万二千二百余匹。孙可望、李定国仅收集残部数千，家口数万人，由重庆南奔，转入贵州，后在云南建立四将军政权，在联合南明永历政权共同抗清的斗争中，继续发挥作用。

## （三）清政府扫清大西政权余部

张献忠死后，大西军在孙可望、李定国、刘文秀、艾能奇的统帅之下，继续坚持抗清斗争。

四将军都是张献忠的养子，跟随其南征北讨，立下了汗马功劳。其中孙可望年纪最长，知书达礼，起义军将领中称呼孙可望为大哥。崇祯十七年（1644），张献忠率起义军入四川称帝，建大西国号，设官分职，以孙可望为平东将军监十九营，以李定国为安西将军监十六营，以刘文秀为抚南将军监十五营，艾能奇为定北将军监十二营，各统兵十万人。据有关史料记载，四个养子之中，张献忠对孙可望更为器重。平日一切密谋，唯独让孙可望参与筹划。1646 年，张献忠北上抗清，出发时，曾经对后事做出安排。据顾山贞《客滇述》记载，张献忠本来有子，但年龄幼小，此时张献忠借醉酒之机手刃其子，并对养子孙可望说，"我亦一英雄，终不令幼子为人擒，尔终为世子矣。"杀子暴行，无异禽兽，此则史料记载未必确切，但却表明，对孙可望，张献忠是最为倚重的。

后清军入川，攻大西军，张献忠死于西充凤凰山下，大西军数十万众溃败。孙可望、李定国等四将军收集残部数千人南走，于1646年十二月到达重庆江北，击败南明总兵曾英的阻击，在重庆修整三日。孙可望、李定国、刘文秀、艾能奇以四将军名义发号施令，首先处死了左丞相汪兆麟，由于汪多次唆使张献忠屠杀四川百姓，为士卒憎恨，此举令军心大振。后四将军又传谕到各营："皇上汗马血战二十余年，抚有西土皆赖将士勤力同心所致也。方欲驰骋燕赵，还定三秦，为天下除残去暴，开万世不拔之基，不意创业未半，中道崩殂。幸上天不绝仁者之后，于十二月二十八日子时，中宫诞生太子，尔等各营大小将领，传谕兵丁人等，各宜同心协力，共扶幼主，克成大事，各人富贵功名，未可量也。"在张献忠阵亡，大西军群情沮丧，本因无主，准备四散溃逃，此时闻听张献忠有后嗣诞生，如喜从天降，天无绝人之路，四将军的口谕令全营士卒欢声雷动，对未来充满了希望。但六天过后，军营士卒普遍传说着，张献忠的婢女虽生产，但所产为女，而且出生不久即夭折了。无论怎样，四将军的威信逐渐确立起来，尤其是孙可望，日益受到士卒的尊重和称颂，营中士卒，皆愿听从其调遣。张献忠死后，孙可望成为公认的起义军首领。

张献忠的诸义子，本来互有成见，虽因张献忠的暴亡而暂时达成一致，推举孙可望为领袖，但很快矛盾显露，并日趋尖锐。占领贵阳后，在去向问题上，首次出现争议。孙可望要率众趋岭南，入海。李定国则坚持主张向云南、广西发展，联合南明。经过激烈的争论，孙可望放弃了自己的主张，同意联合南明，在云南、贵州、四川、广西等地发展。于是，众人设坛盟誓，服从孙可望的领导，并决定恢复各自本姓。

1648年，大西军余部的发展进入极盛时期，达到二十余万。孙可望称国主，设六卿，以干支纪年，以"兴朝"为年号，大力整顿地方，建立农民政权机构。在大西军占领区，差人查看田土所出，与百姓平分；招抚百姓回家复业，家庭生活困难者给予耕牛和种子；另外，提倡寡妇改嫁，整理街衢桥道，令百姓植树，逢年过节还大放花灯、唱戏，一派太平景象。并且，这一时期，孙可望还遵循着张献忠的遗志，建立了雄伟壮观的太庙祭祀张献忠，称张献忠为"老万岁"，"凡有大事，必先告庙而后行"，铸钱也称"大西"钱。孙可望为树立威望，请求永历政权封以"秦王"称号。秦王，原来是张献忠的称号。1650年，孙可望自称秦王，当时艾能奇已死，李定国为安西王，刘文秀为抚南王，改云南省为云兴省，云南府为昆明府，自称曰"孤"，"不谷"，文书下行称为"秦王令旨"，称李定国、刘文秀为"弟安西李""弟抚南刘"，讨论军国大事，李定国、刘文秀皆左右列位。

经过反复慎重思考，大西军决定对南明永历政权实行"联合恢剿"的策略。1649年五月，大西军派出代表团，带着二十两黄金、四块琥珀、四匹马，与永历朝廷谈判有关联合问题。由于永历朝廷内部存在严重分歧，谈判拖延了一年多而无结果。最后，大西军采取断然措施，于 1651 年五月，武装进入南京，处死反对联合的顽固分子，清除了谈判的障碍。双方最终达成协议，大西军接受永历的年号，奉永历为正朔，并把永历帝及其小朝廷从南宁接到贵州的安龙，保护其安全，供应其生活。

1652 年，大西军兵分两路，北伐抗清，一路由李定国率领，有步兵、骑兵、象队等八万多人，取道贵州，出湖广，由武冈、全州直趋桂林，进逼广东肇庆；另一路由刘文秀率领，有步兵、骑兵、象队等共六万多人，由滇东出四川叙州，下重庆，取成都、汉中，直逼关中。主帅孙可望居中策应和指挥。

这次北伐抗清，大西军事前进行了周密的部署，部队誓师时宣布行军五要："一不杀人，二不放火，三不奸淫，四不宰耕牛，五不抢财货"。部队有严格的纪律，且准备充分，士气高昂，故而，战争开始时，两路大军都取得了赫赫战果。尤其，李定国部成绩更为显赫。

李定国（1620~1662），陕西榆林人，其家世代务农。明崇祯三年（1630），年方 10 岁的李定国参加了张献忠起义军，因作战勇猛，冠绝三军，受到张献忠的喜爱，同孙可望、刘文秀、艾能奇一起，被养为义子。后数年，李定国随张献忠起义军转战于秦、晋、豫、楚，临敌陷阵以勇猛著称，据邵廷采《西南纪事》记载，战场上的李定国骁勇超逸，人称"万人敌"。李定国又喜读兵法、《资治通鉴》诸书，对待士兵谦虚温和，在军中以宽慈著称，享有广泛的威信。

此次大西军出师北伐，李定国率领的一路，从四川东部进入湖南，取得了重大胜利，这个战场上的主要敌人是定南王孔有德率领的清军。孔有德出身行伍，屡立战功，他于明崇祯四年（1632）叛明，后金天聪七年（明崇祯五年，1633）与耿仲明一起降金，为皇太极所重用，在清崇德元年（1636）被封为恭顺王。顺治元年（1644），孔有德跟随多尔衮大战李自成于山海关，后又随豫亲王多铎战潼关，克西安，下江南，战功卓著。顺治六年（1649）五月十九日，清廷改封孔有德为定南王，并命孔有德率旧兵三千一百名及新增兵一万六千九百名，共二万名，往剿广西，携家驻防。在广西战场，大西军名帅与清军名将狭路相逢，展开了激烈的厮杀。

当时孔有德督师桂林，意欲与从四川南下的吴三桂师汇合，形成钳势，共同击溃大西军。为此，大西军必须截断孔有德部与四川、湖南境内清军的联系，攻占桂林。孔有德派遣众兵分驻湖南、南宁、柳州、梧州等地，桂林空虚，仅有少量兵马屯守。李定国得知桂林空虚，兵分两路，攻克全州，然后率领精兵从便道疾行，直趋严关，孔有德率兵前往抵御，双方于顺治九年（1652）六月二十八日在严关相遇，七月初一日，展开激战。李定国使用象阵，兵未交而象阵前列，劲卒山拥，尘沙蔽日，清军从未见过这种阵势，惊骇不已，战马闻象鸣皆颠蹶，孔有德的军队于是大败溃逃，李定国率士卒一路追杀，孔有德仅以身免，退入桂林城中。

七月四日，李定国率大西军以云梯攻城，孔有德率领城内的少数士卒坚守，但大

西军勇不可当，陆续冲入城内，孔有德仓皇计穷，走投无路，急忙返回府邸，令儿女逃亡，自己将财物宝器聚于一室，手刃爱姬，闭门自焚而死。李定国乘胜攻下柳州等府州县，收复广州全境。

李定国出兵七个月，辟地三千里，军威大振。永历朝廷封李定国为西宁王。清廷得讯，于顺治九年（1652）七月十五日，命和硕敬谨亲王尼堪为定远大将军，率八旗兵十多万往征湖南、贵州。尼堪也是清军中久经鏖战的骁勇之将，他是太祖努尔哈赤之孙，太祖长子褚英贝勒之第三子，南征北战，屡立战功。崇德元年（1636）封固山贝子，顺治元年（1644）随多尔衮大战山海关，又随阿济格、多铎、豪格攻打陕西、河南等地，以战功晋封和硕敬谨亲王。出京后，尼堪率部于十一日抵达湖南湘潭，大举向李定国大西军进攻，首战击败南明马进忠部，马进忠撤退到宝庆。

十二月，尼堪率兵扑长沙。李定国见清军人多势众，难以抵挡，遂率大西军有计划地撤出长沙，在衡州设伏击圈。尼堪首战得胜，志得意满，不顾长途跋涉士卒疲劳，乘胜追击，于是陷入重围。尼堪见势不妙，决心死战，对诸将说，"我兵凡临阵，无退着，我为宗室，不斩除逆寇，何面目归乎？"于是奋勇出击，矢尽，拔刀力战，被乱刀砍死。

"两蹶名王，天下震动"，大西军余部，在李定国的率领下取得了出色的战绩。然而内部的不团结，却使得这支抗清力量逐渐走向衰落。

孙可望（？~1660），本名可旺，字朝宗，陕西延安人。虽出身寒微，但聪明颖悟，且满腹经纶。他年轻时曾做过商贩，因借债未还而被告入狱，知府戴东旻看了孙可望在狱中所写的上诉书，喜欢其才学，又欣赏其为人机智，于是捐银为其还债，孙可望因此得以被释放出狱。感恩图报的孙可望经商赚钱后，曾带着一千两银子去东阳县感谢戴东旻，但此时，戴已经罢官回家了。不久，在经商途中，孙可望被张献忠俘虏，在回答张献忠的询问时，孙可望能言善辩，而且人生得短小精悍，但力大过人，因此，深受张献忠喜爱，被收为义子。在大西军队伍中，孙可望发挥其才智，领兵作战，英勇无畏，"每遇敌，可旺率所部坚立不动，号一堵墙"，很快得到信任和提拔，被任命为大西军的军师，"奉为谋主，一军皆听之"。

张献忠在成都建立大西政权时，孙可望的地位已经仅次于张献忠，后来张献忠在西充阵亡，孙可望被推举为大西军领袖。1651年（顺治八年，永历五年），孙可望派兵至南宁诛杀了阻挡封王的永历诸臣，于是朱由榔封孙可望为秦王。孙可望上疏邀请永历帝驻跸安龙，疏中说，"臣关西布衣，据弹丸以供驻跸，愿皇上卧薪尝胆，毋忘濑湍之危。如皇上以安龙僻隅，钱粮不敷，欲移幸外地，惟听睿断；自当备办夫马钱粮，护送驾行，断不敢阻，以蒙要挟之名。"

1652年，在清兵追击下，朱由榔接受孙可望的邀请，带着扈从五十余人驻跸安龙，孙可望对永历帝"宫室利益，一切草简"，而他自己在云贵建造宫殿，出入乘坐华丽的金龙步辇。孙可望还派遣军队驻扎安龙，禁止永历帝从官出入。当时有人说孙可望学曹操，是挟天子以令诸侯，孙可望则不以为然，上疏云："人或谓臣欲挟天子令诸侯，不知当时尚有诸侯，诸侯亦尚知有天子。今天子已不能自令，臣更挟天子之令于何地，令于何人？"

张献忠的义子之中，虽暂时推举孙可望为首，但众人并非心服，随着斗争形势的变化，矛盾日趋显现，尤其以孙可望和李定国的矛盾为主。李定国不满意孙可望居大、固执的世子作风。随着李定国所部在抗清斗争中取得一系列胜利，孙可望则恐其威重难制，拟去其兵权。于是，二人的矛盾愈演愈烈。李定国多不悦孙可望之所为，事事均与之相抵触。清初计六奇的《明季南略》中详细记载了二人的矛盾与冲突。

1647 年十一月，孙可望背着李定国，和都督王尚礼秘密商定，借王尚礼的口对刘文秀等人说，"我兵虽多，号令不一，众议以平东为主，若何？"孙可望选定了 1648 年四月一日传令李定国、刘文秀等率领各营并将汇集演武场，约定，届时主帅到场才放炮升帅字旗。结果，当日，李定国先到场便放炮升帅旗，孙可望大怒，说，"目中无我明矣，我安能为众人主乎！"众人劝说，但孙可望仍坚持要当众责罚李定国。李定国亦怒，当众说，"我与汝兄弟耳，今日因无主，尊汝为首领，遂如是，异日可知矣！汝不做则已，我何必定靠你生活！"并大吼，"谁敢打我！"这时，孙可望表示要骑马离开演武场，以示威胁。白文选上前抱住李定国说，"请老爷勉强受责以成好事；不然从此一决裂，则我辈必至各散，皆为人所乘也！"李定国忍怒受责，孙可望打了李定国后，抱李定国痛哭，声称"以大义而辱弟"，而李定国也口称"我今服矣"。但表面上的缓和不能弥补彼此的愤恨，二人之间的矛盾从此加剧。

大西军余部与永历政权联合后，永历君臣以李定国为人宽厚，对士卒平易近人，因此朱由榔认为，"出朕于险者必此人也"，而李定国也表示，"可望扶明，我则与之共事；若其渝盟，我则杀之无难也，恢复中原之责，有定国在，乞勿念。"李定国在取得"两蹶名王，天下震动"的抗清胜利后更不把孙可望放在眼里，一心以永历帝为君父。为此，李定国与孙可望之间的矛盾白热化，孙可望骂李定国曰"滇蛮以忠臣义士自居"，李定国则骂孙可望曰："盗贼终不可共事也"，愈演愈烈的矛盾终于诉诸武力。

孙可望召唤李定国到沅州议事，意欲借机除掉李定国。李定国的中书龚铭得知消息，立即派遣密报李定国。李定国正在犹豫，急不可待地孙可望三天之内竟然接连发信七次催促，于是李定国西行赴会，途中遇到了刘文秀之子前来送信，告诉他孙可望的密谋。李定国于是停止前进，并写信给孙可望，"不宜妄听谗言，自相残害以败坏国家。"恼羞成怒的孙可望遂于顺治十年（1653）八月派冯双礼去柳州夺取李定国的兵权，李定国知冯双礼来攻，把粮食烧掉，迅速撤离柳州。结果，灵山一战，冯双礼兵败，归顺了李定国。此时，永历朝中大学士吴贞毓等以孙可望有意废永历帝自立，密谋以李定国制孙可望，授以"屏翰亲臣"金印，命其回师。李定国感恩图报，叩头出血曰："臣定国一日未死，宁令陛下久蒙幽辱？幸稍忍待之。臣兄事可望有年，宁负友必不负君。"顺治十年，李定国闻孙可望终将不利于己，率军南进，并致书郑成功，请其派兵南下，合攻广东。时李定国移军雷州、廉州（今广西合浦）。攻清军于高明（今广东肇庆东南）、新会。清援兵至，双方激战，李定国兵败，退守南宁。

顺治十三年（1656），李定国自南宁回军，兼程往安龙，与大西军将帅刘文秀、白文选等共移永历朝廷于云南昆明。孙可望闻讯大怒。李定国谋与孙可望和好息兵，为了表示诚意，派孙可望在云南的心腹张虎将孙可望的妻子送回贵阳。临走时，永历帝还将金簪赐给张虎。谁知张虎将孙可望的妻子送回云南后，制造谎言说永历政权大权全归李定国，但百姓并不拥护李，如果进攻云南，唾手可得。为了向孙可望表示忠诚，张虎还造谣说永历帝所赐的金簪是要他行刺孙可望，于是可望更加恼恨，于顺治十四年（1657），悍然以"清君侧"为名，发动内战，出动十四万军队，以白文选为大总统，马宝为先锋，起兵攻云南，"同室操戈，人多不值可望"，双方交战后，可望军队迅速瓦解，诸将相率归李定国。孙可望大败，仅率部属六百余人至长沙投降了清军。

据说，孙可望出征前曾专门寻访一位德高望重的老僧，询问此次出师的吉凶。老僧仔细看了看孙可望的面容，很肯定地告诉他："此行弗带白马去。"又说："来时菩萨面，去时老僧头。"孙可望对老僧的谶语信以为真，于是下令汰除军中所有的白马，以为去除白马之后一定会取得胜利。等到兵败后孙可望方醒悟，原来老僧口中的白马，并非指的是军中的马匹，而指的是白文选和马进忠。老僧后面的谶语也成为现实，聪明睿智的老僧已经看出，孙可望兵败后一定会剃发降清的。

孙可望降清后，将大西军军事信息和盘托出，获得"义王"封号。当清廷确认孙可望不再具有利用价值后，在一次狩猎过程中，以误射为名，将其射死。

乘大西军内乱之机，顺治帝任命吴三桂为平西大将军，同侍卫李国翰统兵进讨。吴三桂与李国翰由四川前往贵州，等待时机，讨伐大西军。又任命固山额真赵布泰为征南大将军，从广西进攻贵州；命宁南靖寇大将军、固山额真宗室罗托同固山额真济席哈率所部及湖广官兵从湖南进攻贵州。于是，清军逐渐形成对大西军的包围之势。

大西军方面，击败孙可望，消除内患之后，李定国成为大西军统帅，并以晋王之尊掌南明永历朝廷大权。鉴于孙可望降清事件，李定国对部下管控甚严，为了避免前车之鉴，李定国挟持一大批大西军将领归顺南明，要求他们盟誓效忠，对不听指挥者则予以诛戮。大西军内部一度弥漫着不信任的气氛，将领之间彼此互相猜忌，缺乏团结协作的氛围。当年的四将军中，艾能奇战死，孙可望降清，仅存的李定国和刘文秀相处也并不融洽，刘文秀因曾追击孙可望，收留其溃卒三万，渐有势力，因此遭李定国猜忌，被从贵州召回云南，从此郁郁寡欢，不久病逝。昔日，大西军声威赫赫的四将军仅存李定国一人。

李定国长期为孙可望降清事件所困扰，执掌大权后，怀疑诸镇将皆孙可望所设，悉调赴云南核其功罪。对南明旧将亦多弃置不用，因此军心不固。孙可望反叛后，云贵内部虚实已为清军尽知，加之孙李交战，大西军精锐受损。有南明官员以"内难虽除，外忧方大"告诫李定国，但李定国不以为然。

顺治十五年（1658），清朝趁孙可望来降，决策以三路兵大举入滇，三路大军分别为宁南靖寇大将军罗托由湖南、平西大将军吴三桂由四川、征南大将军赵布泰由广西，同时进攻贵州。南明永历帝以晋王李定国为招讨大元帅，部署迎敌。李定国分兵扼守，由于没有认真备战，仓促部署抵抗，致各路守兵均为清军所败。顺治十六年（1659）二月二十一日，李定国亲率主力三万人与清军激战于潞江。李定国认为清军连日战胜，避免穷追，就在磨盘山中设下三重埋伏，以窦民望为初伏，高文贵为二伏，王玺为三伏，每伏派兵三千，并规定，必须敌人至三伏，举炮首尾攻击。起初，清军渡潞江后，不见一人拒守，认为李定国部已经远遁，毫无顾忌。但永历政权的大理寺卿卢桂生降清，泄漏了李定国的计划。吴三桂闻听大惊。但此时清军的前锋已经行进到二伏，这是立刻舍弃战马，步行前进，并用炮轰击伏兵区。一时之间，丛林之中炮弹纷飞，初伏的窦民望被迫出战，三伏的王玺也出击相救，大战半日后双方短兵相接，窦民望、王玺皆阵亡，战死者僵尸如堵墙。李定国退走腾越。此次战役，南明永历政权一方士兵死于丛林炮击者达三分之一，搏击鏖战中又牺牲了三分之一。清军死亡官兵也有数千人之多。

永历帝率其官属仓促逃入缅甸。顺治十七年（1660），李定国、白文选分道入缅，缅人以大军十余万拒战，定国、文选虽奋战得胜，但终未救出永历帝。

时清朝命吴三桂等统兵入缅。顺治十八年（1661）冬，缅人将永历帝等献于吴三桂军前。次年四月，吴三桂杀永历帝朱由榔及其子于云南府（今昆明）。李定国闻永历帝被俘，回兵勐腊，仍遣人往车里借兵，以为持久抗清之计。但营中人马死者相继，李定国亦病。不久，永历帝被吴三桂绞死的消息传来，李定国更加愤懑，病情遂加重。康熙元年（1662）六月二十七日，李定国死于勐腊。临终时遗命其子："任死荒徼，勿降也！"

### （四）招降郑成功

顺治四年（1647）正月，郑成功正式起兵抗清。郑成功（1624～1662），字明俨，号大木，原名森，泉州南安人。郑成功是明平国公郑芝龙长子，母亲为日本人川田世，出生于日本，7岁时回国。南明隆武时期，郑成功颇受隆武帝器重，赐国姓"朱"，改名成功，时称"国姓爷"。

顺治三年（1646），清军南下，进入福建，郑芝龙准备降清，郑成功离开安平，避往金门。郑芝龙决定投降后，派人召郑成功，一同前往福州投降，郑成功拒绝投降，回信给郑芝龙："从来父教子以忠，未闻教子以贰。今吾父不听儿言，后倘有不测，儿只有缟素而已。"郑成功最初占据闽粤交界的南澳，继又以厦门、金门两岛作为根据地坚持抗清。

顺治八年（1651）、顺治九年（1652），郑成功率军多次进攻漳浦。顺治九年四月，郑成功率兵二十万围攻漳州，清军守将据城不出，郑成功屡攻不下，于是包围漳州，欲使城内断粮，自然投降。五月，清廷派遣总兵马逢知率兵来解漳州之围，郑成功纵其入城，然后合围，马逢知出城与郑成功交战失败，逃入城内，于是，漳州城处于围困之下，失去了外援。十月初三日，清平南将军金砺率部援救漳州，漳州之围方告结束。城内百姓被围困达七个多月，城内粮食早已食尽，以致人相食，解除围困后，城内百姓幸存者只有一二百人。十二月二十五日，金砺请求增派援军，清廷调兵一千，令额黑里等人率领赴福建。

顺治十年（1653），清军在广西、湖南战场与李定国所部交锋，多次失利，首尾无法兼顾，于是决定改变策略，东抚西剿。顺治帝决定对郑成功施以招降。顺治十年正月，郑芝龙在清廷授意下派人携带书信给郑成功，说明清廷招抚议和之事，郑成功回信曰："儿南下数年，已作方外之人。张学圣无故擅发大难之端，儿不得不应。今骑虎难下，兵集难散。"五月初十日，清廷为了招降郑成功，封郑芝龙为同安侯，郑成功为海澄公，命闽浙总督刘清泰选派文官、武官各一员前往郑成功处谕降。就在这一月，固山额真金砺在海澄被郑成功击败，退走漳州。郑成功重筑海澄城，城高二丈余，设火器三千余件，周围环水，外通舟楫，内积米谷兵器，与厦门、金门互为表里，作为根据地。

顺治十年（1653）、顺治十一年（1654），顺治帝多次派人劝郑成功剃发归降，而郑成功不为所动，坚持抗清，和议之事终未成。此后，顺治帝多次派遣军队前往征剿，然败多胜少。顺治十三年（1656），顺治帝下令实行海禁，规定，浙江、福建、广东、江南、山东、天津等地方，严禁商船民船私自出海，如有与郑成功所部贸易者，俱行奏闻正法，地方文武官员则革职，从重治罪。凡沿海地方，大小口岸，各地督抚镇应设法拦阻郑成功所部船只靠岸，如有疏忽，军法从事。顺治帝试图通过严格的禁海政策，消弭郑成功的抗清力量。

顺治十六年（1659），郑成功乘清军主力西进，攻击永历政权之机，联合张煌言的抗清武装，于顺治十六年六月十七日攻克瓜州。八月初八日，郑成功进兵江南，官兵屡败的消息传至京城，顺治帝又惊又怒，据《汤若望传》记载：

当这个噩耗传至北京，皇帝完全失去了他镇静的态度，而颇欲作逃回满洲之思想，可是皇太后向他加以斥责，她说，他怎样可以把他的祖先们以他们的勇敢所得来的江山，竟这么卑怯地放弃了呢？他一听皇太后的这话，这时反而竟发起了狂暴的急怒。他拔出他的宝剑，并且宣言他决不变更意志，要亲自去出征，或胜或死。为坚固他的言词，他竟用剑把一座皇帝御座劈成碎块。只要他们对他这御驾亲征的计划说出一个不字来，就如同此御座。皇太后枉然地尝试着用言词来平复皇帝的暴躁。另派皇帝以前的奶母到皇帝面前进劝，可是这更增加了他的怒气。各城门已贴出了官方的布告，晓谕人民，皇上要御驾亲征，登时京城内便起了极大的震动与恐慌。王公大臣列长队往汤若望处请求援助，若望应允，至皇帝前呈上奏疏，并且很深沉地请求：不要使国家到了破坏的地步，他不愿有所见而不言。登时皇帝的情绪就转变过来，请若望起，现在他知道，玛法的见解是好的。所以，各城门上又贴出了一张新布告，晓谕人民，皇上之出征已作罢论。

于是，顺治帝改派内大臣达素为安南将军，同固山额真索洪、护军统领赖塔登统兵增援江南，命江西提督杨捷、宁夏总兵刘芳名、总兵董学礼等各率部从征。七月二十三日，郑成功军队大败，主力损失大半，元气大伤。顺治十七年（1660）正月，内大臣达素统兵入闽。此时，郑成功孤掌难鸣，于是准备寻找新的抗清根据地。

从明万历二十年（1601）起，荷兰殖民者开始入侵中国广东、福建沿海地区。明天启四年（1624），荷兰殖民者侵占台湾。顺治十六年（1659），时任荷兰东印度公司台湾评议会通事的何廷斌到厦门投奔郑成功，建议出兵收复台湾，并向郑成功进献了台湾地图，提供了一条避开荷兰军队攻击而登陆的航线，并自告奋勇为郑成功做向导。顺治十八年（1661）三月，郑成功率领将士两万五千余人，战船三百余艘，从金门岛出发，先占领澎湖列岛，再横渡台湾海峡，绕过荷兰炮台，在北港强行登陆，包围赤嵌城，不久，守将投降。顺治十八年十二月十三日，被围困八个月后，荷兰殖民者投降。

清康熙元年（1662）五月，郑成功因病去世，时年39岁。

# 死因疑案

天子之死与天子之生一样，往往带有一定的神秘色彩，而顺治皇帝的死亡比较而言，神秘色彩更为浓厚。原因在于，顺治帝死亡之时年仅24岁，一个如此年轻的生命离奇流逝，难免让人产生种种猜疑，尤其，在官方对此记载含糊的情况下，民间的传言自然就增多了。

### （一）“顺治出家”说考证

在有关清朝的疑案之中，“顺治出家”是流传较广的一个。按民间的传说及野史的记载，清朝入关后的第一位皇帝顺治并没有于24岁时死于天花，而是以死为名，逃离尘世，遁入山西五台山镇海寺，削发为僧，做了和尚。而且，顺治帝一直活到康熙五十年（1711），74岁时方圆寂。据说，康熙四次去五台山寻父，至今还留有好多笔迹，并且在当地流传着很多美丽动人的传说，令后人惊叹不已。在金庸的《鹿鼎记》和梁羽生的《七剑下天山》中，"顺治出家"的故事亦成为风云变幻的传奇故事的神秘点缀。

关于"顺治出家"的说法，最早见于清初吴伟业的《清凉寺赞佛诗》，一些文人学者在疏证诠释该诗时，认为诗句虽然迷离恍惚，神秘诡谲，却明显是影射"顺治出家"之事，甚至很多严肃的史学家也认为可信。《清凉寺赞佛诗》共四首，长达一百余句，其中与"顺治出家"相关的被认为是如下几句。其中"王母携双成，玉盖云中来"二句中，"双成"是用《汉武帝内传》中王母娘娘侍女董双成的故事，影射顺治皇帝的爱妃董氏。"可怜千里草，萎落无颜色"则明确地点出了"董"字。另外，诗中的"晚抱甘泉病，遽下轮台悔"，是指顺治下罪己诏；而"房星竟未动，天降白玉棺"，是暗喻顺治未死；"八极何茫茫，曰往清凉山"则暗指顺治出家云游至五台山为僧。人们推测，吴伟业作为清初著名诗人，其诗有"诗史"之称，写诗必不会毫无缘由，可能是因为经历沧海桑田之变，恐怕将"顺治出家"的实情道出，触犯忌讳，因此将此事以隐晦的手法写入诗中。吴伟业的《清凉寺赞佛诗》出后，一些有关清代的稗史便将"顺治出家"一事铺陈渲染，具体演绎，于是，自清初至清末，"顺治出家"的故事流传不断。一些野史与演义如《清稗类钞》《清代野史大观》《清史通俗演义》等书中都有顺治帝因董妃去世而出家的故事。一些传说甚至添油加醋地说，光绪庚子年，两宫西狩，途经晋北，地方接待之时甚至临时从五台山借来御用器具，都与宫廷之物相类，就是当年顺治皇帝的遗物。

顺治出家的传说，事出有因。陈垣先生曾指出，"彼据《清凉山赞佛诗》等模糊影响之词，谓顺治果已出家固非，然谓绝无其事者亦未为之论。"他认为，"顺治出家之说，不尽无稽，不过出家未遂而已。"顺治好佛已多见于记载，据一些佛教典籍的记载，自顺治十四年（1657）起，顺治帝与当时南北名僧木陈忞、玉林琇等有密切往来，甚至还请茆溪森为自己化度剃发，后经劝阻方罢。可见，各种野史、演义中关于顺治出家的传说都与顺治好佛有脱不了的干系。

顺治好佛，但毕竟出家未遂。实际上，针对"顺治出家"的传说，学界已有较为充分的研究。民国时，明清史专家孟森在其《清初三大疑案考实》之二《世祖出家事考实》中，以大量的翔实的史实考证，认为清世祖死于痘疹，并未出家。王国维先生也曾经专门撰文《吴梅村清凉山赞佛诗与董小宛无涉》来辩驳此事。顺治时的礼部侍郎兼翰林院学士王熙自撰《年谱》详细记载了顺治十八年（1662）正月初一至初八日这几天顺治帝的言行举止，即顺治死前几日的活动。而当时担任词臣的张宸则在其文集中记述了顺治帝的治丧过程。根据这两个顺治病逝前后亲身经历与目睹皇室变故的当事人的记述，顺治是因染天花而病逝，并非逊位出家。并且，顺治贵为天子，与平民百姓不同，他的葬礼有着很复杂的过程，其中每一步程序的进行都有严格的规制，都要形成文字记录，也就是档案。顺治从病重、去世、遗体安放、继任皇帝和百官不止一次地致祭、神位奉入乾清宫、择吉日再奉入太庙、遗体火化、宝宫奉安、地宫下葬，这些在官方档案中都有时间、地点、仪式、人员等方面的记录。而官方

顺治通宝

的档案记录与王熙、张宸的私人著述，甚至与生前的顺治过往甚密的和尚们的著作都可以相互印证，在内容方面完全一致。

到目前为止，清史学界有关顺治的研究成果，较为一致的看法是，顺治晚年确实信佛、好佛，也有出家之念，但终究未成为事实。"顺治出家"不过是民间哀悼年轻皇帝早亡的命运，并叹惋皇帝与爱妃之间凄凉而美好的爱情，而选择的一个摄动人心的美丽结局而已。

### （二）天花的流行与可怕

清初，中国北方痘疹流行，北京城内此病尤其猖獗。来自关外的满族，对痘疹缺乏免疫力，更容易被传染，并因此导致死亡，因而，清初统治者谈痘色变，千方百计地避痘，并采取各种措施，阻止痘疹的蔓延。康熙帝曾指出，"国初，人多畏出疹"。顺治十年（1653）到顺治十三年（1656），史学家谈迁的《北游录》中，记述了满族人对出疹的畏惧。

由于满族人多不出痘，而进入北京之后，很多因出痘而死亡，因此认为是汉族人传染所致，于是命令民间出痘者，立即逐出京城二十里，但京城之外都是满洲的庄田，因此，民间百姓之子女出痘者，多含泪将婴儿遗弃在路旁。谈迁的记载，说明在多尔衮摄政时期，曾经在防止痘疹蔓延方面做出严格的控制，对外城感染天花的汉人，一律驱逐到远郊区。顺治帝亲政之后，采取相对缓和的措施，改为在痘疹患者家庭周围设立隔离区，不过，顺治十二年（1655）春，痘疹流行，顺治帝再度采取了将患者驱逐到远郊区的措施。

为了避痘，顺治七年（1650）七月，摄政王多尔衮谕：

京城建都年久，地污水咸，春秋冬三季犹可居住，至于夏月，溽暑难堪。但念京城乃历代都会之所，营建匪易，不可迁移。稽之辽金元，曾于边外上都等城，为夏日

避暑之地。……今拟止建小城一座，以便往来避暑，庶几易于成工，不致苦民。官民人等，宜协心并力，以襄厥事。

多尔衮有意修建新城避暑，实在是鉴于满族贵族多死于痘疹的可怕局势，他至亲的弟弟多铎，英亲王阿济格的两位福晋，都是因痘疹而亡故的。顺治统治时期，皇室成员中，染痘疹而有明文记载的，首先是多铎，顺治六年（1649）三初十日，辅政德豫亲王多铎出痘，三月十八日，多铎薨。与此同时，英亲王阿济格的两福晋俱出痘薨。四月十七日，孝端皇太后崩，也有可能是死于来势凶猛的痘疹。

在《清世祖实录》中，记述了顺治帝的第二位皇后，也曾染过痘疹的事实，顺治十二年（1655）十二月，福临嘉奖内大臣索尼：

项因皇后遘疾甚危，朕心实为忧虑，以尔敬慎，是以简任内廷，俾致保护。尔立心白，任事勤劳，虑无不周，能无不备，遂尔无药而愈，立奏康和，上慰圣母顾虑之怀。

官书之中未曾记载孝惠皇后患何重病，而民间史家谈迁则明确指出，"乙未（顺治十二年）冬十一月，东宫出疹，上避南海子。"

另据史书统计，顺治三年（1646）至十八年（1661）中，皇室、宗室内的亲王、郡王去世者达20人之多，在清朝各代均未有过。这些现象，也可能与天花的流行有关。为了防止染上可怕的天花，顺治帝福临已经格外小心，经常在冬春痘疹流行之际避痘，停止大规模的朝会，或者暂时移驻南苑。《清世祖实录》中大量记述了顺治帝避痘的事实。顺治二年（1645）十二月，由于京城出痘者众，于是免行冬至庆贺礼；顺治三年（1646）正月，万寿节，因京城痘疹盛行，免朝贺；顺治六年（1649）正月元旦，顺治帝避痘，免朝贺；顺治九年（1652）正月元旦，顺治帝避痘南苑，免朝贺；顺治十三年（1656）正月元旦，顺治帝避痘南苑，免朝贺。为了避痘，顺治帝甚至与尚未出痘的母亲孝庄皇太后远行出猎避痘。顺治八年（1651）十月，顺治帝带皇太后、皇后行猎，一直抵达遵化。

为了避痘，福临在痘疹流行期间，尽量不与外人接触。顺治八年十二月十六日，顺治因京城痘疹流行，向内三院发出谕旨：

今日痘疹甚多，朕避处净地，凡满蒙汉人有被冤控告者，在内官民告部院，在外官民告各地方官员，此间，皆严禁向朕跪告。若有违旨跪告者，不计其人事之是非，皆斩。若有人告冤，可告于都察院通政司，彼等受之不理，待此期过去，再告于朕。

为了避痘，顺治帝可以不接受群臣朝贺，可以远行离开京城，甚至，对不远千里而来的蒙古同盟者，也不予相见。千方百计地避痘，已经成了顺治帝的家常便饭，尽管如此，痘疹仍然时时刻刻威胁到帝王的生命。

《汤若望传》中记述，"如同一切满洲人一般，顺治对于痘症有一种极大的恐惧，因为这在成人差不多也总是要伤命的。在宫中特为奉祀痘神娘娘，另设有庙坛。或许是因他对于这种病症的恐惧，而竟使他真正染上了这种病症。"尽管绞尽脑汁避痘，但人算不如天算，顺治皇帝最终还是染痘而亡。

### （三）顺治猝亡

顺治十八年（1661），年轻皇帝的生命走到了人生的尽头，经历了家庭生活的诸般苦恼，与母亲的矛盾，失去亲人的痛苦。对于一直政务缠身的皇帝，国事的忧虑和苦恼丝毫不逊于家事，年仅24岁的皇帝福临，似乎在死亡中获得了新生。

对于顺治皇帝的死亡，《清世祖实录》中的记载异常简短，"丁巳，夜，子刻，上崩于养心殿"。顺治帝的死亡记录与当年他的父亲皇太极的死亡记录大致相同，简单而神秘。比较而言，清朝史籍对顺治皇帝的日常活动有着很详细的记载，比如在《清史稿·世祖本纪》中，光顺治帝到南苑狩猎的记载就多达22次。相比之下记录顺治死亡的文字，无疑是少得可怜，只有短短11个字。为什么关乎帝王的生死，总是显得扑朔迷离，为官书所避讳？

记载顺治皇帝生平活动的《清世祖实录》中有一段关于顺治死前的最后记录，顺治十八年（1661）正月初一，顺治帝免去群臣的朝贺礼仪，而且祭祀太庙的仪式，也委派官员前往。壬子日，也就是初二这一天，顺治皇帝感到身体不适。

其中谈到，顺治患病是在顺治十八年正月初二。据顺治皇帝的儿子，康熙皇帝的《实录》记载，顺治十八年正月初六日，上大渐，"大渐"这个词，在古代是专指帝王病重病危的，那么在皇家档案里出现这样的字眼，说明顺治确实是病入膏肓。另外，在正月初六这天，朝廷还传出谕旨，京城内除了十恶不赦这样的死罪之外，其他的死罪罪犯一律释放，想以此来为顺治消灾祈福。这也从一个侧面说明，顺治到初六这一天，病得已经相当严重了。

也就是在记载顺治大渐的初六夜里，深宫就传出了顺治驾崩的消息。

由于官书记载过于简略，似乎给人一种感觉，一个活生生的年轻的生命忽然间就消逝了。因此，民间，关于这位年轻皇帝的去世，有多种不同的说法。顺治皇帝因何病症而猝然亡故，究竟是出痘而死，还是出家为僧，成为清初历史上的一大疑案。

关于皇帝的死因，官方的记述多不涉及，《玉牒》中也仅仅只是记录了时间，对于顺治皇帝的死因依然是避而不谈。从现有材料来看，顺治皇帝的病情来势汹汹，从初二到初七，短短的五天就命丧黄泉。由此可以推知，皇帝得的不是一般的寻常之病。可是让人感到疑惑的是，档案中的记载只是说顺治身体不适，而对具体的病因病症却只字未提，这样就给后人留下一个猜不透摸不着的谜。

其实，顺治皇帝虽然年仅二十余岁，却一直体弱多病，官方的档案材料中虽不见于记载，但在顺治皇帝与名僧交往留下的言行录中有详细记载。木陈忞的《北游集》

中记录了一些关于顺治皇帝身体状况的材料，"上一日语师：朕再与人同睡不得，凡临睡时，一切诸人俱命他出去，方睡得着，若闻有一些气息，则通夕为之不寐矣。"彻夜难眠多是神经衰弱的迹象，发奋苦读，为处理政事日夜深思，都破坏了顺治皇帝的身体健康，顺治皇帝身体确实已经坏到了难以想象的地步。《北游集》还记载：

上一日语师：老和尚许朕三十岁来祝寿，庶几可待。报恩和尚来祝四十，朕绝候他不得矣。师曰：皇上当万有千岁，何出此言？上弹频曰：老和尚相朕面孔颇好看，揣怀曰：此骨已瘦如柴，似此病躯，如何挨得长久。师曰：皇上劳心太甚，幸挨置诸缘，以早睡安神为妙。上曰：朕若早睡，则终宵反侧，愈觉不安，必谯楼四鼓，倦极而眠，始得安枕矣。

顺治皇帝之体弱多病，骨瘦如柴，既与操劳国事有关，又与自己的婚姻生活相联，自顺治十五年（1658）皇四子不幸夭折后，董鄂妃染病在身，令皇帝日夜牵挂，为此，身体日益瘦弱，几乎力不能支。顺治十七年（1660），董鄂妃因病去世，如同晴天霹雳一般，给顺治皇帝以沉重的打击。在痛苦万状的情绪下，身染疾病也是非常可能的。那么，顺治皇帝究竟身染何疾，死于非命呢？

民间盛传顺治皇帝并未因病而逝，而是因爱妃病逝悲痛过度，于是舍弃帝位，离开北京，前往五台山出家为僧。这种说法由来已久。大概是推测年轻的皇帝不会在几日之内遭受这样的生死变故，又见顺治皇帝本来是至情至性之人，而起的一种猜测。史学界孟森、陈垣两位前辈曾撰文论述顺治皇帝之死，证明顺治帝福临死于天花，安葬孝陵。

陈垣先生考证，在《茆溪森语录》中，记述了顺治皇帝是由茆溪森禅师主持火化的，据记："辛丑（顺治十八年，公元1661年）二月三日，钦差内总督满洲大人通议歌銮仪正堂董定邦奉世祖遗照到园照（杭州园照寺），召师进京举火，即日设世祖升遐位。"四月十六日，茆溪森奉旨来到京城，亲自主持了火化。

而中书舍人张宸，著有《杂记》，详细叙述了顺治皇帝病故、举哀、出殡的经过：

辛丑正月，世祖皇帝宾天。予守制禁中凡二十日。先是，正月初二日，上幸悯忠寺，观内珰吴良辅祝发。初四日，九卿大臣问安，始知上不豫。初五日，又问安。见宫殿各门所悬门神对联尽去。一中贵则向各大臣耳语，甚仓皇。初七晚，释刑狱，诸囚狱一空，止马逢知、张缙彦二人不释。传谕民间毋炒豆、毋泼水，始知上疾为出痘。……（初七日上卒）。（初九日）早，上（康熙皇帝）升殿毕，宣哀诏于天安门外金水桥边。……殿上张素帏，即殡宫所在。

翰林院学士王熙在其《自撰年谱》中记述了他见到的生命尽头的顺治皇帝：

初六日三鼓，奉召入养心殿，谕：朕患痘，势将不起，尔可详听朕言，速撰诏书，即就榻前书写。熙恭聆天语，五内崩摧，奏对不成语。蒙谕：朕平日待尔如何优渥，尔不必如此悲痛，此何时，尚可迁延从事，延误大事？遂勉强拭泪吞声，就御榻前书就诏书首段，遂奏明恐过劳圣体，容臣奉过面谕，详细拟就进呈，随出至乾清门下西围屏内撰拟，凡三次进览，三蒙钦定，日入时始完。至夜，圣驾宾天。

康熙皇帝《实录》的记载证实了王熙的记述，"上大渐，召麻勒吉与学士王熙撰拟遗诏，副内廷侍卫贾卜嘉进奏。上命麻勒吉怀诏草，俟上更衣毕，与贾卜嘉奏知皇太后，宣示诸王、贝勒。"

从种种史料和迹象推断，顺治患天花而去世，应为最接近真相的答案。

四月十七日，在茆溪森的主持下，在景善寿皇殿举行了火化仪式。茆溪森的偈语云："释迦涅槃，人天齐悟，先帝火化，更进一步。"又环顾左右曰："大众会吗？"接着又念："寿皇殿前，官马大路。"

火化后，顺治皇帝的宝宫（即骨灰罐）安葬于遵化马兰峪，是为孝陵。

## （四）顺治罪己诏

顺治十八年（1661）正月初七日夜，顺治帝逝世于养心殿，年二十四岁，在位十八年，亲政凡十一年。顺治皇帝遗命第三子玄烨为皇太子，继承帝位，任命内大臣索尼、苏克萨哈、遏必隆、鳌拜辅政。在遗诏中，顺治皇帝开列了自己的十四条罪过。

遗诏的全文是这样的：

奉天承运，皇帝诏曰：

朕以凉德承嗣丕基，十八年于兹矣。自亲政以来，纪纲法度、用人行政，不能仰法太祖、太宗谟烈，因循悠忽，苟且目前，且渐习汉俗，于淳朴旧制日有更张，以致国治未臻，民生未遂，是朕之罪一也。

朕自弱龄即遇皇考太宗皇帝上宾，教训抚养惟圣母皇太后慈育是依，隆恩罔极，高厚莫酬，惟朝夕趋承，冀尽孝养。今不幸子道不终，诚恫未遂，是朕之罪一也。

皇考宾天时，朕止六岁，不能服衰经、行三年丧，终天抱恨，惟侍奉皇太后，顺志承颜，且冀万年之后庶尽子职，少抒前憾。今永违膝下，反上厪圣母哀痛，是朕之罪一也。

宗室、诸王、贝勒等皆系太祖、太宗子孙，为国藩翰，理宜优遇，以示展亲。朕于诸王贝勒等，晋接既疏，恩惠复鲜，以致情谊睽隔，友爱之道未周，是朕之罪一也。

满洲诸臣或愿世竭忠，或累年効力，宜加倚托，尽厥猷为。朕不能信任，有才莫展。且明季失国多由偏用文臣，朕不以为戒，而委任汉官，即部院印信间亦令汉官掌管，以致满臣无心任事，精力懈弛，是朕之罪一也。

朕凤性好高，不能虚己延纳，于用人之际，务求其德与己相侔，未能随材器使，以致每叹乏人。若舍短录长，则人有微技，亦获见用，岂遂至于举世无材，是朕之罪一也。

设官分职，唯德是用，进退黜陟，不可忽视。朕于廷臣中，有明知其不肖，不即罢斥，仍复优容姑息，如刘正宗者偏私躁忌，朕已洞悉于心，乃容其久任政地，诚可谓见贤而不能举，见不肖而不能退，是朕之罪一也。

国用浩繁，兵饷不足，而金花钱粮尽给宫中之费，未尝节省发施。及度支告匮，每令会议，诸王大臣未能别有奇策祗议裁减俸禄，以赡军饷。厚己薄人，益上损下，是朕之罪一也。

经营殿宇，造作器具，务极精工，求为前代后人之所不及，无益之地糜费甚多，乃不自省察，罔体民艰，是朕之罪一也。

端敬皇后于皇太后克尽孝道，辅佐朕躬，内政聿修。朕仰奉慈纶，追念贤淑，丧祭典礼过从优厚，不能以礼止情，诸事逾滥不经，是朕之罪一也。

祖宗创业，未尝任用中官，且明朝亡国，亦因委用宦寺，朕明知其弊，不以为戒，设立内十三衙门，委用任使与明无异，以致营私作弊，更逾往时，是朕之罪一也。

朕性耽娴静，常图安逸，燕处深宫，御朝绝少，以致与廷臣接见稀疏，上下情谊否塞，是朕之罪一也。

人之行事，孰能无过，在朕日御万机，岂能一无违错，肯听言纳谏，则有过必知。朕每自恃聪明，不能听言纳谏。古云：良贾深藏若虚，君子盛德，容貌若愚。朕于斯言大相违背，以致臣工缄默，不肯尽言，是朕之罪一也。

朕既知有过，每日克责生悔，乃徒尚虚文，未能省改，以致过端日积，愆戾愈多，是朕之罪一也。

太祖、太宗创垂基业，所关至重，元良储嗣不可久虚。朕子玄烨，佟氏妃所生，年八岁，岐嶷颖慧，克承宗祧，兹立为皇太子，即遵典制，持服二十七日，释服，即皇帝位。特命内大臣索尼、苏克萨哈、遏必隆、鳌拜为辅臣。伊等皆勋旧重臣，朕以腹心寄托，其勉矢忠荩，保翼冲主，佐理政务。告中外，咸使闻知。

顺治十八年正月初七日。

遗诏除最后交代了帝位的继承人和辅政大臣名单外，其余内容全部是顺治检讨自己执政以来的罪责，累计达 14 条之多，遗诏几乎完全否定了顺治皇帝一生中最有光彩的政绩，可说地地道道是一道罪己诏了。顺治帝临终之时以罪己诏的形式拟定遗诏，可谓前无古人，后无来者，在中国历史上绝无仅有。

顺治皇帝临终前如此否定自己，令后人怀疑罪己诏的真实性。遗诏在公布前曾宣示皇太后，再宣示诸王，因此，很有可能经过皇太后及诸王的斟酌改定，并且，遗诏的主要起草者王熙对此事守口如瓶，使得关于遗诏的真相如石沉海底。

其实，顺治罪己，并非一次，在其亲政期间，立志做明主贤君的顺治皇帝曾以不同的方式多次自责，光颁发罪己诏就有 3 次之多。

据《清世祖实录》记载：顺治十一年（1654）十一月，顺治皇帝因地震屡闻，水旱叠告，民生艰难而省躬自责，颁诏大赦天下。顺治十七年（1660）正月，顺治皇帝省躬引咎，再次颁诏大赦天下。顺治十八年（1661）正月的遗诏是第三次罪己诏。

除了罪己之外，顺治皇帝还通过祭告天地、太庙、社稷的方式来自责自罪。在顺治皇帝看来，民生困苦，天生异象，均因皇帝之过，辜负上天祖宗以及百姓的期望，故此不称圣，不接受朝贺，为此，不断检讨政事，试图改善人事。那么，如此看来，顺治帝临终前的罪己，早有渊源。

除了罪己之外，遗诏中最为重要的是确定了帝位的继承人，定下了清朝入关后的第二位皇帝。顺治帝共有八子：长子、四子、六子、八子四位皇子都夭折，到顺治帝病逝时还有四位皇子。皇次子福全为庶妃董鄂氏所生，年十岁。皇三子玄烨为庶妃佟佳氏所生，年八岁。皇五子常宁为庶妃陈氏族所生，年六岁。皇七子隆禧，为庶妃纽氏族所生，年两岁。在五子之中，顺治帝选择了皇三子作为帝位的继承人。在选立继承人问题上，顺治帝一方面征求了母亲的意见，皇太后赏识皇三子玄烨。另一方面，顺治帝受到了汤若望的影响，遣人询问汤若望之时，"汤若望完全立于皇太后的一方面，而认被皇太后所选择的一位太子为最合适的继位者"。另外，玄烨曾出过天花，不会再受到这种可怕的病症的伤害，不会像顺治帝一样东躲西藏。

顺治十八年（1661），8岁的皇太子玄烨即皇帝位，定年号为康熙。历史又揭开了新的一页。

### （五）顺治皇帝的陵寝——孝陵

作为入主中原的第一代君主，顺治皇帝在位18年，去世时年仅24岁，这位年轻皇帝生前只选择了陵寝的地址，尚未来得及营建。但顺治皇帝驾崩后，清廷只用了短短一年多的时间，就完成了规模宏大、建筑众多的孝陵的建造。从清代的建筑工艺以及用料的准备来看，如此短暂的时间建成孝陵，几乎是不可思议的，故而，民间流传着，"拆了明陵，建清陵"的说法。神秘崩逝的顺治皇帝，死后陵寝的建筑问题也成为民间传说的疑案。

1990年，在维修孝陵工程的时候，人们发现其隆恩殿、东西配殿的梁柱等均为名贵的金丝楠木所造。可是，殿内的三架梁、五架梁、檩以及金柱、檐柱都有明显的改料的痕迹。事实似乎证明，孝陵建造之时确实存在时间紧，材料短缺，为此不得不拆他处殿堂之料，来应孝陵工程之急。难道，孝陵建造之时，真的拆毁了明朝帝王的陵寝，来建造清朝君主的陵寝吗？

从历史情境以及情理来分析，似乎不太可能。顺治皇帝统治期间，满族统治者入主中原未久，一向以积极争取汉族知识分子为务，而拆毁明陵，势必引起汉族知识分子，尤其是明朝遗民的极大反感，岂不是因小失大，得不偿失吗？而且，从顺治皇帝在位期间的作为来看，这位清朝君主对明朝帝王的陵寝非常爱护，曾派人修复明陵，当时对安抚民心起到了很好的作用。从儒家尊礼重孝的道德准则来看，拆毁陵墓也是智者不为的无耻行为。那么，孝陵的建筑材料，究竟来自何方呢？

1991年，当拆卸孝陵隆恩殿天花板时，人们意外发现，这些天花板的木料有轻重之别，规格也大小不一，正面均绘有"金莲水草"的图案。圆光用蓝色，内画三朵含苞欲放的金色莲花，满布淡蓝色水草。方光为淡蓝色，岔角红、绿、蓝色如意云。方光、圆光外，均饰有宽金边。方光之外为绿边。所绘三朵金莲花，相传代表"三皇治世"之意，代表道教的三清天尊。天花板背后两条穿带之间，有木工信手刻就的文字，不仅透露出殿堂的名字，还标明每块天花板的位置。在文字清晰的18块天花板背后，都刻有"清馥殿"的字样，位置则有明间、次间、稍间、三稍间、天井等不同。由此可以看出，孝陵所选用的建筑材料，来自一座名为"清馥殿"的殿堂。

在《明宫史》关于宫殿规制的记述中，可以找到清馥殿的记述，"金海石桥之北，河之西岸向南，曰玉熙宫、曰承华殿即迎翠殿、曰宝月亭、曰芙蓉亭、曰清馥殿、曰丹馨殿、曰锦芳亭、曰翠芬亭、曰长春门、曰昭馨门、曰瑞芬门、曰馥景门、曰仙芳门、曰馥东门、曰馥西门、曰澄翠亭、曰腾波亭、曰飞蔼亭、曰腾禧亭即黑老婆殿也，曰妈妈井。"这些富丽堂皇的明朝殿阁，位于今北京北海团城西之石桥西头，北海西岸，顺河向北而建，至今已踪迹全无了。

清馥殿大约建于明嘉靖年间，到万历统治时期仍然整丽如故，康熙初年，因急修孝陵，材料短缺，为此拆毁清馥殿，在清馥殿旧址上，曾建有弘仁寺。斗转星移，弘仁寺也踪迹全无了。清馥殿虽一去无踪，但代表性的金莲水草的花纹，却成为清代陵寝天花板的统一模式。顺治皇帝安睡的孝陵，原来是以拆毁明宫的原料建造而成的。

据中国第一历史档案馆保藏的《清世祖实录》卷九记载，顺治皇帝的"宝宫"在康熙二年（1663）四月二十四日黎明，启程移奉孝陵。值得一提的是，"宝宫"与"梓宫"的含义截然不同。"梓宫"是装殓帝后尸体的梓木棺椁。帝王生前居于宫中，死后正寝之棺亦称为"宫"，故称"梓宫"。宝宫之意则为宝骨之宫。宝骨为佛家语，与舍利相类，因此盛殓帝王骨灰的寝具，被称为"宝宫"。可见，顺治帝是火化的。清初满族的丧葬习俗大都沿袭女真的火葬之风，即焚尸而埋其骨灰。按照女真人的习俗，一般情况下是将尸体焚化之后，将骨灰置于锦缎袋或者布袋中，然后移入瓮罐内，通常为两罐，将罐口对接套在一起，然后埋在地下。乾隆皇帝曾说："本朝肇迹关东，以士兵为营卫，迁徙无常。遇父母之丧，弃之不忍，携之不能，故用火化。"顺治五年（1648）四月，顺治帝公布丧葬则例，官民人等"有自愿从旧制焚化者，听之"。又于顺治九年（1652），议定火葬制度："和硕亲王薨，停丧于家，俟造坟完，方出殡，期年而化；多罗郡王、多罗贝勒停丧五月出殡，七月而化；固山贝子以下、公以上停丧三月出殡，五月而化；官民停丧一月出殡，三月而化"。因此，清初大都实行火葬。清太祖努尔哈赤、清太宗皇太极和清世祖福临，都是火葬。这种火葬的习俗到康熙死后，方有所转变。雍正皇帝为了表明孝心与开明，一改满族传统的火葬，使康熙成为清朝第一个土葬的皇帝。

康熙二年（1663）六月初六日的戌时，顺治皇帝的宝宫同孝康皇后和端敬皇后的宝宫一起，被安放在地宫的石床上，并掩上了石门。

24岁的顺治皇帝静静安眠在孝陵，陪伴他的有他一生挚爱的董鄂妃。红尘往事、政治纷争、硝烟战火，从此都已远去。北京紫禁城内，一个幼小的新君，已经开始了大清王朝新的征程。

# 附录：顺治大事记

| 公元 | 年号 | 大事记 |
|------|------|--------|
| 1643 | 崇德八年<br>明崇祯十六年 | 八月初九日，清太宗皇太极死。 |
| 1643 | 崇德八年<br>明崇祯十六年 | 八月十四日，诸王大臣议定福临嗣位，睿亲王多尔衮、郑亲王济尔哈朗辅政。 |
| 1643 | 崇德八年<br>明崇祯十六年 | 八月十五日，清遣护军统领阿济格尼堪、敦拜驻防锦州。 |
| 1643 | 崇德八年<br>明崇祯十六年 | 八月十六日，多罗郡王阿达礼、固山贝子硕托谋立多尔衮为帝，被诛。 |
| 1643 | 崇德八年<br>明崇祯十六年 | 八月二十六日，福临举行即位典礼，以明年为顺治元年。 |
| 1643 | 崇德八年<br>明崇祯十六年 | 九月十一日，清郑亲王济尔哈朗统兵征明宁远卫。 |
| 1643 | 崇德八年<br>明崇祯十六年 | 十月初六日，李自成破潼关，明督师孙传庭战死。 |
| 1643 | 崇德八年<br>明崇祯十六年 | 十月十二日，李自成攻占西安。 |
| 1644 | 崇德八年<br>明崇祯十六年 | 十二月十五日，清命梅勒章京俄罗塞臣、巴都理征黑龙江。 |
| 1644 | 崇德八年<br>明崇祯十六年 | 十二月十五日，清罢诸王、贝勒等办理部院事。 |
| 1644 | 崇德八年<br>明崇祯十六年 | 十二月二十二日，清命固山额真谭泰、准塔。统兵更戍锦州。 |
| 1644 | 崇德八年<br>明崇祯十六年 | 十二月，多尔衮、济尔哈朗始称摄政王。 |

中华传世藏书

大清十二帝

顺治帝福临

一四六

| 公元 | 年号 | 大事记 |
|---|---|---|
| 1644 | 顺治元年 明崇祯十七年 | 正月初一日，李自成在西安称王，国号大顺，建元永昌。 |
| 1644 | 顺治元年 明崇祯十七年 | 正月初三日，李自成率大顺军渡黄河，进入山西。 |
| 1644 | 顺治元年 明崇祯十七年 | 正月初五日，清遣甲喇章京沙尔虎达征海西女真库尔喀部。 |
| 1644 | 顺治元年 明崇祯十七年 | 正月初十日，清遣使迎五世达赖，并书谕厄鲁特蒙古顾实汗。 |
| 1644 | 顺治元年 明崇祯十七年 | 正月二十六日，明大学士李建泰出师抗击大顺军。 |
| 1644 | 顺治元年 明崇祯十七年 | 正月，张献忠自荆州入四川，破夔州。 |
| 1644 | 顺治元年 明崇祯十七年 | 二月初二日，大顺军克汾州。 |
| 1644 | 顺治元年 明崇祯十七年 | 二月初八日，大顺军占太原。 |
| 1644 | 顺治元年 明崇祯十七年 | 三月初一日，大顺军陷宁武关，杀明总兵周遇吉。 |
| 1644 | 顺治元年 明崇祯十七年 | 三月初七日，明大同总兵姜瓖降李自成。 |
| 1644 | 顺治元年 明崇祯十七年 | 三月十五日，大顺军入居庸关，明总兵唐通降李自成。 |
| 1644 | 顺治元年 明崇祯十七年 | 三月十六日，清令修整军器，储粮秣马，准备四月初大举进攻明朝。 |
| 1644 | 顺治元年 明崇祯十七年 | 三月十八日，大顺军攻入北京城。 |
| 1644 | 顺治元年 明崇祯十七年 | 三月十九日，明崇祯帝自缢煤山，太监王承恩从殉。 |
| 1644 | 顺治元年 明崇祯十七年 | 三月二十一日，明大学士陈演等三千多明朝官员归降李自成。 |

| 公元 | 年号 | 大事记 |
|---|---|---|
| 1644 | 顺治元年 明崇祯十七年 | 三月二十七日，明总兵吴三桂据山海关对抗大顺军，遣使请兵于清。 |
| 1644 | 顺治元年 明崇祯十七年 | 四月初一日，清肃亲王豪格因骂多尔衮，被幽禁，废为庶人。 |
| 1644 | 顺治元年 明崇祯十七年 | 四月初四日，清大学士范文程上书多尔衮，建议进取中原。 |
| 1644 | 顺治元年 明崇祯十七年 | 四月初九日，多尔衮率大军出师中原，祭堂子，启行。 |
| 1644 | 顺治元年 明崇祯十七年 | 四月十三日，李自成与刘宗敏、李过等率大顺军出征吴三桂。 |
| 1644 | 顺治元年 明崇祯十七年 | 四月十三日，多尔衮率清军行至辽河。 |
| 1644 | 顺治元年 明崇祯十七年 | 四月十五日，清军行至翁后（今辽宁阜新）遇吴三桂使者，遂疾驰山海关。 |
| 1644 | 顺治元年 明崇祯十七年 | 四月十七日，李自成率大顺军行至永平（今河北卢龙）。 |
| 1644 | 顺治元年 明崇祯十七年 | 四月十九日，大顺军围山海关城。 |
| 1644 | 顺治元年 明崇祯十七年 | 四月二十日，清军到达连山（今辽宁锦西），吴三桂再遣使告急。 |
| 1644 | 顺治元年 明崇祯十七年 | 四月二十一日，大顺军猛攻山海关，清军于关外一片石击溃大顺军唐通部。 |
| 1644 | 顺治元年 明崇祯十七年 | 四月二十二日，清军取得山海关大战胜利，入关。 |
| 1644 | 顺治元年 明崇祯十七年 | 四月二十六日，李自成败回北京，杀吴襄全家。 |
| 1644 | 顺治元年 明崇祯十七年 | 四月二十九日，李自成在武英殿即皇帝位，退出北京。 |
| 1644 | 顺治元年 明崇祯十七年 | 五月初二日，多尔衮率清军进入北京。 |

| 公元 | 年号 | 大事记 |
|---|---|---|
| 1644 | 顺治元年 明崇祯十七年 | 五月初三日，明马士英、史可法等奉福王朱由崧监国于南京，首建南明政权。 |
| 1644 | 顺治元年 明崇祯十七年 | 五月初五日，清军追击李自成至真定（今河北正定），败之。 |
| 1644 | 顺治元年 明崇祯十七年 | 五月初六日，多尔衮令在京故明官员俱以原官同满官一体办事。 |
| 1644 | 顺治元年 明崇祯十七年 | 五月初六日，清遣固山额真巴颜、石廷柱征昌平州。 |
| 1644 | 顺治元年 明崇祯十七年 | 五月初十日，清遣固山额真李国翰、刘之源征红西口。 |
| 1644 | 顺治元年 明崇祯十七年 | 五月十一日，八旗尽圈京师东、西、北、中城为营地，以南城为民居。 |
| 1644 | 顺治元年 明崇祯十七年 | 五月十二日，清遣固山额真金砺、梅勒章京李率泰征天津。 |
| 1644 | 顺治元年 明崇祯十七年 | 五月十四日，多尔衮书召故明大学士冯铨至京。 |
| 1644 | 顺治元年 明崇祯十七年 | 五月十四日，清遣降清总兵孔希贵征三河县。 |
| 1644 | 顺治元年 明崇祯十七年 | 五月十五日，南明福王朱由崧即皇帝位，改明年为弘光元年。 |
| 1644 | 顺治元年 明崇祯十七年 | 五月十七日，故明宣化巡抚李鉴、应袭恭顺侯吴惟华降清。 |
| 1644 | 顺治元年 明崇祯十七年 | 五月二十四日，多尔衮暂罢剃发。 |
| 1644 | 顺治元年 明崇祯十七年 | 六月初一日，清命洪承畴仍以兵部尚书原衔佐理政务。 |
| 1644 | 顺治元年 明崇祯十七年 | 六月初三日，清命骆养性为天津总督。 |
| 1644 | 顺治元年 明崇祯十七年 | 六月初四日，清遣王鳌永招抚山东、河南。 |

| 公元 | 年号 | 大事记 |
|---|---|---|
| 1644 | 顺治元年<br>明崇祯十七年 | 六月初四日，清以高第为山海关总兵。 |
| 1644 | 顺治元年<br>明崇祯十七年 | 六月初六日，故明大同总兵姜瓖杀大顺军官员降清。 |
| 1644 | 顺治元年<br>明崇祯十七年 | 六月初十日，清遣固山额真觉罗巴哈纳、石廷柱率部平定山东。 |
| 1644 | 顺治元年<br>明崇祯十七年 | 六月十一日，多尔衮等议定建都北京。 |
| 1644 | 顺治元年<br>明崇祯十七年 | 六月十四日，清遣固山额真叶臣率部平定山西。 |
| 1644 | 顺治元年<br>明崇祯十七年 | 六月十六日，清廷遣官祭孔。 |
| 1644 | 顺治元年<br>明崇祯十七年 | 六月十八日，故明三边总督李化熙降清。 |
| 1644 | 顺治元年<br>明崇祯十七年 | 六月十八日，故明顺天巡按柳寅东献策清廷，建议首灭大顺军，次第定东南。 |
| 1644 | 顺治元年<br>明崇祯十七年 | 六月二十一日，张献忠攻克重庆。 |
| 1644 | 顺治元年<br>明崇祯十七年 | 六月二十九日，清命各官印俱铸满汉字样。 |
| 1644 | 顺治元年<br>明崇祯十七年 | 七月初二日，清采用汤若望所修历法，自明年颁行全国。 |
| 1644 | 顺治元年<br>明崇祯十七年 | 七月初五日，南明遣左懋第等北上求和。 |
| 1644 | 顺治元年<br>明崇祯十七年 | 七月初七日，清以方大猷为山东巡抚。 |
| 1644 | 顺治元年<br>明崇祯十七年 | 七月十七日，多尔衮令谕免除正额外一切加派。 |
| 1644 | 顺治元年<br>明崇祯十七年 | 七月十九日，故明御史曹溶陈请清廷优恤死节，鼓励风化。 |

| 公元 | 年号 | 大事记 |
|---|---|---|
| 1644 | 顺治元年<br>明崇祯十七年 | 七月十九日，清以杨方兴为河道总督，马国柱为山西巡抚，陈锦为登莱巡抚。 |
| 1644 | 顺治元年<br>明崇祯十七年 | 七月二十七日，多尔衮致书南明史可法劝降。 |
| 1644 | 顺治元年<br>明崇祯十七年 | 七月二十七日，清以王文奎为保定巡抚，罗绣锦为河南巡抚。 |
| 1644 | 顺治元年<br>明崇祯十七年 | 七月，清廷兴建乾清宫。 |
| 1644 | 顺治元年<br>明崇祯十七年 | 八月初二日，清以内大臣何洛会为盛京总管，镇守盛京。 |
| 1644 | 顺治元年<br>明崇祯十七年 | 八月初六日，清大学士希福因伪传王言等罪，被罢职，籍没。 |
| 1644 | 顺治元年<br>明崇祯十七年 | 八月初八日，清行总甲法。 |
| 1644 | 顺治元年<br>明崇祯十七年 | 八月初九日，张献忠攻陷成都。 |
| 1644 | 顺治元年<br>明崇祯十七年 | 八月十四日，清定在京文武官员俸禄。 |
| 1644 | 顺治元年<br>明崇祯十七年 | 八月十九日，清遣河南、山西、山东督抚道府等地方官赴任。 |
| 1644 | 顺治元年<br>明崇祯十七年 | 八月二十日，清廷自盛京迁都北京，顺治帝车驾起行。 |
| 1644 | 顺治元年<br>明崇祯十七年 | 八月二十七日，清召故明大学士谢升入朝办事。 |
| 1644 | 顺治元年<br>明崇祯十七年 | 八月二十八日，南明封郑芝龙为南安伯，镇守福建。 |
| 1644 | 顺治元年<br>明崇祯十七年 | 八月三十日，南明以阮大铖为兵部右侍郎，巡阅江防。 |
| 1644 | 顺治元年<br>明崇祯十七年 | 八月，南明弘光帝选淑女，民间骚动。 |

| 公元 | 年号 | 大事记 |
|---|---|---|
| 1644 | 顺治元年 明崇祯十七年 | 九月初一日，南明军队内讧，高杰袭击黄得功于仪征。 |
| 1644 | 顺治元年 明崇祯十七年 | 九月初八日，南明大学士姜日广因党争辞官。 |
| 1644 | 顺治元年 明崇祯十七年 | 九月初九日，南明左都御史刘宗周因党争辞官。 |
| 1644 | 顺治元年 明崇祯十七年 | 九月十三日，清遣前锋统领席特库率兵助攻太原。 |
| 1644 | 顺治元年 明崇祯十七年 | 九月十四日，清于北京建堂子。 |
| 1644 | 顺治元年 明崇祯十七年 | 九月十五日，大顺军将领、原明定西伯唐通降清。 |
| 1644 | 顺治元年 明崇祯十七年 | 九月十六日，清遣梅勒章京和托、李率泰等征山东、河南。 |
| 1644 | 顺治元年 明崇祯十七年 | 九月十九日，顺治帝入北京。 |
| 1644 | 顺治元年 明崇祯十七年 | 九月二十日，大顺军将领、原明副将董学礼降清。 |
| 1644 | 顺治元年 明崇祯十七年 | 九月二十五日，南明马士英以助饷为名，继童生捐免府州县试后，又开纳银即可得官例。 |
| 1644 | 顺治元年 明崇祯十七年 | 十月初一日，顺治帝亲至南郊，行定鼎登基礼。 |
| 1644 | 顺治元年 明崇祯十七年 | 十月初十日，顺治帝颁即位诏书，宣布取消明朝"三饷"加派等五十五款。 |
| 1644 | 顺治元年 明崇祯十七年 | 十月初十日，顺治帝加封多尔衮为叔父摄政王。 |
| 1644 | 顺治元年 明崇祯十七年 | 十月十三日，顺治帝加封济尔哈朗为信义辅政叔王，复豪格亲王爵。 |
| 1644 | 顺治元年 明崇祯十七年 | 十月十三日，清军攻克太原，大顺军守将陈永福战死。 |

| 公元 | 年号 | 大事记 |
|---|---|---|
| 1644 | 顺治元年<br>明崇祯十七年 | 十月十七日，清定宗室王公俸禄。 |
| 1644 | 顺治元年<br>明崇祯十七年 | 十月十九日，清命英亲王阿济格为靖远大将军，同吴三桂、尚可喜率兵征讨大顺军。 |
| 1644 | 顺治元年<br>明崇祯十七年 | 十月二十四日，清定摄政王冠服宫室之制。 |
| 1644 | 顺治元年<br>明崇祯十七年 | 十月二十五日，清命豫亲王多铎为定国大将军，同孔有德、耿仲明率兵征讨南明弘光政权。 |
| 1644 | 顺治元年<br>明崇祯十七年 | 十一月初一日，清选满洲子弟入国子监读书。 |
| 1644 | 顺治元年<br>明崇祯十七年 | 十一月初七日，清廷试贡生。 |
| 1644 | 顺治元年<br>明崇祯十七年 | 十一月初八日，清军攻占平阳府，山西悉平。 |
| 1644 | 顺治元年<br>明崇祯十七年 | 十一月十六日，张献忠在成都称帝，国号大西。 |
| 1644 | 顺治元年<br>明崇祯十七年 | 十一月二十五日，清以汤若望为钦天监掌印官。 |
| 1644 | 顺治元年<br>明崇祯十七年 | 十二月初三日，清以故明府库财物赏八旗将士及蒙古官员。 |
| 1645 | 顺治元年<br>明崇祯十七年 | 十二月十四日，清豫亲王多铎率军至孟津。 |
| 1645 | 顺治元年<br>明崇祯十七年 | 十二月二十三日，清廷下令圈地。 |
| 1645 | 顺治元年<br>明崇祯十七年 | 十二月二十七日，清廷杀"故明太子案"有关人员。 |
| 1644 | 顺治元年<br>明崇祯十七年 | 清设翰林院。 |
| 1644 | 顺治元年<br>明崇祯十七年 | 清定八旗骁骑营制。 |

| 公元 | 年号 | 大事记 |
|---|---|---|
| 1644 | 顺治元年<br>明崇祯十七年 | 清设京师提督九门步军统领。 |
| 1644 | 顺治元年<br>明崇祯十七年 | 清设绿营兵。 |
| 1644 | 顺治元年<br>明崇祯十七年 | 清廷铸钱，文曰"顺治通宝"，每文重一钱。 |
| 1645 | 顺治二年<br>南明弘光元年 | 正月初七日，清令凡圈占地方，须满汉分处。 |
| 1645 | 顺治二年<br>南明弘光元年 | 正月十二日，南明睢阳总兵许定国率部降清。 |
| 1645 | 顺治二年<br>南明弘光元年 | 正月十三日，清军攻入潼关。 |
| 1645 | 顺治二年<br>南明弘光元年 | 正月十三日，清命多罗饶余郡王阿巴泰统兵代豪格征山东。 |
| 1645 | 顺治二年<br>南明弘光元年 | 正月十八日，清豫亲王多铎率军进入西安，李自成奔商州。 |
| 1645 | 顺治二年<br>南明弘光元年 | 正月二十六日，清禁包衣大等私收投充汉人，冒占田宅。 |
| 1645 | 顺治二年<br>南明弘光元年 | 二月初六日，清命圈拨，"速行补给，务令均平"。 |
| 1645 | 顺治二年<br>南明弘光元年 | 二月初五日，李自成退至河南南阳、邓州。 |
| 1645 | 顺治二年<br>南明弘光元年 | 二月初八日，清廷命多铎移师江南，直趋南京。 |
| 1645 | 顺治二年<br>南明弘光元年 | 二月十三日，清禁旗人于圈占地内毁民坟茔。 |
| 1645 | 顺治二年<br>南明弘光元年 | 二月十四日，清豫亲王多铎率军进入河南。 |
| 1645 | 顺治二年<br>南明弘光元年 | 二月二十日，李自成率大顺军南下湖广，至襄阳。 |

| 公元 | 年号 | 大事记 |
|---|---|---|
| 1645 | 顺治二年<br>南明弘光元年 | 三月初二日，南明"伪太子案"起。 |
| 1645 | 顺治二年<br>南明弘光元年 | 三月初七日，多铎亲率清军出虎牢关，遣拜音图出龙门关，韩岱、伊尔德、尼堪等由南阳，合军归德（今河南商丘）。 |
| 1645 | 顺治二年<br>南明弘光元年 | 三月初九日，清令各府州县学选生员送国子监。 |
| 1645 | 顺治二年<br>南明弘光元年 | 三月二十二日，清军攻陷归德。 |
| 1645 | 顺治二年<br>南明弘光元年 | 三月二十五日，清廷准贫民投充旗下为奴。 |
| 1645 | 顺治二年<br>南明弘光元年 | 三月二十五日，南明左良玉以"清君侧"为名，自武昌举兵东下。 |
| 1645 | 顺治二年<br>南明弘光元年 | 三月二十七日，清军进逼徐州，南明总兵李成栋逃。 |
| 1645 | 顺治二年<br>南明弘光元年 | 三月二十九日，清军陷颍州（今安徽阜阳）。 |
| 1645 | 顺治二年<br>南明弘光元年 | 四月初四日，南明左良玉陷九江，病死，子左梦庚代之。 |
| 1645 | 顺治二年<br>南明弘光元年 | 四月初九日，清军陷亳州，入徐州。 |
| 1645 | 顺治二年<br>南明弘光元年 | 四月初九日，清廷下令修缮贡院，仍照故明旧例考试。 |
| 1645 | 顺治二年<br>南明弘光元年 | 四月十一日，清禁止勒逼民人投充。 |
| 1645 | 顺治二年<br>南明弘光元年 | 四月十四日，清军渡淮河，南明史可法退守扬州，刘泽清、刘良佐避清兵南逃。 |
| 1645 | 顺治二年<br>南明弘光元年 | 四月十八日，清军围扬州城。 |
| 1645 | 顺治二年<br>南明弘光元年 | 四月二十二日，清以孟乔芳为陕西三边总督。 |

| 公元 | 年号 | 大事记 |
|---|---|---|
| 1645 | 顺治二年<br>南明弘光元年 | 四月二十五日，清军攻陷扬州，史可法就义，刘肇基战死。清军大肆杀戮、奸淫、搜掠，史称"扬州十日"。 |
| 1645 | 顺治二年<br>南明弘光元年 | 四月二十九日，清开各省武乡试。 |
| 1645 | 顺治二年<br>南明弘光元年 | 五月初二日，清命大学士冯铨、洪承畴、李建泰、范文程、刚林、祁充格等纂修《明史》。 |
| 1645 | 顺治二年<br>南明弘光元年 | 五月初二日，南明左梦庚偕御史黄澍率部降清。 |
| 1645 | 顺治二年<br>南明弘光元年 | 五月初八日，清军渡长江。 |
| 1645 | 顺治二年<br>南明弘光元年 | 五月初九日，清军克镇江。 |
| 1645 | 顺治二年<br>南明弘光元年 | 五月初十日，南明弘光帝逃出南京，奔芜湖黄得功营。 |
| 1645 | 顺治二年<br>南明弘光元年 | 五月十四日，南明赵之龙、王铎、钱谦益等官迎降。 |
| 1645 | 顺治二年<br>南明弘光元年 | 五月十五日，清军进入南京。 |
| 1645 | 顺治二年<br>南明弘光元年 | 五月二十二日，清军追至芜湖，南明黄得功战死，总兵田雄、马得功执弘光帝降清。 |
| 1645 | 顺治二年<br>南明弘光元年 | 五月二十三日，清定多尔衮称号为皇叔父摄政王。 |
| 1645 | 顺治二年<br>南明弘光元年 | 五月，李自成在湖北九宫山遇害。 |
| 1645 | 顺治二年<br>南明弘光元年 | 六月初十日，南明总兵金声桓引清兵入南昌。 |
| 1645 | 顺治二年<br>南明弘光元年 | 六月十三日，清军入杭州，故明潞王朱常淓迎降。 |
| 1645 | 顺治二年<br>南明弘光元年 | 六月十五日，清廷下剃发令，抗命者，杀无赦。 |

| 公元 | 年号 | 大事记 |
|---|---|---|
| 1645 | 顺治二年<br>南明弘光元年 | 六月二十日，清遣内大臣何洛会统兵驻防西安。 |
| 1645 | 顺治二年<br>南明弘光元年 | 闰六月初一日，江阴守城战开始，众推阎应元、陈明遇为主拒守江阴抗清。 |
| 1645 | 顺治二年<br>南明弘光元年 | 闰六月初六日，清定顶戴品式。 |
| 1645 | 顺治二年<br>南明弘光元年 | 闰六月初七日，南明张肯堂、黄道周、郑芝龙等奉唐王朱聿键称监国于福州。 |
| 1645 | 顺治二年<br>南明弘光元年 | 闰六月初九日，南明孙嘉绩、熊汝霖等拒守余姚抗清。 |
| 1645 | 顺治二年<br>南明弘光元年 | 闰六月初十日，南明沈犹龙、陈子龙等拒守松江抗清。 |
| 1645 | 顺治二年<br>南明弘光元年 | 闰六月初十日，南明郑遵谦起兵收复绍兴。 |
| 1645 | 顺治二年<br>南明弘光元年 | 闰六月十二日，清定满洲文武官员品级。 |
| 1645 | 顺治二年<br>南明弘光元年 | 闰六月十二日，南明钱肃乐、王之仁拒守宁波，遣张煌言迎鲁王朱以海。 |
| 1645 | 顺治二年<br>南明弘光元年 | 闰六月十三日，清命洪承畴以原官总督军务，招抚江南各省。 |
| 1645 | 顺治二年<br>南明弘光元年 | 闰六月十四日，清定宗室王公顶戴式。 |
| 1645 | 顺治二年<br>南明弘光元年 | 闰六月十五日，南明王佐才、周室瑜、朱集璜、顾炎武等拒守昆山抗清。 |
| 1645 | 顺治二年<br>南明弘光元年 | 闰六月十九日，南明侯峒曾、黄淳耀等起兵嘉定，清军三屠其城，史称"嘉定三屠"。 |
| 1645 | 顺治二年<br>南明弘光元年 | 闰六月十九日，南明金声、江天一拒守绩溪抗清。 |
| 1645 | 顺治二年<br>南明弘光元年 | 闰六月二十五日，清改明南京为江南省。 |

| 公元 | 年号 | 大事记 |
|---|---|---|
| 1645 | 顺治二年<br>南明弘光元年 | 闰六月二十六日，清禁止故明宗室出仕、参加科举。 |
| 1645 | 顺治二年<br>南明弘光元年<br>南明隆武元年 | 闰六月二十七日，南明唐王朱聿键在福州称帝，以是年为隆武元年。 |
| 1645 | 顺治二年<br>南明弘光元年<br>南明隆武元年 | 闰六月二十八日，清改明应天府为江宁府。 |
| 1645 | 顺治二年<br>南明弘光元年<br>南明隆武元年 | 闰六月二十八日，南明鲁王朱以海称监国于绍兴，以张国维、朱大典等为大学士。 |
| 1645 | 顺治二年<br>南明弘光元年<br>南明隆武元年 | 七月初三日，清命贝勒勒克德浑为平南大将军代多铎征江南。 |
| 1645 | 顺治二年<br>南明弘光元年<br>南明隆武元年 | 七月初七日，清命南方各省开科取士。 |
| 1645 | 顺治二年<br>南明弘光元年<br>南明隆武元年 | 七月初九日，清廷严禁军民非满式衣冠。 |
| 1645 | 顺治二年<br>南明弘光元年<br>南明隆武元年 | 七月二十日，大顺军李过、高一功部围攻荆州城。 |
| 1645 | 顺治二年<br>南明弘光元年<br>南明隆武元年 | 七月二十二日，南明黄道周率弟子千人出师抗清。 |
| 1645 | 顺治二年<br>南明弘光元年<br>南明隆武元年 | 七月，张献忠滥杀成都等地居民。 |
| 1645 | 顺治二年<br>南明弘光元年<br>南明隆武元年 | 八月初二日，清命在京文官四品、在外三品、武官二品以上者，俱送一子入国子监读书。 |
| 1645 | 顺治二年<br>南明隆武元年<br>南明弘光元年 | 八月二十七日，清廷令故明诸王俱赴京朝见。 |

| 公元 | 年号 | 大事记 |
|---|---|---|
| 1645 | 顺治二年<br>南明弘光元年<br>南明隆武元年 | 八月二十八日，清昂邦章京索尼获罪，被革职。 |
| 1645 | 顺治二年<br>南明弘光元年<br>南明隆武元年 | 八月，南明隆武政权处置故明靖江王朱亨嘉。 |
| 1645 | 顺治二年<br>南明弘光元年<br>南明隆武元年 | 九月初二日，南明方国安、王之仁攻杭州，为清闽浙总督张存仁击败。 |
| 1645 | 顺治二年<br>南明弘光元年<br>南明隆武元年 | 九月初五日，清命镇国公傅勒赫、辅国公扎喀纳等率兵协防江南。 |
| 1645 | 顺治二年<br>南明弘光元年<br>南明隆武元年 | 九月，大顺军刘体纯、郝摇旗、袁宗第、李过、高一功等率部与南明何腾蛟、堵胤锡合兵抗清，名为忠贞营。 |
| 1645 | 顺治二年<br>南明弘光元年<br>南明隆武元年 | 十月十三日，外藩蒙古二十七旗头目朝清。 |
| 1645 | 顺治二年<br>南明弘光元年<br>南明隆武元年 | 十月十四日，南明张国维、钱肃乐合攻杭州，失败。 |
| 1645 | 顺治二年<br>南明弘光元年<br>南明隆武元年 | 十月十六日，南明何腾蛟于长沙誓师抗清。 |
| 1645 | 顺治二年<br>南明弘光元年<br>南明隆武元年 | 十月三十日，清命孔有德、耿仲明率部还驻盛京。 |
| 1645 | 顺治二年<br>南明弘光元年<br>南明隆武元年 | 十一月初六日，清调梅勒章京巴山、康喀赖同洪承畴驻防江宁，梅勒章京朱玛喇、和托驻防杭州。 |
| 1645 | 顺治二年<br>南明弘光元年<br>南明隆武元年 | 十一月初六日，清命勒克德浑同镇国将军巩阿岱、固山额真叶臣往征湖广大顺军。 |
| 1645 | 顺治二年<br>南明弘光元年<br>南明隆武元年 | 十一月初八日，清以车尔布为议政大臣。 |

| 公元 | 年号 | 大事记 |
|---|---|---|
| 1646 | 顺治二年<br>南明弘光元年<br>南明隆武元年 | 十一月十五日，南明张家玉败清军于许湾，解抚州围。 |
| 1646 | 顺治二年<br>南明弘光元年<br>南明隆武元年 | 十一月二十日，清以何洛会为定西大将军，同固山额真巴颜、李国翰率部进剿四川大西军。 |
| 1646 | 顺治二年<br>南明弘光元年<br>南明隆武元年 | 十一月，南明副总兵孙守法起兵抗清，收复凤翔，武大定等起兵回应。 |
| 1646 | 顺治二年<br>南明弘光元年<br>南明隆武元年 | 十二月初一日，云南土司沙定洲入昆明，南明黔国公沐天波逃。 |
| 1646 | 顺治二年<br>南明弘光元年<br>南明隆武元年 | 十二月二十八日，南明孙守法率众攻西安。 |
| 1645 | 顺治二年<br>南明弘光元年<br>南明隆武元年 | 清定钱制。 |
| 1645 | 顺治二年<br>南明弘光元年<br>南明隆武元年 | 清定八旗赈济制。 |
| 1646 | 顺治三年<br>南明隆武二年 | 正月初十日，清贝勒勒克德浑率部追击大顺军至岳州。 |
| 1646 | 顺治三年<br>南明隆武二年 | 正月二十日，清以宋权为内国史院大学士。 |
| 1646 | 顺治三年<br>南明隆武二年 | 正月二十一日，清命肃亲王豪格为靖远大将军同罗洛宏、尼堪、满达海、喀尔楚浑、岳乐等统兵征四川。 |
| 1646 | 顺治三年<br>南明隆武二年 | 正月二十六日，清廷试全国贡生。 |
| 1646 | 顺治三年<br>南明隆武二年 | 二月初三日，清贝勒勒克德浑败大顺军李过、高一功部于荆州。 |
| 1646 | 顺治三年<br>南明隆武二年 | 二月初四日，清廷命大学士范文程、刚林、冯铨、宁完我为全国会试总裁宫。 |

| 公元 | 年号 | 大事记 |
|---|---|---|
| 1646 | 顺治三年<br>南明隆武二年 | 二月初七日，清廷严京城满汉分城之制。 |
| 1646 | 顺治三年<br>南明隆武二年 | 二月初七日，清以谭拜为兵部尚书。 |
| 1646 | 顺治三年<br>南明隆武二年 | 二月十九日，清命何洛会率部还京。 |
| 1646 | 顺治三年<br>南明隆武二年 | 二月二十九日，清命贝勒博洛为征南大将军同固山额真图赖往征福建、浙江。 |
| 1646 | 顺治三年<br>南明隆武二年 | 三月初一日，南明王之仁于钱塘江大败清军，围杭州，不克而返。 |
| 1646 | 顺治三年<br>南明隆武二年 | 三月初十日，清何洛会败大顺军刘体纯部于山阳县。 |
| 1646 | 顺治三年<br>南明隆武二年 | 三月十五日，清廷首次殿试。 |
| 1646 | 顺治三年<br>南明隆武二年 | 三月十七日，清定新进士授官制。 |
| 1646 | 顺治三年<br>南明隆武二年 | 三月二十四日，清军攻克吉安。 |
| 1646 | 顺治三年<br>南明隆武二年 | 三月二十六日，清肃亲王豪格率军抵西安，分兵征剿抗清武装。 |
| 1646 | 顺治三年<br>南明隆武二年 | 三月，南明隆武帝封郑成功为忠孝伯，挂招讨大将军印。 |
| 1646 | 顺治三年<br>南明隆武二年 | 三月，南明参将杨展进攻大西军，占嘉定。 |
| 1646 | 顺治三年<br>南明隆武二年 | 四月十五日，清令汉人投充旗人永行禁止。 |
| 1646 | 顺治三年<br>南明隆武二年 | 四月十八日，大顺军刘体纯部攻樊城，不克，北去。 |
| 1646 | 顺治三年<br>南明隆武二年 | 四月二十二日，多尔衮令差遣在外诸王大臣凡奏启，止具其一人。 |

| 公元 | 年号 | 大事记 |
|---|---|---|
| 1646 | 顺治三年<br>南明隆武二年 | 四月二十三日，清廷罢织造太监。 |
| 1646 | 顺治三年<br>南明隆武二年 | 四月二十五日，清廷限定地方府县推官数。 |
| 1646 | 顺治三年<br>南明隆武二年 | 四月二十六日，清革去故明绅衿功名，与民一体当差。 |
| 1646 | 顺治三年<br>南明隆武二年 | 四月二十六日，清遣大学士冯铨同户部尚书英俄尔岱核查在京各衙门钱粮款项。 |
| 1646 | 顺治三年<br>南明隆武二年 | 四月二十九日，清定制钱七十文作银一钱。 |
| 1646 | 顺治三年<br>南明隆武二年 | 五月初二日，清以多铎为扬威大将军同承泽郡王硕塞等会同外藩蒙古兵征讨内蒙古苏尼特叛部。 |
| 1646 | 顺治三年<br>南明隆武二年 | 五月初五日，清廷颁布严惩隐匿逃人法。 |
| 1646 | 顺治三年<br>南明隆武二年 | 五月初五日，豪格率军自西安向汉中进发。 |
| 1646 | 顺治三年<br>南明隆武二年 | 五月十八日，清将尼堪击败陕西抗清武装，克汉中。 |
| 1646 | 顺治三年<br>南明隆武二年 | 五月二十日，清将博洛进抵杭州，陈兵钱塘江北岸。 |
| 1646 | 顺治三年<br>南明隆武二年 | 五月二十七日，清军攻富阳，南明鲁王军队溃败。 |
| 1646 | 顺治三年<br>南明隆武二年 | 五月二十七日，清廷定卤簿仪仗及诸王、贝勒、贝子、公等仪仗、引导之制。 |
| 1646 | 顺治三年<br>南明隆武二年 | 五月，南明黄宗羲集兵抗清，闻鲁王军队溃败，散去。 |
| 1646 | 顺治三年<br>南明隆武二年 | 五月，南明总兵曾英、参将王祥合兵趋成都，进攻大西军。 |
| 1646 | 顺治三年<br>南明隆武二年 | 六月初二日，清军攻入绍兴。 |

| 公元 | 年号 | 大事记 |
|---|---|---|
| 1646 | 顺治三年 南明隆武二年 | 六月十一日，清廷严禁白莲教、混元教等民间秘密宗教，违者治以重罪。 |
| 1646 | 顺治三年 南明隆武二年 | 六月，清军平定浙东，鲁王逃往舟山。 |
| 1646 | 顺治三年 南明隆武二年 | 六月，南明郑鸿逵闻浙东鲁王军队溃败，弃仙霞关逃。 |
| 1646 | 顺治三年 南明隆武二年 | 七月初十日，清平南大将军勒克德浑班师回京。 |
| 1646 | 顺治三年 南明隆武二年 | 七月十三日，清多铎击败蒙古喀尔喀部土谢图汗部。 |
| 1646 | 顺治三年 南明隆武二年 | 七月十四日，清多铎击败蒙古喀尔喀部硕雷汗部。 |
| 1646 | 顺治三年 南明隆武二年 | 七月十六日，清扬威大将军多铎班师回京。 |
| 1646 | 顺治三年 南明隆武二年 | 七月十八日，清廷以击败苏尼特叛部捷音榜谕蒙古各部。 |
| 1646 | 顺治三年 南明隆武二年 | 七月二十二日，清平西王吴三桂奉命到京。 |
| 1646 | 顺治三年 南明隆武二年 | 七月，张献忠弃成都，北走。 |
| 1646 | 顺治三年 南明隆武二年 | 八月十四日，清博洛率部克金华、衢州，浙江平。 |
| 1646 | 顺治三年 南明隆武二年 | 八月十五日，清廷以孔有德为平南大将军与耿仲明、沈志祥统兵，以金砺、屯泰为两翼往征湖广、两广。 |
| 1646 | 顺治三年 南明隆武二年 | 八月十七日，清军取浦城，进入福建。 |
| 1646 | 顺治三年 南明隆武二年 | 八月二十日，清命尚可喜率部从孔有德南征。 |
| 1646 | 顺治三年 南明隆武二年 | 八月二十四日，南明隆武帝逃抵汀州。 |

| 公元 | 年号 | 大事记 |
|---|---|---|
| 1646 | 顺治三年<br>南明隆武二年 | 八月二十五日，清廷使者与达赖喇嘛及厄鲁特蒙古顾实汗的使者一同还京。 |
| 1646 | 顺治三年<br>南明隆武二年 | 八月二十八日，清军入汀州，南明隆武帝被擒杀。 |
| 1646 | 顺治三年<br>南明隆武二年 | 九月十九日，清军入福州。 |
| 1646 | 顺治三年<br>南明隆武二年 | 九月二十日，清会试全国武举，榜出。 |
| 1646 | 顺治三年<br>南明隆武二年 | 九月二十四日，南明何腾蛟攻岳州被清军击败。 |
| 1646 | 顺治三年<br>南明隆武二年 | 十月初四日，清军攻克赣州，南明杨廷麟、万元吉城破自尽。 |
| 1646 | 顺治三年<br>南明隆武二年 | 十月初七日，清扬威大将军多铎等凯旋回京。 |
| 1646 | 顺治三年<br>南明隆武二年 | 十月十三日，清严禁上疏剃发、衣冠、圈地、投充、逃人五事。 |
| 1646 | 顺治三年<br>南明隆武二年 | 十月十四日，南明两广总督丁魁楚、广西巡抚瞿式耜等奉桂王朱由榔监国于肇庆，以明年为永历元年。 |
| 1646 | 顺治三年<br>南明隆武二年 | 十月十九日，清军攻取福建漳州。 |
| 1646 | 顺治三年<br>南明隆武二年 | 十月二十日，南明湖广总督何腾蛟、巡抚堵胤锡奉表桂王。 |
| 1646 | 顺治三年<br>南明隆武二年 | 十月二十二日，清严禁官员于近京百里内围猎。 |
| 1646 | 顺治三年<br>南明隆武二年 | 十月二十三日，清定卫所职掌兼理屯事，卫军改称屯丁。 |
| 1646 | 顺治三年<br>南明隆武二年 | 十月三十日，清皇宫太和殿、中和殿、育位宫、体仁阁、弘义阁及太和门、协和门、雍和门等处修建完工。 |

| 公元 | 年号 | 大事记 |
|---|---|---|
| 1646 | 顺治三年<br>南明隆武二年<br>南明绍武元年 | 十一月初五日，南明苏观生、何武驸等拥立隆武帝之弟唐王朱聿鐭监国于广州，改元绍武。 |
| 1646 | 顺治三年<br>南明隆武二年<br>南明绍武元年 | 十一月十五日，南明郑芝龙至福州降清，被挟北上。 |
| 1646 | 顺治三年<br>南明隆武二年<br>南明绍武元年 | 十一月十八日，南明桂王朱由榔在肇庆即皇帝位。 |
| 1646 | 顺治三年<br>南明隆武二年<br>南明绍武元年 | 十一月二十日，清李成栋率军下潮州，入惠州。 |
| 1647 | 顺治三年<br>南明隆武二年<br>南明绍武元年 | 十一月二十七日，清军至西充，张献忠拒战阵亡。 |
| 1647 | 顺治三年<br>南明隆武二年<br>南明绍武元年 | 十一月，南明郑彩奉鲁王至中左所，寻驻长垣。 |
| 1647 | 顺治三年<br>南明隆武二年<br>南明绍武元年 | 十二月十五日，佟养甲、李成栋率清军攻入广州，南明朱聿鐭苏观生自缢，何武驸降清。 |
| 1647 | 顺治三年<br>南明隆武二年<br>南明绍武元年 | 十二月二十二日，顺治帝移居位育宫。 |
| 1647 | 顺治三年<br>南明隆武二年<br>南明绍武元年. | 十二月二十五日，南明永历帝闻广州陷，自肇庆奔梧州。 |
| 1647 | 顺治三年<br>南明隆武二年<br>南明绍武元年 | 十二月二十七日，孙可望、李定国、刘文秀、艾能奇率大西军残部进抵綦江。 |
| 1647 | 顺治三年<br>南明隆武二年<br>南明绍武元年 | 十二月，南明郑成功起兵南澳，用隆武年号继续抗清。 |
| 1646 | 顺治三年<br>南明隆武二年<br>南明绍武元年 | 是年，清廷下诏编审人丁。 |

| 公元 | 年号 | 大事记 |
|---|---|---|
| 1646 | 顺治三年<br>南明隆武二年<br>南明绍武元年 | 是年，清廷设江南提督、陕西提督及宁夏提督。 |
| 1646 | 顺治三年<br>南明隆武二年<br>南明绍武元年 | 是年，清廷以京城内外"无主园地"拨给诸王府。 |
| 1647 | 顺治四年<br>南明永历元年 | 正月初五日，清廷严禁文武官员随征出差接受地方官馈遗。 |
| 1647 | 顺治四年<br>南明永历元年 | 正月初六日，清命辅国公巩阿岱、内大臣吴拜、何洛会等率军征宣府。 |
| 1647 | 顺治四年<br>南明永历元年 | 正月初七日，清廷禁止盐丁投充。 |
| 1647 | 顺治四年<br>南明永历元年 | 正月初九日，清定近京府州县土地，无论有主无主，全行圈占。 |
| 1647 | 顺治四年<br>南明永历元年 | 正月初十日，清命梅勒章京董阿赖率师驻防杭州。 |
| 1647 | 顺治四年<br>南明永历元年 | 正月初十日，大西军进抵遵义。 |
| 1647 | 顺治四年<br>南明永历元年 | 正月十六日，清李成栋率军攻陷肇庆。 |
| 1647 | 顺治四年<br>南明永历元年 | 正月二十一日，南明永历帝逃抵桂林。 |
| 1647 | 顺治四年<br>南明永历元年 | 正月二十八日，清郑亲王济尔哈朗因府第逾制遭惩。 |
| 1647 | 顺治四年<br>南明永历元年 | 正月二十九日，清军攻取梧州。 |
| 1647 | 顺治四年<br>南明永历元年 | 正月二十九日，清命给直省文武官员敕书，兼书满汉字。 |
| 1647 | 顺治四年<br>南明永历元年 | 正月，南明郑彩部奉鲁王，郑成功自为一军坚持抗清。 |

| 公元 | 年号 | 大事记 |
|---|---|---|
| 1647 | 顺治四年<br>南明永历元年 | 二月初四日，清廷命范文程、刚林、祁充格、冯铨、宁完我、宋权为会试主考官。 |
| 1647 | 顺治四年<br>南明永历元年 | 二月初五日，喀尔喀蒙古扎萨克图汗向清廷进贡方物。 |
| 1647 | 顺治四年<br>南明永历元年 | 二月十五日，永历帝自桂林逃往全州，南明武岗总兵刘承胤入卫。 |
| 1647 | 顺治四年<br>南明永历元年 | 二月二十二日，南明鲁王遣兵攻福清，不克。 |
| 1647 | 顺治四年<br>南明永历元年 | 二月二十五日，清孔有德率军攻陷长沙。 |
| 1647 | 顺治四年<br>南明永历元年 | 二月，大西军克贵阳。 |
| 1647 | 顺治四年<br>南明永历元年 | 二月，南明永历帝授王夫之为行人司行人。 |
| 1647 | 顺治四年<br>南明永历元年 | 三月十四日，清军攻桂林，南明大学士瞿式耜率总兵焦琏击退之。 |
| 1647 | 顺治四年<br>南明永历元年 | 三月十五日，清廷殿试各省贡士。 |
| 1647 | 顺治四年<br>南明永历元年 | 三月十九日，清廷命在京三品以上及在外总督、巡抚、总兵等，各送亲子一人入朝侍卫。 |
| 1647 | 顺治四年<br>南明永历元年 | 三月二十二日，南明何腾蛟破清军于辰州（今沅陵县）。 |
| 1647 | 顺治四年<br>南明永历元年 | 三月二十四日，《大清律》修成，颁行全国。 |
| 1647 | 顺治四年<br>南明永历元年 | 三月二十八日，清廷下令停止投充。 |
| 1647 | 顺治四年<br>南明永历元年 | 三月二十九日，清廷下令停止圈地。 |
| 1647 | 顺治四年<br>南明永历元年 | 三月二十九日，达赖喇嘛及班禅上表清廷颂扬功德，并献方物。 |

| 公元 | 年号 | 大事记 |
|---|---|---|
| 1647 | 顺治四年<br>南明永历元年 | 三月二十九日，南明赵印选、胡一青率部败清军于衡山。 |
| 1647 | 顺治四年<br>南明永历元年 | 三月三十日，大西军下曲靖，趋昆明，沙定洲弃昆明南走。 |
| 1647 | 顺治四年<br>南明永历元年 | 四月初二日，清军取衡山。 |
| 1647 | ·顺治四年<br>南明永历元年 | 四月初四日，清军陷琼州。 |
| 1647 | 顺治四年<br>南明永历元年 | 四月初四日，南明永历帝被刘承胤挟至武岗。 |
| 1647 | 顺治四年<br>南明永历元年 | 四月初四日，清以阿哈尼堪为兵部尚书。 |
| 1647 | 顺治四年<br>南明永历元年 | 四月初五日，喀尔喀蒙古遣使来贡清廷，表请通好。 |
| 1647 | 顺治四年<br>南明永历元年 | 四月初八日，清陕西总督孟乔芳克兴安，南明孙守法战死。 |
| 1647 | 顺治四年<br>南明永历元年 | 四月初八日，大西军进入昆明。 |
| 1647 | 顺治四年<br>南明永历元年 | 四月十二日，清军取衡州。 |
| 1647 | 顺治四年<br>南明永历元年 | 四月十三日，清军取永州。 |
| 1647 | 顺治四年<br>南明永历元年 | 四月十四日，清征南大将军博洛班师回京。 |
| 1647 | 顺治四年<br>南明永历元年 | 四月十五日，清松江提督吴胜兆叛清事泄被杀，清廷穷治其狱，巡抚土国宝杀杨廷枢、陈子龙、夏完淳等江南名士，株连甚广。 |
| 1647 | 顺治四年<br>南明永历元年 | 四月二十六日，清廷严禁旗人抢夺财物，投充汉人借势横行。 |
| 1647 | 顺治四年<br>南明永历元年 | 四月，郑成功与郑彩合兵攻入海澄。 |

| 公元 | 年号 | 大事记 |
|------|------|--------|
| 1647 | 顺治四年<br>南明永历元年 | 五月十三日，清以佟养甲总督两广军务，兼巡抚广东。 |
| 1647 | 顺治四年<br>南明永历元年 | 五月二十四日，清军取常德。 |
| 1647 | 顺治四年<br>南明永历元年 | 五月二十五日，清孔有德率军攻桂林为南明瞿式耜所败。 |
| 1647 | 顺治四年<br>南明永历元年 | 六月初一日，南明何腾蛟朝见永历帝于武岗。 |
| 1647 | 顺治四年<br>南明永历元年 | 六月初五日，清以李成栋为提督广东总兵官。 |
| 1647 | 顺治四年<br>南明永历元年 | 六月初八日，清廷各给敕谕，将琉球、安南、吕宋三国贡明使者遣回国。 |
| 1647 | 顺治四年<br>南明永历元年 | 六月十一日，清湖广提督孙定辽阵亡。 |
| 1647 | 顺治四年<br>南明永历元年 | 六月十七日，清下令严禁贩卖私盐。 |
| 1647 | 顺治四年<br>南明永历元年 | 六月，孙之獬为山东抗清义军所杀。 |
| 1647 | 顺治四年<br>南明永历元年 | 七月初二日，清封多铎为辅政叔德豫亲王。 |
| 1647 | 顺治四年<br>南明永历元年 | 七月初五日，南明陈子壮与陈邦彦合兵攻广州，败绩。 |
| 1647 | 顺治四年<br>南明永历元年 | 七月十九日，清命马国柱总督江南、江西、河南等处。 |
| 1647 | 顺治四年<br>南明永历元年 | 七月，南明鲁王军队攻福州，败绩。 |
| 1647 | 顺治四年<br>南明永历元年 | 八月初九日，清廷禁澳门佛朗西国人入省贸易。 |
| 1647 | 顺治四年<br>南明永历元年 | 八月十七日，豪格奏报清廷，四川悉平。 |

| 公元 | 年号 | 大事记 |
|---|---|---|
| 1647 | 顺治四年<br>南明永历元年 | 八月十八日，南明鲁王遣兵克连江。 |
| 1647 | 顺治四年<br>南明永历元年 | 八月二十日，清军陷高明，南明陈子壮不屈被杀。 |
| 1647 | 顺治四年<br>南明永历元年 | 八月二十四日，孔有德率清军进逼武岗，南明刘承胤降。 |
| 1647 | 顺治四年<br>南明永历元年 | 九月初一日，南明永历帝逃至靖州。 |
| 1647 | 顺治四年<br>南明永历元年 | 九月十二日，顺治帝于太和殿赐喀尔喀蒙古贡使宴。 |
| 1647 | 顺治四年<br>南明永历元年 | 九月，琉球国王遣使进贡清廷，表贺顺治帝登基。 |
| 1647 | 顺治四年<br>南明永历元年 | 十月初一日，南明永历帝至柳州，何腾蛟以滇兵入卫。 |
| 1647 | 顺治四年<br>南明永历元年 | 十月初十日，清改制钱七文折银一分为十文折银一分。 |
| 1647 | 顺治四年<br>南明永历元年 | 十月初十日，南明张家玉与清李成栋战于广东增城，兵败自杀。 |
| 1647 | 顺治四年<br>南明永历元年 | 十月初十日，南明永历帝出柳州，抵象州。 |
| 1647 | 顺治四年<br>南明永历元年 | 十月十六日，耿仲明率清军攻占全州。 |
| 1647 | 顺治四年<br>南明永历元年 | 十一月初一日，南明何腾蛟、瞿式耜败清军孔有德部于全州。 |
| 1647 | 顺治四年<br>南明永历元年 | 十一月十四日，清命陈泰、董阿赖等率兵征福建。 |
| 1647 | 顺治四年<br>南明永历元年 | 十一月二十二日，清增设四川总督。 |
| 1647 | 顺治四年<br>南明永历元年 | 十二月初三日，南明永历帝返驻桂林。 |

| 公元 | 年号 | 大事记 |
|---|---|---|
| 1648 | 顺治四年<br>南明永历元年 | 十二月十八日,清更改世职名称。 |
| 1648 | 顺治四年<br>南明永历元年 | 十二月二十三日,清定服制。 |
| 1648 | 顺治四年<br>南明永历元年 | 十二月三十日,多尔衮从朝臣请,对顺治帝永不行跪拜礼。 |
| 1648 | 顺治五年<br>南明永历二年 | 正月十七日,南明郑彩专权,杀熊汝霖、郑遵谦。 |
| 1648 | 顺治五年<br>南明永历二年 | 正月二十五日,清定王公府第制。 |
| 1648 | 顺治五年<br>南明永历二年 | 正月二十七日,清江西提督金声桓、副将王得仁挟巡抚章于天举兵叛清,归附南明永历政权。 |
| 1648 | 顺治五年<br>南明永历二年 | 正月,故明宗室朱容藩称监国于夔州,南明四川总督吕大器、巡抚李乾德等讨之。 |
| 1648 | 顺治五年<br>南明永历二年 | 二月初三日,清肃亲王豪格班师还京。 |
| 1648 | 顺治五年<br>南明永历二年 | 二月十七日,南明金声桓率兵围攻赣州。 |
| 1648 | 顺治五年<br>南明永历二年 | 二月十九日,清孔有德部陷全州。 |
| 1648 | 顺治五年<br>南明永历二年 | 二月二十一日,南明郝摇旗部入桂林城,大掠而去,永历帝出逃。 |
| 1648 | 顺治五年<br>南明永历二年 | 三月初一日,南明瞿式耜、何腾蛟至桂林。 |
| 1648 | 顺治五年<br>南明永历二年 | 三月初四日,多尔衮降郑亲王济尔哈朗为郡王。 |
| 1648 | 顺治五年<br>南明永历二年 | 三月初六日,清肃亲王豪格遭幽禁,不久死于狱中。 |
| 1648 | 顺治五年<br>南明永历二年 | 三月初十日,达赖喇嘛及厄鲁特蒙古顾实汗自西藏遣使来京,呈贡方物。 |

| 公元 | 年号 | 大事记 |
|---|---|---|
| 1648 | 顺治五年<br>南明永历二年 | 三月初十日，南明永历帝至南宁。 |
| 1648 | 顺治五年<br>南明永历二年 | 三月十三日，安南国入贡于南明。 |
| 1648 | 顺治五年<br>南明永历二年 | 三月十五日，清命谭泰为征南大将军同何洛会、刘良佐率部往征江西。 |
| 1648 | 顺治五年<br>南明永历二年 | 三月二十二日，清军攻桂林，为南明何腾蛟、焦琏、胡一青所败。 |
| 1648 | 顺治五年<br>南明永历二年 | 三月，甘肃甘州回民米喇印、丁国栋起兵抗清。 |
| 1648 | 顺治五年<br>南明永历二年 | 闰四月初八日，清遏必隆获罪，被革职，籍没家产一半。 |
| 1648 | 顺治五年<br>南明永历二年 | 四月初十日，清广东提督李成栋挟两广总督佟养甲叛清。 |
| 1648 | 顺治五年<br>南明永历二年 | 四月十五日，清命阿赖、吴达海戍守汉中。 |
| 1648 | 顺治五年<br>南明永历二年 | 四月二十一日，清命刘之源、佟图赖为定南将军，驻防湖南宝庆；命李国翰为定西将军驻防陕西汉中。 |
| 1648 | 顺治五年<br>南明永历二年 | 四月二十二日，清廷命吴三桂自锦州移镇陕西汉中。 |
| 1648 | 顺治五年<br>南明永历二年 | 闰四月初四日，清廷复济尔哈朗亲王爵。 |
| 1648 | 顺治五年<br>南明永历二年 | 闰四月十三日，清廷下令禁止高利贷。 |
| 1648 | 顺治五年<br>南明永历二年 | 闰四月二十九日，清廷以屯齐为大将军同韩岱统兵进攻陕甘回民抗清义军。 |
| 1648 | 顺治五年<br>南明永历二年 | 五月二十七日，南明何腾蛟率部克全州。 |
| 1648 | 顺治五年<br>南明永历二年 | 五月，清军进抵南昌城外，南明金声桓撤回南昌。 |

| 公元 | 年号 | 大事记 |
|---|---|---|
| 1648 | 顺治五年<br>南明永历二年 | 五月，南明郑成功率部攻取同安。 |
| 1648 | 顺治五年<br>南明永历二年 | 五月，清军渡河西进，甘肃回民抗清义军首领米喇印战死，清军进入凉州。 |
| 1648 | 顺治五年<br>南明永历二年 | 六月初八日，乌斯藏阐化王遣使向清廷表贡方物。 |
| 1648 | 顺治五年<br>南明永历二年 | 六月十一日，南明永历帝抵浔州（今桂平），为守将陈邦傅挟制。 |
| 1648 | 顺治五年<br>南明永历二年 | 六月，孔有德等清军主力北撤后，南明军队攻取湖南许多州县。 |
| 1648 | 顺治五年<br>南明永历二年 | 六月，谭泰率清军围南昌。 |
| 1648 | 顺治五年<br>南明永历二年 | 七月初一日，南明永历帝自浔州抵梧州。 |
| 1648 | 顺治五年<br>南明永历二年 | 七月十四日，清始设六部汉尚书、都察院汉左都御史一员，分别以陈名夏、谢启光、李若琳、刘余佑、党崇雅、金之俊、徐起元为之。 |
| 1648 | 顺治五年<br>南明永历二年 | 七月十五日，清命陈泰为靖南大将军统兵往征福建。 |
| 1648 | 顺治五年<br>南明永历二年 | 七月，琉球国王尚质遣使贡清。 |
| 1648 | 顺治五年<br>南明永历二年 | 八月初一日，南明永历帝还居肇庆。 |
| 1648 | 顺治五年<br>南明永历二年 | 八月初三日，喀尔喀蒙古土谢图汗、硕雷汗等因侵夺内蒙古巴林部向清廷谢罪，贡马千匹、驼百只。 |
| 1648 | 顺治五年<br>南明永历二年 | 八月十三日，清命英亲王阿济格同硕塞、尼堪等率兵征剿天津一带抗清武装。 |
| 1648 | 顺治五年<br>南明永历二年 | 八月十五日，清廷下令禁止民间蓄养马匹、私藏兵器。 |

| 公元 | 年号 | 大事记 |
|------|------|--------|
| 1648 | 顺治五年<br>南明永历二年 | 八月十六日，清军攻破福建同安，屠城。 |
| 1648 | 顺治五年<br>南明永历二年 | 八月十九日，清令京城汉人除投充者尽徙南城居住。 |
| 1648 | 顺治五年<br>南明永历二年 | 八月二十日，清许满汉通婚。 |
| 1648 | 顺治五年<br>南明永历二年 | 八月二十九日，顺治帝于太和殿，接受叛离来归之苏尼特部腾机特等朝拜，并赐宴。 |
| 1648 | 顺治五年<br>南明永历二年 | 八月，南明郑成功知永历帝立，遣使奉表至肇庆。 |
| 1648 | 顺治五年<br>南明永历二年 | 九月初三日，清命阿济格率军征剿山东榆园军。 |
| 1648 | 顺治五年<br>南明永历二年 | 九月十一日，清命济尔哈朗为定远大将军同勒克德浑统兵往湖广，进剿大顺军李过、高一功部。 |
| 1648 | 顺治五年<br>南明永历二年 | 九月二十一日，南明何腾蛟率军收复永州、衡州。 |
| 1648 | 顺治五年<br>南明永历二年 | 九月二十八日，南明收复武冈、宝庆、郴州等湖南州县，清总兵徐勇调集清兵坚守长沙。 |
| 1648 | 顺治五年<br>南明永历二年 | 十月二十日，宣府赤城兵变，清命阿尔津率兵讨伐。 |
| 1648 | 顺治五年<br>南明永历二年 | 十月二十六日，南明李成栋率兵攻赣州，败溃。 |
| 1648 | 顺治五年<br>南明永历二年 | 十月，南明马进忠大掠常德，弃空城走。 |
| 1648 | 顺治五年<br>南明永历二年 | 十月，南明永历政权封郑成功为威远侯。 |
| 1648 | 顺治五年<br>南明永历二年 | 十一月初八日，清追尊太祖以上四世为皇帝。 |
| 1649 | 顺治五年<br>南明永历二年 | 十一月二十三日，多尔衮闻喀尔喀蒙古二楚虎尔部行猎近内地，遣阿济格、博洛、硕塞等统兵戍守大同。 |

| 公元 | 年号 | 大事记 |
|------|------|--------|
| 1649 | 顺治五年<br>南明永历二年 | 十一月，大顺军李过、高一功部与南明堵胤锡合攻长沙，不克，退往湘潭。 |
| 1649 | 顺治五年<br>南明永历二年 | 十二月初一日，清命瓦克达、尚善等率兵赴阿济格军前戍守大同。 |
| 1649 | 顺治五年<br>南明永历二年 | 十二月初三日，清大同总兵姜瓖自称大将军，举兵叛清。 |
| 1649 | 顺治五年<br>南明永历二年 | 十二月初四日，清英亲王阿济格统兵包围大同城。 |
| 1649 | 顺治五年<br>南明永历二年 | 十二月十一日，清遣阿喇善、噶达浑率兵赴阿济格军前。 |
| 1649 | 顺治五年<br>南明永历二年 | 十二月十七日，清命巴颜等率军载红衣炮赴阿济格军前。 |
| 1649 | 顺治五年<br>南明永历二年 | 十二月二十五日，清遣俄罗塞臣等统兵赴阿济格军前。 |
| 1648 | 顺治五年<br>南明永历二年 | 是年，清定编审人丁之制。 |
| 1649 | 顺治六年<br>南明永历三年 | 正月初四日，清命尼堪、喀尔楚浑、穆尔祜等征山西抗清义军。 |
| 1649 | 顺治六年<br>南明永历三年 | 正月初八日，清修《太宗实录》，命范文程、刚林、祁充格、洪承畴、冯铨、宁完我、宋权为总裁官。 |
| 1649 | 顺治六年<br>南明永历三年 | 正月十二日，南明永历朝大学士朱天麟因党争罢职。 |
| 1649 | 顺治六年<br>南明永历三年 | 正月十七日，清定内三院官制。 |
| 1649 | 顺治六年<br>南明永历三年 | 正月十九日，清军破南昌城，金声桓、姜曰广自尽，王得仁被杀。 |
| 1649 | 顺治六年<br>南明永历三年 | 正月二十一日，清总兵徐勇入湘潭，擒南明何腾蛟。 |
| 1649 | 顺治六年<br>南明永历三年 | 正月二十二日，清廷严禁宫民私采人参，违者治以重罪。 |

| 公元 | 年号 | 大事记 |
|---|---|---|
| 1649 | 顺治六年<br>南明永历三年 | 正月二十八日，清军破甘州城，回民抗清首领丁国栋败走肃州。 |
| 1649 | 顺治六年<br>南明永历三年 | 二月十四日，多尔衮亲统官兵征剿大同。 |
| 1649 | 顺治六年<br>南明永历三年 | 二月二十六日，南明李成栋兵败，酒醉渡涧溺死。 |
| 1649 | 顺治六年<br>南明永历三年 | 三月十八日，清豫亲王多铎病逝，多尔衮回京临丧。 |
| 1649 | 顺治六年<br>南明永历三年 | 三月二十五日，清廷令弛兵器之禁，除炮与甲胄外，弓箭、刀枪、马匹等许民间存留。 |
| 1649 | 顺治六年<br>南明永历三年 | 三月，清军攻陷衡州、宝庆。 |
| 1649 | 顺治六年<br>南明永历三年 | 四月初七日，清廷遣吴达海、吞齐喀、巴布泰等率军往大同，更代阿济格等将。 |
| 1649 | 顺治六年<br>南明永历三年 | 四月十二日，清廷殿试全国贡士，策问解决满汉未合，地荒民逃之大计。 |
| 1649 | 顺治六年<br>南明永历三年 | 四月二十五日，清陈泰奏报："全闽底定"。 |
| 1649 | 顺治六年<br>南明永历三年 | 四月二十七日，因抗清义军攻下汾州，清命博洛由大同往征汾州，尼堪由左卫往围大同。 |
| 1649 | 顺治六年<br>南明永历三年 | 四月，大西军孙可望遣杨畏知等赴肇庆，请南明永历帝封秦王。 |
| 1649 | 顺治六年<br>南明永历三年 | 四月，清军克永州、沅州、靖州。 |
| 1649 | 顺治六年<br>南明永历三年 | 五月初三日，清遣图赖率军援太原。 |
| 1649 | 顺治六年<br>南明永历三年 | 五月十九日，清廷改封孔有德为定南王，耿仲明为靖南王，尚可喜为平南王，分别驻防广西、广东。 |
| 1649 | 顺治六年<br>南明永历三年 | 五月二十八日，鄂尔多斯部扎穆苏等部叛清。 |

| 公元 | 年号 | 大事记 |
|---|---|---|
| 1649 | 顺治六年<br>南明永历三年 | 六月十四日，多尔衮不许诸王、满大臣干预各衙门政事及言汉宫升降。 |
| 1649 | 顺治六年<br>南明永历三年 | 六月十六日，南明堵胤锡于肇庆朝见永历帝，奉命督师梧州。 |
| 1649 | 顺治六年<br>南明永历三年 | 六月二十六日，清廷不许僧道巫瞽之流，妄行法术，违者治以重罪。 |
| 1649 | 顺治六年<br>南明永历三年 | 七月初一日，多尔衮亲率师征大同。 |
| 1649 | 顺治六年<br>南明永历三年 | 七月初七日，清命敦拜率军往剿河间一带抗清武装，后又命沙尔虎达率军前往会剿。 |
| 1649 | 顺治六年<br>南明永历三年 | 七月初八日，清命满达海、瓦克达率军征山西朔州、宁武等地。 |
| 1649 | 顺治六年<br>南明永历三年 | 七月十四日，多尔衮罢大同之行，行猎而返。 |
| 1649 | 顺治六年<br>南明永历三年 | 七月十五日，清命伊尔德率军往剿保定一带抗清武装。 |
| 1649 | 顺治六年<br>南明永历三年 | 七月十六日，清命吴喇禅率军往剿赵堡口一带抗清武装。 |
| 1649 | 顺治六年<br>南明永历三年 | 七月，南明永历帝封郑成功为延平公。 |
| 1649 | 顺治六年<br>南明永历三年 | 八月初六日，多尔衮还京。 |
| 1649 | 顺治六年<br>南明永历三年 | 八月十九日，顺治帝于中和殿赐宴厄鲁特部、喀尔喀部贡使。 |
| 1649 | 顺治六年<br>南明永历三年 | 八月二十五日，清命阿济格、巩阿岱等统兵往征大同。 |
| 1649 | 顺治六年<br>南明永历三年 | 八月二十八日，姜瓖为部将所杀。 |
| 1649 | 顺治六年<br>南明永历三年 | 八月二十九日，清军入大同，屠城。 |

| 公元 | 年号 | 大事记 |
|---|---|---|
| 1649 | 顺治六年<br>南明永历三年 | 八月，四川南明官员火并，巡抚李乾德杀华阳伯杨展。 |
| 1649 | 顺治六年<br>南明永历三年 | 九月初八日，鄂尔多斯之额林臣等举部降清。 |
| 1649 | 顺治六年<br>南明永历三年 | 九月二十八日，清廷严惩耿仲明属下隐匿逃人案。 |
| 1649 | 顺治六年<br>南明永历三年 | 九月，南明张名振等袭杀黄斌卿，夺取舟山岛，奉鲁王居住。 |
| 1649 | 顺治六年<br>南明永历三年 | 十月十六日，多尔衮亲征喀尔喀蒙古二楚虎尔部。 |
| 1649 | 顺治六年<br>南明永历三年 | 十一月十六日，南明军围永州，为清将孔有德击败。 |
| 1649 | 顺治六年<br>南明永历三年 | 十一月十九日，多尔衮班师回京。 |
| 1649 | 顺治六年<br>南明永历三年 | 十一月二十六日，西藏达赖喇嘛、厄鲁特部顾实汗遣使朝贡于清。 |
| 1649 | 顺治六年<br>南明永历三年 | 十一月二十七日，因部属隐匿逃人事，清靖南王耿仲明畏罪自杀。 |
| 1649 | 顺治六年<br>南明永历三年 | 十一月，清总兵张勇率军攻破肃州城，杀回民义军首领丁国栋。 |
| 1649 | 顺治六年<br>南明永历三年 | 十一月，清勒克德浑部击败进攻全州之南明军。 |
| 1650 | 顺治六年<br>南明永历三年 | 十二月二十三日，多尔衮率大军还京。 |
| 1650 | 顺治六年<br>南明永历三年 | 十二月三十日，清平南王尚可喜及耿仲明子耿继茂率清军进入广东。 |
| 1649 | 顺治六年<br>南明永历三年 | 是年，清定宗室列爵十等。 |
| 1650 | 顺治七年<br>南明永历四年 | 正月初三日，清军克南雄。 |

| 公元 | 年号 | 大事记 |
|---|---|---|
| 1650 | 顺治七年<br>南明永历四年 | 正月初七日，南明永历帝奔梧州，留李元胤守肇庆。 |
| 1650 | 顺治七年<br>南明永历四年 | 正月十四日，清军取韶州。 |
| 1650 | 顺治七年<br>南明永历四年 | 正月二十二日，清命甲胄兵器非奉旨不许擅给喀尔喀部来京贡使。 |
| 1650 | 顺治七年<br>南明永历四年 | 正月二十三日，清郑亲王济尔哈朗班师回京。 |
| 1650 | 顺治七年<br>南明永历四年 | 正月二十五日，多尔衮纳已故肃亲王豪格福金为妃。 |
| 1650 | 顺治七年<br>南明永历四年 | 正月二十六日，清廷大计各地官员。 |
| 1650 | 顺治七年<br>南明永历四年 | 正月，南明郑成功攻广东潮阳县。 |
| 1650 | 顺治七年<br>南明永历四年 | 正月，清颁行满译《三国演义》。 |
| 1650 | 顺治七年<br>南明永历四年 | 二月初二日，清严禁擅买喀尔喀、厄鲁特部驼、马。 |
| 1650 | 顺治七年<br>南明永历四年 | 二月十五日，清军破武岗，南明马进忠部走靖州。 |
| 1650 | 顺治七年<br>南明永历四年 | 二月十六日，清遣续顺公沈永忠移驻宝庆。 |
| 1650 | 顺治七年<br>南明永历四年 | 二月二十六日，清军尚可喜部攻广州，不克。 |
| 1650 | 顺治七年<br>南明永历四年 | 三月二十四日，清廷禁满洲及投充人置买民人田地。 |
| 1650 | 顺治七年<br>南明永历四年 | 五月初六日，多尔衮率诸王大臣出猎于山海关。 |
| 1650 | 顺治七年<br>南明永历四年 | 五月初九日，清以哈什屯为议政大臣。 |

| 公元 | 年号 | 大事记 |
|---|---|---|
| 1650 | 顺治七年<br>南明永历四年 | 五月十三日，大顺军忠贞营统帅高一功率兵入卫永历帝，抵梧州。 |
| 1650 | 顺治七年<br>南明永历四年 | 五月二十一日，多尔衮至连山，亲迎朝鲜女，成婚。 |
| 1650 | 顺治七年<br>南明永历四年 | 五月，清军围广州。 |
| 1650 | 顺治七年<br>南明永历四年 | 六月二十二日，乌斯藏阐化王遣人进贡方物于清。 |
| 1650 | 顺治七年<br>南明永历四年 | 七月初四日，多尔衮命在边外筑城避暑。 |
| 1650 | 顺治七年<br>南明永历四年 | 七月初七日，达赖喇嘛遣使表献舍利子于清廷。 |
| 1650 | 顺治七年<br>南明永历四年 | 八月，郑成功自潮阳回师厦门、金门，南明郑彩归附郑成功部。 |
| 1650 | 顺治七年<br>南明永历四年 | 九月，大西军孙可望率军入贵州，遣刘文秀率军入四川。 |
| 1650 | 顺治七年<br>南明永历四年 | 十月，郑成功遣兵取铜山、闽安、南澳诸岛。 |
| 1650 | 顺治七年<br>南明永历四年 | 十一月初二日，清军攻陷广州，屠城。 |
| 1650 | 顺治七年<br>南明永历四年 | 十一月初五日，清军入桂林，南明瞿式耜、张同敞被俘，后不屈被杀。 |
| 1650 | 顺治七年<br>南明永历四年 | 十一月初六日，南明永历帝自梧州奔浔州。 |
| 1651 | 顺治七年<br>南明永历四年 | 十一月十三日，多尔衮因有疾不快，猎于边外。 |
| 1651 | 顺治七年<br>南明永历四年 | 十一月十六日，南明永历帝抵浔州。 |
| 1651 | 顺治七年<br>南明永历四年 | 十一月十八日，南明永历帝到南宁。 |

| 公元 | 年号 | 大事记 |
|---|---|---|
| 1651 | 顺治七年<br>南明永历四年 | 十一月，清军相继攻占平乐、全州等十七州县。 |
| 1651 | 顺治七年<br>南明永历四年 | 十二月初九日，清摄政王多尔衮病逝于喀喇城。 |
| 1651 | 顺治七年<br>南明永历四年 | 十二月十七日，多尔衮枢车至京，顺治帝缟服出迎。 |
| 1651 | 顺治七年<br>南明永历四年 | 十二月二十一日，顺治帝命大学士刚林取摄政王府信符收贮内库。 |
| 1651 | 顺治七年<br>南明永历四年 | 十二月二十六日，顺治帝谕议政王大臣等，"国家政务，悉以奏朕"。 |
| 1651 | 顺治八年<br>南明永历五年 | 正月初六日，清廷以谋乱罪将阿济格幽禁，席特库、郎球、星讷等人分别被处斩、籍没、罢职、解任、鞭责。 |
| 1651 | 顺治八年<br>南明永历五年 | 正月初七日，清以苏克萨哈为议政大臣。 |
| 1651 | 顺治八年<br>南明永历五年 | 正月十二日，顺治帝亲政，御太和殿，诸王群臣上表行庆贺礼。 |
| 1651 | 顺治八年<br>南明永历五年 | 正月十九日，清移内三院衙署于紫禁城内。 |
| 1651 | 顺治八年<br>南明永历五年 | 正月二十一日，清以伊图为议政大臣。 |
| 1651 | 顺治八年<br>南明永历五年 | 正月二十九日，清以巩阿岱、鳌拜、巴哈为议政大臣。 |
| 1651 | 顺治八年<br>南明永历五年 | 二月初三日，清廷免山西朔州、浑源、大同等地无主荒地钱粮。 |
| 1651 | 顺治八年<br>南明永历五年 | 二月初五日，清廷以"动摇国是，蛊惑人心"等罪，重惩多尔衮亲信博尔惠、额克亲、吴拜、苏拜等。 |
| 1651 | 顺治八年<br>南明永历五年 | 二月十三日，顺治帝命停建多尔衮边外避暑筑城工程。 |
| 1651 | 顺治八年<br>南明永历五年 | 二月十五日，清廷以谋逆罪使多尔衮遭籍没，何洛会被凌迟处死，籍没。 |

| 公元 | 年号 | 大事记 |
|---|---|---|
| 1651 | 顺治八年<br>南明永历五年 | 二月十九日，清严禁满洲拨什库、庄头、投充人等擅入宫府衙门及凌辱官员。 |
| 1651 | 顺治八年<br>南明永历五年 | 二月二十一日，清追论多尔衮罪状，罢追封、撤庙享、停其恩赦，并布告天下。 |
| 1651 | 顺治八年<br>南明永历五年 | 二月二十四日，清命孔有德移驻广西桂林府。 |
| 1651 | 顺治八年<br>南明永历五年 | 二月二十五日，清廷赐衍圣公、五经博士宴。 |
| 1651 | 顺治八年<br>南明永历五年 | 闰二月初八日，清廷裁减榷关官吏，以示"通商惠民"。 |
| 1651 | 顺治八年<br>南明永历五年 | 闰二月十二日，清军攻占肇庆。 |
| 1651 | 顺治八年<br>南明永历五年 | 闰二月十六日，清军攻陷梧州及苍梧、藤县。 |
| 1651 | 顺治八年<br>南明永历五年 | 闰二月十八日，顺治帝令冯铨致仕，将谢启光、李若琳革职。 |
| 1651 | 顺治八年<br>南明永历五年 | 闰二月二十三日，清遣阿喇善率兵往征山东抗清武装。 |
| 1651 | 顺治八年<br>南明永历五年 | 闰二月二十六日，清军陷柳州。 |
| 1651 | 顺治八年<br>南明永历五年 | 闰二月二十八日，清廷以依附多尔衮罪，将刚林、祁充格处死，籍没。 |
| 1651 | 顺治八年<br>南明永历五年 | 闰二月，大西军孙可望遣部将至南宁迎永历帝。 |
| 1651 | 顺治八年<br>南明永历五年 | 闰二月，清军乘郑成功远出，攻入厦门。 |
| 1651 | 顺治八年<br>南明永历五年 | 三月初一日，南明永历帝被迫封孙可望为秦王。 |
| 1651 | 顺治八年<br>南明永历五年 | 三月初六日，清以诸王、贝勒、贝子管部院事。 |

| 公元 | 年号 | 大事记 |
|---|---|---|
| 1651 | 顺治八年 南明永历五年 | 三月初八日，清遣官携敕谕、礼物往召达赖喇嘛。 |
| 1651 | 顺治八年 南明永历五年 | 三月初十日，清廷定御史巡方之制。 |
| 1651 | 顺治八年 南明永历五年 | 三月十五日，清定世职承袭例。 |
| 1651 | 顺治八年 南明永历五年 | 三月十八日，索尼无辜被削职，自昭陵被顺治帝召还。 |
| 1651 | 顺治八年 南明永历五年 | 三月二十九日，清廷准满洲、蒙古、汉军各旗子弟参加科举考试。 |
| 1651 | 顺治八年 南明永历五年 | 四月初一日，南明郑成功率舟师返厦门。 |
| 1651 | 顺治八年 南明永历五年 | 四月初五日，因厚待两白旗、苛待两黄旗罪，巴哈纳、噶达浑、雅赖、硕詹、王国光等遭清廷惩处。 |
| 1651 | 顺治八年 南明永历五年 | 四月初六日，清廷定直省乡试差员例。 |
| 1651 | 顺治八年 南明永历五年 | 四月十一日，冷僧机因阿附多尔衮，被清廷革职，按披甲人给予家产，其余籍没。 |
| 1651 | 顺治八年 南明永历五年 | 四月十五日，清廷试全国贡生一千零七十二名。 |
| 1651 | 顺治八年 南明永历五年 | 四月十五日，大西军攻陷湖南沅州城。 |
| 1651 | 顺治八年 南明永历五年 | 四月二十四日，清命故靖南王耿仲明子耿继茂袭爵。 |
| 1651 | 顺治八年 南明永历五年 | 四月，南明郑成功部将施琅降清，题授副将，后为水师提督。 |
| 1651 | 顺治八年 南明永历五年 | 五月二十日，清定王公大臣官员坐褥制。 |
| 1651 | 顺治八年 南明永历五年 | 五月二十四日，清恢复尼堪、博洛亲王爵。 |

| 公元 | 年号 | 大事记 |
|---|---|---|
| 1651 | 顺治八年<br>南明永历五年 | 五月二十八日，清外转御史张煊因指控陈名夏而获罪论死。 |
| 1651 | 顺治八年<br>南明永历五年 | 六月十八日，清定皇帝大婚礼。 |
| 1651 | 顺治八年<br>南明永历五年 | 六月二十日，清定诸陵、坛、庙祀典。 |
| 1651 | 顺治八年<br>南明永历五年 | 六月二十七日，清定八旗科举例。 |
| 1651 | 顺治八年<br>南明永历五年 | 七月初一日，顺治帝严禁投充之人借主护身，藐视有司，肆横犯罪。 |
| 1651 | 顺治八年<br>南明永历五年 | 七月，清军分兵进攻舟山，鲁王以张肯堂留守。 |
| 1651 | 顺治八年<br>南明永历五年 | 六、七月间，沙俄哈巴洛夫部侵占瑷珲旧城，杀达斡尔族多人。 |
| 1651 | 顺治八年<br>南明永历五年 | 八月初四日，清以高尔俨为吏部尚书。 |
| 1651 | 顺治八年<br>南明永历五年 | 八月十三日，顺治帝册立科尔沁蒙古卓礼克图亲王吴克善女博尔济吉特氏为皇后。 |
| 1651 | 顺治八年<br>南明永历五年 | 八月十七日，谭泰因依附多尔衮，被清廷处死、籍没。 |
| 1651 | 顺治八年<br>南明永历五年 | 八月二十一日，南明鲁王政权阮进与清军战于舟山横水洋，兵败被擒，死。 |
| 1651 | 顺治八年<br>南明永历五年 | 八月二十三日，顺治帝追复豪格爵，建碑纪绩于其墓。 |
| 1651 | 顺治八年<br>南明永历五年 | 九月初二日，清军攻破舟山，南明张肯堂自杀，张名振奉鲁王于海上。 |
| 1651 | 顺治八年<br>南明永历五年 | 九月初八日，清命吴三桂统领所部入川征剿，凡事与李国翰计议而行。 |
| 1651 | 顺治八年<br>南明永历五年 | 九月初十日，顺治帝命户部编审八旗户口。 |

| 公元 | 年号 | 大事记 |
|------|------|--------|
| 1651 | 顺治八年<br>南明永历五年 | 九月十二日，清命噶达浑率军往征鄂尔多斯部多尔济。 |
| 1651 | 顺治八年<br>南明永历五年 | 九月十二日，清以卓罗为吏部尚书，蓝拜为工部尚书，俄罗塞臣为都察院左都御史，车克为户部尚书。 |
| 1651 | 顺治八年<br>南明永历五年 | 九月十八日，清改京师承天门为天安门。 |
| 1651 | 顺治八年<br>南明永历五年 | 九月二十六日，清总兵郝效忠进攻黎平阵亡。 |
| 1651 | 顺治八年<br>南明永历五年 | 九月，南明陈邦傅诱杀焦琏，率部降清，永历帝闻讯自南宁出奔。 |
| 1651 | 顺治八年<br>南明永历五年 | 九月，南明郑成功奉迎鲁王居金门。 |
| 1651 | 顺治八年<br>南明永历五年 | 九月，大顺军刘体纯、袁宗第、郝摇旗、李来亨等部据川东鄂西地区，称夔东十三家。 |
| 1651 | 顺治八年<br>南明永历五年 | 十月初五日，清以硕塞、瓦克达为议政王。 |
| 1651 | 顺治八年<br>南明永历五年 | 十月十三日，清以额色黑为内国史院大学士。 |
| 1651 | 顺治八年<br>南明永历五年 | 十月十六日，顺治帝令阿济格自尽。 |
| 1651 | 顺治八年<br>南明永历五年 | 十月十七日，清命李国翰统兵协同吴三桂入川征剿。 |
| 1651 | 顺治八年<br>南明永历五年 | 十月，大西军刘文秀部进四川，入涪州。 |
| 1651 | 顺治八年<br>南明永历五年 | 十一月十二日，清军攻克广东雷州。 |
| 1651 | 顺治八年<br>南明永历五年 | 十一月，南明永历帝至新宁。 |
| 1652 | 顺治八年<br>南明水历五年 | 十二月初一日，清军攻克广西宾州（今宾阳）。 |

| 公元 | 年号 | 大事记 |
|---|---|---|
| 1652 | 顺治八年<br>南明永历五年 | 十二月初七日，清军南下进取南宁，南明赵印选、胡一青败走。 |
| 1652 | 顺治八年<br>南明永历五年 | 十二月十二日，清江宁巡抚土国宝因贪污，被革职严讯，闻讯后是日自杀。 |
| 1652 | 顺治八年<br>南明永历五年 | 十二月十六日，顺治帝避痘。 |
| 1652 | 顺治八年<br>南明永历五年 | 十二月，南明郑成功攻漳浦，清守将献城降。 |
| 1651 | 顺治八年<br>南明永历五年 | 是年，清始行钞贯之制，本年造钞十二万八千余贯。 |
| 1652 | 顺治九年<br>南明永历六年 | 正月初二日，南明郑成功督师至海澄，清守将开城迎降。 |
| 1652 | 顺治九年<br>南明永历六年 | 正月初十日，清廷为张煌昭雪，将陈名夏革职。 |
| 1652 | 顺治九年<br>南明永历六年 | 正月十六日，南明永历帝逃至云南广南府，孙可望遣人迎驾。 |
| 1652 | 顺治九年<br>南明永历六年 | 正月二十九日，清以大学士希福、范文程、额色黑、洪承畴、宁完我为纂修太宗皇帝实录总裁官。 |
| 1652 | 顺治九年<br>南明永历六年 | 正月三十日，顺治帝谕："以后一切奏章，悉进朕览，不必启和硕郑亲王"。 |
| 1652 | 顺治九年<br>南明永历六年 | 正月，南明张名振、张煌言等奉鲁王抵厦门。 |
| 1652 | 顺治九年<br>南明永历六年 | 二月初六日，南明永历帝抵贵州安隆。 |
| 1652 | 顺治九年<br>南明永历六年 | 二月十九日，清以陈之遴为内弘文院大学士。 |
| 1652 | 顺治九年<br>南明永历六年 | 二月，清军取钦州。 |
| 1652 | 顺治九年<br>南明永历六年 | 二月，清吴三桂败大西军白文选部，取嘉定。 |

| 公元 | 年号 | 大事记 |
|---|---|---|
| 1652 | 顺治九年<br>南明永历六年 | 三月十三日，清严禁人贩子。 |
| 1652 | 顺治九年<br>南明永历六年 | 三月十五日，顺治帝罢诸王、贝勒、贝子管部院事。 |
| 1652 | 顺治九年<br>南明永历六年 | 三月二十二日，清以迎合多尔衮和"轻蔑朕躬，扰乱国政"罪，重惩拜音图、巩阿岱、冷僧机等人。 |
| 1652 | 顺治九年<br>南明永历六年 | 三月二十八日，清会试初分满蒙榜和汉军汉人榜。 |
| 1652 | 顺治九年<br>南明永历六年 | 三月，清吴三桂军克佛图关，取重庆。 |
| 1652 | 顺治九年<br>南明永历六年 | 三月，大西军孙可望遣李定国、刘文秀两路出师与清军争广西、四川。 |
| 1652 | 顺治九年<br>南明永历六年 | 三月，南明郑成功率军攻取长泰、进围漳州。 |
| 1652 | 顺治九年<br>南明永历六年 | 四月初六日，清廷因钱粮入不敷出，采取裁官省费等十二项措施。 |
| 1652 | 顺治九年<br>南明永历六年 | 四月十九日，清定官民舆马服饰制。 |
| 1652 | 顺治九年<br>南明永历六年 | 四月二十四日，清设立宗人府衙门。 |
| 1652 | 顺治九年<br>南明永历六年 | 四月，吴三桂所部清军攻取叙州，大西军退守永宁。 |
| 1652 | 顺治九年<br>南明永历六年 | 四月，南明郑成功屡攻漳州不下，乃列栅围城。 |
| 1652 | 顺治九年<br>南明永历六年 | 五月初七日，清定京察六年一次。 |
| 1652 | 顺治九年<br>南明永历六年 | 五月，大西军李定国与马进忠合兵进军湖南，攻克靖州，进取武岗。 |
| 1652 | 顺治九年<br>南明永历六年 | 五月，南明李元胤被俘不屈死。 |

| 公元 | 年号 | 大事记 |
|---|---|---|
| 1652 | 顺治九年<br>南明永历六年 | 六月，大西军李定国部克武岗，取全州，趋桂林，大败清军，桂林大战爆发。 |
| 1652 | 顺治九年<br>南明永历六年 | 七月初二日，大西军李定国攻桂林城。 |
| 1652 | 顺治九年<br>南明永历六年 | 七月初四日，桂林城破，清孔有德自焚死。陈邦傅被擒至贵阳后杀之。 |
| 1652 | 顺治九年<br>南明永历六年 | 七月初七日，清皇城北门成，名曰地安门。 |
| 1652 | 顺治九年<br>南明永历六年 | 七月十一日，大西军李定国部取永州。 |
| 1652 | 顺治九年<br>南明永历六年 | 七月十五日，清以尼堪为定远大将军同巴思哈、屯齐等率军往征湖南大西军。 |
| 1652 | 顺治九年<br>南明永历六年 | 七月十八日，清命沙尔虎达等率兵驻防宁古塔。 |
| 1652 | 顺治九年<br>南明永历六年 | 七月，大西军刘文秀部进军四川，收复叙州、重庆，清吴三桂退守保宁。 |
| 1652 | 顺治九年<br>南明永历六年 | 八月十九日，清漕运总督吴惟华贪婪误漕，被革职。 |
| 1652 | 顺治九年<br>南明永历六年 | 八月，直隶、河南、山东、山西大水，江南、江北、湖广、浙江大旱。 |
| 1652 | 顺治九年<br>南明永历六年 | 八月，大西军李定国部占柳州、下梧州，收复广西全境。 |
| 1652 | 顺治九年<br>南明永历六年 | 九月初一日，清以伊拜为议政大臣。 |
| 1652 | 顺治九年<br>南明永历六年 | 九月初三日，顺治帝决定往边外代噶地方迎达赖喇嘛。 |
| 1652 | 顺治九年<br>南明永历六年 | 九月十四日，清以护军统领阿尔津为定南将军同玛喇希等率军往广东增援。 |
| 1652 | 顺治九年<br>南明永历六年 | 九月十五日，清以刘清泰总督浙闽。 |

| 公元 | 年号 | 大事记 |
|------|------|--------|
| 1652 | 顺治九年<br>南明永历六年 | 九月二十二日，顺治帝往太学，释奠先师孔子。 |
| 1652 | 顺治九年<br>南明永历六年 | 九月二十九日，顺治帝从洪承畴、陈之遴奏，罢往迎达赖喇嘛。 |
| 1652 | 顺治九年<br>南明永历六年 | 九月，大西军李定国下衡州，遣马进忠、冯双礼北取长沙。 |
| 1652 | 顺治九年<br>南明永历六年 | 九月，吴三桂所部清军退守保宁，大西军刘文秀围城，为清军所败。 |
| 1652 | 顺治九年<br>南明永历六年 | 十月初三日，清金砺率援军解漳州之围，南明郑成功兵败退守海澄。 |
| 1652 | 顺治九年<br>南明永历六年 | 十月初四日，尚可喜奏报，清军克复梧州。 |
| 1652 | 顺治九年<br>南明永历六年 | 十月初九日，清廷拟招抚郑成功。 |
| 1652 | 顺治九年<br>南明永历六年 | 十月初十日，清遣阿赖率兵驻防西安。 |
| 1652 | 顺治九年<br>南明永历六年 | 十月十二日，顺治帝遣硕塞等往迎达赖喇嘛。 |
| 1652 | 顺治九年<br>南明永历六年 | 十月十六日，清以希福、范文程、额色黑、车克、郎球、明安达礼、济什哈、星纳为议政大臣。 |
| 1652 | 顺治九年<br>南明永历六年 | 十月二十三日，清调往征广东之阿尔津率部往汉中。 |
| 1652 | 顺治九年<br>南明永历六年 | 十月三十日，清范文程以赋亏饷缺，陈兴屯四事。 |
| 1652 | 顺治九年<br>南明永历六年 | 十一月初二日，清以卓罗为靖南将军同蓝拜率部增援广东。 |
| 1652 | 顺治九年<br>南明永历六年 | 十一月二十一日，大西军白文选部攻辰州，清总兵徐勇战死。 |
| 1652 | 顺治九年<br>南明永历六年 | 十一月二十三日，衡州之战，清将尼堪中伏，阵亡。 |

| 公元 | 年号 | 大事记 |
|------|------|--------|
| 1652 | 顺治九年<br>南明永历六年 | 十一月，大西军孙可望谋夺帝位，永历帝密召李定国入卫。 |
| 1653 | 顺治九年<br>南明永历六年 | 十二月初三日，清廷免山西太原、平阳、汾州等府州县本年水灾额赋。 |
| 1653 | 顺治九年<br>南明永历六年 | 十二月初八日，清以广东渐定，钱粮不敷，撤卓罗回京。 |
| 1653 | 顺治九年<br>南明永历六年 | 十二月十三日，清户部左侍郎王永吉疏言投充之弊。 |
| 1653 | 顺治九年<br>南明永历六年 | 十二月十五日，达赖喇嘛至京师谒见顺治帝于南苑。 |
| 1653 | 顺治九年<br>南明永历六年 | 十二月二十一日，清以阿尔津为定南将军，调往湖广征大西军。 |
| 1653 | 顺治九年<br>南明永历六年 | 十二月二十四日，清廷处决京师"大豪"李应试等。 |
| 1652 | 顺治九年<br>南明永历六年 | 是年，清令直省州县于每乡设社学。 |
| 1653 | 顺治十年<br>南明永历七年 | 正月初三日，顺治帝见奏事未见汉臣，要求满汉共同来奏。 |
| 1653 | 顺治十年<br>南明永历七年 | 正月初四日，顺治帝鼓励大臣直言进谏。 |
| 1653 | 顺治十年<br>南明永历七年 | 正月十一日，顺治帝于太和殿宴达赖喇嘛。 |
| 1653 | 顺治十年<br>南明永历七年 | 正月十三日，清命屯齐为定远大将军代尼堪征剿湖南大西军，又命阿尔津率部往会屯齐大军。 |
| 1653 | 顺治十年<br>南明永历七年 | 正月十九日，清以陈名夏为纂修《太宗实录》总裁官。 |
| 1653 | 顺治十年<br>南明永历七年 | 正月二十一日，达赖喇嘛以水土不服皆病，请归。 |
| 1653 | 顺治十年<br>南明永历七年 | 正月二十六日，清更定贝勒、公主以下、额驸及品官岁支俸禄。 |

| 公元 | 年号 | 大事记 |
|---|---|---|
| 1653 | 顺治十年<br>南明永历七年 | 正月二十六日，清大计全国大小官员。 |
| 1653 | 顺治十年<br>南吸永历七年 | 正月，清军攻复广西平乐、桂林。 |
| 1653 | 顺治十年<br>南明永历七年 | 正月，郑芝龙派人携书至郑成功，言清廷招抚事。 |
| 1653 | 顺治十年<br>南明永历七年 | 二月初九日，清少詹事李呈祥因请裁去部院满官、专任汉人，被流徙盛京。 |
| 1653 | 顺治十年<br>南明永历七年 | 二月十七日，顺治帝命内院诸臣翻译五经。 |
| 1653 | 顺治十年<br>南明永历七年 | 二月十八日，清命沈永忠为剿抚湖南将军，镇守湖南。 |
| 1653 | 顺治十年<br>南明永历七年 | 二月十九日，顺治帝面试学习满文之庶吉士。 |
| 1653 | 顺治十年<br>南明永历七年 | 二月二十日，达赖喇嘛辞归。清命硕塞等率八旗官兵送至代噶地方。 |
| 1653 | 顺治十年<br>南明永历七年 | 二月二十四日，清廷处罚任珍案。 |
| 1653 | 顺治十年<br>南明永历七年 | 二月二十七日，蒙古喀尔喀部土谢图汗所属四台吉率所部来归。 |
| 1653 | 顺治十年<br>南明永历七年 | 二月二十九日，顺治帝令汉官冠服务照满式，如不合定式，以违制定罪。 |
| 1653 | 顺治十年<br>南明永历七年 | 二月，清军连败大西军，复取衡州、永州、武岗等地。 |
| 1653 | 顺治十年<br>南明永历七年 | 三月初二日，顺治帝授汤若望"通玄教师"称号。 |
| 1653 | 顺治十年<br>南明永历七年 | 三月初三日，清廷免直隶蓟州、丰润等十一州县去年水灾额赋。 |
| 1653 | 顺治十年<br>南明永历七年 | 三月十七日，清屯齐败大西军孙可望于宝庆。南明所收复之湖南州县，皆为清军所得。 |

| 公元 | 年号 | 大事记 |
|---|---|---|
| 1653 | 顺治十年<br>南明永历七年 | 三月二十九日，顺治帝重新起用冯铨，以原官办事。 |
| 1653 | 顺治十年<br>南明永历七年 | 三月，大西军李定国围肇庆，不克，退驻柳州。 |
| 1653 | 顺治十年<br>南明永历七年 | 三月，南明鲁王自去监国号。 |
| 1653 | 顺治十年<br>南明永历七年 | 三月，有荷兰人请通贸易，清按定例，二年或三年一贡，船无过三。 |
| 1653 | 顺治十年<br>南明永历七年 | 四月初五日，清始行京察。 |
| 1653 | 顺治十年<br>南明永历七年 | 四月初九日，清廷免湖南"寇荒"六、七、八、九年的拖欠钱粮。 |
| 1653 | 顺治十年<br>南明永历七年 | 四月十二日，清以图海为内弘文院大学士。 |
| 1653 | 顺治十年<br>南明永历七年 | 四月十九日，顺治帝命清厘学政。 |
| 1653 | 顺治十年<br>南明永历七年 | 四月二十二日，清定满洲部院备官照汉官例，一体离任丁忧，持服三年。 |
| 1653 | 顺治十年<br>南明永历七年 | 四月二十二日，顺治帝封达赖喇嘛为"西天大善自在佛、所领天下释教普通瓦赤喇怛喇达赖喇嘛"。 |
| 1653 | 顺治十年<br>南明永历七年 | 四月二十八日，清廷免福建漳州、福州等六府九年以前荒残田租三分之一。 |
| 1653 | 顺治十年<br>南明永历七年 | 五月初九日，清命沙尔虎达镇守宁古塔。 |
| 1653 | 顺治十年<br>南明永历七年 | 五月初十日，清廷为招降郑成功，大封郑氏家族。 |
| 1653 | 顺治十年<br>南明永历七年 | 五月初十日，清命喀喀穆为靖南将军，统兵往广东。 |
| 1653 | 顺治十年<br>南明永历七年 | 五月十二日，清定旌表宗室节孝贞烈例。 |

| 公元 | 年号 | 大事记 |
|---|---|---|
| 1653 | 顺治十年<br>南明永历七年 | 五月十七日，清命闽浙总督刘清泰遣官往郑成功处谕降。 |
| 1653 | 顺治十年<br>南明永历七年 | 五月二十日，清廷免湖广武昌等七府九年分旱灾额赋。 |
| 1653 | 顺治十年<br>南明永历七年 | 五月二十五日，清特命洪承畴经略湖广、广东、广西、云南、贵州等处地方，总督军务，兼理粮饷。 |
| 1653 | 顺治十年<br>南明永历七年 | 五月，清金砺率军攻海澄，为郑成功所败。 |
| 1653 | 顺治十年<br>南明永历七年 | 六月十一日，清以湖南、湖北疆域辽阔，命川湖总督专督湖广，陕西总督兼督四川，重设两广总督。 |
| 1653 | 顺治十年<br>南明永历七年 | 六月十二日，达赖喇嘛表谢清廷封号。 |
| 1653 | 顺治十年<br>南明永历七年 | 六月二十九日，顺治帝设置内十三衙门，定内监之制。 |
| 1653 | 顺治十年<br>南明永历七年 | 六月，清军屯齐北撤，洪承畴开始经营湖南，与大西军成相持状态。 |
| 1653 | 顺治十年<br>南明永历七年 | 闰六月十三日，清廷命各省巡抚管理屯田事务。 |
| 1653 | 顺治十年<br>南明永历七年 | 闰六月二十五日，琉球国中山王世子尚质遣使贡于清。 |
| 1653 | 顺治十年<br>南明永历七年 | 闰六月，李定国出师广东，攻肇庆，败绩。 |
| 1653 | 顺治十年<br>南明永历七年 | 七月初五日，顺治帝暂停宫殿及各项工程。 |
| 1653 | 顺治十年<br>南明永历七年 | 七月二十二日，清定钱法。 |
| 1653 | 顺治十年<br>南明永历七年 | 七月二十八日，清命岳乐为宣威大将军统兵戍守归化城，以防喀尔喀部。 |
| 1653 | 顺治十年<br>南明永历七年 | 七月，大西军李定国攻桂林，不克，退驻柳州。孙可望命冯双礼袭击李定国，不成。 |

| 公元 | 年号 | 大事记 |
|---|---|---|
| 1653 | 顺治十年<br>南明永历七年 | 八月十九日，顺治帝以太宗第十二女和硕公主嫁吴三桂长子吴应熊。 |
| 1653 | 顺治十年<br>南明永历七年 | 八月二十六日，顺治帝决定废后，降为静妃，改居侧宫。 |
| 1653 | 顺治十年<br>南明永历七年 | 八月，南明郑成功借清廷招抚势，遣兵各地征饷。 |
| 1653 | 顺治十年<br>南明永历七年 | 九月十五日，乌斯藏阐化王遣使贡于清。 |
| 1653 | 顺治十年<br>南明永历七年 | 十月初四日，清命济什哈往征山东抗清武装。 |
| 1653 | 顺治十年<br>南明永历七年 | 十月二十三日，清设粥厂，赈济京师饥民。 |
| 1653 | 顺治十年<br>南明永历七年 | 十月二十六日，清廷严禁优人借口扮妇女不剃发，违者斩。 |
| 1653 | 顺治十年<br>南明永历七年 | 十一月初六日，清廷连发两敕招抚郑成功，允其驻扎泉、漳、惠、潮四府。 |
| 1654 | 顺治十年<br>南明永历七年 | 十一月十九日，清廷规定报灾期限。 |
| 1654 | 顺治十年<br>南明永历七年 | 十一月二十四日，顺治帝命考核各省总督、巡抚。 |
| 1654 | 顺治十年<br>南明永历七年 | 十一月二十七日，清廷免江西五十四州县旱灾钱粮。 |
| 1654 | 顺治十年<br>南明永历七年 | 十二月初四日，清命陈泰为宁南靖寇大将军统兵往湖南代屯齐部征大西军孙可望。 |
| 1654 | 顺治十年<br>南明永历七年 | 十二月初五日，清以吕宫为内弘文院大学士。 |
| 1654 | 顺治十年<br>南明永历七年 | 十二月二十一日，清廷设兵部督捕衙门，专司缉捕逃人事。 |
| 1654 | 顺治十年<br>南明永历七年 | 十二月二十二日，清免河南开封、彰德等府州县九、十两年分水灾额赋。 |

| 公元 | 年号 | 大事记 |
|---|---|---|
| 1654 | 顺治十年<br>南明永历七年 | 十二月，南明张名振、张煌言率师入长江，败清兵于崇明。 |
| 1654 | 顺治十一年<br>南明永历八年 | 正月二十日，南明张名振、张煌言沿江而上，登金山、望江宁，遥祭明孝陵，乃撤。 |
| 1654 | 顺治十一年<br>南明永历八年 | 正月二十三日，清以金砺总督陕西三边四川事务。 |
| 1654 | 顺治十一年<br>南明永历八年 | 正月二十六日，清定仓粮考成则例。 |
| 1654 | 顺治十一年<br>南明永历八年 | 正月三十日，清定外藩王、贝勒、贝子、公元旦来朝给赏例。 |
| 1654 | 顺治十一年<br>南明永历八年 | 二月初九日，清廷甄别各直省督抚。 |
| 1654 | 顺治十一年<br>南明永历八年 | 二月十五日，顺治帝行耕藉礼，亲祭先农坛。 |
| 1654 | 顺治十一年<br>南明永历八年 | 二月二十日，清廷命尚可喜专镇广东，耿继茂驻扎桂林，并管辖原孔有德所部绿营旗官兵。 |
| 1654 | 顺治十一年<br>南明永历八年 | 二月二十八日，清增设江南沿海水师三千名。 |
| 1654 | 顺治十一年<br>南明永历八年 | 二月二十八日，清命李荫祖总督直隶、山东、河南军务。 |
| 1654 | 顺治十一年<br>南明永历八年 | 三月初一日，大学士陈名夏遭宁完我参劾，顺治帝命从重议罪。 |
| 1654 | 顺治十一年<br>南明永历八年 | 三月初七日，琉球国中山王世子尚质遣使进贡，缴故明敕印，请颁新敕印。 |
| 1654 | 顺治十一年<br>南明永历八年 | 三月十一日，清廷将陈名夏处绞。 |
| 1654 | 顺治十一年<br>南明永历八年 | 三月十八日，皇子玄烨生，母为佟氏妃。 |
| 1654 | 顺治十一年<br>南明永历八年 | 三月十八日，清以蒋赫德为国史院大学士 |

| 公元 | 年号 | 大事记 |
|---|---|---|
| 16s4 | 顺治十一年<br>南明永历八年 | 三月，大西军孙可望知永历帝密召李定国事，胁迫永历帝将吴贞毓等十八人处死。 |
| 1654 | 顺治十一年<br>南明永历八年 | 四月，大西军李定国兵至雷州、廉州。 |
| 1654 | 顺治十一年<br>南明永历八年 | 五月十七日，清以龚鼎孳为左都御史。 |
| 1654 | 顺治十一年<br>南明永历八年 | 六月初一日，黄河溃决于大王庙。 |
| 1654 | 顺治十一年<br>南明永历八年 | 六月初八日，陕西西安、延安、平凉等地地震。 |
| 1654 | 顺治十一年<br>南明永历八年 | 六月初九日，顺治帝令宗室子弟停习汉字书。 |
| 1654 | 顺治十一年<br>南明永历八年 | 六月初九日，清命朱玛喇为靖南将军同敦拜率部增援广东。 |
| 1654 | 顺治十一年<br>南明永历八年 | 六月十二目，清魏琬因请宽逃人令遭惩。 |
| 1654 | 顺治十一年<br>南明永历八年 | 六月十六日，顺治帝册立蒙古科尔沁部镇国公绰尔济女博尔济吉特氏为皇后。 |
| 1654 | 顺治十一年<br>南明永历八年 | 六月十八日，顺治帝大婚礼成。 |
| 1654 | 顺治十一年<br>南明永历八年 | 六月十九日，湖广安陆、荆州大水。 |
| 1654 | 顺治十一年<br>南明永历八年 | 六月二十五日，清廷准郑芝龙次子偕朝廷使者往郑成功处劝降。 |
| 1654 | 顺治十一年<br>南明永历八年 | 六月二十五日，清廷定告假回籍官员均应出缺。 |
| 1654 | 顺治十一年<br>南明永历八年 | 六月，大西军李定国再攻梧州，不克。 |
| 1654 | 顺治十一年<br>南明永历八年 | 七月初二日，清廷再谕郑成功，驳其所请，命其速剃发归降。 |

大清十二帝

顺治帝福临

| 公元 | 年号 | 大事记 |
|---|---|---|
| 1654 | 顺治十一年<br>南明永历八年 | 七月十八日，清以卓罗为吏部尚书，伊图为刑部尚书，郭科为工部尚书，阿克善为左都御史。 |
| 1654 | 顺治十一年<br>南明永历八年 | 七月二十九日，清廷以屯泰总督浙闽军务。 |
| 1654 | 顺治十一年<br>南明永历八年 | 七月，南明永历帝遣使至厦门，册封郑成功为延平王。 |
| 1654 | 顺治十一年<br>南明永历八年 | 八月十四日，清廷处理德州生员吕煌窝逃案。 |
| 1654 | 顺治十一年<br>南明永历八年 | 八月十七日，清诸王及满洲、汉军部院大臣请重惩隐匿逃人之窝主。 |
| 1654 | 顺治十一年<br>南明永历八年 | 八月二十四日，清招抚郑成功使者至泉州。 |
| 1654 | 顺治十一年<br>南明永历八年 | 九月初六日，清廷从严更定窝逃罪。 |
| 1654 | 顺治十一年<br>南明永历八年 | 十月初九日，清定顺治九年从尼堪征湖南败绩诸将罪。 |
| 1654 | 顺治十一年<br>南明永历八年 | 十月，大西军李定国收复高明，围攻新会。 |
| 1654 | 顺治十一年<br>南明永历八年 | 十月，清使与郑成功和议破裂。 |
| 1654 | 顺治十一年<br>南明永历八年 | 十一月初一日，清平南王尚可喜遣子尚之信入侍。 |
| 1654 | 顺治十一年<br>南明永历八年 | 十一月初二日，清漳州守将刘国轩献城降郑成功。 |
| 1654 | 顺治十一年<br>南明永历八年 | 十一月十六日，顺治帝以地震屡闻，水旱迭告，颁诏大赦。 |
| 1654 | 顺治十一年<br>南明永历八年 | 十一月十八日，清廷以郑成功不降之心已决，改招抚为进剿。 |
| 1654 | 顺治十一年<br>南明永历八年 | 十一月十八日，清靖南王耿继茂遣子耿精忠、耿昭忠入侍。 |

| 公元 | 年号 | 大事记 |
|---|---|---|
| 1655 | 顺治十一年<br>南明永历八年 | 十一月三十日，清命各省自顺治十二年为始编审人丁地土。 |
| 1655 | 顺治十一年<br>南明永历八年 | 十二月十六日，清廷以济度为定远大将军，率军往征郑成功。 |
| 1655 | 顺治十一年<br>南明永历八年 | 十二月十六日，尚可喜、耿继茂奏报：清军大败李定国于新会。 |
| 1655 | 顺治十一年<br>南明永历八年 | 十二月二十一日，清命明安达礼统率官兵往黑龙江，征讨沙俄侵略军。 |
| 1655 | 顺治十一年<br>南明永历八年 | 十二月二十二日，清定满洲、蒙古、汉军只准举人会试，使满汉一体。 |
| 1655 | 顺治十一年<br>南明永历八年 | 十二月，南明郑成功遣师攻陷同安、南安、惠安等县。 |
| 1655 | 顺治十二年<br>南明永历九年 | 正月十九日，顺治帝提倡广开言路，"极言无隐"。 |
| 1655 | 顺治十二年<br>南明永历九年 | 正月二十六日，顺治帝命设馆编《顺治大训》一书。 |
| 1655 | 顺治十二年<br>南明永历九年 | 正月，南明郑成功攻取仙游。 |
| 1655 | 顺治十二年<br>南明永历九年 | 二月初七日，济尔哈朗请顺治帝设起居注官。 |
| 1655 | 顺治十二年<br>南明永历九年 | 二月二十日，蒙古喀尔喀部致表清廷，请和好。 |
| 1655 | 顺治十二年<br>南明永历九年 | 二月，南明大西军李定国退守南宁。 |
| 1655 | 顺治十二年<br>南明永历九年 | 三月初三日，清户部右侍郎赵开心因请暂宽逃人之禁，被降五级调用。 |
| 1655 | 顺治十二年<br>南明永历九年 | 三月初九日，清廷禁言逃人事，言者治以重罪。 |
| 1655 | 顺治十二年<br>南明永历九年 | 三月二十四日，清彭长庚、许尔安因上书称颂多尔衮，被流徙宁古塔。 |

| 公元 | 年号 | 大事记 |
|---|---|---|
| 1655 | 顺治十二年<br>南明永历九年 | 三月二十六日，清兵科右给事中李裀因进言轻减逃人定例，被流徙尚阳堡。 |
| 1655 | 顺治十二年<br>南明永历九年 | 三月二十八日，顺治帝设日讲官。 |
| 1655 | 顺治十二年<br>南明永历九年 | 四月二十二日，清廷严禁举子隐匿年岁。 |
| 1655 | 顺治十二年<br>南明永历九年 | 四月二十九日，清以大学士冯铨、车克、成克巩、刘正宗、傅以渐为总裁官，开馆编辑《太祖圣训》《太宗圣训》。 |
| 1655 | 顺治十二年<br>南明永历九年 | 五月，大西军刘文秀率军攻常德，败绩。 |
| 1655 | 顺治十二年<br>南明永历九年 | 五月，南明郑成功遣张名振统兵入长江。 |
| 1655 | 顺治十二年<br>南明永历九年 | 六月初四日，清命名宫禁为紫禁城，后山为景山，西华门外台为瀛台。 |
| 1655 | 顺治十二年<br>南明永历九年 | 六月十九日，清廷严海禁，不许片帆入海，违者立致重典。 |
| 1655 | 顺治十二年<br>南明永历九年 | 六月二十八日，顺治帝设立内十三监铁牌，以防内监干政。 |
| 1655 | 顺治十二年<br>南明永历九年 | 六月，因清军增兵入闽，南明郑成功拆毁漳州城。 |
| 1655 | 顺治十二年<br>南明永历九年 | 七月初三日，清兵科右给事中季开生奏谏有使者奉旨往扬州买女子事，旋被革职，流徙尚阳堡。 |
| 1655 | 顺治十二年<br>南明永历九年 | 七月，南明郑成功遣军取舟山。 |
| 1655 | 顺治十二年<br>南明永历九年 | 八月，清廷许荷兰国货物在广州馆内贸易，不准于广东海上私自交易。 |
| 1655 | 顺治十二年<br>南明永历九年 | 八月，南明张名振率师至长江，自崇明北上，活动于山东登莱沿海地区。 |
| 1655 | 顺治十二年<br>南明永历九年 | 九月初十日，清廷重申马禁，马匹禁止私贩。 |

| 公元 | 年号 | 大事记 |
|---|---|---|
| 1655 | 顺治十二年<br>南明永历九年 | 九月二十一日，清廷初行武举殿试。 |
| 1655 | 顺治十二年<br>南明永历九年 | 九月，清济度统满汉官兵至闽，郑成功退守厦门，听居民搬移渡海，坚守各岛，以逸待劳。 |
| 1655 | 顺治十二年<br>南明永历九年 | 十月初十日，蒙古喀尔喀土谢图汗、丹津喇嘛、车臣汗、墨尔根诺颜等以和好约誓奏闻清廷。 |
| 1655 | 顺治十二年<br>南明永历九年 | 十月二十五日，清定纂修玉牒之制。 |
| 1655 | 顺治十二年<br>南明永历九年 | 十月二十六日，顺治帝以左都御史龚鼎孳议事，事系满洲，则附会重律，事涉汉人，则曲引宽条。将其降八级调用。 |
| 1655 | 顺治十二年<br>南明永历九年 | 十月，清舟山守将开城迎降南明郑成功部。 |
| 1655 | 顺治十二年<br>南明永历九年 | 十一月二十一日，清定喀尔喀部土谢图汗等八扎萨克"九白年贡"例，朝廷回赏例。 |
| 1655 | 顺治十二年<br>南明永历九年 | 十一月二十七日，南明张名振病逝。 |
| 1656 | 顺治十二年<br>南明永历九年 | 十二月十五日，清廷颁行满文《大清律》。 |
| 1656 | 顺治十二年<br>南明永历九年 | 十二月二十三日，清江南提督张天禄因作战失利，隐匿实情，被革职逮问。 |
| 1656 | 顺治十二年<br>南明永历九年 | 十二月二十四日，清以伊尔德为宁海大将军，统兵往舟山征剿郑成功。 |
| 1656 | 顺治十三年<br>南明永历十年 | 正月初四日，顺治帝命编《通鉴全书》《孝经衍义》。 |
| 1656 | 顺治十三年<br>南明永历十年 | 正月初四日，顺治帝闻额鲁特部顾实汗病故，谕理藩院"宜予祭典"。 |
| 1656 | 顺治十三年<br>南明永历十年 | 正月初九日，吴三桂、李国翰奏疏：所部官兵缺饷已经五月，请速行接济。 |
| 1656 | 顺治十三年<br>南明永历十年 | 正月三十日，清大计全国官员副使以下二百九十二员。 |

| 公元 | 年号 | 大事记 |
|---|---|---|
| 1656 | 顺治十三年<br>南明永历十年 | 正月，大西军李定国自南宁入安隆，联合白文选共奉永历帝往云南。 |
| 1656 | 顺治十三年<br>南明永历十年 | 二月初六日，清升侍讲吴伟业为国子监祭酒。 |
| 1656 | 顺治十三年<br>南明永历十年 | 二月二十一日，清定部院满官考察例。 |
| 1656 | 顺治十三年<br>南明永历十年 | 清调两广总督李率泰为闽浙总督，以王国光为两广总督。 |
| 1656 | 顺治十三年<br>南明永历十年 | 二月二十九日，都察院左副都御史魏裔介劾奏大学士陈之遴结党营私。 |
| 1656 | 顺治十三年<br>南明永历十年 | 二月，大西军李定国、白文选护卫南明永历帝至云南曲靖。 |
| 1656 | 顺治十三年<br>南明永历十年 | 三月初一日，南明永历帝入云南，改云南府为滇都，封李定国为晋王，刘文秀为蜀王，白文选为巩国公。 |
| 1656 | 顺治十三年<br>南明永历十年 | 三月十六日，顺治帝命陈之遴以原官发盛京地方居住。 |
| 1656 | 顺治十三年<br>南明永历十年 | 三月二十四日，顺治帝告诫各官，毋因地域而结党。 |
| 1656 | 顺治十三年<br>南明永历十年 | 三月，清尚可喜、耿继茂遣军反攻，收复揭阳、澄海、普宁。 |
| 1656 | 顺治十三年<br>南明永历十年 | 四月，清定远大将军济度调兵攻厦门，遇大风雨，不克。 |
| 1656 | 顺治十三年<br>南明永历十年 | 闰五月初八日，顺治帝亲试学习满文之翰林官员。 |
| 1656 | 顺治十三年<br>南明永历十年 | 闰五月十二日，清乾清宫、乾清门、坤宁宫、坤宁门、交泰殿及景仁、永寿、承乾、翊坤、锺粹、储秀等宫殿建成。 |
| 1656 | 顺治十三年<br>南明永历十年 | 闰五月十二日，清以郎廷佐总督江南江西等处地方军务。 |
| 1656 | 顺治十三年<br>南明永历十年 | 六月十一日，荷兰使者至，请"贡道"以便出入。清廷准其八年一贡，由广东入。 |

| 公元 | 年号 | 大事记 |
|---|---|---|
| 1656 | 顺治十三年 南明永历十年 | 六月十二日，顺治帝谕八旗各牛录，应体恤奴仆以减少逃亡。 |
| 1656 | 顺治十三年 南明永历十年 | 六月十六日，清廷申严海禁。严禁商民船只私自出海，不许片帆入口，一贼登岸。 |
| 1656 | 顺治十三年 南明永历十年 | 六月二十六日，清廷议增福建兵力，以防剿郑成功。 |
| 1656 | 顺治十三年 南明永历十年 | 六月二十九日，洪承畴以任职三载，一筹莫展，自请清廷罢斥处分，被命留任。 |
| 1656 | 顺治十三年 南明永历十年 | 六月，郑成功部将黄梧献海澄降清，旋封为海澄公，镇漳州。 |
| 1656 | 顺治十三年 南明永历十年 | 七月二十四日，清命湖广、江西、陕西、四川、广西各省督抚积极招抚抗清力量。 |
| 1656 | 顺治十三年 南明永历十年 | 七月，南明郑成功遣兵北上取闽安，攻福州，不克。 |
| 1656 | 顺治十三年 南明永历十年 | 八月初一日，清廷慰谕内蒙古诸部。 |
| 1656 | 顺治十三年 南明永历十年 | 八月二十九日，荷兰使者归国。 |
| 1656 | 顺治十三年 南明永历十年 | 八月，清军收复舟山，决计放弃，迁走居民，焚毁房屋。 |
| 1656 | 顺治十三年 南明永历十年 | 九月初二日，吐鲁番部阿布都拉哈遣人贡于清。 |
| 1656 | 顺治十三年 南明永历十年 | 九月二十六日，清廷因钱粮不敷，裁各省经费。 |
| 1656 | 顺治十三年 南明永历十年 | 九月二十九日，顺治帝晋董鄂氏为皇贵妃。 |
| 1656 | 顺治十三年 南明永历十年 | 十月初一日，清廷定满宫京察则例。 |
| 1656 | 顺治十三年 南明永历十年 | 十月初六日，清济度发兵攻铜山，为南明郑成功部所败。 |

大清十二帝

顺治帝福临

二〇二

| 公元 | 年号 | 大事记 |
|---|---|---|
| 1656 | 顺治十三年<br>南明永历十年 | 十月十三日，清廷没收郑芝龙、郑成功及郑氏田产房屋，以其租粮充兵饷。 |
| 1656 | 顺治十三年<br>南明永历十年 | 十月二十九日，清命陈之遴自盛京回京入旗。 |
| 1656 | 顺治十三年<br>南明永历十年 | 十一月十四日，乌斯藏阐化王遣国师坚错那贡方物于清。 |
| 1657 | 顺治十三年<br>南明永历十年 | 十二月二十二日，清以李荫祖总督湖广等处军务，兼理粮饷。 |
| 1657 | 顺治十三年<br>南明永历十年 | 十二月，大西军李定国遣刘文秀经略川南。 |
| 1656 | 顺治十三年<br>南明永历十年 | 是年，清统一满汉文武官员薪俸。 |
| 1657 | 顺治十四年<br>南明永历十一年 | 正月初八日，清定各坛庙门上匾额，去蒙古字，只书满汉字。 |
| 1657 | 顺治十四年<br>南明永历十一年 | 正月十五日，清禁止投拜门生，以绝朋党。 |
| 1657 | 顺治十四年<br>南明永历十一年 | 正月二十一日，清廷以崇尚文学，怠于武事，限制八旗参加科举。 |
| 1657 | 顺治十四年<br>南明永历十一年 | 二月十一日，清廷命八旗各出子弟四人送理藩院学习藏文。 |
| 1657 | 顺治十四年<br>南明永历十一年 | 二月十三日，清改定窝逃罪。 |
| 1657 | 顺治十四年<br>南明永历十一年 | 二月十六日，清沿明朝称号，定孔子为至圣先师。 |
| 1657 | 顺治十四年<br>南明永历十一年 | 三月十一日，清诏直省学臣购求遗书。 |
| 1657 | 顺治十四年<br>南明永历十一年 | 三月二十四日，清济度往福建征郑成功无功而返，班师回京。 |
| 1657 | 顺治十四年<br>南明永历十一年 | 三月，南明郑鸿逵病故金门。 |

| 公元 | 年号 | 大事记 |
|------|------|--------|
| 1657 | 顺治十四年<br>南明永历十一年 | 四月初五日，清廷将郑芝龙及其家人俱流徙宁古塔，家产籍没。 |
| 1657 | 顺治十四年<br>南明永历十一年 | 四月初十日，清定督垦荒地劝惩则例。 |
| 1657 | 顺治十四年<br>南明永历十一年 | 四月二十日，清以固山额真洛托为宁南靖寇大将军，驻防荆州。 |
| 1657 | 顺治十四年<br>南明永历十一年 | 四月二十六日，清置盛京奉天府。 |
| 1657 | 顺治十四年<br>南明永历十一年 | 五月，大西军孙可望准备举兵进攻云南李定国部。 |
| 1657 | 顺治十四年<br>南明永历十一年 | 六月三十日，清廷准洪承畴因病解任，回京调理。 |
| 1657 | 顺治十四年<br>南明永历十一年 | 六月，荷兰总督遣通事至郑成功处请求通商，郑成功许之。 |
| 1657 | 顺治十四年<br>南明永历十一年 | 七月，郑成功部攻兴化，克台州，清平南将军赵国祚请援。 |
| 1657 | 顺治十四年<br>南明永历十一年 | 八月十一日，清廷准修衡阳石鼓学院。 |
| 1657 | 顺治十四年<br>南明永历十一年 | 八月，大西军孙可望率军进犯云南李定国。 |
| 1657 | 顺治十四年<br>南明永历十一年 | 九月初二日，清以李国英总督陕西三边四川等处军务，兼理粮饷。 |
| 1657 | 顺治十四年<br>南明永历十一年 | 九月初七日，顺治帝始行经筵。 |
| 1657 | 顺治十四年<br>南明永历十一年 | 九月十四日，清军攻破闽安镇。 |
| 1657 | 顺治十四年<br>南明永历十一年 | 九月三十日，清廷停止各省铸钱，命令后只由京师宝泉局鼓铸。 |
| 1657 | 顺治十四年<br>南明永历十一年 | 九月，大西军孙可望与李定国交战，大败东逃。 |

| 公元 | 年号 | 大事记 |
|---|---|---|
| 1657 | 顺治十四年<br>南明永历十一年 | 十月初四日，清命固山额真卓布泰等率军驻防江宁。 |
| 1657 | 顺治十四年<br>南明永历十一年 | 十月初七日，清命户部右侍郎王弘祚主持编定《赋役全书》。 |
| 1657 | 顺治十四年<br>南明永历十一年 | 十月十八日，顺治帝发内币三万两，命工部整修文庙。 |
| 1657 | 顺治十四年<br>南明永历十一年 | 十月二十五日，清丁酉顺天科场案发。 |
| 1657 | 顺治十四年<br>南明永历十一年 | 十月，大西军孙可望率家□至宝庆降清。 |
| 1657 | 顺治十四年<br>南明永历十一年 | 十一月初六日，清定私铸罪。 |
| 1657 | 顺治十四年<br>南明永历十一年 | 十一月二十五日，清丁酉江南科场案发。 |
| 1658 | 顺治十四年<br>南明永历十一年 | 十二月初三日，孙可望由清洪承畴等陪同抵长沙。 |
| 1658 | 顺治十四年<br>南明永历十一年 | 十二月初四日，清定户部钱粮考成则例。 |
| 1658 | 顺治十四年<br>南明永历十一年 | 十二月初五日，清命洪承畴仍留原任。 |
| 1658 | 顺治十四年<br>南明永历十一年 | 十二月初六日，清廷封孙可望为义王。 |
| 1658 | 顺治十四年<br>南明永历十一年 | 十二月十五日，清命吴三桂同李国翰由四川，卓布泰从广西，洛托同济什哈从湖南，三路大军进攻贵州。 |
| 1658 | 顺治十五年<br>南明永历十二年 | 正月初三日，顺治帝谕孙可望率家□同册封使臣麻勒吉速来京陛见。 |
| 1658 | 顺治十五年<br>南明永历十二年 | 正月初九日，清以多尼为安远靖寇大将军同罗科铎、尚善等率军征云南。 |
| 1658 | 顺治十五年<br>南明永历十二年 | 正月十七日，顺治帝亲复试丁酉科顺天举人。 |

| 公元 | 年号 | 大事记 |
|---|---|---|
| 1658 | 顺治十五年<br>南明永历十二年 | 二月二十八日，降将孙可望自长沙赴京师。 |
| 1658 | 顺治十五年<br>南明永历十二年 | 二月，清军在湖南取武岗及靖、辰、沅诸州，在四川取重庆等地。 |
| 1658 | 顺治十五年<br>南明永历十二年 | 三月初八日，清廷将殿试由天安门外改在太和殿丹墀进行。 |
| 1658 | 顺治十五年<br>南明永历十二年 | 三月十三日，顺治帝亲复试丁酉科江南举人。 |
| 1658 | 顺治十五年<br>南明永历十二年 | 三月二十五日，清调直隶、山东、河南、山西等省官兵一万名增防浙江。 |
| 1658 | 顺治十五年<br>南明永历十二年 | 四月初二日，清廷举行殿试。 |
| 1658 | 顺治十五年<br>南明永历十二年 | 四月二十三日，清张悬锡自刎案发。 |
| 1658 | 顺治十五年<br>南明永历十二年 | 四月二十六日，清廷以行贿勾结内监等罪流徙陈之遴等官。 |
| 1658 | 顺治十五年<br>南明永历十二年 | 四月，清军入黔，分别取贵阳、陷遵义，三路大军均集于贵州。 |
| 1658 | 顺治十五年<br>南明永历十二年 | 五月初二日，大西军降将孙可望至京。 |
| 1658 | 顺治十五年<br>南明永历十二年 | 五月初七日，清转工部尚书卫周祚为吏部尚书。 |
| 1658 | 顺治十五年<br>南明永历十二年 | 五月十二日，清廷禁吏部书役作弊，改定拣选官员之法。 |
| 1658 | 顺治十五年<br>南明永历十二年 | 五月十五日，清澄海守将迎降郑成功。 |
| 1658 | 顺治十五年<br>南明永历十二年 | 五月，南明郑成功自率战船数千艘大举北上。 |
| 1658 | 顺治十五年<br>南明永历十二年 | 六月初一日，清调户部尚书孙廷铨为吏部尚书。 |

| 公元 | 年号 | 大事记 |
|---|---|---|
| 1658 | 顺治十五年<br>南明永历十二年 | 六月十五日，清以李栖凤总督两广军务。 |
| 1658 | 顺治十五年<br>南明永历十二年 | 六月，南明郑成功连陷平阳、瑞安，围攻温州，不克。 |
| 1658 | 顺治十五年<br>南明永历十二年 | 七月十四日，清升王弘祚为户部尚书。 |
| 1658 | 顺治十五年<br>南明永历十二年 | 七月十五日，清沙尔虎达捷报，击毙沙俄入侵者斯捷潘诺夫。 |
| 1658 | 顺治十五年<br>南明永历十二年 | 七月二十三日，清廷改官制，满汉官员品级划一。 |
| 1658 | 顺治十五年<br>南明永历十二年 | 七月二十三日，清更定乡会试取中额数，减其半。 |
| 1658 | 顺治十五年<br>南明永历十二年 | 七月二十九日，清将闽浙分二总督，以赵国祚总督浙江军务，原闽浙总督李率泰为福建总督。 |
| 1658 | 顺治十五年<br>南明永历十二年 | 七月，南明以李定国为招讨大元帅，抵御清军。 |
| 1658 | 顺治十五年<br>南明永历十二年 | 八月二十日，清命川陕总督李国英率军入川，防御川东抗清武装。 |
| 1658 | 顺治十五年<br>南明永历十二 | 八月，南明郑成功遇飓风，覆舟五千余艘，移驻舟山。 |
| 1658 | 顺治十五年<br>南明永历十二年 | 九月初七日，清参照故明旧例，设殿阁大学士，照例兼衔办事。 |
| 1658 | 顺治十五年<br>南明永历十二年 | 九月十五日，清以能图为都察院左都御史。 |
| 1658 | 顺治十五年<br>南明永历十二年 | 九月，南明郑成功率军活动于浙江沿海。 |
| 1658 | 顺治十五年<br>南明永历十二年 | 十月十六日，清廷殿试武举。 |
| 1658 | 顺治十五年<br>南明永历十二年 | 十月，清军议定，洪承畴与洛托留守贵阳。多尼、吴三桂、卓布泰三路大军期于十二月会师云南省城。 |

| 公元 | 年号 | 大事记 |
|---|---|---|
| 1658 | 顺治十五年<br>南明永历十二年 | 十一月，清三路大军进攻云南，中路多尼部陷曲靖，北路吴三桂部至七星关，南路卓布泰部陷安隆。 |
| 1658 | 顺治十五年<br>南明永历十二年 | 十二月初七日，清命巴哈纳、金之俊、卫周祚、李霨等校订《大清律》。 |
| 1659 | 顺治十五年<br>南明永历十二年 | 十二月十五日，南明永历帝撤离云南府，退向滇西。 |
| 1659 | 顺治十五年<br>南明永历十二年 | 十二月二十六日，清命明安达礼为安南将军统兵驻防贵州。 |
| 1659 | 顺治十六年<br>南明永历十三年 | 正月初三日，多尼、吴三桂、卓布泰三路清兵会师云南府。 |
| 1659 | 顺治十六年<br>南明永历十三年 | 正月初四日，南明永历帝至永昌。 |
| 1659 | 顺治十六年<br>南明永历十三年 | 正月十五日，清廷大计各地方官员。 |
| 1659 | 顺治十六年<br>南明永历十三年 | 正月二十六日，清设云贵总督。以赵廷臣总督云贵军务，兼理粮饷。 |
| 1659 | 顺治十六年<br>南明永历十三年 | 二月十五日，清撤洛托部回京，以明安达礼部驻防荆州。 |
| 1659 | 顺治十六年<br>南明永历十三年 | 二月十五日，南明白文选与清军战于大理之玉龙关，败绩，走木邦。 |
| 1659 | 顺治十六年<br>南明永历十三年 | 二月十六日，南明永历帝自永昌奔腾越。 |
| 1659 | 顺治十六年<br>南明永历十三年 | 二月二十一日，清军与南明李定国部展开磨盘山大战。 |
| 1659 | 顺治十六年<br>南明永历十三年 | 二月二十七日，南明永历帝至缅甸界。 |
| 1659 | 顺治十六年<br>南明永历十三年。 | 三月十八日，南明永历帝一行驻缅甸之井梗 |
| 1659 | 顺治十六年<br>南明永历十三年 | 三月二十三日，清命吴三桂驻镇云南，尚可喜驻镇广东，耿继茂驻镇四川。 |

| 公元 | 年号 | 大事记 |
|---|---|---|
| 1659 | 顺治十六年<br>南明永历十三年 | 三月二十八日,清定内阁、翰林职掌。 |
| 1659 | 顺治十六年<br>南明永历十三年 | 三月,南明李定国与白文选会于木邦。白文选入缅迎永历帝,兵临缅都阿瓦城下,不得音信而返。 |
| 1659 | 顺治十六年<br>南明永历十三年 | 闰三月二十八日,顺治帝亲自复试江南丁酉科举人。 |
| 1659 | 顺治十六年<br>南明永历十三年 | 闰三月,南明黔国公沐天波谋送永历帝出缅甸,马吉翔阻之。 |
| 1659 | 顺治十六年<br>南明永历十三年 | 闰三月,马宝等南明文武官员相继降清,冯双礼被执。 |
| 1659 | 顺治十六年<br>南明永历十三年 | 五月初五日,清廷再申朋党门户之禁。 |
| 1659 | 顺治十六年<br>南明永历十三年 | 五月初八日,南明永历帝为缅人移驻者梗。 |
| 1659 | 顺治十六年<br>南明永历十三年 | 五月十八日,南明郑成功、张煌言率军抵崇明,后经江阴沿江而上。 |
| 1659 | 顺治十六年<br>南明永历十三年 | 六月十七日,南明郑成功率军克瓜州。 |
| 1659 | 顺治十六年<br>南明永历十三年 | 六月二十三日,南明郑成功占镇江。 |
| 1659 | 顺治十六年<br>南明永历十三年 | 六月二十六日,南明郑成功军前锋至江宁。 |
| 1659 | 顺治十六年<br>南明永历十三年 | 七月初七日,南明张煌言为郑成功军前锋,兵至芜湖。 |
| 1659 | 顺治十六年<br>南明永历十三年 | 七月初八日,顺治帝亲征不果,乃命达素为安南将军同索洪、赖塔等增援江南。 |
| 1659 | 顺治十六年<br>南明永历十三年 | 七月十二日,南明郑成功连营八十三,围攻江宁。 |
| 1659 | 顺治十六年<br>南明永历十三年 | 七月二十三日,清总兵梁化凤率部突击郑成功营,解江宁之围。 |

| 公元 | 年号 | 大事记 |
|---|---|---|
| 1659 | 顺治十六年<br>南明永历十三年 | 七月二十四日，南明郑成功退至镇江，收兵登舟出海，所克州县尽失。 |
| 1659 | 顺治十六年<br>南明永历十三年 | 七月，南明张煌言被截于芜湖，焚舟登陆，从间道出天台，至海边。 |
| 1659 | 顺治十六年<br>南明永历十三年 | 七月，云南沅江土知府那嵩受封南明李定国，吴三桂欲讨之。 |
| 1659 | 顺治十六年<br>南明永历十三年 | 八月初五日，清以刘之源为镇海大将军驻防镇江。 |
| 1659 | 顺治十六年<br>南明永历十三年 | 八月初九日，南明郑成功攻崇明，不克。 |
| 1659 | 顺治十六年<br>南明永历十三年 | 九月初七日，南明郑成功返回厦门。 |
| 1659 | 顺治十六年<br>南明永历十三年 | 九月十九日，清升杜立德为刑部尚书。 |
| 1659 | 顺治十六年<br>南明永历十三年 | 十月初四日，顺治帝令各衙门掌管印务不分满汉。 |
| 1659 | 顺治十六年<br>南明永历十三年 | 十月二十二日，清定吴三桂专镇云南权限。 |
| 1659 | 顺治十六年<br>南明永历十三年 | 十月二十三日，清廷准洪承畴解任回京调理。 |
| 1659 | 顺治十六年<br>南明永历十三年 | 十一月初六日，清吴三桂攻破沅江，那嵩及全家自焚死。 |
| 1660 | 顺治十六年<br>南明永历十三年 | 十二月十九日，清定世职承袭例。 |
| 1660 | 顺治十六年<br>南明永历十三年 | 十二月二十六日，清以耿继茂移镇广西，命广西提督钱国安率部来京另用。 |
| 1659 | 顺治十六年<br>南明永历十三年 | 是年，清廷令直省行乡约之法，宣讲上谕。 |
| 1659 | 顺治十六年<br>南明永历十三年 | 是年，清廷许民间养马。 |

| 公元 | 年号 | 大事记 |
|---|---|---|
| 1660 | 顺治十七年<br>南明永历十四年 | 正月初四日，清廷议郑成功进攻江南、浙江时，失陷城池之文武官员罪。 |
| 1660 | 顺治十七年<br>南明永历十四年 | 正月初十日，清廷以朱国治为江宁巡抚。 |
| 1660 | 顺治十七年<br>南明永历十四年 | 正月十六日，清廷严禁官员私交、私宴及庆贺馈送。 |
| 1660 | 顺治十七年<br>南明永历十四年 | 正月二十四日，京师文庙成，顺治帝亲祭孔子。 |
| 1660 | 顺治十七年<br>南明永历十四年 | 正月二十五日，清廷严禁士人结社订盟。 |
| 1660 | 顺治十七年<br>南明永历十四年 | 二月初三日，清廷命甄别在京官员。 |
| 1660 | 顺治十七年<br>南明永历十四年 | 二月初八日，清廷复设凤阳巡抚，十七日，以林起龙巡抚凤阳。 |
| 1660 | 顺治十七年<br>南明永历十四年 | 二月十九日，清廷命甄别在京满官。 |
| 1660 | 顺治十七年<br>南明永历十四年 | 二月二十九日，顺治帝以满文《三国志》颁赐诸王以下，甲喇章京以上宫。 |
| 1660 | 顺治十七年<br>南明永历十四年 | 三月初八日，清定平南王、靖南王属下镇标绿营官兵营制。 |
| 1660 | 顺治十七年<br>南明永历十四年 | 三月十四日，清命云贵总督半年驻安顺，半年驻曲靖。 |
| 1660 | 顺治十七年<br>南明永历十四年 | 三月十六日，清江南巡抚蒋国柱等官因失陷镇江被治罪。 |
| 1660 | 顺治十七年<br>南明永历十四年 | 三月十九日，清定八旗汉字官名。 |
| 1660 | 顺治十七年<br>南明永历十四年 | 三月二十八日，清定宗室王公妻女封号。 |
| 1660 | 顺治十七年<br>南明永历十四年 | 四月初十日，清命张长庚总督湖广军务，兼理粮饷。 |

| 公元 | 年号 | 大事记 |
|---|---|---|
| 1660 | 顺治十七年<br>南明永历十四年 | 四月二十一日，清定盔缨之制。 |
| 1660 | 顺治十七年<br>南明永历十四年 | 四月二十二日，吴三桂上疏清廷请进兵缅甸，攻南明永历帝。 |
| 1660 | 顺治十七年<br>南明永历十四年 | 四月三十日，清廷同意吴三桂进兵缅甸。 |
| 1660 | 顺治十七年<br>南明永历十四年 | 四月，南明白文选部至景线。 |
| 1660 | 顺治十七年<br>南明永历十四年 | 五月初三日，沙俄使臣至京师，语多不逊，清廷遣之。 |
| 1660 | 顺治十七年<br>南明永历十四年 | 五月初十日，清以苏纳海为工部尚书。 |
| 1660 | 顺治十七年<br>南明永历十四年 | 五月十五日，清将故明黔国公沐天波庄田分给吴三桂部下。 |
| 1660 | 顺治十七年<br>南明永历十四年 | 五月二十五日，顺治帝以天旱谕各衙门求直言。 |
| 1660 | 顺治十七年<br>南明永历十四年 | 五月，清兵攻厦门，为南明郑成功所败。 |
| 1660 | 顺治十七年<br>南明永历十四年 | 六月初九日，清左都御史魏裔介劾奏大学士刘正宗、成克巩。 |
| 1660 | 顺治十七年<br>南明永历十四年 | 六月初十日，清以穆里玛为工部尚书。 |
| 1660 | 顺治十七年<br>南明永历十四年 | 六月十三日，天久旱，顺治帝率诸王、群臣步行至南郊祈雨。 |
| 1660 | 顺治十七年<br>南明永历十四年 | 六月十七日，清廷命耿继茂移驻广西。 |
| 1660 | 顺治十七年<br>南明永历十四年 | 六月二十二日，清廷复议去年云南磨盘山败绩事。 |
| 1660 | 顺治十七年<br>南明永历十四年 | 七月初五日，顺治帝重审建言获罪各官，仅李呈祥、季开生、魏琬免罪。 |

| 公元 | 年号 | 大事记 |
|---|---|---|
| 1660 | 顺治十七年<br>南明永历十四年 | 七月十七日，清廷处理永昌纵兵掠民案。 |
| 1660 | 顺治十七年<br>南明永历十四年 | 七月十七日，清改命耿继茂移驻福建。 |
| 1660 | 顺治十七年<br>南明永历十四年 | 七月二十四日，清军击败沙俄入侵者于费牙喀部落西部。 |
| 1660 | 顺治十七年<br>南明永历十四年 | 七月二十七日，清裁各省巡按，停巡方御史。 |
| 1660 | 顺治十七年<br>南明永历十四年 | 七月二十九日，清命都统洛托为安南将军同车克统兵往征福建郑成功。 |
| 1660 | 顺治十七年<br>南明永历十四年 | 七月，南明白文选率军迎永历帝于缅都阿瓦，不得而返。 |
| 1660 | 顺治十七年<br>南明永历十四年 | 八月十八日，清以内大臣公爱星阿为定西将军统兵往云南会同吴三桂进兵。 |
| 1660 | 顺治十七年<br>南明永历十四年 | 八月十九日，清董鄂妃病逝。 |
| 1660 | 顺治十七年<br>南明永历十四年 | 九月初一日，安南国奉表贡方物于清。 |
| 1660 | 顺治十七年<br>南明永历十四年 | 九月十一日，清迁同安、海澄等地沿海居民内地安插。 |
| 1660 | 顺治十七年<br>南明永历十四年 | 九月，南明李定国与白文选会合于孟艮。 |
| 1660 | 顺治十七年<br>南明永历十四年 | 十月，玉林琇劝阻顺治帝削发为僧。 |
| 1660 | 顺治十七年<br>南明永历十四年 | 十一月初十日，清工部侍郎张缙彦被革职、家产籍没，流徙宁古塔。 |
| 1660 | 顺治十七年<br>南明永历十四年 | 十一月十一日，清廷复御史巡方。 |
| 1660 | 顺治十七年<br>南明永历十四年 | 十一月十一日，广西报开垦民田、屯田二千二百五十余顷。 |

| 公元 | 年号 | 大事记 |
|---|---|---|
| 1661 | 顺治十七年<br>南明永历十四年 | 十二月初七日，清处斩苏松提督马逢知。 |
| 1661 | 顺治十七年<br>南明永历十四年 | 十二月十八日，清廷俱令喀尔喀部于归化城交易，禁止入境贸易。 |
| 1661 | 顺治十八年<br>南明永历十五年 | 正月初二日，顺治帝病。 |
| 1661 | 顺治十八年<br>南明永历十五年 | 正月初六日，顺治帝病重，召麻勒吉、王熙起草遗诏。 |
| 1661 | 顺治十八年<br>南明永历十五年 | 正月初七日，顺治帝病逝于养心殿。 |

大清十二帝

康熙帝玄烨

线装书局

# 名人档案

**康熙帝**：名爱新觉罗·玄烨。顺治帝福临第三子。属马。性格仁孝智勇。福临病死后即位。在位61年，病死，终年69岁。

**生卒时间**：公元1654年~公元1722年

**安葬之地**：葬于景陵（今河北遵化西北70里昌瑞山）。谥号弘运文武睿哲恭俭宽裕孝敬诚信功德大成仁皇帝，庙号圣祖，史称康熙皇帝。

**历史功过**：智除鳌拜，削平三藩，抗击沙俄，统一台湾，平定噶尔丹。整顿吏治，招揽人才，废除圈地，改革赋役，发展生产。

**名家评点**：早承大业，勤政爱民，经文纬武，寰宇一统，虽曰守成，实同开创。

# 少年天子

康熙是中国历史上最著名的帝王之一，他不但是四百多位中国帝王中在位时间最长的，也是其中最有成就者之一。他在位期间，真正巩固了清朝在全国的统治，实现了国家的统一，粉碎了各种分裂活动，奋力抵抗外敌入侵，大力发展社会经济，全面繁荣科技文化，拉开了历史上著名的康乾盛世的序幕。

康熙

康熙皇帝八岁登基，十六岁亲政，在位六十一年。

康熙姓爱新觉罗，名玄烨，于顺治十一年（1654年）三月十八日生于北京紫禁城景仁宫，是顺治帝福临的第三个儿子。康熙的生母是佟妃。佟妃的祖先佟养真本来是辽东的汉人，后来随兄弟佟养性投靠了努尔哈赤，被列入汉军，并受命管理汉军事务。后来佟养真战死，其子佟图赖承袭了职位，最后官至三等精奇尼哈番、太子太保。有了这样的身份，佟妃才得以被选入宫中，并于一年后生下了玄烨。

由此可知，康熙并非一个纯粹的女真人后代，他的身上，至少流淌着三个民族的血液：满族、汉族和蒙古族。尽管其母系已经加入了八旗，也算是满族人，但从血统上看，他的汉族血统是永远也抹杀不了的。从这个角度，我们可以说，康熙是汉满蒙民族结合的产物。

不过，佟妃没能得到顺治的宠爱，因此玄烨也没有受到父亲的特别关照。和其他的皇子一样，他刚出生，就被抱出宫交给母乳喂养。后来，因玄烨出过痘，乳母受命带着他到紫禁城西的一座偏宅居住，这里后来被改称为福佑寺。缺少了父母之爱的玄烨比其他人更早地成熟起来，他对抚养他的乳母也因此有了更深的感情。康熙晚年回忆说："世祖章皇帝因朕幼年时出痘，令保姆护视于紫禁城外，父母膝下，未得一日承欢，此朕六十年来抱憾之处。"从这段话中，我们不难听出康熙对没有得到父母的爱还是很伤感的。

抚养玄烨最久的乳母，就是著名文学家曹雪芹的先祖曹玺之妻孙氏。孙氏不但如生母一样照顾他，还充当了他的启蒙老师。玄烨对这位乳母也最为尊敬，即位后，特

地封曹玺为江宁织造，封孙氏为一品诰命夫人。而曹家也是汉军，属于内务府包衣旗人，表面上是奴仆，实际上也是心腹。玄烨有汉族的血统，又从汉人乳母那里接受了最早的启蒙教育，这对他后来重视汉族优秀文化，实行开明统治起到了重要的作用。

尽管母亲的地位没有使玄烨在众皇子中占据优势，但天资聪颖的他得到了最重要的一个人的宠爱，这个人就是孝庄皇太后。

有一次，佟妃到慈宁宫向孝庄请安，孝庄知道她怀有身孕，就对近侍说："我早先身怀顺治时，左右之人即曾看见我衣服大襟上有龙盘旋，赤光灿烂，后来果然诞生圣子，统一寰区。现今佟妃也有这种祥征，异日生子，必膺大福。"这个说法很快在宫里传开了，据说玄烨出生时，"合宫异香，经时不散，又五色光气，充溢庭户，与日并耀。是时，宫人以及内侍无不见者，咸称奇瑞"。

玄烨生下来就很惹人喜爱，据《清实录》记载：

"天表奇伟，神采焕发，双瞳日悬，隆准岳立，耳大声洪，
徇齐天纵。稍长，举止端肃，志量恢宏。"

本来老人就喜爱孩子，孝庄得到这么一位可爱的孙子，自然是当作心肝宝贝。从她后来对康熙的一些态度来看，她确实认为康熙是个当皇帝的材料，因此才会给予他最大的关怀。孝庄不但对这位孙子的饮食起居时时过问，更是按照帝王的标准严格教导。后来康熙回忆说："饮食、动履、言语，皆有矩度。虽平居独处，亦教以罔敢越佚，少不然即加督过，赖是以克有成。"

自五岁开始，玄烨正式上学读书。孝庄为了更好地培养他，特地派了自己最贴心的侍女苏嘛喇姑协助照看。苏嘛喇姑聪明乖巧，知书达理，并精通满语，有她手把手地教导，玄烨进步更快了。

清朝的皇子教育，在所有朝代中是最为严格的。五更时分，天还没有亮，皇子们就要到上书房学习。每天的日程安排得非常紧张，不但要读书，还要学习满族的"根本"——骑射。在咸丰皇帝以前，清朝的皇帝个个都有一身好武艺，就得益于这种自幼的严格训练。

在这种严格的教育下，玄烨的各方面都有很大进步。他天资聪慧，加上勤奋好学，虚心求教，很快就在众皇子中脱颖而出。《清实录》记载，他"读书十行俱下，略不遗忘，自五龄后，好学不倦，丙夜批阅，每至宵分"。对于中国传统文化典籍，他几乎都有涉猎，对于诗书史籍，更是融会贯通。他终生保持着读书不倦的习惯，从而也使他成为中国历史上文化素质最高的帝王之一。孝庄太后经常给他讲述祖先创业的历史，激励年幼的玄烨很早就树立了成为一个治国安民的名君的远大志向。

玄烨六岁那年，有一天，他和哥哥福全、弟弟常宁一起去给父皇顺治帝请安。顺治把他们搂在怀里，问他们长大以后愿意做什么样的人？常宁刚三岁，还不懂事，默然不知所云。福全回答说："愿意做一个贤王。"而玄烨则答："待长而效法皇父，黾勉

尽力。"一个仅仅六岁的孩童，竟然能说出这样的话来，令顺治十分惊异。

两年后，顺治帝因患天花病重，临终前遗命玄烨即位，不能不说与玄烨的非凡志向有关。当然，更主要的，是玄烨深受孝庄太后的宠爱，加上他已经出过了天花，有免疫力。结合多种因素，玄烨就以清王朝的第四位也是最杰出的一位帝王身份而登上了历史舞台。

顺治十八年（1661年）正月初九，玄烨在祖母孝庄皇太后的亲自主持下即位。八岁的玄烨穿上了孝服，到顺治帝灵前敬读诰文，接受诏命，然后换上礼服，到皇太后宫中行礼，亲御太和殿，登上宝座，接受百官的朝贺，正式登基。之后，颁诏大赦，定顺治帝谥号曰章皇帝，庙号世祖，改第二年为康熙元年。

"康熙"是安定太平的意思，这个年号体现了清朝统治者希望巩固统治的意志，也反映了各族人民渴望和平富足的要求。事实证明，玄烨的统治无愧于这两个字，他开创了中国封建社会最后一个盛世——"康乾"盛世。

## 智擒鳌拜

康熙登基时，不过是一个八岁的孩子，即使后来亲政也只有十六岁，因此，康熙的成长和夺取最高权力的过程是同时进行的。他的第一个强大对手，就是四大辅臣之一，有满洲第一勇士之称的鳌拜。

顺治帝临终前亲自从直属皇帝统领的上三旗中选定了四名亲信大臣辅助嗣君，这四人分别是：正黄旗，内大臣索尼；正白旗，苏克萨哈；镶黄旗，遏必隆、鳌拜。这样做，主要是为了防止再出现多尔衮专权跋扈，侵凌皇权的现象。满族宗室贵族还保留着很大的特权，特别是皇帝年幼的时候，国家政务都是由宗室诸王摄理的。但是宗室诸王摄政权力过大，又容易擅权越位，威胁统治秩序。顺治帝亲身领受过多尔衮的干政教训，因此临终时任命自己最为亲信而又非宗室的大臣来辅助幼君，这样既能辅佐幼主，又不会有篡夺之祸。然而，后来的事实表明，这种做法同样有危险，如果不是孝庄皇太后的果绝和康熙的聪敏，清王朝仍旧无法避免一场残酷的内讧。

四大臣中，索尼、遏必隆、鳌拜，原来是清太宗皇太极旧部，跟随皇太极南征北战，战功赫赫，备受信任。皇太极死后，他们忠心为主，一致拥立皇子福临即位，粉碎了多尔衮和多铎兄弟夺权的图谋，给予了孝庄太后最大的支持。顺治初年，他们因为不肯追随多尔衮而多次遭受打击，直到顺治八年顺治帝亲政才得以复职。因此，他们得到顺治和孝庄的信任而迅速升迁。索尼被晋升为一等伯，任内大臣，总管内务府；遏必隆袭封一等公，任议政大臣、领侍卫内大臣；鳌拜晋为二等公，任议政大臣、领侍卫内大臣。他们是经过多年考验的股肱之臣，因此得到重用是顺理成章的事。

　　而另外一位，则是原属多尔衮心腹的苏克萨哈。但在多尔衮死后，他率先揭发多尔衮的问题，因此得到了顺治帝和孝庄太后的信任，被提升为正白旗护军统领。正白旗直属皇帝以后，苏克萨哈晋二等公，任领侍卫内大臣。这样一来，苏克萨哈同样是皇帝的心腹。不过，任命他为辅政大臣，还有权力制衡的考虑。苏克萨哈是正白旗的代表，如果辅政大臣中没有正白旗的人，对于稳定大局是不利的。但由于苏克萨哈的特殊身份，以及多尔衮时代留下的正白旗和正镶黄旗的积怨，也给后来埋下了祸根。

　　辅政初期，四大臣还能本着协商一致的原则辅佐幼帝，几年都相安无事。但越到后来矛盾就越显露出来，其祸首就是鳌拜。

　　鳌拜是满洲镶黄旗人，姓瓜尔佳氏。他的叔叔费英东是最早追随努尔哈赤起兵的人之一，被列入开国五大臣。鳌拜自幼弓马娴熟，长大后，跟随皇太极四处征战，立下了赫赫战功。崇德二年（1637年），他参加皮岛战役。皮岛守备森严，清军久攻不下，鳌拜请求自己担任先锋，发誓说："不得此岛，勿复见王。"他驾船横渡海峡，直冲敌阵，大叫着奋力冲杀，一鼓作气，登上城墙，打败敌兵，攻克了皮岛。皇太极对他更加欣赏，封给他三等男爵，赐号"巴图鲁"（："勇士"之意）。

　　在清军争夺东北和入关的多次大战中，鳌拜都立有大功。崇德六年的松锦会战中，他"以步兵战败明军步军营"，取得首功。明总督洪承畴率十三万大军来援，鳌拜率先冲锋陷阵，连打了五次胜仗。明军溃败，鳌拜奉命追杀，又获全胜。崇德八年（1643年），随阿巴泰征讨明军，入长城，围北京，攻掠至山东兖州、临清而返。

　　顺治元年（1644年），清兵入关，考核群臣功绩，鳌拜"以忠勤戮力，晋一等子"。后随亲王阿济格征湖北，打败李自成起义军，又随豪格攻入四川，大败张献忠部，"斩献忠于阵"。他生性勇猛，作战奋不顾身，被称为"第一巴图鲁"。

　　皇太极非常喜欢鳌拜，引为心腹，而鳌拜对他也忠心耿耿。皇太极死后，在由谁继位的问题上，鳌拜和索尼等正黄旗、镶黄旗将领坚决维护皇太极一系的地位，顶住了多尔衮兄弟的威压，最终推举皇太极第九子福临继位，是为顺治帝。这样一来，他又拥戴有功，因此深受顺治帝和其母孝庄太后的信任。为此，顺治帝病逝，他才会被任命为四辅臣之一。但因他好勇斗狠，为人专横，便被排到了四人中最末一位。

　　四大辅臣中，索尼的资格最老，威信最高，因此位于四辅臣之首。苏克萨哈才干超群，位列第二。遏必隆是开国五大臣额亦都之后，屡立战功，与鳌拜交好，同为镶黄旗人。鳌拜名列第四，但为人最为强悍，他见苏克萨哈爵秩虽然低，班次竟居第二，仅次于索尼，一旦索尼死了，苏克萨哈有可能依次递补，代替索尼总揽启奏和批红大权。鳌拜对此耿耿于怀，从此两人遇事争吵不休，积怨成仇。鳌拜便利用黄白旗之间的矛盾，在三旗内部挑起争端，借以打击苏克萨哈。

　　鳌拜首先翻起了旧账，他重新挑起多年前圈占北京附近田地时，多尔衮利用权势造成的黄白旗之间的矛盾，要求重新划分土地。这一提议得到了在多尔衮时代受到压迫的两黄旗大臣的支持，就连索尼和遏必隆也随声附和。鳌拜见有机可乘，便唆使两黄旗的旗人向户部呈文，要求把遵化、迁安等地的正白旗屯庄改拨镶黄旗。大学士、户部尚书苏纳海认为圈地时间已经过了二十多年，而且康熙三年朝廷已经下令禁止圈地，因此便奏请朝廷，驳回重新划分土地之议。苏纳海本身就是正白旗人，他的奏疏更加引起了鳌拜的愤怒。他发动党羽，采取各种办法诬陷苏纳海和直隶总督朱昌祚、直隶巡抚王登联等反对划分土地的官员，将三人逮捕治罪。年仅十三岁的康熙没有应允，鳌拜竟然假传圣旨，捏造苏纳海三人"迁延藐旨""妄行具奏"等罪名，把三人处以绞刑。

此举震惊了朝野。百官则是人心惶惶，人们都看到了鳌拜的专权跋扈，因此纷纷要求皇帝亲政。在百官的推动下，索尼等人在康熙六年（1667年）三月，奏请皇上亲政。六月，索尼去世。七月初七，康熙亲政。按理，鳌拜应该见好就收，但他自恃功高，加上索尼已死，无人能控制他，所以他根本就不把十四岁的皇帝放在眼里，反而有恃无恐，妄图攫取启奏权和批理奏疏权，成为真正的宰相。

苏克萨哈则是个明白人，他见皇帝已经亲政，便不愿与鳌拜同流合污，坚决抵制鳌拜的卑劣行径。鳌拜对他更加痛恨，必欲置之于死地。而苏克萨哈见鳌拜的权势很大，自己无法与之抗争，便打算退出权力中心。在康熙亲政的第六天，他就以"身染重疾"为由，上书要求"往守先皇帝陵寝"。他希望以自己隐退的举动迫使鳌拜、遏必隆也一并辞职交权。而鳌拜早就想对他下手，于是就想在康熙虽然亲政，但还没有掌握大权的时候，决定借此除掉苏克萨哈。他抓住苏克萨哈在要求去盛京守先帝陵寝的上疏中有"如线余生得以生全"之语，大做文章。以皇帝的口吻指责道："兹苏克萨哈奏请守陵，如线余生得以生全。不识有何逼迫之处，在此何以不得生，守陵何以得生？朕所不解。着议政王贝勒大臣会议具奏。"七月十七日，鳌拜操纵议政王大臣会议，给苏克萨哈编造了"不欲归政"等二十四款大罪，且议定之后向皇帝奏报，称苏克萨哈"存蓄异心，论如大逆，应与其长子内大臣查克旦皆磔死"，其余子孙，无论已到年龄或未到年龄，皆斩决籍没。康熙"坚执不允所请"。但是鳌拜连日强奏，不达目的不肯罢休，最后康熙只把对苏克萨哈从分尸的酷刑改为绞刑，其他都按其原议行刑。康熙刚亲政就被鳌拜来了一个下马威，使得他对这位权臣的飞扬跋扈也看得更清楚了。但羽翼未丰，暂时还无法用强，他不得不隐忍待机。

鳌拜则认为康熙软弱可欺，于是得意忘形，越来越肆无忌惮地结党营私、擅权乱政，他把自己的儿子和亲信安插在内大臣、大学士、六部尚书等重要位置上。

辅国公班布尔善死心塌地地依附鳌拜，结党营私，利用权力擅改票签，决定拟罪、免罪之权，处心积虑地配合鳌拜杀害了苏克萨哈。由于帮助鳌拜排除异己有功，他被鳌拜提升为领侍卫内大臣、秘书院大学士。

正白旗副都统玛迩赛更是个谄媚小人，深得鳌拜信任，被提拔为工部尚书。户部尚书苏纳海被冤杀后，鳌拜企图把自己的党羽打入户部，控制中央财政，便不顾其他人反对，援引顺治年间曾设两位满洲尚书的旧例，迫使康熙同意将玛迩赛补为户部尚书，又任命其兼任正白旗蒙古都统。玛迩赛经常和另一位户部尚书王弘祚发生冲突，班布尔善就借户部的一次过失，将王弘祚革职。康熙八年（1669 年）正月，玛迩赛病死，鳌拜又逼迫康熙予以封谥，康熙没有同意，鳌拜竟将他擅自谥为"忠敏"。

鳌拜的亲友更是个个手握重权。他的弟弟穆里玛担任满洲都统，康熙二年（1663年）被授为靖西将军，因为镇压起义军李来亨部有功，后又升为阿思哈尼哈番。他的另一个弟弟巴哈，顺治时任议政大臣、领侍卫内大臣，其子讷尔都娶顺治之女为妻，被封和硕额附。鳌拜的儿子那摩佛担任领侍卫内大臣，后袭封二等公，加太子少师衔。可以说，鳌拜满门显贵。

经过长期的勾结，鳌拜排除异己，发展自己的势力，已经结成了以自己为核心，以穆里玛、塞木特纳莫、班布尔善、玛迩赛、阿思哈、噶褚哈为骨干的朋党集团。他们互相勾结，操纵了朝政。据说，他们凡事在家与亲信议定后，才奏报施行，甚至经康熙批准的奏稿，也要带回家去另议，商量对策后，再作处理，真正称得上是目无朝廷了。

鳌拜一面培植死党，一面不择手段地排斥异己。很多官员因为违背鳌拜意愿，被他处死。因此朝廷之中人人自危，无人敢说"不"字，总之，鳌拜已经到了权倾朝野的地步。

对于不附从的官员，鳌拜无不加害。费扬古是重要的开国功臣，一直与鳌拜不合，他的儿子倭赫及侍卫西住、折克图、觉罗塞尔弼四人一同在御前值勤，对鳌拜从不表示敬畏。鳌拜为此怀恨在心，伺机加害。康熙三年（1664 年）四月，倭赫等人在景山、瀛台值勤，私骑御马，又用御弓射鹿。鳌拜得知后，立刻以此为借口将四人处死。并且还诬蔑费扬古对皇上心怀怨恨，就将他连同其次子尼堪、三子萨哈连一同处以绞刑，幼子色黑则流放宁古塔，还没收了其全部家产，给了穆里玛。

鳌拜专横跋扈，朝野有目共睹，康熙更是十分反感。但他还是个少年，无威无势，心里恼怒，也无可奈何，只有隐忍下来。鳌拜总认为康熙不过是个乳臭未干的孩子，根本不把他放在眼里。他贪恋权柄，迟迟不愿归政，仍旧恣意妄为，大臣们也是敢怒不敢言。

这样一来，鳌拜就成了康熙执掌朝政的第一块也是最大的一块绊脚石。因为鳌拜不是一个人，而是形成了一个势力庞大的集团，不将其除掉，最高权力就会旁落，甚至有江山易主的危险。但除掉他，对于一个刚刚懂事的孩子来说，可以说是一点胜算都没有。因此这个时候轻举妄动，只能带来祸患。康熙稳重的性格帮助了他。他没有急于争权，而是尽量控制自己，不与鳌拜发生正面冲突。有时为了迷惑敌人，他故意顺从鳌拜，给他造成柔弱无能的印象。这样一来，鳌拜更不把他放在心上，始终认为他不过是个懦弱的孩子而已。实际上，康熙早已在暗中准备了。他知道，要当成真正的皇帝，必须除掉鳌拜，而除掉鳌拜，必须一次成功，要稳、准、狠，绝不能有任何闪失。所以，他不动声色，让鳌拜放松了警惕。

康熙考虑到鳌拜是顺治时期的重要大臣，而且多年以来他一直致力于网罗亲信，宫廷内外多置耳目，因此如果公开缉拿他的话，可能会激起事端。因而首先应当寻找有利的时机，并选择适当的方式，这样才能增加胜算。

为了迷惑鳌拜，康熙下令封赏辅臣，把遏必隆晋为一等公，鳌拜也授为一等公，而且他的二等公爵位，由他的儿子那摩佛承袭。康熙七年（1668年），康熙又加封鳌拜为太师，其子那摩佛加封太子少师。

一次，鳌拜声称有病在家，康熙前去探视。御前侍卫和托发现鳌拜神色反常，便迅速上前，揭开鳌拜座席，发现一把匕首。鳌拜惊慌失措，以为阴谋败露，但康熙却毫不在意地说道："刀不离身是满人的故俗，辅政大臣时时不忘祖训，实在可嘉可奖！"从而稳住了鳌拜。回到宫中，便立即将索额图召进宫内，命令他召集一群身强力壮的少年，在宫中练习一种格斗游戏，每次练习，康熙都在一旁观看，即使鳌拜入奏进宫，也不作回避。鳌拜以为康熙年少贪玩，所以喜欢和众少年嬉戏，于是心里十分坦然，并不在意。

采取行动之前，康熙不露声色地以各种名义将鳌拜的亲信派往外地，削弱他的力量，避免发生不测。一切准备就绪，胜算在握后，康熙决定立即行动。康熙八年（1669年）五月十六日，鳌拜入奏，康熙对这些少年们说："你们都是我的心腹卫士，你们是敬畏我呢，还是敬畏鳌拜呢？"大家齐声道："我们只敬畏皇上！"康熙便讲出鳌拜的一桩桩罪恶，命令他们立刻上前将鳌拜捉住。鳌拜手足无措，很快被这群少年生擒活捉。

逮捕鳌拜后，康熙没有忘乎所以。他马上进行了清剿鳌拜党羽的行动，将其一网打尽。但在处理鳌拜一伙时，他没有感情用事，而是从朝廷的稳定大局着想，有力又有度，这样既清除了鳌拜的势力，又没有影响大局的稳定。

康熙命令康亲王杰书审问鳌拜，列罪三十条，其中包括欺君擅权，任用奸党，结党议政，聚货养奸，巧饰供词，擅起先帝不用之人，杀苏克萨哈，擅杀苏纳海，更换旗地，奏阻立后，谬用济世，禁止科道陈言，违旨擅谥，旧疏呈览，呵斥人臣，逼令他人迁坟等等，总之罪不容诛。大臣们拟将鳌拜革职立斩，其诸子兄弟一并处死，妻子为奴，没收家产。鳌拜只求开恩免死，他脱下衣服，露出为清朝多年血战留下的无数处伤痕，恳求从轻发落。康熙看到后，不忍加诛，最后判定革职籍没、拘禁。其子那摩佛一并免死，革职拘禁。穆里玛、塞本得等人则被削职处斩。

辅政大臣遏必隆不但没有起到辅政的作用，反而处处顺服鳌拜，这次也被拿问。经过审讯，也以"不行纠核""藐视皇上"获罪，共二十一条罪行。议政王大臣会议提出应拟革职立绞，妻子为奴。康熙予以宽大处理，只革去了他太师及公爵的封号。

鳌拜党羽众多，如果斩尽杀绝，势必给清王朝的统治带来极大的动荡。因此康熙将首恶与胁从者分别对待，对于班布尔善、阿思哈、噶褚哈、泰璧图等核心成员，非杀不可的，都下令处死；对于那些诌附而无大恶的多数党羽，如苏尔马、巴哈等人，都予以从轻处置，从宽免死。这样一来，既惩戒了奸党，也分化瓦解了鳌拜集团的势力，完满地保证了大局的稳定。

年仅十六岁的康熙凭着他过人的聪敏、沉着、果敢和智慧，在最高权力的博弈中，施展了非凡的政治谋略，不但干净漂亮地清除了鳌拜这个不可一世的权臣，彻底清除了反对势力，而且稳定了大局，真是难能可贵。

# 削平"三藩"

## （一）三藩由来

康熙亲政后，"以三藩及河务、漕运为三大事，夙夜廑念，曾书而悬之宫中柱上"。其中又将处置"三藩"看成是治国安邦的头等大事。所谓"三藩"，即顺治年间清廷派驻云南、广东和福建三地的平西王吴三桂、平南王尚可喜、靖南王耿继茂（后由其子精忠袭爵）。当时，他们奉命南征，击败南明政权及农民军余部，曾为统一中原做过贡献。此外，他们的权势也随之恶性膨胀，至康熙初年，已发展为新的地方割据势力，成为危害国家统一的症结。

诸藩势力的发展，与清初政治形势是有联系的。当时清朝统治者需要以高爵厚禄招降汉族将领，为其统一中原服务。孔有德、耿仲明（继茂之父）、尚可喜，原为辽东人，于天命六年三月清太祖努尔哈赤攻占辽东后，陆续去皮岛，往依明总兵毛文龙。天聪二年六月，明蓟辽总督袁崇焕擅杀毛文龙，东江大乱，自相残杀，孔、耿、尚等辗转流徙，最后在走投无路情况下，先后于天聪七、八年投降后金。清太宗皇太极出城十里相迎，隆重接待，并一反过去分拨降人隶属满洲八旗的惯例，授有德为都元帅、仲明为总兵官，命率所部驻辽阳，号"天祐兵"；授可喜为总兵官，命率所部驻海州，号"天助兵"。崇德元年六月，皇太极改国号为清，封有德为恭顺王、仲明为怀顺王、可喜为智顺王，并多方给予迁就和照顾。这时出现直属皇帝的三位汉人藩王，不仅于中央集权无害，反而有利于抵制满洲诸王，维护皇帝的地位和权势。崇德七年八月，皇太极析汉军四旗为八旗，命有德、仲明、可喜分隶正红、正黄、镶蓝旗。

吴三桂，江苏高邮人，后入籍辽东，明原任锦州总兵吴襄之子、后任锦州总兵祖大寿之甥，曾任游击、副将等职。吴襄因罪下狱，明晋升吴三桂为总兵官，令其率兵守宁远。明崇祯十五年二月，松锦会战结束，明十三万军队大部死伤、瓦解，蓟辽总督洪承畴降清，三桂逃回，收集逃亡兵力，从三千增至三、四万人，力守宁远，为明廷所倚重。清占关外各城，惟宁远未下。崇祯十七年三月初六，李自成农民军已入山西，昌平兵变，京师戒严，崇祯帝封三桂为平西伯，令弃宁远，火速率兵入援京师，并起用吴襄提督京营。三桂奉诏后，行动迟缓，每日只行数十里。宁远至山海关仅两日程，十六日才到，二十日至丰润，知农民军已于前一日入京，便率领人们返回山海关。清朝曾多次遗书招降吴三桂，正欲率兵进关的摄政王多尔衮更许诺："伯若率众来归，必封以故土，晋爵藩王"。李自成亦曾派人招抚吴三桂，但因农民军的"割富济贫""追赃助饷"政策使地主阶级不寒而栗，所以吴三桂最终还是向清朝投降。同年四月，山海关一战，清吴联军大败李自成军，多尔衮即曰"承制进三桂爵平西王"。至此，清廷所封汉人藩王，已有四名。

清朝进关后，主要是在汉人居住地区与汉人交战，所以很注意发挥汉人藩王的作用。顺治元年十月，命孔有德、耿仲明随大将军豫亲王多铎，吴三桂、尚可喜随大将军英亲王阿济格，从南北两路进兵陕西，征伐李自成。二年，下西安后，有德、仲明与多铎移师下江南，克扬州，取南京，消灭南明第一个政权——福王政权，八月班师；三桂、可喜与阿济格进兵湖广，追击李自成，克郧阳、荆州、襄阳、武昌，下九江，闻李自成死于九宫山，即班师。如果说这时还是满汉合师进讨，那么从第二年起便逐步进入汉人藩王独自专征的阶段。

顺治三年八月，清廷授有德平南大将军，率仲明、可喜等征湖广。时福建南明唐王政权也已失败，桂王政权成立于广东肇庆，年号永历，其湖广总督何腾蛟驻湘阴，联合李自成农民军余部及左良玉旧部，号"十三镇"，势力比较强大。经过一年多的征战，至五年春，湖南诸郡县悉定，并旁取贵州、广西部分地区，桂王转徙广西桂林，有德等奉命班师。然而有德师还，湖南郡县复为南明占据，清廷又派郑亲王济尔哈郎为定远大将军，率师征讨，亦仅复长沙、宝庆、衡州等府的部分郡县。于是再派诸藩专征，并有驻镇地方之举。

顺治六年五月，改封孔有德定南王，令将兵二万征广西；改仲明为靖南王，可喜为平南王，各将兵一万征广东。不久，仲明以隐匿逃人惧罪自杀，其子继茂代领其众，袭封王爵。南进之师最初比较顺利，有德于是年冬即进占桂林，可喜等于次年冬攻克广州，桂王走梧州。但张献忠大西军余部李定国、白文选等人与南明桂王合作，使南明力量增大。最初进攻四川北部，清廷于顺治八年命镇守汉中的吴三桂进征四川。吴军力量较强，降清时即号称五万，征战过程中又收下降、扩员，大约已达七万左右。李定国等又转而争夺广西，于九年七月攻克桂林，有德阵亡，子亦被害，部下由其婿广西将军孙延龄及其女孔四贞统领。因有德爵除，四藩成为三藩。顺治十年五月，顺治帝为协调西南五省力量，剿抚兼施，消灭桂王政权，令洪承畴经略五省，兼领江西，授"经略大学士"之印。其职衔全称是："太保兼太师、内翰林国史院大学士、兵部尚书兼都察院右副都御史，经略湖广、广东、广西、云南、贵州等处地方，总督军务兼理粮饷。"十四年十二月，顺治帝部署三路进兵方案，诏授吴三桂为平西大将军，与定西将军墨尔根侍卫李国翰从四川人贵州，另有宁南靖寇大将军罗托与经略大学士洪承畴从湖南、征南将军赵布泰与提督线国安从广西进入贵州。

顺治十五年正月，清军克贵州，顺治命多罗信郡王多尼为安远靖寇大将军，代替先遣之宁南靖寇大将军宗室罗托，与其他两路乘胜进取云南。十六年正月，三路大军俱人云南省城，南明永历帝等败走永昌府，后避入缅甸，两广、云贵基本平定。同年三月，顺治帝根据洪承畴建议，"命平西王驻镇云南，平南王驻镇广东，靖南王驻镇四川（次年七月，改驻福建）。""三藩"分镇，曾取得显著效果。吴三桂于顺治十八年十二月率兵入缅，强行引渡永历帝及其眷属、随行官员，并另遣总兵追击、招降巩昌王白文选，不久晋王李定国亦死，云南底定。耿、尚分守闽、粤，亦曾有效地抵御郑成功的进扰。

随之而来的是"三藩"拥兵自重，权势日张。云南每年耗饷最多时达九百余万，平时亦不下数百万。所以说："天下财赋，半耗于三藩"。而且三藩分别专制一方，严重侵犯中央集权。吴三桂以功晋封亲王，总管云南、贵州二省文武军民一切事务。顺治帝谕："凡该省文武官贤否甄别举刻，民间利弊因革兴除，及兵马钱粮一切事务，俱暂著该藩总管，奏请施行。内外各该衙门不得掣肘"。应吴三桂之请，在皇帝授予云贵督抚的敕书中，竟大书"听王节制"四字。不仅如此，吴三桂还委派部下亲信到他省任职，称为"西选"，"西选之官几满天下"。他"散财结士，人人得其死力。专制滇中十余年，日练士马，利器械。水陆冲要，遍置私人，各省提镇，多其心腹。子为额附，朝政纤悉，旦夕飞报。诡称蒙古侵夺丽江、中甸地，及调兵往，又称寇遁，挟边防以自重"。耿、尚虽然不如三桂蛮横跋扈，然亦"擅署置官吏"，垄断地方大权，各为一方之患。

"三藩"各年把持驻地财源，欺压百姓。吴三桂。"踞由榔（永历帝）所居五华山故宫为藩府，增廓崇丽；籍沐天波（黔国公）庄田为藩王；假浚渠筑城为名，广征关市、榷税、盐井、金矿、铜山之利，厚自封殖"，并"招徕商旅，资以藩本，使广通贸易殖货财"。吴三桂不仅占据沐氏全部庄田，又圈占明代卫所军田，将耕种这些土地的各族农民变为吴三桂的官佃户，恢复明末各种苛重的租税和徭役，又"勒平民为余丁，不从则曰是我"逃人"。此外还以放牧、狩猎等各种手段为借口，强征人民土地，霸占其产业。史载："昆明三百里内为刍牧之场，其外为奉养之区者又三百余所。其道路之所费，岁时畋猎征求，又不与焉。潴其坟墓，庐其室家，役其妻孥，荐绅士庶及于农工商贾，惴惴焉唯旦夕之莫保"。

尚可喜、耿继茂两王倒没有吴三桂那样跋扈，但所镇地方也无人敢惹。同样也是以各种名堂垄断当地财赋，对民间百姓竭力搜刮、巧取豪夺。甚至利用沿海交通方便的有利条件，不顾清政府的海禁政府，大肆进行走私活动。在康熙初的十余年间，"三藩"的势力已越来越强，已成尾大不掉之势。居功自傲的功臣在战争结束不久，已成了伏踞南方、危害国家安定的势力。形势的发展已向年轻的康熙皇帝提出严峻的挑战。

### （二）三藩反叛

清朝封建三藩的目的，本来是为了安宁边疆，免除朝廷的后顾之忧。然而三王分镇滇、粤、闽之后，手握重兵，雄踞一方，位尊权重，尾大不掉，逐渐走上了与中央集权政府相对立的道路，成为分裂割据的军阀势力。这绝对不能为年轻气盛的康熙所容忍。

康熙亲政后，对于三藩的割据深感忧虑，把它与治河、漕运视为并重的"三大事"，用纸条写下来贴在宫中墙柱上，夙夜廑（qín）念。康熙清醒地意识到："吴三桂绝非宋朝功臣可比，乃是唐代藩镇之流。"他密切注视着局势的发展，准备寻找适当的时机解决三藩问题。

康熙初年，清朝开始采取一系列措施，逐步限制三藩势力的膨胀。首先是收缴吴三桂的平西大将军印。1663年，康熙派内大臣对住在京城的吴三桂长子吴应熊说："当初因为永历盘踞缅甸，边疆多事，所以授你父亲大将军印，不过是一时权宜之计。现在天下安定，你父亲仍据之不还，究竟是什么意思？"言下颇有责备之意，吴应熊自然听出了弦外之音，赶紧将此意转告其父。吴三桂迫不得已，具疏上缴大将军印，但内心快快不乐，对朝廷更加不满。

接着，清朝又大力裁减兵员，以节省军费开支。1665年，裁云南绿旗兵5000人。两年后，左都御史王熙又奏请裁饷。他说："国家的钱粮，大半消耗在云、贵、闽、广四省的兵饷上。仅就云贵两省而言，平西藩下官兵每年需俸饷三百多万两，本省赋役不足以供应其十分之一，这种情况势必难以维持长久。我认为，云贵地区既然已经平定，绿旗兵就应当立即裁撤，即使是藩下的多余士卒，也应当遣散屯田。这样，国家的财政负担自然减轻，饷源自然宽裕。"康熙当即令吴三桂与地方督抚酌筹裁汰，节省军费100万两。

吴三桂精心建置的"忠勇营""义勇营"是他的王牌军队。1665年1月，康熙调整两营将官的任命，并改换其驻防地点，几经折腾，使其名存实亡。对于吴三桂的心腹部将，也一一调离云南，翦除了吴三桂的羽翼，使其孤掌难鸣。

朝廷的行动，引起了吴三桂的女婿胡国柱和心腹谋臣方光琛的警觉。1667年5月的一个深夜，他们冒着初夏的暴雨，紧急求见吴三桂，说："朝廷已怀疑亲王您了，您应当想个自全之策。"吴三桂乍听这话，猛吃一惊，随即镇静下来，若无其事地"嘿"了一声。他毕竟久经沙场，老谋深算，略一思忖，便胸有成竹，不慌不忙，决定先投石问路，试探一下朝廷的动静再说。很快，吴三桂向朝廷上了一道奏疏，声称眼睛有毛病，请求辞去云贵两省事务。

康熙看了这道奏疏，毫不犹豫地批示道："平西亲王吴三桂久镇边疆，总理两省事务，实在劳苦功高。近日览奏，知亲王两目昏瞀（mào，目眩眼花），精力锐减，都是因为操劳过度，积劳成疾所致，朕深表关怀。"同意将所管各项事务，照各省惯例，由当地督抚管理。这一着出乎吴三桂的意料，他指使党羽云贵总督卞三元、云南提督张国柱、贵州提督李本琛先后上疏，威胁朝廷收回成命。康熙毫不让步，答复说："该藩以精力日减奏请辞职，所以朕特予允准。如今地方太平，若令平西亲王继续总理事务，恐怕操劳太多，有损健康，反为不美。你等不必再说。"就这样，康熙机智地解除了吴三桂总管云贵和"西选"的特权，吴三桂权力所剩无几，只是还有个高贵的亲王名号而已。

在剥夺吴三桂的权力后，康熙为了安抚他，于 1668 年 1 月将其长子和硕额驸吴应熊（1653 年 8 月 19 日奉顺治皇帝钦命娶皇太极十四女和硕公主）晋升为少傅兼太子太保，同时又提拔耿继茂次子耿聚忠、三子耿昭忠及尚可喜三子尚之信为太子少师，表面上示以恩宠，实际上是作为控制三落的人质，使其不敢轻举妄动。

这种软硬兼施的策略颇为奏效。1671 年吴三桂六十大寿时，吴应熊带着妻儿，千里迢迢赴昆明祝寿。吴三桂沐浴着天伦之乐，非常高兴，对方光琛等人说："你们看见了吗？朝廷并不怀疑我，你们以后说话要慎重些。"

吴三桂麻痹了，康熙却并没有停止行动。正在这时，南明遗臣查如龙来到云南，煽动吴三桂反清复明。他给吴三桂上了一封血书，说："天下督抚及朝中大臣都期待着您效周武王发起孟津之会。您毕竟是汉人，当年山海关之事实属万不得已，现在您兵强马壮，天下的主动权把握在您手中，如果您出兵北伐中原，天下云集响应，恢复大明社稷，真是千载难逢的好时机！"这件事泄露后，查如龙被押解北京处死。康熙也从这件事中吸取了经验教训：只要吴三桂还存在，就是一大隐患，这个隐患不根除，就有可能被反清势力所利用。至此，三藩的撤除已如箭在弦上，不得不发，只待有利时机。

当康熙积极准备解决三藩问题时，平南王尚可喜正为其长子尚之信而忧心忡忡。此时的尚可喜，戎马数十年，已感精力不济，老迈多病，尚之信受命佐理军务。但此人性情暴躁，酗酒嗜杀，每当喝得醉醺醺的时候，就拔出佩刀刺侍者，即使是他宠爱的姬妾；也往往被折磨得遍体鳞伤。尚之信喜欢养狗，特地修建了狗房，设狗监管理其事，经常纵狗兜风，所过之处必须用猪肉喂饲。一天夜里，尚之信听到有喧闹声，便派狗监去察看，发现是疯狗狂乱咬人，狗监怎么也不敢再上前去。尚之信大怒，令左右侍卫割狗监肉喂狗，鲜血淋漓，直到肉尽才止。对于其父尚可喜的宫监堂官，尚之信也随意施虐，肆无忌惮。一天，宫监前往传达王命，尚之信见他大腹便便，行动迟缓，调侃说："你这个肚子怎么这样大？里面肯定有奇宝，待我打开看看。"说完，操起一把匕首直刺宫监腹部，宫监当场气绝死亡。

对于尚之信的暴行，尚可喜的家人、部属和广东百姓都感到难以忍受，而尚可喜本人又无可奈何。为避免遭其毒手，尚可喜于1673年3月上疏朝廷，请求康熙允许他回辽东养老。

康熙接到尚可喜的奏疏，不由得大喜过望。他意识到这是撤藩的大好时机，决定顺水推舟，以此为突破口，向三藩开刀。3月12日，康熙给尚可喜下了一道谕旨："平南王尚可喜，底定广东，镇守边疆，今年已七十，欲归辽东耕种，情词恳切，能知大体，朕心深为嘉悦。"5月3日，撤藩的诏书由钦差专程送达广州，尚可喜态度比较恭顺，拜谢之后，即陆续题报起程日期及家口、马匹数目，着手迁移事宜。

尚藩撤离，对吴、耿二藩震动很大。吴三桂召集幕僚商议，令谋士刘玄初也起草一封辞藩疏，以试探朝廷的态度。刘玄初劝阻说："皇上早就想把您调离云南了，苦于难以启口。您这封奏疏一上去，岂不正中下怀？恐怕早晨上疏晚上调令就下达了。"吴三桂却错误地估计了形势，依然陶醉在自己的功劳簿上，扬言说："康熙这小皇帝必然不敢把我怎么样，上疏只不过是为了消除他的疑虑罢了。"7月3日，吴三挂上疏康熙，自请撤藩。7月9日，耿精忠也如法炮制，上了同样一道奏疏。

短时间内连续接到三藩自请撤除的奏疏，对康熙来说正是求之不得的事。他将计就计，分别同意了三藩的请求，称赞他们"镇守边疆，劳苦功高，请撤安插，恭谨可喜"，令议政王大臣就迁移之事详细讨论。一场大搏斗由此揭开了序幕。

然而出乎康熙的意料，议政王大臣会议对耿精忠的撤迁很快达成共识，而对吴三桂的处理却出现了严重的分歧。只有兵部尚书明珠、刑部尚书莫洛、户部尚书米思翰等极少数人主张将吴三桂及其所属官兵家口全部迁移，在山海关酌情安插。而以大学士图海、索额图为首的一批大臣则认为："自从吴三桂镇守云南以来，地方安宁，总无乱萌。若将他迁移，就不得不另派满洲官兵镇守。兵丁往来，加上吴三桂的迁移，必然使沿途地方苦累不堪。况且云南民族成分复杂，镇守的满洲官兵，数量少了不足以弹压局势，多了又加重当地负担。相比之下，不如仍令吴三桂镇守云南。"双方各执一端，争执不下，无法达成一致，只好上奏康熙，由他亲自裁决。

这天深夜，月明星稀，万籁俱寂，康熙却辗转反侧，难以入眠，索性披衣下床，在乾清宫中信步徘徊。盛夏的紫禁城，酷热难耐，他心里颇感烦闷。白天议政王大臣会议的讨论结果令他很不满意，尽管索额图等人的意见也不无道理，他不得不加以考虑，但他自幼饱读史书，更深知藩镇割据的危害，唐朝后期的历史教训殷鉴不远。机不可失，时不再来，若不趁他们自请撤藩时下手，以后恐怕再难有此天赐良机。何况吴三桂之子吴应熊、耿精忠之弟耿聚忠、耿昭忠还在京师供职，彼等投鼠忌器，也许还不至于举兵叛乱。

这时，康熙已踱步来到殿外檐下。远处传来一串清脆的更声，一阵凉风掠过，使他感到分外的惬意，心里也似乎下定了最后的决心，转身快步来到书案前，奋笔疾书，亲自拟了一道圣旨："吴三桂请撤安插，所奏情词恳切。著吴三桂率所属官兵家口，一并搬移前来。"

次日早朝，康熙刚将圣旨一宣布，索额图就第一个站出班行，朗声问道："陛下可曾想到吴三桂会因此造反？"对于这个问题，康熙早已深思熟虑，他直视着索额图，斩钉截铁地说："吴三桂蓄谋已久，若不及早铲除，将来必定养痈遗患。今日之形势，是撤藩他们可能造反，不撤藩也可能造反。与其姑息养奸，不如先发制人。"他已经做好了接受挑战的思想准备。

当时康熙年仅20岁，血气方刚，不是那种瞻前顾后、患得患失的人。与鳌拜的斗争，使他经受了一次洗礼，变得干练、沉着、果断、坚毅，积累了一定的政治斗争经验。眼下，他又面临着一场更大规模的较量，对手之强悍，远非鳌拜可比。但他满怀信心，坚定不移，即使为此付出代价，也在所不惜。

1673年8月，康熙派礼部右侍郎折尔肯、翰林院学士傅达礼赴云南，户部尚书梁清标赴广东，吏部右侍郎陈一炳赴福建，会同当地总督、巡抚、提督具体办理撤兵起行事宜。康熙对吴藩特别重视，深知云南之行多有风险，于8月24日折尔肯、傅达礼启程时，特遣侍卫赐给每人御用佩刀一把，骏马两匹，以壮行色，以重事权。

9月7日，钦差大臣折尔肯一行奉撤藩诏书抵达昆明，吴三桂永镇云南的希望成了泡影，决定铤而走险。12月21日，吴三桂以召开会议为名，集合藩下官兵，杀云南巡抚朱国治，扣留朝廷使臣折尔肯、傅达礼，自称"天下都招讨兵马大元帅"，蓄发易衣冠，以兴复明朝相标榜，发布《讨清檄文》，正式揭起了叛旗。又致信平南王尚可喜、靖南王耿精忠、台湾郑经及各省旧日部属，鼓动他们举兵反叛。1674年2月27日，原定南王孔有德女婿、广西将军孙延龄率先响应。紧接着，3月15日，耿精忠在福建起兵。1676年2月21日，尚之信在广东倡乱。吴三桂在各省的部将也纷纷竖起反旗。叛军气势汹汹，咄咄逼人，战火很快燃遍云南、贵州、湖广、四川、广西、福建、陕西、广东8省，全国一片鼎沸。年轻的康熙面临着一场空前严峻的考验。

## （三）八年定乱

1673年岁末的一天傍晚，康熙伫立在御花园延辉阁下。天上飘着鹅毛大雪，凛冽的寒风呼呼吹过，侍立的太监、宫女冷得直哆嗦，康熙对此却茫然不知，两眼凝望着西南方向，眉头紧锁，默默无语。撤藩钦差大臣已派出数月，兵部郎中党务礼、户部员外郎萨穆哈又奉命前往贵州筹办吴三桂搬迁时所需的夫役、船只和粮草。时间一天天过去了，眼看就是年关，还没有确切的消息传来，康熙心里非常焦急。

12月21日黄昏，有两匹马急驰到兵部衙门，党务礼、萨穆哈终于赶回来了。他们俩是从贵州死里逃生的，一路马不停蹄，昼夜兼程，劳累得将要衰竭，来不及说一句话就昏倒在地。值班的书史赶紧用姜汤灌醒，党务礼睁开眼睛，冲口而出："吴三桂反了！"一句话，朝野顿时震动起来。

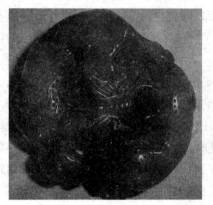

双猫戏蝶

康熙日夜提心吊胆的事终于发生了。他紧急召开议政王大臣会议商讨对策。尽管反叛非一时一事酿成，但撤藩是导火线，朝臣中又发生了新的争执。反对撤藩者把吴三桂的叛乱归咎于主撤者，索额图甚至提出将倡议撤藩的人正以国法，眼看一场汉景帝诛晁错的悲剧又将发生。康熙十分冷静，敢做敢当，断然否决了索额图的意见，自己承担起全部责任。他对索额图说："撤藩出自朕意，其他人有什么过错？我从来都认为三藩势焰嚣张，不能不撤，岂能因吴三桂反叛而诿过于人？"康熙极力保护主张撤藩的人，是非分明，胆识过人。诸臣对此无不感激涕零，心悦诚服。朝廷上下同仇敌忾，齐心协力，决心给叛军以迎头痛击。

康熙迅速调兵遣将，制定了平叛部署。荆州（今湖北江陵）居天下之中，战略位置十分重要，自古为兵家必争之地。因叛军已攻入湖南，居民震恐，人心浮动。康熙派前锋统领硕岱率精锐骑兵，昼夜兼程前往防守，以稳定军民之心，并进据常德，阻止叛军北上。12月24日，任命多罗顺承郡王勒尔锦为宁南靖寇大将军，总统诸将驻守荆州。多罗贝勒察尼、都统觉罗朱满等8人参赞军务，都统范达礼、王国诏等14员大将同往，总计八旗劲旅约11300人。康熙以重兵抢先据守荆州，凭江设防，切断了叛军北进的道路，是稳定战局的重大决策。

鉴于四川邻近云南，军情紧急，康熙令西安将军瓦尔喀率全部骑兵，选拔将领，昼夜开赴四川，坚守由滇入川的所有险隘之地。又因广西与贵州接壤，任命已故定南王孔有德的女婿孙延龄为抚蛮将军，统所部军队固守广西，堵住吴三桂向广西的进攻。又谕令陕西总督哈占、甘肃提督张勇等，捍卫边境，稳定西北大后方。

1674年春，孙延龄、耿精忠相继反叛，形势进一步恶化。康熙迅速增调兵力，先后派出了六路大军。第一路，宁南靖寇大将军勒尔锦等，由常德，澧州（今湖南澧县）进攻云南；第二路，镇南将军尼雅翰等，由武昌出发，分水陆两路进攻岳州（今湖南岳阳）、长沙，直趋广西；第三路，安西将军赫业、西安将军瓦尔喀等，由汉中进攻四川；第四路，平南将军赖塔，由浙江进攻福建；第五路，定南将军希尔根等，由江西进攻福建；第六路，平寇将军根特巴图鲁等，率军赴广东，会同平南王尚可喜防剿叛军。

与军事行动相配合，康熙采取了一系列的政治措施。战前，康熙曾有过操之过急和考虑不周的失误，比如他已经预见到三藩"撤亦反，不撤亦反"，却没有及时采取严密的防范措施，也没有考虑分批撤藩或派八旗兵换防等建议的可行性，三藩并撤，以致烽烟四起。所以，战争爆发后，康熙当机立断，下令停撤平南王、靖南王二藩，立即召回派往广东、福建的撤藩钦差梁清标、陈一炳，并亲自给尚可喜、耿精忠每人发了一道手谕，加以安抚，以免他们倒向吴三桂一边。

康熙将打击的重点直指吴三桂。1673 年 12 月 26 日，康熙下诏削夺吴三桂的平西王爵，通告全国说："逆贼吴三桂，当年穷途末路，摇尾乞怜，我世祖章皇帝念其投诚纳降，授以军旅，赐封王爵，开藩云南，倾心倚重。及朕本人，又晋爵亲王，委以重任，托以心膂。不想吴三桂心怀狡诈，宠极生骄，阴谋不轨，于本年七月内自请搬移，朕以为吴三桂出于诚心，且念其年龄衰迈，长期戍守边疆，所以特地允准，令有关部门周密安插，又特遣大臣前往云南宣谕圣旨。朕待吴三桂，可谓仁至义尽，无以复加。岂料吴三桂径行反叛，背弃朝廷豢养之恩，横行凶逆，涂炭生灵，真是天理难容，神人共愤。今削其爵位，遣宁南靖寇大将军勒尔锦，统率劲军，前往征剿，兵威所至，即刻荡平。凡有擒斩吴三桂首级者，即以其爵位封赏；以兵马城池归顺朝廷者，论功行赏。朕决不食言，各地方官可广为宣布遵行。"这道诏书一公布，将吴三桂几十年来为清朝立下的汗马功劳一笔勾销，无异于从政治上宣判了他的死刑。

1674 年 3 月 9 日，兵部尚书王熙上疏请诛"逆子"吴应熊等人，得到议政王大臣会议的一致支持。这给康熙出了一道难题。吴应能是吴三桂的长子，也是康熙的亲姑父，在皇室外戚中还算是比较称职的大臣。从人伦关系来说，康熙不忍心处死吴应熊，但为了防微杜渐，免得祸起萧墙，他又不得不以大清江山和国家利益为重。经过激烈的思想斗争，康熙决定大义灭亲，4 月 13 日下令将吴应熊及其子吴世霖处以绞刑，并毁掉吴三桂在关外的祖坟，以示与叛军誓不两立。这一着棋，确实起到了"以寒老贼之胆，以绝群奸之望，以励三军之心"的作用，达到了康熙预期的效果。当吴三桂获悉子孙被正法时，正在军中饮酒，一接到讣闻，顿时脸色铁青，双手颤抖，酒杯拿持不住，落在地上摔得粉碎。丧亲之痛使他肝肠寸断，老泪纵横，好半天才缓过气来，长叹一声，无可奈何地说："今日真是骑虎难下啊！"失望、悲痛、愤恨、悔愧之情，一齐涌上他的心头。

1674 年 12 月 4 日，陕西提督王辅臣在宁羌（今陕西宁强）叛变，杀经略陕西军务的刑部尚书莫洛。西北后院失火，局势更加险恶，清军陷于多面作战的境地。康熙冷静地分析了形势，沉着应战，重新调整战略部署，以福建、浙江、江西为东战场，四川、甘肃、陕西为西战场，湖广为中心战场，分别配备良将劲旅，相继进剿。在东战场，有安亲王岳乐率军奋战于江西，康亲王杰书等分讨于浙江。在中心战场，康熙反复指示勒尔锦等，擒贼先擒王，主攻湖南，速灭吴三桂，各地叛至自然树倒猢狲散。

考虑到山东兖州邻近江南、江西、湖广，山西太原邻近陕西、四川，都是交通要道，战略位置极其重要，康熙将令副都统马哈达率军驻防兖州，副都统扩尔坤领兵驻防太原，秣马厉兵，建立接转基地，沟通北京——德州——兖州——江宁——安庆和北京——太原——西安两条运输线，以保证援兵及各项军用物资源源不断运往前线。为了保证军情传递的迅速、准确，康熙又令兵部在原有的驿站之外，每400里设笔帖式一员、拨什库一员，遇有紧急事务，不分昼夜急驰传递。这样，大大加快了通讯效率，能及时了解前方军情，掌握战争主动权。甘肃地隔北京5000里，有关情报只需9天时间就可送达；荆州、西安5天，浙江4天。吴三桂最初对康熙颇为轻视，以为不过一乳臭未干的小子，未经大战，不晓军事，没什么可担心的。后来听说驿报如此神速，不由得仰天长叹："完了，完了！不可与他争锋也！"

王辅臣的叛变，实在出乎康熙的意外。此人早年参加过农民起义，作战勇猛，爱乘一匹黄骠马，出入千军万马擒敌，无人敢当，有"马鹞子"之称。1649年清军围攻大同时，王辅臣投降，隶汉军正白旗，因勇冠三军，受到顺治帝赏识。后随洪承畴转战南北，忠心耿耿。云贵平定后，留镇云南，隶属吴三桂。康熙知他智勇双全，特地将他从吴三桂藩下调出，任命为陕西提督，委以西北重地。1670年底，王辅臣赴平凉（今甘肃平凉）上任前夕，进京谒见康熙。康熙对他非常关怀，让他过完元宵节再启程，并叫他同自己一起观灯，眷恋之情，溢于言表："朕真想把你留在朝中，朝夕相见，但平凉是边庭要地，又非你亲去不可。"王辅臣临行前，康熙再次接见他，赐给一支蟠龙豹尾枪，说："这枪是先帝留给朕的，朕每次外出，都把枪摆在马前，为的是不忘先帝。你是先帝之臣，朕是先帝之子，今日分别，其他东西都不足珍贵，惟把此枪赐给你。你持此枪前往平凉，见到枪就如同见到朕，朕想到枪也如同想到你。"王辅臣感动得拜伏在地，痛哭流涕，久久不起，说："圣上恩重如山，微臣即使肝脑涂地，也不能报答万分之一，怎敢不竭尽股肱之力，以报效陛下?!"王辅臣是肩负着康熙的殷切希望，前往平凉上任的。吴三桂叛乱后，派人持信函、委任札赶赴平凉，煽动王辅臣反叛。王辅臣没有丝毫犹豫，拿下信使，令其子王继贞押解北京。康熙大喜，任命王继贞为大理寺少卿。然而相隔不过几个月时间，王辅臣却竖起了反旗，这令康熙怎么也难以置信。

康熙深知王辅臣的叛变影响更大，北京随时都可能受到威胁，又见其态度暧昧，不同于那些铁杆叛乱分子，决定实行招抚政策。他理了理情绪，传令召见王继贞，准备从他身上打开缺口。

王继贞一进殿，脚还没站稳，康熙就劈头喝问道："你父亲反了，知道吗？"王继贞大惊失色，吓得浑身颤栗，哆哆嗦嗦地说："我不知道，一点也不知道。"见他吓成这副样子，康熙反倒动了恻隐之心，缓步走下殿来，扶起王继贞，安慰说："你不要害怕。朕知道你父亲忠贞不贰，绝不至于造反，一定是莫洛不善调解，才有平凉将士哗变，使你父亲不得不屈从。朕今天召见你，是让你速速回去，宣布朕的命令，赦你父亲无罪。莫洛之死，罪在士卒，与你父亲无关。"王继贞这才喘了一口气，如释重负，诺诺而退，连夜赶回平凉。

1674 年 12 月 23 日，康熙又给王辅臣发去一道长篇诏谕，把他与王辅臣的交往一桩桩娓娓道来，力图以真情打动王辅臣。诏谕没有一句谴责的话，处处流露出体谅与宽容，俨然是一封叙旧的私人信函。康熙深知，值此非常时期，追究莫洛之死已毫无政治意义，重要的是王辅臣回心转意，使战略位置极其重要的大西北不再掀起叛乱的战火。

康熙的真诚，打动了王辅臣，他一直驻扎在平凉，既不南下与吴三桂会合，也不与四川的叛将王屏藩联手。1676 年 2 月，抚远大将军图海围困平凉，执行康熙的招抚政策，围而不攻，困而不战，以攻心为上，极力劝诱王辅臣反正。在粮道被切断、城内人心惶惶的情况下，王辅臣经过激烈的思想斗争，表示愿意投降。康熙信守诺言，恢复王辅臣原职，加太子太保，升靖寇将军，其部下一律赦免。6 月 15 日，王辅臣接受招降，平凉光复。陕甘叛军闻讯，纷纷撤退。靖逆将军兼甘肃提督张勇、宁夏总兵王进宝等跟踪追剿，收复许多失地。清军迅速从西北战场脱身，开赴湖广主战场，增强了对吴三桂叛军作战的力量。

招抚王辅臣成功，西北安定，康熙从中总结出一条经验：剿抚并用，事半功倍。此后，"剿抚并用"策略被推广到各个战场。康熙指示，只要有悔过投诚之人，都可接受其降顺，允许其戴罪立功。

1676 年 5 月至 1677 年 5 月，是康熙"剿抚并用"政策取得重大胜利的一年。在强大的政治攻势下，1676 年 10 月 4 日，耿精忠归顺。1677 年 5 月 4 日，尚之信投降。福建、浙江、广东等省相继平定，叛军势力局限于吴三桂控制的云南、贵州、四川、湖南、广西五省。清军实现了对吴三桂的逐步包围，并从湖南北部的岳州、长沙和南部的湘粤边界，西北从陕西到四川，对吴三桂叛军发起了反攻。

1678 年初，征南将军穆占连克郴州（今湖南郴县）、桂阳、桂东、兴宁、宜章、临武、嘉禾、永兴等地，彻底粉碎了吴三桂进犯广东的企图，并准备在湖南战场进行主力决战。吴三桂军事上接连丧师失地，便于 3 月 23 日在衡州（今湖南衡阳）称帝，国号周，大封诸将，聊以鼓舞士气，重新打开局面。8 月 17 日，吴三桂病死军中，其孙吴世璠继位，部下涣散，军心动摇。康熙利用这一大好形势，令清军分水陆两路夹击，迅速攻取岳州。

岳州位于长江南岸洞庭湖畔，是长江中下游的水陆要冲，具有极其重要的战略地位。据有岳州，不仅控制了湖南战场的主动权，而且可以切断东西南北的交通命脉。

吴三桂深知此城是他立足湖南的支撑点，关系非同小可，特派他的侄儿、骁勇善战的大将吴应期把守，动用了大量的人力物力，在城内构筑防御工事。又在澧州、石首、华容、松滋等地派驻重兵，与岳州成犄角之势，互相声援。而对清军来说，攻取岳州是收复湖南的关键，意义也不可小视。因此，岳州一城之战，实际上关系着整个战争的全局。

防守岳州的吴应期是一员猛将，妄自尊大，不体恤士卒，对部将也傲慢无礼，盛气凌人。水师将领林兴珠在湘潭投诚，被康熙封为侯爵，授建义将军。林兴珠主动献攻取岳州之策，提出水陆并进，以一半船只停泊洞庭湖中大岛——君山，切断常德通道；其余船只停泊在香炉峡、扁山、布袋口等处，沿九贡山陆路扎营，切断长沙、衡州通道，扼断岳州陆上交通。这样，岳州城内叛军就成了瓮中之鳖，不战自毙。这是一个非常高明的战略计划，康熙欣然采纳，于1678年5月1日开始实施。他指示说："岳州是湖南的咽喉要地，必须先行收复此地，长沙、荆州的大军才能前进。击破逆贼，底定湖南，在此一举！"

遵照康熙的指示，5月18日，安远靖寇大将军尚善、湖广总督蔡毓荣率水师开进洞庭湖，击溃叛军水师。康熙又调荆州、安庆、陕西、河南等地军队参与围攻岳州之役，共投入鸟船100艘，沙船438艘，兵力3万人，实力超过叛军。9月，清军从水陆两路将岳州团团围困，切断了城内粮道。叛军内无粮草，外无援军，惶惶不可终日，多次突围寻粮，都被清军击退。

与军事进攻相配合，清军也大力招抚，实行分化瓦解。林兴珠现身说法，以侯爵的身份发布告示，鼓动城内吴军投降。吴应期见军心涣散，不可再战，便放弃岳州，率部逃回云南。1679年1月19日凌晨，清军在蔡毓荣率领下，浩浩荡荡开进岳州城。负隅顽抗达五年之久的岳州终于光复。

捷报传来，康熙喜不自禁。与叛军鏖战五年，终于取得了辉煌胜利。年轻的皇帝舒了一口气，他似乎已看到了胜利的曙光，直捣叛军老巢已为时不远，最后的胜利指日可待了。极度兴奋之余，他挥毫写下了一首题为《收复岳州作》的长诗，以抒其情怀。

康熙沉浸在胜利的喜悦中，吴世璠却面临着一副烂摊子。当时他年仅14岁，无力指挥战事，诸将各自为战，终于酿成了湖南的大溃败。特别是吴应期放弃岳州，几乎将整个湖南拱手出让。1680年4月11日，安远靖寇大将军察尼率军攻克辰州（今湖南沅陵），彻底肃清了湖南的叛军势力。

为了夺取平叛战争的最后胜利，康熙再次调整了部署，严惩作战不力、临阵退缩的大将军勒尔锦等人，以湖广总督蔡毓荣为绥远将军，率湖广全省绿营兵进攻云南，征南大将军赖塔率广西满汉大军进攻云南，勇略将军赵良栋率四川、陕西满汉八旗及绿营兵进攻贵州。清军从三个方向杀向叛军老巢，1681年2月19日抵达昆明城下，围攻半年多，吴世璠粮尽援绝，服毒自杀。10月30日，清军进入昆明，历时八年之久的"三藩之乱"终于平定。

1681年11月14日凌晨，捷报传到北京，文武百官齐集乾清门庆贺行礼。康熙按捺不住喜悦的心情，高兴得合不拢嘴。回顾八年来的艰难历程，他不禁心潮起伏，感慨万千，久久不能平静。他提笔写下了一首《滇平》诗：

> 洱海昆池道路难，
>
> 捷书夜半到长安。
>
> 朱矜干羽三苗格，
>
> 乍喜征输六诏宽。
>
> 天末远收金马隘，
>
> 军中新解铁衣寒。
>
> 回思几载焦劳意，
>
> 此日方同万国欢。

平定"三藩之乱"只不过是康熙政治生涯中的万里长征第一步，以后的路还很长很长。年轻的皇帝任重而道远。

# 统一台湾

郑成功于清顺治十八年十二月（1662年2月）驱逐荷兰殖民者，收复台湾后，郑氏集团势力控制的地区除台湾、澎湖外，还包括大陆福建沿海的金门、厦门以及铜山（今福建东山岛）、南澳（今福建南澳岛）等沿海岛屿，其中金门与厦门是郑氏集团经营多年的抗清根据地，是其在大陆沿海地区的主要据点。郑成功渡海攻台前，命其世子郑经坚守金、厦，其战略意图是：取台、澎以为基地，连金、厦以抚诸岛。然后广通外国，训练士卒，进则可战而恢复中原之地，退则可守而无内顾之忧。（《台湾外志》第11卷，第185页）可见，金门和厦门在郑氏集团的战略布局中既是维持其在大陆沿海地区最后立脚点的关键棋子，又是其在时机成熟时挺进中原的重要跳板。清政府要消灭郑氏集团，进而统一台湾，其战略目标也首先指向金、厦二岛。康熙元年（1662年）五月，郑成功在台湾去世，郑氏集团内部发生分裂，给清廷提供了机会。

## （一）招抚郑经

在郑成功取得台湾作为反清基地后，即采取了一系列巩固政权、开发台湾的措施，如建立府县等行政机构，推行寓兵于农的屯田政策以发展农业，同时，他又整修武备、制定法律、兴教办学、拓展贸易，以致日夜操劳，身心疲惫。在此期间，接连发生了几件事对郑成功打击很大。康熙元年一月，郑成功获悉其父郑芝龙及在京家族亲属被清廷满门抄斩的消息，顿足捶胸，伤心欲绝，望北面而痛哭，下令所有文武官员挂孝。四月，南明最后一个皇帝永历帝在云南昆明被吴三桂缢杀，南明灭亡。郑成功闻讯，情绪更加抑郁。同时，他又得知其子郑经私通乳母的丑事。郑经是郑成功的正室董夫人所生，是郑成功的嫡长子，也是其延平郡王王位的合法继承人。郑经生性风流倜傥，其妻唐氏是尚书唐显悦之孙女，端庄淑静，夫妻二人不甚相得。故郑经常在外拈花惹草，行为颇不检点。郑经四弟的乳母陈氏，年二十六、七，有几分姿色，郑经不顾伦常，与之打得火热，并生下一子。为掩人耳目，郑经谎称此子为其侍妾所生。郑成功年未四十，喜得孙子，非常高兴，还因此赏赐了郑经。偏偏唐显悦为人苛刻，致书郑成功揭露此事，书中有"治家不正，安能治国"之语。郑成功秉性刚烈，闻此家丑，又受唐显悦如此讥讽，不觉气塞胸膛，立即命都事黄毓持令箭赴金门，协同郑成功之兄郑泰同往厦门，欲以治家不严的罪责斩杀郑经之母董氏，并杀郑经、乳母陈氏及所生之子。但由于金、厦诸将抗命不遵，郑经与董氏不但没有被杀，反而公然拘禁黄毓，控制了金、厦二岛的局势，使郑成功鞭长莫及，无可奈何。亲人与诸将领的不忠不孝，对郑成功内心的伤害之深是可以想象的。加上郑成功率数万军民入台，台湾发生粮荒，清廷实行经济封锁，切断了来自大陆的粮饷，又使郑成功心急如焚。

同年五月初，心身俱疲的郑成功受了风寒，仍强撑病体，登将台，手持千里镜遥望澎湖方向，看是否有大陆的运粮船来。五月初八这一天，郑成功再一次登台西望，视野尽处，只有海天茫茫。郑成功失望地回到书房，自感心力交瘁，病情加重，将不久于人世，遂命左右为其冠带整齐，请出太祖祖训，施礼毕，一页一页地翻看，忽然叹息道：我有何面目见先帝于地下！以两手掩面而逝。时年三十九岁，葬于台湾洲子尾（今台湾台南市北区）。台湾百姓怀念郑成功驱逐荷兰殖民者的恩德，建祠以祭祀其亡灵，祠名"开山庙"。清同治十三年（1874年），福建船政大臣沈葆桢上奏朝廷，请求以官方名义在台湾为郑成功建祠，以褒奖其忠烈，劝励后人，得到清廷批准。祠庙落成后，沈葆桢亲为撰写并手书楹联：

开万古得未曾有之奇，洪荒留此山川，作遗民世界

极一生无可如何之遇，缺憾还诸天地，是创格完人

对郑成功一生的人格功业做了评价。这些都是后话了。

郑成功去世后，因"乳母事件"而形成的郑氏集团内部的裂痕，又由于对继承权的争夺而迅速扩大为内部分裂。在台湾的郑成功之弟郑袭和在厦门的郑经，几乎在同时各自宣布为郑氏集团领导权的合法继承者，其下属也分化为拥叔派和拥侄派，也有徘徊观望，依违于两派之间者。由此而形成了台湾与金门、厦门隔海对峙，势同水火

的局势，双方都在整军备战，准备用武力最后解决问题。

清福建总督李率泰于当年六月从省城福州赶到泉州，接到效用总兵林忠及沿海官员的报告，得知郑成功去世，郑氏集团内部分裂，即将火并的消息，大喜过望，立即邀请在福建的靖南王耿继茂等人星夜驰抵剿郑前线漳州（治所在今福建漳州市），共商对郑氏集团的剿抚事宜。李、耿等人最后商定，当此郑氏内乱之际，遣使招抚，令其自行瓦解，不战而降是上策。于是两次派人赴厦门，与郑经议和，提出郑经及部属如能遵制削发，离岛登岸，归顺清廷，朝廷将不咎既往，并厚爵加封，予以优待。

郑经闻报，与伯父郑泰，将领洪旭、黄廷等密谋道：如今东有郑袭等作乱台湾，西有清军虎视眈眈，我们两面受敌，内外交困，处境十分危险。不如暂借招抚与清廷周旋，以为缓兵之计，待我东渡台湾，平定内乱后再作处置，诸君以为如何？郑经此时虽年仅二十岁，心计却很深。他的意见得到其他人的赞同，部将洪旭将郑经的策略概括为"阳和阴违，俟靖内乱，再作筹划"十二个字，并献计派使者杨来嘉、吴荫赴漳州与清方细商招抚事宜，将以前郑军从各州县缴获的二十五颗印信交还清使，假戏真做，以迷惑清廷。郑经等同意，依计而行。

郑使杨来嘉、吴荫至漳州，面见李率泰、耿继茂，献上印信及假造的郑氏集团人员、船只清单，清单中称郑氏集团现有文武官员 2560 人，水陆官兵 40 余万，大小船只 5000 余艘，控制区域有人口 300 余万，显系夸大其词，虚张声势。李、耿以为招抚有望，厚待杨、吴二人，同时上奏朝廷，报告喜讯。清廷得报，一面命即刻送杨来嘉入京，一面下令福建各路清军原地待命，广布间谍，加紧进行离间、招抚郑氏集团的活动。

郑经见假议和之计奏效，清军的威胁可暂时避免，立即集结部队，挥师东征，平息内乱。十月初，郑经任用周全斌为五军都督，陈永华为谘议参军，冯锡范为侍卫，率军扬帆启航。初七日，抵达澎湖，采纳陈永华先礼后兵、先声后实之计，派礼官郑斌先期抵台，宣称：郑经亲率大军赴台奔丧，命在台文武官员守职待命。当时在台郑氏诸将多持观望态度，只有黄昭、萧拱宸等少数将领支持郑袭，郑袭令其在台湾各要塞设防，以武力阻止郑经入台。

郑经得知郑袭负隅顽抗，认为师出有名，遂统兵攻台。大将周全斌曾随郑成功收复台湾，熟悉台湾各港口的水道及防御设施。郑经听从周全斌的建议，避开其火力集中的重点防御水道，乘大雾从赤嵌楼附近的潦港突然登陆，背水一战，守将黄昭措手不及，中箭身亡。周全斌趁机大呼：黄昭已死，诸将速速倒戈。叛军溃败星散。周全斌率军乘胜追击，迅速控制了台湾的局面。郑经至安平，只诛杀了萧拱宸等 5 个叛军将领，其余概不问罪。又请出郑袭，与之相抱而哭，将罪责完全推到黄阳、萧拱宸等人身上，待郑袭如往日一样亲近，以安其心。此时郑经初承父业，恩信未著，又有所谓"乱伦""拒父"的恶名在身，有待洗刷，所以对台湾的反叛者采取了集中打击少数和低调处理的策略，不但很快平定了内乱，而且使在台文武官员心悦诚服，树立了威望，也稳定了台湾的局势。

郑经处理台湾内乱的策略十分成功，但其诱杀伯父郑泰却是犯了一个大错误。郑泰长期担任郑氏集团户官之职，管理郑氏的贸易和财政事务，掌握大量钱财，又在郑经东渡平乱期间，主持金门、厦门的军政事务，军事上也有很大实力，本来就已招致郑经的猜忌。郑经平乱时，又搜出郑泰给黄昭的密信，信中表示了支持郑袭做郑氏政权继承者的态度，这一来就更加激化了二人间的矛盾。康熙二年（1663 年）正月，郑经率军返回厦门，驻守金门的郑泰称病未至厦门迎接道贺，使郑经越发愤怒，暗中筹划除掉郑泰，只因忌惮郑泰手握重兵，一时难以下手。

当年六月，郑经诡称欲携带眷属赴台湾安置，金、厦诸岛烦请郑泰照管。并铸金、厦总制印一枚，令礼官郑斌、户官吴慎持印至金门交给郑泰。郑泰对郑经已有戒备，受印后仍疑心其中有诈，不敢去厦门面见郑经称谢。其弟郑鸣骏不了解其中微妙。极力劝说郑泰赴厦门谢恩。郑泰被说动，到了厦门，见到郑经，郑经待之礼遇非常，郑泰疑心渐释。第二天，郑经摆酒邀郑泰议事，于内室伏下甲兵，席间，郑经掷杯于地，喝伏兵拿下郑泰，取出郑泰与黄昭的密信，郑泰无语，闭目受死。郑经缢杀郑泰，又宣周全斌驱船往金门抄了郑泰的家。郑鸣骏及郑泰之子郑绪昌司讯，一怒之下，带领"文武大小官员四百余员、船三百余号、众万余人"到泉州向清军投诚（阮旻锡：《海上见闻录》），使金门守备一时空虚。另据清方档案开列的清单，此次与郑鸣骏等一同投诚的郑方官兵有：郑鸣骏等 8000 余人，陈辉等 2300 余人，杨富等 2900 余人，何义等 1800 余人。降清的郑军将领中还包括后来担任清军福建水师提督的万正色。郑经在面临清军大兵围剿之际，煮豆燃萁，杀害重臣，激变大批郑军降清，实在是一个严重的失误，对郑氏政权造成了很大的打击。

郑经对与清廷的和谈本无诚意，当初虚晃一枪，只是与清廷虚与委蛇，好借机抽身去台湾平乱。待郑经率军从台湾返回厦门，谈判使者杨来嘉也从京城回到厦门，向郑经报告，清廷的和谈条件是坚持要郑氏集团削发、登岸。此时郑经已无后顾之忧，不需再与清廷费口舌，故转而采取强硬态度，坚决要求"依朝鲜例"，可以"称臣纳贡"，决不"削发、登岸"。郑经继位后清郑间第一次和谈遂告破裂。

从康熙元年郑成功去世，到康熙二十二年（1683 年）清政府最后统一台湾，清廷与台湾郑氏集团之间共进行了 10 次和谈（详见附录三《清政府与台湾郑氏集团和谈一览表》）。在这一系列和谈中，双方分歧的焦点都集中在是否"依朝鲜例"这个问题上。"依朝鲜例"是郑氏集团在历次和谈中提出的首要条件，也是其谈判的基本立场。所谓"依朝鲜例"，就是要求清政府依照当时中国与朝鲜的关系模式来确定中国大陆与台湾、清中央政府与郑氏割据政权的关系，具体来说就是只称臣纳贡，但"不削发、不登岸"。朝鲜是中国的邻邦，由于种种原因，尤其是出于国防上的考虑，当时的朝鲜政府要求清政府给予保护，并向清政府称臣纳贡，成为中国的藩属国。郑氏集团坚持"依朝鲜例"，实际是要清政府承认台湾为中国藩属国的地位，把台湾从中国领土中分裂出去。台湾郑氏集团把分裂祖国作为结束与大陆敌对状态，谋求和平的条件，与清政府统一台湾的主旨相悖，当然会遭到清政府的拒绝。

在谈判中，清方多次要求郑氏官兵必须"遵制削发"，郑方则坚决表示"若欲削发，至死不易"。所谓"削发"（又称剃发、薙发），是清军入关后，清朝统治者强迫汉族人民改从满族风俗习惯的一项民族高压政策，要求所有汉族男子都必须象满族人那样把头顶前部剃光，后部蓄发，梳成辫子，清政府以此作为汉人是否真心归顺的标志。清廷在和谈中坚持"削发"条款，无疑是带有民族压迫性质的。但值得注意的是，台湾郑氏集团提出"不削发"并非完全是为了反对民族压迫，其用心也在于使台湾与中国分裂。因为清政府的"剃发令"只要求汉人剃发，外国人，包括藩属国的臣民都可以不剃发。郑经等提出"不剃发"，正是要清政府"依朝鲜例"，将郑经等人与藩属国臣民同样对待，归根结底还是要分裂祖国。至于"不登岸"，是指不离开台湾及沿海岛屿，不放弃郑氏集团在这些地区的既得利益，继续维持郑氏政权的割据局面。

### （二）施琅请缨

施琅，原名施郎，字尊侯，号琢公，福建晋江人（故里在今福建晋江市龙湖衙口）。自幼随其父施大宣出海经商，熟悉沿海水域、地理、气候情况，有丰富的航海经验。又从师习兵法、战阵及诸般武艺，成年后即以智勇兼备闻名乡里。后慕名投郑芝龙麾下效力，屡立战功。清顺治三年（1646 年），施琅随郑芝龙降清。当时坚持抗清的郑成功久闻施琅精通阵法，尤长于水战，遣人邀之共图复明大计。施琅应邀前往，在郑成功部下任左先锋（一说为左冲锋）要职，参与郑氏集团军机大事的谋划，甚得郑成功的信任和倚重。施琅追随郑成功前后约有 5 年时间，参加了很多重要战役，立下了汗马功劳。后在一些重大问题上，二人意见发生分歧，关系逐渐疏远，矛盾日益激化，以至施琅一度执意要脱离郑氏，削发为僧。而导致二人最后决裂，反目为仇的是所谓"曾德事件"，时间在顺治八年（1651 年）。

曾德是施琅手下的一员从将（一说是亲兵），因犯法当处死。曾德贿赂郑成功的左右亲随，得以逃匿。施琅侦知曾德的藏身之所，将其擒获。郑成功闻讯派人持令箭请施琅刀下留人。施琅反驳道：法令并非施琅所私有，犯法者必究。若藩主（指郑成功）自徇其法，必有后患。遂下令杀了曾德。不料，特令箭者是曾德的生死朋友，其面见郑成功后，竟诬陷施琅蔑视藩主，面叱使者，抗命杀人。郑成功闻言，不禁勃然大怒，多日的积怨一下爆发出来，传令将施琅及其父施大宣、弟施显贵一并拿下，拘禁于一艘战船之中。当晚，有一人来看望施琅，私下告诉他，其一家人已性命难保，要他速作打算。施琅与家人商议后，决定逃跑。他假意喜形于色，取出酒菜与看守的将领吴芳畅饮，兴高采烈地对吴芳说：我原以为藩主要杀我，谁知是要我准备铠甲（按郑氏军法，交纳铠甲可以以罚代罪）。随后就恳求吴芳派人陪他去见郑成功，吴芳听信施琅的话，又见其父亲和弟弟尚押在部中，便点头同意了。施琅与随同的士兵行至偏僻无人之处。突然从怀中抽出铁锥，迅雷不及掩耳般地锥杀了随行的三个士兵，然后藏匿于一石洞中。

郑成功得到施琅逃跑的报告，愈发震怒，下令立即将施琅的父亲和弟弟推出斩首，并严格盘查往来船只，日夜搜索施琅。施琅在洞中藏身多日，饥渴难当，心想此处虽然安全，但非长久之计，必须设法逃出去。自忖部下之中，只有副将苏茂与我情同手足，最可信赖。于是施琅乘夜色潜出石洞，从荒野小道悄悄地摸入苏茂的军营之中。此时苏茂已接替施琅担任左先锋之职，施琅担心其贪官忘友，面见苏茂后即试探道：听说藩主悬赏千金捉我，我细想贤弟与我情义最厚，特来自献，以免他人捉了我会邀功。苏茂闻言正色道，苏某虽不才，但卖主求荣之事，苏某至死不敢为，请公再勿多疑。随后即令属下封锁消息，将施琅藏于密室，款待酒饭。第二天夜幕降临之际，苏茂暗遣心腹以一叶轻舟，将施琅渡海送至大陆。此时施琅已得知父亲和弟弟被杀的噩耗，他本以为父亲和弟弟与此事无关，自己逃出后，郑成功会网开一面，放了家里人；岂料郑成功如此绝情。施琅一怒之下，投降了清军。

施琅做了清军将领后，由于胆略过人，又熟知郑氏集团内部情况，成为郑军的劲敌。因其在与郑军的作战中，战功卓著，累迁至福建同安总兵官。康熙元年，施琅经国史院大学士、兵部尚书苏纳海的力荐，担任了福建水师提督的重要职位。在清军夺取金门、厦门的作战行动中，施琅率福建水师剿抚并用，克浯屿、下金门、招降陈升，发挥了重要作用，得到康熙皇帝"素谙海务，矢志立功"的褒奖。施琅如此为清廷效力、与郑氏为敌，其动机既有对清政府知恩图报的心理，也怀有向郑氏报仇雪恨的宿怨。

康熙三年（1664 年），清廷采取军事打击与政治招抚相配合的策略，将郑军逐出东南沿海地区，郑经被迫率余部退守台湾。当年六月，施琅与李率泰、耿继茂联名上疏朝廷，请求乘胜进攻澎湖，直捣台湾，剿灭郑氏，统一四海。十一月，朝廷下旨，同意施琅等人乘胜攻取台湾的意见，授施琅为靖海将军，以郑氏降将周全斌、黄廷、杨富、林顺、陈蟒等为辅佐，"统领水师，前往征剿"，并指示他们："凡事会议酌行，勿谓自知，罔听众言。毋谓兵强，轻视寇盗。严设侦探，毋致疏虞。抗拒不顺者戮之，大兵一至，即时迎降者免死。……务期殄灭逆孽，副朕倚任之意"（《清圣祖实录》卷12）。

郑经得到清军将要进攻台湾的情报，立即召集诸将商议。洪旭认为，澎湖为台湾门户，当年郑成功得以收复台湾的一个重要原因，就是荷兰人对其在台湾安平等处的城堡、要塞过于自信，而不守澎湖。应令人统军赴澎湖，加强澎湖的防务。扼守住澎湖，台湾可高枕无忧。郑经深以为然，马上抽调台湾各地屯田部队的三分之一，加上郑经侍卫部队的一半，共计一万余人，配备40余艘战船，命大将颜望忠率领，驰援澎湖，与澎湖郑军会合，抗击清军的进攻。同时，郑经又在台湾本岛的各港口、要塞部署了防御力量。

施琅接到朝廷进军台湾的命令后，即着手实施攻台行动。其总体战略构想是，"澎湖乃通往台湾之要冲，欲破台湾，必先攻取澎湖"，清军水师如能"飞渡澎湖，则将扼据咽喉，进逼巢穴"（《康熙统一台湾档案史料选辑》第51页），对台湾的郑氏集团形成强大威慑。然后再根据风向、地形及敌情相机制定进剿台湾本岛的方略。据此，其战略计划将攻台作战行动分为两个阶段，第一阶段的作战任务是攻占澎湖，在澎湖设立清军大营，观察台湾形势；第二阶段的作战方针是相机而动，出奇制胜，统一台湾本岛。

康熙三年十一月，施琅率部发动了第一次进攻澎湖的行动。但清军船队出海不久，即遇到迎头而来的强大海风，船队难以逆风而行，只好返回出发地。清廷接到施琅出征失利的上报，指示施琅"与在事将弁酌情商议，伺机进取，以奏肤功，勿以日久为虑"（同上，第50页）。施琅接旨后，加紧进行渡海的准备工作，于康熙四年（1665年）三月发动了第二次进攻澎湖的行动。三月二十六日，清军水师从金门蓼罗湾（即料罗湾）启航，向澎湖进发。由于海上风轻浪平，靠风力推进的清军船队航速甚为缓慢，航行了三昼夜，仍不见风起，只得靠岸停泊。二十九日再次出航，又遇顶头的东北风，风力强劲，海浪翻涌，阴云密布，施琅无奈，将船队撤回金门。两次出海受挫，施琅心急如焚，所谓"谋事在人，成事在天"，天不遂人意，急也不济事，只有静待天时。

四月十六日，天空放晴，万里无云，施琅认为这是出师的好兆头，暗中祈祷天公相助，遂于当日午时下达出发命令，清军水师分别从乌沙头（在金门附近）和浯洲屿（即金门）起锚，数百只战船，浩浩荡荡，向着澎湖方向进发。航行一昼夜，至十七日午时时分，澎湖岛屿上的小山尖已依稀可见了。

然而，就在清军士兵欢呼雀跃，将领们额手称庆之际，海上风云突变，刹时间，狂风暴起，恶浪排空，黑云压顶，暴雨劈头盖脸地砸下来，船桅被风拦腰折断，船桨被浪击得粉碎，清军官兵们被眼前这突如其来的情形吓得匍匐在船舱中，发出歇斯底里的嚎叫，这怪异的叫声好似从水底发出来的，使人联想起传说中狰狞的海怪，更增添了阴森可怖的气氛，……

清军遇上了一场罕见的海上风暴。

施琅在风浪乍起之时，尚能镇定自若，仍存一线希望，盼着这风暴来得急也去得快，他实在不甘心就此收兵，功败垂成。但转眼间，他的船队已被风浪冲得四分五裂，阵形大乱，无法聚拢。施琅长叹一声，下令鸣炮返航。

返航途中，因风高浪急，清军各船逐渐失去了联系，只能随风漂流。施琅的座舱飘到了广东潮州府的潮阳县（今广东潮阳区），周全斌和林顺飘至镇海，杨富飘到漳浦（今福建漳浦县），其他船只也先后被风涛和海潮带到厦门、铜山、浯屿、大担等海岛和港湾。经清点，有两只小船沉没，另有七只船下落不明。此次海上遭遇风暴，绝大多数清军都是死里逃生，物质损失虽然不大，精神上的打击却是相当沉重的，其在清军官兵心理上留下的阴影更是久久难以消除的。

从康熙三年末到康熙四年三、四月，施琅统率清军三次进军澎湖，都遭失利。三次失利，从表面上看都是由于天时风向等自然因素造成的，但从其内在原因来看，这是清廷在政治、经济、军事等各方面条件尚不成熟的情况下，贸然发动攻台行动的必然结果。在政治方面，当时康熙皇帝年纪尚幼（十一、二岁），按顺治皇帝的遗诏，由索尼、苏克萨哈、遏必隆、鳌拜四位重臣辅助幼帝，佐理朝政。但野心勃勃的鳌拜使用阴谋手段排斥异己、培植党羽，逐渐形成了独揽朝政的局面。这样就破坏了正常的封建统治秩序，使清廷内部争权夺势的斗争不断激化，削弱了清政府的政治力量。同时，当时盘踞西南和东南地区的"三藩"，即镇守云南的平西王吴三桂、镇守福建的靖南王耿继茂、镇守广东的平南王尚可喜拥兵自重，称霸一方；横征暴敛，鱼肉百姓；恣意妄为，对抗中央。对清政府已形成尾大不掉的局面，成为巩固和加强封建国家统一的严重障碍。尤其是福建和广东，地处清政府对台斗争的最前线，"三藩"势力把持着这些地区的军、政、财大权，使清政府无法全力以赴地顺利实施统一台湾的行动。

在经济方面，自明末清初以来，连年的战乱对社会经济造成了严重破坏，清政府的财政也由于战争的巨大消耗而十分拮据，以至于入不敷出。据顺治十二年（1655年）清工部给事中王命岳的上疏，当时清政府年财政收入为白银1814万两，支出为2261万两，赤字达447万两（《清史稿》卷244，《王命岳传》）。这样的财政状况，是很难为一场大规模的远海作战提供足够的经济支持的。

从军事上来看，满清统治者统一中国大陆，建立封建王朝靠的主要是八旗骑兵和绿营步兵，这是其军事优势所在。但其对海战既缺乏实战经验，又没有足够的信心。对于建立强大的海上力量，清政府一来没有给予充分的重视，二来当时的经济条件也不允许。清廷欲武力解决台湾问题，主要依靠福建水师，而这支部队的骨干力量大都是原郑氏集团的投诚人员，清朝统治者对这些人并不完全信任，不能充分发挥他们的作用，这无疑会挫伤他们的积极性，削弱其战斗力。由于这些因素，清政府的综合军事实力虽然远超过台湾郑氏集团，但其海上力量却明显敌不过郑军水师。所以，即使清军舰队能顺利到达澎湖，也无取胜的把握。

攻台清军主将施琅还从作战部队的具体状况分析了失利的原因：一是投诚官兵的许多亲属都在台湾，所以他们存在顾虑，不能奋勇向前；二是出征部队多为临时拼凑，未经充分的选拔及训练，造成各部"参差不一"，难以协调一致的状况；三是将领们无决策权，只是"奉有成命，勉应击楫"，缺乏主动性和积极胜。所以施琅强调，出征失利虽因"风涛之险"，但"人谋亦未允臧"。（施琅：《靖海纪事》卷上，《边患宜靖疏》）

值得一提的是，清军攻台船队中途而返可能还有一个重要原因。这在所有涉及攻台行动的清朝官方史料中没有透露一丝消息，却被荷兰方面的有关著述披露出来。这就是，清军此次武力攻台行动有荷兰舰队参与。据记载，此次荷兰海军提督博尔特派出战舰10艘、士兵1000人，与清军水师联合进军澎湖，其目的是不言而喻的，即我帮你打败郑军水师，剿灭郑氏集团，你把台湾送给我。清军主将施琅虽与郑氏集团有杀父之仇，但他从民族大义出发，不愿荷兰人染指台湾，更担心清荷联军取胜后，荷兰殖民者再次侵占台湾。因此，在行动过程中，施琅屡次对荷兰人采取不合作的态度，这引起了荷军指挥官的强烈不满。后来，在遇到强劲海风之际，施琅就以此为借口，率清军船队返回了。（详见赖永祥：《清荷征郑始末》）若此记载与史实相符，那么施琅可谓用心良苦，他是想完生依靠清朝自己的力量进攻台湾，其目的不仅是要剿灭郑氏集团，而且要统一台湾。这也表现出施琅深远的战略眼光和爱国精神。至于施琅及其部下在给朝廷的报告中为何对荷兰舰队的事只字不提，其原因就不得而知了。

### （三）启用姚启圣

为了扭转不利局面，遏止郑军的进攻势头，清廷对福建的军政大员进行重大调整，撤销郎廷相（郎廷佐之弟，康熙十五年六月继郎廷佐任福建总督）等人的总督、巡抚之职，任命姚启圣为福建总督，吴兴祚为福建巡抚。

姚启圣，字熙止，号忧庵，浙江会稽（今浙江绍兴）人，隶镶红旗汉军。康熙二年（1663年）中举，授广东香山县（今广东中山市）知县，后因事革职。"三藩之乱"起，姚启圣出家资募兵，投康亲王杰书帐下效力，屡献奇策，很受亲王器重，出任福建总督前已凭所立军功从代理知县累迁至福建布政使。姚启圣临危受命，面对郑军的嚣张气焰和咄咄逼人的攻势显得神闲气定，胸有成竹。他认为，刘国轩攻下海澄后不立即进攻漳州，而是舍近求远去攻泉州，是其大大的失策。他还分析道，郑军总兵力不过三万，集中起来才对清军有威胁。现在郑军攻占了很多城邑，必然要分兵把守。"众分，则势弱；势弱，则破之易也。此兵法所谓'兵多贵分，兵少贵合'者"（《台湾外志》第22卷，第337页）。

战局的发展正如姚启圣所料，郑军在占据了一些城池后，兵力分散，战线拉长，攻势果然减弱。为扩充军队，弥补兵力的不足，刘国轩经请示郑经，征发各地乡勇充军，同时将乡勇的眷属移送台湾，一来作为人质，二来也为增加台湾的农业劳动力。

但这样就引起安土重迁的沿海百姓的怨恨。加上郑军以重兵围攻泉州，但却久攻不下，粮饷军需的供应发生了困难，于是又加重了对百姓的搜刮和役使。前线将领刘国轩等感到占领区民众的不满日益强烈，上书郑经指出，郑军筹饷部门繁多，制度混乱，形成对占领区百姓的层层盘剥，"弹丸之地，有限之民，正供之外，又有大饷、大米、杂饷、月米、橹桨、棕、麻、油、铁钉、灰、鹅毛、草束等项。最可惨者，又加之以水梢、毛丁、乡勇。民力已竭，科敛无度，伏乞速为裁罢，以苏民困"（《台湾外志》第22卷，第337页）。还有一些郑氏官员认为百姓困苦已极，这样不利于郑氏集团在沿海地区立足，主张停止幕兵、移民等活动，整顿郑军等饷组织及制度。但郑经只是派人前往察议一番，未采取任何有效的变更措施，状况依然如故。结果是郑氏集团在沿海地区逐渐失去民心，而粮饷军需问题仍很不到解决，军心士气也开始动摇了。这一局面的出现，就为清军开展招降活动提供了契机。

康熙十六年康亲王杰书在与郑氏集团的议和失败后，曾向康熙皇帝报告说"郑锦（即郑经）无降意"，康熙随即答复："郑锦虽无降意，其附逆人民有革心向化者，大将军康亲王仍随宜招抚"（《清圣祖实录》卷71）。康熙帝这一招降郑经下属官兵，瓦解郑氏集团基础的旨意得到姚启圣的充分领会和贯彻。姚启圣很擅长搞策反工作，在出任福建总督之前，他就曾劝降过三藩骁将韩大任和郑军潮州守将刘进忠等人，耿精忠降清也有他的一份功劳。升任福建总督后，姚启圣在协助杰书等清军将领对郑军发动积极的军事进攻的同时，又抓住时机，采取一系列政治措施，对其展开了大规模的招降策反活动。为达到削弱郑氏集团社会基础，动摇其统治根基的目的，姚启圣首先从处理好对其家属及亲友的政策入手。他的前任郎廷相认为福建人大多与郑氏官兵有各种各样的联系，因而怀疑他们暗中资敌、通敌，普遍不予信任。姚启圣上任伊始，即广张布告，申明郑氏在沿海地区盘踞多年，当地百姓不可能与其无任何瓜葛，但绝不能以此株连无辜。他下令今后禁止以与郑氏有牵连为借口，进行诬告、陷害和挟私报复等活动。他还在搜罗人才时，对曾追随郑氏后来能改邪归正，又确有才能的人委以重任，授予统兵权，推心置腹，用人不疑。这些做法对争取民心，消除沿海民众的敌意产生了很好的效果。当时有个叫黄震性的人，是福建漳浦人，曾担任过郑成功部下的百夫长，后降清回归故里。他见时局变乱不定，便隐入道观，穿上道袍，做起了世外高人。但同时他又不甘心就此与青灯黄卷相伴一生，一直在静观局势的演变，希望有朝一日能一展才能。姚启圣任福建总督后实行尊重、团结郑氏投诚人员及亲属的政策，使黄震性感到自己出山的日子到了。

黄震性经过一番谋划和准备之后，到姚启圣的军门前投书自荐，并密陈剿抚郑氏集团的方略。他认为，郑经本人才识有限，依靠其左右诸将出谋划策才得以顽抗至今，"倘能高位厚禄买散人心，不用干戈，立可收其绩效"（《台湾外志》第22卷，第344页）。姚启圣与黄震性交谈后，感到黄震性是个难得的人才，其分析和建议很有道理，也正合己意。于是，姚启圣决定采取进一步的招降措施，通过招降来瓦解郑军，配合军事行动，取得战场的主动权。康熙十七年九月，姚启圣上疏朝廷指出，郑军之所以能如此猖獗，难以剿灭，就是倚仗其水师优势，进可以攻掠大陆地区，退可以据守海岛。因此他提出"宣布皇仁，广行招抚，以散其党，而孤其势"的策略（《康熙统一台湾档案史料选辑》第166页）。同时，他采用黄震性的建议，在与郑军占据的海澄相对峙的漳州设立"修来馆"，令黄震性主持其事，以官爵、资财、玩好来引诱、招纳郑军官兵。对来降的郑氏人员不但给予赏银，而且让他们乘坐装饰华美的车马，身着鲜丽的服饰，往来招摇于漳州、泉州的郊野。有的降兵降将又逃归郑军，姚启圣等人也佯装不知，不加制止。这些人跑回去后以其所得向同僚官兵炫耀，在衣食都发生困难的郑军中引起很大震动。姚启圣又将一些房屋馆舍装饰一新，摆上各种生活用具，门上大书郑军某某将领公馆，放出风去说某月某日某某将领将来投诚，已为其准备好住所。从而使郑军上下左右互相猜疑，人心浮动。姚启圣还制订了《招抚条例十款》，并予以张榜公布，务使郑军官兵人人皆知。

姚启圣的招降活动对郑军官兵产生了巨大的瓦解作用，康熙十八年（1679年）年初，镇守沿海要地的郑军五镇大将廖琠等即率部向姚启圣投诚，在此前后投诚的郑军官兵络绎不绝，据统计，数年间有十万以上的郑军先后降清，有力地配合了清军的军事行动。

在统一台湾的过程中，清政府与郑经等郑氏集团上层领导者的和谈屡屡失败，其针对郑氏集团中下层人员，尤其是郑氏军队广大官兵的招降策略却取得了很大的成功。据史料，清政府的招降策略促成了郑氏人员的两次降清高潮，第一次发生在康熙元年（1662年）至康熙三年（1664年），投诚的郑氏文武官员和士兵达到10多万人；第二次发生在康熙十六年（1667年）至康熙十九年（1680年），投诚的郑氏人员达13万人以上，被瓦解的尚不在其内。其成功经验及对统一台湾所起到的作用是很值得探讨的。

清政府对郑氏集团招降策略的成功之处首先是设立专门的招降机构，制订和公布招降条例，使招降工作有组织保障，有章法可循。康熙元年，清政府在江、浙、闽、粤几个东南省份分别设立了满汉兵户郎中各一员，专门负责招抚和安置郑氏集团投诚人员。当时的福建总督李率泰抓住郑氏集团内部矛盾激化，军事斗争失利，人康亲王又提出以海澄为双方往来公所的条件。康亲王答复说："地方重务，责任全在总督，未可轻为定议"。要傅为霖去与姚启圣商议。姚启圣断然表示：国家的每一寸土地皆为朝廷所有，谁敢将其划为公共区域！而且当今圣上并无此意图。予以拒绝。谈判由此破裂。但姚启圣对傅为霖的才能十分赏识，也想乘机争取傅为霖，临别牵手恋恋，还赠送了不少的礼物。傅为霖也很感激，恨不能追随姚启圣于鞍前马后，为其效力。回到厦门后，傅为霖即在暗中为姚启圣工作，向郑军官兵散发书信，联络内应。当时郑军的主要将领包括刘国轩都一再收到清廷的劝降书，起到了促使其内部分化、将士离心的作用。

平定"三藩之乱"期间，清军在与郑军的作战中，一再处于被动不利境地，尤其是对盘踞海岛及濒海地区的郑军不能实施有效的打击，一个重要原因就是没有一支强有力的水师部队。康熙十五年（1676年），当时的福建总督郎廷相在与郑氏军队的较量中，认识到建立水师的必要性，向朝廷请求恢复和重建康熙七年遭裁撤的福建水师，设立水师提督和左右二路水师总兵。翌年，清政府恢复了福建水师建制，任命海澄公黄芳世兼任福建水师提督。康熙十七年（1678年），新任福建总督姚启圣痛感清军水师力量的薄弱和缺乏训练，在当年九月给朝廷的上疏中指出：郑氏集团之所以能长期割据台湾，并威胁沿海地区安全，倚仗的就是一支具有丰富海战经验、实力雄厚的水师部队。所以对郑军作战，"水战更重于陆战"。只凭借陆上优势进行陆战，无法彻底消灭郑军水师；要取得海上作战的胜利，就必须建立起强大的水师部队。他还指出，选任重臣为专职水师提督，使水师部队得到系统、全面的训练和正确的指挥，是福建水师建设的当务之急。这时他有心举荐精通海务、能征惯战的老将施琅出任福建水师提督，但他知道此时施琅之子施齐在海澄被郑军俘获，尚在郑军营中，故心存忌讳，不敢直接出面力保施琅。只在上疏中说"臣细加搜求，实无谙练水战堪任闽省水师提督之官，不敢冒昧妄保……请乞敕部另简廉勇优长、威名素著、深识水性、谙练才能者，仰祈钦点一员，勒限星驰赴任"（《康熙统一台湾档案史料选辑》第172页）。其言隐约有提醒朝廷起用施琅的含意。康熙十八年（1679年）的和谈失败后，姚启圣深感加强福建水师之事已刻不容缓，于当年六月上了一本《特举能臣疏》，疏中首先强调了水师提督一职的重要性说："目下剿贼平海，全赖水师提督一官。今陆路既不能冲击矣，如水师战胜，贼自败走台湾，如水师不胜，贼仍盘踞厦门。是总督、巡抚、陆路提督不过相助为理，而决战成功，实水师提督一人任也"（《忧畏轩奏疏》卷3）。随后，姚启圣又检讨了自己当初不敢保举施琅的顾虑。于是他不避嫌疑地推荐施琅说："臣任藩司（布政使）时，闻知原水师施（琅）威名，郑锦（即郑经）畏之如虎"，且福建各界人士，"万口同声，皆知其堪任水师提督也"（同上）。为解除朝廷的疑虑，他又指出，施琅虽有一子落入郑军之手，但还有六子及全家数百口在京城，岂有为一子而舍弃全家的道理呢？但清廷已于当年四月任命万正色为福建水师提督，姚启圣在得知这一消息后，仍坚持认为施琅是水师提督的最佳人选，于七月再次上疏提议让施琅以靖海将军总统福建水师事务，将万正色调往广东。此议被清廷议政王大臣会议否决。

不可否认，清廷不用施琅确实与其子在郑营有关系。但任命万正色为福建水师提督也表现了对水师建设的重视，因为万正色的才能和资历具备了统率福建水师的条件。万正色，字中庵，福建晋江人（与施琅同乡），郑氏投诚人员，善使大刀，在平乱作战中屡立战功。曾在朝天关之战中，手持一杆大刀，身先士卒，杀出重围，使敌人闻风丧胆，博得"黄大刀"的威名。后任湖广岳州水师总兵，在洞庭湖与吴三桂水师征战，显示了水战才能。清军收复岳州后，康熙皇帝将其调回福建，提拔为福建水师提督。同时，康熙帝批准万正色携带岳州全部战船及水手到福建赴任，又从总督标下调拨14000人编入水师部队，从江苏、浙江选取战船百艘，从湖广拨发新式西洋炮20具，一同调往福建，加强福建水师的力量。此后，姚启圣、吴兴祚等人在福州等地又督造了大批战船，并招降了一部分郑军水师，陆续装备、分配到福建水师。由于上至朝廷、下至福建军政大员对建设一支强大的水师部队已达成共识，并采取了一系列有力措施，使重建时间不长的福建水师迅速壮大，经过万正色的精心组织和训练，成为一支精锐善战的海上劲旅。

至康熙十九年初，郑军在清政府军事进攻、政治瓦解和经济封锁的三重打击下，战斗力大为削弱。清军则大兵压境，水陆齐集，逐渐完成了合围郑军、收复沿海及岛屿的战略布署。康熙十九年（1680年）元月，万正色率由240艘战船、28580名官兵组成的福建水师部队开至定海（今福建连江县东北）待命，并进行海上攻击作战演练，威慑郑军。郑经也调集所有水师部队，并征发远洋商船和文武官员的私船编入水师，以弥补战船的不足，将部队部署于海坛（今福建海坛岛）、南日（今福建南日岛）、湄州（今福建湄洲岛）、崇武（今福建泉州湾东北崇武镇）及臭涂澳（今福建惠安东南海角）等沿海岛屿，构成对清军水师的梯次防御。其中郑军水师副总督朱天贵统领战船200余艘镇守第一线阵地海坛；郑军水师总督林升率100余艘战船，坐镇臭涂澳，随时准备北上增援海坛。清郑两军对垒，大战一触即发。

这时，清军福建前线将领在进攻时间上发生意见分歧。福建总督姚启圣和陆路提督杨捷认为水师组建不久，实力尚不足以击败郑军。因此他们主张一方面福建水师再训练一段时间，并补充新造战船，同时联络荷兰舰队，待荷兰船到，于半年之后发起攻击，方有必胜的把握。福建巡抚吴兴祚和水师提督万正色则认为，水师实力强盛，士气高昂，足以破敌，不必等待荷兰舰队。而且此时海上正值北风，清军占据上风的有利位置，若等到下半年，风向一变，就失去了战机。所以主张立即向郑军发动进攻，并制订了作战方案，由万正色统水师兵分二路，一路攻海坛，一路迫近厦门；福建督、抚、提各率所部由陆路分别向郑军盘踞的厦门、海澄附近的海仓、松屿、浔尾、石浔等地同时发起攻击，与水师的海上行动相互配合，共歼郑军。（《康熙统一台湾档案史料选辑》第198—207页）

由于联络荷兰舰队之事迟迟没有结果，吴兴祚、万正色的意见逐渐占了上风。康熙十九年二月，万正色从定海率先向海坛郑军发动进攻，姚启圣、吴兴祚等也立即采取行动，从陆上夹击郑军，声援海上。万正色的水师在海坛港口与郑军展开激战，将朱天贵所率郑军及林升的援军驱赶至外洋，占领了海坛岛。这时，清军陆上部队已封锁了海岸及各港口，安放大炮，阻止郑军船只靠岸。郑军水师无法停泊和取水，总督林升只好率领全部水师撤退至金门蓼罗湾。消息传到厦门，郑经及郑军诸将均认为水师是战败逃至金门，一时人心惶惶，谣言四起，郑氏集团文武官员纷纷准备逃亡，已呈土崩瓦解之势。郑经传令刘国轩说："思明（即厦门）将危，海澄何用？"要其立即放弃海澄，回守厦门，共商进退之策。刘国轩接令，心知败局已定，气塞胸臆，半晌无语，唯有顿足而已。这时守卫谢村、鼓浪屿一带的郑军将领陈昌降清。刘国轩闻讯，无心恋战，遂弃城、寨而走，退至厦门。厦门此时已陷入一片混乱之中，郑军官兵降清的降清，逃跑的逃跑，抢东西的抢东西。郑经与刘国轩、冯锡范等人见势不妙，怕夜长梦多，于是乘清军包围圈尚未合拢，率数千残兵败将惶惶如漏网之鱼，逃回台湾。在金门的郑军水师统领林贤也随后向台湾方向逃逸。朱天贵带领部分郑军水师窜至铜山，被姚启圣用招降之策瓦解，举部向清军投诚。至此，清军全部收复了沿海地区及岛屿。

平叛战争方面，由于耿精忠、尚之信先后降清，吴三桂势单力孤，于康熙十七年（1678 年）八月，在其称帝五个月之后死于军中。此后，叛军在清政府强大的军事、政治攻势下节节溃败，清军陆续收复了湖南、四川、广西、贵州等省。康熙二十年（1681 年），清军攻入叛军的老巢——云南，并于当年九月将最后一股叛军歼灭于昆明城。这样，历时 8 年之久，战火燃遍大半个中国的"三藩之乱"就被彻底平息了。

### （四）收复台湾

对台湾是以武力统一为主，还是以和平统一为主，在这个问题上，清政府的策略经历了一个变化过程。康熙三年（1664 年），清廷在收复金门、厦门诸岛之后，即任命施琅为靖海将军，令其率福建水师征剿台湾，务必彻底消灭郑氏集团。这时期，清政府武力统一台湾的态度是十分明确的。但在康熙三年末至康熙四年初清军水师三次进攻澎湖行动受挫后，清廷对台政策即发生了变化，从武力统一演变为停止武力行动，寄希望于通过和谈方式统一台湾。康熙五年（1666 年），清廷下令裁减福建清军。康熙六年（1667 年），清政府派使者赴台湾进行和平谈判。康熙七年（1668 年），清政府又下令裁撤福建水师，焚烧所有战船，完全放弃了武力统一的打算。康熙八年，康熙皇帝在铲除鳌拜集团，亲掌朝政之后，仍继续实行以抚为主的对台方针，对和平统一一寄予希望。当年六月，他亲自主持了对台湾郑氏集团的和谈，并做出不改变其在台湾统治地位的重大让步，但郑经等人顽固坚持对抗和分裂立场，致使和谈失败。此后，康熙帝致力于内部调整和发展，以增强整体实力，为统一台湾创造条件。康熙十三年（1674 年），"三藩之乱"爆发，郑经的水师乘势在福建沿海登陆，数年间占领了闽、粤七府之地。经过 8 年的平叛战争，清政府不但彻底平定了三藩叛乱，而且将受到重创的郑氏集团重新逐回台湾岛。

康熙帝从清政府与台湾郑氏集团多次和谈失败的教训和郑经武力进犯大陆的威胁中认识到，以纯粹和平方式解决台湾问题的可能性是不存在的，要实现统一，必须诉诸武力。康熙十八年（1679年），平叛战争尚在进行当中，康熙帝即已定下了武力统一台湾的决心。《清实录》载：（康熙十八年正月）"上（指康熙）欲乘胜荡平海逆，乃厚集舟师，规取厦门、金门二岛，以图澎湖、台湾"（《清圣祖实录》卷79）。康熙十九年，在清军收复金、厦等沿海岛屿，郑经率残部逃亡台湾后，福建总督姚启圣于当年八月上疏条陈"平海善后事宜"八款，其中建议之一即为"台湾断须次第攻取，永使海波不扬"（《康熙统一台湾档案史料选辑》第218～221页）。但清廷却下达了部分裁减福建满、汉军队及水师部队的命令，康熙皇帝在给兵部的谕令中明确指示："台湾、澎湖，暂停进兵。令总督、巡抚等招抚贼寇。如有进取机宜，仍令明晰具奏"（《清圣祖实录》卷91）。部分撤军和"暂停进兵"的指令并非意味着放弃武力攻台的既定方针，而是尽快恢复沿海地区的社会秩序，减轻人民的负担，做好攻台的各项准备，等待攻台的最佳时机。这体现了康熙皇帝对战争阶段和时机的精心把握和对渡海作战的慎重态度。

郑经虽生于乱世，长于军中，但郑氏曾一度独占福建沿海，富甲一方，生活条件相当优越，养成郑经风流倜傥，颇以翩翩佳公子自诩的禀性。其人工诗赋、善弓马，能推诚待人，礼贤下士，故能得到部下的鼎力辅佐，创出一番局面。但他性情懦弱，优柔寡断，好醇酒美人，怠于政事，在果敢决断、坚韧刚毅及文韬武略方面远逊于其父郑成功，因而也难成大器。其进犯大陆期间，曾将势力发展到闽、粤七府，最盛时总兵力达到20万（据《台湾郑氏与英国通商的关系史》）。但两、三年间，其在大陆及沿海的地盘即完全丧失，逃台时残余部队仅数千人，几乎是全军覆没。局势发展之快，兴衰成败似乎只在转瞬弹指之间，春梦未足，已成黄粱，这对郑经的精神上是一个沉重的打击。郑经败回台湾后，即意志消沉，无心理政，将所有台湾军政大事都推给其长子郑克𡒉去处理，自己则终日纵情花酒，围射酣乐，结果因纵欲过度，于康熙二十年（1681年）元月病死于台湾，终年39岁，遗命传位于郑克𡒉。

郑经一死，郑氏集团内部的权力之争骤然激化。郑克𡒉是陈永华的女婿，陈永华在台湾的权势曾显赫一时，遭到冯锡范等人的嫉恨和排挤，于康熙十九年七月抑郁而死。康熙二十年郑经去世，尸骨未寒，冯锡范就又将争权的矛头指向继位后势单力孤的郑克𡒉。他与另一实力人物刘国轩联手，发动政变，杀死郑克𡒉，拥立冯锡范之婿、郑经的次子郑克塽继延平郡王位。郑克塽年仅12，郑氏集团的实际权力落入冯锡范与刘国轩二人的手中。

康熙二十年四月，清福建总督姚启圣接到在台湾的内应傅为霖等人的密报，得知郑经已于当年正月死去，郑克𡒉被杀，年少的郑克塽继位。傅为霖在密信中还说："主幼国虚，内乱必萌，内外交并，无不立溃，时乎时乎不可失也"，要姚启圣速速发兵进剿台湾（《康熙统一台湾档案史料选辑》第 232 页）。姚启圣于五月上疏朝廷请求"会合水陆官兵，审机乘便直捣（郑氏集团）巢穴"（《忧畏轩奏流》卷 4）。康熙皇帝接报，认为武力统一台湾的时机已经到来，于当年六月初七在与大学士等会商后发布谕旨：

"郑锦（经）既伏冥诛，赋中必乖离扰乱，宜乘机规定澎湖、台湾。总督姚启圣、巡抚吴兴祚、提督诺迈、万正色等，其与将军喇哈达、侍郎吴努春，同心合志，将绿旗舟师分领前进，务期剿抚并用，底走海疆，毋误事机"（《清圣祖实录》卷 96）。

康熙做出武力统一台湾的战略决策，在清政府高层官员中引起强烈反应。从史料记载看，当时反对武力统一台湾的人在朝廷中竟占据主流，他们均认为："海洋险远，风涛莫测，长驱制胜，难计万全"（《清圣祖实录》卷 112），即台湾远隔重洋，清军渡海进攻台、澎，风险太大，无必胜把握。可见当年三次进军澎湖失利的阴影仍然没有消散。在前线将领中，对武力统一持异议者也不乏其人。福建水师提督万正色即上疏力陈"台湾难攻，且不必攻"，连此时福建清军的最高军事长官宁海将军喇哈达也提出了反对意见。当时朝野上下对攻台之事阻力之大，以至于"重臣宿将，至于道路之口，言海可平者百无一焉"。内阁学士李光地的一段话道出了一些人反对武力攻台的用心，他在《榕村语录续集》中说：康熙二十年五月，福建统兵将领"尽来上本，言海寇不可平，大都是畏难有六分，而养寇以自重有四分。万正色更有'三难六不可'之疏，中一条系言渠将刘国轩智勇不可当"（卷 11）。他的话可谓一语中的。这些前线将领反对攻台的原因一是存在惧敌、畏难心理，临阵退缩，怕打败仗；二是想保留台湾，以抬高自己的地位，认为一旦消灭郑氏集团，统一了台湾，恢复了和平，自己作为武将的身份和地位就会降低，不再能象现在这样手握重兵，统御一方了。说到底都是将个人眼前的利益放在首位，而置国家的长远利益于不顾。与此同时，李光地、施琅及姚启圣等人则支持对台湾使用武力。

从当时的历史情况看，清政府武力统一台湾不仅是必要的，而且各方面条件已经具备，统一的趋势已不可逆转。康熙皇帝高瞻远瞩，把握时机，顺应时势，做出进军台湾的历史性决策，是完全正确的。

康熙二十年郑经去世和郑氏集团的内讧，为清政府统一台湾提供了契机。此时清王朝政治稳定、经济发展、军事强大，已具备了统一台湾的主要条件。从政治上看，康熙八年（1669 年），盘根错节、权倾一时的鳌拜集团被铲除，康熙帝通过一系列措施成功地将朝政大权集中到自己手中，有利于封建国家的稳定和统一。康熙十二年（1673 年）至康熙二十年（1681 年），清政府又采取撤藩、平叛等行动，将"三藩"等割据势力把持的地方军政大权收归中央，消除了东南、西南地区的重大隐患，进一步巩固了中央集权，为统一奠定了稳固的政治基础，使清政府得以把主要精力集中到台湾问题上来，全力以赴地完成统一台湾的历史使命。从经济上看，康熙帝在清除鳌

拜集团后，陆续推行了"更名田"、延长对新垦土地征收租税的最高年限，以及兴修水利等经济政策，促进了社会经济的恢复和发展，增加了社会财富的积累，缓解了清初以来由于长期战争消耗造成的清政府财政的紧张状况，为统一台湾打下了较坚实的物质基础。在军事上，清廷上下在认识到水师建设的重要性后，齐心努力，扭转海上力量处于劣势的不利局面，建立起一支较强大的水师部队。在康熙十九年（1680年）清军收复福建沿海地区的作战中，福建水师发挥了重大作用，显示了它的实力，这就增强了清朝统治者实施海上军事行动和武力统一台湾的信心。此后，清廷改变了以往放弃沿海、守卫内陆的消极防御方针，将水师部队分别部署在金门、厦门、铜山、海坛等沿海重要岛屿，水师提督的指挥部设在海澄，随时准备对台湾发动军事进攻。清政府此时已具备了武力统一台湾的军事实力和战争手段。

在清王朝政治、经济、军事实力蒸蒸日上之际，台湾郑氏集团的处境却日趋恶化，已陷入难以自拔的境地。以政变方式篡夺权力的冯锡范、刘国轩结党营私，大张挞伐，迫害异己势力，使郑氏集团内部矛盾更加激化，人心涣散，出现了政局动荡的局面。在经济上，台湾一些地区连续数年发生水旱灾害，粮食歉收，米价飞涨。多年的战争消耗，也使台湾府库空虚，财政拮据。为筹集粮饷、扩充军队，郑氏集团加强了对岛内各族人民的压榨和勒索，苛捐杂税满天飞，抽丁派役无休止，以致民居茅舍也要按丈征税，百姓被逼，多自毁其屋。这样就使台湾的阶级矛盾和民族矛盾空前激化，各种形式的反抗斗争时有发生。在军事上，郑军在大陆沿海地区的作战中损失惨重，郑经进犯大陆时，从台湾征发、抽调的部队至少不下2万人，而逃回台湾时只剩下数千人，可谓老本都搭进去了。以原有部队加上临时拉来的壮丁，清军攻台前台湾、澎湖两地的郑军尚有数万人，大小战船200余艘，但军心涣散，士气低落，不断有郑军官兵驾船投奔大陆，向清军投诚。康熙十九年（1680年）二月清军收复厦门时，台湾、澎湖守军闻讯，以为清军会马上渡海进攻，竟一度四散逃亡，使台、澎军事要地多日无人把守。康熙二十年（1681年），郑经暴亡，又使台湾再次出现风声鹤唳、士兵逃散的现象，守卫澎湖的郑军官兵仅剩320人（据《康熙统一台湾档案史料选辑》第245—246页）。由此可见，郑氏集团的军事实力已远非昔日可比了。总之，郑氏集团政治上分崩离析，经济上财源枯竭，军事上一蹶不振，使其整体实力大为削弱，清政府武力统一台湾的时机也已成熟了。

从中国历史的走向来看，结束分裂、割据状态，实现祖国统一是民心所向、大势所趋。但统一需要条件，不可强求，条件不具备，时机不成熟，统一就无法实现。条件、时机成熟了，如果举棋不定，犹豫彷徨，不及时采取行动，已获得的有利条件和良机也会丧失。清朝君臣经过多年努力，为统一创造了良好条件；在我方兴盛，敌方衰败，双方实力对比形成"以镒称铢"之势的最佳时机，康熙皇帝果断地做出了武力统一台湾的历史性决策，把统一的条件变成统一的行动，这样就将统一台湾的进程大大向前推动了一步。这时，选将与定计问题就成为清政府的当务之急，统帅人员的安排是否得当，指导行动的战略策略正确与否，成为统一成败的决定因素。

康熙皇帝在定下武力统一台湾的决心后，就开始考虑清军水师主将的人选问题。当时的清福建水师提督万正色虽然擅长水战，驭军有方，战功卓著，但他是武力统一台湾的坚决反对者，无法正确贯彻康熙皇帝的战略思想，康熙果断地决定将其调离原职，改任福建陆路提督。康熙皇帝后来回顾当时撤换万正色的原因时说："万正色前督水师时，奏台湾断不可取。朕见其不能济事，故将施琅替换，令其勉力进剿，台湾遂一战而克"（《康熙起居注》康熙二十三年七月二十二日）。但究竟用何人来担此重任，康熙对此颇费思量。这时，姚启圣与吴兴祚联名上疏保举施琅，内阁学士李光地也向康熙皇帝推荐施琅，但由于施琅的特殊背景，任用施琅之事很费了一番周折。

前面说到，姚启圣曾多次向清廷举荐施琅担任福建水师提督，都遭否定。其中一个主要障碍就是施琅的儿子施齐（又名施世泽）、侄子施亥（又名施明良）都在郑军之中，朝廷担心施琅投鼠忌器，不肯尽心尽力地攻打郑氏。施齐、施亥被擒之后，郑经曾多方劝降，待之如上宾，其用意是"欲以阴结其心，且牵制襄壮公（指施琅），使不出都"（《温陵浔海施氏大宗族谱》之《施世纶·总戎忠烈文御兄传》）。即拉拢施齐等人，为其所用，并以此阻止施琅出京，担任福建水师提督之职。可见郑经的确对施琅心存畏惧。康熙十九年（1680 年）二月，郑军溃乱逃台前夕，施齐、施亥遣家人与姚启圣暗通消息，密谋乘乱起事，擒郑经以献。但此事被刘国轩侦破，密报郑经。郑经于是下令，将施齐、施亥及其家属共 73 口全部杀害，抛尸大海。姚启圣闻讯，即于当年四月上疏朝廷报告其事，并请求给予优抚、正名。当时兵部认为姚启圣的消息来源不可靠，提出待克取台湾之后再予详查。但姚启圣此举的目的是扫清施琅出任水师提督道路上的障碍，因此他决定全力调查此事，提供充足证据。同年十二月，姚启圣与吴兴祚、杨捷合疏密奏其联合调查的结果，将此案所涉及的 20 多人的证词一一附上，证明施齐等被杀之事属实。这对后来施琅得以复出起了重要作用。

马踏飞燕

李光地智荐施琅李光地向康熙推荐施琅的方式要比姚启圣委婉含蓄得多。李光地，字晋卿，号榕村，福建安溪（今福建安溪县）人，康熙九年进士，时任内阁学士。李光地以其学问见识深得康熙的信任和倚重，加上他又是福建人，故就征台平海之事，康熙帝多次征求他的意见。李光地因与施琅都是闽人，又同在京城做官，所以交往较多，在交往中逐渐了解到施琅的为人和才能。如有一次，李光地与施琅在礼部侍郎富鸿基府上会面，施琅谈起顺治十六年清郑南京之战时郑军的优劣短长，分析得头头是道，很有见地，令李光地对其刮目相看，钦佩不已，感觉到施琅是个难得的人才，对付郑氏，统一台湾，非施琅不可。他与施琅又是同乡，为保护家乡父老的利益，两人在剿平海患方面有共同语言，从这一点上，他当然希望施琅能出任福建水师提督。但也正因为有这一层关系，李光地又要避"顾念私情，受人之托"的嫌疑，因而不敢在康熙面前放胆直言。以下康熙皇帝与李光地的两次对话记录了李光地举荐施琅的过程和情形，颇值得玩味。

（第一次对话。时间：康熙二十年二月）

康熙帝：施齐果以内附为海上（指郑氏集团）杀耶？

李光地：施琅既来，琅海上所畏也，恐我朝用之，故彼用其子，以生我疑，不用其父耳。施齐后得便来降，复为海上所得，知其必不能一心，故杀之。

康熙帝：施琅果有什么本事？

李光地：琅自幼在行间（军中），经历得多，又海上路熟，海上（指郑氏集团）事他亦如得详细，海贼，甚畏之。

康熙帝：（点首而已）

这段对话表明在姚启圣反复推荐施琅之后，康熙已经开始认真考虑起用施琅的问题，但对施琅仍有两点拿不准的地方，一是施齐等人是否真的被杀了，二是施琅是否具有统率清军水师征台的能力。所以他要征求比较了解施琅情况的李光地的意见。李光地的回答集中在打消康熙的这两点顾虑上，以此为施琅的复出铺平道路，但他却并未直接保举施琅为福建水师提督，只是点到为止，表现了李光地的谨慎态度。

（第二次对话。时间：同年七月）

康熙帝：海贼可招安否？

李光地：不能！

康熙帝：何故？

李光地：彼恃风涛之险，一闻招安，他便说不削发、不登岸、不称臣、不纳贡，约为兄弟之国。岂有国家如此盛大，肯与为兄弟之理。……

康熙帝：然则此时可用兵否？

李光地：闻郑经死，其军师陈永华亦死，此其时。……但向日满洲兵不习水战，上船便晕却，去不得。必须南兵习于舟楫，知其形势，乃可用。

康熙帝：汝胸中有相识人可任为将者否？

李光地：命将大事，皇上圣明神武，臣何敢与。

康熙帝：就汝所见，有可信任者，何妨说来。（敦问再三）

李光地：此非小事，容臣思想数日后，斟酌妥即复旨。

康熙帝：很是，汝去想。

（以上引文见李光地.《榕村语录续集》卷11）

在这段对话中，李光地首先坚决主张对台湾郑氏集团不能采用招安等和平方式，必须使用武力，而且目前正是使用武力的最佳时机，以坚定康熙武力统一台湾的决心。然后，他又指出，渡海攻台不能用满族八旗，因为满人不擅长海战，所以必须用"南兵"，即生长于东南沿海省分、熟悉海务的汉族军队。其言外之意是，既用"南兵"那么当然也要用"南将"来统领，这样就很自然地将话题转到福建水师提督的人选问题上来了。但当康熙直截了当地要他在其相识的人中推荐水师将领时，本来对此早已有成竹在胸的李光地此时却故作顿挫，重演引而不发、欲言又止的故伎，以至康熙敦促再三，李光地仍然持重不答，表示在这一重大人事安排问题上的审慎态度。康熙果然对其"容臣思想数日，斟酌妥即复旨"的话深表赞许，并耐心等待听取他的意见。这一波三折的问答充分显示出李光地对为臣之道的谙悉，以及他极深的城府。可以说李光地是很会做官，也很会做人的，这也是他后来能发达，做官做到文渊阁大学士（地位相当于宰相），并一生受到康熙皇帝特殊恩宠的重要原因之一

数日后，康熙派大学士明珠来询问李光地考虑的结果，李光地认为火候到了，便举荐施琅为福建水师提督，并一连提出四条理由：1、施琅全家被郑氏所杀，与郑氏是世仇，可以信任；2、诸将之中唯有施琅最了解郑氏集团内部的情况，"无有过之者"；3、施琅智勇双全，"不是一勇之夫"；4、郑氏集团"所畏唯此一人，用之则其气先夺矣"。这几条理由已足以说明施琅是最合适的人选了。此后康熙又当面问李光地"汝能保其无他乎"？李光地回答："若论才略，实无其比。至于成功之后，在皇上善于处置耳"。（引文出处同上）这样就打消了康熙的最后一丝顾虑。

经李光地等人的保举，康熙皇帝已基本确定了福建水师提督的人选，但他还要当面考察一下施琅的才能。于是康熙在内廷备宴，召施琅询问攻台之策。施琅侃侃而谈，从容分析了敌我双方的形势，并陈述其用兵方略。康熙皇帝听后十分满意，遂做出任命施琅为福建水师提督的决定。康熙二十年（1681 年）七月二十八日，康熙皇帝对议政王大臣等发布谕旨：

"今诸路逆贼，俱已歼除，应以见在舟师破灭海贼。原任右督都施琅系海上投诚，且曾任福建水师提督，熟悉彼处地利、海寇情形，可仍以右督都充福建水师提督总兵官加太子少保，前往福建。到日，即与将军、总督、巡抚、提督商酌，克期统领舟师进取澎湖、台湾。"（《清圣祖实录》卷 98）

同年八月，康熙又在瀛台赐宴，并叮嘱施琅说："尔至地方与文武各官同心协力，以靖海疆，海氛一日不靖，则民生一日不宁，尔当相机进取，以副朕委任至意"（《康熙起居注》康熙二十年八月十四日），表示了对施琅寄予的殷切希望。

从施琅的自身情况来看，他的确具备了担任攻台清军水师主将的条件。首先，施琅自幼生长在海边，从事海上贸易等活动，精通航海，对海疆的气候、地理等方面的情况了若指掌。从军后，转战东南沿海，有丰富的海战经验。其次，施琅通晓兵法战

阵，多年来精心谋划对台用兵方略，提出"因剿寓抚"的战略方针及一整套实施方案，不但周密完备，而且是切实可行的。第三，施琅是从郑氏阵营中反叛出来的，他熟悉台湾郑氏集团内情，他的智勇韬略也一向为郑军官兵所畏惧。他在郑氏集团中的故旧很多，为争取内应和进行情报工作提供了便利条件。第四，也是十分重要的一点，施琅是武力统一台湾的坚决拥护者，而且他对统一充满了信心。他指出，清政府对郑氏集团有三个必胜条件，一是"新平三藩"，政治稳定；二是凭借"天下之财赋"，有雄厚的经济基础；三是"以我之众百倍于彼"，军事实力占压倒优势（《榕村语录续集》卷 11）。另外，施琅对敌方名将刘国轩等毫无畏惧之心，他对康熙皇帝当面表示："今卜之天时，揆之人事，郑氏气势，决不能再延。且臣料其一二巨帅，虽号桀骜，以臣视之，直狐鼠耳，当非臣敌也"（《靖海纪事》所附《襄壮公传》）。这种压倒一切敌人的气势和必胜信念与万正色等将领及朝中一些大臣畏敌如虎、谈海色变的怯懦言行形成鲜明对照，因而使康熙闻言"大悦"，终于做出任命施琅为水师主将的重大人事决策。

攻台行动战略指导的正确与否直接关系到统一大业的成败。施琅为攻台行动制订的战略指导方针是"因剿寓抚"，这一方针是施琅在康熙七年（1668 年）给朝廷的上疏中提出来的。

"因剿寓抚"的核心是以战逼和，即以军事手段促成台湾问题的政治解决，尽量避免在台湾本岛引发战争。"因剿寓抚"的重点在于"剿"，军事进攻占主导地位，同时又努力寻求政治解决的可能性。二者的关系是先剿后抚、以剿促抚，也就是采取武力行动，以强大的军事压力迫使台湾郑氏集团接受和谈条件，实现台湾与大陆的统一。其具体实施方案分三个步骤：第一阶段，以清军水陆两栖部队攻占澎湖，消灭郑军有生力量。澎湖是台湾的海上屏障，扼制着当时台湾与外界联系的主要海上通道。占领澎湖，大兵压境，使台湾门户洞开、贸易受阻，可形成威胁其生存的逼近威慑。第二阶段，清军占领澎湖后，引而不发，做好攻台准备。同时，派使者赴台与郑氏集团和谈，迫其向清政府投诚，实现对台湾本岛的和平统一。若和谈失败，郑氏集团负隅顽抗，就采取第三步行动，进军台湾本岛。以清军主力舰队直抵台湾政治中心承天府（今台湾台南市）西面的安平港，实施正面牵制；同时派出两支精锐的快速舰队，一支向南封锁打狗港（今台湾高雄市），一支向北封锁蚊港（即魍港，今台湾嘉义县布袋镇好美里之虎尾寮）和海翁窟港（今台湾大安港），使其首尾不能相顾。在控制了台湾进出的主要港口水道之后，对台湾实施围困，并派人进一步招降郑氏集团，或促使其内部发生激变，不战自溃。如仍不能达到目的，则对台湾实施登陆作战，先扫清城市以外、村落之间的郑军，再攻取郑军困守的孤城，最后武力夺取整个台湾岛，彻底消灭郑氏集团。

施琅是清朝大臣中最坚决的主战派，一贯主张以武力统一台湾。在如何使用武力的战略策略问题上，施琅是深思熟虑，潜心谋划了多年的。但其"因剿寓抚"战略方针提出之际，正值清廷主和势力占上风，因而未被采纳，自己反被免去了福建水师提督的职务，在京城一呆就是13年。在朝中任内大臣期间，施琅统兵渡海、统一台湾的雄心并未消泯，"慨然有澄清之志"，认为终有一日自己将再着戎装，重返海疆，并为此做了积极的准备。他时常"翻阅历代二十一史，鉴古今成败及名臣言行可法者，一一具志诸胸中"（《靖海纪事》所附《襄壮公传》），从中汲取对统一台湾行动有借鉴意义的经验和启示。他密切注视东南沿海形势及台湾郑氏集团的动向，在得知郑军进犯福建沿海地区后，施琅扼腕落泪，痛心不已，当初他"若恣其生聚教训，恐养痈为患"的预言如今变成了残酷的现实。当在京闽籍官员向他请教平海方略时，施琅"指画明悉，凡征战机宜，以及绝岛巨浸、险阻厄塞之处，如列诸掌"（同上，《曾柄序》），足见这些年来他一直在心中筹划、考虑着平定海疆、统一台湾的事情，在此方面倾注了很多的心血。功夫不负有心人，到康熙二十年，皇上终于请出这位年逾花甲的老将披挂上阵了。离京前，康熙皇帝在内廷召见施琅，对他说："平海之议，惟汝予同，愿努力无替朕命"（同上，《襄壮公传》），对施琅"因剿寓抚"战略方针及实施方案表示了认可和赞同。后来，施琅在率清军统一台湾的行动中予以贯彻和实施，最终实现了以战逼和这一武力统一的最好结果，既圆满完成了统一台湾的历史使命，又使台湾避免了战争的浩劫。

在攻台作战的指挥方面，康熙皇帝对自己不善海战颇有自知之明，他说：我对陆上用兵可以做到筹划周密。但我不了解海上情况，不能盲目地遥控指挥。因而他一方面统筹全局，保证福建前线的各种人员、物资需求；另一方面在作战指挥问题上比较尊重前方将领的意见，很少强行干涉其行动。

按照清朝"以满制汉，以文制武"的惯例，各地遇有大的战事，前线最高指挥官一般都由满族八旗将领担任。同时，作为文官的各省总督、巡抚对直接统兵作战的提督、总兵等武将拥有节制权力。所以康熙在做出武力攻台决策的谕旨中只笼统地命令在福建的八旗将军喇哈达与总督、巡抚及水、陆提督共同领兵进剿。在任命施琅为水师提督时，也是说要施琅到闽之日"即与将军、总督、巡抚、（陆路）提督商酌，克期统领舟师进取澎湖、台湾"。都没有明确指定谁为攻台清军主帅，按常规似乎主帅应是八旗将军喇哈达了。然而满族将军没有海战经验，渡海攻台非依赖汉将不可，这一点康熙心中是有数的，更何况喇哈达还是武力统一的反对者呢。但在汉将之中究竟以谁为主，这个问题不解决，就无法保证攻台作战指挥的统一和协调。

康熙二十年十月，施琅走马上任，一到福建前线，他就立刻发现了主将不明确、指挥不统一所带来的问题。当月，施琅即向朝廷请求授予自己"专征"大权，即由他来全权指挥攻台行动。康熙此时也认识到以前攻台清军指挥人员的圈子画得太大了，应该有所明确。十月二十七日，康熙下旨："总督姚启圣辖福建全省兵马，同提督施琅进取澎湖、台湾。巡抚吴兴祚有刑名、钱粮诸务，不必进剿"（《清圣祖实录》卷98）。这样就将攻台统兵将领圈定为施琅与姚启圣两个人了。但问题并没有因此而解决，施、姚二人间又出现了难以调和的摩擦和矛盾。从施琅来说，他20多年来一直以平定海疆、统一台湾为己任，他在给朝廷的上疏中说："臣丁年六十有二，血气未衰，尚堪报称。今不使臣乘机扑灭，再加数年，将老无能为；后恐更无担当之臣，敢肩渡海灭贼之任"（《靖海纪事》上卷，《决计进剿疏》）。大有能担当此重任者非我莫属的气势和自信。所以他对与姚启圣"同征"的安排并不满意，认为姚启圣"生长北方，水性海务非其所长"，而且总督、提督共同统兵难免互相牵制、彼此掣肘，使自己无法实施既定方略，妨碍攻台行动的顺利进行。因此他先后三次上疏，极力向朝廷争取"专征"权。

从姚启圣方面来说，自己为施琅出任福建水师提督出了这么大力，甚至不惜以全家百口的性命来担保，岂料施琅上任伊始就过河拆桥，排挤自己，实在是令他十分伤心，以致"不禁中心如焚如溺而不能自已"。但他极力保荐施琅也并非完全出于公心，而是"特以其为（郑）成功故将，欲借为先驱"（全祖望《鲒埼亭集》卷15，《碑传·会稽姚公神道第二碑铭》），攻台之际，"欲其相辅成功"（《碑铭集》卷15，《姚少保启圣传》）。其目的是借助施琅的才能和特殊身份，帮助自己成就统兵平定台湾郑氏的不世伟业，一来可报效朝廷的沐浴之恩，二来也可使自己建功扬名，可谓"公私兼顾"了。所以他也屡次上疏，坚决反对施琅"专征"，要求与施琅"同征"。

如果施、姚二人只是在"专征"与"同征"的问题上争论不休也还罢了，偏偏二人在出征时间、进军路线、兵力使用等一系列指挥问题上亦出现意见分歧，相持不下，以致严重迟滞了攻台行动的实施。在出征时间上，施琅主张利用西南季风于六月出征，姚启圣则主张利用东北季风于十月出征；在进军路线和兵力的使用上，施琅提出集中兵力先攻占澎湖，然后相机剿抚，统一台湾，姚启圣则坚持分兵两路，一路在台湾北部的淡水登陆，一路进攻澎湖，分进合击，夺取台湾。意见不统一，两人在指挥权上又无明确分工，于是就相互掣肘。康熙二十年（1681年）十月，姚启圣上奏清廷，提出于当年十、十一、十二几个月中尽快出兵。施琅不同意，也上疏说："当此冬春之际，飓风时发，我舟骤难过洋。臣现在练习水师，又遣间谍通臣旧时部曲，使为内应，请俟明年三、四月进兵"（《清圣祖实录》卷102）。以风向不利和准备不足否定了姚启圣的意见。第二年（康熙二十一年，1682年）三月，施琅上奏朝廷提出于五月南风起时进兵，并与姚启圣按计划于五月初会集铜山（今福建东山岛），只等夏至后南风成信之际即发兵。不想姚启圣到铜山后以皇上有旨："进剿海逆，关系重大"，总督、提督应同心合谋为借口，"转意不前"，坚持南风不如北风，主张"十月可乘北风，分道前进"，使此次攻台行动受挫，半途而废。

攻台之事一拖再拖，就使清廷中反对武力统一的势力重新抬头。户部尚书梁标清上疏说："今天下太平，凡事不宜开端，当以清静为主"；左都御史许元文奏称："请暂停台湾进剿"；给事中孙蕙、笔帖式谭木哈图等也连续上奏本提出进取台湾之事宜缓。在朝中大臣的众议纷纭之中，康熙的攻台决心也有所动摇。这时康熙又去征求李光地的意见，并告诉李光地大臣们的主要顾虑是担心清军船队在海上遇到大风，郑军又乘机发起攻击，使清军惨败于汪洋之中，这实际也是康熙本人的顾虑。李光地未作正面回答，而是将施琅说过的一段话转述给康熙听，施琅说：只有没有海战经验的人才会有此顾虑。若在海上遇大风，纵有百万战舰，也如一粒谷壳，"我船不自立，贼船能自立乎？纵使（敌我之船）偶然飘至一处，欲会合（交战）而不可得。予既不（能）因之为功，贼又安能乘之为利？"所以海上狂风巨浪对于敌我双方的危害是一样的，谁也无法利用这一自然力来达到己方的目的。李光地最后说："如遇此事，不过无利，亦曾无害"（《榕村语录续集》卷12）。李光地与康熙的这次谈话对再次坚定康熙武力统一台湾的决心和信心起了很大作用。康熙后来回忆此事时赞叹说："台湾之役，众人皆谓不可取，独李光地以为必可取，此其所长"。

实际上，攻台之事出现波折在很大程度上是康熙皇帝一直坚持总督、提督"同征"，又不明确二人的统属关系造成的。康熙为什么要这样安排？史料没有记载，我们只能做出一些推测。首先，康熙作为一位满清皇帝，在攻台作战中虽然不得不用清一色的汉将，但对这些汉将，尤其是像施琅这样先抗清、后降清的汉将是怀有戒心的。他安排施、姚二人"同征"，就有使二人互相监督、互相制衡的用意在里面。其次，康熙明白，攻台之事能否成功主要还是要看施琅的作用发挥得如何，但若以施琅为主将，姚启圣为副手，姚是总督，二人的上下级关系很难理顺；若反过来，以姚为主、施为副，施琅的作用必然大打折扣。所以不如大而化之，以不明确主、次关系为佳。但使康熙始料不及的是实际情况证明，他的这一"精心"安排恰恰造成了施、姚间难以调和的矛盾，导致攻台清军指挥系统的不协调，并一再延误攻台的战机，这就迫使他不得不对此进行重新考虑和调整了。

康熙二十一年七月，施琅又上疏力陈台湾"可破可剿"的理由，并第三次向朝廷要求给予"专征"权，甚至立下"事若不成，治臣之罪"的军令状。同年十月，康熙在答复施琅此一奏本时说："进剿台湾事宜关系甚重，如有机会，断不可失。当度势乘机即图进剿"《康熙起居录》康熙二十一年十月初四日）。这里虽仍未同意施琅的"专征"请求，但武力统一台湾的决心已不再动摇了。两天后，康熙就施琅的"专征"问题交议政王大臣讨论，据《康熙起居注》载：十月初六日，"为议政王大臣会议准提督施琅请自行进剿台湾事。上曰：尔等之意如何？大学士明珠奏曰：若以一人领兵进剿，可得行其志，两人同往，则未免彼此掣肘，不便于行事。照议政王所请，不必令姚启圣同往，着施琅一人进兵似乎可行。上曰：然"。武英殿大学士明珠的话代表了相当一部分王公大臣的意见，康熙也就不再犹豫，随后下旨："进剿海寇关系紧要，着该督

（总督）、抚（巡抚）同心协力，攒运粮饷，毋敢有误"。又说："海寇固无能为，郑锦（经）在时犹苟延抗拒，锦死，首渠既除，余党彼此猜疑，各不相下，众皆离心，乘此扑灭甚易，进剿机宜不可停止。施琅相机自行进剿，极为合宜"。（《康熙起居注》康熙二十一年十月初六日）康熙的这一决定意在由施琅一人率清军出征，姚启圣则坐镇福建，与巡抚吴兴祚一同负责后勤保障工作。这样，就把武力统一台湾的作战指挥权完全交到施琅手中，使施琅可以在不受干扰的情况下，充分发挥其军事、政治才能，实施其既定的攻台方略。

康熙授予施琅"专征"大权，姚启圣失去统兵征台的机会，颇感失望，其对武力统一的态度也因此发生了转变，从主战变为主和。就在施琅接朝廷批准其督师"专征"台湾谕旨，率攻台清军赴泉州湾的臭涂海面演习操练，积极进行战前准备之际，姚启圣却于康熙二十一年底派出刘国轩的故友黄朝用到台湾与郑氏集团议和，并许以"不削发、只称臣纳贡，照高丽、朝鲜事例"等条件。但冯锡范等人自恃有大海为屏障，反对议和。康熙二十二年（1683年）正月，郑克塽听从刘国轩的建议，派知州林良瑞（更名林珩）随黄朝用同往福州继续谈判，并侦察清军虚实。姚启圣与郑氏议和及妥协活动遭到施琅的坚决反对，施琅表示：我奉旨"专征"，不敢主和，郑氏若有和谈诚意，就必须接受清廷的一切条件，向清廷投诚。康熙皇帝在接到上报后，对此次和谈也做出明确指示：台湾郑氏集团人员都是福建人，与琉球、朝鲜的情况不同，不可援引其例。如果其有意悔罪、剃发、归诚，可派人前往招抚；如果是闻听大军进剿，图谋缓兵之计，则迅速进军台湾。郑氏集团此时并未改变其原有立场，不过是想借和谈与清廷中的主和势力达成妥协，以苟延残喘，或借机为其备战争取时间。所以双方的观点仍然尖锐对立，和谈只能归于失败。

议和不成，姚启圣又于康熙二十二年初连续上疏提出派船对台湾实施袭扰、派间谍对郑氏集团进行离间活动等建议，认为只需采取这些措施，一、二年间郑氏集团将不攻自溃。总之是要暂停攻台行动，延缓统一的进程。康熙二十二年五月，姚启圣还与一贯反对武力统一的万正色相附和，一起上奏朝廷陈述攻台有"三不可行"：

"一曰十年生聚，十年教养，况于数十年之积寇（措郑氏集团）乎？

二曰汪洋万顷之隔，波涛不测之险。

三曰彼船只坚牢，水务精熟"。

（《台湾外志》第27卷，第401-402页）

这些言论不过是重弹反战派的老调，此时的姚启圣已完全蜕变成武力统一台湾的反对者了。

由于福建前线军政大员中，施琅与姚启圣一主战、一主和，已构成了新的矛盾，对备战行动的实施产生了严重干扰，施琅于是也针锋相对地在康熙二十二年的元月和四月先后两次向朝廷力陈己见，努力排除干扰。施琅在奏章中说：据所获得的情报，

在清军即将攻台的强大压力下,台湾郑军"人人思危,多有叛离之心",已呈现土崩瓦解之势。我军方面,如利箭上弦,训练精熟、士气高昂,可谓万事俱备,只欠有利于我的南风。当此之际,若再延缓进攻时机,或改剿为抚,"譬若有人焉,扼其吭气将垂绝,一为之稍松,则其气舒而复起",给台湾郑氏集团以喘息之机,不但会坐失破敌良机,而且将使其声势复张,遗患无穷。因此主张即于当年夏季发起攻击。(《靖海纪事》卷上,《海逆形势疏》《海逆日蹙疏》)康熙皇帝在五月得知郑氏集团仍不放弃分裂和对抗立场的情况后,立即下令命施琅"速进兵",坚决否定了姚启圣等反对攻台势力的意见,为武力统一台湾最后扫清的障碍。

施琅在康熙二十年(1681年)十月赴任福建水师提督之后,在争取"专征"权、排除反战派的阻挠的同时,积极采取一系列措施,进行战前准备。他上任伊始,即着手对福建水师进行整顿和加强,包括选拔得力的将领、对水师官兵进行海上作战演练、修造可以经受海上风浪且具有一定攻击力的战船、监制海战及登陆所需器械等等。他不断派出间谍深入敌后,利用在郑军中的旧关系,进行策反和情报工作。他还派遣小分队乘快船到澎湖附近海域,对郑军进行佯攻和火力侦察,以弄清敌人的兵力部署和防御设施等情况。

在充分了解敌情的基础上,施琅制订出澎湖海战作战方案,其中最重要的是根据台湾海峡的气候特点,选择正确的渡海时机和进攻路线。季风气候是台湾海峡最明显的气候特点。每年的冬季季风,风向偏北,风力强劲,海上风急浪高;夏季季风则风向偏南,风力较小,海面也较平缓,但夏季又是破坏力极强的台风的多发期。对于当时以海风为主要动力的清军舰队来说,气候风向利用得当,则可借助风力,一帆风顺,为取胜创造有利条件;利用不当,判断失误,就可能遭到海风的袭击,重蹈康熙三、四年攻台失利的覆辙。因此,根据海峡季风气候规律来选择正确的渡海时机和进攻路线,对于清军进攻澎湖行动的成败至关重要。

施琅凭借多年海疆活动积累的丰富经验和对海峡季风规律的掌握,决定把渡海作战的时机选在夏季的六月。施琅认为,冬季北风刚硬强劲,不利于舰队的航行和停泊。澎湖之战,未必能一战而胜,一旦舰船被海风吹散,就很难迅速集结,发起二次进攻。夏季的西南季风则比较柔和,海上风轻浪平,清军船队可编队航行,官兵可免除晕眩之苦,也有利于舰队集中停泊,实施下一步作战行动。同时,由于夏季多台风,按常规此季节不宜渡海,所以敌方防备定然松懈。此时发起攻击,可使敌猝不及防,取得兵法所谓"出不意,攻无备"的奇效。为避开台风的袭击,施琅选定夏至前后20余日为最佳渡海和作战时机,他凭着以往航海经验判断,这段时间中风浪最平和,台风发生的可能性较小。

在进攻路线的选择上,施琅根据风向和已知的敌方防御情况,决定清军船队从铜山(今福建东山岛)启航,乘六月的西南季风向东穿越台湾海峡,首先夺取地处澎湖

康熙帝玄烨

主岛以南、郑军防守薄弱的八罩屿（今澎湖望安岛）一带。这样就可获得船队的锚泊地和进攻出发地，并占据上风上流的有利位置，向澎湖发起攻击。攻下澎湖，扼敌咽喉，然后兵锋直指台湾，可顺利实施"因剿寓抚"的战略方针。

郑氏集团方面，澎湖历来是其海上防御的重点。早在明天启二年（1622年）荷兰殖民者入侵澎湖时，就在岛上修筑了一些防御设施。到清康熙三年（1664年）郑氏集团从大陆逃往台湾时，为防备清军攻台，对荷兰人留下的防御工事进行了恢复和增修，并部署了常驻分队作为海防前哨。康熙二十年（1681年），郑军主将刘国轩得知施琅的主攻目标是澎湖，便亲到澎湖部署防御工作。刘国轩在乘船仔细巡视了澎湖各岛之后，根据其地形、地势对已有的防御设施进行完善，在各险要之处又修筑了新的设施。他将郑军指挥部设在澎湖港湾内的娘妈宫（在今澎湖马公市），建炮城守卫。在港口两侧的西屿、内外堑、牛心湾和鸡笼屿、风尾柜、四角山以及港口外的虎并屿、桶盘屿等处设立炮台，又在沿海岸便于登陆的地段修筑了短墙，设兵把守。这样，郑军水师与岸上炮台相互配合，在澎湖构成了以娘妈宫为核心的海岛防御体系，可谓星罗棋布，坚如铁桶。康熙二十二年（1683年）四、五月间，刘国轩又得到施琅将于夏季乘南风进剿的情报，在台湾选拔精壮敢死之士，并抽调佃丁民兵，将可动员的商船、文武官员私船改装为战船，一起调配、部署于澎湖。使澎湖守军增加到17000余人，大小船只约200艘，集中了郑军的全部精锐。刘国轩拉开架式，严密布防，企图在澎湖与清军决一死战，一举挫败其统一台湾的军事行动。

康熙二十二年六月上旬，施琅将由福建水师和部分陆师官兵组成的清军水陆两栖部队结集于铜山，作临战前的最后准备。他召集各级指挥员，用米堆成"沙盘模型"，明确而详细地阐述了自己的作战意图和方案。施琅又下令在各战船的船帆上以大字书写本船主将的姓名，这样既便于指挥，又可根据其进退以定赏罚。施琅标下游击蓝理自愿担任破敌先锋，领取了"先锋银锭"。施琅于是犒赏全体将士，举行誓师仪式。清军攻台部队共有官兵2万余人，战船230余艘，船坚炮利，士气昂扬。

六月十四日清晨，大清福建水师提督、攻台清军主将施琅一声令下，清军舰队肩负着统一台湾的历史使命，浩浩荡荡驶出铜山港，风帆鼓起，龙旗飞扬，向着正东方向的澎湖进发。

六月十五日申时（下午三点一五点），清军舰队抵达澎湖西南的猫屿（在今澎湖七美乡）、花屿（在今望安乡）一带海面，只遇到小股郑军及巡海哨船，未做抵抗即向澎湖主岛方向逃逸，清军按计划顺利夺取了八罩屿作为锚泊地，并派官员乘小船到郑军未设防的将军澳（在八罩之东）、南大屿（在澎湖列岛的最南端，即今之七美屿）安抚岛民。

刘国轩虽得到情报说清军将于夏季发动进攻，并为此加强了澎湖的守备力量，但他也手下诸将均认为："六月风波不测，施琅是惯熟海务者，岂敢故犯突然兴师乎？"

（《台湾外志》第27卷，第403页）不过是在虚张声势而已。所以当他接到哨船的报告说清军庞大舰队已占据八罩海域，时刻都有可能向澎湖发起攻击时，大感意外，匆忙组织迎战。这时部下丘辉等向刘国轩建议乘清军刚到，立足未稳之际，郑军先发制人，主动出击。刘国轩则认为：澎湖处处设防，清国舰队无避风港湾可停泊，值此台风多发季节，一旦风起，清军无处容身，必然溃败。"此乃以逸待劳，不战而可收功也"（同上，第404页）。吩咐属下，坚守不出。

十六日晨，施琅率清军向郑军防御阵地发起进攻。刘国轩指挥郑军水师在澎湖港湾内排列横队，依托岸炮火务抵抗清军。清军船队由于行动不一致，将士争功，前后拥挤冲撞，队形发生混乱，部分战船被突然上涨的潮水冲近敌炮台，陷入郑船和岸上火力的包围之中。先锋蓝理被流炮击中，肚破露肠，仍拖肠血战，奋呼："今日诸君不可怯战，誓与贼无生还"（同上，第406页）。

施琅见前军危急，驱船冲入敌阵，奋力救出被围战船，激战中眼部负伤，只得率军退出战斗。因天色已晚，清军暂泊于距澎湖主岛不远的西屿头海面。施琅令部将游观光、许英、林凤各率所部，把守澎湖各出口要道；并下令官兵不许卸甲、弓上弦、炮装弹，严防郑军乘夜潮突围或劫营。

刘国轩看到清军退却，也不追赶，下令鸣金收兵。这时丘辉建议，乘清军新败，于当晚派水师袭击清军的锚泊地。刘国轩坚持"谨守门户，以逸待劳"的方针，认为只要台风一起，清军将不战自溃。刘国轩还因胜而骄，轻蔑地说："谁谓施琅能军？天时、地利尚莫之识；诸军但饮酒，以坐观其败耳"。丘辉等怏怏而退。

十七日，施琅将船队撤回八罩屿进行休整。清军初战失利。与施琅战前的轻敌思想有关系，他原先预料清兵大军一到，郑军必会陷入混乱，溃不成军，不想会遭到如此顽强的抵抗。但施琅毕竟久经战阵，遭挫败后仍能保持冷静清醒的头脑。他及时吸取失利的教训，对下一步作战行动进行了周密的筹划和部署。施琅将清军分为四部分；施琅亲率56只大型战船组成的主攻部队，正面进攻郑军主阵地娘妈宫；总兵陈莽等率领由50只战船组成的东线攻击部队，从澎湖湾口东侧的出内突入鸡笼屿、四角山一带，作为奇兵，配合主攻部队夹击娘妈宫；总兵董义等统率另50只战船组成的西线攻击部队，从湾口西侧的内堑进入牛心湾，进行佯动登陆，牵制西面的郑军；其余80只战船作为预备队，随主攻部队跟进。又采用部将吴英的计策，发挥清军战船数量上的优势（郑军可用于作战的船只数量有限），结成"五梅花"阵，以五船围攻敌一船，这样，既可免除清船互相冲撞之患，又可集中火力将敌船各个击沉。

十八日，施琅派船先攻取了澎湖港湾外的虎井、桶盘二岛，扫清外围。十九日，施琅亲自乘小船到澎湖内、外堑等处侦察敌情及地理形势。二十、二十一两日，施琅派老弱残兵分两路佯攻内、外堑，以为示弱骄敌之计。

二十二日早七时，经过充分休整和准备的清军向澎湖郑军发起总攻。这一场恶战，

只打得天昏地暗，海面上炮矢纷飞，有如雨点，炮火的烟焰和蒸腾的水气遮天蔽日，以致咫尺莫辨，双方将士的鲜血染红了海水，在火光的映照下，仿佛整个大海都在沸腾、燃烧。经过9小时的激战，清军取得全面胜利，共毙伤郑军官兵1.2万人，俘获5000余人，击毁、缴获郑军战船190余艘。郑军主将刘国轩混乱中乘小船从澎湖北面的吼门逃往台湾，勇将丘辉、江胜等被击毙。此役清军阵亡329人，负伤1800人。

澎湖海战是中国战争史上一次罕见的海岛攻防战役。从交战双方的实力对比看，清军在数量和质量上略占优势，郑军则是依托坚固防御阵地，以逸待劳，双方可谓各有优长，实力相当。最后的结果是，清军以较小的代价，取得了全歼郑军精锐、攻占澎湖列岛的辉煌战绩，这与清军主将施琅出色的指挥艺术是分不开的。

在渡海时间的选择上，施琅决定在风浪较平缓、同时又是台风多发季节的六月渡海，这样，一来保障了清军舰队在发起攻击前的安全航行和停泊，二来可出奇制胜，达成战役突然性。当然，风险也是存在的。

在进攻战术的运用上，施琅采取了多路分兵、奇正并用的战法，对几个方向上的防御之敌同时发起进攻，有效地打破了郑军的防御体系，使其顾此失彼，左支右绌，失去了整体防御的威力。

在进攻时间的掌握上，施琅为把台风袭击的危险降到最低限度，抓住战机，速战速决，只用了七天时间就干净、彻底地歼灭守敌，取得了澎湖海战的胜利。

此外，郑军主将刘国轩在防御上过于消极保守，没有利用清军初抵澎湖、远航疲惫和初战失利、主将负伤等时机，向清军发起主动进攻，而是收缩于港湾之内，一味死守，将取胜的希望寄托在台风等自然因素之上，这也是导致郑军失败的重要原因之一。

澎湖海战结束后，清军对台湾郑氏集团已形成大兵压境的有利态势。这时，施琅为贯彻"因剿寓抚"的战略方针，下令暂停军事进攻，一面休整部队，补充弹药给养，做好进军台湾的准备；一面发动政治攻势，推动台湾问题向政治解决的方向发展。他在澎湖严禁杀戮，张榜安民，令其恢复正常的生产和生活秩序，宣布免除岛民三年的租税徭役，使饱受战乱之苦的澎湖百姓得以休养生息，这对台湾的居民也不能不有所触动。他实行优待战俘的政策，为战俘疗伤治病，并允许投诚或被俘郑军官兵返回台湾与亲人团聚。这些人回到台湾，将其所见所闻辗转相告，产生了巨大影响。施琅还向台湾军民发布了《安抚输诚示》，宣扬清政府宽大投诚者的政策。据史料记载，当时的台湾出现了这样的局面：郑军官兵纷纷做好了向清军投诚的准备，统治者已无法禁止；广大民众也莫不心向清政府，盼望清军早日在台登陆（杜臻：《澎湖台湾纪略》，阮旻锡：《海上见闻录》卷2）。施琅又派原刘国轩的副将曾蜚赴台做刘国轩的工作，促其劝说郑克塽等人向清政府投诚。

施琅与郑氏集团有杀父杀弟之仇，全家有数十口人丧于郑氏之手，但他能摒弃家仇，以国事为重。施琅对刘国轩、冯锡范的部下郑重表示："断不报仇！当日杀吾父者已死，与他人不相干。不特台湾人不杀，即郑家肯降，吾亦不杀。今日之事，君事也，吾敢报私怨乎？"（《榕村语录续集》卷11）这对消除台湾军民的"恐施""恐清"心理起了很大作用，表现出施琅不仅是一个智勇双全的武将，而且具有清醒的政治头脑和卓越的政治才能。有人将施琅与春秋时期的伍子胥相比较，二人都是怀着父兄（弟）被杀的血海深仇，二人都因仇恨而背叛了自己的故国旧主，二人都以主将的身份统率重兵、击败仇敌，获得了报仇雪恨的机会，而二人最后的处理方式却截然不同。伍子胥为报私仇，不惜掘平王墓，鞭平王尸，终于引起楚人的愤怒和反抗，使吴国谋划多年的灭楚大计功败垂成。施琅能从大局出发，为国家的利益而放弃家仇，终于完成了统一台湾的千古大业，其在胸襟与气度上，明显高出伍子胥一筹。

施琅对台湾郑氏集团的招抚策略，符合康熙皇帝"抚之为善"的战略思想，康熙深表赞许，并立即向台湾郑氏集团颁布了赦罪诏书，严正指出：郑氏集团割据台湾，人民饱受其苦，这种局面应尽早结束。郑克塽等人若能迷途知返，真心归顺，不但以往罪过全部赦免，而且将得到清廷的优待。

此时，台湾郑氏集团内部围绕今后的出路问题存在三种意见。一是将领黄良骥提出，率台湾现有军队、战船渡海征服吕宋，以吕宋为基业，图谋东山再起。此议得到一部分人的赞同。二是刘国轩主张向清政府投诚。他认为澎湖失守，军心民心已经瓦解，台湾随时都可能出现大乱，只有归顺清廷，求得宽恕，才是唯一出路。三是冯锡范一方面支持黄良骥等人的想法，一方面又企图分兵死守台湾，顽抗到底。最后，在内外压力的逼迫下，刘国轩的主张在郑氏集团中占了上风。康熙二十二年（1683年）闰六月初八日，郑克塽派人与清军谈判，表示愿意投诚，但又提出留居台湾"承祀祖先，照管物业"的要求。施琅予以严词拒绝，并提出清方的和谈条件：刘国轩、冯锡范亲自到军前面降；台湾的人口、土地全部移交清政府管理；郑氏集团人员遵旨剃发，迁入内地，听从清政府安置。七月五日，郑克塽等人表示完全接受清方的谈判条件，向清政府上表投诚。和谈取得成功，为台湾本岛的和平统一铺平了道路。

同年八月十三日，施琅率清军在郑氏官员的引导下，从台湾的鹿耳门（今台湾台南市安平港北）入港登陆。施琅沿途察看形势，感叹进入台湾的通道"港道纡回，地势窄狭，波涛湍急，可谓至险至固"（《靖海纪事》卷下，《舟师抵台湾》），庆幸能兵不血刃平定台湾岛。十八日，施琅主持举行了隆重的受降仪式，宣读了皇帝的赦诏，郑克塽等遥向北京方向叩头谢恩。然后，施琅带领清军顺利接管了台湾全境。"历尽劫波兄弟在，相逢一笑泯恩仇"，至此，台湾如离家多年的游子终于重新回到了祖国的怀抱。

促成清政府能够以和平方式统一台湾本岛的因素有以下几个方面：一是清军武力攻占"台湾四达之咽喉，外卫之藩屏"的澎湖，歼灭了郑军的精锐，大兵压境，对台湾郑氏集团形成了强大的军事威慑。二是清政府充分利用军事行动造成的有利态势，展开政治攻势。施琅在澎湖的政治工作，进一步瓦解了台湾的军心士气，争取了台湾民众的支持；康熙皇帝的赦罪诏书则有利于打消郑氏集团投诚的疑虑。三是郑氏集团的决策者在决定台湾数十万军民命运的紧要关头，能够认清形势，做出顺应历史潮流的明智选择，停止抵抗，向清政府投诚。这其中，郑军主将刘国轩力排众议，向郑克塽、冯锡范等人反复陈说利害，对推动郑氏集团归顺清政府起了重要作用。

统一台湾后，在台湾的施琅代表清廷进行了一系列善后安抚工作。施琅亲撰祭文，前往祭祀郑成功庙，祭文说：

"自南安侯入台，台地始有居民。逮赐姓（指郑成功）启土，世为岩疆，莫可谁何！今琅赖天子威灵，将帅之力，克有兹土。不辞灭国之诛，所以忠朝廷而报父兄之职也。但琅起卒伍，于赐姓有鱼水之欢。中间微嫌，酿成大戾。琅于赐姓，剪为仇敌，情犹臣主。芦中穷士，义所不为，公义私恩，如是而已！"（《台湾外志》第30卷，第435-436页）

祭毕，潸然泪下。此文委婉道出了施琅对郑氏的矛盾心理，并非完全是矫情之作。

施琅对投诚的郑氏集团官员以礼相待，不加任何歧视和侮辱；对郑军投诚官兵发给粮食和俸饷，军官陆续送往大陆，士兵愿意归农的许其归农，愿意继续当兵的加入清军。对于台湾的百姓，他整肃军纪，严厉禁止一切损害台湾人民利益的行为，公布了《谕台湾安民生示》《严禁犒师示》等，恢复台湾正常的生产生活秩序，对以往的苛捐杂税实行减免，制止原台湾地方官员犒军扰民。当时在台湾东印度公司商馆任职的英国人 Thomas Angeir 和 Thomas Woolhouse 在其给康熙的书信中说："陛下所派遣之副司令官（应指施琅）服从陛下之命令，以宽大为怀，不图报复屠杀，无论匪徒（指郑氏集团人员）与人民概予赦免，不使其受丝毫之损害，因此我等亦得托庇平安，同受其益"（转引自戚嘉林：《台湾史》上册，第137页）。

对于在台的外国人，施琅也采取了保护政策，在对外事务的处理上掌握了分寸。当时在台湾的外国人有郑成功收复台湾后被扣留的荷兰人和在台做生意的英国人。施琅释放了被长期监禁的荷兰人，其中主要是一些妇女和儿童。对英国人，施琅将其视为敌人，他派人转告英国人说："英国人十一、二年以来，与台湾之匪徒勾结，以火药、枪械及其他武器供给之，违反一切国家之惯例及平等之原则，公然称与台湾王（指郑经）亲善，经常与台湾通商"（同上，第138页）。即使如此，施琅对这些英国商人的生命财产安全仍给予了保护，但拒绝了其继续留在台湾进行贸易活动的要求。这是对唯利是图，不惜违反国际准则，支持分裂势力的英国殖民者的应有惩罚。

此外，清政府也兑现诺言，对投诚的郑氏集团成员按其对统一贡献的大小进行封赏，封郑克塽为一等公爵，编入汉军旗，与入关时有功的汉族贵族一样对待。刘国轩、冯锡范都封为伯爵，刘国轩功高，后来还被重用为天津总兵。其他文武官员及士兵也都得到了妥善安置。这些善后安置措施对于消除台湾军民的疑惧心理，稳定台湾的社会秩序，巩固统一的成果产生了巨大作用。

康熙二十二年（1683年）十一月下旬，施琅在台湾诸事初步就绪之后，将台湾事务交吴英管理，自己率部班师返回大陆。康熙皇帝在接到清军攻克澎湖、统一台湾的捷报后，龙颜大悦，当即亲题御书手卷一轴予以嘉奖，并赋诗一首："岛屿全军入，沧溟一战收。降帆来虎市，露布彻龙楼。上将能宣力，奇功本代谋。伏波名共美，南北尽安流"（《台湾外志》第28卷，第415页）。认为施琅可与汉代伏波将军马援相媲美，给予很高的评价。而后，又授施琅靖海将军，封靖海侯，世袭罔替，奖励施琅为统一大业所立下的汗马功劳。

### （五）展界开海

禁海迁界是清政府为对郑氏集团实施经济封锁而采取的措施，其消极作用是对我国沿海经济和海上贸易造成了严重破坏。康熙二十二年七月，清政府接受了郑克塽等人率部投诚，双方分裂、敌对状态宣告结束，禁海迁界也就失去了前提和意义。如何使台湾和大陆沿海经济得到迅速恢复和发展，巩固统一的成果，成为清政府工作的当务之急。在这种情况下，彻底解除禁海迁界法令，在沿海各省实行展界开海已势在必行，刻不容缓。

康熙皇帝的睿智之处在于他能够比较准确地审时度势，相应调整政策，迅速果断地采取新的措施以取代过时的规章制度。康熙二十二年十月，两广总督吴兴祚上疏请求在广州等地实施展界，招民耕种。康熙谕示：

"前因海寇未靖，故今迁界。今若展界气民耕种采捕，甚有益于沿海之民。吴兴祚所奏极是。其浙、闽等处亦有此等事情，尔衙门所贮本章，关系海岛事宜者甚多，此等事不可稽迟。着遣大臣一员，前往展立界限，应于何处起止，应于何处设兵防守，着详阅确议，勿误来春耕种之期，尔等可速行酌议来奏。"（《康熙起居注》康熙二十二年十月十九日）

所谓展界，就是取消迁界令所划定的"禁区"，安排因迁界移民被强迫迁离故土的沿海居民回归家园，将沿海的大片"弃地"重新开辟为良田，恢复正常的农业生产秩序。因为此事是历史遗留问题，涉及的地域又广，关系着国计民生，所以康熙帝十分重视，特委派朝中数位重臣前往福建、广东、江南（江苏）、浙江等沿海省份主持展界工作，并叮嘱他们："迁移百姓甚为要紧，应察明原产，各还其主"（《康熙起居注》康熙二十二年十一月十一日）。从而保证了展界工作得以迅速而又有条不紊地进行，到翌年五月，沿海各省的展界工作即已完毕。

展界是开海的必要准备，开海是展界的必然延续。所谓开海，就是解除禁海令，恢复海上贸易，并允许沿海居民进行捕鱼、晒盐等生产活动。展界只恢复了农业生产，只有实行开海才能使沿海经济得到全面的恢复和发展，使返回家园的沿海百姓的生活得到切实的保障。但开海却不象展界那样顺利，而是遇到了来自沿海省份军政大员们的阻力。他们以沿海的防务为借口，希望维持海禁，以此来私自垄断海上贸易，从中牟取暴利。这样假公济私的做法，既损害了沿海百姓的利益，也不利于朝廷有效地控制地方的财政大权，并将沿海贸易税收这一重要财源收归国有。康熙二十三年（1684年）七月，康熙皇帝与完成了闽、粤展界工作后回朝复命的扈从学士石柱的一段谈话正反映了这个问题。

石柱：臣奉命往开海界，闽粤两省沿海居民纷纷群集，焚香跪迎。皆云：我等离去旧上二十余年，毫无归故乡之望矣。幸皇上神灵威德，削平寇盗，海不扬波，我等众民得还故土，保有室家，各安耕获，乐其生业。……

康熙：百姓乐于沿海居住者，原因可以海上贸易捕鱼之故。尔等明知其故，海上贸易何以不议准行？

石柱：海上贸易自明季以来原未曾开，故议不准行。

康熙：先因海寇，故海禁未开为是。今海寇既已投诚，更何所待？

石柱：据彼处总督、巡抚、提督云，台湾、金门、厦门等处虽设官兵防守，但系新得之地，应俟一、二年后，相其机宜后再开。

康熙：边疆大臣当以国计民生为念，今虽禁海，其私自贸易者何尝断绝！今议海上贸易不行者，皆由总督、巡抚自图便利故也。

（《康熙起居注》康熙二十三年七月十一日）

石柱本想借展界的盛况歌功颂德一番，以将开海方事敷衍过去。但康熙并未因此陶醉，而是立即追问开海之事为何不马上施行。然后他一针见血地指出，自实施海禁以来，沿海的走私贸易就从来没有禁绝过，现在的边疆大臣们反对开海贸易，不是为国家和百姓，而是为了他们自己能借此中饱私囊。

同年十一月，康熙皇帝排除干扰，明令宣布沿海各省原来的禁海令一律废除，使中断了多年的海上贸易得到很快的恢复和发展。为了对海上贸易进行有效的管理，并把海上贸易的税收权控制在中央政府手中，清政府于同年在广州、漳州、宁波、云台山建立了粤、闽、浙、江四大海关，专门负责进出口贸易和征税事务。在关税的征收方面，清政府又采取了鼓励贸易的轻税政策，促进了我国沿海贸易和中外贸易的繁荣和发展。

清政府统一台湾，又及时采取展界开海等措施，开创了台湾与大陆经济交流和发展的新时代。

首先，台湾与大陆贸易出现了空前繁荣的景象。康熙年间，亲赴台湾的黄叔璥在所著《台海使槎录》一书中，详细描写了大陆商人穿梭于台湾与大陆之间进行贸易活动的情况。他们从大陆到台湾时，载去丝线、漳纱、剪绒、布、绵、绸、缎、草席、砖瓦、雨伞、磁器、纸张、包酒等手工业产品和柑、柚、青果、烟、橘饼、柿饼、干笋、香菇、茶叶、药材乃至红枣、核桃、瓜子、松子、棒子等农副土特产品；从台湾返回大陆则载回米、麦、菽、豆、黑白糖、锡、番薯、鹿肉等台湾货物。交易的商品种类繁多，可谓应有尽有。贸易的范围也很广，南起闽、粤、江、浙等沿海省份，北至山东、河北、关东都与台湾有贸易关系。台湾商人的贸易活动也很活跃，"南到南洋，北及天津、牛庄、烟台、上海，舳舻相望，络绎于途，皆以安平（今台湾台南市安平区）为往来之港"（《台湾通史·商务志》）。两岸繁荣的商业贸易，为手工业和农业的商品生产提供了广阔的市场和畅通的销售渠道，促进了经济的发展。例如，大陆商人争购台湾的特产蔗糖，使蔗糖的市场扩大，价格上扬，刺激了台湾甘蔗种植面积的迅速扩大，统一后的 10 年间增长了 10 倍。台湾的制糖业也随之突飞猛进，产量大增，为台湾创造了大量财富。

其次，台湾地区与大陆沿海的农业经济也有了长足的发展。统一后，台湾与大陆恢复了正常往来。台湾肥沃的土地，富饶的物产，吸引着闽粤两省的人民前去开发，出现了向台湾移民的热潮。据统计，台湾在统一后的 130 年间，人口增加了 10 倍。台湾男多女少，比例失调，自然增殖率并不高，可见大陆人口流入之多。大陆人口的大量迁入，解决了台湾劳动力短缺的问题，为开发台湾增添了一支强大的生力军。他们带去了大陆较先进的生产工具、生产技术和各种农副作物品种，促使台湾农业经济迅速发展。统一后的 60 年间，台湾的可耕土地面积扩大了两倍多。台湾盛产的大米不仅能够自给，而且还能支援内地，被官府和商人运往福建、广东，甚至还转销到素有中国粮仓之称的浙江。康熙六十年（1721 年），蓝鼎元至台湾，耳闻目睹台湾的发展变化，感叹道："国家初设郡县，管辖不过百余里，距今未四十年，而开垦流移之众延袤二千余里，糖谷之利甲天下。过此再四五十年，连内山山后野番不到之境，皆将为良田美宅，……"（蓝鼎元；《平台纪略·经理台湾第二疏》）。大陆沿海地区自清政府统一台湾、实行展界后，人民重新获得土地和安定的生产环境。康熙四十六年（1707 年），清翰林院侍郎陈迁鹤从福建赴广东潮阳，到达海丰，看到一望无际的农田。当地百姓告诉他："台湾未平，此皆界外荒区；平后面荒烟野草复为绿畦黄茂，圮墙陁垣复为华堂雕桷"（《靖海纪事》，陈迁鹤序）。昔日被"抛荒"的土地，又变成了万顷良田，农业生产得到恢复和发展，呈现出蒸蒸日上的景象。

开海后，沿海的渔业生产也恢复了往日的兴盛。史料载："自海禁既开，江南浙江省福建沿海诸郡渔船，四五月间毕集于此，名为"渔汛"，大小船至数千只，人至十数万，停泊晒鲞，殆无虚地"（康熙《定海县志》卷二，《环海图记》）。

第三，对外贸易出现高潮。中国统一后，内乱消除，国际威望提高，许多欧洲及亚洲国家的商船远道而来，与中国通商；中国的商人也走出国门，积极与世界各国发

展贸易，使中外贸易交流量大幅度增加。据史料记载，仅康熙二十五年（1686年）二月，停泊在粤海海面的西洋商船就达29艘之多。另以日本长崎港进口的中国船舶为例：康熙二十三年（1684年）为24艘，二十四年为85艘，二十五年为102艘，二十六年为136艘，到康熙二十七年（1688年）增至194艘。5年之内竟上升了7倍多。海上贸易的恢复和繁荣，还给清政府带来了巨额海关税银。据《大清会典事例》，江、浙、闽、粤四大海关每年收取的关税可达123.1万余两。

# 巩固边疆

### （一）怀柔蒙古

对于边疆各少数民族，康熙力推"怀柔"政策，康熙曾曰："朕思治天下之道，非奉一己之福，合天下之福为福；非私一己之安，遍天下之安为安。"康熙继承了父辈的传统，致力于改善蒙古贵族和中央政府的关系，他尊崇黄教，以宗教信仰作为纽带，以连接和维系与蒙古各部的关系。此外，还创新了诸如满蒙联姻政策、木兰秋狝和巡幸避暑山庄等制度，密切了清王朝与蒙古各部的联系。

康熙时期，厄鲁特蒙古的一部噶尔丹勾结沙俄，企图称霸全蒙古。而蒙古东西两部又积怨甚深，因此蒙古秩序一旦混乱，便会给噶尔丹进一步入侵提供机会。因此，为了彻底解决喀尔喀蒙古纠纷问题，稳定其内部秩序就有了特别重要的意义。如何将长期迁徙不时、桀骜难驯的蒙古各部牢牢控制在自己手中，是康熙面临的一大课题。

康熙执政期间，面临的国际、国内环境都很严峻。一方面，沙俄殖民主义势力不断东侵，严重威胁着我国北部边疆的安宁；另一方面，厄鲁特蒙古的一部噶尔丹又乘机勾结沙俄叛乱，企图称霸全蒙古。在这种形势下，散居于我国北方的蒙古各部就有了特别重要的意义。为了巩固统一，加强蒙古各部与中央政权的联系，遏止沙俄进一步东侵和噶尔丹的分裂活动，康熙对蒙古各部采取了有效的政治、经济与军事措施，以把蒙古建成戍守祖国的坚强屏障，使之成为比长城更为坚固的防备力量。

康熙十九年（1680年），新疆"回部"（清代对天山南路的通称）伊斯兰教内部的黑山派和白山派之间闹矛盾。噶尔丹率十二万大军，乘机攻占了"回部"叶尔羌、喀什噶尔等四个主要城市，从而控制了新疆的整个天山南路。进而又攻占了新疆的哈密和吐鲁番，并不断袭扰漠北的喀尔喀蒙古，使清朝的统一和祖国边疆的安全，受到了严重的危害。

面对噶尔丹的严重威胁，康熙并没有立即反击，因为三藩之乱还没平息，收复台湾的战争正在筹备，尚无力顾及西北这个强大的对手，所以，康熙力图先稳定西北部局势。

康熙二十三年（1784年），噶尔丹征服哈萨克等部之后，转旗东向，把打击的矛头指向喀尔喀蒙古。喀尔喀蒙古（即漠北蒙古）分为三大部：东是车臣汗部，中是土谢图汗部，西是札萨克图汗部。其地东至额尔古纳河和贝加尔湖，与沙俄接壤；西达阿尔泰山，与厄鲁特蒙古相邻，南至沙漠，与漠南蒙古（即内蒙古）相连接。喀尔喀地区安定与否，不仅影响清朝北部边疆的安全，也直接影响黑龙江前线的抗俄斗争，因而康熙和清政府十分关注喀尔喀地区的局势，采取了一系列措施以消除不稳定因素。

一是禁止喀尔喀蒙古、厄鲁特蒙古与内蒙古相互盗窃马匹牲畜，以免引起纷争。当时，蒙古各部盗窃频发，牧民不能安生。康熙命大学士与蒙古王贝勒集议驱盗之策。众议于内外蒙古接壤的重镇屯兵，掘濠障守。康熙认为不妥，如此非但不能防盗，且会引起猜疑。他说：喀尔喀蒙古向来敬慎职贡本朝，无故添汛置戍，不合情理，故不应隔绝，而应加以恩抚。至于对付盗匪之事，内外蒙古应一体严禁约束，方能服众。康熙的防盗措施，重在使彼此消除纷争，这样无疑会使喀尔喀心服，而且对日后讨伐噶尔丹会产生直接的影响。

二是康熙二十一年（1682年）七月，因三藩荡平，清政府决定派大臣前往厄鲁特、喀尔喀，宣谕"武功底定"，同时厚加赏赐，期望蒙古诸部能和睦相处，恭奉清中央政府，敬慎职贡。康熙谕令使臣，在交授谕书和赏物时，不必拘于朝廷礼仪，可以随俗用蒙古礼，尊重其习俗，要求使臣慎言慎行。与厄鲁特汗、喀尔喀汗交谈时，勿致失言。

三是，不久，噶尔丹袭杀其岳祖父和硕特鄂齐尔图汗，并吞并其部。鄂齐尔图汗之子衮布阿喇卜坦、侄济农等逃奔至宁夏、甘州边外。噶尔丹以追索为由，随时可以找到借口而逞兵青海。因此能否妥善处理衮布阿喇卜坦和济农，以杜绝噶尔丹寻衅滋事，对稳定西北局势，颇为关键。为此，康熙虽有意抚恤衮布阿喇卜坦等，但却多次遣人告诉噶尔丹，衮布阿喇卜坦等本系厄鲁特所属，则应收取，不然清政府将把他们归并一处，安插于可居之地。并将此决定告知达赖喇嘛。由于噶尔丹每有攻伐，多假达赖为旗号，所以康熙下令让达赖知晓。康熙深思熟虑，为的是稳定西北局势，不给噶尔丹以借口生事。

康熙步步周密安排，使噶尔丹不能制造借口逞兵于西北。然而，这时喀尔喀蒙古右翼的札萨克图汗与左翼土谢图汗却矛盾激化。起因是，康熙元年札萨克图汗旺舒克被部属罗卜藏台吉额林因私怨所杀，发生内乱。旺舒克兄绰墨尔根自立为汗，因未请示清廷，部众不服，大多数人逃奔到土谢图汗那里。从此埋下了左右两翼长期不和的种子。康熙九年（1670年），清廷命旺舒克之弟成衮世袭汗号，收集其部众。成衮向土谢图汗索还部民，屡索不还，于是成衮向达赖喇嘛告状。达赖喇嘛认为，土谢图汗应归还部众，并派人前往两部会盟，土谢图汗拒不参加。札萨克图汗因而又多次上疏清廷，请求归还其部民。至康熙二十三年（1684年），札萨克图汗与土谢图汗关系日渐紧张。康熙唯恐噶尔丹插手其间，从而发生变乱，因此决定调解两部纷争，派出大员调解两部纠纷。

康熙始终坚持调解的方针，是因为只有喀尔喀两部和睦，才能不给噶尔丹以可乘之机。

为了真正加强蒙古各部的团结，康熙决定，从解决喀尔喀蒙古两翼纠纷入手，在漠北蒙古地区进一步推行盟旗制度，以加强中央对漠北地区的管理。推行盟旗制度是加强对蒙古各部的管理，稳定北疆社会秩序的一项重要措施。

盟旗制度的推行，起源于清朝入关前的皇太极时期。皇太极即位后，为了在战略上完成对明朝的包围之势，对于蒙古，或以武力征服，或以联姻劝降。经过他的努力，东到吉林，西到贺兰山，南临长城，北到瀚海的漠南蒙古各部如科尔沁、翁牛特、郭尔罗斯、杜尔伯特、札赉特和克什克腾等，先后归降。为加强对其内部的管理，皇太极便将满洲八旗军政合一、兵民合一的组织形式，推行到漠南蒙古各部。在漠南蒙古地区分旗设盟，并设理藩院监督管理，这就是盟旗制度。至天聪、崇德年间，清朝政府已在漠南蒙古设置十九旗。每旗从旗下王公贵族中挑选一人，由皇帝任命为札萨克（旗长）。札萨克是世袭的封建领主，又是清朝的官吏，代表清朝管辖一旗的事务。

为加强对各旗的管理，皇太极还在漠南蒙古各旗实行会盟制度，在每旗之上设正副盟长各一人。清朝政府通过会盟的形式，以检查各旗执行法令等情况，这样即有效地加强了对蒙古各部的管理，将长期迁徙不时、桀骜难驯的蒙古牢牢控制在自己手中。入关之后，清朝政府对此政策相沿不变，继续推行。顺治年间，在内蒙古地区又增编了二十四旗，至此，漠南蒙古已达六盟四十三旗，南于盟旗制度对于加强中央对蒙古地区的管理十分有利，因此，康熙继位后，更加奉行不渝，在漠南蒙古地区又增编了五旗，并把这一措施推广到漠北喀尔喀蒙古。

喀尔喀蒙古是元太祖成吉思汗十五世孙达延汗幼子格坤嬲森札·札赉尔浑台吉的后裔，游牧在东起黑龙江呼伦贝尔，西至阿尔泰山，南到瀚海、北到贝加尔湖一带的辽阔土地上。后形成土谢图汗、札萨克图汗、车臣汗三大部。皇太极在位时，即对其积极加以联络。崇德元年，皇太极遣大臣入喀尔喀，劝其归附。崇德三年，喀尔喀三部遣使来朝。顺治十二年（1655年），朝政府为了进一步加强对漠北蒙古的管理，即在其地按照满洲制度重设八札萨克，分为左右两翼。车臣汗、土谢图汗及赛因诺颜属左翼，札萨克图汗属右翼。自此，喀尔喀蒙古与清朝的关系更加密切。

康熙二十五年（1686年），康熙命理藩院尚书阿喇尼与达赖喇嘛代表噶尔亹西勒图共赴漠北，准备以会盟方式解决喀尔喀蒙古两翼纠纷问题。当年八月十六，阿喇尼召集左右两翼札萨克图汗、土谢图汗及济农、台吉等人，于库伦（今蒙古人民共和国首都乌兰巴托）伯勒齐尔会盟，宣读皇帝谕旨，令其尽释前怨，将兄弟人民各归奉札萨克，和谐安居。经过清朝官员的斡旋调停，两翼汗与台吉均表示要遵从皇帝旨意，和睦相处。此次会盟之后，康熙为更加有效地管理喀尔喀诸部，将原八旗改为十四旗。

但未过一年，此次会盟即因噶尔丹插手喀尔喀事务而宣告失败。康熙二十六年（1687年），噶尔丹悍然出兵三万占领札萨克图汗部，唆使沙喇进攻土谢图汗。沙俄也与噶尔丹遥相呼应，从马丁斯克出兵助乱。喀尔喀腹背受敌，处境危险。而此时漠南蒙古的秩序一旦混乱，即会给噶尔丹进一步入侵提供有利时机。因此，彻底解决喀尔喀蒙古纠纷问题，稳定其内部秩序就有了特别重要的意义。所以，康熙又在喀尔喀蒙古地区举行了一次多伦会盟。

康熙二十九年（1690年），清军在乌兰布通大败噶尔丹后，康熙就派人敕谕噶尔丹，重申喀尔喀蒙古与清朝政府的归属关系，同时决定在多伦诺尔（今内蒙古多伦）再次举行会盟，由漠南、漠北蒙古共同参加，皇帝亲临主持，以进一步团结众蒙古，孤立噶尔丹。康熙三十年（1691年）四月，会盟正式开始。康熙深知，喀尔喀两翼之间的矛盾，关键在于札萨克图汗部贵族与土谢图汗的关系。只因土谢图汗拒不归还札萨克图汗部属民，才致使两翼之间的矛盾进一步恶化。但土谢图汗率众抗击沙俄侵略，积极对噶尔丹叛军作战，在喀尔喀蒙古腹背受敌、沙俄欲乘机招降喀尔喀难民时，其部宗教首领哲布尊丹巴又首先率众南迁，归服清朝。相比之下，土谢图汗之功远远大于其过。因此，康熙决定采取恩威并施的策略。五月初三，康熙召见了蒙古各贵族，并让土谢图汗和哲布尊丹巴将其大过自行陈奏，以化解札萨克图汗部贵族心中的不满，然后指出：土谢图汗虽有擅自出兵之过，但其能积极抵御沙俄入侵，哲布尊丹巴又能率众来归，故朕不忍治罪，遂命各部贵族对土谢图汗之罪进行商议。各部贵族看到皇帝如此重视，又首先化解了札萨克图汗部贵族的怨气，于是要求赦免土谢图汗。康熙遂将已故札萨克图汗之弟策妄札布袭封汗号，又赦免了土谢图汗。接着，康熙遂命原理藩院尚书阿喇尼等前往喀尔喀蒙古分编佐领，拨给游牧地带，在原二十二旗基础上，又增编十二旗，至此，喀尔喀蒙古已达三十四旗。

会盟之后，康熙又命阿喇尼等处理善后事务。噶尔丹势力被消灭后，喀尔喀蒙古回到漠北故土。至康熙末年时，喀尔喀蒙古已达六十九旗。

康熙对于蒙古各部推行盟旗，有效地加强了中央对蒙古部落的控制，密切了蒙古贵族和中央政府的关系，稳定了蒙古各部的封建秩序，体现了康熙以"蒙古部落为屏藩"的思想。

在推行盟旗制度以加强对蒙古各部控制的同时，康熙还特别重视以宗教信仰作为纽带，以连接和维系与蒙古各部的关系。他继续奉行清初以来各帝尊崇黄教的政策。

西藏的佛教，曾分有噶兴派和格鲁派等派别。明朝初年，格鲁派由西藏地区僧人宗喀巴所创，提倡苦行，严守戒律，服黄衣黄冠，因而人们称之为黄教。明朝洪武二十五年（1392 年），宗喀巴在他的八个子弟中选了二人，一人为第一世达赖，一人为第一世班禅。此后，达赖、班禅都采取"转世"相承，互为师徒。后来黄教在群众中威信不断提高，赢得了明朝政府的好感。黄教兴起后，也在漠南蒙古兴盛起来。到明朝末年，黄教势力已深入漠南和厄鲁特蒙古地区，深得蒙古各部贵族的信仰。

清朝初年，为了联络蒙古各部，皇太极即表示要尊奉达赖，信仰黄教。入关之后，顺治还隆重接待了到北京朝见的五世达赖，予以最高的礼遇，亲自率诸王贝勒大臣出怀远门迎接，并授以金册金印，由朝廷册封达赖喇嘛的制度就是从皇太极开始的。这些做法奠定了黄教在蒙古和西藏地区的统治地位。康熙即位后，继承了祖辈尊崇达赖喇嘛、抚绥蒙古的既定国策，经常派人去西藏看望达赖和班禅，给他们赠送贵重的礼品。为了加强中央政府对蒙古地区的控制，康熙一方面继续发展黄教，以表示尊重蒙古人民的宗教感情；同时，鉴于西藏第巴桑结嘉措假借五世达赖的名义支持噶尔丹叛乱，扰乱喀尔喀蒙古事务的状况，便积极扶助蒙古地区的黄教首领哲布尊丹巴和章嘉呼图克图，以削弱达赖喇嘛及第巴桑结嘉措对蒙古地区的控制和影响，使蒙古各部紧紧团结于中央政府的周围。

在分别采取政治和宗教措施以加强中央政府与蒙古各部联系的同时，为了经营和开发北疆，康熙还十分注意发展生产，繁荣经济，关心蒙古人民的生计，以推动蒙古地区的经济发展，增强蒙古各部对中央政府的向心力，这就是康熙所说的："形胜固难凭，在德不在险。"

在康熙怀柔蒙古的各项措施中，特别值得称道的是他所推行的满蒙联姻政策。满蒙通婚，是清朝奉行不变的基本国策，也是清朝政府利用姻亲关系加强对蒙古各部政治控制的一种得力手段。康熙即位后，为了经营北疆，继续奉行满蒙联姻政策。为此，他先后将两位科尔沁贵族之女纳入宫中为妃，同时，又将自己的四名公主陆续嫁到蒙古草原。针对当时喀尔喀各部内附的新局面，他还将联姻范围扩大到喀尔喀蒙古和厄鲁特蒙古，从而与蒙古各部的王公贵族都建立了不同程度的姻亲关系，使蒙古各部进一步成为清王朝"结以亲谊，托诸心腹"的依靠力量。

康熙三十六年（1697 年），康熙将皇六女和硕恪靖公主下嫁土谢图汗部的札萨克多罗郡王敦多布多尔济，并授其为和硕额驸，后又晋升为和硕亲王。康熙五十五年（1716 年），又将郡主嫁给敦多布多尔济长子根札布多尔济，并授之和硕额驸。此后，康熙又将孙女和硕怡亲王胤祥之女和硕和惠公主下嫁给土谢图汗察浑多尔济之弟巴图尔珲台吉之孙多尔济色布腾。通过这一系列联姻活动，大大加强了朝廷与蒙古各部的联系。

在康熙怀柔蒙古的诸项措施中，木兰秋狝和巡幸避暑山庄也起了重要作用。木兰围场设立于康熙二十一年（1682 年），地点在内蒙古昭乌达盟、卓索图盟、锡林郭勒盟与察哈尔蒙古东四旗接壤处，东西相距三百里，南北直径也近三百里，方圆面积达一万余平方公里。由于木兰围场位于内蒙古的中心地带，北控蒙古，南拱京师，战略地位非常重要。又是清代前期北京通往漠南蒙古、喀尔喀蒙古、东北黑龙江以及尼布楚城的重要通道，因此，康熙几乎每年都到这里行围狩猎，利用蒙古各部贵族扈从围猎之际，接见蒙古各部上层人物，密切清王朝与蒙古各部的联系，以增进团结，使蒙古王公"畏威怀德"，以达到亢备边防，巩固基业的目的。

避暑山庄的建立与木兰秋狝有直接的关系。避暑山庄不仅仅是康熙在木兰秋狝时所住的行宫，同时又是康熙处理民族事务，加强北部边防的政治中心。康熙除在"围班"当中接见蒙古贵族外，还在行宫接见蒙古各部官员。随着众蒙古的相继来归，觐见者日益增多，因而康熙每年都要在避暑山庄停留数月甚至半年时间，在京外处理各种民族事务，从而使避暑山庄成为清朝政府的第二个政治中心。避暑山庄的建立，对于康熙怀柔蒙古也发挥了重要的作用。

稳定喀尔喀蒙古，解决两翼纠纷，不仅是安抚蒙古所必须，也是制止噶尔丹与沙俄相勾结，防止其在北方进一步扩张的一个关键，因为一支稳定团结的蒙古力量本身就是一道强有力的屏藩。因此，在内忧外患时，康熙决定先从解决喀尔喀蒙古两翼纠纷入手，以加强中央对漠北地区的管理，只有稳定了内部，才能腾出手来对付外部的挑战。

### （二）雅克萨之战

雅克萨之战最能体现康熙的国家主权与领土意识，它是沙俄侵略者妄图侵占我国黑龙江流域大片领土，清政府被迫进行的一次反对侵略、收复失地的自卫战争。

**雅克萨之战**

中国东北是清朝的发祥地。到明崇祯末年，即后金天聪年间，西起贝加尔湖，北到外兴安岭，南至日本海，东抵鄂霍茨克海，包括库页岛在内的东北广大地区，都在大清统治的势力范围之内，属于中国的国家版图。沙皇俄国是个欧洲国家，原来和中国的疆界相距万里。直到明崇祯九年（1636年），俄国人才第一次听说东方有条黑龙江。此后，沙俄政府就不断派遣远征军，对黑龙江地区进行肆意掠夺。

康熙四年（1665年），沙俄侵略军窜犯占领了雅克萨（今黑龙江省漠河东、塔河西北的黑龙江北岸），在雅克萨和尼布楚等地建立据点，构筑寨堡，设置工事，不断向黑龙江中下游地区进行骚扰，抢掠中国的索伦、赫哲、费牙喀、奇勒尔等族民众的财产和人口。沙俄政府为配合武装入侵活动，不断地派遣外交使节到中国来，以访问为名，收集情报，探听消息，对中国政府进行威胁和讹诈。康熙九年（1670年），沙俄政府派了一个叫米洛瓦洛夫的人来中国，要求康熙向老沙皇称臣纳贡，说这样才能得到俄皇陛下的恩惠和保护。

沙俄使团的这些威胁，没有使康熙屈服。但他们了解到了康熙正在全力以赴平定三藩之乱，中国国内出现了动荡的局势，因此沙俄侵略军加紧了在黑龙江地区的侵略活动。调拨了大批枪炮、物资到尼布楚和雅克萨，不断派遣侵略军向中国内地蚕食扩张。从康熙十五年到二十一年，沙俄侵略军前后推进到黑龙江的各条支流上，建立了据点，康熙虽然不断派遣使臣进行交涉、劝说、警告，均未奏效，他们的侵略活动越发变本加厉。

康熙亲政后，面对沙俄侵略军不断升级的入侵活动，早就意识到这是一大边患。此患一天不除，边疆就一日不能巩固，祖宗的发祥地就一天也不得安宁。他后来说，自十四岁亲政后，就注意留心黑龙江这个地方了。经常询问那里的土地形势、道路远近及人们性情等情况。只是他亲政后不久，发生了三藩之乱，没有力量去解决。康熙二十年（1681年），平定三藩之乱一结束，康熙就将解决东北边患问题，提上了议事日程。康熙二十一年（1682年）二月，康熙率领文武大臣，从北京出发，开始了为期七十九天的东巡。他经盛京（今沈阳），出柳条边，到吉林的乌拉，登舟巡行在松花江上。

康熙通过此次东巡，了解了备战抵抗沙俄的不少情况及急需解决的问题。回京后，又派遣副都统郎坦等人，深入到雅克萨地区侦察沙俄侵略军的情况。因雅克萨离内地遥远，人烟稀少，兵员补充、粮食供给困难很多。所以康熙认为不能操之过急，要等条件成熟后伺机行动，决定先派兵建立前进据点，永戍黑龙江。

对于发兵攻取雅克萨，朝廷文武官员的意见颇不一致。有的畏惧沙俄势力强大，怕难以取胜；有的虽支持出兵，但主张速战速决，将沙俄侵略军赶走了事。后面的意见得到了大多数议政王大臣的赞同。但康熙提出永戍黑龙江的主张，却首先导致前线统帅宁古塔将军巴海就很不赞成。康熙本打算让巴海率兵赴黑龙江沿岸筑城建立据点，见他持反对态度，就立即改令副都统萨布素前往。

康熙二十二年（1683年）十月，康熙下令设黑龙江将军，由萨布素首任此职，命其率宁古塔兵一千人进驻额苏里（今黑龙江省黑河与呼玛之间的黑龙江北岸）。黑龙江将军的设置，使抗击沙俄侵略军有了军事保证，对加强东北的边防建设有深远意义。它和盛京将军、宁古塔将军（后改为吉林将军），奠定了后来东三省军事建置的基础。

康熙二十四年（1685年）初，收复雅克萨的作战准备已基本就绪。康熙为了收复雅克萨，对沙俄侵略军采取了先礼后兵的原则，一再声称："兵非善事，不得已而用之。"一年前，康熙曾用满、蒙、俄三种文字写信致俄国沙皇，并派官员送给占领雅克萨的沙俄军队，要他们立即从中国撤兵。沙俄政府对康熙的信毫无反应。在此情况下，康熙于二十四年（1685年）四月二十八日，命令都统彭春、副都统班达尔善统兵三千名水师官兵，将领林兴珠率藤牌兵五百名，分批开赴雅克萨，五月中旬陆续到达。五月二十四日，清军列阵，包围了雅克萨。沙俄军首领托尔布津在走投无路的情况下，只得竖起了投降的旗子。

清军见沙俄侵略军投降了，就立即停止了攻击。统帅彭春在沙俄侵略军举行投降仪式后，宣布俄俘全部释放，派遣官兵将其七百余人（包括少数妇女、儿童），送至额古纳河口，使其返回尼布楚。至此，第一次雅克萨之战，以清军获胜，沙俄侵略军投降而告终。

康熙对于收复雅克萨后如何设防十分重视。他在出兵雅克萨前，就指示前线将帅要周密部署，不能造成"我进则彼退，我退则彼进，用兵不已，边民不安"的局面。在清军攻克雅克萨后，康熙再次告诫前线将帅，对雅克萨的防御决不能疏忽。他命令大学士勒德洪、前线统帅郎坦等，要立即研究出具体措施奏报，但郎坦等没有按康熙的命令去办。

回到尼布楚不到两个月的托尔布津，奉命又率兵侵占了雅克萨。这次，沙俄侵略军因为得到了波兰六百名被俘兵，兵力增加到八百多人。

康熙二十五年（1686年）二月，康熙得知沙俄侵略军重占雅克萨的消息后，随即部署了第二次雅克萨之战。他谕示文武大臣："今罗刹复回雅克萨筑城盘踞，若不进行扑剿，势必积粮坚守，今后图之不易。"旋命将军萨布素、郎坦等，速修船舰，统领乌拉、宁古塔兵两千人，攻取雅克萨。

清军由于缺少火器，沙俄侵略军重修的雅克萨城又比较坚固，所以一时攻不下来。康熙考虑到已快进入深秋季节，即命令前线统帅萨布素要做好部队过冬的准备，进行长期围困。清军按康熙的部署，将雅克萨城围得严严实实，使沙俄军人员进出不得，断绝了外援。

沙俄政府得知他们的军队在雅克萨又遭惨败，也无法救援时，被迫遣使团同清政府和谈。康熙二十五年（1686年）九月二十五日，沙俄使团先遣人员到达北京，向康熙呈交了沙皇的信件。信中表示愿意和清政府和谈，请求清军撤围雅克萨，等他们以戈洛文为首的使团一到，和谈就开始。当年冬天，清军按康熙的命令，单方面撤离雅克萨返回爱辉。至此，第二次雅克萨之战，又以清军获得全胜而结束。第二次雅克萨之战结束后，康熙就命清军撤到爱辉、嫩江一带，并将撤还的原因通知雅克萨的俄国侵略军。清朝倡议和谈与主动停火撤军的行动，为中俄双方和平解决边界争端创造了良好的氛围。

康熙二十八年（1689年）八月二十二日，中俄谈判代表团第一次会议正式开始。中方代表有索额图、佟国纲、萨布素等，俄方代表是戈洛文、符拉索夫和科尔尼茨基。会议一开始，戈洛文首先发言，他把中俄战争的起因归罪于中方。中方首席代表索额图当场予以驳斥，他以无可辩驳的事实，阐明了中俄战争完全是由俄国的侵略挑起的，中国政府只是在忍无可忍的情势下，才被逼自卫的严正立场。在铁的事实面前，戈洛文无言以对。

戈洛文一再固执地争辩尼布楚、雅克萨乃是沙俄先去开拓居住之地，一口咬定黑龙江流域自古以来即为沙皇所占有，据此，他要求两国以黑龙江至北海为界，妄图在谈判桌上取得俄方未能用战争得到的黑龙江以北的广大领土。这一蛮横无理的要求，理所当然地遭到中方代表的断然拒绝。由于俄方的狂妄要求，第一次会议没有得到任何结果。

八月二十三日，双方代表进行第二次会议，继续讨论中俄边界问题。开始戈洛文仍然坚持以黑龙江为界，索额图等表示坚决拒绝。戈洛文见第一个方案不能实现，即抛出俄方的第二个方案，提出以牛满河或精奇里江为界，想"让"出曾被俄方侵占而已为清军收复的精奇里江以东地区，而把精奇里江以西包括雅克萨在内的广大中国领土划归俄国，中方当然不能同意。但是索额图误认为俄方已经让步，自己又急于同俄方签订和谈协议，不留任何余地，竟把康熙指令的最后分界线即以尼布楚和音果达河为界（即在石勒格河北岸以尼布楚为界）、石勒格河南岸以音果达河为界的方案一下子摊了出来。根据这一方案，就将贝加尔湖以东至尼布楚一带原属中国的大片领土让给俄国。然而戈洛文仍然继续要弄手腕，力求尽可能多地保持被其强占的中国领土，拒绝了中方代表的划界方案。会议因而中断，谈判陷入僵局。

于是，双方关系立时紧张起来。二十四日，驻尼布楚的沙俄侵略军进一步加强战备，在城四周增派了三百名火炮兵。索额图等人也相应地采取措施，准备包围尼布楚。但是双方使臣还是希望能在本国政府既定方针下取得和谈协议。几经交涉，俄方固执己见，妄图使其侵占中国的领土合法化。但由于中方坚持斗争，军事上又做了充分准备，并且一再让步，俄方理亏力穷。权衡利害后，戈洛文决定撤出雅克萨，并派人给中方送来一份书面条约草案。之后，中俄双方经过反复磋商，至九月七日，终于正式签订了《中俄尼布楚条约》。

这是中俄两国之间签订的第一个边界条约，也是清代签订的第六个条约。条约共六项条款，包括中俄东段边界的划分，越界人员的处理，中俄贸易等内容。康熙划定的这个中国版图奠定了中国北部版图的基础，一直延续到今天。

这个"条约"虽然让清政府在领土方面做了很大的牺牲，但也收复了雅克萨等长期被沙俄霸占的领土，制止了沙俄对黑龙江地区的进一步侵略，结束了战争，使东北边境得以安定，并以法律的形式明确了中俄东段的边界。同时，打破了沙俄同准噶尔部噶尔丹之间的联盟，这样就可集中精力，去平定厄鲁特蒙古准噶尔部首领噶尔丹的叛乱。对此，《海国图志》的作者魏源评论说：

"其时喀尔喀准噶尔未臣服，皆与俄罗斯接壤，苟狼狈犄角，且将合纵以挠我兵力。自俄罗斯盟定，而准夷火器无所借，败遁无所投。"

## （三）三次亲征

准噶尔是漠西蒙古的一支，本来在伊犁一带过游牧生活。自从噶尔丹统治准噶尔部以后，通过一系列的西征，噶尔丹不仅拓疆千里，解除了来自西部的军事威胁，而且在军事实力和物资供应等方面，为挥戈东进做了充足的准备。同时噶尔丹又将准噶尔汗国的政治中心转移到伊犁河谷，对富庶的东部虎视眈眈，最终成为康熙的心腹大患。

康熙一直试图将整个蒙古地区并入版图，完成国家统一，但却不得不先着力于南方的三藩叛乱。待他平定南方之后，准噶尔汗国已经羽翼丰满，康熙不得不三次亲征噶尔丹。首次出征，击溃噶尔丹于乌兰布通；又深入沙漠，尽歼噶尔丹精锐；最后四处堵截，迫使噶尔丹穷蹙自杀，统一了漠北。

元朝灭亡以后，蒙古退出长城以外，分裂为三大部，一部为漠南蒙古，也就是内蒙古；一部为漠北喀尔喀蒙古，即外蒙古；一部为漠西蒙古，即厄鲁特蒙古。漠南、漠北蒙古是成吉思汗的后裔。漠西厄鲁特蒙古是瓦剌汗也先的后裔。明朝，瓦剌曾多次大举南侵。清太宗时期，漠南蒙古已归附清朝，喀尔喀蒙古亦遣使纳贡，厄鲁特蒙古远在漠西，只是形式上服从清朝而已。

厄鲁特蒙古又分为四部，即：绰罗斯即准噶尔部，游牧于巴尔喀什湖以东，天山以北，伊犁河流域；杜尔伯特部游牧于额尔齐斯河两岸；和硕特部游牧于乌鲁木齐地区；土尔扈特部游牧于塔尔巴哈台地区。其中以准噶尔部最为强大。

康熙九年（1670年），准噶尔部首领僧格在内讧中被杀。这时在西藏当喇嘛的噶尔丹立即从西藏赶回，声称奉达赖喇嘛的命令，为同母之兄僧格报仇。他将僧格的敌手车臣"台吉"（蒙古贵族的称号）驱逐出去，杀掉了僧格的儿子，囚禁了自己的叔父，攻杀了自己的岳父。以"顺我者昌，逆我者亡"的血腥手段夺得了准噶尔部的领导权。

康熙十六年（1677年）十月，理藩院上疏奏称厄鲁特与喀尔喀交恶兴兵，形势紧张。此时因三藩战争，清政府无力顾及噶尔丹逞兵于喀尔喀，然而，北部边疆不宁，南方战斗正炽，平叛战争将受到牵制。康熙权衡大局，采取的方针是：调解厄鲁特与喀尔喀的矛盾纷争，令其罢兵息争，不使事态扩大，稳定北部边疆。为此，对噶尔丹所求，适当允准，使其无法找到挑衅的理由，以免分散精力。同时加强戒备，密切注意其动向。

同年十二月，形势为之一变。甘肃提督张勇奏报，甘州、凉州近南山一带，有被噶尔丹击败的庐帐万余，他们是从黄河西套逃奔而来，大草滩之地处处充斥，所在告警，甘肃汛界受到极大威胁，请旨如何处置。康熙立即命令驻扎西安负责西北平叛战事的图海，统筹一切。此时，因甘肃沿边与喀尔喀地区同时告急，而噶尔丹素有侵青海之意，康熙一时不知噶尔丹兵锋所向，决定在西北加强戒备。

康熙十分关注噶尔丹在西北的动向，是因为吴三桂旧部、陕西提督王辅臣叛乱，陕甘战乱年前始未平定。局势初定，若噶尔丹逞兵于甘肃、青海，局面可能逆转。而噶尔丹将征青海厄鲁特墨尔根台吉的传言甚广，如果这样，必将进入汛界。康熙迫于三藩战事，决定有条件地对噶尔丹让步通融，谕令张勇、孙忠克：一面放噶尔丹过大草滩，一面奏闻，但必须令其坚立盟誓，不许骚扰民人。若噶尔丹强行入边则要坚决阻击。这反映了康熙对平定三藩与防备噶尔丹应如何统筹兼顾的思虑。噶尔丹威胁的存在，使康熙不敢稍有疏忽。康熙这时的方针是有条件的通融，避免与噶尔丹交战。

噶尔丹处心积虑欲进军青海，康熙令甘肃清军严加防范，固守汛地，噶尔丹无机可乘，向青海攻掠的野心被制止。同时，也因为准噶尔部内部意见不一，噶尔丹担心大军远行，后方不稳。于是，噶尔丹才在进兵青海的途中返回。

康熙十八年（1679年），噶尔丹称雄于西北，羽毛已丰。他自以为西域已定，诸国都奉他为汗。于是便向达赖喇嘛请命博硕克图汗的封号。此后，噶尔丹便以博硕克图汗为称号而遣使进贡，清政府则承认其汗号。噶尔丹既得汗号，不能逞兵于青海，便转向征服南疆回部。

天山南路，在清王朝建立后即奉表贡。康熙十八年（1679年），即噶尔丹从征青海途中返回之次年，噶尔丹领兵三万，占领了哈密、吐鲁番。康熙十九年（1680年），噶尔丹派十二万铁骑进攻叶尔羌与喀什噶尔，白山派教徒纷纷响应配合，于是轻而易举地征服了南疆地区。从此，南疆地区处于准噶尔统治之下达八十年之久，与清政府的关系亦随之中断。乾隆二十四年（1759年），清政府统一回疆，才结束了准噶尔贵族在这一地区的统治。

噶尔丹在康熙十九年（1680年）一举征服南疆之后，随即挥戈西向，连年征战，至康熙二十三年（1684年）先后攻打哈萨克、诺盖、吉尔吉斯、费尔干等部族。接连不断的胜利，加强了噶尔丹的军事统治，以伊犁河谷为其中心，噶尔丹雄踞西北，其野心也与日俱增。

噶尔丹仗势，因而对邻部横行霸道，但表面上对清政府还比较恭顺，按时遣使进贡。因此，康熙对准噶尔内部事务，一般不过问，实际上就是承认了噶尔丹的领导地位。但康熙对噶尔丹以武力吞并或攻掠别部，是一向反对的，如噶尔丹攻灭和硕特部后，向朝廷进献缴获的弓箭等物，都被拒绝接受。

至康熙二十三年（1684年），噶尔丹"攻破千余城"，其游牧地区，北自鄂木河，沿额尔齐斯河至阿尔泰山；西至巴尔喀什湖以南，东至鄂毕河的广大地区，并控制天山南路，雄踞西北，无人敢与之抗衡。与此同时，噶尔丹与沙俄的勾结日益加深。

噶尔丹是城府颇深之人，他既利用达赖喇嘛的支持以号令蒙古部众，同时，又力图利用沙俄力量来实现其军事政治目的。此前，沙俄正在悄悄入侵蒙古，遭到喀尔喀蒙古的抵抗，因此，沙俄为了坐收渔翁之利，一直积极支持噶尔丹吞并喀尔喀蒙古，给予军火支持，使其气焰更为嚣张。

康熙二十一年（1683年），清军开始在黑龙江中下游及其支流精奇里江扫荡沙俄军事殖民据点，为收复中国领土雅克萨做准备。这年，噶尔丹派出一个七十余人的庞大使团，携带致沙皇的信件，到达伊尔库茨克，向沙俄当局表示支持沙俄同清军作战。噶尔丹认为，只有和俄国结盟才可能征服蒙古，进而窥伺中原。

噶尔丹这支民族分裂势力的强大，使中国面临着分裂的严重威胁。由于有沙俄侵略势力的支持，使我国在封建时代就一直存在的民族问题的性质已变得截然不同。康熙三次出塞亲征，清政府与噶尔丹的斗争，既是为了维护国家统一，同时也是抗击外国侵略势力的斗争。

随着统治势力不断增强，噶尔丹的野心也不断膨胀，在沙俄侵略势力的支持下，转而大举向东攻掠喀尔喀蒙古。康熙二十六年（1687年）九月，噶尔丹率兵三万，攻占了喀尔喀蒙古的札萨克图汗部，唆使札萨克图汗进攻左翼土谢图汗部。土谢图汗出兵击毙了札萨克图汗沙喇，及噶尔丹的弟弟多尔济扎卜。噶尔丹以此为借口，于康熙二十七年（1688年）六月，再次大举进攻喀尔喀蒙古。这时土谢图汗正率兵在楚库柏兴（今色楞斯克）和沙俄作战，后方空虚，遭噶尔丹袭击，顿时大乱。土谢图汗立即回兵反击噶尔丹，遭到失败，就与胞弟、活佛哲布尊丹巴会合，率领属下台吉、子弟等内迁，请求清廷保护。康熙立即派遣理藩院尚书阿喇尼前往迎接，于漠南蒙古乌珠穆沁等处，妥善安置了其游牧地带。

噶尔丹一再向清廷索要土谢图汗和哲布尊丹巴，都遭到了拒绝，即于康熙二十九年（1690年）五月，以追击喀尔喀仇人为名，率兵两万沿喀尔喀河南下，进入漠南蒙古的科尔沁境内，肆意进行烧杀抢掠。并乘势进一步向内地深入，清军阻挡不住，使其一下子进入到西乌珠穆沁境内，距古北口（今北京密云区东北）仅九百里。京师官吏出现危机之感，全城人心惶惶，有些官府衙门竟闭上了大门，市场物价飞涨。但康熙镇定如常，命令八旗禁旅将北京城实行戒严；谕示朝廷文武官员，决定利用噶尔丹骄傲轻进的心理，部署兵力予以出击、围歼。

对于如何对付气势汹汹的噶尔丹，朝廷中的一些亲勋重臣意见不一。有的提出，远劳师旅，未必遂能灭除他，主张听之任之，等他进攻北京时再说。大将军费扬古坚决主张出兵抵御。他说："噶尔丹狼子野心，既入犯，其志不在小，讲和恐难如所欲，唯有痛剿才是上策。"费扬古，满洲正白旗人，出身贵族，平定三藩之乱时期，转战江西、湖南，后升任领侍卫内大臣，列议政大臣之席。

康熙说："费扬古之见与朕不谋而合，朕决意亲征。"

当时还有一个很现实的问题：噶尔丹将漠北喀尔喀蒙古的领土侵占，喀尔喀蒙古暂借漠南蒙古游牧，因此天长日久若不收复故地，该部又如何生存？留下的后遗症将永远困扰着国家，和平安定根本没有基础，因此不打是不行的。为了国家得以长治久安，决不能图一时苟安之计，康熙下诏亲征，康熙二十九年（1690年）二月，组成两路大军：一路由皇兄和硕裕亲王福全任抚远大将军、皇子胤禔为副率领，为左翼军出古北口；一路由皇弟和硕恭亲王常宁任安北大将军、和硕简亲王雅布、多罗信郡王鄂札为副率领，为右翼军出喜峰口。两路大军分别由内大臣、皇舅佟国纲、佟国维，及内大臣索额图、明珠、阿密达等参赞军务，于七月六日先后出发。康熙统筹全局，近地指挥。

清军两路大军出发后，各自按康熙预定的路线疾进。左路军由于副将胤禔听信他人的谗言，和主将福全的关系不和，并且私自向康熙陈奏告状。康熙担心胤禔在军中坏事，就立即下令将其调回了京师，另调康亲王杰书率兵自察哈尔以东与福全的军队会合。所以，清军左路军北上耽误了几天时间，造成了右路军常宁孤军深入。常宁军在乌珠穆沁和克什克腾旗交界的地方与噶尔丹相遇。噶尔丹兵锋正锐，常宁军接战不利，向南退却。噶尔丹长驱直入，至七月二十七日，急追至克什克腾旗南境，沿萨里河至乌兰滚，抢先占据了主峰乌兰布通峰，距同日到达吐力埂河的福全军仅三十里。康熙得报后，命常宁停止后撤，速与福全军会合，夹击噶尔丹于乌兰布通；并命杰书等率兵速西进，屯归化城，以切断噶尔丹西退的道路。

噶尔丹军被左路清军阻截在英金河北，又受右路清军自赤峰向西北侧进攻。噶尔丹依山阻水，反客为主，在山林深处结扎营地。到临战时，噶尔丹在山坡上设置了"驼阵"（也称驼城），以骆驼万匹，缚足卧地，又加箱子行礼为城垛，盖上湿毡作为壁垒，环列如栅，作为掩体，兵士们可以从栅的间隙处，发射弓箭和枪炮。噶尔丹军凭借驼阵，能攻能守。

正当清军束手无策时，康熙所派的炮兵赶到了，立即投入了战斗。大将军福全命令将各炮列于英金河滩上，齐发猛轰，声震天地。自中午一直打到傍晚，将噶尔丹设置"驼阵"的骆驼大部击毙。骆驼滚翻仆地，"城栅"断裂。清军趁势冲击，噶尔丹军失去掩体，惊惶溃败，噶尔丹自己乘夜避入山顶险要处。第二天，噶尔丹一面组织部队北撤，一面派喇嘛济隆率七十余人，到清军营地游说，并捎去请罪书，对佛发誓，保证不敢再犯喀尔喀。福全轻信了噶尔丹的诺言，中了缓兵计，不但自己停止了进攻，而且还命令其他各路军停止出击，从而使乌兰布通大捷的战果功亏一篑。

康熙通过乌兰布通之战，察觉到了需要扭转部分将领认为噶尔丹不堪一击的轻敌思想，同时也发现了清军在战略战术方面存在的弱点。因此决定要进行大规模的练兵活动。康熙三十年（1691年），康熙下令在八旗军中设火器营，以公侯大臣为总统，统管营务，并训练官兵。另外，恢复八旗兵丁春秋两季的校猎，组织八旗将士集于宽敞平原之地，排列阵势，鸣锣进退，以熟操练。自此以后，康熙每年都要进行两次规模较大的阅兵活动。

噶尔丹从乌兰布通率残部两千人回到科布多（位于今外蒙古西部）时，发现他的营地早被侄子策妄阿拉布坦抢劫一空，连妻子（原为策妄阿拉布坦的未婚妻）等家眷也都被掳走。噶尔丹不死心，一面集合旧部，休养生息，以图东山再起；一面乞求沙皇俄国支持。康熙三十年（1691年），沙俄托布尔斯克将军派人去科布多会见噶尔丹，继续策动其叛乱。康熙三十三年（1694年），康熙多次约噶尔丹参加喀尔喀会盟，以调解其与土谢图汗等人之间的矛盾。噶尔丹拒不接受，反而蛮横地写信给清政府，一定要索取土谢图汗及哲布尊丹巴，否则将继续进兵喀尔喀。

乌兰布通一战，噶尔丹虽然战败，但兵力还有数万，他纠合残部，休养生息，同时得到沙俄大批军火。康熙三十四年（1695年），噶尔丹又率兵三万沿克鲁伦河而下，进攻巴颜乌兰。扬言在过冬后，将借俄罗斯鸟枪兵六万，大举进攻漠南。

对此，康熙召集了三品官以上的武臣，商讨征剿方案。武臣中不少人主张不宜出击，理由是距离太远，且部队要经过大沙漠地带，因此携带火器及运送粮食等尤为困难，劝康熙不能轻举妄动。但将军费扬古主张出击，认为噶尔丹为人狡诈，若不及早根除，对北部边疆将后患无穷。费扬古的意见正合康熙的意图，康熙又多次听取大学士们的意见，并组织议政王大臣会议讨论，最终于康熙三十五年（1696年）正月做出了出兵的决定，并再次率兵亲征。

朝中文武大臣听说康熙又要亲征，纷纷极力劝阻，说皇上不必躬临壁垒。但康熙以乌兰布通之战的教训为由对大臣们说，那次正因为自己因病，所以没有能坚持实地指挥，从而失掉良机，一直感到是最大的遗憾。这次再艰苦，也要亲临实地，运筹决策。

康熙为什么不辞劳苦，连连御驾亲征，而不单独派大将出征呢？因为当时的情况是诸王和大臣都希望与噶尔丹和谈，说明他们与康熙的认识不统一，行动上就会协调不周，因此为了表示战胜敌人的决心和鼓舞士气，康熙不得不如此。常言说"居安思危"，他的英明之处就在于他看准问题后就及时解决，决不拖延。

二月，康熙下令发兵十万，分三路前进。东路由黑龙江将军萨布素统领东三省兵，越兴安岭出克鲁伦河进击；西路由抚远大将军费扬古统陕西、甘肃兵，由宁夏北越沙漠沿翁金河北上，断噶尔丹的归路；中路为主力军，由康熙亲率，由北京出独石口，直奔克鲁伦河，与东西两路军协同夹击。

康熙的中路军，将要在无边无际的沙漠、草原上行程数千里。他命令征调了大批札萨克图部人做向导，每两名士兵配一个民夫、一头毛驴，随军运输粮食、器材及御寒器具。

康熙在沙漠行军途中，常关心士兵和马匹的休息状况。当遇到行李运输迟缓，士兵们不能及时安营时，他每天不到五更就起身，亲自督促运输兵丁行李的驼队早一点出发，使行李先到营地。沿途大雨，每到营地，康熙必须等到士兵扎好帐篷都住进去了，才进帐休息，宁可在雨中淋着，也决不首先进账，士兵很受感动，士气高涨。康熙在横渡沙漠的征途中，还写下了《瀚海》一诗：

> 四月天山路，今朝瀚海行。
>
> 积沙流绝塞，落日度连营。
>
> 战伐因声罪，驰驱为息兵。
>
> 敢云黄屋重？辛苦事亲征。

此诗反映了他不辞劳苦的无畏气概和战斗精神。

康熙率领的中路军，经过五十九天的艰苦历程，于五月初五由科图（今内蒙古苏尼特左旗北）继续前进，逐渐逼近噶尔丹军。而西路军和东路军未能按期到达预定地点，这就形成了中路军单支突进的不利态势。这时，前方传来噶尔丹借来俄罗斯兵六万的消息，这是狡猾的噶尔丹在致科尔沁亲王的信中透露出来的，目的是恐吓清军。大学士伊桑阿等人力请皇上回銮。但康熙心里很清楚，他严厉训斥了官员中的畏战惧敌言论，表示这次一定要歼灭噶尔丹后才撤还。并警告官兵："凡不奋勇前进者，必予诛之。"皇帝只有临危不惧，其御驾亲征才有意义，一遇强敌就回銮，又何必亲自出征？

康熙决意要中路军继续前进，并预计噶尔丹会依托克鲁伦河进行顽抗，就将部队分成二路，准备夹击。

噶尔丹原先不相信康熙会亲征。他曾说过："康熙不在北京城里安居乐逸，却来过这样的无水瀚海之地，难道能飞渡吗？"可他从清军放回的俘虏口中得知，康熙已确实亲自出征。为此，他还亲自到一座高山上观望，见对面河岸，黄幄龙纛，军幔环城，四外周布栏栅，将士各个威武，军容严整，不由得大惊失色，当夜便拔营逃跑了。因此等到康熙率兵渡过克鲁伦河，进抵巴颜乌兰时，却扑了个空。

康熙见噶尔丹已逃跑，立即率领岳升龙等三名总兵，选了精兵轻骑，以"疾驰莫惮追奔力，须使穷禽入网罗"的决心猛追。同时密令西路军统帅费扬古，疾行于昭莫多（今外蒙古乌兰巴托南）设伏堵截。康熙连续追击了五天，终因粮食供应不上，被迫停止。

费扬古接到康熙的密令后，率兵星夜驰奔。将士们知道皇上已到了克鲁伦河，无不奋发，史载："皇上出自深宫，尚且先至敌境，我们怎能不冒死前进？"到五月十三日，西路军终于先于敌人赶到昭莫多。

昭莫多，蒙古语为"大树林"的意思，因地势险要，自古即为漠北战场。当年明成祖就在此地击败蒙古鞑靼部将领阿鲁台。康熙善于学习，重视研究历史，所以他果断地命令费扬古在这里设伏。费扬古按照康熙的部署，令部分骑兵下马步战，在昭莫多东侧依山列阵；并依托土拉河布置了防御，将骑兵主力隐蔽在对面山上的密林中。噶尔丹率万余骑兵急退，清军乘势四面出击，斩杀三千余人，俘获人畜无数，只有噶尔丹自己先率数骑逃跑脱身。

康熙此次亲征，意义重大，昭莫多一战，将噶尔丹叛军主力全歼，此后噶尔丹率领残部流窜于塔米尔河流域，成为一群无家可归的散兵游勇，他的老家伊犁早已被他的侄子夺走，他吞并的青海、回部、哈萨克等地都开始反抗他，他已经无力镇压，自身尚且难保。

噶尔丹于昭莫多惨败后，又去西部纠集旧部，投靠达赖喇嘛，图谋卷土重来。不久，即网罗五千余人，打算到哈密过冬。康熙据此情况，仍把噶尔丹当作边疆地区的一大隐患，将注意力再次转向西北地区，并做了两步打算，第一步先亲自招抚，如招抚不成，即进行第三次亲征。

康熙三十五年（1696年）四月，康熙率领两千名八旗兵，以行围打猎为名，进行西巡。到了怀来城（今属河北）后，即派人将招抚噶尔丹的敕书，送给了大将军费扬古，要他广为颁示；并且要求不要急于出兵，要频繁地派遣准噶尔的降人回去做招抚工作。不久，便有一千五百多人前来投降，使噶尔丹更加孤立。

十一月，康熙接到费扬古的报告，噶尔丹派了二十七人组成的使团前来议降，便接见了使团首领格垒古英，命令他立即返回转告噶尔丹，要其亲自来降，否则必发兵进讨。康熙这次西巡三个多月，招抚了噶尔丹的众多部众，扼制了噶尔丹的外援。在重新部署了西北的兵力后，于十二月回京。

康熙三十六年（1697年）二月初，康熙见规定噶尔丹归降的约期已过，还未见动静，便决定举兵再次亲征。这时朝臣中又有人出来劝阻说："小丑已极困穷，计日就戮，请圣驾不必再临沙漠。"康熙批评了这种意见，认为一定要汲取平定三藩的教训，现在如不趁噶尔丹穷困之机将其扑灭，待其滋蔓，将来必费更大的周折。

二月六日，康熙命令发兵六千人进击噶尔丹。康熙亲临宁夏节制作战。三月二十六日，康熙到达宁夏，将诸事安排就绪后，继续向前线深入。四月十五日，康熙接到报告，噶尔丹已于闰三月十三日，在阿察阿穆塔台一带服毒自杀，有的说是得暴病死的。不久，噶尔丹部下丹济拉等人，携带噶尔丹尸骸，及其女钟齐海，共三百户来归降。五月十六日，康熙凯旋而归。

《剿灭噶尔丹告祭天坛文》中，对康熙三次亲征作了概括：

"亲统六师，三临绝塞，弘彰挞伐，克奏肤功。"

由噶尔丹挑起的这场战乱，前后持续了近十年，至此结束。康熙以勇武之力扫除了漠北和西北地区这一大不安定因素。

对于那些涉及国家主权等原则性的大问题，康熙绝不含糊。在处理分裂活动、外敌入侵上，他显得非常强硬。他三次亲征噶尔丹，坚决抵抗俄罗斯的入侵，坚决维护了国家的统一和主权，在这个意义上，康熙不但是一个英明的君主，也可以称之为中华民族英雄。

### （四）入藏平叛

康熙在成功地平三藩、收台湾、征服噶尔丹之后，使得中国历史上出现了空前大一统的局面，而清王朝的中央集权也自然发展到了顶峰。这一时期，康熙将宗教作为政治手段，将西藏的管理从间接治理过渡到了直接有效的治理，达到了以往历史上任何王朝竭尽全力而又未能达到的顶峰。

宗教问题是双刃剑，如果利用不好，反而会对国家形成威胁。当康熙意识到达赖的势力已严重危及清朝中央政权的时候，就采取了扶持忠于清政府的哲布尊丹巴的势力的做法，避免了其坐大难制的局面。

清初，信仰黄教的地区和人口相当广大，黄教在漠北、漠南蒙古以及西藏等地区威信很高。但一些宗教领袖试图摆脱清王朝的控制，建立独立的权力中心，有的甚至勾结外国势力。康熙深知宗教问题不能单凭武力解决，他注意在宗教界内部扶持新的精神领袖。

康熙即位后，为了加强中央政府对蒙古地区的控制：一方面继续发展黄教，以表示尊重蒙古人民的宗教感情；同时，鉴于西藏第巴桑结嘉措假借五世达赖的名义支持噶尔丹叛乱，扰乱喀尔喀蒙古事务等教训，采取了积极扶助蒙古地区的黄教首领哲布尊丹巴呼图克图和章嘉呼图克图，以削弱达赖喇嘛及第巴桑结嘉措对蒙古地区的控制力和影响力，从而使得蒙古各部紧紧地团结于清朝中央政府的周围。

康熙二十一年（1682 年），五世达赖去世，五世达赖的亲信第巴桑结嘉措匿丧不报，并暗中勾结噶尔丹，支持他侵犯喀尔喀蒙古，并唆使其与清廷对立。第巴桑结嘉措隐匿五世达赖的丧事，过了十五年后，才被康熙派人查清。自此事后，康熙更增强了削弱西藏达赖势力的决心。康熙三十六年（1697 年），康熙特命章嘉呼图克图移居多伦汇宗寺。康熙四十年（1701 年），又封其为"灌顶普善广慈大国师"，令其总管内蒙古、京师、盛京、热河、甘肃及五台山等地的黄教寺院。从此，漠南蒙古也有了自己的活佛转世系统。康熙在漠南、漠北地区大力发展黄教势力，建立了哲布尊丹巴呼图克图和章嘉呼图克图两大活佛系统，使清中央政府对蒙古各部的宗教控制大大加强。

哲布尊丹巴是喀尔喀蒙古的宗教首领，土谢图汗之弟。在政治上，他坚决拥护清朝中央政府，并与清政府一直保持密切关系。长期以来，黄教的唯一中心在拉萨，哲布尊丹巴虽然已改宗黄教，但其地位远不及达赖喇嘛派出的代表。

因此，当清朝政府为解决喀尔喀蒙古两翼纠纷，在库伦伯勒齐尔会盟，哲布尊丹巴与达赖喇嘛代表西勒图平起平坐时，即被噶尔丹视为"非礼"，并以此为借口，大举入侵喀尔喀，同时，沙俄又乘机招降喀尔喀难民。在这关键时刻，哲布尊丹巴毅然率部南下，投奔清朝，他向部众指出："俄罗斯素不奉佛，俗尚不同我辈，异言异服，殊非久安之计。莫若全部内迁，投诚大皇帝（康熙），可邀万年之福。"再次表明了他忠于清朝的政治主张。

噶尔丹入侵及第巴桑结嘉措假借达赖之名暗中支持叛乱，使康熙意识到，达赖的势力已严重危及清朝中央政权，如不加以削弱，势必会影响清朝政府的统治，因此，在喀尔喀蒙古地区发展黄教，扶持忠于清朝政府的哲布尊丹巴的势力就成为当务之急。多伦会盟中，康熙特封哲布尊丹巴为大喇嘛，令其掌管漠北黄教事务。这样，既迎合了喀尔喀蒙古信奉黄教的心理习惯，又在拉萨之外形成了一个宗教中心。哲布尊丹巴的声望也因此日益提高，成为一支独立的活佛转世系统。

对西藏地区的动静，康熙一直密切关注着，一旦发现有违背国家利益的事情发生，就当机立断，迅速解决。

取代噶尔丹的准噶尔部首领策妄阿拉布坦，开始的时候对大清朝廷还很恭顺，但随着势力的扩张，也开始产生了叛逆之心，特别是一直觊觎吞并西藏。因此当拉藏汗在西藏遭到孤立，向他求援时，策妄阿拉布坦就娶了拉藏汗的姐姐为妻，将女儿嫁给了拉藏汗长子丹衷，借此获得了拉藏汗的信任。

康熙五十五年（1716年）十一月，策妄阿拉布坦以护送丹衷夫妇回西藏省亲为名，派其表弟策零敦多布率兵向西藏进发。第二年七月初，经藏北腾格里海直达嶂木。这个时候，拉藏汗正在青海用兵，毫无戒备。等他发现真相，调兵拦截，为时已晚，屡次兵败，不得不退居拉萨，同时派人向朝廷求援。

策零敦多布所率领的准噶尔兵很快就占领了拉萨，拉藏汗被杀，一番大规模的抢掠洗劫后，建立了以达克咱为第巴的亲准噶尔政权。另一方面，准噶尔军队向前藏进攻，做好了长期占领西藏的准备。消息传到京城，康熙非常震惊。康熙五十七年（1718年），他命令侍卫色楞统领两千四百人紧急前往救援。

色楞所统满洲、绿营、土司之兵及自西宁调往之兵，共两千四百名，人少力弱，为当时清朝官员所共认。但为什么会派这么小的一支军队冒险远征呢？这是因为康熙对敌情掌握不准，估计战局偏于乐观所致。虽有报告说敌进藏兵力有六千乃至一万，但青海亲王罗卜藏丹津又报：策零敦多布所领之兵只有三千，而且三千兵内，厄鲁特之兵少，乌梁海之兵多，到者只两千五百名。康熙由此认为，该军经长途跋涉，到西藏后又遭顽强抵抗，疲惫已极，除阵亡病死外，未必满两千人。加之处境进退维谷、一筹莫展，"自分攻取，则兵力不支；撤兵而回，亦无生路"。再加上想到两年前策妄阿拉布坦偷袭哈密，清兵曾以两百人，败其两千余人，即认为今日侵藏敌军又非昔日侵哈密者可比，因此，康熙在没有细心研究可能出现的问题和困难后，就盲目自信地对大臣们说：对手的军队既可以到藏，我们的军队也可以深入到他们的地盘。兵也不用多，两百余人便可破之。既然两百余人便可破之，那么两千四百人当然更能稳操胜券。

康熙的轻敌思想直接影响到了他的侍卫色楞。色楞盲目自信，急于求成。五月十二日，他不等西安将军额伦特的策应部队到来，即率兵越过青藏交界处的穆鲁乌苏，一路孤军深入藏地。准噶尔兵自色楞率军入藏之日，即佯败退却，诱其深入，而以精兵埋伏于喀喇乌苏严阵以待，同时胁从吐蕃兵数万，以其一半人马据河抵抗清军，并分兵潜出绕到清军背后，截击其粮道。清军遇敌伏兵，突围不成，相持月余，弹尽粮绝，终于九月全军覆没，主将额伦特、色楞二人阵亡。《西藏纪事》中记载道："准噶尔人将清军官兵包围在营地，不许粮秣进入。清军官兵最后活着的人，只能吃饿死了的同伴尸体。"

此战获胜，策妄阿拉布坦顿时更不把朝廷放在眼里，他命策零敦多布继续向东进至喀木地区，企图争夺今四川的巴塘、里塘等地区，继而进取青海、云南等地。而康熙已经得知了前线的紧急情况，他认识到问题的严重性，因此在这年的十月，他就派皇十四子胤禵为抚远大将军，赶往西宁筹划进藏事宜，同时提升四川巡抚年羹尧为四川总督，负责督办设立进藏驿站，保证进藏官兵的粮饷供应。第二年二月，他又命令都统法喇及副将岳钟琪率满汉官兵招抚巴塘和里塘，为进藏开辟通路。康熙五十九年（1720年）正月，又命胤禵率兵从西宁移驻穆普乌苏，管理进藏军务及粮饷，居中调度，分三路大军，进藏平叛。中路由皇侄延信为平逆将军，率兵一万两千人出青海，进军喀喇乌苏；南路由噶尔弼为定西将军，和云南都统武格率一万人，从巴塘进兵；北路由将军富宁安、傅尔丹率兵两万五千人，分别从巴里坤、阿尔泰出师，配合出击，牵制援敌。

在同年二月，康熙又册封格桑嘉措为六世达赖喇嘛，命中路军护其入藏。四月，三路大军向西藏进发。延信率中路军，多次击败策零敦多布，歼敌三千余人，策零敦多布率残部数百人逃回伊犁。在清军的护送下，六世达赖平安入藏，并于九月十五日举行了隆重的坐床典礼。南路和北路大军也接连获胜，彻底粉碎了准噶尔吞并西藏的图谋。

康熙在处理西藏地区的事务上体现了他高超的政治智慧。他充分尊重了这些地区人民的宗教信仰自由，但对其中的分裂活动，则坚决打击。他果断地派兵入藏平叛，加强对西藏的有效管理，有力地维护了国家的统一。

### （五）经营西藏

康熙在平定西藏叛乱后，进一步加强了对西藏的管理，其有关控制西藏的重大举措有：派驻藏大臣，册封班禅，确立"噶伦共管"制度，建立驻兵制度，等等。

藏地远离京城，如果没有一个常驻衙门及官员系统，其信息多有不灵，其统治多有不顺。例如，清初皇太极修书数封欲分致西藏各派领袖，可是直到使者抵藏后方知蒙古和硕特部已经被消灭。又如，1682年，五世达赖去世，第巴桑结嘉措竟匿丧不报，隐匿长达十五年之久。总之，消息失灵已经近乎到了荒唐可笑的地步。

康熙四十八年（1709年），清廷派侍郎赫寿赴藏协同拉藏王办理西藏事务。而赫寿被许多史学家考证为清廷第一位驻藏大臣。驻藏大臣衙门是清廷驻藏的一个派出机构，代表中央王朝行使对藏主权。它是清廷加强中央集权、削弱地方权力的典型举措。但是此时的驻藏大臣的正式称谓尚未确立，权力也相对较少。

雍正五年（1727年），清政府正式派驻西藏地方的行政长官，全称是"钦差驻藏办事大臣"，又称"钦命总理西藏事务大臣"。设正副职各一员，副职称"帮办大臣"。从1727年到1911年这一百八十四年之间，清朝派出的驻藏大臣共八十三任五十七人，帮办大臣共五十二任四十九人。

后来的驻藏大臣是代表中头政府会同达赖监理西藏地方事务的高级官员，具有很大的权力，诸如高级僧俗官员的任免，财政收支的稽核，地方军队的指挥，涉外事务的处理，司法、户口、差役等项政务的督察等。此外，并专司监督有关达赖喇嘛、班禅及其他大呼图克图（活佛）转世的金瓶掣签、指定灵童、主持坐床典礼等事宜。

驻藏大臣之设立是自唐宋以来中央政府对西藏地方管理制度的重大发展，对于加强祖国统一，巩固边防，促进民族团结均起到了积极作用。

从社会经济方面而言，每次驻藏大臣的到任其实对于西藏的社会生产力均是一种推动和促进，因为每次旧驻藏大臣回京述职和新驻藏大臣到任，并非简简单单一两个人，而是上百乃至上千人。这些人将内地先进的社会生产资料和生活资料等及时地带入西藏，包括书籍、水利、建筑、农作物、生产工具等方方面面，从而使藏汉民族的相互交往得到进一步的加强。而且西藏每遇战争或天灾人祸，驻藏大臣总是同达赖喇嘛和班禅喇嘛商量上奏朝廷减免一切捐税，并抚慰西藏的老百姓，使西藏的社会经济得以迅速恢复，在长达一百多年的时间里，西藏百姓能够安居乐业。

譬如有这样一个小故事：西藏地处高寒地区，在拉萨地区原本极少有树木花卉，且品种单一。驻藏大臣张荫棠入藏时带入各种花籽，权当实验，进行播种，其他的花籽无法生长，唯有一种花籽长出来呈"瓣形状"，耐寒强，花朵美丽，颜色各异，清香似葵花，果实呈小葵花籽状，西藏一时间家家户户都争相播种，然而谁都不知此花何名，只知是驻藏大臣带入西藏，因此起名为"张大人"，相传至今。当时西藏通晓汉语的人极少，到现在一句汉语都不会说的一些老人谈论此花时，都能流利地说出"张大人"这三个汉字，可见影响之久远。

其次，驻藏大臣的设置缓和了当时达赖和班禅之间的许多矛盾，并起到了缓解各种社会矛盾的作用。驻藏大臣代表清政府主持班禅、达赖历世转世灵童的"金瓶掣签"和坐床典礼等要务，由此而保持了其承续稳定。

总之，驻藏大臣在中央政府管理西藏的事务中起到了很大的作用。吴丰培先生在所著的《清代驻藏大臣传》中，指出了驻藏大臣的几个主要历史作用：

（一）抵御外辱，保卫边疆；

（二）整饬军政，讲究吏治；

（三）赈恤灾黎，安抚民众；

（四）扬善惩奸，平定叛乱；

（五）维护宗教，"原予封赠"；

（六）文献建设，保存史料。

西藏地处青藏高原，无论从气候、地理、人文及交通各方面同中原相比都有很大的差距，为了避免出现一系列可能出现的局面，清廷明智地利用驻藏大臣对西藏的政治、军事、经济、宗教、外事及国防进行直接的管理，从而避免了出现"山高皇帝远"的不利局面。由此而将祖国和西藏紧密地联系在一起。

康熙五十二年（1713年），清廷册封班禅五世为"班禅额尔德尼"。但此次册封绝不是册封达赖喇嘛制度的简单扩展或承袭，而是有着新的重大历史意义：一方面，这是班禅活佛转世系统受到中央政权正式册封的开端，使西藏有了两个由中央王朝册封的活佛体系，这在一定程度上反映了清朝对西藏管辖的加强；另一方面，提升班禅的地位，客观上使之形成了对达赖的权力制约，削弱了达赖的势力，从而便于中央王朝对西藏僧俗社会的统治。

最初，清朝政府对西藏的统治，主要是通过和硕特部首领来实现的，在内部则主要依靠由达赖喇嘛任命的第巴（官职名称）总揽全局。

康熙五十五年（1716年），准噶尔军趁西藏形势动荡侵入西藏。清军驱逐准噶尔军后，在康熙六十年春，清廷重新组建西藏地方政权，采取了"噶伦共管"制度，废除了在西藏政务中独揽大权的第巴，设立一名首席噶伦，另设三名噶伦共管藏务，并且派兵驻守拉萨。

康熙六十年（1721年）春，康熙任命阿尔布巴、康济鼐、隆布奈以及达赖喇嘛的总管扎尔鼐四人为噶伦，也就是政务官，联合掌握政务，其中康济鼐为首席噶伦，正式组建起西藏地方政府。地方政府的主要官员，由朝廷任命，由此而改变了西藏地区经常受到其他地方势力影响的局面。从此以后，西藏地区逐渐出现了安定局面。

后来，又经过多次变化改造，最后确定了在驻藏大臣和达赖喇嘛共同领导下，四噶伦"共同办事"的制度。在参加政务的噶伦中，一名是僧官，其余三名都授三品顶戴。噶伦出缺，由驻藏大臣会同达赖喇嘛提出合适人选，奏请朝廷补授。"噶伦共管"制度是西藏正式纳入清朝版图之内的标志。至此，清朝对西藏行使主权才有了真正的实质性的有力证据。

康熙在平定了西藏叛乱后，为了进一步加强对西藏的管理，维护当地的安定，康熙还决定建立驻兵制度。他派遣满洲、蒙古及绿旗兵四千名进驻西藏，命策旺诺尔布代理定西将军，额附阿宝、都统武格参赞军务，统辖驻藏兵马。从此，建立了清朝政府在西藏的驻兵制度。

驻兵制度是清廷治藏方略的重要内容，是清政府在西藏进一步开展政治、军事工作的继续与发展，直接体现了清朝对西藏行使主权的力度和层面，其意义十分深远。它保卫了边疆、巩固了国防、安定了西藏、推动了西藏地方对中央政府的向心力，促进了西藏地方政治、军事、经济和文化的积极发展，为维护祖国统一和民族团结做出了重要贡献。

# 立储风波

### （一）皇子众多

康熙八岁御极，六十九岁驾崩，在位六十一年，是中国历史上在位时间最长的皇帝。他对这件事做过调查，说自秦始皇元年以下，称帝而有年号者二百一十一人，"在位久者，朕为之首"，为此感到无比欣慰。康熙之后，清代诸帝在位时间也没有超过康熙的。雍正在位十三年；乾隆在位六十年；嘉庆在位二十五年；道光在位三十年；咸丰在位十一年；同治在位十三年；光绪在位三十四年；宣统在位三年。其中乾隆本可与乃祖比美，只因他不肯上同皇祖纪年，故在位六十年即传位嗣子，自己当了太上皇。所以康熙与以后诸帝比，也是在位最久的皇帝。

皇帝在位时间长短，由诸多因素促成。其中主要是御极早晚、政局如何、寿命长短三项。顺治帝早丧，选中康熙即位，康熙以八岁少年当皇帝。前数年，他实际上没有也无能力掌握政权。不过，康熙亲理朝政是很早的，只有十几岁，属于政治上早熟。当时，客观急需，促使他少年老成，及早干预国事。所以康熙御极早，虽由其父所定，也是他本人有才能，有谋略，能够胜任。

康熙当政期间，虽然也出现过外来侵扰、内部阴谋、叛乱和储位之争，但并未酿成重大祸乱，没有大规模的农民起义，没有宫廷政变，没有造成国家危机的外患，政局基本上稳定。大清帝国是强大无敌的，这与康熙的治理密不可分。康熙通过各项政策加强了国家的经济实力与军事实力，国用充足，兵强马壮，边疆巩固。不论内部还是外部敌人都望而生畏，这是最根本的问题。康熙的内政、外交刚柔适当。刚，表现于常以敏锐的目光洞察事物，精明果断，不避艰险，勇于进取，国家的大权、大利不丢、不让；柔，则表现于对下属和人民比较宽和，政策较灵活，不做激化矛盾之举，尽可能息事宁人，让各阶层的人们或多或少地从皇帝的"仁政"中得到好处，能够过得去，活得下去。

康熙的作为，使他在全国赢得了崇高的威信。比起暴君，人们还是欢迎一位仁德皇帝的。他"受到本国人民及邻国人民的崇敬。从其宏伟的业绩来看，他不仅威名显赫，而且是位实力雄厚、德高望重的帝王。"

人到七十古来稀。康熙在人们准备为他庆祝七十大寿的时候去世，已登古稀之年。古代皇帝长寿少，短命者多。康熙属于长寿者。他与一般帝王不同，从来不追求长生不老，也不幻想返老还童。他幼年时期，身体不算太好，吐过血，"常灸病"，直至多少年后，仍念念不忘灸病之苦，即艾味亦恶闻"，"闻即头痛"。但他一生不消极保养，而是以积极态度从事骑射、狩猎和田园劳动，"或猎于边墙，或田于塞外"，增强身体素质，锻炼"勇果无敌"精神。康熙五十八年八月十九日，他将自幼至今狩猎所获做了一个统计："凡用鸟枪弓矢，获虎一百三十五、熊二十、豹二十五、猞猁狲十、麋鹿十四、狼九十六、野猪一百三十二，哨获之鹿凡数百。其余围场内随便射获诸兽不胜记矣。"比方说野兔为小动物，不屑详计总数，但最高纪录尚能记忆，最多时"曾于一日内射兔三百十八"，超过庸常人毕

铜镶玉玉佩

生所获。他认为"恒劳而知逸"，如果长期安逸，劳累就经受不住。他一生读书、治理朝政向来不辞辛劳。并于日理万机之余暇，充满乐趣并心神宁静地潜修技艺；其兴趣、嗜好高雅不俗。生活上节饮食，慎起居；"不喜厚味"，喜"粗食软蔬"，所好之物不多食，不尚豪华，爱简洁。这种良好的精神状态和习惯，使他避免了糜烂生活之害，因此始终保持了旺盛的精力，并健康长寿。他在迎接古稀之年作诗一首：

淡泊生津液，清虚乐有余。
鬓霜惭薄德，神愈恐高誉。

苦好山林趣，深耽性道书。

山翁多耄耋，粗食并园蔬。

康熙当时是就饮食一事书怀，其心境极为平和。但诗中含义很深，既讲养身之道，又将养心、养性融合其中。

康熙很欣赏自己的健康和寿命，说：五十岁"方有白须数茎。"有人向他进乌须方，康熙笑而辞之，说："自古帝王鬓斑须白者史书罕载。吾今幸而斑白矣"。"朕若须鬓皓然，岂不为万世之美谈乎？"几十年间，他继承祖业，治理国家，不曾虚度时光。他非常满意地说："赖祖宗积善累德之效，所以受无疆之福，得四海余庆，万类仁寿，使元元之众安生乐业。于此观之，可谓足矣"。这是就过去而言，康熙直到生命最后的日子里，也没停止操劳和思虑。康熙一生是充实而又硕果累累的。

康熙帝的妻子，从清东陵陵寝安葬者统计，共有四位皇后：孝诚仁皇后赫舍里氏、孝昭仁皇后钮祜禄氏、孝懿仁皇后佟佳氏、孝恭仁皇后乌雅氏。其中赫舍里氏为康熙四年册封，于康熙十三年生允礽之日死。康熙十六年，册封钮祜禄氏为皇后。康熙二十八年册封佟佳氏为皇后。乌雅氏却是雍正即位尊为皇太后的。妃嫔等有：敬敏皇贵妃章佳氏、惇怡皇贵妃瓜尔佳氏、悫惠皇贵妃佟佳氏、温僖贵妃钮祜禄氏、定妃万琉哈氏、顺懿密妃王氏、纯裕勤妃陈氏、惠妃纳拉氏、宜妃郭络罗氏、荣妃马佳氏、成妃戴佳氏、良妃卫氏、平妃赫舍里氏、慧妃、宣妃、通嫔纳拉氏、襄嫔高氏、谨嫔色赫图氏、静嫔石氏、熙嫔陈氏、穆嫔陈氏、端嫔董氏、僖嫔、布贵人、伊贵人、兰贵人、马贵人、袁贵人、文贵人、尹贵人、新贵人、常贵人、勒贵人、妙答应、秀答应、庆答应、灵答应、春答应、晓答应、治答应、牛答应、双答应、贵答应、瑞常在、常常在、尹常在、禄常在、徐常在、石常在、寿常在、色常在。共后、妃、嫔、贵人、答应、常在五十五人。

多妻必多子据清实录载康熙子、孙、曾孙一百五十余人。多妻多子孙，是康熙家庭的一大特点。长期以来，中国是个体小生产经济占绝对优势地位的社会，家庭不仅是生活单位，犹是经济单位。人们观念中子孙多是一大幸福，平民百姓如此，帝王将相更是。其实不然。如果说贫苦劳动人民家庭成员之间同甘共苦，无所争夺，能享天伦之乐，皇帝则很难有这种幸福。争夺皇位就是一大不幸。康熙共生子三十五人，其中早殇没来得及齿者十一人，叙齿者二十四人。

皇长子允禔，康熙十一年生。母惠妃纳拉氏。据传教士白晋说："皇上特别宠爱这个皇子，这个皇子确实很可爱。他是个俊美男子，才华横溢，并具有其他种种美德"。由于他在皇子中年龄居长，替乃父做事最多。征讨噶尔丹时，康熙任命裕亲王福全为抚远大将军，十九岁的允禔从征，任副将军，参与指挥战事。还衔命祭华山，管理永定河工程。二十六岁，被封为直郡王。因争储位，谋害太子，被康熙革王爵，监禁，雍正十二年，卒。

皇二子允礽，生于康熙十三年。因系孝诚仁皇后所生，为嫡长子。康熙十四年，在他还是个一岁多的婴儿时，就被立为太子。但是康熙四十七年九月被废；四十八年，复立；五十一年十月，再废，受禁锢；雍正二年，卒。

皇三子允祉，生于康熙十六年。母荣妃马佳氏。允祉博学多才，成为乃父学术上的最有力助手。康熙征噶尔丹时，允祉领镶红旗大营。二十一岁，被封为诚郡王；次年，隆为贝勒；三十二负，晋诚亲王。雍正即皇位，命允祉守护景陵。雍正八年，被夺爵、囚禁。十年，去世。

皇四子胤禛，生于康熙十七年（1678年）。母孝恭仁皇后。康熙亲征噶尔丹时，胤禛奉命掌管正红旗大营。二十岁，被封为贝勒，三十一岁，晋雍亲王。康熙驾崩，胤禛继位，为雍正帝。

皇五子允祺，生于康熙十八年（1679年）。母宜妃郭络罗氏。康熙认为此子心性甚善，为人淳厚。康熙征噶尔丹对，允祺奉命领正黄旗大营。十九岁，被封为贝勒，时年三十岁，晋恒亲王。雍正十年，卒。

皇六子允祚，康熙十九年（1680年）生。母孝恭仁皇后。康熙二十四年，夭折。

皇七子允祐，康熙十九年（1680年）生。母成妃戴佳氏。康熙夸他"心好，举止和蔼可亲"。康熙亲征噶尔丹时，命允祐领镶黄旗大营。十八岁，被封为贝勒；二十九岁，晋淳郡王。后管正蓝三旗事务。雍正元年，封淳亲王。八年，卒。

皇八子允禩，康熙二十年（1681年）生。母良妃卫氏。少时为允禔母惠妃抚养。诸臣奏称其贤，康熙的哥哥裕亲王也在皇帝面前夸他"心性好，不务矜夸"。康熙自然喜欢，十七岁，即被封为贝勒。后署内务府总管事。因争储位被夺贝勒，并受拘禁。允礽获释，允禩复为贝勒。雍正即位，为稳定其情绪，命总理事务，进封廉亲王，授理藩院尚书。雍正元年，命办理工部事务。四年，雍正以其结党妄行等罪削其王爵，圈禁，并削宗籍，更名为阿其那。同年，死

皇九子允禟，康熙二十二年生。母宜妃郭络罗氏。二十六，被封为贝子。雍正命其驻扎西宁。后以其违法肆行，与允禩等结党营私为由，于雍正三年夺爵，幽禁。四年，削宗籍，令改名塞思黑。卒。

皇十子允䄉，康熙二十二年生。母温僖贵妃钮祜禄氏。二十六岁，被封敦郡王。康熙五十七年，奉命办理正黄旗满洲、蒙古、汉军三旗事。因党附允禩，雍正元年，被夺爵拘禁。乾隆二年，得以释放，封辅国公。六年，卒。

皇十一子允禌，康熙二十四年（1685年）生。母宜妃郭络罗氏，与允祺、允禟同母。康熙三十五年，年幼夭折。

皇十二子允祹，康熙二十四年（1685年）生。母定妃万琉哈氏。康熙四十八年，封贝子。曾署内务府总管事务，办理正白旗满洲、蒙古、汉军三旗事。康熙御极六十年，派允祹祭盛京三陵。次年，任镶黄旗满洲都统。雍正即位后，进封履郡王。乾隆

即位，进封履亲王。乾隆二十八年，卒。

皇十三子允祥，康熙二十五年生。母敬敏皇贵妃章佳氏。康熙六十一年，雍正即位，封为怡亲王，命总理户部三库。雍正元年，总理户部。为人"敬谨廉洁"，雍正照例赐钱粮、官物，均辞而不受；对雍正"克尽臣弟之道"；总理事务"谨慎忠诚"，为雍正所赏识。三年，从优议叙，复加封郡王，任王于诸子中指封。后总理京畿水利，多有建树。又办理西北两路军机。八年卒。是雍正最知心、也是得其协助最多的兄弟。

皇十四子允禵，康熙二十七年（1688 年）生。母孝恭仁皇后。与雍正、允祥同母。但党附允禩，与雍正对立、康熙四十八年，封贝子。五十七年，任抚远大将军，征讨策妄阿拉布坦。六十年，率师驻甘州，进次吐鲁番。雍正元年，晋为郡王。三年，被降为贝子。四年，禁锢。乾隆即位时，下令释放，封辅国公。乾隆十二年，晋升贝勒；十三年，进封恂郡王。二十年，卒。

皇十五子允禑，康熙三十二年（1693 年）生、母顺懿密妃王氏。雍正四年，封贝勒，命守景陵。八年，封愉郡王。九年，卒。

皇十六子允禄，康熙三十四年（1695 年）生。与允禑同母。因在亲王死后无嗣，雍正命他袭封。乾隆三十二年，卒。

皇十七子允礼，康熙三十六年（1697 年）生。母纯裕勤妃陈氏。雍正元年，封果郡王，管理理藩院事。六年，晋亲王。七年，奉命管工部事。八年，总理户部三库。十一年，授宗令，管户部。十二年，赴泰宁，送达赖喇嘛还西藏，沿途巡阅各省驻防及绿营兵。十三年，返回京城，协助办理苗族事务。乾隆即位，命总理事务，解宗令，管刑部。乾隆三年，卒。

皇十八子允祄，生于康熙四十年（1701 年）。与允禑、允禄同母。康熙四十七年，夭折了。

皇十九子允禝，康熙四十一年（1702 年）生。母襄嫔高氏。康熙四十三年，夭折。

皇二十子允祎，康熙四十五年（1706 年）生。与允禝同母。雍正四年，封贝子，八年，晋贝勒。十二年命，祭陵，称病不行，降辅国公。乾隆即位后，复封贝勒，守泰陵。二十年，卒。

皇二十一子允禧，康熙五十年（1711 年）生。熙嫔陈氏生。立志向上，颇有文才。雍正八年，加封贝子，晋贝勒。乾隆即位，晋慎郡王。乾隆二十三年，卒。

皇二十二子允祐，康熙五十年（1711 年）生。母谨嫔色赫图氏。雍正八年，封贝子，十二年，晋贝勒。乾隆八年，卒。

皇二十三子允祁，生于五十二年（1713 年）。静嫔石氏所生。雍正八年，封镇国公。十三年，乾隆即位，晋贝勒，后降镇国公。四十五年，复封贝子，两年后，晋贝勒。四十九年，加郡王衔。五十年，卒。

皇二十四子允祕，康熙五十五年（1716 年）生。母穆嫔陈氏。秉性忠厚和平。有学识。雍正十一年，允祕十七岁，被封为诚亲王。乾隆三十八年，卒。

康熙诸子，能文能武，多为奇英之才。康熙对皇子教育自幼年抓起，慎选教师，并亲自教诲督促，多方面严格要求。康熙谈起对皇子的教育，曾说："朕深惟列后付托之重，谕教宜早，弗敢辞劳，宋明而兴，身亲督课，东宫及诸子以次上殿，背诵经书，至于日昃，还令习字、习射、覆讲，尤至宵分。自首春以及岁晚无有旷日"。教育内容很全面，经、史、文、算术、几何、天文、骑马、射箭、游泳等，使用各种火器，还兼以书画音乐。尤其注重教以治道，"上下千古成败理乱，已了然于胸中"。康熙寄希望于子孙，要把他们培养成自己事业的优秀继承人。为了同一目的，皇子长到几岁或十几岁、二十几岁就开始跟随乃父外出巡视、谒陵，增长见识，了解各地风情、民间疾苦。尤其征讨噶尔丹之役，令十九岁的皇长子任副将军，率师随裕亲王出征，开创皇子领兵之制。三十五年康熙亲征时，命太子坐镇京师代理朝政，皇三子、皇四子、皇五子、皇七子等分别管理镶红旗、正红旗、正黄旗、镶黄旗大营，从父皇出征，参与军事议论，接受锻炼，称得上一次诸子接替朝廷大业的演习。康熙无意恋栈，渴望儿孙们成长起来，肩负起清朝统治重任。

### （二）两废太子

清朝原是有不立太子的传统的，皇位的继承人由老皇帝去世前指定，这样做有利也有弊。利在于各位皇子都能一心一意效忠皇帝，拼命奉献自己的聪明才智，以求有朝一日被指定为君。弊是不立太子的话，众多的皇子都争抢着这个太子之位，容易造成父子兄弟之间的猜疑忌恨、钩心斗角，以致造成兄弟阋墙、骨肉相残，酿成争位大祸。

放眼中国历史，自秦汉以后长达二千余年的漫长岁月中，在位之久如康熙者可谓空前。历朝历代任何一位帝王都不能望其项背。康熙从顺治十八年（1661）即位，到康熙六十一年（1722）驾崩，在位共 61 年。

康熙当了皇帝之后，他经过反复斟酌，决心要改变清朝一直沿袭下来的这个传统，他决定要立嫡长子为太子。康熙十四年（1675），他将孝诚皇后赫舍里氏所生的年仅两岁的皇二子胤礽立为太子。皇长子胤禔，因为不是皇后生的，所以就没有得立。起初，阿哥们都小的时候，那么多的阿哥跟随康熙打猎，十分壮观。

当时有个西方传教士张诚曾这样记载他的亲眼见闻，说康熙三十一年的夏天，康熙带着七个皇子巡视塞外，"整整一个月，这些年幼的皇子同皇帝一起，终日在马上任凭风吹日晒。他们身背箭筒，手持弓弩，时而奔驰，时而勒马，显得格外矫捷。他们之中的每个人，几乎没有一天不捕获几件野味回来，连最小的九阿哥允禟（十岁）也猎获了两只鹿。"因为从小就训练有素，不少皇子的箭法十分厉害，十六岁的三阿哥胤祉在围猎中，还曾多次与皇父康熙比试箭法，父子二人一时间竟然难分高下。看着儿子们个个有出息，这时候的康熙大概是最开心的。然而事与愿违，他的九个儿子为争夺皇位，刀光剑影，明里暗里杀得不可开交。为此，太子立了又废，废了又立。

康熙经常向臣僚们宣称：人生的福气，富贵尊荣都算不得什么，最重要也是最难得的是享长寿而终天年。然而，就是这样一位享尽人间富贵与荣耀、创立了不朽功业的一代英主，在对待众多儿子的问题上，绞尽了脑汁，生尽了骨肉相残的气，并时常当着群臣的面，哭倒在地，昏厥不醒。"九子夺嫡"的悲剧给这位日渐衰老的君主造成了无可弥补的创痛。在他的生活中，时常会有一种难言的恐惧与无奈，他知道由于自己久居皇位，儿子们为觊觎皇权，早已等得不耐烦，对他已是虎视眈眈了。他担心这些儿子中，会有人一时性起或权迷心窍而终结他安享天年的福分。

谁能体会自己用刀割自己肉的滋味呢？又有谁就能理解显赫一生的康熙皇帝对于自己儿子之事的忧虑？当他对太子的希望被恨铁不成钢一般的失望代替的时候，康熙皇帝面对的永远是焦虑与惶惶不可终日，然而他又能怎么样。

在宣布胤礽种种罪行时，康熙帝曾老泪纵横，几次哽咽失语：

胤礽不法祖德，不遵父训，肆恶虐众，暴戾淫乱，专擅威权，纠聚党羽，窥伺朕躬。每夜逼近布城，裂缝向内窥视，令朕未卜今日被鸩，明日遇害，昼夜戒惧不宁。此等不肖不孝小人，朕已包容二十年矣！

和着康熙凄厉的哭号，康熙废立太子之谜也就成了一个公开的秘密凸显在我们面前。

1. 立胤礽为太子

康熙是在什么样的情况下立胤礽为太子的？康熙为什么会在他的身上倾注满腔的心血？

康熙四年（1665）九月初八，遵照皇祖母孝庄太皇太后懿旨，十二岁的康熙皇帝和十三岁的赫舍里氏皇后举行了大婚典礼。当然，康熙与索尼的孙女赫舍里结婚是有其背后的政治目的的，他希望利用姻亲关系联合索尼的力量铲除奸贼鳌拜。

那时候的康熙，对这位皇后并不抱什么期待。可是，当十二岁的少年天子康熙揭开赫舍里的红盖头时，心里一惊。他从未见过如此动人的可人儿。那鹅蛋脸儿娇羞地点了红晕，头是低着的，这样却更是动人。那双眼睛像是会说话似的。他情不自禁地说："皇后，你好漂亮啊！"十三岁的赫舍里听了这话，更是娇羞得脸上染了红霞似的。十二岁的康熙感觉自己的脸上火辣辣的，身体里有一种莫名的火在不安分地躁动着。康熙把赫舍里的红盖头拿了下来，只见赫舍里头戴金凤冠，黑的跟墨染过一样的头发在金色凤冠的映衬下显得更加亮丽，眉毛画得恰到好处，笔挺的鼻梁，一吹就似乎会破了的皮肤，还能看到皮肤下的血管在缓缓地跳动。点点朱唇，与身上的霞帔交相辉映，楚楚动人。十二岁的康熙口里语无伦次了："我，我，你，你！"地说着，赫舍里抿嘴一笑，更是让十二岁的康熙云里雾里。他就这样被赫舍里脉脉含情的美眸凝视得怦然心颤。康熙与情窦初开的赫舍里婚后恩爱甜蜜，少年天子康熙就是在赫舍里的怀抱里感悟了美好的男女情事。私下里，康熙还总喜欢把赫舍里叫作"小玫瑰"。

康熙八年（1669）十二月底，赫舍里皇后为康熙生下了聪明乖巧、活泼可爱的小皇子承祜。皇后临盆那天，康熙焦急不安地在坤宁宫外徘徊。听到赫舍里痛苦的叫喊声，他的心也纠结起来。他时不时召唤产房里的宫女。看着太监和宫女们进进出出地端水，忙碌着。他更是焦急不已。正当他焦急万分的时候，一声婴儿的啼哭划破了苍穹，传入皇宫的每个角落。接生的太医赶忙出来，说："恭喜皇上，贺喜皇上，皇后为皇上添了一位阿哥！"康熙开心地蹦了起来，急忙跳进房去，坐在床前，握着赫舍里的手说："皇后，辛苦你了！"赫舍里笑笑，虚弱地说："能为皇上添丁，是臣妾的福气！"康熙让赫舍里不要说话，赶紧休息。自己接过孩子，抱在怀里左看右看都觉得像极了自己。后来给他取了名字叫承祜，可承祜是个短命的孩子，他还不到四岁就不幸夭折了。康熙皇帝也因这件事情受了打击，变得郁郁寡欢。而承祜的死受打击最大的就是赫舍里氏皇后了，这毕竟是她生的第一个孩子啊，由于忧伤过度，她的身体变得非常孱弱多病，康熙皇帝对她更是关爱有加，康熙十一年（1672）十月，赫舍里氏皇后在京城生病了，康熙皇帝正陪同祖母孝庄太皇太后在遵化汤泉疗养，听到这个消息，征得祖母同意，即刻飞骑进京探望。他到京城后，一下马就直奔坤宁宫！康熙也没来得及等太监通报就径直走到了赫舍里氏皇后的病床前，握着赫舍里氏皇后的手深情地说："小玫瑰，你怎么样了，感觉哪里不舒服，告诉朕！"

"皇上，您现在不是应该陪在老佛爷身边疗养的吗？怎么会突然回来？"赫舍里氏皇后虚弱地问着。

"朕听说你生病了，请示了老佛爷之后就快马加鞭回来看你看，朕心里焦急，你到底怎么样了，宣太医了吗？"

赫舍里氏皇后皇后点点头，说："宣过了，太医说我是因为太想念皇儿，忧伤过度了，所以才……"还没说完，眼角又流出了泪。康熙心疼地帮赫舍里氏皇后抹去眼角的泪花说："皇后，虽然皇儿离开我们走了，但是他在另外一个世界也不希望看着额娘因为思念他而生病的！"康熙替赫舍里氏皇后捋了捋额前的青丝，温柔地说："皇后，你赶快好起来，朕和你再多生很多很多皇子！"赫舍里氏皇后见康熙如此温柔地看着她，对她说着如此宽慰的话，作为一个深宫中的女人，能够得到皇上如此的爱怜，她感到一下子舒坦多了。

时光飞逝，寒来暑往。转眼到了康熙十三年（1674）五月初二，正是柳绿花红之时。此时的康熙根本没有心情欣赏大自然的无限风光，他正被外面朱三太子的叛乱弄得是焦头烂额。由于急火攻心，康熙病倒了。

这一天，身怀六甲的赫舍里，正在发出痛苦的呻吟，她又要生孩子了。此时的坤宁宫内外一片忙碌，准备迎接新皇子的到来。念喜歌的两位接生嬷嬷早已等候在一旁，掩埋小皇子胎盘的"喜坑"也挖好，并把寓意皇后快生贵子的筷子和红绸、金、银、八宝等物安放在喜坑内。宫妇们都在惊慌地忙活着，一群宫女急忙去召太医。很快，承乾宫内室里，卧榻四周围满了太医，虽然人很多，但是有条不紊，井然有序，大家只等赫舍里氏皇后顺利生产。

赫舍里腹痛难忍，她大声喊叫着"皇上"，努力忍着痛在人群中寻觅着，却见少了康熙皇帝，心中正失落着，但是肚子里传来的疼痛感又容不得她多想。赫舍里的脸疼得惨白，没有了昔日的神采。额头上的头发被汗水浸湿了，软软的凌乱地黏在了额头上。她的手使劲儿抓着床单，想使出全身的力气把这个小生命带到人间来。

皇太后孝庄面容焦虑地坐在外殿的太师椅上，这可是大清皇后的第一个皇子啊，关系着大清朝的命脉，她心里难免会七上八下的。老太后在那里也不知道是坐了多长时间，赫舍里的呻吟声从里间一阵阵传出来，声声都是那么的揪心。这时，一个老太医轻步走到孝庄身边，含蓄地道："太后，已经三个时辰了，还不见吉祥，万不得已时，皇后与皇儿……"

孝庄沉吟良久，面无表情地说道："万不得已时……替我保住皇上的大业。"老太医松了口气，深深一揖，快步走回内室。

这时，窗外突然飞过来一只乌鸦，发出凄厉的哇哇叫声。内间赫舍里的呻吟声也越来越急，慢慢变成为痛不欲生的惨叫。孝庄太后感觉到了不对头，她对一旁的太监一点头，太监走过来。孝庄沉思着对太监说："请皇上起驾承乾宫，看一眼皇后吧。"

太监应声，飞速跑出去找皇帝了。

太监气喘吁吁地跑到乾清宫，在门口跪下，上气不接下气地说："皇，皇，皇上，皇后，皇后生阿哥已经三个时辰了，老佛爷，让您起驾承乾宫，去看一看皇后吧！"此时的康熙正皱着眉头躺在床上呢，一听太监说老佛爷让自己去一趟，心里顿时"咯噔"了一下，他赶紧召唤随身的太监给他更衣，然后急匆匆往承乾宫赶去。一到承乾宫，他就听到了赫舍里皇后撕心裂肺的喊叫声，康熙心疼不已。夜深了孝庄皇太后也回寝宫歇息了，康熙一直就这么傻傻地坐着。正当他昏昏欲睡的时候，宫里突然发出一片欢叫声："吉祥了，吉祥了……"欢叫声伴随着婴儿"哇哇"的啼哭声。大家盼望的皇子终于在第二天上午 10 时出生了。这个时候孝庄太后已经起来，又来到了承乾宫，她听到婴儿的哭声，舒心地叹了一口气笑了。

康熙皇帝见皇后终于诞育了一个健康的皇子，异常高兴，当即给这个皇子取了一个乳名叫"保成"，用意是让皇子在上天的保佑下健康成长。

然而皇后却因难产导致昏迷不醒，几个时辰过后仍不见转机。衣冠不整的康熙忙扑到赫舍里榻前叫着："小玫瑰，是朕瞧你来了，你怎么了？"赫舍里微睁双眼，奄奄一息。

　　康熙痛愧不已地说："朕对不住你……让你一个人承受这样大的痛苦，你千万挺住。小玫瑰！朕要和你白头到老。"康熙紧紧地抓着皇后的手。赫舍里睁着眼，胸中似有无尽的话要说，却无力出声，她已进入弥留之际。她用尽所有的力量，举起苍白的手，指着孝庄皇太后怀里抱着的小婴儿，眼睛直直地看着康熙。康熙将赫舍里拥进了自己怀里，他掉下了眼泪，滴在了赫舍里的脸上，赫舍里想抬手给康熙擦最后一次眼泪，可惜实在是连抬手的力气都已经没有了。康熙哽咽地说："小玫瑰，你一定会好起来的，朕不让你离开，朕要你好好活下去，为朕生更多的皇子！"然后他又转头对着那群太医吼道："你们快点医治她！"赫舍里用手抓进了康熙的手，嘴里含糊不清地说着什么，康熙俯下身去听，她在说："皇上，太医已经尽力了，是臣妾福薄，不能，不能再伺候皇上了，皇上一定，一定要善待我们的孩子，臣妾，臣妾在九泉之下也安心了！"

　　这个时候的康熙已经悲痛到了极点。赫舍里皇后笑着摇了摇头，她的笑容和刚结婚那天一样的动人，就这样永远僵在了唇边。她即将永远地在自己最心爱的男人的怀里睡过去了。康熙抱着自己心爱的人，哭得像个孩子一样。

　　孝庄老皇后也被这生离死别的场景给感动了，只有女人最了解女人的心理。她对康熙皇帝说："皇上，我知道娘娘的心思。"

　　康熙转回头，眼睛里满是泪水，他无助地望着这个经历过无数次人生风雨的老人，点头示意她说出来。

　　孝庄皇后道："皇上，当前朝廷内忧外患，皇上今日又得一个阿哥，加上大阿哥胤禔，便有两位皇子了。皇后的意思请皇上选出一位立为太子，布告天下，以示大清繁荣昌盛，源远流长。"此语一出，众人皆惊。

　　康熙转头又盯着赫舍里刚为自己生下的小皇子，也是赫舍里拿自己命换来的小皇子，内心涌动着复杂的情感，他想到了和赫舍里结婚的那天晚上，他想到了赫舍里对他无微不至的关怀和爱，让他第一次做父亲，也让他在第一次失去第一个孩子的悲痛中成长，他转过来紧紧地握住赫舍里的手，想挽留住皇后即将远行的生命，但是赫舍里的温度却一点一点地在慢慢地流失，康熙贴在赫舍里耳边一遍又一遍悲伤地念叨着："小玫瑰，你安心吧，朕会对得起你的。"

　　康熙立即当着垂危的皇后高声道："传旨！皇后所生皇子，朕赐名胤礽。当此非常之时，朕为固国本，决意建储，立皇子胤礽为皇太子。"也许赫舍里拼尽最后的力气等待着的就是康熙的这句话。此话一出，榻上的赫舍里欣慰地一笑，眼角留下一行泪水。

　　年仅二十二岁的赫舍里氏皇后于当日下午四时咽下了最后一口气。坤宁宫里的气氛一下子由开始的喜悦骤变成悲伤！仅仅几个时辰的时间，康熙皇帝就经历了再得嫡子和痛失爱妻的大喜大悲。康熙感觉到赫舍里的生命是从他的手中滑落的……康熙心神俱乱，良久之后，面色惨白的康熙皇帝才站起来，他竟然扔下众人，独自呆呆地朝殿外走去……谁也不知道他此时此刻心里在想些什么，谁也不知道他会走向哪里，连他自己都不知道自己会走到哪里。

年轻的康熙皇帝来到御花园，沉沉地低望和赫舍里一起看过的鱼儿，金鱼们还是那么快乐地游着，但是自己的小玫瑰以后就要和自己天人永隔了，想着想着他眼中又充满了泪水。经历过昨夜的皇后难产，他在外面不休不眠地等了一夜。虽然他才二十一岁的年纪，却仿佛一夜之间老了很多，那曾经的丧子之痛，接着又是如今丧妻之痛，让他经历了人世间的沧桑炎凉。

康熙就是在这样极度悲苦的艰难的心境下立胤礽为太子的。康熙将自己对皇后的思念之情转移到了胤礽身上。康熙立胤礽为皇太子，一方面可以断绝六宫谋位的念想，另一方面寄托着康熙心中难以述说的爱恋。他的心中对皇子胤礽寄托了太多的希望与情感。

康熙皇帝亲自教小太子胤礽读书，又特请大学士作为他的老师；胤礽经父、师指点，确实显露出几分聪明。胤礽每得到一点进步，都会让康熙异常欢喜。康熙在太子胤礽身上凝聚了很多心血。

胤礽五岁那年，出天花，高烧不退。这可把康熙吓坏了，这真是怕什么就来什么。当年康熙的父亲顺治帝在生天花后第四天晏驾，康熙正是由于幼年时出过天花，才在顺治病危时被立为皇太子。因而对胤礽出天花，康熙的内心相当忧虑，他既希望胤礽能像自己一样化险为夷，度过出花这一大劫难，又唯恐胤礽像顺治一样躲不过无常性命。

为了照顾皇太子出天花，"自二十七日起至十二月初九日止，各部院衙门章奏，俱命送内阁"。在胤礽病情最险恶的十二天里，康熙目不交睫，衣不解带，对太医所开出的每一副药方都要反复推敲，以求对症下药，化险为夷。十二月十五日，当康熙看到胤礽脸上的痘痂已经开始脱落，康熙欣喜若狂，忘记了连日的辛劳，还特为此在太和殿、中和殿、太庙、方泽（即地坛）、社稷坛"行告祭礼"，次日又为此"颁诏天下"庆贺皇太子出天花痊愈。

毫无疑问，康熙在相当长的时间内都是很喜爱这位皇太子的。对他付出的情感也远远超出了其他的皇子。

在康熙看来，江山社稷最终要由他亲手交付皇太子去治理，为此他不得不对胤礽进行强化式的培养与训练。

太子胤礽六岁（虚龄）时，康熙皇帝出于对他超乎寻常的疼爱，特地为他在紫禁城东部的后宫禁地（乾清门东边、景运门外），建造了一座清代历史上十分重要的建筑，专门用于培养太子、皇子的地方，赐名"毓庆宫"，供太子胤礽生活起居和读书学习。毓庆宫的地理位置之所以特别重要，是因为它紧挨着后宫禁地的乾清宫，还紧邻着皇帝的家庙：它的东墙外是皇室祭祖的奉先殿，西墙外就是斋宫。康熙皇帝选择将毓庆宫建造在这两座供奉着祖先灵位的、肃穆的高大宫殿之间，其本意大概是为了使聪明过人的太子能够体味祖先的艰辛，每天朝乾夕惕，谦虚谨慎，用心去感受列祖列宗对他的期待和重托。

太子胤礽在十三岁以前，都是在康熙皇帝的身边度过的，每天都是按部就班地起居、饮食、读书、学习。康熙皇帝几乎每天都要关心太子的读书学习，教导他功课，听他背诵古文，谈读书心得，临字、作文、写诗。康熙皇帝亲自当太子的文化老师，身体力行，讲读和实践着儒家学说，亲自向他传授儒家典。康熙二十四年（1685），康熙皇帝对身边的大臣说，他每天必定要做的，有两件重要的事情：一件是清晨之时，前往太皇太后宫中问安。二是召见太子，亲自为太子讲书。皇帝在万机余暇，亲自为皇太子启蒙读书，教授文化，这在中国历史上是少有的，似乎也是仅此一例。

康熙皇帝还给这位太子写过几首教化诗，慈父之情，流露于字里行间：

### 途中览皇太子仿书以示之

奎文一画开天象，保氏先教识六书。

笔势须知贵严正，好将功力足三余。

### 江宁驻跸。皇太子启至请安兼报读完四书

先圣有庭训，所闻在诗礼。

虽然国与家，为学无二理。

昨者来江东，相距三千里。

迢遥蓟北云，念之不能已。

凌晨发邮筒，开缄字满纸。

语语皆天真，读书毕四子。

龆年识进修，兹意良足喜。

还宜日就将，无令有间止。

大禹惜寸阴，今当重分晷。

披卷慕古人，即事探奥旨。

久久悦汝心，自得刍荛美。

### 遣史示皇太子捷音

逋寇多年快剪除，风清塞北已回车。

遥知念切驰相慰，驿寄南归赐捷书。

### 怀来示皇太子

春初凤驾回当暑，探尽黄流岸曲纤。

只为敉宁筹远驭，不辞烦苦历征途。

**赐皇太子生辰诗**

百岁桐长老，千年松满枝。

万峰迎瑞气，亿兆庆灵芝。

2. 初露才华：胤礽地位稳固的太子生涯前期

检验太子读书成果的最有效方法，就是出阁讲学。这是中国历代宫廷的传统，这个传统，康熙皇帝不仅要延续，而且还要发扬光大。康熙二十五年（1686），太子胤礽十三岁了，康熙皇帝这个年龄时已做了父亲。所以，康熙皇帝决定让心爱的太子出阁讲学。在出阁之前，太子已系统地学过《四书》以及《五经》中的《尚书》，对于这些书的理解和记忆，都是十分准确的。康熙皇帝对于太子的学业也十分满意，甚至有些自豪。这次出阁讲学，目的不仅是要让大臣们一睹皇储的风采，更主要的是领略一下这位未来天子的天赋和学业。

康熙帝亲自出马，亲自为太子出阁讲学选定教科书，他说："四书粗解之，则张居正《四书直解》为佳。欲求精意，莫过于《日讲解义》。皇太子诚能通贯此书，自克明晰理，惟视其力行何如耳。不然，徒滋繁言何益。"

康熙还亲自选了太子的太傅汤斌，他对近侍说："自古帝王谕教太子，必选平和、恭谨、恪守道义之臣，统率东宫僚属，辅翼太子。汤斌在讲筵，素行谨慎，朕甚知之。后来，派他出任督抚，自身廉洁，并率属下实心任事。应重加选用，以为封疆大吏之表率。"于是，授太子胤礽的太傅汤斌为礼部尚书兼管詹事府。

汤斌是太子师傅的首领。以汤斌为首的东宫辅导官很快组建完成，其中，关键人物是少詹事耿介，是由汤斌亲自推荐和选用的，另一位重要人物是大臣尹泰，担任东宫詹事。康熙二十五年（1686），由钦天监选择吉日，闰四月二十四日，作为皇太子出阁开讲的日期。这一天，康熙皇帝亲临保和殿，隆重地为太子举行出阁读书典礼。

保和殿曾是顺治皇帝的寝宫，也是康熙皇帝幼年时的寝宫。后来，保和殿成为王朝典礼的重要场所，是皇帝举行筵大典和主持殿试的地方。这天早朝，康熙皇帝一身郑重的礼服，先向满朝文武大臣们出示太子胤礽以前读书学习的习字作业。大学士和詹事们及众大臣奉旨，一同校阅太子的作业。康熙皇帝吩咐大臣们校阅，指出作业中的不妥之处。其实，哪有什么不妥之处？实际上皇帝是在展示自己作为皇帝、身为父亲的自豪。

大臣们早就听说太子有过人的天赋，学业之精进让博学的康熙皇帝都深为叹服。这次展示的太子作业，是历年来太子所写的满、汉习字，共有八大竹篓之多。汤斌等大学士、东宫辅官和众大臣们站在那里，看着内侍抬出来的这一筐筐太子习字，一个个惊诧莫名，浏览之下，不禁目瞪口呆。

康熙皇帝事先检视过这些作业，从中挑出了一些胤礽所写的满文，特别是满文书写的重要致治政书《贞观政要》以及许多重要的汉字警句格言，堆放了两大摞。汤斌等人屏住呼吸，神情严肃。只见太子的书法遒劲刚毅，端重而藏锋，其气势和布局，俨然是大家名帖。而且，在这每一张作业上面，都有康熙皇帝逐日的笔圈点。

汤斌等讲官第一次在毓庆宫中，为聪明的太子讲说史时候，太子胤礽谦虚地说："皇父虑予幼稚，不知勤学，日以为念，即一字一无不躬亲详示，勤加训诲。予性不敏，于皇父睿旨虽未尽能体会，然何敢不殚心竭力从事于学？《四书》《书》《易》略能背读。"

——言下之意，就是说让师傅们坐下给自己讲课。

太子这种大胆的举动，这种给予师傅们的礼遇，都是超乎前人的。汤斌喜出望外，也十分惶恐，一再表示不敢接受，也不能接受。他们再三推辞，胤礽依旧让他们坐下授课，下课之后，师傅汤斌等人十分兴奋地来到乾清门外，告诉康熙帝胤礽太子的尊师、赐座之礼，表示不能接受太子的不世礼遇。康熙皇帝倍感欣慰，就规定师傅们在讲课前向太子行礼，然后，依照太子的意愿，师傅们可以坐下讲书。

大学士和众文武大臣对于胤礽太子的作业印象极深，因为太子的一笔一画，工整端正，精楷苍劲。汤斌高兴地为太子的一笔好字赞扬康熙皇帝说："仰见皇上合天之行健，自强不息，于二帝、三王大法，身体力行，以建皇储，即以翼元子。故凡学问启牖，皆纯而不杂，勤而有常，即此书体之精，亦关正心之学。我皇上天章宸翰，烂若星云，囊括众家，超轶前代。今皇太子书法，进而愈上，虽本英姿之特茂，亦征养正之渐深。从此日新又新，陶淑于宫廷之善诲。加以出阁方始，讲读益勤，自然驯造高明，同符至圣，真国家亿万年无疆之福！"

太子胤礽越来越博学，经常难倒师傅。一天，太子胤礽和众师傅讲说《论语》，应该讲《论语》中"唯女子与小人为难养也"这个问题，历来不好讲说，因为涉及男女之别和辨别小人之害。而对于"小人"问题，太子胤礽看着众师傅，认真地说："予常侍父皇左右，闻皇父教诲道，最难处者小人，最难防者亦小人，一旦稍有不当，就会被他们所欺。览前代小人误国的事，皆因为上面的人信任他们的缘故。所以，要切切不忘这些。"太子胤礽的论说很经典，让师傅们无言以对。

最让师傅开不了口的是，太子胤礽在引经据典、讲完一段儒学之后，特别讲述康熙皇帝曾给他讲到这一段时对他的谆谆教诲，本义是什么、微言大义何在。康熙二十六年（1687）四月二十五日，讲说四书中的《中庸》。太子说："皇父言《中庸》一书，论性命（指人性和人生）精微处，无以复加。当细细玩味，温故知新，竭尽人事以合天意，方为不负所学，不可以讲完之后就忽略了。"

六月初一日，《中庸》讲读之后，讲说《论语》。太子讲解了《论语》的原文，讲官们自认为《论语》是数十年所下的功夫，应该可以与太子好好讲论了。他们讲解和讨论《论语》中"敢问夫子之不动心"这一节，师傅格外激动，感觉可以和太子对讲。太子胤礽引经据典之后，总结性地概括说："皇父言，孟子论志一则动气，气一则

动志，言简而理备，治世养身之道不外乎是矣。"讲官们恭敬地听了太子的发言，惭愧之外，由衷信服。他们十分庆幸在自己的晚年中，竟然能够遇到这样一位出类拔萃的太子，这样一个超越历代前贤的完美学生。

在种种荣耀的光环包围下，在才华崭露头角时常被众人称赞认可的情形中，胤礽在不知不觉中也就飘飘然起来，性格也不知不觉发生了重大的变化。

3. 宝刀事件：对太子失望的导火索

年少的胤礽既然博学多才，康熙为什么会对他失望？

胤礽到底干了些什么，惹发康熙龙颜大怒，甚至想砍掉他的脑袋？

这还得从一个人说起，这个人，便是汤雅斋。

胤礽十五岁的时候，就结识这个叫汤雅斋的高干子弟，此人的老子是礼部尚书，仗着老子的权势有恃无恐，无恶不作。结识胤礽后，开始他还装出一本正经的样子，和胤礽一起读书习字、骑马射箭，终日与胤礽形影不离。慢慢地就在闲暇时偷偷地给胤礽讲一些青楼瓦舍的下流故事。发展到后来，他让胤礽换上常人所穿服装，带着胤礽溜出皇宫去逛妓院、下赌场。胤礽年少，又怎么经得起纨绔子弟的诱惑，跟着汤雅斋吃喝玩乐的同时，他早把皇太子的身份扔到爪哇国去了。

就这样，有一天，胤礽跟着汤雅斋认识了一个名叫董富的奸商，此人和汤雅斋家沾了点亲戚，偶有来往。这个董富是京城的一霸，为富不仁，欺压百姓，又一心想攀个皇亲国戚做靠山。现在皇太子来了，更是正中下怀，于是跑前跑后、使尽浑身解数招待皇太子。更要命的是，这位大奸商居然吩咐老婆和三个女儿打扮得花枝招展来引诱胤礽这位太子爷，还反复叮嘱女儿们做着"谁有能耐，谁就能当上皇后"的美梦。

终于有一天，汤雅斋带着皇太子到了董富家里，看到了他这三个水灵灵的、如花似玉的女儿。如计划预料，胤礽一看三个美人，魂都被勾了去了。董富的三个女儿见皇太子仪表堂堂，谈吐不凡，而且怀揣着做皇后的美梦，更是使出了浑身解数来勾引这个皇太子胤礽。这三个女儿果不负父望，不消多长时日就粘住了胤礽的心。从此，胤礽便常常偷偷溜到董家和这三个女子厮混。董家对他那也是百般恭敬。三个姑娘更是挖空心思地讨他喜欢。

一天，董家又摆上了一桌山珍海味款待胤礽。三位姑娘一左一右一后地围住胤礽，又是斟酒夹菜，又是与胤礽耳鬓厮磨，把个胤礽弄得早已忘了自己的身份。酒过三巡，董富抓住时机，对胤礽说道："我儿子董为官，今年二十有三，年年科考，年年没能中意。今年科考，还得有请太子帮忙！"

胤礽借着酒劲爽快答应："小事，包在我身上，不中状元也叫他中个探花。"

董富哈哈大笑说："那小的先谢过太子爷，敬您一杯！"

胤礽也举起杯说："喝！"就这样三杯两盏黄汤下肚，什么事情都痛痛快快地答应着，何况身边还有三位美女相伴，他早就把父亲的教训老师的教训抛到九霄云外去了。

第二天，胤礽躺在床上头痛欲裂，但是酒已经醒了。他迷迷糊糊地想起来昨天答应了董富的事情之后就开始犯了愁了。思虑了半天，借着父亲对自己的宠爱，还是壮起胆子拜见皇上说："皇阿玛，儿臣在外有一朋友叫董为官，今年科考，皇阿玛能否破格优选。"康熙皇帝没有回答他，只是在自己心里想自己精心培养这么多年的皇太子，居然是一个徇私情的人，心里顿时升起一种失望的感觉，他再和胤礽详细打听董为官的情况，看到胤礽一问三不知的表情，毫无表情地对胤礽说："这事以后再说吧。"胤礽看到父亲是这样的态度就悻悻然走掉了。嘴里还嘀咕着："不就是破格选个科举嘛，至于这样嘛！"

不想，第二天康熙就对自己的贴身侍卫张虎下了一道密旨，命令他好生看着太子的一举一动。这位张虎可不是一般人的侍卫，他自幼浪迹江湖，有一身好武艺。他因钦佩康熙，自荐投身于康熙，成了康熙最得力的左膀右臂。所以，对康熙十分忠心。

这天傍晚，张虎换上夜行衣，身佩暗器，潜伏在皇宫外。不一会儿，胤礽也换了一身武士服佩戴上宝刀，悄悄溜出皇宫，急匆匆地向东南方向的董家商号奔去。到了董家的后门，胤礽还特地长了个心眼，回头望了望，没有看见人，便闪身进了门。

张虎绕到后院，戴上面罩，运足内功，轻轻一纵，跳到墙上。只见院内灯火通明。他悄悄走到西屋窗前，舔破窗纸一瞧，正见一老者与一年轻人在开心地聊着，老者说："儿啊，现在你的三个妹妹把这个太子迷得神魂颠倒的，都不知道自己姓什么了，他开口和他老子去说让你中状元，那不是吐口唾沫的事儿嘛！"年轻人对着老者笑着道："那还是多亏了爹爹英明啊，以后咱靠着皇太子这座大山，算是光宗耀祖了。"说完二人都大笑了起来，张虎听到他们聊的正是考状元的事情，而且还说什么有皇太子帮忙这样的话。心里"咯噔"了一下，这董家父子果真缠上了皇太子。

接着张虎又听见东屋传来阵阵淫荡的笑声，他又轻悄悄地到东屋门外，舔开东屋的窗纸一看，只见三个美貌的姑娘正围着皇太子胤礽放肆地玩闹。张虎心里暗暗骂道："太子啊太子，你这无耻之徒，大清江山若交给你就完了。"他一时气急，骂的时候将脚下青石板跺得粉碎。屋内一下子就安静了下来而且静寂得可怕。胤礽手提宝刀从房间里跳了出来，大喊："有贼！"抢起刀就向张虎砍来。家丁也从四面围了上来。但他们哪是张虎的对手，张虎只一回合就将胤礽的宝刀打落在地。胤礽转身便跑了，张虎也不去追，用剑轻轻挑起宝刀，带回宫中。

回宫之后，张虎当即面见圣上，将自己所见巨细无落地向皇帝说了一遍，又将所获宝刀恭恭敬敬地递给皇上。康熙一看，正是自己赐给胤礽的宝刀，气得七窍生烟，大喝一声："传胤礽！"

盛怒之下，康熙皇帝以胤礽"身为太子，行为不端。沉溺女色，营私舞弊"，命手下将他拉出去斩首。好在两旁的大臣齐齐跪倒，给太子求情，大臣说："皇上，请息怒，太子杀不得呀！太子只是年幼无知，受了小人的唆教罢了，皇上就罚他思过，万

万不能杀呀，皇上！"然后众臣一并跪倒请求康熙皇帝不要杀太子。

康熙才改口道："胤礽太子，大逆不道，从即日起，囚禁咸安宫一百日。"说罢，还一刀砍下了龙书案的一角，这一举动也让满朝文武百官目瞪口呆。

这，便是胤礽惹怒康熙皇帝的第一回。

4. 胤礽侍疾无忧色，伤了康熙的心

康熙虽然是一代帝王，有着开辟大清盛世的丰功伟绩，可是，他终究是个人，像所有人一样需要亲情的慰藉。也像天下所有的父亲一样，在生病的时候希望得到子女的关心和照顾。

康熙二十九年（1690），康熙在亲征噶尔丹的归途中生了病，十分想念皇太子胤礽，特召他至行宫。胤礽当时十六岁，他来后，见了自己生病的皇父后，却谈笑如常，没有一点忧戚之色。康熙非常生气，没两天便找了个借口把胤礽给打发回去。这大大伤害了康熙的感情。康熙看出皇太子无忠君爱父之念，实属不孝，怒遣胤礽先归。从那以后对胤礽的宠爱就大不如前了。

胤礽还常跟人说："古今天下，岂有四十年之太子乎?"言外之意，是自己做太子的时间实在是太长了，似乎是希望康熙早点去见阎王，好让他早日登基！

胤礽的太子地位，使得他身边聚集了一帮趋炎附势的小人，这些人认为康熙日渐衰老，迟早要把皇帝宝座交给胤礽的，于是纷纷巴结，好为日后的加官晋爵打下基础。其中，以胤礽的外叔公索额图最为积极，在他的张罗下，朝廷中隐然形成了"太子党"，而且力量不可小觑。后来由于争权太露骨了，在康熙四十二年（1703）的时候，索额图因"潜谋大事"而被处死。由此，康熙和太子的矛盾也日渐暴露。

5. 第一次废太子

光阴似箭，不知不觉中，康熙的20个儿子个个都出落得精明强干，抱负不凡。

皇子们都想着自己是皇儿，都想将来能坐上皇帝宝座。

大阿哥胤禔，排行第一，从小心里早就盘算该由自己去坐龙椅，他培植有"大阿哥党"；

八阿哥允禩，自认为生辰八字主贵，并培植有铁杆"八阿哥党"；

胤礽本是太子，自有许多人趋前奉迎巴结，因而也有"太子党"。

四阿哥胤禛，表面上与世无争，并不飞扬跋扈，实却是暗地里有了大动作，更比别人多了一招：结交剑客，剪除异己。那些来无踪、去无影的神秘人物，后来都为他谋夺皇位、巩固统治出了大力。

他们一个一个，各立党派，培植亲信，暗地里已经都蠢蠢欲动、磨枪擦剑了。

各党派你算计我，我陷害他；你打我一拳，我踢他一脚。整日里策划于密室，表面上兄弟情谊很重，背地里都巴不得兄弟们一下子全死光才好，全没了兄弟情谊。

俗话说："没有不透风的墙。"阿哥们之间的明争暗斗自然会时不时传到康熙耳朵中。"枪打出头鸟"，因胤礽是太子的缘故，众阿哥便将主要攻击目标一齐指向了"出头鸟"。关于太子的种种流言蜚语一时间同时飞进了康熙的耳朵里。有人说胤礽嗜淫、阴郁，又有人说他暴虐、狂躁、图谋不轨等等。种种说法都对皇太子不利。

久而久之，康熙对胤礽的看法也在这些流言蜚语的灌输中潜移默化地发生了改变。

康熙忽然有一日想起大学士索额图曾对自己倡议过：皇太子服御应俱用黄色。康熙当时果断地拒绝了这个建议。康熙心想：如果如此，太子与皇帝的服饰岂不没有丝毫区别？此话虽然是出自索额图之口，莫非与胤礽有什么关系？另外，康熙在边外与噶尔丹打仗的时候，有人就传告说太子在京私制龙袍，私坐龙椅。康熙又联想到太子胤礽对自己的疾病漠不关心的态度，不禁倒吸了一口冷气。

康熙四十七年（1708）八月，康熙出塞行围，忽闻皇十八子胤衸病重，君臣都面露忧色，康熙也亲自回京看视。九月，胤衸就病逝了，当时年仅八岁。胤礽对胤衸的死竟表现得漠不关心，毫无弟兄友爱之情。胤礽冷冷地站在刚死去的弟弟的面前，一点难过的神色都没有，康熙就问："胤礽，弟弟过世了，虽然阿玛很心痛，你也别太难过了！"胤礽却装作没有听到，仍然站在那里像个没事儿人似的，康熙看到他这样的态度，气不打一处来，就说："要是你觉得站在这里是为了朕而站的话，你可以走了！"胤礽听了这话之后也没有顾及什么礼节，转身就走了。更把康熙气得半死。这对于康熙积怒已久的内心来说，无疑是火上浇油，康熙厉声指斥胤礽的"不仁"，心底里更加加深了对太子的嫌恶。

胤礽受到康熙的斥责之后，胤礽大概是觉得父亲有点"小题大做"，非但没有恭顺地认错，反而记恨在心，他出来了之后，被康熙骂得心理非常不爽，所以想找个地方发泄一下，刚好一个倒霉蛋侍卫来被他看中了，他就毒打了这个侍卫来发泄心中的闷气。

在行军途中，胤礽每到晚间，就在康熙所居的帐篷外面转来转去，鬼头鬼脑地扒开缝隙向里窥视，不知意欲何为。

这让康熙大为惊恐，他后来说："朕未卜今日被鸩、明日遇害，昼夜戒慎不宁。"此即著名的"帐殿夜警"事件。每到夜深人静时想到那些躲在暗处的窥探者正盯着自己，康熙不得不日夜戒备。在将近一年的时间里，康熙的精神一直处于一种病态的紧张之中，苦不堪言。康熙心里想，我这一辈子没有被刺客盯上杀死，也没有在出去征战的时候被敌人杀死，但是现在要面对自己的亲生儿子惶惶而不可终日。

无论是上朝还是退朝，虽然都有一大群人前呼后拥，但却没有人能分担康熙皇帝这种精神上的压力与苦闷；虽然他无论是深居大内还是出巡在外，御前侍卫从来都是目不交睫、昼夜护卫在身边，但他依然感到危机四伏、防不胜防。一时间，一世果敢英明的康熙皇帝变成了一个孤独苦闷、疑神疑鬼的人。

其实，有关康熙对胤礽的这个"图谋害父"的指责，后来连康熙自己也否定了。

胤礽后来也请求看押他的皇长子胤禔、胤禛（雍正）向康熙奏请转达一句话："皇父若说我别样的不是，事事都有，只是弑逆的事，我实无此心。"康熙听到胤禔等人的奏报后，还称赞了他们，并把胤礽身上的锁链也去掉了，这说明康熙当时所说的怀疑太子有"谋害"的企图的决绝结论，不过是一时的愤怒或是误听人言所致。

清康熙四十七年（1708）这次的出巡，老皇帝带领了七个儿子随行，包括太子胤礽、长子胤禔、十三子胤祥、十五子胤禑、十六子胤禄、十七子胤礼、十八子胤祄，这里面成年的皇子包括皇太子、皇长子和皇十三子。其中皇长子胤禔和皇十三子胤祥曾经多次负责过康熙出巡时的安全保卫工作，此次当然也不例外，"命直郡王善护朕躬（指康熙）"，说明胤禔是康熙这次出巡的主要保安者，皇太子胤礽所谓的"窥测""窥视"等动作自然也就只能是由皇长子胤禔向康熙汇报。虽然，康熙后来对胤禔大加指责乃至最终废掉了他，可不等于这时已经不再信任他，否则怎么解释康熙令他负责安全保卫呢？有的清史研究者还认为皇十三子胤祥也参与了这次密告皇太子"帐殿夜警"的活动，从后来胤祥遭受圈禁由此在康熙朝一蹶不振的态势看，应该不排除这种可能。总之，康熙对于胤禔等人的汇报很重视，联系到他对胤礽二十多年来的看法和积怨，他认为太子可能有不利于他的举动，所以，他才当机立断决定立刻废除太子。康熙在当年的九月四日回京途中召集王公大臣当众宣布废除太子胤礽，随即就将其羁押，并且杀掉了索额图的两个儿子。

另外，皇太子集团的势力也让康熙不得不采取必要的行动。皇太子胤礽的生母皇后赫舍里氏的祖父是索尼，父亲是领侍卫内大臣噶布喇，叔父是当朝大学士、领侍卫内大臣索额图。索额图一伙曾秘密结党，趋奉皇太子，议论国政，密谋大事。

康熙曾警告索额图说："你们背后谋划的事，你们勾结一处的所作所为，你们背后说的怨恨之言，都不能摆在桌面儿上说，你心里很清楚！"康熙深感自己的皇位和生命受到威胁，说："说不定哪天就被鸩杀，或者被谋害，真是日夜警惕，心神不宁。"

后来康熙下令将索额图处死，同时警告皇太子说："从前索额图帮着你谋划的那些事情，我知道得清清楚楚，所以将索额图处死。"但皇太子并未因此而收敛，反而更加乖张。

胤礽已不再是年幼时的他了，平时对臣民百姓，是稍有不从便任意殴打，他的侍从也是肆意敲诈勒索，仗势欺人，曾激起公愤。康熙四十七年（1708），在木兰围场的布尔哈苏台行宫，康熙对胤礽的行径忍无可忍，特令随行文武官员齐集塞外行宫，勒令皇太子胤礽跪下，历数其罪状："胤礽不听教诲，

老干青屏风麒麟送宝

目无法度，朕包容二十多年，他不但不改悔，反而愈演愈烈，实难承祖宗的宏业。"

康熙边哭边诉，竟至气倒在地，大臣急忙将他扶起。群臣也为之伤感，泣不成声。康熙下令，首先惩办了怂恿皇太子的官员，继而又废了皇太子。这次废皇太子，康熙六天六夜不能入睡，对他的精神有很大刺激，也致使他日后身患中风，只能用左手批阅奏折。

自塞外回京后，康熙又疑惑胤礽为狂疾，将胤礽囚禁在上驷院侧，由皇长子胤禔看守，还将废皇太子胤礽之事宣示天下。皇太子已废，天下皆知，康熙又亲自撰文，告天地、太庙、社稷。康熙总结了历史的规律，"稽古史册，兴亡虽非一辙，而得众心者未有不兴，失众心者未有不亡。"在列举胤礽罪状之后又说："朕虽有众子，远不及朕，如大清历数绵长，延朕寿命，朕当益加勤勉，谨保始终。"

康熙担心，太子被废，会引起其他皇子之间的争斗，于是接着又下了一道谕令："诸皇子中，如有谋为皇太子者，即国贼，法所不宥。"

第一次废太子把康熙晚年的围绕储位开展的政治斗争推向新的高潮。

6. 八阿哥胤禩暗夺太子位

尽管康熙皇帝对儿子们发出了警告，可是，皇子们完全无视康熙的这一警告。他们一心想着自己是皇帝的儿子，当然皇帝的宝座自己也有一份。其中最想当皇太子的莫过于看守胤礽的大阿哥胤禔，还有四阿哥胤禛、八阿哥胤禩。只不过胤禛不露声色。大阿哥胤禔、八阿哥胤禩却不同。他们二人锋芒毕露、居心险恶。

有心计、仁爱自励、善于收买人心、又精明能干的八阿哥胤禩为夺太子位到底都做了些什么？他们的阴谋又是如何被暴露的？

且说八阿哥胤禩，在兄弟、宗室、外戚及大臣中都广有结交，甚至有众多的拥护者，连康熙也向来钟爱他。康熙分派当时最有名的学者、特赐进士何焯做了胤禩的侍读。何焯为人耿介、清誉甚高，也因此让胤禩在外有了好学的好名声。

胤禩幼时是大阿哥胤禔的生母惠妃抚养的，所以与大阿哥胤禔的关系极为密切，胤禔对他也是竭尽全力支持。皇十子胤䄉也归心于胤禩。

理藩院尚书阿灵阿说过，胤禩的八字庚戌巳丑丁未壬辰与前代帝王相同，也是衷心拥护胤禩。

历任领侍卫内大臣、散秩大臣、都统的鄂伦岱，任翰林院掌院学士、工部侍郎的揆叙（大学士明珠的长子），满洲首席大学士马齐、户部尚书王鸿绪，更是一心投向胤禩的骨干。

还有，胤禩的伯父福全在世时也老称赞胤禩有才有德。

胤禩因了这些，加上生辰八字吉利，模样又生得端正，自认有帝王之相，早想当太子。这次他见康熙废了胤礽，认定这是一个千载难逢的好时机，便暗中积极活动起来。

这时京师恰有一个名声很大的算命先生叫张明德，因为很会察言观色故弄玄虚，人人说他算命很准赛如神仙。胤禩找到他看相，看自己是否配做皇帝。

张明德是个绝顶精明之人，既已在京师混饭吃，早就将皇子们之间的明争暗斗摸了个底朝天。各人的年龄长相、生辰八字、所想所思早已烂记在心。

一天，胤禩化装前往张明德处，刚一进门张明德就瞧见了他。他早已料定是八阿哥到了，急忙从屋里蹿出，将他迎进室内。还没等胤禩在座位上坐好，张明德立即跪倒在地，倒头便拜，嘴上连称："不知皇上驾到，有失远迎，乞恕死罪。"

胤禩一听这话，心里是心花怒放，表面却故作威严道："先生如此说话，不怕杀头吗？"

一贯能一眼看透人物心理的张明德却正色道："皇上驾幸敝寓，小人怕什么？"

胤禩问道："你从何处看出我是皇上？"

张明德道："小人一看圣驾面貌异于常人。"

胤禩点点头，暗想："难怪人说自己相貌异于常人！"他不动声色地问张明德："你可知我是谁！"张明德故意闭目晃脑，伸出拇指和食指，左掐右算，随即斩钉截铁地回答道："你是八阿哥！"

胤禩见他说得如此精准，免不了一番推心置腹："先生既如此，定知道那二阿哥尚是没死。他不死我便不能去当太子。"

张明德诡秘笑道："此事何难？我有许多剑客好友，都会飞檐走壁，等八阿哥一声令下，均可立至。只是……王公之中却是要联结顺承郡王布穆巴、公赖士相助。"

胤禩已是鬼迷心窍，答应当与张明德的剑客好友相会，等待时机，杀害废太子。

二人商议以后，胤禩匆匆告辞。他一路做着皇帝的美梦一路盘算着。不料想胤禔早已派人跟踪他了，他的一举一动早已全在胤禔的掌握之中。

胤禔此时正在他的家门口守株待兔，见胤禩回来，笑嘻嘻迎上来，邀他到自己住处，说有要事相商。胤禩顿时心都冷了半截。

二人走进大阿哥的密室，胤禔微笑道："八阿哥好运气啊！"胤禩佯装不解，问道："大阿哥此话从何说起？"

胤禔道："若要人不知，除非己莫为。不过，这皇帝却不好当呢！"

胤禩毕竟不及胤禔狡猾，便道："大阿哥所说极是，需要大阿哥帮扶才好。"胤禔心中暗想："我把你弄来府中，不过为了摸清底细，以便定下一步的对策，怎么去帮扶于你？"

但胤禔不露生色，说道："我恰有一妙法能置胤礽于死地，不用刀刃相见。"胤禩本也不想杀人见血，于是急切道："大阿哥快说是何妙法。"胤禔却故意不慌不忙问道："若是我帮了你，日后怎么谢我？"

胤禩道："我要得了江山，半壁与你。"

胤禩见胤禔只笑不语，复又连连作揖："请大阿哥教诲！"胤禔让他附耳过来，给了一条让胤禩走入死胡同的所谓锦囊妙计："我有个至交喇嘛，他的巴汉格隆魇术魔专会咒人死命，叫他咒死胤礽岂不除了后患？这计神不知鬼不觉。"

胤禩与胤禔计议已定，几日后二人一起去见那个奇人。

说明来意后，那蒙古喇嘛便取出十二个桃木小人写上黑字，都是"二阿哥死""二阿哥必死无疑"一类的咒语，叫胤禩秘密埋在胤礽原来住的宫中花园里。胤禩得了这桃木小人如同得了宝贝一般喜不自胜，一切照办，一门心思盼神咒应验。

第二天，胤禔又去关押胤礽的地方察看情况，他看到胤礽一会昏睡，一会暴躁，较之前更加疯狂。心想，喇嘛办法果然灵验。他算计着将八阿哥除掉，皇太子之位自己才能独得。

于是，胤禔冷笑着前往乾清宫，他要向康熙告发胤禩与张明德密谋杀太子的事。他自以为自己借刀杀人的手段很高明。

### 7. 太子废而复立之谜

一向坚毅果断的康熙皇帝怎么变成了一个反复无常的人？他到底经历了一番怎样的心路历程，又是怎样把已经被废的太子重新扶上了太子位的？

话说胤禔还没到乾清宫，此时的乾清宫里早已有一人正向康熙告发胤禔。正当胤禔兴冲冲地准备去皇上面前告发的时候，他刚好听到有人在和皇上说："皇阿玛，这事情您一定要彻查啊！"胤禔听了这话起先不以为然，以为又是哪个阿哥出了什么事儿，要请皇阿玛来做主的，所以就大张旗鼓毫无戒备地进去了！

康熙皇帝刚听了这样的事情后，正想找胤禔问个清楚，他倒是找上门儿来了。胤禔给皇上请了安，对着三阿哥说："哟，我道这人是谁呢？原来是三阿哥胤祉啊。"三阿哥没有搭理他。然后向康熙皇帝告辞，随即走了出去。胤禔开口道："皇阿玛，今天皇儿来有一件事情要向您告发，您一定要彻查啊！"康熙不露声色地说："哦，是什么事情要皇儿如此着急地来向朕告发，说来朕听听，要是果不其然，朕一定派人彻查！"胤禔又开口道："皇阿玛，是这样的，近日来胤礽一会儿昏睡，一会儿暴躁，较之前更加疯狂，不是因为别的，是因为胤禩请了喇嘛给他下了诅咒，写着咒他死的话的木牌子秘密埋在胤礽原来住的宫中花园里！"康熙一听，果然是这样的事情，不过刚听了胤祉的禀告，知道了是胤禔恶人先告状，为了好借自己的刀杀人！三阿哥胤祉素与胤礽交好。他在偶然间闻知大阿哥胤禔借魔法咒胤礽的事，气愤不过，便向康熙来告状。这是胤禔万万没有想到的，真是聪明反被聪明误啊！

康熙皇上第一次在一怒之下废掉了太子胤礽，可是夜深人静时，康熙也难免不在琢磨，胤礽平日表现也不是大奸大恶，为什么会干出这等糊涂事来呢？是不是真中了妖法？他怎么也想不通。

凑巧的是，正好皇三子胤祉向父皇告发胤禔用喇嘛巴汉格隆魔法咒皇太子之事。

康熙闻听此事，震惊得几乎要倒地，当即就令人前往胤礽住处搜查，果然在花园土地里搜出了"魇咒"。

大阿哥胤禔使用妖法魇镇太子之事败露，为康熙的猜想找到了证据。康熙对皇太子胤礽涌起一股又痛又怜的情感，觉得是自己一手将胤礽推到了风口浪尖上，险些被他的亲兄弟谋害至死。康熙据此做出结论，确信胤礽为魔法致狂，以前是自己错怪胤礽了。

康熙气愤万分，当即宣示胤禔为"不诸君臣大义，不念父子之情"的"乱臣贼子。"

胤禔见情势如此，为了减轻自己的罪名，便将八阿哥与张明德密谋杀太子的事情也和盘端出，但这未能引起父皇的同情。

康熙四十七年（1708）十一月康熙下令将胤禔夺爵，关押在宗人府高墙之内幽禁起来，严加看守，直至雍正十二年（1734）去世，共幽禁了26年。

康熙在盛怒之下，让朝臣举荐太子。他心里是指望大家重新推举胤礽，却不料，除了王掞等东宫的老人和上书房大臣张廷玉之外，众口一词，全都举荐了八阿哥胤禩。这一下，康熙皇上怒火一下子蹿上来。胤禩密谋杀太子的事还没有定他的罪，"太子党"的势力却在此时如此张皇地浮出水面。他派张廷玉去叫简亲王进宫，又命众皇子跪在乾清门候旨。他要把这局势重新翻过来，给朝臣和皇子们一点颜色看！

他让人把皇子胤礽召来。胤礽怀着忐忑不安的心情，趋步进殿，跪下磕头。

胤礽也是演戏的高手，在被废之后，又回到现实，理智在告诉他，必须抓住被胤禔陷害的机会，造成被邪魔致狂的声势，以便与父皇的判断吻合。才几个月工夫，这君臣父子二人，近在咫尺，却不能相见。昔日那雍容华贵的皇上，英姿勃勃的太子，好像都不见了。如今，一个变得老态龙钟、疲惫不堪；一个则是形容憔悴，满怀凄凉。四目相望，欲言又止。胤礽流出了泪水，道："不孝儿胤礽，叩见皇阿玛。罪臣久违慈颜，不孝通天。今奉召来见，请皇阿玛金安。"康熙眼中，也是泪光闪烁。问及以前所作所为，胤礽竟全然不知，是魔术真灵验还是装傻，只有胤礽自己明白。

康熙强压心头的悲凉，颤声说："唉！过去的事不要提了。你把身子调理好，朕也就放心了。你中了别人的妖法，行事怪异，暴躁，朕本来不该说你，可是有几句话又得告诉你。"

胤礽恭谨地说："皇阿玛请只管教训，儿臣定然铭记在心。"

康熙语重心长地说："你从生下来就没有母亲了，全靠朕来维护你。几十年来，任谁对你不好，朕都不宽容他们。这次老大用妖法镇你，也逃不脱朕的严惩。可是，妖由人兴，跟你平日不修身、不立德有关系，才被妖人乘虚而入，你懂吗？"

胤礽的心里根本就不信什么妖法。他正在暗自庆幸呢，要不是大哥给我来这一手，恐怕我就永无出头之日了。

"谨记父皇的教训，儿臣确实有做得不好的地方。"胤礽十分乖巧老实地说。

康熙好久没有听到太子这样顺耳的话了，心里感到宽慰，接着说："你知道，众多的皇子中，从小到大，父皇最疼的就是你，你将来能不能复位，全看你自己的表现了。朕现在要把你从冷宫里放出来，你要好自为之，如果再犯错误，那就无可挽救了。"

胤礽一听，心里狂喜不已，连忙跪下磕头："请皇阿玛放心，儿臣谨记父皇教训。"

胤礽这真是因祸得福。他高兴地走出乾清宫。可是，此刻跪在乾清门外的皇子们，却都各埋心腹事，尽在不言中。就在这时，简亲王在一群太监侍卫的簇拥下来了。只见他擦擦头顶的汗，在皇子们中间站定，大声说："圣旨到！"

众皇子三呼万岁，伏地听旨："二皇子胤礽，前被妖法震慑，行事不端，已被废去。今大阿哥胤禔阴谋败露，罪行昭著，已遭监禁。着即将胤礽释放，赐第读书。至于皇八子胤禩，广结党羽，交纳臣下，蓄谋不轨，窥测皇权。朕享有天下四十余年，岂能容此辈猖獗。着革去胤禩郡王爵位，锁拿至宗人府，严加追查，尔后处置。钦此。"

如同晴天霹雳。正在兴头上的八阿哥和众皇子们听了这圣旨，一个个全都傻了。胤禩险些晕倒，他挣扎着叩了头，说声"儿臣遵旨"眼泪就流下来了。简亲王一挥手，几个侍卫走上前来，把一条裹着黄绫的铁链，套在八阿哥的脖子上，把他带走了。

### 8. 八阿哥的悲剧

康熙年间，皇子为了争夺皇位继承权明争暗斗。其中最大的有三股势力，一为大阿哥胤禔；二为太子胤礽、四阿哥胤禛、十三阿哥胤祥组成的势力；三为八阿哥胤禩、九阿哥胤禟、十阿哥胤䄉等纠结的势力。

残酷斗争之后，第一股势力和第二股势力都失败了，十三阿哥胤祥也因人陷害而被软禁，四阿哥胤禛虽被归为第二股势力，但他忠于社稷，实心办差，康熙并未对他下狠手。得势的八爷党中八阿哥胤禩人称"八佛爷"，善使怀柔手段来笼络人心。康熙废掉原太子胤礽后，胤禩发动官员们上奏举荐自己为太子，一时声势浩大，但他还不满足，妄图控制军队，拼命将自己的心腹往丰台大营等京师近卫部队中塞。胤禩对于国事不闻不问，醉心于权力，甚至"赤膊上阵"地去争，让康熙感到一种恐慌，他是不是要提前逼自己退位？康熙终于开始忌恨胤禩，这种忌恨最终导致了八阿哥的悲剧。

从胤禩的出生开始就是一个错误。他的生母"卫氏，满洲正黄旗包衣人、宫内管领阿布鼐之女。宫内管领虽为五品文官，但因她是辛者库出身，故较后宫其余人等为贱。就现有资料看，她不仅是康熙朝，而且是清代各朝所有受封妃嫔中，母家地位最为卑下者。"子以母为贵，胤禩自小颇受冷遇，只能默默承受一切的冷嘲热讽，也从小就暗下决心，将来一定让母亲以自己为骄傲。事实上，他做到了。他自小就是优秀的，为人亲切，全无阿哥的骄纵之气，因此广有善缘。不仅在众兄弟中与皇九子胤禟、皇十子胤䄉、皇十四子胤禵交情非比寻常，与众多王公朝臣亦相交甚欢。康熙帝之兄裕亲王福全生前也曾在康熙面前赞扬胤禩不务矜夸，聪明能干，品行端正，宜为储君。

胤禩不仅亲近同宗贵胄，在江南文人中亦有极好的口碑，称他"实为贤王"。他十六岁领正蓝旗亲征大漠，康熙还题诗以赠，只是天妒英才。他究竟是犯了什么滔天大罪，该受康熙、雍正父子两代一再地打击和压制？杀人放火？贪污受贿？谋财害命？弑君篡权？都没有。他唯一的罪过，其实就是"德才兼备"，以至老王夸赞，群臣拥戴，诸多阿哥爱护，成了皇子中出头的椽子，这才被康熙视为肉中刺，雍正视为眼中钉。木秀于林，风必摧之。只是这风来自父兄，便不免让人寒心。而这一父一兄又都是皇帝，更让人惊心了。

康熙晚年昏聩，雍正恶毒，所以八爷这般善良之人只有任人宰割的份。

在康熙末年，康熙不认他为子，还说他母亲"系辛者库罪籍"，斥他福晋为妒妇，着实令人心痛。在雍正朝，他更是处处受压制。其实那时他要反早就反了，也不至最后让雍正将其势力一点点拆散干净。只是，他哪里忍心看着大清江山又是一片生灵涂炭，害怕清王朝断送在这夺嫡之争上。所以，他只有忍耐，看着自己走向断头台，背负着40条杜撰的罪名走完自己的人生，带着莫须有的骂名穿过三百年漫漫时光。凭什么雍正那般弑父杀君、逼死亲娘、残害兄弟、杀害助自己登位大臣的小人可以流芳百世，而胤禩，只能留下一身骂名。只是因为，他败了。易中天说得好：八爷的确很冤。他自身没什么错误，可是却犯了康熙和雍正的忌讳，只有悲惨的结束一生。或许这就是所谓命运，老八没有被历史选中。

总觉得我们大多数人的价值观还是非常的世俗，老八不过是输了，但不能抹杀他的才华、风度与努力。有人说他贪婪，为了皇位拼了一辈子却只留下骂名，可身为一个才华出众的皇子，怎么可能安心当一个享乐的贵族呢？他一定想要证明自己，更何况他生母地位如此卑微，心高气傲的他怎能忍受因为出身而屈居人下！人受环境支配，普通老百姓看来或许皇子的生活已经如同天堂，但生活在皇宫这个处处充满权力与等级的地方，恐怕谁都无法对皇帝这个位置毫无想法。

简亲王又说："奉皇上口谕，诸皇子散去吧，各自回府，不许惹是生非。"说完，老王爷带着太监们走了。

他们一走，皇子们这里可炸窝了，十阿哥、十四阿哥都是胤禩的亲信，八阿哥一倒，他们全都完了。十四阿哥胤禵首先发话："哥哥们，都别走，我现在去见父皇，要治罪，把我们全都抓去算了。"

十阿哥也跟着起哄："我们都惹谁了？禁这个，拿那个，敢情我们一个好人都没有！不行，我也要请见父皇，问一问明儿该轮到谁了。"

在这群皇子中，只有四阿哥胤禛十分清醒。他想如今胤礽被赦免了，八阿哥却遭到了拘禁。在这节骨眼上，他可得加倍小心，他说："大家都听我说。如今老大、老二、老三都不在，我年纪最长。老八被抓，我也着急。可是，父皇身体不好，又在气头上，我们兄弟这样结成伙地去闹，不行啊！依我看……"

他的话没说完，十阿哥插话了："啊哈，这儿还有个孝顺儿子呢！大哥、二哥、三哥、八哥全倒了，这太子的位子就该给你了是不是？你心里美得不知贵姓了吧，请问咱们的四王爷，您打算用什么年号呢？"

胤禛苦笑了一下，一摆手，说："十弟，你的心情我理解，咱们现在说些有用的，你知道，大家全去父皇那里闹，只能给八弟添罪。好了，你们现在都回去，老五、老九，咱们仨去见父皇，保老八去。"

他们哥仨进来的时候，康熙皇上正在闭目养神呢。处置完皇子们的事，让他伤透了脑筋：废掉太子时的朝廷局势，全翻了个儿，下边会有什么议论呢，皇子们能安分一些吗？接下来让谁来当这个太子呢？

太监禀报之后，哥仨鱼贯而入，叩头行礼。康熙看看自己这三个儿子，一个个都满怀心事的样子，问道："你们有什么事？"胤禛壮着胆子，上前一步奏道："皇阿玛龙体欠安，按说，儿子们不该在这时候打扰父皇休息，可是，刚才内务府锁拿了八弟……"老四的话没说完，康熙心里的火"腾"地一下子蹿上来了，心想："原来以为，因为自己病了，儿子们动了孝心，特来请安的，想不到他们是为老八，看来老八的势力可不小啊！"

五阿哥说："儿臣们瞧着老八怪可怜，求皇阿玛慈悲为怀，网开一面，饶了他吧。这也是儿子们一点手足之情。求皇阿玛圣鉴。"

五阿哥说得十分恳切，十分动情，康熙也不由得心中升起一股怜悯之情。他正要说话，却听殿外一阵吵闹，接着又是"啪"地一记清脆的耳光声。原来是十四阿哥打了侍卫一个耳光，梗着脖子进来了。

十四阿哥跪在地上，大声问道："父皇，儿臣有一事不明，想请父皇当面教诲。"

"你说吧，什么事？"康熙强压心头怒火问道。

"八哥犯了什么罪，为什么要铁链加身？"十四阿哥十分不服气地问道。

"朕的诏谕，你没听见吗？"康熙皇帝只觉得一股无名火迅速涌上来。

"回父皇，那些罪名都是莫须有的。"十四阿哥直截了当地说。

康熙从床榻上站起来，抑制着身体的颤抖，眼睛盯着十四阿哥，问道："什么，你敢诋毁朕的圣旨吗？"

"皇阿玛，恕儿直言。让百官举荐太子的事，也是皇阿玛的圣旨。百官们举荐了八哥也是遵旨行事。现在，父皇前一道圣旨，刚发布不久，后一道圣旨却降罪于八哥，儿臣确实不明白，父皇的哪一道圣旨，应该遵守。"

十四阿哥这番话真把康熙问住了，一时间，竟不知道如何回答才好。康熙怒声斥道："胤禵，你这是对父皇说话吗？太狂妄了！"老十四有备而来，如今得了理，更无所顾忌，他不慌不忙地说道："回父皇，儿子不是狂妄。而是要讨一个说法……"

平心而论，十四阿哥的说法并没有什么漏洞。康熙处置老八，虽有道理，却不能明说，而且，也确实和前些天自己下的那道"举荐太子"的圣旨相矛盾。可是，康熙无论怎么英明，毕竟是位封建皇帝。他怎么肯认错呢？尤其在自己的儿子面前。十四阿哥竟这样当面质问他，康熙真气坏了，噌地一下，转身摘下墙上宝剑，一步步逼向胤禵。

看见康熙气成这个模样，皇子们全都惊呆了，所有的人不知道怎么办才好。危急时刻，五阿哥不知从哪儿来了一股灵性，他飞快地上前抱住康熙的双腿，连哭带喊起来："皇阿玛息怒，万万不可如此啊！"他紧抱着康熙的大腿不放。康熙浑身发抖，踉跄地后退一步，长剑"当"的一声，掉在地下。康熙一阵头晕目眩，颓然跌坐在御榻上，长叹一声说："朕怎么会养出这一帮不孝儿子来呢……"他也禁不住失声痛哭了。

众皇子也都忍不住跟着哭了起来。一时间殿堂里哭声一片。过了好大一会儿，胤禛才止住哭泣，走上前来，一边为康熙轻轻地捶背，一边小心地劝说："皇阿玛息怒，请保重龙体要紧。儿子曾听一位老瓜农说过，要想瓜长得好，就要把蔓上多余的杈枝摘掉，可是摘得多了，那瓜也就完了。如今，惹父皇烦恼是儿子们不孝。皇阿玛在盛怒之下，先摘了太子，又摘了大哥，今天，又要摘老八、老十四。皇阿玛，儿子们虽然不孝，但不忍心让父皇怒而杀子，留下千古遗恨哪！"

四阿哥说得十分在理，连一向嫉恨这位四哥的老九、老十四也都受到了感动。康熙听了，默默不语。在这场风波中，他终于看清了老四的心，对老四的"仁孝"产生了强烈的好感，他无力地摆了摆手说："好吧，依你所奏，朕再放你们兄弟一马。老四，你去传旨，老大由拘押改为囚禁读书，其他阿哥，全都赦免，放他们出来吧。"

康熙一挥手，所有的人都慢慢地退出去，黄昏来临，房间里变得昏暗起来，一个叱咤疆场、取得无数次战役胜利的一代帝王陷落在一种难以言说的苦痛之中。他只能在心里对他逝去的小玫瑰诉说了：这一辈子我什么场面没有经历过，丧妻丧子，南征北战，也曾经无数次地想过自己年老了之后会是一个怎样的局面，人家都说多子就是多福，而朕多子却是多祸多事端！难道朕真的要亲手杀了自己的儿子，看着自己的儿子们一个个在朕的眼前手足相残吗？苍天呐，朕试问一辈子没有做过伤天害理之事，也算得上是一位勤勉的明君，为何老来却不能享得半点清福。反而让这些儿子让朕劳心劳神，搞得惶惶而不可终日。唉，这样的日子什么时候能是个头啊，小玫瑰啊，你说朕应该怎么办啊！

康熙病了。

父慈、子孝、兄友、弟恭，是康熙齐家治国的准绳。多年来康熙一直以诚挚的亲亲之行为诸皇子做表率，可接连发生的变故让康熙实在难以容忍——废皇太子、胤禔驱魔魇弟案以及胤禩密谋暗杀胤礽及秘密结党的种种迹象，使得康熙既惊且怒，心绪不宁。康熙终于大病一场，以至例行的元旦与文武大臣们一起参加的新年宴会都没有

中华传世藏书

大清十二帝

康熙帝玄烨

三一七

参加。

康熙的病，因暴怒而起，怒则伤肝，侵犯脾胃，以致屡屡不能进食。在病中，康熙经过反复的思想斗争，决定复立太子。

康熙四十八年（1709）三月，复立胤礽为皇太子的传闻早已飞出皇宫，传遍北京的大街小巷。从满汉官员到市井之民无不咋舌，既然今日复立，何必当初遭废？很多老百姓站在告示前面，几个识字的在那里念着，有人开口说了："他们皇家的事情，谁能搞得懂，今天废掉了，明天又立了，反正不要影响我们老百姓，和我们有啥关系，大家说是不是呀！"大伙齐声说了是，然后就散了，这样事态发展之快，更是令人目不暇接。三月初九，康熙遣官为复立胤礽为皇太子事告祭天地、宗庙、社稷，康熙在祭文中把皇太子胤礽被妖人所害，以致中邪，现在已经好了等等来龙去脉讲了个清清楚楚。

9. 胤礽再度被废

康熙在第一次废太子之后，情绪时常波动，元气也因此大伤，甚至导致其卧病不起。而"此次毫不介意，谈笑处之"。其原因就在于康熙对胤礽不再抱任何希望。康熙为什么再度废太子？他这样做的动机又是什么？

在太子废而复立的同时，康熙晋封胤祉为诚亲王，胤禛为雍亲王，胤祐为淳郡王，康熙经过一场大病的折磨，更深切地感到只有皇族内部团结一致，让自己的儿子们不再为了皇位而纷争，才能更好地把祖上打下来的江山传承下去。康熙在另一份口谕中对四阿哥胤禛赞道：

"唯四阿哥，能体朕意，爱朕之心，殷勤恳切，可谓诚孝。"

当胤禔、胤禩不择手段，虎视眈眈窥视储位之时，胤禛如此含而不露、以退为进，又怎能不引起康熙的好感、器重？

在经历皇太子旋废旋立的风波之后，四阿哥的政治地位大大提高，尽管同时被晋封为亲王的还有三阿哥、五阿哥，但这两阿哥的抱负、才干绝非胤禛的对手。至于八阿哥胤禩却因锋芒太露，大受其挫。这可真应了孔老夫子那句名言：欲速则不达！

可是不争气的太子竟是个扶不起来的阿斗。

康熙四十九年（1710），连日大雨，黄河暴涨，河南山东多处溃堤决口，淹没无数田地房屋……北京永定门外，一个清兵骑着快马高举着六百里加急的奏折向皇宫跑去。

"报！"

"速速讲来！"

"启禀皇上，近日来连日大雨，以至于黄河水暴涨，河南山东等多处的河堤已经决口，淹没土地和房屋无数！"

康熙看着这个奏折，眉头紧锁，黄河沿岸诸省告急，成千上万人流离失所。康熙马上命令所有的文武百官和皇子到乾清宫集合，商讨对策。

乾清宫殿堂黑压压的，一片红顶花翎。诸贝勒在前，众大臣在后，井然有序地跪着，鸦雀无声。

康熙转动着手中握着的木念珠，那双犀利的眼睛在扫视着诸王贝勒和众大臣。跪在地上的诸王贝勒和大臣益发屏声敛息，暗自戒惧。突然，康熙的目光停住了。

第一排的第一位和第四位醒目地空着两个位置。康熙严厉地问道："胤礽和四阿哥为什么没来？"

太监李德全道："回万岁爷，太子不在毓庆宫，四贝勒也不在府里。奴才已分头派人找去了。"

此时外面正下着雨，在御花园里，几名太监提着灯，到处寻找胤礽：

"太子爷，万岁召见呐……快去乾清宫吧！"

一道闪电正照在御花园的假山石洞里，照出了紧紧相抱的太子胤礽和康熙的媵嫔丽云。胤礽一边在袒露胸襟的丽云怀里狂乱地亲吻，一边气喘吁吁地嘟哝着："下吧，下吧，老天爷，雨千万别停！"

丽云双目微闭，用手摸抚着胤礽不断拱动的头。石洞入口处，把风的太监何柱儿听着洞内发出的声响，狠狠地咽了一口唾沫。

此时，四皇子胤禛正在户部书办处，那里烛火通明，算珠"噼噼啪啪"直响。

康熙高坐在龙椅上，紧闭着眼睛，仿佛在竭力掩饰内心的震怒。康熙自言自语着："想不到朕数十年的治河心血，竟然毁于一旦！上百万灾民……"

正在此时，仓皇赶到的胤礽正偷偷地溜进殿来，悄悄地在最前面自己的位置上跪下。康熙并未睁眼，却如同长有第三只天眼。康熙问道："胤礽？"

胤礽微微一颠："儿、儿臣在。"

康熙问道："你是太子，你说，该怎么办？"

胤礽道："儿、儿臣以为，应该马上救灾、马上修河堤。"

康熙："怎么救灾？怎么修河堤？"

胤礽："这个……皇阿玛英明果断，自有主张……"康熙猛一睁眼，直视胤礽："朕是有主张，朕现在要问你！"胤礽似想再说，苦于无以对答，只得低下头去。

这时，户部书办处已算出最后的结果，书办举着清单大声报道："四贝勒，国库现存库银七百三十五万两，除去不能动用的压库银五百万两和朝廷急需支出的各项银款一百八十九万两，能拨的赈灾银款不足五十万两。"

胤禛闻言一惊，他一把抓过那份清单，大踏步走出大厅，对高太监道："去乾清宫！"

胤禛走到自己的位置，面对群臣的沉默，胤禛说道："父皇，国库现在可用于赈灾的银子不足五十万两。又要赈灾，又要修堤，杯水车薪，至少缺银二百万两以上，这是清单，请皇阿玛御览。"

康熙的心里又是一惊。他接过太监传过来的清单，见详尽而仔细，沉默了许久。康熙的眼光在大厅里环顾着阿哥和大臣，那些大臣们碰到康熙的眼光马上把头低下。康熙复把眼光徐徐转向胤禛道："看起来你是心中有数了，你说眼下如何处理灾区的事情。"

胤禛道："儿臣以为，立刻拨出库银四十万两。在直隶一带向富户买粮急运灾区，以解眼下之急。其余不足之数，立派钦差前往江南筹款购粮，赈济灾民过冬，抢修已坏的河堤。"

康熙赞许地点着头。康熙的心情好了一些，大声说道："灾患如此，皆因人事不修，人事不修，上天才降下灾祸。传旨天下，今年秋决人犯停勾一年，其余在押囚犯可赦者一律大赦！"

文武百官一起大声说道："皇上如此仁慈，必能感动天心！"

康熙提高了声调："至于派谁为钦差大臣，朕和上书房大臣商议后再定，其余的人都跪安吧。"

胤礽知道，本该展示自己才能的机会又被胤禛抢占先机了。

其实，康熙私下里琢磨，如果太子可以毛遂自荐，主动请缨到江南去筹款赈灾，主动为朕分担一些忧愁的话，也不枉我对他废而复立的一片心呐。

当天晚上，康熙皇帝把太子和众皇子，还有一些上书房大臣一起召到乾清宫。

康熙来回踱步，好像是自言自语，又像是问在场的所有人："去江南筹款，派谁去为好？"

胤礽心里不停地打着小算盘："二百多万银子向谁要去？就算筹到了还不得罪一大帮人？筹不到呢，差使就办砸了。没把握就千万别不能去。"

胤礽尽量躲避康熙不时向他投过来的眼神。康熙是个锐利的人，看到太子扶不起事的神色，感到失望至极。他突然感到自己是那样的孤独，自己的心思却无法被自己最疼爱的儿子看穿。康熙心想："我一向谨慎行事，自持没有做过什么失德的事情，我怎么竟然培养了这样一个只会窝里斗的太子……祖宗的江山交到他的手里后果不堪设想。"康熙对太子的看法又开始转变了。

就在康熙皇帝一筹莫展的时候，四阿哥胤禛站了起来，说道：

"千里泽国，百万灾民，可直接关系大清的江山社稷。身为皇子，臣愿为皇阿玛分忧，为太子分劳。臣愿意去江南筹赈灾之款。苟利社稷，个人的荣辱得失臣在所不惜！"

胤禛的一席话，如寒冬里的一炉炭火，温暖了康熙早已凉透了的心。胤禛在无形中又向着大清皇权继承人的宝座走近了一大步。胤礽已经在不自觉地主动让出宝座。康熙的心里亦悲亦喜，他充满感激与赞赏地看着四阿哥，心想，胤禛倒有些像自己的性格，不畏险阻，危急时刻能挺身而出，专拣难办的事做。

不久，胤禛就和十三阿哥胤祥一起，走上了到江南筹款的道路。路上十三阿哥胤祥问胤禛："四哥，你为什么要挑这种苦差事做呢？赈灾又捞不到什么好处的！"胤禛笑了笑说："十三弟，我们赈灾是为了替皇阿玛分忧，但是最主要的是解救在水灾里受难的百姓。只有让百姓觉得我们大清是在处处想着他们，恩泽着他们的，他们才能更好地拥护我们大清，不是吗？"十三阿哥笑笑说："四哥，你想的可真多啊，呵呵！"

很快，胤禛凭借着机智善变，软硬兼施，想尽种种办法，在江南富豪和盐商那里筹来大批银两。清政府把江南筹来的大批款项迅速运往受灾各地，及时制止了灾情的蔓延。

皇储与皇帝虽然只差一步，唾手可得的皇帝宝座足以使胤礽狂妄自大，唯我独尊，唯我是从……胤礽眼望着立功的机会一次次地从眼前失去。他心里既恨又怕。但他千方百计做出来的却是讨得父皇的媵嫔丽云的欢心。

皇储同皇帝毕竟还有一步之差，为了这一步之差，他必须学会在皇帝面前约束自己，伪装自己，克制自己。在经历被废黜、幽禁之后，胤礽更清醒地意识到为了这一步之差所必须付出的代价，但在约束、克制、伪装之后便是肆无忌惮的发泄与放纵，一旦脱下伪装即以十倍的疯狂、百倍的狰狞去平衡在皇权撞击下失常的心态。

于是皇太子的下属、侍卫等都成为他发泄储权淫威的对象，太子失德的传言——真实的、夸大的、编造的便一股脑儿飞进康熙皇帝耳中。胤礽在领略到皇权的至高至上后，自然又是一番约束、克制、伪装，如此循环往复，直至康熙对他彻底灰心。最不可恕的一件事是，一次太子喝醉了酒，擅自闯入大内，调戏同父异母的胞妹。

胤礽醉醺醺地走在皇宫里，抬头看看天色要渐渐地暗了，宫中也开始一个地方一个地方的上了灯，从屋子里透出的那些柔和的烛光，让他的醉意荡漾了起来。

胤礽哼着小曲儿，晃悠悠地走在这深宫大院里。心里想着："皇带的位子还不是迟早要成了我的！现在我唯唯诺诺地听你老头的，等有一天我当上了皇帝，我想怎样就怎样！"想着想着还偷偷地笑出了声音。他看着自己穿的太子袍，更是飘飘然起来！他飘到一处宫外，看到大门还未曾上锁，里面也有隐约的灯光泄出来，他在酒精的驱使下就径直走了进去。他一进去，刚好看到自己同父异母的妹妹，端坐在那里。格格见到身为太子的皇兄来了，素来听闻他斑斑劣迹，心里不禁打了个哆嗦。她上前做了个万福："皇兄深夜造访，不知何事？"

胤礽也不说话，歪歪扭扭地朝着自己的妹妹走去，他用手轻佻地勾起妹妹的下巴，在她脸上喷着酒气说："皇妹，皇兄其实爱慕你多时，你生得天姿国色，如果你从了皇兄，皇兄日后绝对不会亏待你！"

格格使劲地挣脱开胤礽的钳制，眼泪从眼角滑落了下来，她一步步地摇着头恐惧地往后退，她哽咽地说："皇兄，你我虽然不是一母同胞，但至少身上流着同一个阿玛的血，你身为太子，流言蜚语已经传遍整个宫闱的每个角落，我一直以为这只是太监和宫女们闲时嚼口舌，没想到你，你却……"她用袖子抹了抹腮边的泪，接着劝慰说："皇兄啊，皇阿玛一向视你如珍宝，皇后娘娘，你的额娘也是为了生你丢了性命，你怎么就不好好珍惜，不大有一番作为，让你额娘，让皇阿玛安心？"

格格说这话的时候，胤礽一直静静地看着这个妹妹。原以为他听了这一席话之后会有所醒悟，谁知他醉眼蒙眬地看着腮边挂泪的妹妹，越觉楚楚动人。他扑了过去，一把抱住格格就要下嘴亲她的粉脸，格格大声地喊了起来："救命啊，来人啊！"在外面伺候着的太监听到了格格的呼救声，以为是有了刺客，随即就喊开了："来人呐，抓刺客，抓刺客啊！"

一大队御林军火速就赶到了，一看原来是太子胤礽在调戏自己的妹妹，一时之间不知道进退。格格已经哭得梨花带雨，发髻都散乱了下来，她说要去见皇阿玛！胤礽顿时酒醒了大半，拉着妹妹道歉，求她不要去向康熙皇帝告发他！不过纸终究是包不住火的，这件事很快就传到了康熙皇帝的耳朵里。

康熙皇帝闻之，先是一惊，接着便是怒不可遏。他随即叫来随身太监，说："把格格和太子给朕叫来！"太监应了一声："嗻！"就急匆匆地去找了格格，又去把太子宣到了康熙皇帝面前。格格先一步到的，随后太子胤礽也到了，他单膝跪地，说："儿臣叩见皇阿玛！"康熙照样挥挥手示意。康熙这时候开口了："你们俩知道朕为什么要唤你们来吗？"胤礽接过来，道："儿臣，愚钝，还请皇阿玛明示！"康熙突然很生气，把桌子上的文房四宝都拍得跳了起来。胤礽和格格赶紧跪下。

康熙转头对格格说："你说说，昨晚你在宫里大呼救命，是如何？"胤礽一听原来康熙知道了这件事情，汗从额头渗出，还怨毒地看了一眼跪在自己身旁的妹妹。

格格一听自己的皇阿玛是问她这件事情，顿时所有的委屈和所有的悲愤都化成了眼泪，一滴一滴落在地上："阿玛，本来我不想说的，这是我们皇家的羞辱，也是对我自己的羞辱，既然皇阿玛问，我也不能不说了。请求皇阿玛给我做主！"然后她像竹筒倒豆子一般把事情的经过一五一十地和康熙说了，康熙是越听越气，后来听到说胤礽竟然要亲自己的妹妹的时候，浑身都发抖了。听完格格的叙述，康熙的脸色更是铁青。胤礽跪在一边替自己狡辩，说："皇阿玛，皇阿玛你听我说啊。事情不是这样的，不是这样的，是她，是她陷害我的！"

"住嘴。这么多宫女太监和御林军都亲眼看见，岂会有假。好，朕姑且相信你，不过朕一定要彻查此事！你们跪安吧！"

这件案子从康熙五十年（1711）查到第二年五月才结案。太子如此不成器，康熙对他的爱心至此已全浇灭了。

康熙五十一年（1712）九月三十日，年事已高的康熙自热河返回京城的当天，在畅春园内召见诸贝勒、贝子、大臣等人，再次宣布废除胤礽皇太子之位，他的谕令中写道："皇太子胤礽自复立以来，狂疾未除，大失人心，祖宗弘业断不可托付此人。朕已奏闻皇太后，着将胤礽拘执看守。"

翌日，康熙把这谕令昭示全国，京城一片喧哗。

自复立以来，狂疾未除。此其一；是非莫辨，大失人心，此其二，胤礽秉性凶残，与恶劣小人结党；此其三；暴厉僭越，迷惑转甚，此其四，前者释放时，曾有谕旨，善则为皇太子，否则复行禁锢，今毫无可望，故有此喻，此其五。

在康熙看来，三年前初废太子是英明之举，废后半年再立胤礽是及时之举，此次复行禁锢胤礽则是果断之举，在对胤礽的处置上皇帝永远是至圣至明的。

何以在立储问题上，康熙又做出如此令朝野震惊之举？突变的风云再次把清帝国的上上下下打入闷葫芦中。

康熙五十三年（1714）十一月二十六日，康熙在斥责八阿哥胤禩不孝不义时曾讲过这样一段话："朕前患病，诸大臣保荐八阿哥，朕甚无奈，将不可册立之胤礽放出，数载之内，极其郁闷。""二阿哥悖逆，屡失人心，胤禩则屡结人心，此人之险，实百倍于二阿哥也。"

直至五年后，康熙才在慷慨陈词的斥责中，无意中泄露出复立胤礽的真实动机：两弊相权取其轻。广结党羽的八阿哥危险、不择手段的大阿哥胤禔实际上都比二阿哥胤礽更为危险。为了缓和储位空虚所产生的危机，遏制诸王结党谋求储位的野心，康熙只得再立胤礽，行此权宜之策，以致"数载之内，极其郁闷"。

在"操切甚严，使不得须夷离侧"这样一种严密的监视、管教之下，胤礽即使有"暴厉僭越"之心，也很难找到发泄的时机。另据康熙实录所载，康熙在向诸臣宣布再废胤礽时，谈到一个细节：胤礽"有一小太监善福如厕，皆遣人伺察，以此观之，当无处不留心伺察者矣"。据此不难看出，胤礽在经历被废的变故后，精神一直高度紧张，唯恐身边人被窥视储位的皇子收买，使得种种流言再次从宫禁传到社会上去，危及那本来就不稳定、不牢固的储位。

客观地讲，被康熙视为政治天平上一个筹码的胤礽，在经历了被掷下抛上的巨大变故之后，昔日的有恃无恐早已荡然无存，代之而生的则是无尽的惶恐与近乎神经质的多疑。

康熙五十一年（1712）复废皇太子胤礽，禁锢在咸安宫内。胤礽并不甘心，借医生为其妻石氏诊病之机，用矾水写信与外界联系，又被发觉。自此，康熙十分戒备，凡大臣上疏立储者，或处死，或入狱。

康熙六十年（1721）三月在康熙庆寿之日，有的大臣上疏立皇太子之事，康熙对此置之不理；事过数日，又有十二人联名上疏立储，康熙怀疑这些人为胤礽初同党，均给予处罚。

随着储位的失而复得，胤礽也就身不由己地被置于一个无穷大的陷阱之上，他绝无改变自己命运的能力。他的皇太子是皇父封的，他的生命是皇父给的，他的一切都是皇父赐予的，无论是予还是夺都取决于一言九鼎的皇父。至于他本人只有听命的义务，绝无申辩的权力，在第二次被立为太子两年半后再次被废。此时的胤礽确切地说，就像一个行空的天马，独往独来；然而就是这样一位天生缺乏结党能力的皇储，再次因所谓的太子党而遭到皇父的猜忌。

在康熙所颁布的再废胤礽的谕令条文中，不止一次提到胤礽狂疾未愈，秉性凶残。其实关于他有狂疾之说，完全是康熙的政治需要，而胤禔的镇魔则为狂疾之说提供了依据、根源。胤礽是否有狂疾，现已无从断定，但其心理显然是不健康的，完全被储权所扭曲。

在康熙的心目中，不仁不孝、暴厉成性、网罗党羽、干预国政的胤礽，在经过36年的教育、培养之后，仍无起色。山穷水尽的康熙别无他择，于是英明一世的康熙大帝在历史长卷中留下这极其特殊的一页——对皇储两立两废。

在立储的问题上，康熙的确陷入进退维谷的境地。对一个年逾花甲的老皇帝来说，立储的迫切性，自不待细言，然而康熙却偏犹豫不决，举棋不定。对康熙皇帝来说立储也许比平定三藩、治河、平准噶尔丹更为棘手。

康熙在第一次废太子之后，情绪极为波动，甚至卧病不起。而"此次毫不介意，谈笑处之"。其原因就在于康熙对胤礽不再抱任何希望。

储位的空缺，使得诸皇子对储位的明争暗夺再度激化。在储位的竞争者中有一个最为隐蔽的人物，即四阿哥胤禛，直至康熙五十五年（1716），康熙还将他视为八阿哥一党。或许这正是四阿哥的高明之处——暗中窥测方向，暗中积蓄力量。

胤禛登上皇位以后，将康熙朝两立两废的皇太子胤礽，迁居到祁县郑家庄，派众兵严加看守。在被看守的那些日子里，胤礽从最开始到沦落到现在尽数想了一遍又一遍！他仰躺在草地上，看着天上的浮云，轻飘飘慢悠悠地走着，也不知道何处是了何处是头。现在是绝无可能再当上皇帝了，要是那个兄弟当了皇上说不定自己就难逃一死。他看着身边的绿草是这样的盎然，到了秋天还不是一样要成为枯草吗？我现在还不如这荒草，他们在来年春来还有勃发的机会，而我却要老死在这里。胤礽最后于雍正二年（1724）十二月病死于住所，时年五十一岁。胤礽死后被追封为理密亲王，葬于黄花山，这是后话。

这些连续的打击，再加上年老体虚，康熙又生病了。这个时候雍正生母乌雅氏对皇上问医喂药，关怀冷暖，体贴备至。当时诸多皇子忙于争夺储位，很少关心父皇的病，只有胤禛和胤禵去探望父皇，康熙帝对他们也另眼相看。胤禛非常懂得韬光养晦，避免锋芒太露而遭到嫉妒，他在形势还没有明朗之前，与各方面都保持着良好的关系。这样胤禛赢得了康熙帝的信任。康熙六十一年（1722）十一月十三日，偶感风寒的康熙在畅春园去世，步军统领的隆科多"先护送雍亲王回朝哭迎，身守阙下，诸王非传令旨不得见"，十四日公布康熙遗诏，其中有"雍亲王皇四子胤禛人品贵重，深肖朕躬，必能克承大统，著继朕登基，即皇帝位"。

康熙六十一年（1722）十一月十三日，正值严冬，在一片肃杀恐怖、流言四散的氛围中，康熙皇帝第四子俗有"冷面王"之称的爱新觉罗·胤禛正式登上了皇位，第二年改为雍正元年。

# 康熙逸事

## （一）偶兴文字狱

康熙皇帝虽是一代英主，对于社会的发展做出了重要的贡献，但是，到了他的晚年，由于皇储之争、太子立废以及诸子争储夺嫡，凭空给他制造了不少的烦恼。因而，在考虑和处理一些问题时，便失去了往日的理智、冷静和灵活，并做出了十分错误的处理，其中一个十分典型的事例是对康熙五十年至五十二年对戴名世《南山集》案文字狱的处理。

如上所述，康熙朝文字狱始于康熙元年的庄氏史狱。当时，清朝统治虽已大致确立，但是明朝残余势力仍在各地活动，为了建立和巩固统治，四辅政大臣对有关历史著作中涉及满洲先世的记载严加禁毁，涉及人员也残酷镇压，这些，虽在一个时期中起到了明显的震慑作用，但是，对于消除满汉民族矛盾却未起任何作用，并不利于清朝统治的巩固。因而，康熙皇帝亲政后，即刻大幅度地改变了四辅政时期的文化政策和民族政策，笼络遗民，调和满汉，皆不遗余力，并且也收到了明显的效果。虽然如此，面对民族压迫的客观现实，汉族人民的反抗仍然时有发生。如康熙四十七年，先后发生浙江大岚山张念一、朱三等起兵反清事件，虽然不久即遭镇压，并于山东拿获改名王老先生之朱三太子，但是，这些事件也给康熙皇帝以极深的刺激，因此，戴名世《南山集》案发生时，康熙皇帝便一反常态，对之进行了极为严厉的处理。

戴名世（1653－1713）：安徽桐城人，字田有，一字褐夫，号药身，又自号忧庵。早年，贫困好学，酷爱历史，利用在籍教书余暇，先后搜集大量史料，著成有关明末桐城地方史事的《孑遗录》一书，在此同时，他还有志撰拟一部明史著作。在搜集材料的过程中，他曾仔细看过同乡人方孝标的《滇黔纪闻》一书，方孝标，原名方玄成，因避讳康熙皇帝御名，以字行，顺治六年进士，历官内宏文院侍读学士，两充会试同考官。顺治十四年江南乡试科场案，方孝标与其父方拱乾皆受牵连，流放宁古塔，后释归。因为顺治间，方拱乾曾在皇帝面前为吴三桂说过好话，吴三桂不忘旧情，故于此时特邀方孝标南访云贵，方孝标一路游山玩水，刚到贵州，恰逢吴三桂叛乱，被拘留。为了逃出虎口，方孝标乃假装疯癫返回安徽原籍，后来，他将这段经历见闻取名《滇黔纪闻》刻入已著《钝斋文集》。戴名世读过该书六七年后，他的一个学生余湛先碰见了个名叫犁支的和尚，这个和尚原是桂王宦官，后来桂王被害，这个宦官便剃发为僧，改名犁支。戴名世得知此事，马上赶赴余家，值犁支已经离去，未能会面。戴名世便请余湛先将与犁支谈话内容详细整理，经过和方孝标《滇黔纪闻》对照，他发现《滇黔纪闻》一书有些记载未必准确。为此，康熙二十二年时他专门写了一封《与余生书》给余湛先，对于犁支所述南明史事表示了高度的重视。他在信中说，从前南宋灭亡之际，只据有区区几个海岛，存在时间又十分短暂，而元修《宋史》，仍然详细予以记载。明朝灭亡后，弘光帝占有南京，隆武帝占有闽越，永历帝占有两广、云贵，地盘不下数千里，首尾十七八年之久，势力和影响都不下于汉昭烈帝刘备占据四川和南宋赵昺之盘踞海岛。而其事迹至今却没有记载，几乎湮没不闻，实在令人痛心。我自己虽有志撰成此段历史，但既无书籍，又每天为衣食而奔波，材料无法搜集。而有身份的士大夫们又一心想往上爬，当大官，谁也不关心这些。您知道犁支在什么地方，我十分希望您将他找来与我共同探讨此事。十几年后，戴名世受聘于浙江学政姜棣幕中，得其资助，于原籍南山冈买房一所，田五十余亩，并于康熙四十一年迁居于此。当时，戴氏门人尤云鄂将平时所抄的戴名世文章百余篇，以《南山集偶钞》为名，刊印行世，《与余生书》也收入集中。康熙四十四年，长期处于极度贫困中的戴名世时来运转，以五十三岁之老秀才中顺天乡试第五十九名举人。康熙四十八年五十七岁上，更是吉星高照，连中会试第一名进士，殿试第一甲第二名榜眼，授翰林院编修，到京供职，兼充日讲起居注官，直接充当康熙皇帝的近身侍从。岂知伴君如伴虎，就在他踌躇满志之时，一场奇祸正向他逼近、康熙五十年十月，都察院左都御史赵申乔上疏康熙皇帝，参赛戴名世"妄窃文名，恃才放荡"，并指责他在中举以前"私刻文集，肆口游谈，倒置是非，语多狂悖"。此奏一上，康熙皇帝大为吃惊。三年前，浙江、山东诸处的朱三太子。王老先生等反清复明案件，使他记忆犹新，而今就在他身边，竟然还有人在为南明政权唱挽歌，争正统，诋毁本朝，在他看来，这不是"悖逆"大罪又是什么，因而，立即降旨"这所参事情，该部严察审明具奏"。这样，刚刚正式提任翰林院编修不过两年的戴名世立即被投入监狱。

随着案情审查的深入，牵连人数越来越多，戴名世本人"罪行"也愈加严重。首先是将戴案和吴三桂叛乱挂上了钩。戴名世在《与余生书》中提到《滇黔纪闻》作者方孝标时，因为他是同乡先辈并且做过内宏文院侍读学士，因而只称方学士而不名。而在吴三桂政权中担任重职的方光琛恰好也是安徽人。更为巧合的是，吴三桂叛乱平定后，方光琛及其八个子孙都被清朝政府处死，独有一名叫方学诗的儿子缉拿未获。在满文中，方学士与方学诗是一个词，因而康熙皇帝便将《滇黔纪闻》作者方孝标误认为是一直没有缉获的方光琛之子方学诗。既然如此，戴名世敢于使用叛乱分子方学诗著作中的材料并发表相同的观点，自然是罪不容诛。尽管在朝不少汉大臣都知道，方孝标原籍桐城，与原籍歙县的方光琛同姓不宗，而且方学士和方学诗更是风马牛不相及，但是，面对这场风波，躲都躲不过去，谁还敢冒着杀头之罪去向康熙皇帝说明真实情况。这样一来，戴案性质也就大大升级。其次，方学士既然就是长期缉拿未获之方学诗，他的亲属怎能允之逍遥法外。这样，方孝标之子方登峰、方云旅、方世樵以及其族党便被一齐拘拿进京。再次，既然戴案性质如此严重，竟然还有一些有名人士如汪灏、方苞、方正玉等敢于为之作序，并为之出资刊刻行世。于是，与戴名世通书之余湛先、有关序文作者及为其刻书之人共一百多人也都牵进案中。经过长期审讯，康熙五十一年正月，刑部提出初步处理意见："察审戴名世所著《南山集》《孑遗录》内有大逆等语，应即行凌迟。已故方孝标所著《滇黔纪闻》内，亦有大逆等语，应剉其尸骸。戴名世、方孝标之祖、父、子、孙、兄弟、伯叔兄弟之子，年十六以上者。俱查出解部，即行立斩，其母女妻妾姊妹子之妻妾，十五岁以下子孙，叔伯兄弟之子，亦俱查出，给功臣家为奴。方孝标归顺吴逆，身受伪官，迨其投诚，又蒙恩免罪，仍不改悖逆之心，书大逆之言，令该抚将方孝标同族人，不论取之已尽未尽，逐一严查，有职衔者尽皆革退。除已嫁女外，子女一并即解到部，发与乌喇、宁古塔、伯都讷等处安插。汪灏、方苞为戴名世悖逆书作序，俱应立斩。方正玉、尤云鄂闻拿自首，应将伊妻子一并发宁古塔安插。编修刘岩，虽不曾作序，然不将书出首，亦应革职，金妻流三千里。"康熙皇帝听过后，提出修改意见，他说，汪灏长期在内廷参与修书，且已革职，从宽免死，但应令其家口入旗。方登峰之父方孝标，曾为吴逆学士，吴三桂之叛，系伊从中怂恿，伪朱三太子一案，亦有其名，今又犯法委行。方氏族人，不可令其留于原籍，应将其没入旗下为奴，或者即行正法，方才允当。根据他的意见，刑部等又反复审拟，康熙五十二年二月，经康熙皇帝最后批准。将戴名世从宽免其凌迟，即行处斩。方孝标诸子方登峰、方云旅、方世樵俱从宽免死，并其妻子充发黑龙江。其他干连人犯，俱从宽免治罪，没入旗下为奴。至此，这场轰动一时的文字狱大案方告结束。

从康熙皇帝对戴名世案最后处理的情况来看，似乎康熙皇帝已经发现，戴名世《与余生书》中之方学士并非参加吴三桂叛乱的方学诗。虽然如此，他仍然将错就错，对戴名世及桐城方氏族人进行了严厉的处理，这除了说明他讳言己过之外，也还表明，尽管几十年中他极力表示自己不分满汉，为天下之共主，而其基本立场仍然牢牢地站在满洲权贵一边，谁要是敢于否认入关以后满洲政权的正统或者是对此说三道四，就必然要受到他的严厉惩罚。无可讳言，这是康熙皇帝一生中的一大失误，但是在其实际执政时期，以文字罪人并予以严厉处理的文字狱案，仅此一起，和后来雍乾两帝滥兴文字狱比较起来；并不值一提。就此而言，和康熙皇帝一生成就相比，对戴名世

《南山集》案的错误处理，只是大醇小疵，并无损于康熙皇帝的整体形象。

### （二）生母是母，继母是妈

康熙是位大孝子，他幼年丧父，一生成长，主要靠圣祖母培育下成长起来的，因此总是不忘祖母之恩。推己及人，对哺育他生长的乳母之恩，也同样时刻牢记在心怀，感恩戴德。

再推而广之，圣祖仁皇帝名副其实以仁治天下，以孝道感化天下。凡是有不敬父母，或轻视继母、养母的人，只要得知，他都过问并亲自妥善处理，养成天下人尊长爱幼的良风美俗，不使斯文扫地。

康熙九年（1670年）四月九日，浙江巡抚范承谟报告说，仁和县知县丁世淳，因为继母刘氏年老，呈请赡养，终其天年。经过束部讨论后说，按照规定的章法条例，亲生的父母年龄在七十以上的人，可以有养老送终的义务，至于终养他的继母，条文上没有规定。康熙知道这件事后说：既然有养老送终的条例，怎么能分别生母、继母呢？生母、继母都是妈呀！让知县官丁世淳，好好终养他的继母。

无独有偶。同年四月初一日，吏部题报，有位镶黄旗官员阿喇密，他的母亲年老无依无靠应该给予半俸（工资一半），嗣后均照此例办理；如果是继母，不准给予。报到康熙那里，皇上说：继母难道就不是母亲吗？应该和亲生母亲一样嘛，命令同样照半俸供给。自此以后，永远遵行。

康熙为政的主导思想是满汉一家、官民一体、天下一家，凡属臣民皆朕赤子，原无异视。所以，提倡尊重人、爱护人，反对相互歧视。

### （三）游情翰墨

是说在处理国家大事之余，就喜爱练习书法。翰墨，除有文辞、绘画之意外，另指书法。好学不倦的康熙，自幼酷爱书法，时至晚年，乐此不忘。自古到今，凡历史上的书法大家，都是康熙学习的对象。为学习书法艺术，曾临摹法帖多至万余幅，给寺庙、楼台馆所题写匾额，多至千余条。

康熙十二年（1673年）三月四日，对大学士傅达礼说：学问之道在于实心研索。朕听政之暇，无间寒暑，唯有读书作字而已。顺便御书一行，给大家看后说，人君之学不在此，并非专工书法，只是业余爱好，游情翰墨罢了。

康熙十九年（1680年）六月二十七日，向大学士们谈书法：朕在处理国家大事之暇，留心经史，随时取古人的墨迹（法帖真迹）进行临摹。虽然是好学不厌，并没有得到根本要领，岁月流逝，日积月累，偶成卷轴（装订成册的字帖）。你们侍君左右，辛苦勤劳，朝夕问答。因思古代的君臣之间，好坏意见都可以互相劝说引导，所以拿出平日书写的家迹，给你们看，意思是要你们提出意见，指出不足，不是说朕的书法已经成熟到家了，你们要明白我的意思。然后又以亲自书写的字帖给学士们看，并对他们说，你们每天讲学，早晚不误，启发诱导之余，常常请我题字，朕在政务之暇，研精典籍，顺便翻阅古人的墨迹临摹照写。你们既然是文学侍从之臣，就有成就圣德大业的责任，所以按照你们的要求，朕才书写给你们看，一定要体会朕的意图。

康熙四十一年（1702 年）五月二十五日，曾给大学士等一百四十多名官员御撰书法。并对他们说：寻章摘句，华丽辞藻，不是帝王追求的。朕四十多年来，每天都在兢兢业业，不敢稍有怠慢，随时检查自己的不足，时刻想念着这一点。稍有余暇，就习书法，历年以来所积累的临摹字幅，送给你们参观。

不久，翰林院侍读学士陈元龙等遵照皇帝意图，各书绫字（写在白丝绸上的墨迹）一幅，送给皇上。康熙看后，给学者们讲了自己学习书法的体会，供他们参考研究。康熙说：学习书法，必须模仿学习古人法帖，其用笔时，是轻是重，是疏是密，或疾（急）或缓，各有体势（格局、布局）。宫中古代法帖甚多，朕都看着模仿，有李北海的书华山寺碑，字迹非常大，朕不怕劳累，一定临摹而后止。朕的性格如此，长年累月，毫不间断。

康熙四十三年（1704 年）七月十七日，又对大学士、翰林等官，讲了他学习书法心得：朕自幼就爱好书法，每日写千余字，从无间断过。凡是古代名人的墨迹、古刻，无不细心临摹，积今三十多年了，实在是性格所好。

因为康熙有一手好书法，所以文人学者都向他学习，他也愿意和臣下交换心得体会，如此虚心好学、礼贤下士的精神，确是难得。

### （四）书房师友

为网罗一批知识分子，侍奉左右，询问国事，探究学问，以备顾问著作之选，于康熙十六年十一月十七日，在京设立了南书房。地处紫禁城内乾清宫的斜对面，又称南斋，属内廷范围。室宽三楹，是康熙每日读书及活动场所，室内设有御座。清王朝将儒臣在内廷的直庐，即办事处所，称作书房。入关后的清代宫廷之内，先后有过两个书房，一称上书房，一称南书房。前者是皇子们受师教读之所，后者是皇帝的文学侍从，即内廷翰林的值班办事处。或因南书房位在懋勤殿之南，故称南书房。南书房只是内廷的一个机构，并未列入国家或内府的正式编制，因此人员也无固定的限制。南书房也没有什么成文的职资责规定。按清圣祖于十六年十二月二十日，对大学士勒德洪、明珠谈设立南书房的意图时说：

朕经常看书写字，近臣之中并没有博学之士和善于书法的人，以致讲学论道不能应对。今天想在翰林中选择博学多能善于书法者二员，常侍左右，讲究文义。

由此可知南书房的主要作用是为皇帝读书治学充当顾问。其具体任务主要有如下四项：

第一，为皇帝讲经说史，或在研究经义时提供咨询。群臣之间在谈论学问之余，有时也涉及治理国家的大事。十七年四月二十七日上午，康熙召见张英到懋勤殿谈学习体会，对他说：临民以主敬为本，昔人有言，一念不敬或贻四海之忧，一日不敬或以致千百年之患。大概诚与敬，是千圣相传之学，不越乎此。张英回答说：诚与敬相辅相成，而诚又是敬的根本。没有私心杂念才能主敬，稍有异念，则失误就会到来。圣言真是说得恰到好处。关于用人问题，张英答康熙说：才有所长，则必有所短。古人云，人不求备，但当于各取所长之中，又应看大节和小节。康熙说：今人受明朝陈规陋习的影响，积渐日深，情操洁已，难说办到。职守亦多至旷怠，很少忠于事业者。朝廷良法美意，往往施行未久，就给破坏了。朕常想循循善诱，使之改正，以患积重难返。张英对答：人心风俗，是国家的根本，但恶习非一时所染，那么想改变也不容易。唯在我皇上事事常用鼓舞之法，用潜移默化之法，就会转变人心及社会风气。这就是南书房翰林为皇帝讲解经史、探求治道的一个侧面，主要在学术，兼及现实社会问题，只是坐而论道，不参与具体事务的处理。

第二，为皇帝编纂书籍。清代开国初期的皇帝，都喜好召集文人编纂书籍。早在入关前，清太宗皇太极就设文馆，命达海翻译经史，编纂国史。清世祖福临入关后，又议修明史，诏求遗书，敕撰易经通注、孝经注等书。康熙爱书如命，组织编定群书，亲自为之作序，指示大纲，不下百余种。清圣祖常在内廷的蒙养斋设局修书，其地与南书房相近，南书房中的某些翰林往往参加编书。当时的起居注官不无感叹地说：时召德臣入南书房，凡古人文辞，有关治理者，编纂成帙、充溢几案。从来古文向学之盛，现在才达登峰造极的程度。

第三，听政之余，陪侍皇上搞文化娱乐活动，如赋诗唱和，书法临摹，古画鉴赏，乃至钓鱼赏花、侍宴伴游等等。康熙自称，万几余暇，怡情翰墨。十七八岁读书过劳，至于咯血，还不肯罢休。业余游艺，临摹有名大家手卷多至万余。手写寺庙匾榜，多至千余条。吟诗作赋，是南书房翰林们的经常课题。或是皇帝作品，要侍臣们颂扬唱和；或因政事、节假日，皇帝要他们作诗歌颂太平盛世；或皇帝披阅古人诗赋，与侍臣讲论心得体会。作诗或品评诗赋，是康熙的一大爱好，他个人作品很多。

第四，为皇帝整理、誊抄或代写一些文字资料或撰拟特颁谕旨等。

总之，南书房翰林作为内廷文学侍读，主要是在皇帝退朝之后，陪侍皇帝讲读经史，谈古论今，或从事文字翰墨及其他文化娱乐活动。有人说：仁庙（康熙）与诸文士赏花钓鱼、剖析经义，和同堂的师友无异。又有人称，南书房的翰林们每天讲经论史，代拟谕旨，咨询庶政，访问民隐，讲求学业，赏花钓鱼。虽为君臣，无异师友。

因此皇帝和侍读官员之间，结下了深情厚谊，朝夕相处，情同手足。其中最受宠爱的是张英、高士奇二人。

在南书房成立的初期，讲经史，一般是召张英侍值；而研究书画诗文，则由高士奇值入，或召励社讷；编纂工作主要是陈廷敬、叶方蔼等人。平时能面见康熙的主要是张英、高士奇二人。偶逢观赏或节日朝贺、颁赏时，才有较多的南书房翰林在场，日常一般只有一人或二人随从。清朝中央机构一般都是满汉复职制，唯有南书房基本都是汉人，有个别满人人值，时间也不长。

一方面说明康熙在争取汉族知识分子，同时也证明皇上所言"汉人学问胜满洲百倍"，用汉人方能完成上述任务。

### （五）五台山问民疾苦

山西省五台县五台山，是我国四大佛教名山之一，地处山西五台县的东北端。周长二百五十公里，由五座山峰环抱而成。五峰高耸，峰巅平坦宽阔，如垒土之台，故称五台。五峰之外称台外，五峰之内称台内，台内以台怀镇为中心。五台各有其名，东台望海峰，西台挂月峰，南台锦绣峰，北台叶斗峰，中台翠岩峰。山中寺庙林立，清流潺潺，青山绿水，风景秀丽。五台山在我国佛教发展史上具有重要地位，隋唐时期即已名扬四方。因此，向来是名人、僧侣以及一般游人的观光旅游场所，留下了各方人士的足迹、印记、墨迹和事迹。清朝康熙、乾隆等皇帝多次朝拜五台山，在菩萨顶住宿歇脚，书匾题铭，撰写碑文，后即兴工扩建。

康熙二十二年（1683年）二月十二日，玄烨出幸五台山，命皇太子允礽随驾。一路风尘仆仆，经过八天的行程，于二十日到达五台山菩萨顶（五台山五大禅处之一）。是日，山西巡抚穆尔赛、按察史库尔喀、五台县知县赵季璞等，前来拜见康熙皇帝。第二天开始进行观光活动。二十一日，登南台锦绣峰眺览。二十二日，登东台望海峰、北台叶斗峰远望。二十三日，登中台翠岩峰、西台挂月峰远望。二十四日上午七时，康熙皇帝自菩萨顶启程回京。在长城脚下西路旁边射杀一虎。

山西巡抚穆尔赛等报告说：长城附近原有猛虎潜伏，往来商贾居民常受其害。今皇上巡幸，除此虎害，嗣后永绝吃人之患，商贩居民都有安全的保证。请求皇上赐一地名吧，臣下刻石立碑，留作永远纪念。奏请再三，康熙才答应，赐名射虎川（今山西五台县东北一百三十里左右）。

过了一会，内阁学士阿兰泰向山西巡抚穆尔赛传令说：前不久崞县百姓名叫张怀璠等人控告，因连年受灾，难以生活，皇帝巡访此地，实在是地薄民穷，看到后非常同情。可将状内情由蔡明，研究如何处理，然后报上。这天在龙泉关（河北阜平县西七十里）安歇。

二十五日凌晨，召巡抚穆尔赛到行幄，康熙问他说：你们是地方大官，有什么问题要提吗？巡抚回奏说：仰赖皇上洪福，山西地方还算太平，百姓安居。康熙说：五台、繁峙、静乐等县，地瘠民贫，能说百姓安居吗？你们既然被委以重任，必须严格要求自己，廉洁奉公，忠于职守，务期兴利除害，使民生各得其所，才不辜负朕的委任。不然，罪有所归，各负其责。

同年九月十一日，上奉太皇太后巡幸五台山。太皇太后上下车，皇上都亲自扶持，等到停留的时候，又徒步送太皇太后走进行宫，然后皇上再入行宫。本日驻跸万安寺。十二日到达董家林。十三日过涿州。因为长城岭一带山路险峻，康熙亲自前往察看所修道路，命裕亲王福全、恭亲王常宁，随太皇太后驾行。本日在刘家中王地方安歇。对扈从人员们说：凡是经过地方，不许随从人员以买东西为各，扰害地方小民。你们要严加察访，如有违犯者，连同本主，题参治罪。十四日到达大马家庄。这天，直隶巡抚格尔古德赴行宫请安。皇上认为地方事务责任重大，命令他立即回保定就职，不必扈行。十五日到达完县东白庙村。十六日到达曲阳县北镇里地方，因近五台，传谕自明日始，扈从人员等禁止杀生。十七日到达阜平县西长寿庄。十八日到达龙泉关。十九日到达菩萨顶。这天，有位五台县的举人名叫阎襄献《射虎川记》，皇上看后，将文章给学士牛钮、张玉书过目。考虑到阎襄是位寒士，命令将白金三十两送给他。

二十日皇帝车驾离开菩萨顶。途中遇见村民背着米豆等物，皇帝问他们干什么用？村民回答说，准备皇帝巡行时用。

于是，传谕学士阿兰泰说，太皇太后驾临五台，一切应用之物，都由国库开支预备，原无丝毫取给小民。这所备物件，何处应用，可查明情况来报。随询问五台知县赵继普及村民等，都说五台地方偏僻，恐太皇太后驾到，物用不足，故给价小民，令预备以待用，原来不是科派。皇上说：因公事预备可免究处，但说知县曾经给价，未可深信。今一切用物，内廷既备，此后太皇太后驾到，俱不必再行赍送。可传谕直隶、山西沿途官民知之。

二十一日，驻跸菩萨顶。傍晚，传谕翰林学士张玉书，明日不必赴龙泉关，可到五台山遍观胜境。二十二日，因大皇太后圣驾近龙泉关，上自菩萨顶往迎。二十三日，皇上自龙泉关行二十里，往迎太皇太后圣驾。请安完毕，随行抵达龙泉关、送入行宫。康熙认为长城岭道路虽经修治，而地势险绝，恐车驾行走艰难，特亲自到长城岭，用车亲试。每到陡峻之地，随员推车，行走困难，不能遵路而上。皇上回来，报告太皇太后。太皇太后说：我以诚恳之心瞻礼五台名山，今行至此，突然中止，我心不安。明日到长城岭，如果不能登上，可再进行研究。于是，康熙命令随行人员及内监等务须勤加演习，小心扈行。二十四日一大早，皇帝亲自到太皇太后行宫，等到驾发，随行至长城岭，上侍左右，亲督侍卫及随行人员等前后扶行，历经岭路数盘，山势陡峻，险隘殊甚。太皇太后说：岭路实险不可度，我到此而止，诚意已尽。五台诸寺，应行虔礼者，皇帝代吾行之，就等于我亲到诸佛前行礼一样。皇帝上下马，谨受太皇太后命，遂恭送车驾回龙泉关。二十五日，康熙回到菩萨顶。这一天，发白金二百两、棉四百斤，命令山西巡抚穆尔赛分给所过地方的贫民。

二十六日，康熙承太皇太后慈谕，代礼诸寺。文称：洪惟太皇太后，至仁弘德，普育群生，以五台为梵刹名胜之地，诚意真心，前往瞻礼，等待时日。皇上大孝之心，时刻挂念，遂于春二月躬行五台佛山，请祈大福。又拨国库银两，修建寺宇，不以纤毫累民。而御书扁（匾）额，以次颁布，珠林紫府之间，光辉灿烂，以达云汉（高空银河）。以告成功，自此大皇太后的心愿终于实现，皇上敬顺太皇太后之诚意无所不周。慈和孝相辅又相成，神人（天人）高兴，真是史册中罕见的盛事。

二十七日早上七时开始返京。十月初九日午时回宫。五台之行到此胜利结束。访五台拜佛寺，一路上询问民间疾苦，爱民之心不已。

### （六）读书有得，告高士奇

康熙一向认为上下一心，君臣和睦，有裨于致治之道。所以为政之余，总是与臣下或身边侍从人员谈天论地，讨究各种问题。

康熙二十三年（1684年）十一月初四日，在南巡途中，和侍讲官高士奇谈他读书的心得体会。

一日，驻跸燕子矶（今江苏南京市北京观音门外）。康熙在此读书至三鼓。高士奇说：皇上南巡以来，行殿读书写字，每至三更半夜，诚恐皇帝身体过劳，宜少自节养（休息）。皇上说：

朕自五龄即知读书，八龄登皇帝位，每以大学、中庸、训诂等询之左右，求得大意而后愉快。每天读的书必能字字成诵，从来不肯自欺。及四子之书既已贯通，乃读尚书，于典谟训诰之中，体会古代帝王孜孜求治之意，以便体现在实践中。及读大传、易经，都在观察征兆于治乱兴衰之中，圣人扶阳抑阴，防微杜渐，处世立教的学问，朕皆反复探索，心真正弄懂，不使一点含糊。实觉义理无穷，所以乐此不疲。但是才能不够，独在易经研究上，终于未有突破性的进展。至于史记、汉书以及诸了百家、内典、道书，莫不涉猎，接触的事即能记忆。

高士奇听后对康熙说：皇上天生聪明，好学不倦，不

高士奇

但儒臣经生无此纯一的工夫，即或是古帝王实际上也未闻有专心致志好学如同皇上这样的程度。原来皇帝心怀坦荡、光明正大，不为外界事务所蒙弊。又勤奋好学，于古今治乱的道理，看得一目了然。故凡是用人行政，都有独到见解，英明果断，完全合乎道理。近来朝廷官员，莫不严格要求自己，欲要像皇帝那样修养自己。吏治、人心逐渐得到变化提高，唐虞三代之隆，将重新展现在目前。

康熙说：朕于政事无论大小，从未草率处理过。每在宫中默坐静思，即把天下事经营筹划于胸中。简任督、抚的时候，又必须详加察访，因为一方大吏，如果贤能，自能成为属下的楷模。今天贪污之风，未必尽除，澄清吏治，奖廉惩贪，正是为了使之潜移默化、逐步提高。

高士奇说：仰见圣学精微，又非是断章取火，而是融会贯通，迎刃而解。

以上康熙与高士奇关于读书问题的对话录，反映皇帝做学问的谦虚谨慎和好学不倦的精神。更重要的是学习为了实践，与勤政为民紧密结合，以图天下大治，四海安宁。正如高士奇所指，圣学不是徒事章句之学，而是学以致用，窥测万一呀。

### （七）廉吏于成龙

康熙二十三年十一月初四日，大学士明珠传谕江宁府知府于成龙曰：

朕在京师，就听说你知府于成龙居官廉洁。今天临幸此地咨访，和从前听到情况一个样，因此赐给你亲书的手卷（书画横幅之长卷，仅便于用手展阅，故称手卷）一轴。朕所写的字，不是你这样地位的官员所应该得到的，特殊的原因是奖励你的清操，以示表扬。但是必须看到，凡是为人开始都表现得不错，能够坚持到底、始终如一、保持晚节的不多。你一定要自始至终，保持廉洁的作风，务必学习前任总督于成龙（同名、老于成龙）那样正直、洁己爱民，这样才不辜负朕的一片好心和期望。

于成龙接到圣上的谕旨后说：臣以前在乐亭知县的职位上。因为犯错误降级调用，承蒙皇恩留任。又已故的巡抚金世德提议，让我出任通州知州，因为逃人事件而降级解任，又一次受到皇帝的宽免。后来原任总督于成龙（老于成龙），将臣坐名题授江宁府知府，部议不准，又是皇帝批准允行。考虑到臣乃是庸庸碌碌之辈，始终成就栽培，都是主上的恩德。至于洁己奉职，这是我分内应该做的事。未曾有特殊的成绩报效，还得到皇帝恩赏的御书，稀世之珍，臣不胜惭愧和惊恐。自后有生之日，唯有捐躯献身，尽犬马之劳，以仰报皇上至高无上的恩德。

侍从官们对康熙与于成龙的对话深表赞赏。认为是皇上澄清吏治，鼓励人才，首先在廉吏，特加奖励，破格优待，赐之宸翰（手书卷轴）。并且天宇煌煌，叮咛告诫，勉励其始终如一，保持廉洁，这真是鼓动万物，陶育群生，有如风雨滋润禾苗壮，万物生长靠太阳。大小官员凡是有良心的人，谁不感激圣恩，廉洁奉公。省方为了察吏，察吏为的安民，诚兼而行之。

小于成龙，字振甲，汉军镶黄旗人。曾任直隶乐亭知县，滦州知府，通州知州，江宁府知府，安徽按察使等职。他并未有惊天动地的事迹。但是老于成龙慧眼识人，推荐其人才难得，终于为康熙所重视提拔。乘首次南巡之际，赐亲书手卷一轴，特予以嘉奖。十二月初九日，返京后，专门召见小于成龙的父亲、原任参领于得水，赐以貂皮大衣、披领等物。奖励其教子有方，命令继续勉励儿子尽心尽力，始终如一。如果干得好，将继续提升任职，苟不能保持晚节，辜负国恩，定行惩治。

康熙不失前言，于二十三年十二五十六日，朝廷会议研究治河人才问题，拟举安徽按察使于成龙。

康熙问明珠的意见如何？明珠回答说：我们大家认为，于成龙是皇帝特殊提拔的人，如将他派去治河，一定会尽心竭力，似乎有利于河务管理。康熙说：修河是为了人民，此河非黄河可比。只要努力去做，对于治河来说，未有不见成效的。命令于成龙去做治河的工作。

二十五年二月十二日，考虑到直隶地方旗下人民杂处，非常重要，必得贤能官员才有利地方。康熙以小于成龙在江南工作出色，他省百姓也都称誉之，决定提升为直隶巡抚。新任巡抚如何工作？陛辞（走马上任辞别皇帝）时，康熙以启发的口吻问：

"畿辅重地利弊应兴应革者，应当哪个在先？"

于成龙答："弭盗为先，奸恶之徒依仗旗下的名义，窝藏匪类，有关方面明知而不敢深究。嗣后再有此事发生，臣当依法从事。"

其言切中时弊，康熙很满意。于成龙到职后采取诸多措施，打击盗贼，安定直隶，捍卫京师。

二十六年四月初八日，康熙再次褒奖于成龙说：如像直隶巡抚于成龙这样真实清廉者甚少，观其人品，天性老实忠厚，并无交游，唯知爱民，即使在他本旗衙门管区之内也不行走往来，直隶地方百姓旗人无不感戴称颂。如此好官若不从优褒奖，将何以为众劝？特谕旨，加太子少保衔，并赐鞍马、银两等物，以示优叙。以后屡有升迁。

二十九年，升任左都御史兼镶黄旗汉军都统。三十四年后，升至河道总督，廉洁奉公，始终一辙。三十九年病故，康熙赐银祭葬，谥号为襄勤。

从以上的简略叙述中，不难看出康熙是多么地喜欢清官、培植清官、爱护清官，为什么呢？用其自己的话说：为官不清，小民受累。

## （八）捕捉蝗虫

为消灭病虫害，极力主张捕打蝗虫。康熙同唐太宗一样，恨透了蝗虫，因为是农作物的大害。当年唐太宗到田间地头，看见蝗虫抓起来就咬，以表示不共戴天。康熙虽然不吃，但是主张去恶务绝。

为防止虫灾进行细心研究，查阅古代文献，学习古人治蝗虫办法，总结历史上的经验教训，特作《捕蝗说》一篇，以教世人。文章提示三点内容：一最古人对蝗虫的认识及其治理方法；二是根据古人的治蝗经验和他的实际调查，提出自己的治蝗措施；三是主张在灭蝗中发挥人的作用，反对自消自灭的宿命论观点，确信事在人为、不在天，人定胜天。

下面从两道命令可以看出康熙的捕蝗思想及其对策。

康熙三十二年十月九日，上令大学士，闻山东地区蝗虫丛生，下种在田，况且今岁多雨，来春少旱，蝗虫复生。应事先防备，按时全力耕种田地，将蝗之幼虫深理土中，使其糜烂，不再更生。如果遗种未灭，来年复生，地方官员在当地组织捕打，不使滋生蔓延，是大有益的。蝗灾必须消灭，无为民患。

康熙三十四年正月二十三日，上令大学士，去年令各地捕蝗，诸省全力捕打，蝗不为灾，农田大获。去年雨水连绵，今年春时，如果稍旱，蝗种复生，就会成灾、以困我民，难以预料。凡事必须作好提前防备，才能有利。命令各地官员，深耕地亩，土埋蝗种，不使成患。如果蝗种复生，立即捕灭，不使蔓延成灾。两条谕旨一个思想，人定胜天。

与此相反，康熙反对在搏蝗时散布悲观情绪和消极等待思想。他说，或有草野愚民，往往以蝗虫不能打为口实，应该听其自然，自消自灭，这些无知的言论，必须禁止。道理很简单，捕蝗救灾，全在人事。

正因为如此，康熙出巡各地，往往和大臣以及地方官们一起研究蝗虫动向。在河北密云县对随从官员说，各处都有蝗蝻（nan，音南。蝗之幼虫），恐怕地方官、老百姓，旗下的村庄，因粮食已收，于是麻痹大意。今岁如果不将蝻子捕绝，就要贻害来年，后悔无及、没等蝗虫会飞时，提前消灭。东巡盛京地方，亲自看见有一种蚂札（蚱），名曰沔虫，一定把禾苗的穗，连根带叶吃光，然后飞去。这些都是我亲自看见的，并不是得知传闻。

### （九）谕张鹏翮

康熙四十六年二月二十、二十一日，皇帝访问治河要地溜淮套，并就开河的一系列问题，同以张鹏翮为首的治河官员们进行详细讨论，互问互答。当问到总河张鹏翮，对开挖溜淮套有何看法时，他回避主题，空谈皇上爱民如子一类之套语，引起康熙不满，当场斥责其空话无益，治河讲实。但因重点在治河方案，不便完全揭露，暂时留他一面，有话后讲。康熙对手下官员的错误，从来不讲情面，总是及时的指出，惩前毖后，察吏安民。

到了第三天，即二月二十二日，康熙亲自召见扈从的大小官员，以及总督、巡抚、司道、总河、河官们到御舟龙船之前，分列跪在岸边。

然后当着众官员的面，语重心长地谕张鹏翮说：

你的总责任是河道总督，应当随时随地视察河堤，不怕风吹雨打太阳晒，以勉尽职守，可是你竟安居署中，两三个月也不出来一次，惟到虚文浮辞为能事，什么事情都耽误了。如果论文字，朕也经常做文章，你所作的文章，也不一定好。你的口中不离朱子，朱子之书，朕是经常披阅的，随时放在身边。你能记忆一条吗？宋儒所谈的光风霁（ji，音济）月（指人的品格气度道德修养），你哪一点像啊？你只能用一两个不称职的汉官，偏听其言，对治河事情，漫不经心。

朕曾经说过，天地风雷有不测之变化，不可以认为河岸堤坝坚固，就疏忽大意，须发挥人的力量，周密的计划。曾经再三训谕。后来洪泽湖水泛滥，堤岸危险，河官们想开滚水坝前的土坝，以便浅出水势，屡次申报，你都置若罔闻。最后导致古沟一带地方，都被冲决。你办事刻薄，对手下属员不能以礼相待，口无忌惮，出口训人，大家都非常怕你。朕虽加训谕，你并不改悔，而且好说谎话。

康熙四十四年朕南巡阅河，问你高家堰石工，何时可以修完？你报告说，本年七月内完工，结果迟延多年不能完工。又以溜淮套地方可以开河，请朕亲自视察，更是欺骗瞒哄。朕的话，都可以向大众公开发表。今天大小官员们都齐集于此，你还有什么可说？可在大家面前直说无隐。

张鹏翮免冠谢罪。

皇帝又谕曰：加筑高家堰堤岸，闭塞减水湖六坝，使淮水尽出清口，不是你的功劳；修治挑水坝，逼黄水流向北岸，不是你的功劳；堵塞仲庄闸，改建杨家闸，令黄水不致倒灌清口，不是你的功劳；此数大工程，都和你无关，更有什么勤劳可言。

张鹏翮奏言：臣实在是愚昧无知，不能仰体皇上训旨，夙夜恐惧，担惊受怕。

皇上说：你不巡视河务工地，只知道天天害怕，那是白白地自寻苦恼呀！于地方何益？与其成天空怀恐惧之心，何不集中精力搞好河务工作。

张鹏翮回答说：臣的罪过实在多，唯有仰恳皇上宽大为怀，保全栽培我吧。

皇上说：赏罚者，是国家大权，内有九卿各部院官员，外有督抚，原来是为尽忠报国，爱护人民而设，不是为了让他们摘取荣华富贵、尽情享乐而已。大吏廉洁，则小吏自然效法。如果不能勤奋尽职，致误公事，怎么能因为保全一人，而废国法呢？凡事有可以保全者，也有当用果断措施者，国家官吏甚多，姑息一二人，何以服众人？

康熙又对各位官员说：历年以来幸而水不怎么大。当年靳辅、于成龙在任河道总督时，水势相当大，如果张鹏翮当此之时，河工必致不堪设想。张鹏翮唯有一技之长，于成龙每不遵朕指示，自立意见；张鹏翮则不然，朕前以河务一一指授，皆能遵行。所以几年来河工，逐渐取得成绩。

对张鹏翮一分为二，批评缺点，表扬成绩，最后决定暂留其职，继续工作。康熙向来主张君臣之间贵在合作、开诚布公，如同家人父子。他对张总河的批评，充分体现了这一点，真是仁至义尽、语重心长。

# 附录：康熙大事记

| 公元 | 年号 | 大事记 |
|---|---|---|
| 1662 | 康熙元年 | 正月二十三日，裁每旗所设议政大臣二员。 |
| 1662 | 康熙元年 | 正月二十五日，江宁巡抚朱国治擅离职守，被革职。 |
| 1662 | 康熙元年 | 二月初五日，平西王吴三桂于缅甸擒获南永历帝朱由榔后，还军至云南腾越。 |
| 1662 | 康熙元年 | 二月二十六日，南明巩昌王白文选于缅甸猛养率官四百九十九员、兵丁三千八百余名、家口七千余名归降，捷报至京。 |
| 1662 | 康熙元年 | 三月十二日，以南明永历帝朱由榔就擒，南明覆亡，告祭天地、宗庙、社稷，颁诏天下。 |
| 1662 | 康熙元年 | 三月二十一日，清初由于长期战乱，田地荒芜，为鼓励开荒，展缓垦荒起科年限。河南南阳、汝州二府垦荒，五年后起科。 |
| 1662 | 康熙元年 | 四月初一日，迁界令下，东南沿海居民，既经迁移，田地抛弃，其钱粮予以豁免。 |
| 1662 | 康熙元年 | 四月二十一日，南明覆亡，云南初定，总督赵廷臣，巡抚袁懋功督垦荒田有功，特予以奖励。加赵廷臣太子少保，袁懋功工部尚书衔。 |
| 1662 | 康熙元年 | 四月二十五日，南明永历帝朱由榔及太子用弓弦勒死于昆明篦子坡，年三十八岁。朱由榔临死"顾盼伟如也"。 |
| 1662 | 康熙元年 | 五月初八日，南明延平王郑成功病逝于台湾承天府。 |
| 1662 | 康熙元年 | 五月十一日，吴三桂因俘获南明永历帝，晋封为亲王。 |
| 1662 | 康熙元年 | 六月十九日，停止京察、大计。考核官吏每三年举行考满。 |
| 1662 | 康熙元年 | 六月二十七日，福建同安总兵官施琅升任福建水师提督。 |
| 1662 | 康熙元年 | 六月二十七日，南明晋王李定国卒。 |
| 1662 | 康熙元年 | 七月，荷兰舰队至闽欲助清军，攻击台湾。 |
| 1662 | 康熙元年 | 八月，清、郑和议失败。 |
| 1662 | 康熙元年 | 十月十七日，郑经率军由厦门至台湾，杀引起内讧之黄昭、萧拱宸，郑氏内乱平。十一月，郑经携郑世袭回厦门。 |

| 公元 | 年号 | 大事记 |
| --- | --- | --- |
| 1662 | 康熙元年 | 十一月二十一日,南明监国朱以海卒于金门。 |
| 1662 | 康熙元年 | 本年颁行康熙通宝。西班牙殖民统治者在菲律宾屠杀华侨,台湾郑氏遣使斥其暴行。俄国任伊拉里昂·托尔布津为尼布楚总管。清廷升宁古塔昂邦章京为镇守宁古塔等处将军,以加强边境防御。 |
| 1663 | 康熙二年 | 正月二十日,辽东海城、牛庄等处外之马厂弃地,分给新民耕种。 |
| 1663 | 康熙二年 | 二月十八日,平西王吴三桂疏请,将云贵二省总督、巡抚敕书撰入"听王节制"四字。从之。云贵文武官员及兵民诸事项,由吴三桂管理。 |
| 1663 | 康熙二年 | 三月二十二日,荷兰国遣出海王率兵船至福建闽安镇,声言助清军征剿郑经。又遣使至京师朝贡,清廷嘉许之,赐银币有差。 |
| 1663 | 康熙二年 | 五月二十三日,兵部尚书明安达理密题:厦门郑氏所需粮米,"三分之一来自台湾,其余三分之二来自广东省沿海一带"。请严海禁,再申"迁界令"。 |
| 1663 | 康熙二年 | 五月二十六日,因庄廷钺《明史》案,清廷大兴文字狱。本日结案,被处死者七十余人。 |
| 1663 | 康熙二年 | 六月二十四日,施琅请乘台湾郑经与其伯父郑泰等相互猜疑,夺取厦门。 |
| 1663 | 康熙二年 | 七月二十五日,施琅自筹工料先后造陕船一百六十只;又自筹工本费建造三千新兵之器械、甲胄,"已陆续完备"。请于秋后攻厦门,并请敕靖南王、总督,会同进剿。从之。 |
| 1663 | 康熙二年 | 八月初八日,礼部议覆:乡试、会试考试,停止八股文,改用策、论、表、判。以甲辰科为始,从之。 |
| 1663 | 康熙二年 | 九月二十二日,礼部尚书沙澄题:荷兰国出海王苗焦沙吾(博尔特)已率战船、士兵驶抵福建闽安,前来助剿郑氏,俟助剿毕,应予嘉奖。从之。 |
| 1663 | 康熙二年 | 十月二十一日,清军攻克厦门,二十四日,攻克金门。荷兰战船助战。 |
| 1663 | 康熙二年 | 十月二十四日,郑成功近亲郑定国、郑耀吉等多人,自金门渡海,向清投降。 |
| 1664 | 康熙二年 | 十二月二十六日,李自威大顺军余部刘体纯、郝摇旗等"夔东十三家"抗清兵败。 |
| 1664 | 康熙三年 | 正月十一日,减免南昌府属漕米浮收。 |

| 公元 | 年号 | 大事记 |
|------|------|--------|
| 1664 | 康熙三年 | 二月二十六日，夔东十三家抗清之"西山'巨逆'马腾云、党守素、塔天宝等"率部投降。 |
| 1664 | 康熙三年 | 三月十四日，清军攻取郑经所据铜山（今福建东山）。 |
| 1664 | 康熙三年 | 四月初七日，辅政大臣鳌拜擅权专横，与内大臣费扬古有隙，借故杀费扬古父子及侍卫倭赫等多人。 |
| 1664 | 康熙三年 | 五月二十四日，钱谦益卒。 |
| 1664 | 康熙三年 | 六月二十九日，命将顺治十五年以前直隶备省所欠银、米、药材、紬绢、布疋等项钱粮，悉予蠲免。 |
| 1664 | 康熙三年 | 闰六月初三日，颁赐荷兰国王缎匹银两，因其派战船助清军攻克金门、厦门有功。 |
| 1664 | 康熙三年 | 七月初五日，自康熙元年至三年止，合计郑氏部属投诚文武官三千九百八十五员，食粮兵四万零九百，归农官弁兵民六万 四千二百三十名，眷属人役六万三千余名，大小船九百余只。 |
| 1664 | 康熙三年 | 七月初十日，禁外国贡使馈送藩王、督抚礼物。 |
| 1664 | 康熙三年 | 七月初十日，琉球国中山王尚质，遣使谢顺治十年敕封恩，贡方物，赏赉如例。 |
| 1664 | 康熙三年 | 七月十八日，授施琅为靖海将军，命"统领水师，前往征剿"台湾。台湾郑氏降将周全斌、杨富为副，林顺、何义等参谋军事。十一月，施琅往征台湾。 |
| 1664 | 康熙三年 | 八月初五日，清军攻破茅麓山寨，夔东十三家最后一支李来亨全家自焚死。夔东十三家抗清以失败告终。 |
| 1664 | 康熙三年 | 九月初七日，拥戴南明鲁王监国，后永历帝所封兵部尚书兼东阁大学士张煌言遇害。 |
| 1665 | 康熙三年 | 十二月二十三日，兵部督捕左侍郎马希纳疏言：奸民结党诬告逃人，多属子虚，请严治其罪。得旨：首告逃人在某处某家，若无逃人，而挟仇控告，或牵连妄扳，将诬告之人，加等治罪。 |
| 1664 | 康熙三年 | 本年：七月二十六日，杨光先上《请诛邪教状》于礼部，于是清廷会审汤若望等传教士及钦天监官员。翌年三月十六日结案。事具康熙四年三月。 |
| 1665 | 康熙四年 | 正月初七日，奸棍谎告逃人，照光棍例治罪。 |
| 1665 | 康熙四年 | 正月初十日，因考满弊端丛生，停止考满，复行京察。自本年起，以后每六年将内外官员考察一次。 |

| 公元 | 年号 | 大事记 |
|---|---|---|
| 1665 | 康熙四年 | 正月十二日,关税俱照定额征收,多收溢额加级记录之定例,永行停止。 |
| 1665 | 康熙四年 | 二月初十日,西藏达赖喇嘛、漠西厄鲁特蒙古鄂济尔汗,遣使进贡,赏赉如例。 |
| 1665 | 康熙四年 | 二月十七日,致仕大学士洪承畴卒。 |
| 1665 | 康熙四年 | 二月二十三日,漠北喀尔喀蒙古车臣济农遣使进九白之贡,宴赉如例。 |
| 1665 | 康熙四年 | 三月初二日,京师地震有声。 |
| 1665 | 康熙四年 | 三月初六日,预征地丁钱粮著永行停止。 |
| 1665 | 康熙四年 | 三月初九日,密谕平南王尚可喜约束所属官兵。 |
| 1665 | 康熙四年 | 三月十六日,官生杨光先于康熙三年七月进《摘谬论》等篇,指责汤若望新法十谬。清廷会审传教士及钦天监官,至是结案。 |
| 1665 | 康熙四年 | 四月,黄河于河南境内决口,淹没归德府虞城、永城、夏邑三县。 |
| 1665 | 康熙四年 | 五月二十二日,裁并各直省督抚。 |
| 1665 | 康熙四年 | 六月初四日,改镇守辽东等处将军为镇守奉天等处将军。 |
| 1665 | 康熙四年 | 六月二十二日,勒令异端僧道还俗,严禁男女聚会。 |
| 1665 | 康熙四年 | 七月二十六日,禁江西省"提甲之弊"。 |
| 1665 | 康熙四年 | 九月初八日,康熙帝大婚。帝时年十二岁。 |
| 1665 | 康熙四年 | 九月初十日,琉球国中山王尚质遣使臣英长春等至北京,庆贺康熙帝登级,并献礼物,宴赉如例。 |
| 1665 | 康熙四年 | 九月二十六日,禁钞关额外勒索。 |
| 1665 | 康熙四年 | 十月二十七日,福建道御史李宗孔疏言:朝廷对官吏之考核劝惩大典,"惟重缉逃人,完旧欠两事"。更请奖廉去贪,以示风励。 |
| 1666 | 康熙四年 | 十二月初八日,谕礼部:刊示晓谕,故明朱氏宗族有改易姓名,隐藏逃避者,俱令回籍,各安生理。故明宗室之抗清活动基本停止。 |
| 1666 | 康熙五年 | 正月十五日,辅政大臣鳌拜制造镶黄旗与正白旗更换圈地事件,以打击与其有隙的同居辅政的苏克萨哈。 |
| 1666 | 康熙五年 | 正月二十日,福建总督李率泰卒,遗疏请稍宽迁海界限,沿海之民"裨获耕渔,稍苏残喘"。又说:"红毛(荷兰)夹板船虽已回国,然往来频仍,异时恐生衅。" |

| 公元 | 年号 | 大事记 |
|---|---|---|
| 1666 | 康熙五年 | 二月二十九日,理藩院尚书喀兰图、侍郎绰克托奏旨为会盟大臣差往内蒙古科尔沁、乌朱穆泰等四十七旗主持会盟。 |
| 1666 | 康熙五年 | 四月十七日,漕运关乎国计,而运河近岸之地,"多被土豪兼并",或阻水渠,或决河岸,引水灌田,漕运因运河水浅受阻,令河道总督躬亲踏勘。 |
| 1666 | 康熙五年 | 五月初五日,定总督等自京城外任官,官员赴任应带家口、马匹数。 |
| 1666 | 康熙五年 | 五月二十日,安南国黎维禧缴送南明永历帝敕命一道、金印一颗。清廷遣使封黎维禧为安南国王。 |
| 1666 | 康熙五年 | 五月二十六日,命定南王孔有德婿孙延龄为广西将军,自衡州移驻桂林府,统率孔有德所部。 |
| 1666 | 康熙五年 | 八月初一日,刑科给事中张维赤疏言,顺治帝于顺治八年亲政,年十四岁。"今皇上(康熙)即位六年,齿正相符",请择吉亲政。疏入报闻。 |
| 1666 | 康熙五年 | 八月二十二日,滇东八寨土司反清,"诸酋削平",于其地置开化府、永定州,并设流官:知府、知州等。 |
| 1666 | 康熙五年 | 九月二十五日,禁各省督抚纵放衙役家人在外诈害官民,索取财物。 |
| 1666 | 康熙五年 | 九月二十五日,定云、贵、川、广四省土司,皆为地方世职,与内地司官不同,其拖欠钱粮,不必照流官考成,按分数处分。 |
| 1666 | 康熙五年 | 十月初九日,粤西土司,俗无礼义,好斗争袭。令土司子弟学习经书,推行教育,并准予附近州县考试,每县额取两名。 |
| 1666 | 康熙五年 | 十月二十四日,兵部题:云贵二省武职员缺,悉听平西王吴三桂题补,从之。吴三桂所除授之官员,号曰"西选"。 |
| 1667 | 康熙五年 | 十二月二十日,辅政大臣鳌拜,因户部尚书苏纳海、总督朱昌祚、巡抚王登联,反对镶黄旗圈换土地,将三人处以绞刑,家产籍没。 |
| 1667 | 康熙五年 | 十二月二十三日,大规模迁移镶黄旗、正白旗壮丁,圈换土地。 |
| 1667 | 康熙六年 | 正月初十日,禁蠲免钱粮州县官阳奉阴违、蒙上欺下之弊。 |
| 1667 | 康熙六年 | 正月十四日,封康熙兄福全为和硕亲王。 |
| 1667 | 康熙六年 | 三月初七日,京察,考核官吏。尚书侍郎多人或革职,或降级。 |
| 1667 | 康熙六年 | 三月十一日,辅政大臣鳌拜党羽分任各部尚书、侍郎。 |
| 1667 | 康熙六年 | 四月初四日,禁解押逃人挟诈害民。 |
| 1667 | 康熙六年 | 四月二十日,南逆书案结案。 |

| 公元 | 年号 | 大事记 |
|---|---|---|
| 1667 | 康熙六年 | 四月二十六日,在北方,凡以"于七贼党""逃人",在南方以"通海""逆书"诬告,株累无辜者,依律反坐。旗人枷号两月,鞭一百;民人,责四十板,流三千里。 |
| 1667 | 康熙六年 | 闰四月十四日,令海上郑氏投诚兵员于各省屯田垦荒。 |
| 1667 | 康熙六年 | 五月初三日,令内外官员各抒己见,勿隐。清廷就"民多失所,疾苦颠连",及政治得失,展开一次广泛讨论。 |
| 1667 | 康熙六年 | 五月三十日,免去平西王吴三桂"西选"权。 |
| 1667 | 康熙六年 | 六月二十六日,台湾郑经覆书孔元章及其舅董斑舍,要求清廷"以外国之礼见待"。不允,清、郑和议失败。 |
| 1667 | 康熙六年 | 六月二十六日,居辅政大臣之首的索尼病卒,年六十七,谥文忠。 |
| 1667 | 康熙六年 | 七月初三日,康熙帝躬亲大政,年十四岁。 |
| 1667 | 康熙六年 | 七月十三日,辅臣苏克萨哈以皇上亲政,请解辅臣位。旋苏克萨哈被鳌拜罗织罪名族诛。 |
| 1667 | 康熙六年 | 七月二十七日,黄河在江苏桃源县境内多处决口,仅南岸畑墩一处便毁堤四百余丈。黄水阻遏淮水不能入海,高邮、宝应等州县皆成泽国。漕运受阻。如何泄水入海,成为治黄长期争论的焦点。 |
| 1668 | 康熙六年 | 十一月二十四日,厄鲁特蒙古僧格(僧厄)遣使进贡,赏赉如例。 |
| 1668 | 康熙六年 | 十二月初二日,言官拾遗,著永行停止。 |
| 1667 | 康熙六年 | 本年,索伦部佐领根特木尔与二佐领率部属四十余人逃往尼布楚,投靠俄罗斯。根特木尔原居住、放牧于石勒喀河尼布楚一带,顺治十年内迁至海拉尔一带,清政府将其所属编为三个佐领,根特木尔封为四品官,享有俸禄。在俄国人的引诱下,康熙六年逃往尼布楚,成为沙俄侵扰黑龙江江域的帮凶。清政府称其为"逃人",要求俄方交还,成为中俄历次交涉的争端。 |
| 1668 | 康熙七年 | 正月初一日,朝鲜国王李遣陪臣郑致和等,表贺康熙帝亲政。 |
| 1668 | 康熙七年 | 正月初九日,九卿科道会推云南巡抚。康熙帝不用平西王吴三桂属下人员林天擎。认为三桂现住云南,林天擎不应推此缺。 |
| 1668 | 康熙七年 | 正月十一日,建孝陵神功圣德碑。与顺治帝《遗诏》降旨一一自责相反,颂扬顺治帝功业。 |
| 1668 | 康熙七年 | 正月十九日,命故衍圣公孔兴燮子孔毓圻袭爵。 |
| 1668 | 康熙七年 | 正月十九日,各官引见时,或站立,或跪,礼部以二议上奏。得旨:俱跪。 |

| 公元 | 年号 | 大事记 |
|---|---|---|
| 1668 | 康熙七年 | 正月三十日,北逆书案发,学者顾炎武被牵连。 |
| 1668 | 康熙七年 | 二月初六日,命福建督抚重建柔远馆驿,以驻琉球国使。 |
| 1668 | 康熙七年 | 三月二十三日,"叩阍"之例,永行停止。 |
| 1668 | 康熙七年 | 三月二十九日,外国之人非系贡期,概不准其贸易。 |
| 1668 | 康熙七年 | 四月二十一日,裁直隶各省大小衙门胥吏、差役三千八百四十九名,共存留二万六千五百八十六名。 |
| 1668 | 康熙七年 | 四月,福建水师提督施琅上《尽陈所见疏》,力主规取台湾,不宜一意差官招抚。 |
| 1668 | 康熙七年 | 五月二十六日,河督杨茂勋疏言:治黄河"舍筑堤束水之外,别无良法"。工部议行。 |
| 1668 | 康熙七年 | 六月初十日,严禁赌博,并详议严惩条例。 |
| 1668 | 康熙七年 | 六月二十一日,因地方官滥征私派,加增火耗,不将"易知由单"晓示,恣意科敛,以饱私囊,屡经严饬,而积习未改。令督抚严察揭参。 |
| 1668 | 康熙七年 | 六月,山东发生大地震,仅郯城马头镇即死伤数千人。此次地震波及数省,直省及山左六郡罹患之惨,亘古史册所未经见。 |
| 1668 | 康熙七年 | 七月初二日,令奉天唐官等屯所圈之地,退还民间。 |
| 1668 | 康熙七年 | 七月初五日,康熙二年曾废八股文。至是,命乡、会试复以八股文取士。 |
| 1668 | 康熙七年 | 七月十八日,恢复督抚巡历地方旧规。 |
| 1668 | 康熙七年 | 七月十九日,命户部速行详议,山东三月大地震,分别蠲赈。 |
| 1668 | 康熙七年 | 八月二十九日,因水灾,顺天等府数十州县田禾被淹,房屋倒塌甚多,发通州仓及常平仓赈济,蠲免钱粮。 |
| 1668 | 康熙七年 | 九月十六日,侍读学士熊赐履上疏,有"朝政积习未祛,国计隐忧可虑"等语,而忤辅臣鳌拜,降二级调用。康熙帝宽免之。 |
| 1668 | 康熙七年 | 十月初二日,命查故明已废藩王田地房产,悉行变价,照民地征粮。其废藩名色,永行革除。 |
| 1668 | 康熙七年 | 十一月初一日,山东省于康熙六年开垦荒地一万二千二百六十余万亩,照例起科。 |
| 1668 | 康熙七年 | 十一月二十三日,四川民少地荒,与他省不同,现任文武官有能招邻省之川民及流民者,量其多寡,准加级记录有差。 |

康熙帝玄烨

| 公元 | 年号 | 大事记 |
|---|---|---|
| 1669 | 康熙七年 | 十二月二十四日,因黄、淮泛滥,淮扬大困,一片泽国。工部尚书马尔赛、刑部尚书明珠,遵旨会同漕运总督、河道总督、江宁巡抚,考察淮扬出水入海之处。至是回奏。 |
| 1669 | 康熙七年 | 十二月二十九日,南怀仁指称钦天监副吴明烜推算历日,种种差错。康熙帝命图海等重臣二十人同往测验。 |
| 1669 | 康熙八年 | 正月二十六日,将康熙九年历法交由南怀仁推算。 |
| 1669 | 康熙八年 | 二月初六日,税额在二万两以上之十三关,改地方官兼管为税官专管。 |
| 1669 | 康熙八年 | 三月初六日,停候选补缺官员寄凭补授。 |
| 1669 | 康熙八年 | 三月初八日,将原明藩王"现在未变价田地,交与该督抚,给予原种之人,令其耕种,照常征粮"。号为"更民地",或"更民田"。 |
| 1669 | 康熙八年 | 四月十五日,康熙帝赴太学、诣文庙行礼。 |
| 1669 | 康熙八年 | 五月十六日,将辅臣鳌拜拿问。辅臣遏必隆缄口不言,一并拿问。 |
| 1669 | 康熙八年 | 五月二十八日,议政王大臣会议勘问鳌拜罪状三十款。命将鳌拜及其子拘禁,财产籍没。其党羽数十人,分别处绞、处斩、降、革。 |
| 1669 | 康熙八年 | 六月初六日,禁官员"买良民为奴,甚至多买馈送亲友",违者从重治罪。 |
| 1669 | 康熙八年 | 六月初七日,谕吏部,凡内外备官,嘱托行贿鳌拜,"希图幸进作弊者,俱从宽免"。务须洗心改过,不再追究。 |
| 1669 | 康熙八年 | 六月十一日,禁藩王及大臣家下商人各省贸易。 |
| 1669 | 康熙八年 | 六月十七日,下令停止圈地,谕户部:"圈占民间房地,著永行停止。" |
| 1669 | 康熙八年 | 六月,御史赵璟奏请增俸以养廉。兵部尚书明珠等奉命至泉州与靖南王耿继茂议抚台湾郑氏。清、郑和议再次失败。 |
| 1669 | 康熙八年 | 七月,自本月初一日起,先后为受鳌拜专权时致死、被打击的大臣平反。 |
| 1669 | 康熙八年 | 七月,恢复由中央收缴应存留各省钱粮,以杜苛派。 |
| 1669 | 康熙八年 | 八月初五日,京师治安恶化,盗劫、抢夺、诈骗甚多。谕宗人府、兵部、刑部:"力役缉捕,务期奸宄敛迹,良民无忧。" |
| 1669 | 康熙八年 | 九月二十九日,夺察哈尔部亲王阿布奈爵,命其子布尔尼袭亲王爵。 |
| 1669 | 康熙八年 | 十月初九日,重修卢沟桥告成,立碑,康熙御制碑文。 |

| 公元 | 年号 | 大事记 |
|---|---|---|
| 1669 | 康熙八年 | 本年,飘落异域,游牧于额济勒河(伏尔加河)的我国厄鲁特蒙古土尔扈特部部长朋楚克卒,其子阿玉奇继位。 |
| 1670 | 康熙九年 | 正月初五日,喀尔喀扎萨克图汗来朝,遣使进九白之贡,宴赉如例。 |
| 1670 | 康熙九年 | 闰二月二十二日,漕粮例不因灾蠲免。但江南高邮等六州县,因连年遭水灾,将康熙六、七、八年未完钱粮,尽行蠲免。 |
| 1670 | 康熙九年 | 闰二月二十五日,因康熙七年山东大地震,免山东沂州等四十州县存留项下银二十二万两有奇。 |
| 1670 | 康熙九年 | 三月十七日,因满汉官员职掌相同,而品级却不同,定满汉官员品级划一。 |
| 1670 | 康熙九年 | 四月十一日,京师治安进一步恶化,除京城胡同设置栅栏,城外各巷亦设置栅栏。 |
| 1670 | 康熙九年 | 四月二十九日,黄河归仁堤大决口,淮扬田地被淹,灾民流离,命该督抚速行赈济。 |
| 1670 | 康熙九年 | 五月,暴雨成灾,黄河、淮河并溢,淮扬大困。 |
| 1670 | 康熙九年 | 六月十四日,广东巡抚刘秉权疏报,康熙八年垦复民田一万零七百余顷,安插男妇九万六千余人。又垦复屯田三十一点九顷,安插男妇五千三百余人。三年后起科。 |
| 1670 | 康熙九年 | 六月十五日,无总督省份,武职副将以下听巡抚节制。 |
| 1670 | 康熙九年 | 六月二十四日,淮安、扬州二府因五月洪涝重灾,特例蠲免漕粮。 |
| 1670 | 康熙九年 | 六月二十九日,西洋国王阿木素遣使具表进贡。 |
| 1670 | 康熙九年 | 八月十一日,改内三院为内阁。 |
| 1670 | 康熙九年 | 九月初一日,此前,遇蠲免田赋,惟田主沾实惠,佃户纳租如故。嗣后照蠲免分数免佃户之租。 |
| 1670 | 康熙九年 | 九月初二日,冬季修治黄河、淮河工程,需役夫三万余人,改佥派为召募,日给工役银。 |
| 1670 | 康熙九年 | 九月二十一日,官场陋习,下级剥削兵民馈送上司,严禁而不止。 |
| 1670 | 康熙九年 | 十月初二日,遣吴三桂子、额驸吴应熊至云南,探视其父目疾,此举使三桂认为"朝廷不疑我也"。本日奏报应熊已于八月二十三日起程回京。 |
| 1670 | 康熙九年 | 十月初九日,康熙谕礼部,帝王图治,"以教化为先",颁上谕十六条。 |
| 1670 | 康熙九年 | 十月十三日,谕礼部,举行经筵日讲大典,择吉奏闻。 |

| 公元 | 年号 | 大事记 |
|---|---|---|
| 1670 | 康熙九年 | 十一月初三日,定经筵于每岁春秋二次举行,明年(康熙十年)二月十七日开讲。 |
| 1670 | 康熙九年 | 十一月十四日,地方签派河工役夫,照召募例,日给食银六分。 |
| 1670 | 康熙九年 | 本年,因汤若望案平反,前已押送广州之传教士二十五人,令该督抚派员解送来京,长于天文历法者留京供职,其他准往各省传教。 |
| 1671 | 康熙十年 | 正月十六日,靖南王耿继茂因病情日剧,请以其长子耿精忠掌管军务。从之。 |
| 1671 | 康熙十年 | 正月二十二日,本年行大计,考核官吏,康熙十年大计受处分官员共计九百零八人。 |
| 1671 | 康熙十年 | 正月二十五日,因满官已晓汉语,各部院及各省将军衙门原设之通事(翻译)悉罢。 |
| 1671 | 康熙十年 | 三月初一日,谕饬年幼诸王勿"恃威行事"。 |
| 1671 | 康熙十年 | 三月十八日,命截留漕米,赈济淮、扬饥民。 |
| 1671 | 康熙十年 | 四月初一日,安南国负罪人来投内地,交还安南处置。 |
| 1671 | 康熙十年 | 五月二十日,不许以风闻浮词擅行入告,以杜党同伐异,挟诈报复。 |
| 1671 | 康熙十年 | 五月二十一日,官员犯罪,锁禁锁拿永行停止。 |
| 1671 | 康熙十年 | 六月十六日,四川"有可耕之田,无耕田之民",垦荒乃当务之急。四川湖广总督蔡毓荣请四川垦荒广招徕之途。 |
| 1671 | 康熙十年 | 八月初一日,自撤福建水师提督后,台湾郑氏复据沿海岛屿,清军搜剿。 |
| 1671 | 康熙十年 | 八月十六日,设立起居注官,由日讲官兼摄。 |
| 1671 | 康熙十年 | 九月初三日,因"寰宇一统",康熙帝前往奉天告祭太祖、太宗山陵。康熙帝第一次东巡。 |
| 1671 | 康熙十年 | 十月初七日,学者方以智卒。 |
| 1671 | 康熙十年 | 十月二十七日,黄河于桃源县决口,毁堤二百零五丈。 |
| 1671 | 康熙十年 | 十一月十五日,平南王尚可喜因疾,请其子尚之信回粤暂管军务。 |
| 1671 | 康熙十年 | 十一月至十二月,因水旱蝗灾,免直隶霸州等二十二州县、江南凤阳等府属三十九州县、合肥等九州县、浙江杭州等九府属州县等额赋有差。 |

| 公元 | 年号 | 大事记 |
|---|---|---|
| 1672 | 康熙十年 | 十二月初五日,直隶盗贼繁多,大为民害,捕获甚少,良民株连甚多。京师盗贼棍徒,肆行无忌。虽屡令缉拿,治安未见好转。 |
| 1672 | 康熙十年 | 十二月初十日,除用夹棍、拶指外,有另用非刑者,俱革职。 |
| 1672 | 康熙十年 | 十二月二十四日,吴伟业卒。 |
| 1672 | 康熙十一年 | 正月二十二日,从都察院左都御史多诺之请,更定逃人治罪条例。 |
| 1672 | 康熙十一年 | 正月二十三日,谕吏部,嗣后各省藩臬以下丁忧官员,督抚不得题留,悉令离任守制。 |
| 1672 | 康熙十一年 | 二月十四日,皇子胤禔生。 |
| 1672 | 康熙十一年 | 三月初二日,暹罗国遣使来贡,得旨:"愿在京师贸易,则听其自运;或愿在广东贸易,令督抚委官监视之。" |
| 1672 | 康熙十一年 | 四月初一日,翰林院掌院学士兼礼部侍郎熊赐履返京陛见,康熙问其湖广百姓及别处年岁情形,此后,康熙多次减免湖广受灾州县钱粮。 |
| 1672 | 康熙十一年 | 四月初六日,以江南事务较他省繁剧,谕令该省一切陈积事件,可照山陕之例,于定限外再宽限一年,由地方官料理完结。 |
| 1672 | 康熙十一年 | 四月十八日,以陕西幅员辽阔,省城有将军满兵驻防,命总督衙门移驻近边扼要地方,专管陕西。山西附近京师,照山东、河南例令巡抚料理。 |
| 1672 | 康熙十一年 | 六月十四日,户部题请更正《赋役全书》。 |
| 1672 | 康熙十一年 | 六月二十七日,因黄河决口,四月三十日侍卫吴丹、学士郭廷祚奉命阅视河工。至是,康熙阅吴丹等所绘黄河决口图,谕工部与河督漕督会商河工事宜。 |
| 1672 | 康熙十一年 | 闰七月初九日,吏部尚书对喀纳等遵旨议奏胥役犯赃处分办法。 |
| 1672 | 康熙十一年 | 闰七月十四日,谕刑部定任情滥刑者处分条例。 |
| 1672 | 康熙十一年 | 八月初五日,承嗣义王孙可望子孙征淳死,命降为公爵袭封。十月,以孙征淳之弟孙征灏袭慕义公。 |
| 1672 | 康熙十一年 | 八月十七日,命直隶各省逃人交就近各省督抚审理,奉天逃人交盛京刑部审理,惟宁古塔地方仍听该将军审理。 |
| 1672 | 康熙十一年 | 九月二十三日,御史马大士疏参广西将军孙延龄,违国家成例,题补本旗私人,命下部察议。 |

| 公元 | 年号 | 大事记 |
|---|---|---|
| 1672 | 康熙十一年 | 十月十二日,停长芦、两淮、两浙、河东巡盐御史差,盐法事归并巡抚管理。 |
| 1672 | 康熙十一年 | 十月十六日,康熙召熊赐履问朝政。熊赐履以禁奢靡崇节俭为当今第一要务;足民足兵、察吏察将为弭盗之法;河工一事为国大计,最为可虞对之。 |
| 1673 | 康熙十一年 | 十一月二十八日,议政王大臣等遵旨议定,满人犯罪严禁妄议株连。 |
| 1673 | 康熙十一年 | 十二月初四日,准裕亲王福全辞议政。十一日,又准庄亲王博果铎、惠郡王伯翁果诺、温郡王孟峨辞议政。 |
| 1673 | 康熙十一年 | 十二月十三日,从左都御史杜笃祜疏,对官员八法处分,应详明开注,不得混称不孚众论。 |
| 1673 | 康熙十二年 | 正月十九日,康熙率裕亲王福全,外藩蒙古郡王鄂齐尔、布达,以及备部院大臣米思翰、明珠、莫洛等行猎南苑。翌日,于南苑晾鹰 台大阅八旗官兵。 |
| 1673 | 康熙十二年 | 二月初五日,暹罗国王遣使入贡,清赐敕印。四月十八日,册封暹罗国王,颁银印,赐诰命,命来使携回。 |
| 1673 | 康熙十二年 | 三月十二日,平南王尚可喜疏请归老辽东,康熙帝命撤平南藩。 |
| 1673 | 康熙十二年 | 七月初七,御史鞠珣疏劾广西将军孙延龄,请将其调回京师。寻兵部议:将军孙延龄与都统王永年互讦,已差侍郎勒德洪审理,俟审结再议。 |
| 1673 | 康熙十二年 | 七月初九日,靖南王耿精忠疏请撤藩,得旨允准。二十八日,命将王并藩下十五佐领官兵家口均行迁移。 |
| 1673 | 康熙十二年 | 八月初六日,议政王大臣等会议撤平西藩事,以两议并上。 |
| 1673 | 康熙十二年 | 八月初九日,谕兵部各遣大臣一员前往云南、广州、福建会同三藩及总督、巡抚、提督安置撤藩事项。 |
| 1673 | 康熙十二年 | 八月十八日,谕吏部兵部:云南地属远疆,撤藩后,应专设总督一员,添设提督一员;谕户部筹划安插三藩官兵家口所需房屋土地等项事宜。 |
| 1673 | 康熙十二年 | 八月二十四日,康熙以手书诏谕平西王吴三桂,令其率所属官兵北上迁移。 |
| 1673 | 康熙十二年 | 九月十八日,以各部衙门所定处分条例过于繁密,大小各官稍有过误,即触文网,弗能展布才能,命将现行处分条例删繁从简,重加订正。 |

| 公元 | 年号 | 大事记 |
|---|---|---|
| 1673 | 康熙十二年 | 九月二十五日,兵部督捕衙门议奏逃人定例,有旨放宽逃人法。 |
| 1673 | 康熙十二年 | 十一月初五日,修订现行垦荒定例:嗣后各省开垦荒地,由六年起科,宽限至十年起科。 |
| 1673 | 康熙十二年 | 十一月二十一日,吴三桂起兵倡乱反清。 |
| 1674 | 康熙十二年 | 十二月初一日,吴三桂亲统兵马二十万东行,是日抵贵州,巡抚曹申吉降,总督甘文焜因不敌,自缢死。 |
| 1674 | 康熙十二年 | 十二月初六日,康熙召八旗都统、副都统、六部满尚书等,以八旗现状忧之,命整饬八旗。 |
| 1674 | 康熙十二年 | 十二月二十一日,兵部郎中党务礼、户部员外郎萨穆哈自贵州驰驿至京,奏吴三桂反,举朝震惊,康熙命出兵平叛。 |
| 1674 | 康熙十二年 | 十二月二十二日,诏令停撤平南、靖南二藩;授孙延龄为广西将军,线国安为都统,令固守广西;命西安将军瓦尔喀率军进四川,坚守入川险隘。 |
| 1674 | 康熙十二年 | 十二月二十二日,京城有杨起隆诈称朱三太子聚众密谋起事。 |
| 1674 | 康熙十二年 | 十二月二十四日,命顺承郡王勒尔锦为宁南靖寇大将军,统大军驻荆州,贝勒察尼、都 统朱满等八人参赞军务,所率八旗劲旅一万一千三百余人。拘吴三桂子额驸吴应熊。二十七日,诏削吴三桂爵。 |
| 1674 | 康熙十三年 | 正月初六日,从御史马大士所请,以罚俸银两非赃私可比,凡内外各官在任时所罚俸银,革职后当免其追取。 |
| 1674 | 康熙十三年 | 正月初十日,康熙帝于太和殿为宁南靖寇大将军顺承郡王勒尔锦、安西将军都统叶赫举行出师送行仪式,康熙帝亲送行至西长安门。 |
| 1674 | 康熙十三年 | 正月二十二日,侍卫夸塞驰报,偏沅巡抚卢震弃长沙逃奔岳州。康熙为保固长江中上游,命都统朱满领兵速赴武昌,令将军额楚、镇海将军王之鼎水陆速往安庆。谕副都统马哈达率兵往江宁协守。命逮卢震,四月初十日处以绞监候。 |
| 1674 | 康熙十三年 | 正月二十四日,陕西总督哈占、湖广总督蔡毓荣先后驰报,四川巡抚罗森、提督郑蛟麟、总兵官谭弘、吴之茂降吴三桂,危及陕西、湖北。 |
| 1674 | 康熙十三年 | 二月初三日,钦天监副南怀仁(耶稣会士)所制天体仪、黄道经纬仪等天文仪器告成,同时进呈《新制灵台仪象志》。 |
| 1674 | 康熙十三年 | 二月初四日,陕西提督王辅臣遣子王继贞奏缴吴三桂札付,康熙嘉其忠贞,授三等精奇尼哈番,授其子大理寺少卿。 |

| 公元 | 年号 | 大事记 |
|------|------|--------|
| 1674 | 康熙十三年 | 二月二十七日,命武英殿大学士、刑部尚书管兵部尚书事莫洛经略陕西,率满兵驻西安,会同将军、总督主持军务,巡抚、提督以下悉听节制。两广总督金光祖奏报,广西将军孙延龄反,杀都统王永年、副都统孟一茂等,执巡抚马雄镇,自称安远大将军。四月十三日,诏削孙延龄爵。 |
| 1674 | 康熙十三年 | 二月得报,湖南澧州、常德先后失陷。 |
| 1674 | 康熙十三年 | 三月初一日,命诸路用兵处设笔帖式驰奏军情,每四百里设笔帖式一人。由是,军情奏报一昼夜可千余里。 |
| 1674 | 康熙十三年 | 三月十五日,靖南王耿精忠据福建反清。 |
| 1674 | 康熙十三年 | 四月初二日,奉使云南的礼部侍郎折尔肯、学士傅达礼携吴三桂奏章,还抵武昌。康熙谕之"益加警备,毋堕奸谋"。 |
| 1674 | 康熙十三年 | 四月初十日,以平南王尚可喜"唯知捐躯矢志,竭力保固岭南",命两广一应军机调遣及固守地方事宜,由尚可喜与两广总督金光祖共同参酌而行。翌日,准其次子尚之孝袭王爵。 |
| 1674 | 康熙十三年 | 四月十三日,康熙阅折尔肯所携吴三桂奏章,见其"语词乖戾,妄行乞请",命将其子吴应熊、孙吴世霖处绞,其余幼孙连坐为奴,应连坐者分别正法。 |
| 1674 | 康熙十三年 | 五月初三日,皇二子胤礽生。其母皇后赫舍里氏是日逝,谥为仁孝皇后。 |
| 1674 | 康熙十三年 | 五月十九日,时耿精忠所部曾养性率师进入浙江,浙东局势危殆,乃谕副都统喇哈率江宁将军阿密达所部一支赴浙。 |
| 1674 | 康熙十三年 | 六月初十日,时耿精忠所部进入江西,取广信、建昌、饶州,与当地反清势力会合,康熙命定南将军希尔根至江西,再由袁州取长沙。 |
| 1674 | 康熙十三年 | 六月十三日,以吴三桂踞湖南重地澧、岳诸处抗击清军,命多罗贝勒尚善为安远靖寇大将军,同固山贝子彰泰、镇国公兰布率兵往攻岳州。 |
| 1674 | 康熙十三年 | 六月二十五日,以和硕康亲王杰书为奉命大将军、固山贝子傅拉塔为宁海将军率师前往浙江,以多罗贝勒董额为定西大将军,率固山贝子温齐、辅国公绰克托等前往四川。康熙以"诸王贝勒皆朕懿亲,指挥调遣,无可牵掣,守御征剿,足增威重",故有是命。 |
| 1674 | 康熙十三年 | 九月初一日,康熙以军兴以来经筵日讲停止已久,命学士傅达礼每日进讲。 |

| 公元 | 年号 | 大事记 |
|---|---|---|
| 1674 | 康熙十三年 | 九月十八日,以江南为天下重地,兵力单薄,命和硕简亲王喇布为扬威大将军,驻江宁以保固江南地区。 |
| 1674 | 康熙十三年 | 九月二十四日,先是,裕亲王福全等密题广西有变,广东孤危。请亟遣大军,至是命和硕安亲王岳乐为定远平寇大将军,率军速赴广东。两广总督金光祖疏报,广西提督马宁、左江总兵官郭义叛于柳州。 |
| 1674 | 康熙十三年 | 十二月初四日,陕西提督王辅臣叛。 |
| 1674 | 康熙十三年 | 是年,因用兵西南,军需繁多,开捐例。 |
| 1675 | 康熙十四年 | 正月初二日,命安亲王岳乐由袁州取长沙。 |
| 1675 | 康熙十四年 | 正月初九日,命晋尚可喜平南亲王,由其子尚之孝袭封。广东文武事务照旧料理。尚之孝统兵在外,给予大将军印。 |
| 1675 | 康熙十四年 | 三月十九日,康熙谕提督张勇、巡抚华善、总兵官王进宝等率部取兰州,与攻取秦州之大将军董额、取平凉之将军阿密达协力挟剿,以定临洮、巩昌诸处。旋授甘肃提督张勇为靖逆将军。 |
| 1675 | 康熙十四年 | 三月二十九日,蒙古察哈尔部布尔尼举兵反清,命多罗信郡王鄂札为抚远大将军,大学士都统图海为副将军,率师征讨。 |
| 1675 | 康熙十四年 | 四月二十七日,谕达赖喇嘛:"朕乃天下人民之主,岂容裂土罢兵?但果悔罪来归,亦当待以不死。" |
| 1675 | 康熙十四年 | 五月二十日,以叛军杨来嘉、洪福两路进攻湖广南漳,陷谷城。康熙予贝勒察尼靖寇将军印,令率兵赴援统辖襄阳诸处官兵。又调河南汝州兵增防重地襄阳。 |
| 1675 | 康熙十四年 | 闰五月初一日,命靖逆将军张勇节制全陕军务。 |
| 1675 | 康熙十四年 | 闰五月初五日,顺承郡王勒尔锦报:吴三桂在松滋声言渡江决战,湖南战事紧张,命增兵荆州。 |
| 1675 | 康熙十四年 | 七月初一日,清军进围平凉。 |
| 1675 | 康熙十四年 | 八月二十四日,遣和硕额驸耿聚忠赍敕前往招抚耿精忠。 |
| 1675 | 康熙十四年 | 八月二十六日,康亲王傑书疏报:傅拉塔率部围攻黄岩,耿精忠部将曾养性突围走温州,黄岩恢复。 |
| 1675 | 康熙十四年 | 九月十五日,命安亲王岳乐"乘冬月速取长沙"。谕曰:"贼渠三桂也,今不早灭,虽江西、福建之贼尽除,于事奚益。" |
| 1676 | 康熙十四年 | 十二月十三日,册封皇子胤礽为皇太子,年甫二岁。清立皇太子自此始。 |

| 公元 | 年号 | 大事记 |
|---|---|---|
| 1676 | 康熙十四年 | 十二月二十日,平南亲王尚可喜疏报,广东十府已失其四。 |
| 1676 | 康熙十五年 | 正月十四日,谕兵部督捕衙门,"将逃人法新旧条例逐一详订,务俾永远遵行"。二十六日,命索额图、熊赐履等七人详定逃人律例,颁行天下。 |
| 1676 | 康熙十五年 | 二月初十日,命都统大学士图海为抚远大将军,率军赴陕西,总统全省满汉大兵,尽收各将军敕印,其贝勒董额以下悉听节制。 |
| 1676 | 康熙十五年 | 二月二十一日,尚之信反清。 |
| 1676 | 康熙十五年 | 三月初九日,以军兴,暂停康熙十六年大计。 |
| 1676 | 康熙十五年 | 三月十八日,大将军顺承郡王勒尔锦率大军自荆州渡江,败吴军于湖北石首、太平街诸地。然旋即失利,退守荆州。四月十六日,康熙以其抵荆州以来,坐守三年未获寸功,诏责之。 |
| 1676 | 康熙十五年 | 四月初三日,谕简亲王喇布恢复吉安,保固萍乡。 |
| 1676 | 康熙十五年 | 四月初九日,江西总督董卫国疏报尚之信反后,镇南将军舒恕等引兵归,副都统莽依图自肇庆突围,总督金光祖,巡抚佟养巨、陈洪明均降。 |
| 1676 | 康熙十五年 | 五月初三日,俄罗斯使臣至京。 |
| 1676 | 康熙十五年 | 五月十七日,抚远大将军图海抵达平凉,旋即奏捷,收复平凉。 |
| 1676 | 康熙十五年 | 五月,尚之信、孙延龄、马雄等分路进攻江西袁州诸处,而吴军韩大任等死守吉安,简亲王喇布坐守南昌,迟延时日。康熙斥责之。 |
| 1676 | 康熙十五年 | 六月二十八日,简亲王喇布疏报:耿精忠军弃江西建昌、新城,焚营遁福建。康熙以耿军撤回系为郑经所逼,谕令杰书、傅拉塔等乘机进兵福建。 |
| 1676 | 康熙十五年 | 七月十四日,大学士熊赐履票签错误,又诿过于同僚杜立德,被革职。 |
| 1676 | 康熙十五年 | 七月二十八日,大将军图海疏报,陕西诸将败吴之茂。 |
| 1676 | 康熙十五年 | 八月十五日,谕吏、户、兵部整饬军需之弊。都统赖塔与耿军战于大溪滩,大溪滩奏捷。 |
| 1676 | 康熙十五年 | 八月二十六日,叙西北诸将战功。 |
| 1676 | 康熙十五年 | 九月十九日,耿精忠请降,遣其子耿显祚至康亲王杰书军前献印。 |
| 1676 | 康熙十五年 | 十一月十八日,江西总督董卫国疏报,因清军攻取长沙,吴三桂调集兵马回援长沙。 |
| 1677 | 康熙十五年 | 十二月初九日,喇布奏闻,尚之信遣人携密书至军前请降。 |
| 1677 | 康熙十六年 | 正月二十二日,命改定刑律,重诱卖良人之罪。 |

| 公元 | 年号 | 大事记 |
|---|---|---|
| 1677 | 康熙十六年 | 二月初六日,从云南道御史陆祚蕃疏请,定河员选用之法。 |
| 1677 | 康熙十六年 | 二月初九日,命河道总督王光浴解任。 |
| 1677 | 康熙十六年 | 二月二十日,遣刑部郎中至岳州军前宣谕将军大臣及满汉官兵。 |
| 1677 | 康熙十六年 | 二月二十七日,命议政王大臣会议董额等出征秦中贻误军机罪案。 |
| 1677 | 康熙十六年 | 三月初一日,安亲王岳乐与吴三桂军于官山激战。 |
| 1677 | 康熙十六年 | 三月初八日,命康亲王分遣官兵同耿精忠兵讲取潮州;授署副都统莽依图为镇南将军,精选士马,夹攻广东。寻尚之信、傅弘烈密疏纳款,刘进忠、苗之秀各报投诚。 |
| 1677 | 康熙十六年 | 三月十三日,以镶白旗"盗贼、光棍、匪人甚多",诏责该旗副都统吴丹、兵部尚书塞色黑等,"嗣后须晓谕严切,务令盗贼光棍永行禁止"。 |
| 1677 | 康熙十六年 | 三月二十六日,议喇布等坐视吉安城内叛军出逃罪案。 |
| 1677 | 康熙十六年 | 四月二十日,以陕、浙、闽三省底定,严禁借从逆之名妄加陷害。 |
| 1677 | 康熙十六年 | 四月,大将军康亲王杰书以福建全省底定,郑经尚在厦门,遣人前往招抚。郑经仍坚持照朝鲜例,议遂不成。 |
| 1677 | 康熙十六年 | 五月初四日,以讲学必互相阐发,命经筵日讲由惟讲官敷陈讲章改为皇帝先讲四书朱注讲解,或先讲通鉴等书讲解,然后讲官照常进讲。 |
| 1677 | 康熙十六年 | 六月初八日,九卿会议本年九月添行乡试事宜。 |
| 1677 | 康熙十六年 | 六月,左都御史宋德宜疏言:开暂行捐例三载,所入二百万有余,捐纳知县五百余人。现因子年不得选授,皆徘徊观望,请限期停止。 |
| 1677 | 康熙十六年 | 七月初四日,从吏部侍郎折尔肯之请,将禁海时居民迁移之江南海州、云台山改为内地,招民复其旧业,仍设兵镇守。 |
| 1677 | 康熙十六年 | 七月初九日,修订侵盗钱粮人犯定例。 |
| 1677 | 康熙十六年 | 七月十九日,新任河督靳辅条列八疏,请全面修治河道。议政王大臣等以工程浩繁,每日需银十二万余,应将紧要处酌量修筑。康熙命靳辅再行确议。 |
| 1677 | 康熙十六年 | 七月二十九日,康熙召大学士等论朋党之弊。 |
| 1677 | 康熙十六年 | 八月二十二日,册封公遏必隆之女钮祜禄氏为皇后,册封佟氏为贵妃。 |
| 1677 | 康熙十六年 | 八月二十三日,都察院遵旨详定办事迟延各官条例。 |

| 公元 | 年号 | 大事记 |
|---|---|---|
| 1677 | 康熙十六年 | 十月十五日,准尚之信之请,以郑经仍在厦门,广东按原界重申海禁。 |
| 1677 | 康熙十六年 | 十月二十日,命设南书房。 |
| 1677 | 康熙十六年 | 十月,吴三桂之孙吴世琮至桂林诱杀孙延龄,据其城。逼巡抚马雄镇降,不从,杀之,并其幼子。 |
| 1677 | 康熙十六年 | 十一月初六日,吴三桂至湖南衡州。以北部战场失利,乃图广西。令骁将马宝由宜章入广西。 |
| 1677 | 康熙十六年 | 十一月,靖南王耿精忠藩下参领徐鸿弼等,遣人至京首告耿精忠归降后仍蓄逆谋。 |
| 1678 | 康熙十七年 | 正月十三日,河道总督靳辅遵旨复奏河工事宜。 |
| 1678 | 康熙十七年 | 正月二十三日,诏举荐博学鸿儒。 |
| 1678 | 康熙十七年 | 正月二十六日,谕议政王大臣等严肃军纪。 |
| 1678 | 康熙十七年 | 二月初九日,谕户部会同吏兵工三部,严禁借军机紧急,滥行奏销,糜费军饷以及欺侵浮冒。 |
| 1678 | 康熙十七年 | 二月十七日,停各省督抚坐名题补。 |
| 1678 | 康熙十七年 | 二月二十六日,皇后钮祜禄氏逝于坤宁宫。闰三月,谥孝昭皇后。 |
| 1678 | 康熙十七年 | 二月,河道总督靳辅请银二百五十万余两大修河道。 |
| 1678 | 康熙十七年 | 三月初一日,吴三桂称帝于湖南衡州。 |
| 1678 | 康熙十七年 | 三月初十日,户部等衙门遵旨会议各省动用钱粮,司道官须先申详督抚题明,否则借军需竟入奏册请销者,不准开销,并定处分条例。 |
| 1678 | 康熙十七年 | 三月,大将军安亲王岳乐恢复湖南浏阳、平江。将军穆占连拔湖南郴州、永兴、茶陵、宜章、桂阳、兴宁等十二余城,兵逼衡州。 |
| 1678 | 康熙十七年 | 闰三月十六日,命于福建复行迁界。 |
| 1678 | 康熙十七年 | 闰三月十九日,命理藩院郎中拉笃祜赴西北探厄鲁特台吉噶尔丹讯息。寻拉笃祜奉命驰驿来京,面承密旨。翌日得报,噶尔丹将攻西海。 |
| 1678 | 康熙十七年 | 闰三月二十七日,大将军安亲王岳乐奏闻,吴三桂亲军水师右翼将军林兴珠自湘潭来降。康熙命从优封林兴珠侯爵,授建义将军,留安亲王军前效力。 |
| 1678 | 康熙十七年 | 五月初一日,投降之水师将军林兴珠上破岳州之策。 |

| 公元 | 年号 | 大事记 |
|---|---|---|
| 1678 | 康熙十七年 | 五月初五日,都察院左副都御史刘楗疏言:因军兴大计、举劾俱停止。今渐次平定,又届二年举劾之期,请严饬督抚作速举行,其曾保举之官一体严察。从之。 |
| 1678 | 康熙十七年 | 六月初十日,郑经军围攻海澄,清军失援,海澄粮尽,官兵于是日弃城突围,海澄失陷。 |
| 1678 | 康熙十七年 | 六月,吴三桂以永兴为衡州门户,调集马宝、王绪、胡国柱等精锐兵力强攻永兴,三面围城。 |
| 1678 | 康熙十七年 | 七月十七日,淮河道总督所请,加高加筑高家堰、高良涧一带河堤。翌日又准靳辅修改后的治河方案。 |
| 1678 | 康熙十七年 | 七月二十二日,吏部题,各省荐博学鸿儒中,有陕西李颙、王弘撰,江南汪琬等十六人以疾辞,陕西李因笃以母老辞。得旨,以所荐皆学问渊通,文藻瑰丽,命该督抚作速起送来京。 |
| 1678 | 康熙十七年 | 七月二十二日,大将军贝勒尚善奏,清军舟师败敌于岳阳湖。 |
| 1678 | 康熙十七年 | 八月初四日,安远靖寇大将军贝勒尚善卒于军中。十一日,命贝勒察尼代为安远靖寇大将军,赴岳州统其军。 |
| 1678 | 康熙十七年 | 八月十六日,谕议政王大臣等:今日之事,岳州最要,不可不速行攻取,"朕欲亲统六师躬行伐罪"。 |
| 1678 | 康熙十七年 | 八月十七日,吴三桂中风且患赤痢,病死于衡州,终年六十七岁。时马宝、胡国柱等攻永兴正急,二十一日,闻丧回衡州,永兴围解。 |
| 1678 | 康熙十七年 | 八月二十七日,康熙谕议政王大臣等:吴三桂已死,贼必内变,诸路将军宜乘时备统大兵分路进剿。 |
| 1678 | 康熙十七年 | 九月十一日,安亲王岳乐、顺承郡王勒尔锦、贝勒察尼三大将军奉命详议进兵事宜。 |
| 1678 | 康熙十七年 | 九月二十八日,平南王尚之信以军需用船,请暂开海禁,许商民造船,由广州至琼州贸易自便,则可借用商船进剿。有旨:海禁不可轻开,但鼓励督抚官员捐助造船,以备征剿。 |
| 1678 | 康熙十七年 | 十月二十九日,从河道总督靳辅之请,江南淮北各州县漕粮例征红米,黄河泛滥,原产红米之区有改种白稻者,漕粮征收应当随土产之便,不必拘定米色,红白兼收。永为定例。 |
| 1678 | 康熙十七年 | 十月三十日,皇四子胤禛(雍正帝)诞生,其母乌雅氏。 |

| 公元 | 年号 | 大事记 |
|---|---|---|
| 1678 | 康熙十七年 | 十一月,吴三桂婿郭壮图挟吴三桂孙吴世璠"即位"于云南,奉其祖吴三桂为太祖高皇帝,其父吴应熊为孝恭皇帝,改元"洪化",颁"诏"各地。 |
| 1679 | 康熙十七年 | 十二月十六日,先是,吴三桂水师将军杜辉自岳州致书贝勒察尼请降,事泄为吴应麒诛杀,所部总兵陈华、李超率部至清营投诚。察尼以是奏闻。二十四日,授陈华、李超为都督同知总兵官。 |
| 1679 | 康熙十八年 | 正月十八日,清军收复岳州。 |
| 1679 | 康熙十八年 | 正月二十九日,岳州恢复,长沙城内叛军震恐,守将胡国柱虑不能久立,率部弃长沙,退驻辰龙关。清军进入长沙城。 |
| 1679 | 康熙十八年 | 正月二十九日,大将军顺承郡王勒尔锦于湖广率大军渡江,恢复松滋、枝江、宜都诸地,南下湖南复澧州。 |
| 1679 | 康熙十八年 | 正月,福建总督姚启圣于漳州设"修来馆"招降郑经部众。文官降者以原衔题请,武官降者题请换扎,兵民给予赏银不等。 |
| 1679 | 康熙十八年 | 二月十三日,大将军简亲王喇布率军夺衡州,吴将吴国贵、夏国相等弃城走,清军收复衡州。 |
| 1679 | 康熙十八年 | 三月初一日,于体仁阁考试诸臣荐举之博学鸿儒。 |
| 1679 | 康熙十八年 | 三月二十三日,康熙御太和殿传胪,赐殿试贡士归允肃等一百五十一人进士及第出身有差。 |
| 1679 | 康熙十八年 | 四月初三日,始纂修玉牒。命镇国公苏努为总裁官,辅国公品级富尔泰,大学士勒德洪、杜立德,礼部尚书吴正治,内阁学士噶尔图,侍郎额星格为副总裁官。 |
| 1679 | 康熙十八年 | 五月十七日,授取中之博学鸿儒五十人为翰林官,邵吴远为侍读,汤斌等四人为侍讲,彭孙通等十八人为编修,倪灿等二十七人为检讨。 |
| 1679 | 康熙十八年 | 五月二十一日,直隶各省督抚遵例自陈。得旨:江西巡抚佟国桢著降二级调用,甘肃巡抚鄂善著解任,广东巡抚佟养巨著革职。 |
| 1679 | 康熙十八年 | 五月二十六日,命内阁学士徐元文为《明史》监修总裁官,掌院学士叶方蔼、右庶子张玉书为总裁官。 |
| 1679 | 康熙十八年 | 五月二十六日,谕大将军贝勒察尼统兵往云贵进剿,自澧州以南军务听贝勒察尼调度,荆州、岳州、彝陵、襄阳等处军务听大将军王勒尔锦调度。 |
| 1679 | 康熙十八年 | 六月二十七日,以湖南渐次底定,命刑部侍郎宜昌阿等至湖广,传谕各大将军等酌议撤兵。 |

| 公元 | 年号 | 大事记 |
|---|---|---|
| 1679 | 康熙十八年 | 七月初八日,户部郎中布詹等奉差往浙江巡海,严察兵民私贩米粮出海贸易,酌议增设巡海官兵。康熙谕之曰:"欲灭海寇,必断内地私贩。"将军、督抚提镇所属人员有犯禁者,即鞫审以闻。 |
| 1679 | 康熙十八年 | 七月十一日,因死罪重犯向有论功免死之例,致恶人恣肆愈多。谕刑部:"以后死罪犯人不得论功议免。" |
| 1679 | 康熙十八年 | 七月十四日,议辅国公温齐等围困岳州罪案。其时,温齐等围困岳州,敌遁不追,虚报战功等。 |
| 1679 | 康熙十八年 | 七月二十八日,京城大地震。以"灾异示警,务省愆思",命大臣据实陈奏"应行应革事宜"及任职情形。 |
| 1679 | 康熙十八年 | 七月三十日,时左都御史魏象枢以地震灾异,疏劾大学士索额图怙权贪纵等情,请严谴。 |
| 1679 | 康熙十八年 | 八月十一日,九卿等遵谕议定官员处分之例。 |
| 1679 | 康熙十八年 | 八月十二日,康熙帝责各衙门大小汉官凡事推诿满官,科道官章奏内隐附私情,希图作弊,著九卿詹事科道详议。寻议:嗣后凡汉官推诿满官、瞻徇延挨者革职;科道官条奏有嘱托挟制等弊者革职提问。 |
| 1679 | 康熙十八年 | 八月十八日,大将军安亲王岳乐统帅清军收复湖南要塞武冈、枫木岭,大败吴军,吴军主帅吴国贵中炮死,胡国柱、马宝等崩溃。 |
| 1679 | 康熙十八年 | 八月二十九日,召集满汉九卿詹事科道,将"科道两衙门本章情弊无益国计民生处一一讲究"。又就姚缔虞所题,令议科道官风闻言事。 |
| 1679 | 康熙十八年 | 九月初三日,谕议政王大臣等,以武冈州。枫木岭阪复,命安亲王、简亲王、贝勒察尼速赴沅州,如有破敌机会酌量而行。将八旗兵一半撤回京师,令发禁兵更代,以休养之兵力收复余地。整编原定南王藩下官兵,仍设都统一、副都统二、参领三、佐领十五、骁骑校十五。 |
| 1679 | 康熙十八年 | 九月初六日,先是初五日,厄鲁特噶尔丹台吉遣使进贡请安。是日,理藩院题:来使称,噶尔丹称博硕克图汗之号,乃达赖喇嘛所加。查从前厄鲁特、喀尔喀等从无以擅称汗号者准其纳贡之例。但噶尔丹台吉敬贡方物,特遣员入告,应准其献纳。从之。 |
| 1679 | 康熙十八年 | 九月二十二日,谕大学士等:一切折出票答应商酌者,皆国家切要政务。今后除起居注官照常记注外,遇有折本启奏,俱令侍班记注。惟会议机密事情及召见诸臣近前口谕,记注官不必侍班。 |
| 1679 | 康熙十八年 | 十月初五日,户部等衙门会议钱法十二条。 |

| 公元 | 年号 | 大事记 |
|---|---|---|
| 1679 | 康熙十八年 | 十月初七日,康熙帝命大将军康亲王傑书等公同酌议,撤福建满洲兵一半还京师。 |
| 1679 | 康熙十八年 | 十月初十日,遣内阁学士禧佛等赍敕往陕西,谕将军张勇、王进宝,提督赵良栋、孙思克等,"备率所属绿旗兵平定汉中、兴安,恢复四川"。 |
| 1679 | 康熙十八年 | 十月二十三日,因福建满洲兵将撤一半回京,虑耿精忠有变。是日,康熙谕康亲王傑书曰:"王当开谕耿精忠,令其陈奏请安,诣京陛见","此事关系,甚为重大,王当详细筹划具奏"。 |
| 1680 | 康熙十九年 | 正月初六日,大将军康亲王傑书疏请处置耿精忠,康熙不准。令劝谕耿精忠来京。 |
| 1680 | 康熙十九年 | 正月初八日,谕议政王大臣等,进取四川,以八旗兵为绿旗兵后应最为要策。命将军吴丹部继王进宝部之后,将军鄂克济哈部继赵良栋之后。大将军图海率军进驻汉中,接济入川诸军粮饷。 |
| 1680 | 康熙十九年 | 正月二十七日,勇略将军赵良栋、奋威将军王进宝入川捷报奏闻。 |
| 1680 | 康熙十九年 | 二月十四日,禁一品以下用太监,满洲除八分内王公外,私买太监者从重处分。 |
| 1680 | 康熙十九年 | 二月十五日,从内阁学士兼监修《明史》总裁官徐元文之请,"纂修明史,宜举遗献"。 |
| 1680 | 康熙十九年 | 三月初六日,平南王尚之信藩下护卫张永祥、张士选赴京首告尚之信跋扈、怨望、不愿作战、糜饷、擅杀等罪。 |
| 1680 | 康熙十九年 | 三月初九日,大将军安亲王岳乐率师凯旋,康熙率诸王大臣出迎二十里外。 |
| 1680 | 康熙十九年 | 三月十三日,安远靖寇大将军贝勒察尼、绥远将军蔡毓荣等率部攻取辰龙关,恢复辰州。随即乘胜复铜仁府之泸溪、溆浦、麻阳三县。 |
| 1680 | 康熙十九年 | 四月初一日,以流亡京师饥民甚多,如何将其遣回原籍及在京赈济、就医等事,令大学士会同六部及都察院议奏。 |
| 1680 | 康熙十九年 | 四月十九日,靖南王耿精忠疏请陛见,得旨,耿精忠著来京。 |
| 1680 | 康熙十九年 | 四月二十三日,以清军云集湖南沅州,需饷浩繁,命定远平寇大将军贝子章泰等遣部分八旗兵回京。 |
| 1680 | 康熙十九年 | 五月初二日,因近来各衙门官员纵容蠹役诈索害民,命严加申饬,按处分之例严加惩处,务令家喻户晓。 |

| 公元 | 年号 | 大事记 |
|---|---|---|
| 1680 | 康熙十九年 | 五月初八日,大学士等以三法司议朱慈灿假称崇祯太子、散给札付案,面奏请旨。康熙命将凌迟改为立斩,僧人免死,发新满洲为奴。 |
| 1680 | 康熙十九年 | 五月十三日,刑部侍郎宜昌阿至广州后,会同都统王国栋、总督金光祖等擒尚之信。 |
| 1680 | 康熙十九年 | 五月十九日,郑经部总兵朱天贵接受招抚,率文武官六百余员,兵二万余人,大小战船三百余艘,抵海澄投降。六月十五日,清廷授予左都督。 |
| 1680 | 康熙十九年 | 六月初十日,以提督桑额、总兵官周邦宁于吴三桂初叛时,弃常德、澧州撤回,命将桑额革职,周邦宁降级留任。 |
| 1680 | 康熙十九年 | 六月二十日,安亲王岳乐疏言:故平南王尚可喜妻舒氏、胡氏首告其子尚之信罪逆当诛,乞传谕官吏擒拿。得旨:尚之信并原告、干证,著侍郎宜昌阿等押解来京质审。 |
| 1680 | 康熙十九年 | 六月二十三日,户部题:因用兵需饷,将湖广、江南、浙江三省漕粮改折。今京城支放数多,湖广漕粮已经起运,请将江南、浙江二省仍征本色。从之。 |
| 1680 | 康熙十九年 | 六月二十五日,奉命大将军傑书以在闽清军过多,自请率部分清军撤回京城。从之。 |
| 1680 | 康熙十九年 | 七月初七日,从四川道御史张志栋之请,各部主事非正途出身者,历俸三年,由该部堂官保举方许升转。都察院左副都御史郝浴疏言:考选科道官,应将正途加捐者仍照例考选,非正途出身者,虽经保举,只照常升转,不准考选。从之。 |
| 1680 | 康熙十九年 | 七月初十日,以左都御史觉罗舒恕装病回京,康熙谕议政王大臣等,历数舒恕统兵时诸过,命革左都御史、佐领及世职。 |
| 1680 | 康熙十九年 | 七月十七日,左副都御史郝浴疏言各部司官贤否不一,请令各堂官每岁终各举劾一人,举者照荐举注册,劾者照例处分,以昭惩劝。从之。 |
| 1680 | 康熙十九年 | 七月二十二日,顺承郡王勒尔锦因率兵赴重庆半途而返,具疏自劾,请解大将军印,发往沅州军前效力。康熙不准,命携大将军印,率所属护卫各官、王府佐领及沅州官兵还。 |
| 1680 | 康熙十九年 | 八月初四日,定福建绿营兵额。 |

| 公元 | 年号 | 大事记 |
|---|---|---|
| 1680 | 康熙十九年 | 八月初八日,命清军三路进兵云贵,大将军贝子章泰由沅州取贵州;大将军简亲王喇布由广西取云南;将军吴丹、赵良栋取遵义后即进取云南。从绥远将军湖广总督蔡毓荣之请,降旨招抚吴世璠。 |
| 1680 | 康熙十九年 | 八月二十三日,命吏部、都察院考察现任满官给事中及御史,称职者留任,不称职者对品调部院衙门用。 |
| 1680 | 康熙十九年 | 八月二十八日,尚之信被总督金光祖执于广西武宣后,具疏辩,谕将其解京对质。然尚之信与弟尚之节等纠集党羽诱杀都统王国栋,尚之信再度谋乱于广州。 |
| 1680 | 康熙十九年 | 八月,耿精忠至京,其弟耿昭忠、耿聚忠合疏参劾耿精忠背恩为乱。 |
| 1680 | 康熙十九年 | 闰八月十二日,撤平南藩尚之信标下十五佐领官兵,分入上三旗令驻广东,另设将军、副都统管辖。 |
| 1680 | 康熙十九年 | 九月初五日,从户部题,尚之信等在广州有私行收税之项,已令督抚严察题明豁免。耿精忠在福建恐亦有私行收税之处,令督抚题明一体豁免。 |
| 1680 | 康熙十九年 | 九月初十日,以满汉大军诸路进剿,广西一路亟宜速入云南,将军赖塔在福建、广东劳绩素著,命授为大将军,赴广西统满汉大军由南宁进取云南。 |
| 1680 | 康熙十九年 | 十月十五日,以各旗遣家人私往外省,借端挟诈,嘱托行私,侵扰小民。命吏兵刑三部及都察院会同定例,寻定旗人私往外省处分条例。 |
| 1680 | 康熙十九年 | 十月二十一日,大将军贝子章泰率湖广满汉大军于闰八月十八日自沅州启行,一路势如破竹,十月十二日克重镇镇远府,二十一目抵贵阳省城,吴世璠率众逃回云南,贵州相平定。 |
| 1680 | 康熙十九年 | 十一月初六日,议出师湖广罪案。十月二十六日,议政王大臣等议顺承郡王勒尔锦、贝勒察尼等出师湖广罪案,康熙以处分过轻命再议,至是复议。 |
| 1681 | 康熙十九年 | 十二月初七日,谕议政王大臣等,大将军赖塔等率兵进兵云南,若敌穷蹙来降,吴世璠、吴应麒、胡国柱、夏国相等首恶俱处斩,传首京师。尽节官员查明以闻。大将军章泰、赖塔会合平定云南后,宜就如何留兵镇守,如何撤还,详议具奏。 |
| 1681 | 康熙二十年 | 正月十八日,大将军贝子章泰等疏报,原任贵州提督从叛李本深及文武官相继归诚。命解李本深来京,余员量行安插。 |
| 1681 | 康熙二十年 | 正月二十二日,将军穆占与提督赵赖等率满汉各兵进取贵州,吴军大将军高启隆与将军夏国相等率兵二万屯平远府西南山上,穆占等率部与之激战,恢复平远府。 |

| 公元 | 年号 | 大事记 |
|---|---|---|
| 1681 | 康熙二十年 | 正月二十七日,考核部院官员。命吏部、都察院,以各衙门官员有虚糜俸禄懒惰不上衙门者,有老病孱弱不能任事者,令分别勤惰开列具奏。 |
| 1681 | 康熙二十年 | 正月二十八日,郑经病逝于台湾,终年三十九岁。 |
| 1681 | 康熙二十年 | 二月初二日,大将军赖塔率兵由广西进取乏南,吴将何继祖、瞻养二万余人据黄草坝以象迎战,赖塔军自卯战至未,大败之。"独先诸路",进入云南。 |
| 1681 | 康熙二十年 | 二月初七日,福建总督姚启圣、巡抚吴兴祚请开海展界,俾沿海人民复业。得旨,厦门金门等处已设官兵防守,应如所题。命革酷三藩弊政。 |
| 1681 | 康熙二十年 | 二月十二日,以直隶巡抚于成龙居官廉明,"自始至终,迄无改辙",康熙"甚嘉之",特赐内帑白金一千两,康熙所乘良马一匹,并亲制诗一章。 |
| 1681 | 康熙二十年 | 二月二十一日,清大将军章泰、赖塔两路大军首战昆明。 |
| 1681 | 康熙二十年 | 三月二十日,大将军赖塔等疏报,大军已逼云南省城,掘壕围困昆明。 |
| 1681 | 康熙二十年 | 四月二十一日,云南巡抚伊辟以两路大军齐集云南,请亟令贵州、广西二路协济银米。康熙命户部郎中明额礼、萨木哈驰赴云南,与大将军等会同酌议,设法于云南采买,不必由广西、贵州起运。 |
| 1681 | 康熙二十年 | 四月二十六日,清军大兵围云南省城,招抚诸路叛军,吴军驻大理之定远大将军东平公张国柱等请降。 |
| 1681 | 康熙二十年 | 五月十三日,谕大学士等,如有曾经从叛受职,不得选用科道。 |
| 1681 | 康熙二十年 | 六月初一日,议追赠诸王谥号,定亲郡王用一字,贝勒以下护国将军以上皆用二字。 |
| 1681 | 康熙二十年 | 六月十三日,命传谕大将军章泰、赖塔,将军赵良栋等,投诚人员内有原属吴三桂下旧人,亲近知情及吴应麒心腹,令驰驿来京。命投诚之土司总兵陆道清、海潮龙之心腹同往达赖喇嘛处者,亦令驰驿来京。 |
| 1681 | 康熙二十年 | 六月二十五日,从湖广道御史房廷桢疏请,捐纳岁贡,终非正途,不应考选科道。在京三品京堂子弟及督抚子弟例亦不行考选。 |
| 1681 | 康熙二十年 | 七月初五日,吴三桂骁将马宝请降。 |
| 1681 | 康熙二十年 | 七月二十二日,以湖广、江西、福建、广东、广西俱亦荡平,招民议叙不准行。 |
| 1681 | 康熙二十年 | 七月二十八日,起用施琅,命仍以右都督充福建水师提督总兵官,加太子少保前往福建。 |

| 公元 | 年号 | 大事记 |
|---|---|---|
| 1681 | 康熙二十年 | 八月十六日,时清查吴三桂"逆产",康熙帝命禁止首告商民领取藩本,以恐累民。 |
| 1681 | 康熙二十年 | 八月十九日,谕理藩院:"闻尔部衙门每差司官等往蒙古地方,常有需索,致供应食物繁费,怨声沸腾,尔宜严饬之。" |
| 1681 | 康熙二十年 | 九月十八日,大将军图海奏报:将军王辅臣行至西安,于八月二十九日病故。议王辅臣"从逆"罪案,予以处分。 |
| 1681 | 康熙二十年 | 九月二十八日,命将耿昭忠、耿聚忠等属下编为五佐领,归入正黄旗汉军旗下。 |
| 1681 | 康熙二十年 | 十月初六日,抚远大将军、都统、大学士、公图海至京,康熙于乾清门召见,嘉劳之。十二月十九日图海病故,赐银三千两。 |
| 1681 | 康熙二十年 | 十月初八日,以长围云南省城数月,清军三路攻取昆明。 |
| 1681 | 康熙二十年 | 十月十三日,命将原尚之信、耿精忠所属旗下人员自广东、福建全部撤回京师,派兵护送,"沿途勿使生事"。 |
| 1681 | 康熙二十年 | 十月二十八日,破昆明城。 |
| 1681 | 康熙二十年 | 十一月十四日,四鼓,云南奏捷,全省荡平,王以下文武官集乾清门行庆贺礼。命"自本日始,部院本章著每日送交内阁,由内阁两日一次汇送"。大将军章泰、赖塔疏报,清军追歼叛军余部,夏国相、王永清、李攀龙等降。又追剿胡国柱等至云龙州,胡国柱、王绪等自杀死,将军王公良等率众降。 |
| 1682 | 康熙二十年 | 十二月初九日,御史何嘉祜以天下荡平,请上皇帝尊号,康熙不允。 |
| 1682 | 康熙二十年 | 十二月二十日,以三藩平定于太和门行庆贺礼,颁诏全国,恩款凡四十五条。 |
| 1682 | 康熙二十一年 | 正月初九日,学者顾炎武卒。 |
| 1682 | 康熙二十一年 | 正月十五日,上元节。因三藩之乱荡平,破例于乾清宫内殿宴大学士及备部院堂官九十三员。许笑语之勿禁。 |
| 1682 | 康熙二十一年 | 正月十九日,将吴三桂骸骨分发各省。其孙吴世璠酋级悬挂示众。其党多人被处死。 |
| 1682 | 康熙二十一年 | 正月二十日,将耿精忠等七人凌迟处死。其子耿显祚等十六人处斩。耿精忠、刘进忠悬首示众。 |
| 1682 | 康熙二十一年 | 二月十四日,直隶旗下庄头,恃其主势害民。 |

| 公元 | 年号 | 大事记 |
|---|---|---|
| 1682 | 康熙二十一年 | 二月十五日,康熙帝第二次东巡。 |
| 1682 | 康熙二十一年 | 三月十五日,五世达赖喇嘛阿旺罗桑嘉错卒。 |
| 1682 | 康熙二十一年 | 四月十四日,遣使册封琉球国世子尚贞为"中山王"。赐康熙御笔"中山世土"四字。 |
| 1682 | 康熙二十一年 | 四月十七日,施琅原请于三、四月间规取台湾,至是,施琅请改期规取台湾。 |
| 1682 | 康熙二十一年 | 四月十七日,朱之瑜卒于日本江户(东京)。 |
| 1682 | 康熙二十一年 | 五月初七日,康熙帝御书"清慎勤"三大字颁发直隶备省督抚。 |
| 1682 | 康熙二十一年 | 五月初九日,宽宥流放乌喇人犯,发往尚阳堡。 |
| 1682 | 康熙二十一年 | 五月,因三藩战事底定,议裁备省标兵一半,以省军费。 |
| 1682 | 康熙二十一年 | 六月初八日,因《明史》总裁叶方蔼病逝,命补用陈廷敬。十八日,又任命大学士勒德洪、明珠、李霨、王熙为纂修《明史》监修总裁官。 |
| 1682 | 康熙二十一年 | 七月初八日,遣内大臣奇塔特等去准噶尔噶尔丹汗处,颁敕书,告以三藩之乱已平定,颁赏。同时遣使赴喀尔喀左右翼土谢图汗等处。 |
| 1682 | 康熙二十一年 | 七月二十九日,因三藩荡平,裁撤经制外增设绿旗兵,归农。 |
| 1682 | 康熙二十一年 | 八月十五日,遣副都统郎谈、公彭春等率人往尼布楚侦察罗刹(沙俄)。 |
| 1682 | 康熙二十一年 | 八月二十四日,厄鲁特噶尔丹博硕克图汗遣使进贡,赏赉如例。 |
| 1682 | 康熙二十一年 | 九月初六日,杭州关门外罢市。 |
| 1682 | 康熙二十一年 | 九月十八日,三藩战事时,百姓供应繁苦。今三藩业已平定,谕大学士会同户部,将全国钱粮出纳之数,通算启奏,以便宽免。 |
| 1682 | 康熙二十一年 | 十月十一日,康熙帝率在京王、公、文武大臣过卢沟桥二十里等候,翌日,郊迎自云南凯旋的定远平寇大将军贝子章泰、征南大将军都统赖塔等,行抱见礼。 |
| 1682 | 康熙二十一年 | 十月十六日,康熙帝御门听政太早,年老大臣甚感辛苦,改为春夏以辰初刻,秋冬以辰正刻。 |
| 1682 | 康熙二十一年 | 十一月十七日,海运漕粮,因造海船及开浚胶莱诸河,所费不赀,似属难行。 |
| 1682 | 康熙二十一年 | 十一月十七日,九卿等会议,河督靳辅所修筑堤工不合式,责令赔修,限六个月修竣。得旨,责令赔修,恐致贻误,仍准动用钱粮。修筑各宫,著俱革职,戴罪监修。 |

| 公元 | 年号 | 大事记 |
|---|---|---|
| 1683 | 康熙二十一年 | 十二月初八日，因"宁古塔地方与罗刹（俄 罗斯）甚近，战船关系紧要"，命户部尚书伊桑阿带领良匠前往修理。又命善用藤牌兵者林兴珠前往演习。 |
| 1683 | 康熙二十一年 | 十二月二十日，惩处三藩战事中各战场作战不力之主帅：（一）安亲王岳乐长沙攻战时失利，罚俸一年；（二）康亲王杰书在浙江不能平贼，于杭州等处优游驻扎，削去军功，罚俸一年；（三）简亲王喇布征剿江西失利，削去王爵。 |
| 1683 | 康熙二十二年 | 二月初四日，三藩之乱时，从逆官二百四十员，俱照不谨例革职。 |
| 1683 | 康熙二十二年 | 三月初八日，为反击沙俄侵扰，筹划由辽河水陆运粮至黑龙江以供军需。 |
| 1683 | 康熙二十二年 | 三月初八日，议处索额图。 |
| 1683 | 康熙二十二年 | 三月十七日，定河南招民开垦事宜。 |
| 1683 | 康熙二十二年 | 三月二十二日，申饬刑部积弊，此前对工部积弊亦行厘剔。 |
| 1683 | 康熙二十二年 | 三月二十九日，于全国紧要之地江宁、西安、荆州增调驻防八旗，以资镇守。 |
| 1683 | 康熙二十二年 | 四月初三日，鉴于三藩称兵作乱，康熙帝谕大学士等曰：边疆将军"兵权不可令久擅也"。 |
| 1683 | 康熙二十二年 | 四月初四日，为与入侵的沙俄对垒，清军由乌喇、宁古塔移驻黑龙江。 |
| 1683 | 康熙二十二年 | 四月初八日，命萨布素、瓦礼祜统领移驻黑龙江清军，于额苏里筑木城驻军。将军巴海留守乌喇。 |
| 1683 | 康熙二十二年 | 四月十八日，曾经再四严禁，旗下仆婢因家主虐待而投河自缢者仍然不止。 |
| 1683 | 康熙二十二年 | 五月二十三日，康熙帝谕令施琅速进兵攻取台湾。 |
| 1683 | 康熙二十二年 | 六月十四日，施琅率清军舰队，由铜山（福建东山）起航，攻取台湾。 |
| 1683 | 康熙二十二年 | 六月十六日，清军开始进攻澎湖，至二十二日，清、郑两军于澎湖海战，郑军被彻底击败。 |
| 1683 | 康熙二十二年 | 闰六月初八日，郑克塽遣人至澎湖施琅军前请降。 |
| 1683 | 康熙二十二年 | 闰六月十八日，总督姚启圣澎湖大捷奏疏至。时康熙帝正出古北口避暑。二十九日，施琅《飞报大捷疏》到，详述澎湖海战经过。命从优议叙。 |
| 1683 | 康熙二十二年 | 七月二十七日，康熙帝颁敕招抚郑克塽、刘国轩、冯锡范等。 |

| 公元 | 年号 | 大事记 |
|---|---|---|
| 1683 | 康熙二十二年 | 七月二十七日,命工部侍郎苏拜赴闽,料理兵饷。谕曰:"勿使(台湾)余众仍留原地,此事甚有关系。" |
| 1683 | 康熙二十二年 | 八月十三日,施琅率水陆官兵抵达台湾,由鹿耳门登岸。刘国轩、冯锡范等迎接,十八日,台湾兵民剃发。 |
| 1683 | 康熙二十二年 | 八月十五日,中秋夜,施琅《台湾就抚疏》到京。康熙帝闻报,说:"朕心深为嘉悦。"命议政王大臣会议议台湾"应弃""应留"以闻。 |
| 1683 | 康熙二十二年 | 八月二十九日,施琅奏报,迁移台湾郑克塽家族等岸入内地。 |
| 1683 | 康熙二十二年 | 九月十一日,理藩院遵旨行文俄罗斯,劝谕俄罗斯退出侵占的中国领土,"急回本地",并归还逃人根特木尔。 |
| 1683 | 康熙二十二年 | 九月十一日,康熙决定"其在黑龙江,建城永戍"。 |
| 1683 | 康熙二十二年 | 九月十五日,远在俄罗斯伏尔加河的土尔扈特汗阿玉奇等所遣贡使贸易之人,限二百人准入边关,其余俱令在张家口、归化城等处贸易。准噶尔部等同。 |
| 1683 | 康熙二十二年 | 十月十九日,命展界。翌年,下展界令。 |
| 1683 | 康熙二十二年 | 十月二十六日,设置黑龙江将军。任命抗俄名将萨布素为首任黑龙江将军,驻黑龙江城(瑷珲)。盛京将军、宁古塔将军(吉林将军)、黑龙江将军备有辖区,清代在东北的军政建制完备。 |
| 1683 | 康熙二十二年 | 本年,黑龙江将军设置后,抗俄形势为之一变,沿江居民奇勒尔、鄂伦春、飞牙喀等纷纷起而击杀入侵之罗刹。清廷授投诚之俄罗斯人鄂佛那西等骁骑校或七品官,令将军萨布素"酌遣招抚罗刹"。 |
| 1684 | 康熙二十三年 | 正月十九日,黑龙江将军萨布素速行清剿黑龙江下游牛满江、恒滚河、罗刹据点,以利攻取雅克萨。 |
| 1684 | 康熙二十三年 | 正月二十一日,御门听政时,从施琅请,康熙帝决定留守台湾。 |
| 1684 | 康熙二十三年 | 二月初四日,康熙敕谕达赖喇嘛,令其遣使会同清使前往喀尔喀调解扎萨克图汗向土谢图汗索还部民未遂引发的纠纷。 |
| 1684 | 康熙二十三年 | 二月十四日,遣员设置自乌喇(吉林)至黑龙江城驿站,以保障军情、物资畅通。 |
| 1684 | 康熙二十三年 | 三月初二日,定州县官易结之事延迟不结处 分条例。定知县员缺,选用正途进士出身与捐纳人员之比例,以疏通进士仕途。 |
| 1684 | 康熙二十三年 | 三月初四日,舟山抗清军官一百余员、兵四千一百余名,向清政府投降。 |

| 公元 | 年号 | 大事记 |
|---|---|---|
| 1684 | 康熙二十三年 | 三月初十日,京师正阳门外民居大火,司坊、巡捕营官无一人救火。康熙帝亲临正阳门楼指挥,方得扑灭。 |
| 1684 | 康熙二十三年 | 三月十一日,自本日始,康熙帝先后至八旗各旗演武场,检阅满洲、蒙古、汉军文武官员骑射。阅毕,谕兵部:"八旗骁骑校,五旗护军校,尽属庸劣。" |
| 1684 | 康熙二十三年 | 四月十六日,因台湾平,弛禁海之令。浙江沿海准许海上贸易。 |
| 1684 | 康熙二十三年 | 四月十八日,江南江西总督于成龙卒于任,享年六十八。 |
| 1684 | 康熙二十三年 | 五月初四日,令纂修《大清会典》。 |
| 1684 | 康熙二十三年 | 五月十九日,谕兵部,盘踞雅克萨、尼布楚之罗刹,取其田禾,当不久自困。令黑龙江将军萨布素酌议,或由陆路,或由水陆进兵。并传示罗刹,令其撤还回国。 |
| 1684 | 康熙二十三年 | 六月二十日,暹罗国王遣使进贡,并疏请贡船贸易有关事宜。 |
| 1684 | 康熙二十三年 | 七月初二日,萨布素疏请今年暂停进兵雅克萨,俟来年四月进兵。康熙帝以其坐失机会,令传谕严加申饬。 |
| 1684 | 康熙二十三年 | 七月十一日,差往广东、福建展界的内阁学士席柱回京复命。康熙帝说:"先因海寇,故海禁不开为是,今海氛廓清,更何所待。" |
| 1684 | 康熙二十三年 | 九月二十八日,康熙帝首次南巡,本日起程。 |
| 1684 | 康熙二十三年 | 十月十八日,康熙帝南巡至宿迁县,谕河督靳辅,将往经常决口泛滥的萧家口等处视察河工。 |
| 1684 | 康熙二十三年 | 十月二十五日,因台湾已统一,停止"禁海令"。若有违禁将硝黄军器等私藏出洋贸易者,仍照律处分。 |
| 1684 | 康熙二十三年 | 十月二十七日,康熙帝至苏州登虎丘,见江南人物繁盛,崇尚浮华。认为执政者应使之去奢返朴,事事务本,以挽颓风。 |
| 1684 | 康熙二十三年 | 十一月初一日,康熙至江宁(南京),翌日,祭明太祖陵,谕守陵人用心防护。初四日,回銮。初六日,命吏部尚书伊桑阿等往视海口及被水灾州县。至清河县,阅视高家堰堤工,再阅清口南岸诸险之处,对靳辅多有指授。二十九日,回到紫禁城,往返历时两月。 |
| 1685 | 康熙二十三年 | 十二月初七日,将漕运总督邵甘革职。 |
| 1685 | 康熙二十三年 | 十二月十三日,将郑克塽家口亲族,刘国轩、冯锡范本人,遣发来京,俱隶上三旗。台湾投降官兵四万余人,命于福建附近各省安插垦荒。 |

| 公元 | 年号 | 大事记 |
|---|---|---|
| 1685 | 康熙二十三年 | 十二月十七日,以安徽按察使于成龙专任海口及下河事务,引高邮等州县水患入海。 |
| 1685 | 康熙二十四年 | 正月二十三日,命都统公彭春前往黑龙江统兵,拟于四月攻取雅克萨。 |
| 1685 | 康熙二十四年 | 正月二十八日,命兵部保障黑龙江兵食供应。又命台湾投诚将领林兴珠参赞军务。 |
| 1685 | 康熙二十四年 | 二月初七日,命各省督抚妥善安置三藩投诚官兵。 |
| 1685 | 康熙二十四年 | 三月初五日,罢满洲、蒙古都统参与议政,因其往往泄密。 |
| 1685 | 康熙二十四年 | 三月二十九日,康熙帝指出,八旗王公所以致高位者,乃承祖、父之荫,非自己功绩所致。 |
| 1685 | 康熙二十四年 | 四月初四日,准满汉人民均可出洋贸易。 |
| 1685 | 康熙二十四年 | 四月初六日,清军于本月进军雅克萨,命设专驿及时奏报军机。 |
| 1685 | 康熙二十四年 | 四月初九日,自康熙二十四年始,凡民间开垦田亩,永不许圈占。如旗下有应拨给者,其以户部现存旗下余田给之。 |
| 1685 | 康熙二十四年 | 四月初九日,身在索伦地方的副都统马喇奏报,雅克萨俄罗斯人积极备战,现雅克萨兵不满千。 |
| 1685 | 康熙二十四年 | 四月十九日,福建总督王国安疏言,外国进贡船只,请抽税令其贸易。不准。康熙说,外国进贡船只,若行抽税,殊失大体,且非朕柔远之意。 |
| 1685 | 康熙二十四年 | 五月二十二日,清军进抵雅克萨城。 |
| 1685 | 康熙二十四年 | 五月二十五日,清军开始攻城,进行第一次雅克萨之战。翌日(二十六日),俄军守将额里克舍(托尔布津)势穷,向清军投降。 |
| 1685 | 康熙二十四年 | 五月二十九日,于太和门前考试汉军现任及候补旗缺官员,试其文义通达否。 |
| 1685 | 康熙二十四年 | 五月三十日,满族诗词名家纳兰性德卒。 |
| 1685 | 康熙二十四年 | 六月初四日,康熙帝于本月初一日出巡塞外。是日,于古北口外途中得雅克萨捷报。 |
| 1685 | 康熙二十四年 | 六月十四日,谕大学士勒德洪等:"雅克萨城虽已克取,防御绝不可疏,应于何地永驻官兵弹压,此时即当定议。" |
| 1685 | 康熙二十四年 | 七月二十一日,俄罗斯人陆续重返雅克萨。 |

| 公元 | 年号 | 大事记 |
|---|---|---|
| 1685 | 康熙二十四年 | 九月十五日,山西巡抚穆尔赛多加火耗,索属受礼;布政使那繭及有关人犯,命"俱提至京师严审"。 |
| 1685 | 康熙二十四年 | 九月二十三日,康熙帝严饬九卿会议诸弊端。对九卿、詹事、科、道会议,不据实具议,徇情舞弊,传谕申饬。 |
| 1685 | 康熙二十四年 | 九月二十七日,命筑墨尔根(今嫩江市)城,与黑龙江城分别设兵驻防。增设驿站。 |
| 1685 | 康熙二十四年 | 十一月二十日,靳辅、于成龙及九卿等激烈争论如何治理下河。 |
| 1685 | 康熙二十四年 | 本年,全国灾害频仍,湖北、直隶、山东、江南、山西、黄河、淮河,均遭受大水灾。广西、山东、福建地震。对受灾地区分别赈济,蠲免钱粮。 |
| 1686 | 康熙二十五年 | 正月十九日,萨布素奏报,俄罗斯复来雅克萨筑城。 |
| 1686 | 康熙二十五年 | 正月十九日至二月十六日,云贵、四川、广西诸省督抚,以苗民"聚众劫掠"为由,奏请征剿各土司,康熙帝不许。 |
| 1686 | 康熙二十五年 | 正月二十九日,台湾、金门、厦门,已属内地,命纂入《大清一统志》。 |
| 1686 | 康熙二十五年 | 二月初七日,于成龙任直隶巡抚,治河之争暂告平息。 |
| 1686 | 康熙二十五年 | 二月初七日,减广东海关西洋诸国商船税十分之二。 |
| 1686 | 康熙二十五年 | 二月十三日,因俄罗斯重返雅克萨筑城,令萨布素速修战船,率所部二千人由墨尔根驰赴黑龙江城,准备攻取雅克萨。又命林兴珠率藤牌兵四百人前往。 |
| 1686 | 康熙二十五年 | 四月初一日,扎萨克图汗与土谢图汗因归还部民发生纠纷,清廷派理藩院尚书阿喇尼前往喀尔喀调解纠纷。 |
| 1686 | 康熙二十五年 | 四月初九日,两广总督吴兴祚疏言:"今值开洋贸易,恐海岛中,宵小潜踪,乘机窃劫。"请修造快船,加强水师巡防,从之。 |
| 1686 | 康熙二十五年 | 四月二十七日,直隶顺天、永平、保定、河间四府,旗、民杂处,盗警时闻,旗民共编保甲。 |
| 1686 | 康熙二十五年 | 闰四月二十一日,为泄高邮等七州县水患,开浚海口之争再起,河督靳辅旋被革职留任。 |
| 1686 | 康熙二十五年 | 五月初三日,郎坦、班达尔沙奉命前往黑龙江参赞军务,本日到达。旋与萨布素遵旨出兵,进行第二次雅克萨之战。 |
| 1686 | 康熙二十五年 | 五月初四日,从礼部尚书汤斌请,敕谕直隶各省严禁淫祠滥祀。 |

| 公元 | 年号 | 大事记 |
|---|---|---|
| 1686 | 康熙二十五年 | 七月初三日，用兵部印致书俄罗斯，与俄方就划定边界，交由在京荷兰使臣转致，同时发西洋国转达。 |
| 1686 | 康熙二十五年 | 八月二十二日，索额图遭贬斥后复出，授为领侍卫内大臣。后命为与俄方谈判划界的中国使团首席钦差大臣。 |
| 1686 | 康熙二十五年 | 八月二十三日，土谢图汗、扎萨克图汗两部于枯冷白尔齐尔会盟，设重誓"永远和好"。 |
| 1686 | 康熙二十五年 | 八月二十八日，定于台湾建城，其驻防兵丁分三年轮流更番更替，永著为例。 |
| 1686 | 康熙二十五年 | 九月初九日，免受三藩战事苦累各省钱粮。 |
| 1687 | 康熙二十五年 | 十二月初六日，教导督促吉林乌喇、黑龙江等处蒙古、席北、达斡尔、索伦备少数民族耕田，大获丰收。黑龙江等地区的早期开发由此开始。 |
| 1687 | 康熙二十五年 | 十二月十八日，兵部侍郎蔡毓荣因侵吞吴三桂入官财物等罪，枷号三月，鞭一百，与其子蔡琳遣戍黑龙江。 |
| 1687 | 康熙二十六年 | 二月十二日，惩处徇庇蔡毓荣案之刑部尚书等官员。 |
| 1687 | 康熙二十六年 | 二月十六日，禁淫词小说。康熙帝说，僧道邪教、方术之士，其素悖礼法，蛊惑人心尤甚，俱宜严行禁止。 |
| 1687 | 康熙二十六年 | 三月初七日，合并浙江总督、福建总督为浙江福建总督。至此，共设六总督，即江南江西、广东广西、云南贵州、湖南湖北、四川陕西、浙江福建六总督。 |
| 1687 | 康熙二十六年 | 四月十三日，禁行天主教。 |
| 1687 | 康熙二十六年 | 五月十一日，考试尚书、侍郎、侍读学士等，以明学问优劣。 |
| 1687 | 康熙二十六年 | 五月二十日，噶尔丹致书理藩院尚书阿喇尼，制造事端，毁弃枯冷白尔齐尔喀尔喀两翼息兵修好盟约。 |
| 1687 | 康熙二十六年 | 七月初十日，台湾府县学校设廪生、增生各二十名。至廪生出贡，挨年考取，自康熙二十七年始，照例举行。 |
| 1687 | 康熙二十六年 | 七月十二日，俄罗斯谈判划界大使戈洛文，抵土谢图汗辖地。康熙命告知雅克萨俄军，俄使将至，已命清军撤回瑷珲、墨尔根过冬。 |
| 1687 | 康熙二十六年 | 八月初三日，康熙帝出巡塞外行围，皇太子允礽及诸皇子随驾。九月初四日回宫。随驾之吏部尚书达哈塔不善骑，奉命驰骑，坠马而死。又：汉内阁学士吴祖兴因不善驰骋被责，忧愤自刎。 |

大清十二帝

康熙帝玄烨

三七一

| 公元 | 年号 | 大事记 |
|---|---|---|
| 1687 | 康熙二十六年 | 九月二十日,蠲免陕西省江宁七府钱粮六百余万两,如此之多,前所未有。 |
| 1687 | 康熙二十六年 | 九月二十五日,噶尔丹分路来攻,土谢图汗率兵迎敌。康熙遣使谕令罢兵。 |
| 1687 | 康熙二十六年 | 十月二十三日,议准喀尔喀紧急军情可由宁夏入口至京奏报;冰冻时,由鄂尔多斯至京奏闻。 |
| 1688 | 康熙二十六年 | 十二月二十五日,太皇太后(孝庄文皇后)卒,终年七十五岁。 |
| 1688 | 康熙二十七年 | 正月二十二日,孝庄文皇后卒,康熙服丧二十七日。本日始听政。 |
| 1688 | 康熙二十七年 | 二月初九日,摧抑明珠党。 |
| 1688 | 康熙二十七年 | 二月二十一日,停亲王以下概予封爵之旧例。 |
| 1688 | 康熙二十七年 | 三月初三日,俄国戈洛文使团至色棱斯克(楚库柏兴),俟清政府使团前来"集议定界"。康熙帝任命以索额图为首的中国使团。 |
| 1688 | 康熙二十七年 | 三月十二日,湖北巡抚张汧贪污案结案,保举者、受贿者多人,或革职或降调。 |
| 1688 | 康熙二十七年 | 五月初二日,索额图使团起程前往色棱斯克。 |
| 1688 | 康熙二十七年 | 五月初四日,严禁夫死妻殉。 |
| 1688 | 康熙二十七年 | 五月二十日,湖广督标兵丁夏逢龙兵变于武昌。 |
| 1688 | 康熙二十七年 | 六月初,噶尔丹进攻喀尔喀蒙古,率三万骑,越杭爱山,分路向喀尔喀土谢图汗、宗教领袖哲卜尊丹巴发起进攻。 |
| 1688 | 康熙二十七年 | 六月十九日,因喀尔喀战乱,命令已进入喀尔喀地方的索额图使团停止前行,旋命撤回。通知俄方撤回原因,另行商定谈判地点。 |
| 1688 | 康熙二十七年 | 七月十六日,康熙帝巡行塞外避暑,九月二十二日还宫。在此期间,哲卜尊丹巴、土谢图汗被噶尔丹击溃后,率残部南来,进入内蒙古苏尼特。康熙部署内蒙古沿边防务,并派人前往噶尔丹处,谕其罢兵。 |
| 1688 | 康熙二十七年 | 八月,正在色棱斯克的俄使戈洛文积极支持噶尔丹进攻喀尔喀蒙古,曾向外务衙门建议,成立"俄国—厄鲁特(噶尔丹)联盟"的想法。噶尔丹则力图"依靠俄国人的援助同土谢图汗和清帝做斗争"。 |
| 1688 | 康熙二十七年 | 九月初八日,土谢图汗、哲卜尊丹巴率台吉、喇嘛及部民正式向清政府归降。 |
| 1688 | 康熙二十七年 | 十月十一日,刑部审案时,别部旗下官员杂至并坐,干预所审之事,今已肃清。 |

| 公元 | 年号 | 大事记 |
|---|---|---|
| 1688 | 康熙二十七年 | 十月二十八日,谕兵部:绿旗兵鼓噪哗变,皆因军官扣克兵饷入己,又馈送兵部,令通行严饬。 |
| 1688 | 康熙二十七年 | 十一月十五日,噶尔丹声称:惟索仇人土谢图汗、哲卜尊丹巴。清廷拟遣人敕谕达赖喇嘛与清使共同召噶尔丹、土谢图汗"永议和好"。 |
| 1689 | 康熙二十八年 | 正月初八日,康熙帝第二次南巡视河,从者三百余人,至三月十九日回到京师。 |
| 1689 | 康熙二十八年 | 正月二十三日,康熙帝至宿迁县,集河督王新命等,阅视中河。康熙帝下马坐于堤上,出河图指授集议。 |
| 1689 | 康熙二十八年 | 二月十五日,康熙帝至杭州府,越日回銮。此前,曾于绍兴府会稽山诣大禹陵致祭,行三跪九叩礼。 |
| 1689 | 康熙二十八年 | 三月十九日,康熙帝南巡返京。二十一日,原河督靳辅已革职,命照原品致仕,因其治河有成效。南巡时,行船役夫及百姓皆称誉之。 |
| 1689 | 康熙二十八年 | 四月十三日,遣使颁敕噶尔丹,谕噶尔丹"解释前仇",调解准噶尔与喀尔喀之争。 |
| 1689 | 康熙二十八年 | 四月二十六日,钦差大臣索额图等启程前往尼布楚谈判"分界事宜"。 |
| 1689 | 康熙二十八年 | 六月初十日,都统郎坦、黑龙江将军萨布素率军经雅克萨到达尼布楚。 |
| 1689 | 康熙二十八年 | 六月十五日,索额图使团到达尼布楚,与萨布素、郎坦会合后立营。而俄国全权大使戈洛文尚在乌的柏兴。 |
| 1689 | 康熙二十八年 | 七月初四日,戈洛文匆忙赶来尼布楚,比中国使团晚到十九天。双方商定谈判在野外帐幕中举行。 |
| 1689 | 康熙二十八年 | 七月初八日,中俄尼布楚谈判开始。 |
| 1689 | 康熙二十八年 | 七月二十四日,签订《中俄尼布楚条约》。 |
| 1689 | 康熙二十八年 | 八月二十五日,因明代有倭寇之患,原任闽浙总督王隲题:日本国商船,应令停泊定海,遣官察验,方许贸易。康熙认为,察验日本国商船无益。 |
| 1689 | 康熙二十八年 | 九月十九日,少詹事高士奇等"植党营私",命休致回籍。 |
| 1689 | 康熙二十八年 | 十月初八日,将喀尔喀各部编为旗队,教以法度。 |

| 公元 | 年号 | 大事记 |
|---|---|---|
| 1689 | 康熙二十八年 | 十月初八日,左副都御史许三礼疏参,原任刑部尚书徐乾学与高士奇结党纳贿,查无实据,许三礼降二级留任。 |
| 1689 | 康熙二十八年 | 十月二十日,康熙谕噶尔丹与喀尔喀息兵修好,噶尔丹拒不奉诏。 |
| 1690 | 康熙二十八年 | 十一月二十七日,严禁诈称活佛转世。 |
| 1690 | 康熙二十八年 | 十二月十四日,索额图等返回京师,疏奏《中俄尼布楚条约》的签订及谈判经过。康熙帝命议政王大臣集议。是日奏:请立界碑。 |
| 1690 | 康熙二十九年 | 正月十七日,命将前明与现今宫廷各项费用查阅,令九卿等遍观共知。 |
| 1690 | 康熙二十九年 | 正月二十九日,因噶尔丹肆掠喀尔喀,命理藩院侍郎文达至喀尔喀确侦。 |
| 1690 | 康熙二十九年 | 二月初三日,因畿辅山东荒歉,饥民大量流入京城就食。五城再增设粥厂,赈饥至六月,派官员巡视赈济情形。 |
| 1690 | 康熙二十九年 | 二月初七日,八旗生计困难,命给米赈济。 |
| 1690 | 康熙二十九年 | 三月初二日,令喀尔喀蒙古各汗、台吉等与内蒙古四十九旗会同大阅,定七月举行。 |
| 1690 | 康熙二十九年 | 四月初四日,设国史馆修三朝国史。 |
| 1690 | 康熙二十九年 | 五月二十三日,理藩院尚书阿喇尼自科尔沁姚儿河奏报:五月初三日,噶尔丹率兵三万渡乌尔札河,又将请兵于俄罗斯,会攻喀尔喀。康熙帝下令备战。 |
| 1690 | 康熙二十九年 | 六月十一日,前定四海关免收民间采捕鱼虾,并贸易糊口之物各税,闽海关应免税银六千四百九十四两有奇,著为则例,永远遵行。 |
| 1690 | 康熙二十九年 | 六月十四日,任命宗室公苏努为出征八旗满洲、蒙古统领全军大臣。同时任命左、右翼领兵大臣,征讨噶尔丹。本日,噶尔丹率军进入内蒙古乌珠穆秦,大掠人畜。 |
| 1690 | 康熙二十九年 | 六月十六日,山东巡抚佛伦疏请清厘乡绅豪强诡寄田亩,滥免赋税。康熙帝嘉其"实心任事"。 |
| 1690 | 康熙二十九年 | 六月二十日,理藩院尚书阿喇尼率清军追及噶尔丹于乌尔会河。二十一日,清军发起攻击,会战乌尔会河,大败。 |
| 1690 | 康熙二十九年 | 六月二十二日,康熙帝下令亲征噶尔丹。 |

| 公元 | 年号 | 大事记 |
|---|---|---|
| 1690 | 康熙二十九年 | 七月初二日,命和硕裕亲王福全为抚远大将军,皇长子允禔副之,率主力出古北口;和硕恭亲王常宁为安北大将军,简亲王雅布、信郡王鄂札副之,出喜峰口,重臣、大臣皆从军,参赞军务。严申军纪军令。 |
| 1690 | 康熙二十九年 | 七月十三日,噶尔丹遣使奏言:"喀尔喀吾仇也,因追彼阑入汛界。向在中华皇帝道法之中,不敢妄行。" |
| 1690 | 康熙二十九年 | 七月十四日,康熙帝率禁军启行,继福全之后,出古北口,亲往视师,"系指示也"。为羁縻噶尔丹,不使其逸去,启程前,遣使告噶尔丹,皇帝命裕亲王福全及皇长子前来,"与汝申明礼法,自兹以往,永定盟好",命噶尔丹等候。 |
| 1690 | 康熙二十九年 | 七月十五日,击败阿喇尼后,噶尔丹气焰更炽,对清使阿密达曰:"今虽临以十万之众,亦何惧之有?" |
| 1690 | 康熙二十九年 | 七月十七日,命诸路军速赴大将军福全军前,集中全力迎敌。 |
| 1690 | 康熙二十九年 | 七月二十日,康熙帝至博洛和屯(今河北隆化县),距福全军三百里。康熙生病,"身热心烦",夜不能寐。 |
| 1690 | 康熙二十九年 | 七月二十三日,康熙病情加重,诸大臣、侍卫跪请回銮调摄。康熙说:"朕躬抱疾,实难支撑,不获亲灭此贼(指噶尔丹),甚为可恨,至于叹息流涕。"下令回銮。 |
| 1690 | 康熙二十九年 | 八月初一日,乌兰布通大战。 |
| 1690 | 康熙二十九年 | 八月初三日,康熙帝回銮至石匣,得捷报,焚香谢天,命福全"穷其根株","勿留余孽"。旋知噶尔丹已逃脱,康熙帝大为震怒。 |
| 1690 | 康熙二十九年 | 八月二十八日,革职、解任汉官,照旗员例,勒限五个月起程回籍。翌年,改为革职者驱除,解任、休致、丁忧者,听其自便,惟原籍奉天、四川者照例回籍。 |
| 1690 | 康熙二十九年 | 九月初十日,康熙帝检讨乌兰布通之战清军得失。 |
| 1690 | 康熙二十九年 | 九月二十五日,弛民间养马之禁,听民自便。 |
| 1690 | 康熙二十九年 | 十一月初七日,移民四川垦荒政策更优,此后备省移民入川垦荒者日众。 |
| 1690 | 康熙二十九年 | 十一月十七日,康熙帝责达赖喇嘛使者徇庇噶尔丹。 |
| 1690 | 康熙二十九年 | 十一月二十二日,出征诸大臣、大将军福全等回京,因违旨未能歼灭噶尔丹,命止于朝阳门外听勘。 |
| 1691 | 康熙三十年 | 二月初一日,京师治安统一由"九门提督"管理。 |

| 公元 | 年号 | 大事记 |
|------|------|--------|
| 1691 | 康熙三十年 | 二月初二日,噶尔丹侄策妄阿拉布坦遣使至京,奏与噶尔丹交恶始末。厚加恩赐,遣之。 |
| 1691 | 康熙三十年 | 二月十一日,遣使"传谕噶尔丹,若降,当厚加恩养"。 |
| 1691 | 康熙三十年 | 三月十四日,为解决喀尔喀两翼纷争,康熙帝决定举行会盟(多伦会盟)。本日,理藩院疏奏,选择会盟地点及先期准备。 |
| 1691 | 康熙三十年 | 四月十二日,康熙帝启程,前往多伦诺尔(七溪泊),举行会盟。以喀尔喀十余万来归,特往抚辑。 |
| 1691 | 康熙三十年 | 五月初二日,举行"多伦会盟"典仪。 |
| 1691 | 康熙三十年 | 五月二十一日,康熙帝宣示筹边政策"唯在修德安民","较长城更为坚固"。 |
| 1691 | 康熙三十年 | 六月初一日,遣使告知达赖喇嘛,已举行"多伦会盟"。喀尔喀"朕已收养之",噶尔丹"倘违誓而稍犯我喀尔喀降人,朕必发大兵,分路前进,务期剿灭之"。 |
| 1691 | 康熙三十年 | 七月十一日,定三年后喀尔喀众扎萨克,自亲王以下,骁骑校以上,凡请安、进贡、或遣使、或亲来,俱照内蒙古四十九旗例。仍进九白之贡。 |
| 1691 | 康熙三十年 | 十月十二日,定喀尔喀扎萨克台吉俸银每年一百两。 |
| 1691 | 康熙三十年 | 十一月初九日,康熙帝严词切责官员结为朋党。 |
| 1691 | 康熙三十年 | 本年,噶尔丹进一步乞援于俄罗斯。 |
| 1692 | 康熙三十一年 | 正月,康熙帝审阅《明史》稿本,指示编写史书的原则,在于持论公允。 |
| 1692 | 康熙三十一年 | 二月,审理河道总督王新命挪用帑银案,四月,革其职。 |
| 1692 | 康熙三十一年 | 二月,允许天主堂照旧存留,不禁止进香供奉之人。 |
| 1692 | 康熙三十一年 | 二月,因掩饰陕西灾情,川陕总督葛思泰革职留任,陕西巡抚萨弼图革职。康熙帝同时命抚绥陕西饥民。 |
| 1692 | 康熙三十一年 | 三月,遣内大臣阿尔迪等往蒙古地区分设五路驿站,不得骚扰蒙古。 |
| 1692 | 康熙三十一年 | 三月,康熙帝谕直隶巡抚郭世隆制作修治浑河(今永定河)计划。 |
| 1692 | 康熙三十一年 | 四月,从河道总督靳辅复建新庄闸之疏请,以利运道。 |
| 1692 | 康熙三十一年 | 四月,康熙帝在瀛台(今北京中南海内)召见近臣,令观丰泽园所种稻谷。 |

| 公元 | 年号 | 大事记 |
|---|---|---|
| 1692 | 康熙三十一年 | 四月,从宁古塔将军佟宝之议,在水陆通衢的白都讷(今吉林扶余附近)建城。 |
| 1692 | 康熙三十一年 | 四月,将科尔沁亲王进献的锡伯、卦尔察、达斡尔一万四千余丁,大部分归入上三旗,披甲当差。 |
| 1692 | 康熙三十一年 | 五月,定喀尔喀蒙古三路管理体制,土谢图汗为北路,车臣汗为东路,亲王策妄札卜为西路。 |
| 1692 | 康熙三十一年 | 六月,贵州巡抚卫既齐屠戮古州苗民案发,派遣吏部尚书库勒纳前往察审。 |
| 1692 | 康熙三十一年 | 九月,出使准噶尔部策妄阿拉布坦之员外郎马迪为噶尔丹属人所害,凶讯传至京城,寻敕谕责问噶尔丹。是为"马迪事件"。 |
| 1692 | 康熙三十一年 | 九月,康熙帝玉泉山阅兵,观看火器营鸟枪演习,以备对准噶尔噶尔丹用兵。 |
| 1692 | 康熙三十一年 | 十月,陕西巡抚布喀因催运救灾粮迟误,革职治罪。 |
| 1692 | 康熙三十一年 | 十月,康熙帝命停止直省进贡鲜茶,减少进献庆贺表笺。 |
| 1692 | 康熙三十一年 | 十一月,噶尔丹致书内蒙古各部首领,胁迫反叛朝廷,康熙帝敕谕责之。 |
| 1692 | 康熙三十一年 | 十一月,噶尔丹给科尔沁土谢图亲王沙津书信为朝廷所得,因命沙津来京,以诱噶尔丹。 |
| 1692 | 康熙三十一年 | 十一月,从靳辅之请,修骆马湖东西石闸。 |
| 1692 | 康熙三十一年 | 十一月,民间传言,朝廷将派索额图、明珠来江浙选妃,百姓恐慌,不论门户、年龄、仪礼速行婚配。 |
| 1692 | 康熙三十一年 | 十一月,学者李因笃卒。 |
| 1692 | 康熙三十一年 | 十二月,筹划自湖广襄阳运米西安,平粜饥民。 |
| 1692 | 康熙三十一年 | 十二月,以西北有警,筹划归化城(今呼和浩特)防御事宜。 |
| 1692 | 康熙三十一年 | 十二月,河道总督靳辅卒。 |
| 1692 | 康熙三十一年 | 十二月,原任御史陆陇其卒。 |
| 1692 | 康熙三十一年 | 本年,学者王夫之卒。 |
| 1692 | 康熙三十一年 | 本年,地理学家顾祖禹卒。 |
| 1692 | 康熙三十一年 | 本年,画僧髡残卒。 |
| 1692 | 康熙三十一年 | 康熙三十一年岁计,人丁户口二千零三十六万五千七百八十三。 |

| 公元 | 年号 | 大事记 |
|---|---|---|
| 1693 | 康熙三十二年 | 正月,以噶尔丹侵扰哈密,调兵甘肃。 |
| 1693 | 康熙三十二年 | 二月,调京城八旗、陕西总督标兵增援甘肃,用领侍卫内大臣郎坦为昭武将军统率备部。 |
| 1693 | 康熙三十二年 | 二月,命内大臣坡尔盆等往归化城等三处屯田。 |
| 1693 | 康熙三十二年 | 二月,发帑银予商人为本金,贩米西安,以平市价。 |
| 1693 | 康熙三十二年 | 二月,西藏第巴桑结嘉错隐匿达赖五世圆寂,以其名义派人至京,请宽宥支援噶尔丹的湳隆呼图克图。 |
| 1693 | 康熙三十二年 | 二月,康熙帝巡视畿甸河道,皇太子胤礽、皇长子胤禔等七皇子侍行。 |
| 1693 | 康熙三十二年 | 三月,皇长子胤禔奉命祭祀华山,四月回京,奏报陕西得雨。 |
| 1693 | 康熙三十二年 | 三月,江西景德镇原系巡检管辖,以位卑,改派同知辖治。 |
| 1693 | 康熙三十二年 | 三月,康熙帝谕八旗,选择良师,勤加训诲幼童。 |
| 1693 | 康熙三十二年 | 四月,原土谢图汗属人车凌扎布等人,在二十九年噶尔丹骚扰喀尔喀时逃亡俄罗斯,至是集众回归,予以安置。 |
| 1693 | 康熙三十二年 | 四月,谕翰林官,文章与义理并重,不可空谈理学,忽视文章。 |
| 1693 | 康熙三十二年 | 五月,于归化城增设将军,命领侍卫内大臣、伯爵费扬古为安北将军。 |
| 1693 | 康熙三十二年 | 五月,康熙帝亲书"万世师表"匾额,颁于国子监。 |
| 1693 | 康熙三十二年 | 五月,就马迪事件,噶尔丹覆书至,遂予敕书,警告他不得侵犯西藏、青海,否则即予征讨。 |
| 1693 | 康熙三十二年 | 五月,康熙帝得病,传教士洪若翰医治痊愈。七月,予以奖励,赐地设教堂。 |
| 1693 | 康熙三十二年 | 六月,康熙帝亲书"学达性天"匾额,颁予徽州紫阳书院。 |
| 1693 | 康熙三十二年 | 六月,增加八旗乡试、会试中额,乡试由原来十五名增至二十四名,会试由六名增为九名。 |
| 1693 | 康熙三十二年 | 六月,福建台湾府诸罗县大武郡等社原住民附籍输饷,计四百八十七名。 |
| 1693 | 康熙三十二年 | 七月,陕西流民回籍二十余万。 |
| 1693 | 康熙三十二年 | 七月,江南松江暴雨,农田被淹,佃户聚众抗租。 |
| 1693 | 康熙三十二年 | 八月,因边地及民贫,免征康熙三十三年广西、四川、贵州、云南地丁银米。 |

| 公元 | 年号 | 大事记 |
|---|---|---|
| 1693 | 康熙三十二年 | 八月,康熙帝巡幸塞外,皇太子胤礽、皇长子胤禔等七皇子侍行;赐随行围猎之蒙古王公;九月回京。 |
| 1693 | 康熙三十二年 | 九月,昭武将军郎坦以噶尔丹进入科布多请发兵击之,康熙帝不允。 |
| 1693 | 康熙三十二年 | 九月,日本国民船被风漂至广东,康熙帝命给衣食,护送至浙江海面,令资送日本难民回国。 |
| 1693 | 康熙三十二年 | 九月,琉球国中山王尚贞遣使臣进贡方物,并请在国子监读书的官生回国,宴请赏赐如例进行。 |
| 1693 | 康熙三十二年 | 十月,俄罗斯遣伊兹勃兰特使团携带沙皇 1692 年国书及礼品至京,康熙帝拒绝接受其国书,准许照常贸易。 |
| 1693 | 康熙三十二年 | 十月,重修曲阜孔庙落成,命皇三子胤祉、皇四子胤禛前往致祭,康熙帝撰文《重修阙里孔子庙碑》。 |
| 1693 | 康熙三十二年 | 十月,给事中彭鹏以顺天乡试舞弊案参劾考官徐倬、彭殿元,罚徐倬等休致回籍。 |
| 1693 | 康熙三十二年 | 十一月,天津总兵官刘国轩卒,赠太子少保。 |
| 1693 | 康熙三十二年 | 十一月,体恤老臣,可于早餐后朝见。 |
| 1693 | 康熙三十二年 | 十二月,吏部官员渎职,误将知府卢腾龙等革职,堂官降三级,司官降四级,俱调用。 |
| 1693 | 康熙三十二年 | 十二月,西藏第巴桑结嘉错以达赖喇嘛名义,请给其金印,从之。 |
| 1693 | 康熙三十二年 | 十二月,苏州踹匠"聚众齐行",即罢工。 |
| 1693 | 康熙三十二年 | 本年,制定中俄北京贸易规则。 |
| 1693 | 康熙三十二年 | 本年,建筑师雷发达卒。 |
| 1694 | 康熙三十三年 | 正月,河道总督于成龙请增设河道官员,康熙帝以"增设一官,则民间多一事",不准;并以其河工事务办理不善,革职留任。 |
| 1694 | 康熙三十三年 | 正月,川陕总督佛伦奉旨查阅三边,议修补驿道及墙垣。 |
| 1694 | 康熙三十三年 | 正月,俄罗斯使臣伊兹勃兰特离京,其通过传教士获知中国对《尼布楚条约》持满意态度。 |
| 1694 | 康熙三十三年 | 二月,康熙帝巡幸畿甸,皇长子胤禔等三皇子从行。 |
| 1694 | 康熙三十三年 | 三月,礼部拟制祭祀奉先殿仪注,将皇太子拜褥设于槛内,致使皇帝与皇太子无区别,将尚书沙穆哈革职。 |
| 1694 | 康熙三十三年 | 三月,以教育庶吉士不力,翰林院掌院学士傅继祖降三级调用。 |

| 公元 | 年号 | 大事记 |
|------|------|--------|
| 1694 | 康熙三十三年 | 三月,庶吉士散馆,以满文不通,将张禹玉革职。 |
| 1694 | 康熙三十三年 | 三月,赐殿试贡士胡任舆等一百六十八人进士及第出身有差;康熙帝谓贡士策对,能言政事利弊,及至任职则不能实行。 |
| 1694 | 康熙三十三年 | 三月,因噶尔丹与策妄阿拉布坦互相攻战,可能扰边,命西安将军博霁率兵赴甘肃备战。 |
| 1694 | 康熙三十三年 | 四月,编审内蒙古四十九旗人丁,计二十二万六千余人,额定披甲六万四千八百余甲。 |
| 1694 | 康熙三十三年 | 四月,申饬刑部官员,以其审理民人高弘擢案轻率,并删削重要口供。 |
| 1694 | 康熙三十三年 | 四月,从浙江巡抚张鹏翮之请,禁止出洋贸易商人在外打造船只及携带军器。 |
| 1694 | 康熙三十三年 | 四月,原任尚书徐乾学卒。 |
| 1694 | 康熙三十三年 | 五月,给事中彭鹏疏参顺天学政李光地母丧不请终制,被解任。李光地在京守制。 |
| 1694 | 康熙三十三年 | 五月,命翰林院、詹事府、国子监官员每日轮流派遣四人,入值南书房,备"不时咨询"。 |
| 1694 | 康熙三十三年 | 五月,命修《渊鉴类函》。 |
| 1694 | 康熙三十三年 | 五月,康熙帝巡幸畿甸,皇长子胤禔、皇三子胤祉从行。 |
| 1694 | 康熙三十三年 | 闰五月,康熙帝以"理学真伪论"为题,考试翰林出身官员,以此题讥讽理学家言行不一,徒务虚名。 |
| 1694 | 康熙三十三年 | 闰五月,以教职训迪士子责任甚重,监生出身者不得再任教职,改用为州县佐贰。 |
| 1694 | 康熙三十三年 | 闰五月,太监钱文才殴死民人,判处绞监候;康熙帝特谕,太监犯罪,断不可宥,至秋审时毋令侥幸。 |
| 1694 | 康熙三十三年 | 六月,吏部尚书保举左侍郎布彦图,以有结党之嫌获咎。 |
| 1694 | 康熙三十三年 | 七月,闻讯噶尔丹可能侵犯喀尔喀,康熙帝令归化城、宁夏驻军备战。 |
| 1694 | 康熙三十三年 | 七月,因《三朝国史》《典训》《一统志》及《明史》未修成,召谪降在籍徐乾学、王鸿绪、高士奇进京主持编务。 |
| 1694 | 康熙三十三年 | 七月,进士唐孙华文佳字劣,康熙帝表示遗憾。 |
| 1694 | 康熙三十三年 | 七月,康熙帝巡幸边塞,皇长子胤禔等六皇子随从。 |

| 公元 | 年号 | 大事记 |
|---|---|---|
| 1694 | 康熙三十三年 | 七月,因俄人两次越境捕猎,黑龙江将军萨布素咨照俄国尼布楚长官加加林,若再有违犯者,当严行正法。 |
| 1694 | 康熙三十三年 | 九月,增加八旗童生入学名额三十名,为原来名额的一半。 |
| 1694 | 康熙三十三年 | 九月,因山东运去之米不能平均发给兵丁,盛京户部侍郎阿喇弥失职发配黑龙江披甲效力。 |
| 1694 | 康熙三十三年 | 九月,陕西巡抚布喀以延误运送军粮并诿罪下属获罪,判处斩监候。 |
| 1694 | 康熙三十三年 | 九月,因武会试笔试中式者多江浙人,康熙帝指示武进士录取标准应以马步箭俱优者为取中标准。 |
| 1694 | 康熙三十三年 | 十月,赐殿试武举曹曰玮等九十六人武进士及第出身有差;准武会试遗才再试效力。 |
| 1694 | 康熙三十三年 | 十月,康熙帝谕,巡捕营关系紧要,其员缺在上三旗汉军执事人内选择。 |
| 1694 | 康熙三十三年 | 十月,朝审决囚,勾决四十五人,另有情实重囚二十四人仍行监候。 |
| 1694 | 康熙三十三年 | 十一月,提升福建澎湖水师副将王国兴为福建台湾总兵官。 |
| 1694 | 康熙三十三年 | 十一月,康熙帝遵化谒陵,皇三子胤祉等三皇子从行。 |
| 1694 | 康熙三十三年 | 十二月,闽浙总督朱弘祚因"民俏"之语遭降调。 |
| 1694 | 康熙三十三年 | 本年,北京设立俄罗斯馆。 |
| 1695 | 康熙三十四年 | 正月,康熙帝谕兵部,禁止擅用绿营兵丁护送官员家属。 |
| 1695 | 康熙三十四年 | 正月,康熙三十四年大计天下官员,各予升赏处分。 |
| 1695 | 康熙三十四年 | 二月,应黑龙江将军萨布素之请,墨尔根地方两翼各立一学;新满洲诸佐领下选幼童学习书义。 |
| 1695 | 康熙三十四年 | 二月,康熙帝责言官奏事,或受人嘱托,或怀私卖本。 |
| 1695 | 康熙三十四年 | 二月,翰林院撰成原任福建巡海道陈启泰殉难碑文。 |
| 1695 | 康熙三十四年 | 二月,噶尔丹差人至京,康熙帝敕谕之,若仍怙恶不悛,将不准他遣使贸易。 |
| 1695 | 康熙三十四年 | 二月,修葺太和殿动工。 |
| 1695 | 康熙三十四年 | 二月,更定武职官员品级,掌印都司等升游击,授正四品,守备改正五品。 |
| 1695 | 康熙三十四年 | 三月,勇略将军赵良栋以其平定三藩时战功被同僚隐蔽,上疏自陈,四月,授予一等精奇尼哈番。 |

| 公元 | 年号 | 大事记 |
|---|---|---|
| 1695 | 康熙三十四年 | 三月,增加盛京旗人生员名额十五名。 |
| 1695 | 康熙三十四年 | 四月,西藏第巴以达赖名义遣使至京,请求朝廷宽容噶尔丹,撤出青海戍兵,朝廷予以申饬。 |
| 1695 | 康熙三十四年 | 四月,山西平阳地震,派遣户部尚书马齐前往赈恤;五月,晋抚噶尔图因赈灾不力削职;十二月,颁发恩诏。 |
| 1695 | 康熙三十四年 | 五月,为京师无房旗丁建公房安置。 |
| 1695 | 康熙三十四年 | 五月,因盛京旱灾,遣侍郎朱都纳前往,向旗人发放、平粜粮食,赈恤盛京旗丁。 |
| 1695 | 康熙三十四年 | 五月,噶尔丹率三万骑兵进犯喀尔喀蒙古。 |
| 1695 | 康熙三十四年 | 六月,册立皇太子胤礽妃石氏,并遣官告祭太庙。 |
| 1695 | 康熙三十四年 | 六月,扬州运丁叩阍,不满漕运总督王樑强制运送腐烂仓米。 |
| 1695 | 康熙三十四年 | 六月,因不许漕船装带商人货物,王樑免职。 |
| 1695 | 康熙三十四年 | 六月,昭武将军郎坦卒于巡边途中。 |
| 1695 | 康熙三十四年 | 七月,学者刘献廷卒。 |
| 1695 | 康熙三十四年 | 七月,各省督抚提镇乘轮流陛见之机进献川马,康熙帝谕令停献。 |
| 1695 | 康熙三十四年 | 七月,学者黄宗羲卒。 |
| 1695 | 康熙三十四年 | 八月,巡幸塞外,皇长子胤禔等八皇子侍行。 |
| 1695 | 康熙三十四年 | 八月,闻噶尔丹进兵克鲁伦河,命出征噶尔丹京兵分三批出发。 |
| 1695 | 康熙三十四年 | 八月,安北将军费扬古疏报,噶尔丹进犯阴山之北,已令喀尔喀诸扎萨克内移。 |
| 1695 | 康熙三十四年 | 九月,因噶尔丹往来无定,康熙帝令各旗聚议剿除之法。 |
| 1695 | 康熙三十四年 | 九月,引见备部院堂官遵旨保荐贤能属员及甄别才力不及、年老有疾者,并令督抚举荐贤员。 |
| 1695 | 康熙三十四年 | 九月,批准议政大臣会议之议,凡不出征之王公大臣应出马驼助战,各省官员捐献马驼者议叙,罪人准其捐献马驼赎罪。 |
| 1695 | 康熙三十四年 | 十月,谕车臣汗等切勿惧怕噶尔丹。 |
| 1695 | 康熙三十四年 | 十一月初四日,康熙帝决意进剿噶尔丹,分兵东路、中路、西路,分头进发。 |
| 1695 | 康熙三十四年 | 十一月十七日,任用丁忧的于成龙以都察院左都御史衔督运中路军粮,随即议定运粮之法。 |

| 公元 | 年号 | 大事记 |
|---|---|---|
| 1695 | 康熙三十四年 | 十一月十九日,大学士会同兵部议奏,西路官兵厮役合计二万四千余名。 |
| 1695 | 康熙三十四年 | 十一月二十日,命光禄寺卿辛宝等督运西路军粮;随后令平阳总兵官毛来凤护送西路粮草。 |
| 1695 | 康熙三十四年 | 十一月二十二日,康熙帝率皇太子及诸皇子在南苑阅兵,颁发出征噶尔丹奖惩敕书。 |
| 1696 | 康熙三十四年 | 十一月三十日,任命费扬古为抚远大将军。 |
| 1696 | 康熙三十四年 | 十二月,准许革职、候缺官员,进士、举人、贡生、监生,无顶戴的笔帖式、乌林达自费从军效力。 |
| 1696 | 康熙三十四年 | 十二月,命西安将军博霁、振武将军孙思克 分统满洲、绿旗兵,从西路进剿。 |
| 1696 | 康熙三十四年 | 十二月,召抚远大将军费扬古进京,面议军务。 |
| 1696 | 康熙三十四年 | 十二月,上谕出师军纪十七条;另定奖励绿营兵条例。 |
| 1696 | 康熙三十四年 | 十二月,因平阳地震,颁发诏书,内有恩款二十条,免山西、陕西、江南、浙江、江西、湖广、广东、福建等省逋赋,赦殊死以下囚犯。 |
| 1695 | 康熙三十四年 | 本年,户部存银四千二百二十六万余两。 |
| 1695 | 康熙三十四年 | 本年,因广东钱贵,开炉铸钱,至三十七年停止。 |
| 1696 | 康熙三十五年 | 正月,康熙帝于太和门召见出征将领及督运官员,赐宴,演剧,剧目有《班定远封侯》《韩(琦)、范(仲淹)讨西夏》。 |
| 1696 | 康熙三十五年 | 正月,汉人大学士、九卿、科道等官疏谏康熙帝毋须亲征,不允。 |
| 1696 | 康熙三十五年 | 正月,从军之厮役人等,若能率先冲锋陷阵,准许脱离主人,立为另户。 |
| 1696 | 康熙三十五年 | 正月,康熙帝以亲征噶尔丹,往遵化谒陵。 |
| 1696 | 康熙三十五年 | 二月,命从天津海口运米盛京,只收正税,免征杂税。 |
| 1696 | 康熙三十五年 | 二月十七日,领侍卫内大臣索额图分别咨会俄国尼布楚、伊尔库茨克长官,告以征讨噶尔丹之因。 |
| 1696 | 康熙三十五年 | 二月十八日,上谕礼部、兵部,宣布亲征原因。 |
| 1696 | 康熙三十五年 | 二月二十日,领侍卫内大臣等遵旨议定中路兵营序列,皇三子胤祉、皇四子胤禛、皇五子胤祺、皇七子胤祐分别于各营坐镇。 |
| 1696 | 康熙三十五年 | 二月二十二日,西路军之孙思克、博霁部一万人由宁夏出发。 |

| 公元 | 年号 | 大事记 |
|---|---|---|
| 1696 | 康熙三十五年 | 二月二十七日,以亲征遣官告祭天地、宗庙、社稷。 |
| 1696 | 康熙三十五年 | 二月二十八日,命皇太子胤礽留守,听理政事,若重大紧急事务,诸大臣会同议定,启奏皇太子。 |
| 1696 | 康熙三十五年 | 二月三十日,第二次亲征噶尔丹,康熙帝出发,先祭堂子,祭旗纛,随即率领中路军启程。 |
| 1696 | 康熙三十五年 | 三月十一日,户部侍郎思格色奉差口外掘井而不知一井能供若干人马饮用,革职,充士卒效力。 |
| 1696 | 康熙三十五年 | 三月十一日,增云南乡试解额十五名。 |
| 1696 | 康熙三十五年 | 三月十三日,西路军到达汛界。十五日,分东西二路前进。 |
| 1696 | 康熙三十五年 | 三月十九日,费扬古疏报,预计二十四日至土喇,二十七日至巴颜乌兰;康熙帝以此确定中路军行程,以便两路夹击噶尔丹。 |
| 1696 | 康熙三十五年 | 三月,靖海侯施琅卒于任。 |
| 1696 | 康熙三十五年 | 四月初六日,黑龙江将军萨布素率东路军出发,向克鲁伦河前进。 |
| 1696 | 康熙三十五年 | 四月初十日,中路军抵达科图,西路军行动迟缓,扈从大臣依据噶尔丹远遁的传言,谏康熙帝回京,留西路军应敌,遭申饬。 |
| 1696 | 康熙三十五年 | 四月二十二日,中路军已逼近敌军,而西路军推迟至五月初三日始能到达,为不使噶尔丹逃跑,遣使与其周旋。 |
| 1696 | 康熙三十五年 | 五月初五日,哲卜尊丹巴呼图克图、土谢图汗请求随营征讨,谕其安居勿动。 |
| 1696 | 康熙三十五年 | 五月初七日,发现噶尔丹所在,康熙帝率领前锋进击;五月初八日,得知噶尔丹已逃遁两日,遂率轻骑急追,进至拖讷山。 |
| 1696 | 康熙三十五年 | 五月初九日,以故靖海侯施琅子施世范袭三等侯。 |
| 1696 | 康熙三十五年 | 五月十二日,康熙帝命领侍卫内大臣马思喀为平北大将军领兵追剿噶尔丹,以便会合西 路军。 |
| 1696 | 康熙三十五年 | 五月十三日,康熙帝班师;次日,启程返京。 |
| 1696 | 康熙三十五年 | 五月十三日,抚远大将军费扬古与噶尔丹激战昭莫多(蒙古国乌兰巴托东南),大败之,噶尔丹遁去。 |
| 1696 | 康熙三十五年 | 五月十九日,留皇长子胤禔于中拖陵赏军。 |
| 1696 | 康熙三十五年 | 五月二十二日,康熙帝谕费扬古、马思喀检查达赖、班禅与噶尔丹信件,速送御营。 |

| 公元 | 年号 | 大事记 |
|------|------|--------|
| 1696 | 康熙三十五年 | 六月初一日,从战俘处始知五世达赖喇嘛已死多年,第巴桑结嘉结匿丧不报。 |
| 1696 | 康熙三十五年 | 六月初四日,皇太子胤礽迎驾至独石口外。 |
| 1696 | 康熙三十五年 | 六月初九日,康熙帝抵达京城。 |
| 1696 | 康熙三十五年 | 六月初十日,王公大臣行庆贺礼;封喀尔喀郡王善巴为亲王,贝子盆楚克为郡王,嘉奖进献马匹、打探敌情之功。 |
| 1696 | 康熙三十五年 | 六月十一日,以察哈尔兵最为效力,护军每月加饷银一两。 |
| 1696 | 康熙三十五年 | 六月十九日,费扬古率军至科图(内蒙古苏尼特左旗之北)。 |
| 1696 | 康熙三十五年 | 六月二十九日,皇长子胤禔回抵京城。 |
| 1696 | 康熙三十五年 | 六月二十九日,西藏第巴以达赖名义所派使者至京,康熙帝命领侍卫内大臣索额图等传谕,将派遣使臣赴藏,以明了达赖真相。 |
| 1696 | 康熙三十五年 | 七月初九日,增加八旗、各省乡试解额,八旗增十名,直省增二百一十三名。 |
| 1696 | 康熙三十五年 | 七月十五日,因亲征功成,遣官祭告文庙并刊刻纪功碑。 |
| 1696 | 康熙三十五年 | 七月二十日,获知噶尔丹欲往翁金(三音诺颜汗部东境),康熙帝命费扬古仍留边地,相机进讨。 |
| 1696 | 康熙三十五年 | 七月二十五日,索额图致俄国尼布楚长官咨文,通报击败噶尔丹事,要求对方若噶尔丹逃亡俄境,务必拿获送还。 |
| 1696 | 康熙三十五年 | 八月十一日,康熙帝命主事保住往西藏宣告战胜噶尔丹,并责第巴煽惑之罪。 |
| 1696 | 康熙三十五年 | 八月十八日,振武将军孙思克、西安将军博霁等陛见,优宠孙思克。 |
| 1696 | 康熙三十五年 | 九月初二日,将准噶尔降人一千五百余口编入上三旗满洲佐领。 |
| 1696 | 康熙三十五年 | 九月初四日,费扬古疏报,在达阑土鲁地方发现噶尔丹部踪迹;康熙帝决定率众巡边。 |
| 1696 | 康熙三十五年 | 九月初四日,中路督运于成龙回京复命。 |
| 1696 | 康熙三十五年 | 九月初六日,撤离翁金之西路陕甘军与噶尔丹余部二千人交战,败之。 |
| 1696 | 康熙三十五年 | 九月初十日,批准四川巡抚于养志请求,将打箭炉归入辖区,编入《一统志》。 |
| 1696 | 康熙三十五年 | 九月二十八日,康熙帝出张家口外,驻跸察罕拖罗海地方。 |

| 公元 | 年号 | 大事记 |
|---|---|---|
| 1696 | 康熙三十五年 | 十月初三日,费扬古因官兵马瘦,回至汛界。 |
| 1696 | 康熙三十五年 | 十月初七日,昭莫多之役中俘获男妇三千,原给擒获之主,至是康熙帝赐银赎出,使其家人完聚。 |
| 1696 | 康熙三十五年 | 十月十三日,康熙帝驻跸归化城,至二十四日离开。 |
| 1696 | 康熙三十五年 | 十月十八日,有消息噶尔丹流窜哈密,康熙帝命孙思克移驻肃州,博霁亦率师前往,以便剿灭之。 |
| 1696 | 康熙三十五年 | 十月二十八日,康熙帝驻跸湖滩河朔地方(今鄂尔多斯)。 |
| 1696 | 康熙三十五年 | 十一月二十一日,康熙帝命费扬古速来行在,面议军机。 |
| 1696 | 康熙三十五年 | 十一月二十五日,康熙帝召见噶尔丹使者格垒沽英,寻将其遣还,谕招降之旨,限七十日内来降。 |
| 1696 | 康熙三十五年 | 十二月初四日,命马思喀率军回驻大同。 |
| 1697 | 康熙三十五年 | 十二月十二日,康熙帝驻跸大同。 |
| 1697 | 康熙三十五年 | 十二月十九日,以岁歉饥民多,京城粥厂展限二月。 |
| 1697 | 康熙三十五年 | 十二月二十日,康熙帝回到京城。 |
| 1697 | 康熙三十五年 | 十二月二十五日,命费扬古派人在大同准备军械马匹,明春出征噶尔丹。 |
| 1696 | 康熙三十五年 | 是年,宁古塔将军巴海卒。 |
| 1697 | 康熙三十六年 | 正月,议定二月初六日出师征讨噶尔丹,将分兵两路,一路以大同兵为主,一路为陕甘兵。 |
| 1697 | 康熙三十六年 | 正月,回部首领擒拿噶尔丹之子塞卜腾巴尔珠尔,献于朝廷。 |
| 1697 | 康熙三十六年 | 正月,康熙帝指责九卿保举人员,多系亲友,而山西通省无一好官。 |
| 1697 | 康熙三十六年 | 正月,谕修《明史》诸臣,毋妄讥亡国,惟从公论。 |
| 1697 | 康熙三十六年 | 正月,以马思喀为昭武将军,先往宁夏。 |
| 1697 | 康熙三十六年 | 二月初三日,康熙帝责备督运于成龙唯知援引私人,不以运粮为重。 |
| 1697 | 康熙三十六年 | 二月初四日,谕广开言路,而现今言官深知时政,而从实直陈者少。 |
| 1697 | 康熙三十六年 | 二月初五日,御史周士皇请勿亲征,不从,因系言官,亦不问罪。 |
| 1697 | 康熙三十六年 | 二月初六日,第三次亲征噶尔丹,康熙帝启程,向宁夏前进,皇长子胤禔、大学士伊桑阿及索额图、佟国维、明珠等从征。 |
| 1697 | 康熙三十六年 | 二月十七日,康熙帝驻跸大同。 |

| 公元 | 年号 | 大事记 |
|---|---|---|
| 1697 | 康熙三十六年 | 二月二十一日,差往西藏之主事保住回至御营,呈第巴桑结嘉错疏文,言将派人专陈达赖身故事。 |
| 1697 | 康熙三十六年 | 二月二十九日,康熙帝驻跸府谷县城南。 |
| 1697 | 康熙三十六年 | 二月,原任两广总督吴兴祚卒。 |
| 1697 | 康熙三十六年 | 三月,哈密回部因归诚朝廷,请求通告厄鲁特蒙古不得扰犯。 |
| 1697 | 康熙三十六年 | 三月,勇略将军赵良栋卒,康熙帝闻讯,谓其为"伟男子"。 |
| 1697 | 康熙三十六年 | 三月,西藏第巴使者尼麻唐呼图克图在定边晋见康熙帝,密奏达赖之死;朝廷寻遣主事保住再赴西藏,命第巴送交罪人济隆呼图克图。 |
| 1697 | 康熙三十六年 | 三月,准许蒙古人于定边、花马池及平罗三处贸易,允许汉人、蒙古人在鄂尔多斯一同耕种。 |
| 1697 | 康熙三十六年 | 三月,奉使噶尔丹之员外郎博什希返至汛界,疏报十五日会见噶尔丹情形。 |
| 1697 | 康熙三十六年 | 三月二十六日,康熙帝驻跸宁夏。 |
| 1697 | 康熙三十六年 | 闰三月初九日,命昭武将军马思喀率兵进击噶尔丹。 |
| 1697 | 康熙三十六年 | 闰三月初九日,康熙帝谕陕甘武臣,大抵武官勇敢,而操守廉洁者少,应当守法。 |
| 1697 | 康熙三十六年 | 闰三月初十日,康亲王杰书卒。 |
| 1697 | 康熙三十六年 | 闰三月十一日,命副都统阿南达率兵搜索噶尔丹。 |
| 1697 | 康熙三十六年 | 闰三月十二日,命准噶尔策妄阿拉布坦出兵助剿噶尔丹。 |
| 1697 | 康熙三十六年 | 闰三月十三日,噶尔丹卒,朝廷尚不知晓,仍在进兵。 |
| 1697 | 康熙三十六年 | 闰三月十四日,康熙帝撰巡幸宁夏碑文;次日,离宁夏。 |
| 1697 | 康熙三十六年 | 闰三月十四日,统一前线指挥,以抚远大将军费扬古主之。 |
| 1697 | 康熙三十六年 | 闰三月二十日,允许俄国莫斯科商团入境贸易。 |
| 1697 | 康熙三十六年 | 四月初一日,驻跸狼居胥山。 |
| 1697 | 康熙三十六年 | 四月十五日,费扬古疏报,噶尔丹之台吉丹济拉请降,报告噶尔丹已死;康熙帝在御营行拜天礼,官员行庆贺礼。 |
| 1697 | 康熙三十六年 | 五月十二日,原山西巡抚温保奇虐百姓,激起蒲州民变,与原任布政使甘度,俱革职拿问。 |
| 1697 | 康熙三十六年 | 五月十六日,康熙帝返抵京城。 |

| 公元 | 年号 | 大事记 |
|---|---|---|
| 1697 | 康熙三十六年 | 五月二十三日,康熙帝谕大学士等,已经平定噶尔丹,当以察吏安民为要务,朕恨贪官如同噶尔丹,务必澄清吏治。 |
| 1697 | 康熙三十六年 | 五月二十三日,给事中郑昱请颁大赦诏,康熙帝以不可频繁赦免而不许。 |
| 1697 | 康熙三十六年 | 五月二十四日,礼部请加徽号,不允;王公大臣再请,仍不允。 |
| 1697 | 康熙三十六年 | 六月,从礼部请,于亲征所过之名山及激战之地,磨崖刻石记录亲征盛事。 |
| 1697 | 康熙三十六年 | 六月,命大学士伊桑阿等撰修《平定朔漠方略》。 |
| 1697 | 康熙三十六年 | 六月,山西巡抚倭伦请建万寿龙亭,刊刻圣谕,康熙帝以不尚虚誉,不准。 |
| 1697 | 康熙三十六年 | 七月,京城旃檀寺住持丹巴色尔济前奉使西藏,知达赖已故而隐匿不报,革去住持。 |
| 1697 | 康熙三十六年 | 七月,少詹事高士奇回籍终养。 |
| 1697 | 康熙三十六年 | 七月,测试天下贡士汪士鋐等于太和殿前,康熙以时政要求贡士发表意见。 |
| 1697 | 康熙三十六年 | 七月,谕殿试读卷官,做人、作文均应以"诚"字为旨归。 |
| 1697 | 康熙三十六年 | 七月,赐殿试贡士李蟠等一百五十人进士及第出身有差,就中点取三十一人为庶吉士。 |
| 1697 | 康熙三十六年 | 七月,朝鲜国王李焞遣使臣崔锡鼎表贺平定噶尔丹;封朝鲜国王之子李昀为世子。 |
| 1697 | 康熙三十六年 | 七月,因《平定朔漠》及太和殿竣工,举行庆贺礼,颁诏天下,诏内恩款三十六条;加封费扬古一等公,西路出征参赞以下官员俱给拖沙喇哈番世职,袭一次。 |
| 1697 | 康熙三十六年 | 七月,康熙帝驻跸宁夏之时,甘肃巡抚郭洪不往行在请安,至是将郭洪革职,发黑龙江当差。 |
| 1697 | 康熙三十六年 | 七月末,康熙帝启程巡行塞外,皇太子胤礽等六皇子侍行。 |
| 1697 | 康熙三十六年 | 八月,因山陕两省最为要地,文职出缺,请旨选用。 |
| 1697 | 康熙三十六年 | 九月,归降之厄鲁特台吉丹济拉朝见于御营,康熙帝摒去侍臣与语,以示优待降人。 |

| 公元 | 年号 | 大事记 |
|---|---|---|
| 1697 | 康熙三十六年 | 九月,康熙帝责内务府总管海喇孙、膳房人花喇、茶房人雅头等私自在皇太子处行走,将花喇、雅头处死。 |
| 1697 | 康熙三十六年 | 九月十七日,康熙帝回到京城。 |
| 1697 | 康熙三十六年 | 十月朔,享太庙,遣皇太子胤礽行礼。 |
| 1697 | 康熙三十六年 | 十月,准许宗室子弟参加乡试、会试。 |
| 1697 | 康熙三十六年 | 十月,康熙帝谕兵部,督抚提镇大员对"军政"考核,每多草率,应当实力办理。 |
| 1697 | 康熙三十六年 | 十月,奉派往召噶尔丹余部之原任侍郎思格色,不至指定地点而返,立斩。 |
| 1697 | 康熙三十六年 | 十月,赐中式武举缴煜章等一百零一人武进士及第出身有差。 |
| 1697 | 康熙三十六年 | 十月,赍敕往谕策妄阿拉布坦之侍郎常绶返京复命,奏策妄阿拉布坦不将噶尔丹骨灰及其女钟齐海送呈之状。 |
| 1697 | 康熙三十六年 | 十月,昭莫多之役中临战的京城、右卫、西安官兵,叙上上等军功。 |
| 1697 | 康熙三十六年 | 十一月,议叙督运官,予于成龙拜他拉布勒哈番(云骑尉)世职。 |
| 1697 | 康熙三十六年 | 十一月,因小钱流行,钱贱米贵,康熙帝命户部重议钱法。 |
| 1697 | 康熙三十六年 | 十一月,安南国王黎惟正妄以牛羊、蝴蝶、普园为其国土,申饬之。 |
| 1697 | 康熙三十六年 | 十一月,朝鲜国王因灾荒,请于中江(辽宁丹东市东北)地方贸易,从之。 |
| 1697 | 康熙三十六年 | 十一月,青海厄鲁特扎什巴图尔台吉、土谢图戴青纳木扎尔额尔得尼台吉等来朝,康熙帝嘉许、赏赐。 |
| 1697 | 康熙三十六年 | 十二月,举行五年一度的军政,分别升赏处分。 |
| 1697 | 康熙三十六年 | 十二月,马思喀等以追敌不力等原因,革去一切职务。 |
| 1697 | 康熙三十六年 | 十二月,大阅于玉泉山。 |
| 1698 | 康熙三十七年 | 正月,封厄鲁特扎什巴图尔为亲王,土谢图戴青纳木扎尔额尔得尼为贝勒,彭楚克为贝子。 |
| 1698 | 康熙三十七年 | 正月,湖广、河南、云南、浙江督抚陛辞,康熙帝谕以爱民之意,应以山陕不肖巡抚为戒。 |
| 1698 | 康熙三十七年 | 正月,康熙帝巡幸山西五台山,皇长子胤禔、皇三子胤祉从行。 |
| 1698 | 康熙三十七年 | 正月,海运赈济朝鲜,运粮三万石,一万赏赐,二万平粜。 |
| 1698 | 康熙三十七年 | 二月,大计天下官员,分别升赏处分。 |

中华传世藏书

大清十二帝

康熙帝玄烨

| 公元 | 年号 | 大事记 |
|---|---|---|
| 1698 | 康熙三十七年 | 二月,以地方民人乏食而不奏闻,康熙帝将山东巡抚李炜革职。 |
| 1698 | 康熙三十七年 | 二月,命原任河道总督于成龙、王新命分别查勘浑河、清河及保定水道绘图议奏。 |
| 1698 | 康熙三十七年 | 三月,册封皇长子胤禔、皇三子胤祉为郡王,皇四子胤禛、皇五子胤祐、皇七子胤祺、皇八子胤禩为贝勒。 |
| 1698 | 康熙三十七年 | 三月,命尚书班迪、马齐等分赴内蒙古和喀尔喀蒙古经管会盟事务。 |
| 1698 | 康熙三十七年 | 三月,湖广、江西、江南、浙江、两广、福建、山西、陕西米贵,严禁造酒。 |
| 1698 | 康熙三十七年 | 三月,直隶巡抚于成龙进呈浑河水图,康熙帝命其修筑堤岸。 |
| 1698 | 康熙三十七年 | 三月,陕西籽粒案发。咸阳民张拱等叩阍,呈告康熙三十二年巡抚布喀等侵蚀发给百姓购买籽粒(种子)的银两。 |
| 1698 | 康熙三十七年 | 四月,因为人庸劣,盛京将军绰克托革职。 |
| 1698 | 康熙三十七年 | 四月,以平定噶尔丹功,予西安将军博霁等八十五人、护军统领费扬固等一百九十二人、副都统硕岱等十五人不同类别的世职。 |
| 1698 | 康熙三十七年 | 四月,减广东海关税银三万余两。 |
| 1698 | 康熙三十七年 | 四月,革退庸劣王公。郡王延寿因行止不端降为贝勒,贝子袁端因恣意乱行革爵。 |
| 1698 | 康熙三十七年 | 四月,巡幸漕河(北运河),皇长子胤禔、皇三子胤祉从行。 |
| 1698 | 康熙三十七年 | 五月,康熙帝在天津见到山东饥民甚多。 |
| 1698 | 康熙三十七年 | 五月,云南鲁魁山民变,从云贵总督王继文之请,奖叙擒杀鲁魁山贼首有功官兵。 |
| 1698 | 康熙三十七年 | 五月,湖南武冈等地民变。 |
| 1698 | 康熙三十七年 | 六月,处分济隆呼图克图,将他交京城寺院看管。 |
| 1698 | 康熙三十七年 | 六月,以平定噶尔丹功,议叙绿营军官,振武将军孙思克等二百六十一人各加二等议叙,守备以上官员予拖沙喇哈番,承袭一次。 |
| 1698 | 康熙三十七年 | 六月,山西永宁州民变,汾州民五六百人屯聚山谷抗官,巡抚倭伦发兵捕拿,随即在交城设靖安营,加强控制。 |
| 1698 | 康熙三十七年 | 七月,太原知府孙毓璘浸没库银二万八千余两,斩监候。 |
| 1698 | 康熙三十七年 | 七月,原任陕西巡抚布喀叩阍,呈告原任川陕总督吴赫侵蚀种子银五十万两。 |
| 1698 | 康熙三十七年 | 七月,因蒲州民变,议处山西原任巡抚温保,温保革职。 |

| 公元 | 年号 | 大事记 |
|---|---|---|
| 1698 | 康熙三十七年 | 七月,湖南靖州、茶陵州民变。 |
| 1698 | 康熙三十七年 | 七月,浙江海宁海塘决口。 |
| 1698 | 康熙三十七年 | 七月,浑河疏通工程基本完工,赐名"永定河"。 |
| 1698 | 康熙三十七年 | 七月,招抚直隶赞皇民变分子。 |
| 1698 | 康熙三十七年 | 七月,运粮赈济朝鲜事竣,康熙帝撰《海运赈济朝鲜记》。 |
| 1698 | 康熙三十七年 | 七月二十九日,康熙帝与皇太后因消灭噶尔丹,赴盛京祭告祖陵启程,取道察哈尔,皇长子胤禔等七皇子侍行。 |
| 1698 | 康熙三十七年 | 八月,策妄阿拉布坦遣人送噶尔丹尸骨至京,康熙帝命悬挂京城外示众。 |
| 1698 | 康熙三十七年 | 九月二十四日,驻跸吉林乌喇(今吉林市)。 |
| 1698 | 康熙三十七年 | 九月,授黑龙江将军萨布素一等阿达哈哈番,世袭,奖其任职勤劳,对俄国事务有功。 |
| 1698 | 康熙三十七年 | 十月,为昭示对噶尔丹战争胜利的勒石碑文撰成,计有太学碑、察罕七罗碑、拖诺山碑、昭莫多碑、狼居胥山碑。 |
| 1698 | 康熙三十七年 | 十月,改贵州水西土司所属地方为大定、平远、黔西三州,设流官。 |
| 1698 | 康熙三十七年 | 十月十三日,康熙帝谒先祖的永陵(今辽宁新宾境内),驻跸萨尔浒(今辽宁抚顺市境内)。 |
| 1698 | 康熙三十七年 | 十月十六日,康熙帝谒太祖福陵、太宗昭陵,驻跸盛京。 |
| 1698 | 康熙三十七年 | 十月二十一日,启程返京,取道辽西、山海关、永平。 |
| 1698 | 康熙三十七年 | 十一月十三日,康熙帝抵京。 |
| 1698 | 康熙三十七年 | 十一月,朝审情实各犯,勾决三十五人。 |
| 1698 | 康熙三十七年 | 十一月,改定拣选知县条例,直隶等九省举人,三科会试不中,准予拣选知县。 |
| 1698 | 康熙三十七年 | 十一月,直隶宣化府民争夺煤窑械斗伤人,总兵官白斌未派兵弹压,革职。 |
| 1698 | 康熙三十七年 | 十一月,福建巡抚宫梦仁、安徽巡抚陈汝器,居官庸劣,解任。 |
| 1698 | 康熙三十七年 | 十一月,殊不称职之河道总督董安国革职,遗缺由于成龙接任。 |
| 1698 | 康熙三十七年 | 十二月,康熙帝谕总河于成龙,寰宇升平,惟关注河工事务;派徐廷玺协理河务,尚书马齐查原任总河董安国工程及账目。 |

| 公元 | 年号 | 大事记 |
|------|------|--------|
| 1698 | 康熙三十七年 | 十二月,康熙帝表彰广西提督李林盛居官甚优,奏对无隐讳。 |
| 1698 | 康熙三十七年 | 十二月,准许从闲散宗室中选取阙廷侍卫。 |
| 1698 | 康熙三十七年 | 十二月,康熙帝谕大学士等,禁止公厅审询涉案妇女,妇女除本身犯罪外,不得令其过堂。 |
| 1698 | 康熙三十七年 | 十二月,从四川巡抚于养志之请,东川土府改为东川军民府。 |
| 1698 | 康熙三十七年 | 十二月,遣官教化内蒙古民人,派遣原任内阁学士黄茂等教养蒙古,改变粗放农牧习惯,严禁盗贼。 |
| 1698 | 康熙三十七年 | 十二月,康熙帝谕大学士等留心于旌奖孝子。 |
| 1698 | 康熙三十七年 | 十二月,左副都御史吴涵疏言,编修、检讨等官升转壅滞。 |
| 1698 | 康熙三十七年 | 本年,户部存银四千零五十四万两。 |
| 1698 | 康熙三十七年 | 本年,定外国商船三等税则。 |
| 1699 | 康熙三十八年 | 正月,康熙帝宣布:为视察河工及励俗省耕,将南巡。 |
| 1699 | 康熙三十八年 | 二月初三日,康熙帝第三次南巡启程,皇太后暨皇长子胤禔等七皇子同行。 |
| 1699 | 康熙三十八年 | 二月,免福建台湾、凤山、诸罗三县康熙三十七年份水灾额赋有差。 |
| 1699 | 康熙三十八年 | 二月十二日,康熙帝御舟泊桑园(今河北吴桥),以漳河、滹沱河分流事谕直隶巡抚李光地。 |
| 1699 | 康熙三十八年 | 二月二十八日,康熙帝阅视黄河以南高家堰、归仁堤等工程,舟泊清河县闸口。 |
| 1699 | 康熙三十八年 | 三月初一日,康熙帝谕漕运总督桑额、河道总督于成龙等治理黄、淮三策。 |
| 1699 | 康熙三十八年 | 三月初三日,康熙帝连日至河堤阅视,驻跸淮安府,指示加固王公堤;此后经高邮、扬州、镇江,均具体指示各地河工修治之术。 |
| 1699 | 康熙三十八年 | 三月十三日,御舟泊无锡,谕吏部,南巡经过之山东、江南地方官,效力勤劳,若有因公讹误,罚俸、住俸、降俸、降级、革职留任者,察明宽免。 |
| 1699 | 康熙三十八年 | 三月十三日,免除江苏、安徽民间积欠康熙三十四、五六年钱粮。 |
| 1699 | 康熙三十八年 | 三月十三日,康熙帝谕刑部,南巡所经山东、江南监禁人犯,除十恶死罪及诏款不赦罪人,死罪以下,俱宽释。 |

| 公元 | 年号 | 大事记 |
|---|---|---|
| 1699 | 康熙三十八年 | 三月十四日，康熙帝驻跸苏州府。 |
| 1699 | 康熙三十八年 | 三月十五日，康熙帝斥责赴陕西审查籽粒案的尚书傅腊塔，畏人怀怨，草率具覆。 |
| 1699 | 康熙三十八年 | 三月二十二日，康熙帝驻跸杭州府。 |
| 1699 | 康熙三十八年 | 三月，山西巡抚倭伦被参，立案审查。 |
| 1699 | 康熙三十八年 | 三月二十六日，免除浙江民间积欠康熙三十四、五六年钱粮。 |
| 1699 | 康熙三十八年 | 三月二十六日，对浙江犯人，康熙帝发出与山东、江南同样宽释地上谕。 |
| 1699 | 康熙三十八年 | 三月二十九日，康熙帝启程北返。 |
| 1699 | 康熙三十八年 | 四月，康熙帝谕户部、礼部：因战事而令盐差、关差所交纳的盈余，实出于商民，免除，只收正额。 |
| 1699 | 康熙三十八年 | 四月，江浙府学大学、中学、小学各增加五个名额，系一次性奖励。 |
| 1699 | 康熙三十八年 | 四月，广西巡抚王起元多年不遵例保题属员又行蒙混掩饰，降四级调用。 |
| 1699 | 康熙三十八年 | 四月初十日，康熙帝驻跸曹寅为织造郎中的江宁织造署。 |
| 1699 | 康熙三十八年 | 四月，准许山西商人大青山采木。 |
| 1699 | 康熙三十八年 | 四月，康熙帝以明太祖为"英武伟烈之主"，亲往其陵致奠，并命修葺陵园，亲书"治隆唐宋"殿额。 |
| 1699 | 康熙三十八年 | 四月，赐总河于成龙、协理河务徐廷玺御书匾额。 |
| 1699 | 康熙三十八年 | 五月，康熙帝路经山东，咨询农事，谕免康熙三十六年未征地丁银米。 |
| 1699 | 康熙三十八年 | 五月，赐衍圣公孔毓圻御书匾额。 |
| 1699 | 康熙三十八年 | 五月，黑龙江副都统关襄私动驿站，降五级调用。 |
| 1699 | 康熙三十八年 | 五月十七日，康熙帝抵京。当时人张符骧作《竹枝词》讥讽此次南巡。 |
| 1699 | 康熙三十八年 | 五月，康熙帝谕大学士等：浙江百姓生计大不如前，皆因府州县官私派，馈送上司；地方官多务虚名，而无实效；钞关衙门颓敝，关差不力。 |
| 1699 | 康熙三十八年 | 五月，四川官员互参案，巡抚于养志疏参提督岳昇龙，命侍郎罗察等往审。 |

| 公元 | 年号 | 大事记 |
|---|---|---|
| 1699 | 康熙三十八年 | 五月,大学士伊桑阿以老疾乞休,康熙帝谓其人厚重老成,与另一大学士阿兰泰推诚合作,不忍令去。 |
| 1699 | 康熙三十八年 | 五月,命尚书马齐往山西察审巡抚倭伦与布政使齐世武互控事。 |
| 1699 | 康熙三十八年 | 六月,康熙帝谕大学士等:江浙百姓靠湖广米接济,而今湖广米少,皆因历任督抚不力,著派有胆量的郭琇为湖广总督。 |
| 1699 | 康熙三十八年 | 六月,尚书傅腊塔以审理籽粒案复命,仍不清晰,命其再审查;寻将涉案的川陕总督吴赫解任对质。 |
| 1699 | 康熙三十八年 | 七月,扬州邵伯、高邮九里等处决堤。 |
| 1699 | 康熙三十八年 | 七月,裁革宗人府、内阁、各部院司官一百二十七员缺。 |
| 1699 | 康熙三十八年 | 七月,山西大员互评案审结,巡抚倭伦包庇属员,降三级调用,布政使齐世武降一级调用。 |
| 1699 | 康熙三十八年 | 七月,停止宝泉局收买铅多铜少的红铜钱。 |
| 1699 | 康熙三十八年 | 闰七月十七日,巡幸塞外,皇长子胤禔等八皇子侍行。 |
| 1699 | 康熙三十八年 | 闰七月,审明茶陵州民变首脑黄明,系吴三桂余党。 |
| 1699 | 康熙三十八年 | 八月,给事中汪煜条奏,河工效力人员不下数千,请查明实在人员,挂名者削去,从之。 |
| 1699 | 康熙三十八年 | 八月,直隶巡抚李光地疏言,漳河、滹沱河业已疏浚。 |
| 1699 | 康熙三十八年 | 九月,琉球国中山王尚贞遣陪臣表贡方物,宴赉如例。 |
| 1699 | 康熙三十八年 | 九月初十日,康熙帝返京。 |
| 1699 | 康熙三十八年 | 九月,皇三子诚郡王胤祉因敏妃丧未百日而剃头,革郡王,授贝勒。 |
| 1699 | 康熙三十八年 | 九月,以各省采买物件,科派累民,改收折色,解京官买。 |
| 1699 | 康熙三十八年 | 九月,康熙帝谕大学士等:历任总河但知筑堤御水,不知改造河身,使之北流,不令黄水进入淮河、运河。 |
| 1699 | 康熙三十八年 | 九月,大学士阿兰泰卒,令皇长子胤禔送葬。 |
| 1699 | 康熙三十八年 | 十月,巡视永定河堤,皇长子胤禔等三皇子从行,在卢沟桥阅河工,指示治河务使河身深而且狭,束水使流。 |
| 1699 | 康熙三十八年 | 十月,勾决朝审情实死囚五十人。 |
| 1699 | 康熙三十八年 | 十一月,御史鹿祐疏参顺天乡试弊案,指称正副考官李蟠、姜宸英营私舞弊。 |
| 1699 | 康熙三十八年 | 十一月,任命马齐、佛伦、熊赐履、张英为大学士。 |

| 公元 | 年号 | 大事记 |
|---|---|---|
| 1699 | 康熙三十八年 | 十一月,裁撤兵部督捕衙门,督捕事务归刑部管理。 |
| 1699 | 康熙三十八年 | 十一月,康熙帝谕户部:蠲免康熙三十九年湖南各项钱粮。 |
| 1699 | 康熙三十八年 | 十一月,宝泉局铸钱每年用铜一百二十万斤,不足,提请加用民间销毁钱文之铜一百万斤,从之。 |
| 1699 | 康熙三十八年 | 十一月,康熙帝遵化谒陵,皇长子胤禔等四皇子从行。 |
| 1700 | 康熙三十八年 | 十二月,郎中刚五达往湖南茶陵州审案,恣肆横行,扰害地方,拟绞监候。 |
| 1700 | 康熙三十八年 | 十二月,因多年没有京察,康熙帝令各衙门五日内考察,不称职者参革。 |
| 1700 | 康熙三十八年 | 十二月,增设湖广镇筸镇。 |
| 1700 | 康熙三十八年 | 十二月,为赶修治河工程,康熙帝令范承勋、王鸿绪、王掞等前往督催,董讷、王樑等任分修工程。 |
| 1700 | 康熙三十八年 | 十二月,任命简亲王雅布掌宗人府事,贝子苏努为左宗正。 |
| 1700 | 康熙三十八年 | 十二月,广东琼州黎民抗官,反对地方文武官员扰害。 |
| 1699 | 康熙三十八年 | 本年,传教士白晋再度来华。 |
| 1700 | 康熙三十九年 | 正月,朝鲜人船只遭风漂至琉球国,琉球王将之送中国,清朝转送朝鲜难民,国王请差人致谢,却之。 |
| 1700 | 康熙三十九年 | 正月,康熙帝巡视永定河,皇四子胤禛等三皇子从行,命治河以保证运河通畅为原则。 |
| 1700 | 康熙三十九年 | 正月,领侍卫内大臣索额图致俄国尼布楚长官咨文,允许商人伊万等入境贸易。 |
| 1700 | 康熙三十九年 | 二月,直隶巡抚李光地题本,目前因循积弊,以亏空为甚,请立法清厘。 |
| 1700 | 康熙三十九年 | 二月,大学士佛伦误参郭琇案,事白,然佛伦免议。 |
| 1700 | 康熙三十九年 | 二月,劫牛贼吴七等十四人处斩。 |
| 1700 | 康熙三十九年 | 二月,遣领侍卫内大臣费扬古,大学士伊桑阿、马齐等考验宗室子弟文艺骑射。 |
| 1700 | 康熙三十九年 | 二月,振武将军孙思克卒。 |
| 1700 | 康熙三十九年 | 三月,康熙帝指示董理永定河工的王新命,应该运用比例尺方法绘制河流地图。 |

| 公元 | 年号 | 大事记 |
|---|---|---|
| 1700 | 康熙三十九年 | 三月,陕西籽粒案及吴秉谦叩阍案审结,贪赃及失职官员分别治罪。 |
| 1700 | 康熙三十九年 | 三月,四川长官互讦案审结,巡抚于养志、提督岳昇龙均革职。十一月,于养志斩监候。 |
| 1700 | 康熙三十九年 | 三月,于成龙卒,张鹏翮接任河道总督,请求敕朝臣对河工事不得掣肘,从之。 |
| 1700 | 康熙三十九年 | 三月,康熙三十九年殿试策论,以如何除积习、治河工为题。 |
| 1700 | 康熙三十九年 | 三月,赐贡士汪绎等三百零一人进士及第出身有差。五月,从新进士中选择四十三人为庶吉士。 |
| 1700 | 康熙三十九年 | 三月,陕西巡抚贝和诺徇私道员李傑,前者降三级,后者革职。 |
| 1700 | 康熙三十九年 | 四月,颁《御制台省论》,论言官职责及品格。 |
| 1700 | 康熙三十九年 | 四月,庶吉士散馆,徐树本等二十五人授职,吴龙元等七人再教习三年。 |
| 1700 | 康熙三十九年 | 四月,康熙帝巡视永定河工程,令八旗兵丁千人协助开河,皇长子胤褆主之。 |
| 1700 | 康熙三十九年 | 五月,内阁学士、署理太常寺卿事钱齐保于地坛上供,草率从事,革职。 |
| 1700 | 康熙三十九年 | 五月,湖广总督郭琇奏楚省陋弊八款,请勒石永禁,从之。 |
| 1700 | 康熙三十九年 | 五月,因上年邵伯决口未修复,漕船滞留淮南三千八百余艘。 |
| 1700 | 康熙三十九年 | 六月,广东拨什库姜定国控告防御高徽扣饷诈赃,将军卢崇耀、副都统牛忸失于查察,分别降级与降级调用。 |
| 1700 | 康熙三十九年 | 六月,从御史郑维孜之议,冒籍举人,令其自首。 |
| 1700 | 康熙三十九年 | 六月,河道总督张鹏翮请拨帑银一百万两办料赶工,且请就近先拨五十万两,从之。 |
| 1700 | 康熙三十九年 | 六月,康熙帝谕大学士等:科举考试,将大臣子弟另编字号阅卷,以免舞弊。 |
| 1700 | 康熙三十九年 | 六月,张鹏翮条奏河工九款,命九卿议奏,康熙帝于七月予以批准。 |
| 1700 | 康熙三十九年 | 六月,敕谕西藏第巴桑结嘉错,责其纵容营官霸占打箭炉土司等处居地。 |
| 1700 | 康熙三十九年 | 七月,康熙帝命资助在京、在籍之贫穷翰林官和庶吉士,在京翰林月给银三两。 |

| 公元 | 年号 | 大事记 |
|---|---|---|
| 1700 | 康熙三十九年 | 七月,张鹏翮题奏,滞留漕船可以过淮北上。 |
| 1700 | 康熙三十九年 | 七月,康熙帝令将九卿所议考试条例送给居官善好的张鹏翮、李光地、郭琇、彭鹏征求意见,促使九卿内省知愧。 |
| 1700 | 康熙三十九年 | 七月二十六日,巡幸塞外,皇长子胤禔等九皇子从行。 |
| 1700 | 康熙三十九年 | 八月,教养蒙古官员黄茂等朝见康熙帝,耕种有成效。 |
| 1700 | 康熙三十九年 | 九月,撤回督修高家堰工程之兵部尚书范承勋等九人,以便河道总督事权归一。 |
| 1700 | 康熙三十九年 | 九月十二日,康熙帝返京。 |
| 1700 | 康熙三十九年 | 九月,河南巡抚李国良保举衰庸有病知县失当,命其原品休致。 |
| 1700 | 康熙三十九年 | 九月,旗下大臣子弟出仕升迁容易,康熙帝命实行回避之法。 |
| 1700 | 康熙三十九年 | 九月,制定刑部议驳案件另委他官审理条例。 |
| 1700 | 康熙三十九年 | 九月,御史刘珩疏请,命直隶巡抚李光地在有水处督民耕种,康熙帝以水田有利,但不可骤然划一进行,不允。 |
| 1700 | 康熙三十九年 | 十月,皇太后六旬大寿,康熙帝进献亲书之《万寿无疆赋》围屏。 |
| 1700 | 康熙三十九年 | 十月,赐殿试武举马会伯等一百人武进士及第出身有差。 |
| 1700 | 康熙三十九年 | 十月,张鹏翮奏增高家堰工程费用,前后共 五十八万六千余两。 |
| 1700 | 康熙三十九年 | 十月,外国哨船被风漂至广东,谕令给足衣 粮,资送外国哨船出境。 |
| 1700 | 康熙三十九年 | 十月,新任河南巡抚徐潮陛辞,康熙帝谕以河南火耗甚重,当严行禁止,亏空亦多,应行筹划。 |
| 1700 | 康熙三十九年 | 十月,康熙帝巡视永定河堤,皇四子胤禛等二皇子从行。 |
| 1700 | 康熙三十九年 | 十月,左都御史李楠疏言改进九卿会议。惯例薄暮通知,次日会议,与会者不能准备,故会议草率。 |
| 1700 | 康熙三十九年 | 十月,哈密回部首领请求准许部民至甘肃各地贸易,从之。 |
| 1700 | 康熙三十九年 | 十一月,宁古塔将军沙纳海请将新满洲锡伯分为三旗,送至京师,从之。 |
| 1700 | 康熙三十九年 | 十一月,礼部尚书王泽弘原品休致,侍郎觉罗三宝革职,因违例允许索伦总管觉罗阿图将应在馆喂养马匹在家喂养。 |
| 1700 | 康熙三十九年 | 十一月,乡试"官字号"设立,定乡试、会试官卷与民卷取中比例:乡试官员子弟一,民间子弟九;会试,官卷占录取总数百分之五。 |
| 1701 | 康熙三十九年 | 十二月,册封佟氏为贵妃,瓜尔佳氏为和嫔。 |

| 公元 | 年号 | 大事记 |
|---|---|---|
| 1701 | 康熙三十九年 | 十二月,康熙帝指斥工部侵渔河工钱粮。 |
| 1701 | 康熙三十九年 | 十二月,给事中汤右曾疏言两广总督石琳,广东巡抚萧永藻、提督殷化行,在琼州黎民事变后隐匿不报。 |
| 1701 | 康熙三十九年 | 十二月,打箭炉之役,消灭藏军五千。 |
| 1701 | 康熙三十九年 | 十二月,索额图覆俄国官员咨文,准莫斯科商人分四批来华贸易。 |
| 1701 | 康熙三十九年 | 十二月,已故安亲王岳乐管理宗人府时,误将贝勒诺尼母子拟罪,追革亲王为郡王,子安郡王马尔浑革爵。 |
| 1700 | 康熙三十九年 | 本年,黄淮河工颇有进展,海口疏通,黄河、淮河二水交会,漕运通畅。 |
| 1701 | 康熙四十年 | 正月,命百硕色专任永定河工程事务。 |
| 1701 | 康熙四十年 | 正月,从张鹏翮之请,以黄淮工程进展,为河神效灵所致,封为显佑通济昭灵效顺金龙四大王。 |
| 1701 | 康熙四十年 | 二月,康熙帝巡幸畿甸,要求永定河工程本年务必竣工,皇长子胤禔等三皇子从行。 |
| 1701 | 康熙四十年 | 二月,黑龙江将军萨布素因虚报兵丁数目,冒支仓粮,革职。 |
| 1701 | 康熙四十年 | 二月,康熙四十年大计天下各官,依例升赏处分。 |
| 1701 | 康熙四十年 | 二月,康熙帝谕大学士等旗人汉人督抚之别:无事之时,督抚之任,宜用汉人;紧要事务,办理敏捷,则汉军为优。 |
| 1701 | 康熙四十年 | 三月,张鹏翮请将皇帝关于治河的上谕汇编成书,康熙帝以河工未竣,不允所请,但命其私人先行编辑。 |
| 1701 | 康熙四十年 | 三月,谕大学士等,道员以上官职,宜用老成历练者,州县官则不必。 |
| 1701 | 康熙四十年 | 三月,杭州织造穆尔森奉命密往日本。十月,回到浙江,即进京面奏。后人不知其使命为何。 |
| 1701 | 康熙四十年 | 四月,船厂(今吉林市)拨什库雅木布凶恶健讼,拟斩,康熙帝命自宁古塔将军起,下至兵丁,观看行刑,以做人心弊俗。 |
| 1701 | 康熙四十年 | 四月,在永定河工程效力之王新命监修误工,浮冒银一万六千两,斩监候;赫硕滋绞监候;百硕色革去佐领,枷号鞭责。 |
| 1701 | 康熙四十年 | 四月,巡视永定河工程,皇太子胤礽等三皇子从行。 |
| 1701 | 康熙四十年 | 五月,上年大计,山东巡抚王国昌不题参渎职之长清知县崔锡荣,降一级,准以加级抵消。 |
| 1701 | 康熙四十年 | 五月,从御史张瑗之请,将京西碧云寺明代太监魏忠贤墓碑铲毁。 |

| 公元 | 年号 | 大事记 |
|---|---|---|
| 1701 | 康熙四十年 | 五月,从内务府之请,十四关采办铜斤,分作三分,由员外郎张鼎臣、商人王纲明和江宁织造曹寅分别经理。 |
| 1701 | 康熙四十年 | 五月,直隶巡抚李光地疏言,永定河工程完竣。 |
| 1701 | 康熙四十年 | 五月三十日,康熙帝巡幸塞外,皇太子胤视等九皇子从行。 |
| 1701 | 康熙四十年 | 六月,兵部堂官因不择肥马拨给驿站,尚书马尔汉革职留任,侍郎朱都纳革职。 |
| 1701 | 康熙四十年 | 六月,授宋儒邵雍后裔为五经博士,世充其职。 |
| 1701 | 康熙四十年 | 七月,领侍卫内大臣、公费扬古卒。 |
| 1701 | 康熙四十年 | 七月初三日,驻跸乌兰布通(今内蒙古克什克腾旗南),阅视二十九年对噶尔丹之战的战场。 |
| 1701 | 康熙四十年 | 七月,科尔沁和硕卓礼克图亲王巴特玛等朝于行在。 |
| 1701 | 康熙四十年 | 七月,从御史张瑗议,京师五城修路由大兴、宛平二县经理。 |
| 1701 | 康熙四十年 | 八月,盛京、宁古塔、黑龙江三将军及索伦总管等各率属下官兵朝见于行在。 |
| 1701 | 康熙四十年 | 九月,安徽巡抚高承爵勒索属员被参。 |
| 1701 | 康熙四十年 | 九月,琉球王尚贞遣陪臣郑职臣进贡。 |
| 1701 | 康熙四十年 | 九月二十一日,康熙帝从塞外返抵大内。 |
| 1701 | 康熙四十年 | 九月,允许领侍卫内大臣索额图以老乞休,实为惩治。 |
| 1701 | 康熙四十年 | 九月,太子太傅、大学士王熙以衰病乞休,命以原官致仕,加少傅。 |
| 1701 | 康熙四十年 | 九月,康熙帝谕大学士等,观尔诸臣保奏,皆各为其党,应改正。 |
| 1701 | 康熙四十年 | 九月,策妄阿拉布坦遵旨将噶尔丹之女钟齐海解送至京。 |
| 1701 | 康熙四十年 | 十月,三等侯施世范任镶白旗副都统;道员施世纶升任湖南按察使。 |
| 1701 | 康 熙四十年 | 十月,大学士张英以衰病乞休,命原官致仕。 |
| 1701 | 康熙四十年 | 十月,康熙帝诏总督郭琇、张鹏翮、桑额、华显,巡抚彭鹏、李光地、徐潮备举贤能属员,实即嘉奖这些督抚为好官之表率。 |
| 1701 | 康熙四十年 | 十一月,康熙帝大阅于南苑。 |
| 1701 | 康熙四十年 | 十一月,仓场侍郎陶岱于迟误漕粮案内,不将经管官员勒索旗丁一并审理,降五级随旗行走。 |
| 1701 | 康熙四十年 | 十一月,朝审,勾决人犯四十七人。 |
| 1701 | 康熙四十年 | 十一月,康熙帝谒陵,皇太子胤礽等四皇子从行。 |

| 公元 | 年号 | 大事记 |
|---|---|---|
| 1701 | 康熙四十年 | 十二月,广东巡抚彭鹏就佥都御史王材任参奏事回奏,并攻讦王材任,康熙帝申饬其见识器量狭小。 |
| 1701 | 康熙四十年 | 十二月,河道总督张鹏翮以河工甫就,请求康熙帝明年二月南巡视察。 |
| 1701 | 康熙四十年 | 十二月,因广东连山瑶民暴动,击杀副将林芳,派都统嵩祝为将军往讨。 |
| 1701 | 康熙四十年 | 本年,苏州也是园藏书楼主钱曾卒。 |
| 1702 | 康熙四十一年 | 正月,修国子监文庙及公廨,命裕亲王福全董其事。 |
| 1702 | 康熙四十一年 | 正月,凡康熙四十年秋审奉旨监候缓决者,减一等发落。 |
| 1702 | 康熙四十一年 | 正月,康熙帝行幸五台,皇太子胤礽等三皇子从行。 |
| 1702 | 康熙四十一年 | 二月,给事中陈诜疏参山东蒲台知县俞弘声在封印期间为细故拘拿民人致死。 |
| 1702 | 康熙四十一年 | 三月,科尔沁和硕土谢图亲王、额驸沙津,坐侍妾僭用郡主仪仗之罪,褫爵。 |
| 1702 | 康熙四十一年 | 三月,春旱,康熙帝颇以为念。 |
| 1702 | 康熙四十一年 | 四月,享太庙,遣皇太子胤礽行礼。 |
| 1702 | 康熙四十一年 | 四月,刑部执行存留养亲律例不当,重新审议。 |
| 1702 | 康熙四十一年 | 四月,御史张瑗请将《会典》刊刻颁行,从之。 |
| 1702 | 康熙四十一年 | 五月,康熙帝自云颇好书射,赐大学士、九卿、翰林、詹事、科道官一百四十余人御书。 |
| 1702 | 康熙四十一年 | 五月,康熙帝云户部库银现存五千万。 |
| 1702 | 康熙四十一年 | 六月,云贵总督巴锡疏言,贵州葛彝寨苗民抗官拒捕,发兵四千进剿。 |
| 1702 | 康熙四十一年 | 六月,贵州威宁镇把总张文贵诬告守备何公埏,革职,杖责。 |
| 1702 | 康熙四十一年 | 六月,康熙帝以士习未端,颁《御制训饬士子文》,勒石太学。 |
| 1702 | 康熙四十一年 | 六月初九日,康熙帝与皇太后启程,避暑塞外,皇太子胤礽等七皇子从行。 |
| 1702 | 康熙四十一年 | 六月,四川凉山彝族首领马比必率众归顺,授土千户。 |
| 1702 | 康熙四十一年 | 六月,赐大学士马齐御书《太极图说》。 |
| 1702 | 康熙四十一年 | 闰六月十四日,康熙帝驻跸热河下营。 |
| 1702 | 康熙四十一年 | 闰六月,从御史刘子章之请,限定外任官携带家口奴隶数目。 |

| 公元 | 年号 | 大事记 |
|---|---|---|
| 1702 | 康熙四十一年 | 闰六月,山西孟县进士武承谟钻营左都御史李楠,革职;李楠降五级留任。 |
| 1702 | 康熙四十一年 | 七月,山东巡抚王国昌疏请将山东班匠银摊入地丁征收,从之。 |
| 1702 | 康熙四十一年 | 七月,增湖广乡试中额十三名,连前共八十三名,从江南省之例。 |
| 1702 | 康熙四十一年 | 八月,增加顺天乡试中额二十四名。 |
| 1702 | 康熙四十一年 | 八月二十九日,康熙帝自塞外返京。 |
| 1702 | 康熙四十一年 | 九月,琉球贡使海难,救活两人,康熙帝命加意赡养,俟有便船发还。 |
| 1702 | 康熙四十一年 | 九月,湖广镇箄生员李丰等叩阍,称苗民抢掠,地方官不究,派侍郎傅继祖、浙江巡抚赵申乔前往审理。 |
| 1702 | 康熙四十一年 | 九月二十五日,康熙帝未完成的第四次南巡视察河工启程,皇太子胤礽等三皇子从行。 |
| 1702 | 康熙四十一年 | 十月初四日,康熙帝驻跸德州,寻因皇太子患病留驻于此,并召索额图来侍奉皇太子。 |
| 1702 | 康熙四十一年 | 十月,召翰林官写字,康熙帝讲论书法要领。 |
| 1702 | 康熙四十一年 | 十月,流放黑龙江、宁古塔犯人逃亡众多,刑部制定禁止之法。 |
| 1702 | 康熙四十一年 | 十月,命从行的皇十三子胤祥祭泰山。 |
| 1702 | 康熙四十一年 | 十月,康熙帝禁止地方官向过境一般京官跪请圣安。 |
| 1702 | 康熙四十一年 | 十月二十一日,皇太子病未痊愈,康熙帝乃启程返京。二十六日,回宫。 |
| 1702 | 康熙四十一年 | 十月,改铸大式钱,每文重一钱四分,废小钱。 |
| 1702 | 康熙四十一年 | 十一月,康熙帝云国库存银四千五百万两,大有盈余,蠲免康熙四十三年云南、贵州、四川、广西及广东钱粮。 |
| 1703 | 康熙四十一年 | 十二月,领侍卫内大臣、一等伯心裕逼打家人,致死三十余人,刑部议请将心裕革职、革爵。 |
| 1703 | 康熙四十一年 | 十二月,诸王公大臣等因康熙帝五十岁大寿请上尊号,不允。 |
| 1703 | 康熙四十一年 | 十二月,考查康熙四十一年天下军政,才力不及官和罢软官为多。 |
| 1703 | 康熙四十一年 | 十二月,原噶尔丹属下丹津阿拉布坦朝见于保和殿,封为郡王。 |
| 1702 | 康熙四十一年 | 本年夏天,学者万斯同卒。 |
| 1703 | 康熙四十二年 | 正月,朝鲜国王遣使李桓表贺冬至、元旦、万寿节及进岁贡礼物,宴赍如例。 |

| 公元 | 年号 | 大事记 |
|------|------|--------|
| 1703 | 康熙四十二年 | 正月,预计康熙帝五旬大寿在南巡途中,故王公大臣请先做寿献礼,康熙帝不允,表示可以接受诗文,诸臣遂将庆祝万寿屏文缮写册页进呈。 |
| 1703 | 康熙四十二年 | 正月十六日,康熙帝第四次南巡重新启程,皇太子胤礽等三皇子从行;赐前来迎驾的直隶巡抚李光地御书《督抚箴》一幅。 |
| 1703 | 康熙四十二年 | 正月,湖广总督郭琇折奏,提督林本植标兵在城内公开焚劫,康熙帝命林本植解任。 |
| 1703 | 康熙四十二年 | 正月二十四日,康熙帝至济南,参观珍珠泉,赐御书"润物"匾,参观趵突泉,赐"源清流洁"匾;赐山东巡抚王国昌御书《督抚箴》一幅。 |
| 1703 | 康熙四十二年 | 正月二十六日,康熙帝驻跸泰安州,赈恤山东。 |
| 1703 | 康熙四十二年 | 正月二十六日,河南巡抚徐潮来朝,赐御书"凛矢清风"匾额及《督抚箴》一幅。 |
| 1703 | 康熙四十二年 | 二月初二日,康熙帝在宿迁县渡黄河,阅堤工;次日,阅桃源徐家湾等堤、祥符等闸。 |
| 1703 | 康熙四十二年 | 二月初五日,康熙帝御舟泊淮安,致仕在籍(桐城)大学士张英来朝。 |
| 1703 | 康熙四十二年 | 二月初五日,命扈从永定河分司齐苏勒将永定河工所使用的挑水埽坝法运用到黄河险要地方。 |
| 1703 | 康熙四十二年 | 二月初七日,康熙帝驻跸扬州府城。 |
| 1703 | 康熙四十二年 | 二月初九日,康熙帝过长江,登镇江金山江天寺,赐御书"动静万古"匾额。 |
| 1703 | 康熙四十二年 | 二月十一日,康熙帝驻跸苏州城内。 |
| 1703 | 康熙四十二年 | 二月十二日,命侍卫善寿等至原任大学士宋德宜墓奠酒。 |
| 1703 | 康熙四十二年 | 二月十二日,偏沅(湖南)巡抚赵申乔来朝,谕湖南吏治恶劣,无艺私征,多至正赋数倍,应据实究参。 |
| 1703 | 康熙四十二年 | 二月十二日,赐江苏巡抚宋荦御书《督抚箴》一幅。 |
| 1703 | 康熙四十二年 | 二月十五日,康熙帝驻跸杭州府城,幸演武厅率诸皇子及侍卫等射箭。 |
| 1703 | 康熙四十二年 | 二月十五日,福建将军兼闽浙总督金世荣来朝。 |
| 1703 | 康熙四十二年 | 二月十八日,遣领侍卫内大臣、公阿灵阿等阅视钱塘江堤。 |

| 公元 | 年号 | 大事记 |
|------|------|--------|
| 1703 | 康熙四十二年 | 二月二十日,康熙帝自杭州返回苏州;谕大学士等,前任浙江布政使赵申乔确是清官,然好收词讼,民多受累。 |
| 1703 | 康熙四十二年 | 二月二十六日,康熙帝驻跸江宁府城,赐张英御书匾额、对联。 |
| 1703 | 康熙四十二年 | 二月二十七日,遣大学士马齐祭明太祖陵。 |
| 1703 | 康熙四十二年 | 二月二十八日,康熙帝自江宁经镇江回銮。 |
| 1703 | 康熙四十二年 | 三月初二日,康熙帝登岸阅视高家堰堤工;次日,再视察高家堰、翟家坝等处堤工,指示张鹏翮开挖鲍家营引河。 |
| 1703 | 康熙四十二年 | 三月十五日,康熙帝回到京城。 |
| 1703 | 康熙四十二年 | 三月十六日,康熙帝谕大学士等,河工"大约已成功",各省来朝的巡抚均称职,大吏当以宽大和平、正己率属为务。 |
| 1703 | 康熙四十二年 | 三月十八日,康熙帝生日,颁诏天下,宣布黄河淮河河工告成,天下太平,诏内有恩款三十八项。 |
| 1703 | 康熙四十二年 | 三月,信郡王鄂扎卒。 |
| 1703 | 康熙四十二年 | 三月,以内廷修书举人汪灏、何焯、蒋廷锡学问优长,赐进士,参加殿试。 |
| 1703 | 康熙四十二年 | 三月,翰林院侍讲彭定求、江宁织造曹寅奉旨编辑《全唐诗》成。 |
| 1703 | 康熙四十二年 | 四月,康熙四十二年殿试策论之题,康熙帝要求贡士说明"治有大体,贵在适中"的道理。 |
| 1703 | 康熙四十二年 | 四月,赐殿试贡士王式丹等一百六十三人进士及第出身有差,点汪灏等四十九人为庶吉士。 |
| 1703 | 康熙四十二年 | 四月,大学士熊赐履乞休,命以原官解任,留京,备顾问。 |
| 1703 | 康熙四十二年 | 四月,因隐匿苗民抢劫不报,湖广总督郭琇、提督林本植革职,巡抚金玺降四级调用。 |
| 1703 | 康熙四十二年 | 四月,满书庶吉士张廷玉、汉书庶吉士年羹尧等散馆,分别授职。 |
| 1703 | 康熙四十二年 | 四月,晋李光地为吏部尚书,仍管直隶巡抚事。 |
| 1703 | 康熙四十二年 | 五月,上谕:索额图等背后怨尤,结党议论国事,党中亦有汉人;索额图拘禁。 |
| 1703 | 康熙四十二年 | 五月,遣返俄国逃人。 |
| 1703 | 康熙四十二年 | 五月二十五日,康熙帝巡幸塞外,皇太子胤礽、皇长子胤禔等六皇子从行。 |

| 公元 | 年号 | 大事记 |
|---|---|---|
| 1703 | 康熙四十二年 | 六月,恭亲王常宁卒。 |
| 1703 | 康熙四十二年 | 六月,朝鲜查获山东渔民五十余人,送返中国。 |
| 1703 | 康熙四十二年 | 六月,翰林学士揆叙奉使朝鲜,携康熙帝御书赠朝鲜国王。 |
| 1703 | 康熙四十二年 | 六月二十六日,裕亲王福全卒。二十八日,康熙帝闻讯,即启程返京奔丧。 |
| 1703 | 康熙四十二年 | 六月,高士奇卒。 |
| 1703 | 康熙四十二年 | 七月初一日,康熙帝至福全丧所哭灵,命皇子穿孝。 |
| 1703 | 康熙四十二年 | 七月初六日,康熙帝复往塞外启程。 |
| 1703 | 康熙四十二年 | 七月,大学士伊桑阿卒。 |
| 1703 | 康熙四十二年 | 七月,山东大雨,发帑金三十万、截漕粮五十万石赈济饥民,并从京城派员主持赈务。 |
| 1703 | 康熙四十二年 | 九月,琉球使臣毛兴隆进表贡方物。 |
| 1703 | 康熙四十二年 | 九月二十一日,康熙帝自塞外返至京城。 |
| 1703 | 康熙四十二年 | 九月,原任临洮道王永羲之母朱氏为子叩阍,控告甘肃巡抚齐世武诬参其子及强迫地方树立德政碑,命齐世武降五级留任。 |
| 1703 | 康熙四十二年 | 九月,开始建设热河行宫,即后世有名的承德避暑山庄。 |
| 1703 | 康熙四十二年 | 十月,为防止山东海盗,命江南造洋船二十只供用。 |
| 1703 | 康熙四十二年 | 十月,赐殿试武举曹维城一百零二人武进士及第出身有差。 |
| 1703 | 康熙四十二年 | 十月十一日,康熙帝西巡,皇太子胤礽等三皇子从行,路经保定、太原、蒲州、渡黄河、潼关。 |
| 1703 | 康熙四十二年 | 十一月十三日,康熙帝驻跸渭南,观固原镇标兵操练,谓绿营官兵无出其右者,赏提督潘育龙以下官员,俱加一级。 |
| 1703 | 康熙四十二年 | 十一月十四日,康熙帝驻跸临潼华清池;遣官祭汉文帝陵。 |
| 1703 | 康熙四十二年 | 十一月十五日,康熙帝抵西安,自京城出发,沿途有西北、西南地方长吏和蒙古王公来朝。 |
| 1703 | 康熙四十二年 | 十一月十七日,蠲免陕甘康熙四十二年以前各项积欠银米草豆钱粮。 |
| 1703 | 康熙四十二年 | 十一月十七日,康熙帝命祭祀周文王、武王、成王、康王陵,汉高祖、宣帝陵,唐高祖、太宗、宣宗陵。 |
| 1703 | 康熙四十二年 | 十一月十七日,赐西安耆老银两。 |

| 公元 | 年号 | 大事记 |
|---|---|---|
| 1703 | 康熙四十二年 | 十一月十九日,赏赐西安八旗兵丁、蒙古王公,赞扬满洲兵娴礼节,尚廉耻。 |
| 1703 | 康熙四十二年 | 十一月十九日,赐屡征不至的学者李颙御书"操志清洁"匾额。 |
| 1703 | 康熙四十二年 | 十一月二十二日,康熙帝离西安返京,取道河南。 |
| 1704 | 康熙四十二年 | 十一月二十八日,命皇三子胤祉等往阅三门砥柱。 |
| 1704 | 康熙四十二年 | 十二月十四日,康熙帝驻跸直隶真定府(今正定)大阜县城,谕大学士等,直隶学政杨名时考取生员,顾恤贫生,不取富家子弟,偏颇。 |
| 1704 | 康熙四十二年 | 十二月十八日,吏部尚书韩菼称病乞休,康熙帝以其好酒废事,且遇事瞻循,不许,并严饬之。 |
| 1704 | 康熙四十二年 | 十二月十九日,康熙帝抵京。 |
| 1704 | 康熙四十二年 | 十二月,康熙帝谕大学士等,地方官加耗一成,仍然叫苦,盖因打点上司;汾水、渭水均是黄河支流的大河,应考察黄河水系通航之事。 |
| 1704 | 康熙四十二年 | 十二月,定外任官在本籍五百里内者回避。 |
| 1704 | 康熙四十二年 | 十二月,御史刘若鼐疏参山西巡抚噶礼贪赃数十万,太原知府赵凤诏(赵申乔之子)为其心腹。 |
| 1703 | 康熙四十二年 | 本年,户部库存银三千八百三十六万两余。 |
| 1703 | 康熙四十二年 | 本年,礼部尚书杜臻卒。 |
| 1704 | 康熙四十三年 | 正月,康熙帝以一个出差侍卫得督抚六千两馈礼为例,说明百姓赋役之累。 |
| 1704 | 康熙四十三年 | 正月,噶礼就御史刘若鼐所参回奏,谓其诬陷,康熙帝回护之,并不立案追查。 |
| 1704 | 康熙四十三年 | 二月,封淮神为"长源佑顺大淮之神";江南安东县大通口海神庙,宿迁等县黄河金龙四大王庙,山东清河县清口淮神庙,皆入春秋祀典。 |
| 1704 | 康熙四十三年 | 二月,谕大学士等学政时弊:各省学政中多有不肖之徒,唯利是图,还以录取不通文理的寒士博取虚名。 |
| 1704 | 康熙四十三年 | 二月,大计天下各官,年老官、有疾官居多。 |
| 1704 | 康熙四十三年 | 二月,山东官员挪移案审结。 |
| 1704 | 康熙四十三年 | 二月,同知佟世禄叩阍鸣冤。 |
| 1704 | 康熙四十三年 | 二月,河南镇总兵官王应统因营武不整,迎驾不敬,斩监候。 |
| 1704 | 康熙四十三年 | 三月,工部司官贪赃案,塞尔图等侵欺钱粮,拟斩。 |

| 公元 | 年号 | 大事记 |
|---|---|---|
| 1704 | 康熙四十三年 | 三月,遣内阁学士常授招抚海盗,先广东新会,次福建、浙江、山东。 |
| 1704 | 康熙四十三年 | 三月,因京城多山东及直隶河间饥民,令各部派员将山东流民分头送返,河间饥民由巡抚李光地领回。 |
| 1704 | 康熙四十三年 | 三月,命侍卫武格往舟山普陀山进香,回程往看天台山。 |
| 1704 | 康熙四十三年 | 三月,理藩院为严禁俄罗斯人越境偷猎事咨文俄国议政大臣维纽斯;另一咨文,告以俄商入境准走鄂尔昆图拉,每次不得超过二百人。 |
| 1704 | 康熙四十三年 | 四月,命侍卫拉锡往青海考察黄河河源。 |
| 1704 | 康熙四十三年 | 四月,朝鲜国王因彼民越境劫掠,请派员前往审理,康熙帝命其自审具奏。 |
| 1704 | 康熙四十三年 | 五月,以工部侵蚀河工帑金事,谕满洲尚书侍郎等无玷厥职。 |
| 1704 | 康熙四十三年 | 六月,《长生殿》作者洪昇卒。 |
| 1704 | 康熙四十三年 | 六月,镶白旗蒙古都统、内务府总管马思喀卒。 |
| 1704 | 康熙四十三年 | 六月,湖广镇箪镇兵丁王汉傑等三百人抢掠当铺,并威逼营官,康熙帝命严审。 |
| 1704 | 康熙四十三年 | 六月初七日,康熙帝巡幸塞外,皇太子胤礽、皇长子胤禔等七皇子从行。 |
| 1704 | 康熙四十三年 | 六月,校正斗斛,颁发新量具。 |
| 1704 | 康熙四十三年 | 六月,江西商民萧宗章等请开采铅、锡矿,康熙帝以无益,不准实行。 |
| 1704 | 康熙四十三年 | 六月,康熙帝谕起居注官,今讲道学者好议论人,而自己不能实践。 |
| 1704 | 康熙四十三年 | 六月,文学家尤侗卒。 |
| 1704 | 康熙四十三年 | 六月,经学家阎若璩卒。 |
| 1704 | 康熙四十三年 | 七月,康熙帝自云幼好写字,已成习惯;满文也好;批答督抚折子及朱笔上谕皆亲书;记忆力强,经久不忘。 |
| 1704 | 康熙四十三年 | 七月,原任四川巡抚于养志赃银未能补完,发配黑龙江。 |
| 1704 | 康熙四十三年 | 八月,新授浙江温处道黄钟系投诚伪官,由吏部司官陈汝弼开列补授。 |
| 1704 | 康熙四十三年 | 九月,招抚广东海盗阿保位等二百三十七名。 |
| 1704 | 康熙四十三年 | 九月,刑部审讯光棍金眼王五等命案,不得实情,且为解脱,康熙帝将尚书安布禄降三级留任,尚书王士禎降三级调用。 |
| 1704 | 康熙四十三年 | 九月二十六日,康熙帝回到京城。 |

| 公元 | 年号 | 大事记 |
|---|---|---|
| 1704 | 康熙四十三年 | 九月,拉锡回京复命,行至星宿海河源,绘图进呈。 |
| 1704 | 康熙四十三年 | 十月,嘉奖朝鲜资送中国商人回国。 |
| 1704 | 康熙四十三年 | 十月,康熙帝阅视永定河,皇太子胤礽、皇十三子胤祥从行。 |
| 1704 | 康熙四十三年 | 十一月,朝审勾决三十九人,康熙帝对工部侵蚀案中费仰崝,主审官不能审出情实颇为不满,将费处斩。 |
| 1704 | 康熙四十三年 | 十一月,天津总兵官蓝理请开天津等处水田,从之。 |
| 1704 | 康熙四十三年 | 十一月,江宁织造曹寅折奏,请革两淮盐科浮费,即院费、省费、司费、杂费,各费皆派自商人。 |
| 1704 | 康熙四十三年 | 十一月,康熙帝为纂修《明史》撰《御制文》,要求史评必须公正,成为信史。 |
| 1704 | 康熙四十三年 | 十二月,准许湖广"熟苗"科举应试。 |
| 1704 | 康熙四十三年 | 十二月,奖励河道总督张鹏翮、监修高家堰工程的兵部尚书范承勋等人,效力人员三百一十四人备加级、记录、给顶戴有差。 |
| 1704 | 康熙四十三年 | 十二月,赐大臣御制诗集各一部。 |
| 1704 | 康熙四十三年 | 本年,学者颜元卒。 |
| 1704 | 康熙四十三年 | 本年,《潜书》作者唐甄卒。 |
| 1705 | 康熙四十四年 | 正月,《古文渊鉴》刊成,颁赐廷臣及官学。 |
| 1705 | 康熙四十四年 | 二月,理藩院就俄罗斯人越界杀人及布里亚特人向属中国事咨文俄国尼布楚长官。 |
| 1705 | 康熙四十四年 | 二月初九日,康熙帝第五次南巡启程,皇太子胤礽及皇十三子胤祥从行,途中作《春日田间》诗、《南巡词》《皇船记》。 |
| 1705 | 康熙四十四年 | 三月十八日,康熙帝驻跸苏州。 |
| 1705 | 康熙四十四年 | 三月十九日,召见河道总督张鹏翮及河工官员,说明河工告成,但善后应早做筹措。 |
| 1705 | 康熙四十四年 | 四月初三日,康熙帝抵达杭州,寻为浙江举贡生监举行诗字考试,检阅杭州满洲、汉军及绿营兵。初十日离杭州。 |
| 1705 | 康熙四十四年 | 四月十二日,康熙帝返回苏州,停留期间为苏州等府举贡生监举行诗字考试,为育婴堂题写"广慈保赤"匾额。 |
| 1705 | 康熙四十四年 | 四月二十二日,康熙帝驻跸江宁织造署,离江宁前亲祭明孝陵。 |
| 1705 | 康熙四十四年 | 四月,南巡途中,诏赦山东、江苏、浙江、福建死罪减一等。 |

| 公元 | 年号 | 大事记 |
|------|------|--------|
| 1705 | 康熙四十四年 | 闰四月,因革职山安同知佟世禄再次叩阍控告张鹏翮,命户部尚书徐潮等审理。 |
| 1705 | 康熙四十四年 | 闰四月,康熙帝阅视高家堰堤,要求加速修缮。 |
| 1705 | 康熙四十四年 | 闰四月二十八日,康熙帝南巡回到京城。 |
| 1705 | 康熙四十四年 | 五月,康熙帝南巡时,江西巡抚李基和因迎驾不敬获罪。 |
| 1705 | 康熙四十四年 | 五月,谕大学士等,南巡中见直隶、山东贩私盐、铸私钱者甚多,应严禁。 |
| 1705 | 康熙四十四年 | 五月,康熙帝亲审原任吏部郎中陈汝弼案,三法司堂官承审不实,分别予革职、降级调用、降级留任处分。 |
| 1705 | 康熙四十四年 | 五月二十四日,康熙帝巡幸塞外启程,皇太子胤礽、皇长子胤禔等六皇子从行。 |
| 1705 | 康熙四十四年 | 六月,吏部尚书李光地疏参出身商贩的原任云南布政使张霖网利殃民。 |
| 1705 | 康熙四十四年 | 六月,御史景日昣疏请禁止商民何锡等在广东海阳开矿。 |
| 1705 | 康熙四十四年 | 六月,江西巡抚李基和渎职,康熙帝南巡时迎驾不敬,枷号三个月,鞭一百,给予该管三为奴。 |
| 1705 | 康熙四十四年 | 七月,河道总督张鹏翮疏报,黄河淮河大水,冲决清水沟等四处堤岸。 |
| 1705 | 康熙四十四年 | 七月,湖广总督喻成龙审理王汉杰一案,徇庇属员,命郎中吴进泰前往审究。 |
| 1705 | 康熙四十四年 | 九月十五日,康熙帝自塞外返抵京城。 |
| 1705 | 康熙四十四年 | 九月,准湖广土司子弟注入民籍,参加科举。 |
| 1705 | 康熙四十四年 | 九月,琉球遣使进贡。 |
| 1705 | 康熙四十四年 | 十月,重修华阴西岳庙竣工,康熙帝撰碑文。 |
| 1705 | 康熙四十四年 | 十月,制定八旗官员补任发给印结时限,以免主管官员刁难。 |
| 1705 | 康熙四十四年 | 十一月,授丹拉济扎萨克辅国公,前往推河,同内阁侍读学士殷扎纳探听策妄阿拉布坦讯息。 |
| 1705 | 康熙四十四年 | 十一月,李光地晋文渊阁大学士。 |
| 1705 | 康熙四十四年 | 十一月,大学士马齐等奏,自康熙四十二年以来蠲免钱粮一千六百余万。 |
| 1705 | 康熙四十四年 | 十一月,新修国子监告成,康熙帝亲书"彝伦堂"匾额。 |

| 公元 | 年号 | 大事记 |
|---|---|---|
| 1706 | 康熙四十四年 | 十一月十九日,康熙帝遵化谒陵,皇七子胤祐等二皇子从行。 |
| 1706 | 康熙四十四年 | 十一月,康熙帝为宋儒祠堂题匾,以提倡理学。 |
| 1706 | 康熙四十四年 | 十二月,增建顺天府乡试号房,因应试者众多之故。 |
| 1706 | 康熙四十四年 | 十二月,顺天乡试,落榜者以考官不公、不尽职闹事,康熙帝命将考官严加议处,次年正月褫职。 |
| 1705 | 康熙四十四年 | 本年,和硕特达赖汗卒,子拉藏继汗位,与第巴桑结嘉错交兵,擒杀桑结嘉错。 |
| 1705 | 康熙四十四年 | 本年,罗马教皇遣使至北京,康熙帝派沙国安赴罗马。 |
| 1705 | 康熙四十四年 | 本年,学者李颙卒。 |
| 1705 | 康熙四十四年 | 本年,画僧八大山人朱耷卒。 |
| 1706 | 康熙四十五年 | 正月,朝鲜国王遣使郑载仑表贺冬至、元旦、万寿节及进岁贡礼物。 |
| 1706 | 康熙四十五年 | 二月,镇筸镇兵丁抢劫案审结,主犯王贵立斩,从犯王汉傑斩监候,原任布政使施世纶、原任按察使董廷恩等革职。 |
| 1706 | 康熙四十五年 | 二月,康熙帝巡幸畿甸,皇太子胤礽、皇长子胤禔等五皇子从行。 |
| 1706 | 康熙四十五年 | 二月,京城地震。 |
| 1706 | 康熙四十五年 | 三月,康熙帝命蠲免台湾等三县钱粮。 |
| 1706 | 康熙四十五年 | 三月,康熙帝以数千举人会试仅取进士一二百名,太少,宜增加名额;赐殿试贡士施云锦等二百八十九人进士及第出身有差。 |
| 1706 | 康熙四十五年 | 三月,理藩院咨文俄国政府,同意使臣、商人经由鄂尔昆图拉入境,不必绕道色楞格。 |
| 1706 | 康熙四十五年 | 三月,康熙帝云近几科状元不佳。 |
| 1706 | 康熙四十五年 | 三月,左副都御史周清源奏请直隶各省建立育婴堂,从之。 |
| 1706 | 康熙四十五年 | 四月,湖广容美土司田舜年案发。 |
| 1706 | 康熙四十五年 | 四月,两广擒获海寇蔡三十二。 |
| 1706 | 康熙四十五年 | 五月二十一日,康熙帝巡幸塞外启程,皇太子胤礽、皇长子胤禔等五皇子从行。 |
| 1706 | 康熙四十五年 | 七月,御史袁桥疏参山西巡抚噶礼居官贪婪;平遥民进京告状,知县加派达到正赋的四五成。 |
| 1706 | 康熙四十五年 | 七月,福建陆路提督蓝理陛辞,康熙帝谕:福建近海,关系紧要,对士卒宜勤加训练与约束。 |

| 公元 | 年号 | 大事记 |
|---|---|---|
| 1706 | 康熙四十五年 | 八月,山西学政邹士璁因噶礼被参,代士民写保留疏,御史蔡珍奏参其结交巡抚。 |
| 1706 | 康熙四十五年 | 九月二十四日,康熙帝返京。 |
| 1706 | 康熙四十五年 | 十月,康熙帝谕武殿试读卷官:太平日久,知海上用兵者少,日后台湾不无可虑。 |
| 1706 | 康熙四十五年 | 十月,赐中式武举杨谦等九十四人武进士及第出身有差。 |
| 1706 | 康熙四十五年 | 十月,命杭州、江宁、西安等地驻防满洲每年派人随从热河行围,以免怠惰。 |
| 1706 | 康熙四十五年 | 十月,康熙帝谕大学士等,前遣护军统领席柱往擒假达赖喇嘛,众人不解,否则被策妄阿拉布坦迎去。 |
| 1706 | 康熙四十五年 | 十月,免山西、陕西等十省康熙四十三年以前未完地丁银二百一十二万两余,粮十万五千余石。 |
| 1706 | 康熙四十五年 | 十一月,康熙帝遵化谒陵,皇太子胤礽、皇长子胤禔及皇十三子胤祥随行。 |
| 1707 | 康熙四十五年 | 十二月,拉藏汗派人送达赖六世进京,行至西宁口外卒。 |
| 1707 | 康熙四十六年 | 正月二十二日,康熙帝第六次南巡视察河工启程,宣布舟楫往返,日用所需,取自内府,皇太子胤礽、皇长子胤禔等五皇子从行。 |
| 1707 | 康熙四十六年 | 二月,康熙帝阅视溜淮套工程,责总河张鹏翮及两江督抚,命撤工。 |
| 1707 | 康熙四十六年 | 二月,大计天下官员。 |
| 1707 | 康熙四十六年 | 三月,康熙帝在江宁亲祭明孝陵。 |
| 1707 | 康熙四十六年 | 三月,康熙帝在苏州密谕尚书王鸿绪了解南巡中官员购买苏州女子情形。 |
| 1707 | 康熙四十六年 | 三月,康熙帝在松江府谕地方官,为官应清廉,但清官往往残酷。 |
| 1707 | 康熙四十六年 | 三月,闽浙总督梁鼐请允许出洋渔船打造双桅,从之。 |
| 1707 | 康熙四十六年 | 四月,康熙帝在杭州召见福建水路提督吴英,吴英讲海寇不会蔓延,也不可能没有小股海寇的存在。 |
| 1707 | 康熙四十六年 | 五月二十二日,康熙帝南巡返回离宫畅春园;张符骧作《后竹枝词》讥讽康熙南巡。 |
| 1707 | 康熙四十六年 | 五月,因溜淮套工程惩处河工及江南督抚,原任江南总督、现任刑部尚书阿山革职,总河张鹏翮革去所加宫保。 |

| 公元 | 年号 | 大事记 |
|------|------|--------|
| 1707 | 康熙四十六年 | 五月,追念靳辅治河之功,加赠太子太保,给拜他喇布勒哈番世职。 |
| 1707 | 康熙四十六年 | 六月初六日,康熙帝巡幸塞外启程,皇太子胤礽、皇长子胤禔等七皇子从行。 |
| 1707 | 康熙四十六年 | 六月,坐粮厅赫芍色贪赃革职。 |
| 1707 | 康熙四十六年 | 六月,康熙帝讲其调摄,在于饮食有节,起居有常,反对吃补药和按摩。 |
| 1707 | 康熙四十六年 | 六月,江浙干旱,而浙江巡抚、藩司却拟加派,每亩加收三成,杭州百姓千人请愿,乃止。 |
| 1707 | 康熙四十六年 | 七月,修葺南岳衡山神庙竣工,肇始于康熙四十四年七月,四十七年正月康熙帝撰成碑文。 |
| 1707 | 康熙四十六年 | 九月,御营东失火,系膳房人佛泰家人二格吃烟所致,二格耳鼻穿箭游营示众。 |
| 1707 | 康熙四十六年 | 十月,画僧原济卒,约在本月前后。 |
| 1707 | 康熙四十六年 | 十月,许国桂、仇机互讦案。 |
| 1707 | 康熙四十六年 | 十月二十日,康熙帝回到京城。 |
| 1707 | 康熙四十六年 | 十月,云贵总督贝和诺疏言,云南金银铜锡等矿一年度收税额银八万余两,金八十四两。 |
| 1707 | 康熙四十六年 | 十一月,琉球国王遣使臣马元勋进贡方物。 |
| 1707 | 康熙四十六年 | 十一月,陕西朱玺拒捕案。 |
| 1707 | 康熙四十六年 | 十一月,因台湾灾祲缺粮,其由福建移住之民,允许搭乘官船回籍。 |
| 1707 | 康熙四十六年 | 十二月,编制归化城喇嘛属人为佐领。 |
| 1707 | 康熙四十六年 | 十二月,考察天下军政。 |
| 1707 | 康熙四十六年 | 十二月,遣皇太子胤礽祭暂安奉殿。 |
| 1707 | 康熙四十六年 | 十二月,赏赐王公及皇子银八千两至两千两不等。 |
| 1707 | 康熙四十六年 | 本年,传教士张诚卒。 |
| 1708 | 康熙四十七年 | 正月,禁米出洋,康熙帝命严察上海、乍浦、南通州等海口。 |
| 1708 | 康熙四十七年 | 正月,浙江巡抚王然疏报捕灭四明大岚山张念一盗伙。 |
| 1708 | 康熙四十七年 | 二月,御史袁桥疏参山西巡抚噶礼事审结,袁桥以诬参革职。少见的罪罚言官。 |

| 公元 | 年号 | 大事记 |
|---|---|---|
| 1708 | 康熙四十七年 | 二月,江苏巡抚于准奏报拿获张君玉,一念和尚在逃,康熙帝以案内有"朱三太子"重犯,命侍郎穆丹前往审理。 |
| 1708 | 康熙四十七年 | 二月,康熙帝巡幸畿甸,皇太子胤礽、皇长子胤禔等六皇子从行。 |
| 1708 | 康熙四十七年 | 二月,准许暹罗贡使出卖其货物,并免征税。 |
| 1708 | 康熙四十七年 | 三月,苏州织造李煦奏报,河南、山东、淮北人在扬州贩私盐者数百成群,出没无常。 |
| 1708 | 康熙四十七年 | 闰三月,因湖广襄阳铸造私钱,运销京城及各地,命大理寺卿塔进泰往察。 |
| 1708 | 康熙四十七年 | 四月,山东巡抚赵世显奏报拿获朱三父子,其为明代宗室。 |
| 1708 | 康熙四十七年 | 四月,内大臣明珠卒,命皇三子胤祉往奠茶酒。 |
| 1708 | 康熙四十七年 | 四月,理藩院回复俄国西伯利亚总督加加林咨文,规定俄商入境每次仍不得超过二百人。 |
| 1708 | 康熙四十七年 | 五月十一日,康熙帝巡幸塞外启程,皇太子胤礽、皇长子胤禔等八皇子从行。 |
| 1708 | 康熙四十七年 | 五月,一念案内之太仓人王昭骏凌迟处死。 |
| 1708 | 康熙四十七年 | 六月初二日,康熙帝驻跸热河行宫。 |
| 1708 | 康熙四十七年 | 六月,江浙民变案初步审结,凌迟、立斩者甚多,王士元(朱三)解京正法,失职巡抚王然降一级,提督王世臣降五级。 |
| 1708 | 康熙四十七年 | 六月,《清文鉴》修成,康熙帝作序。 |
| 1708 | 康熙四十七年 | 七月,给事中王懿疏参九门提督托合齐欺罔不法,贪恶殃民。 |
| 1708 | 康熙四十七年 | 七月,宁夏民人为水利事叩阍。 |
| 1708 | 康熙四十七年 | 七月,暹罗国王遣使奉表进贡。 |
| 1708 | 康熙四十七年 | 八月,康熙帝谕扈从大臣,诸皇子常挞辱大臣,臣下即或有罪,亦应禀告皇帝,天下唯有一主,他人岂可乱用刑法。 |
| 1708 | 康熙四十七年 | 八月,因俄国人入境建城居住,理藩院咨文俄国近侍大臣,要求其拆毁。 |
| 1708 | 康熙四十七年 | 九月初四日,康熙帝于热河返京途中召见诸王大臣文武官员,宣布废黜皇太子胤礽。 |
| 1708 | 康熙四十七年 | 九月初七日,康熙帝命侍卫吴什等传谕诸大臣、官民人等,不必为与废太子有往来而担心。 |

| 公元 | 年号 | 大事记 |
|------|------|--------|
| 1708 | 康熙四十七年 | 九月初七日,命皇八子、贝勒胤禩署内务府总管事。 |
| 1708 | 康熙四十七年 | 九月初九日,康熙帝谕满洲诸臣,自宣布胤礽之事的六天来未尝安寝。 |
| 1708 | 康熙四十七年 | 九月十一日,康熙帝说观察胤礽的行动,像是得了疯病的人。 |
| 1708 | 康熙四十七年 | 九月十六日,康熙帝回到京城,设帐篷于上驷院旁囚禁胤礽,命皇长子胤禔与皇四子胤禛看守。 |
| 1708 | 康熙四十七年 | 九月十七日,康熙帝正式宣布废黜胤礽,并警告诸皇子不得藉此结党相害。 |
| 1708 | 康熙四十七年 | 九月十八日,就废太子事康熙帝亲自撰文,遣官告祭天地、太庙、社稷。 |
| 1708 | 康熙四十七年 | 九月二十四日,康熙帝以废太子颁诏天下,内附恩款三十三条。 |
| 1708 | 康熙四十七年 | 九月二十五日,因胤禔保荐胤禩为皇太子,奏言相面人张明德说胤禩后必大贵,康熙帝命严审张明德。 |
| 1708 | 康熙四十七年 | 九月二十八日,康熙帝召见诸皇子,要求众人自知分量,安静守分,并以胤禔为例,不可非为。 |
| 1708 | 康熙四十七年 | 九月二十八日,就原任内务府总管、胤礽乳母之夫凌普案,康熙帝警告胤禩不可妄博虚名,将皇帝之施恩据为己有。 |
| 1708 | 康熙四十七年 | 九月二十九日,康熙帝以胤禩妄蓄大志,早结党羽,锁拿,交议政处审理。 |
| 1708 | 康熙四十七年 | 九月,致仕大学士张英卒。 |
| 1708 | 康熙四十七年 | 十月初二日,张明德案审结,胤禩知情不举革去贝勒,普奇革公爵,张明德凌迟处死。 |
| 1708 | 康熙四十七年 | 十月初四日,康熙帝谕诸皇子、大臣,胤禩沽名钓誉,希冀为皇太子,众人不可从他。 |
| 1708 | 康熙四十七年 | 十月,宋大业疏参赵申乔,赵申乔反驳。 |
| 1708 | 康熙四十七年 | 十月十五日,皇三子胤祉揭发皇长子胤禔用喇嘛巴汉格隆的厌胜法暗害胤礽。 |
| 1708 | 康熙四十七年 | 十月二十三日,康熙帝召见胤禩、胤礽,表示舐犊之情。 |
| 1708 | 康熙四十七年 | 十一月初一日,以皇长子胤禔素行不端,气质暴戾,革去郡王,圈禁。 |
| 1708 | 康熙四十七年 | 十一月初八日,康熙帝谕,胤礽狂疾好转,若改而为善,朕自有裁夺。 |

康熙帝玄烨

| 公元 | 年号 | 大事记 |
|---|---|---|
| 1708 | 康熙四十七年 | 十一月初九日,左副都御史劳之辨上疏保奏废皇太子胤礽,康熙帝以其心怀奸诈,革职,责四十板,逐回原籍。 |
| 1708 | 康熙四十七年 | 十一月十四日,康熙帝召满汉文武大臣,命众人推荐皇太子,由达尔汉亲王、额驸班第主持;不许大学士马齐参与。在马齐、阿灵阿等操纵下,众人荐举皇八子胤禩,康熙帝不允。 |
| 1708 | 康熙四十七年 | 十一月十五日,康熙帝召群臣,谕云胤礽病已渐愈,但不骤然立为皇太子。 |
| 1708 | 康熙四十七年 | 十一月十六日,召见包括胤礽在内的诸皇子和满洲大臣,胤礽承认错误,释放,命其与众兄弟和好相处。 |
| 1708 | 康熙四十七年 | 十一月十六日,谕兵部,允许八旗汉军参加武科乡会试。 |
| 1708 | 康熙四十七年 | 十一月十七日,达尔汉亲王、额驸班第及文武诸臣请复立胤礽为皇太子。 |
| 1709 | 康熙四十七年 | 十一月二十八日,复封胤禩为贝勒。 |
| 1709 | 康熙四十七年 | 十二月,宋大业出差勒索地方,革职。 |
| 1709 | 康熙四十七年 | 十二月,传教士马国贤来华。 |
| 1708 | 康熙四十七年 | 本年,蠲免钱粮八百万两。 |
| 1708 | 康熙四十七年 | 本年,学者潘耒卒。 |
| 1708 | 康熙四十七年 | 本年,传教士徐日昇卒。 |
| 1708 | 康熙四十七年 | 本年,《亲征平定朔漠方略》告成。 |
| 1708 | 康熙四十七年 | 本年,钦定《佩文斋书画谱》成。 |
| 1708 | 康熙四十七年 | 本年,《广群芳谱》成。 |
| 1708 | 康熙四十七年 | 本年,康熙帝主持《皇舆全图》编务开始。 |
| 1709 | 康熙四十八年 | 正月二十一日,康熙帝命追查举荐皇八子胤禩倡首之人,获知为舅舅佟国维、大学士马齐。 |
| 1709 | 康熙四十八年 | 正月二十二日,马齐革职,交胤禩拘禁,其弟李荣保枷责,侍卫马武革职。 |
| 1709 | 康熙四十八年 | 正月二十二日,在推荐皇太子时护军统领赵赖装病不到,革职,交该管王令入辛者库。 |
| 1709 | 康熙四十八年 | 正月二十三日,康熙帝责汉大臣在议举皇太子时不能公忠论事,令王鸿绪、李振裕、蔡升元、杨瑄原品休致。 |

| 公元 | 年号 | 大事记 |
|---|---|---|
| 1709 | 康熙四十八年 | 正月,内阁学士拉都浑赴藏辨别波克塔达赖六世真伪,回京复命,确认为真实的,因年幼,暂不予封号。 |
| 1709 | 康熙四十八年 | 二月,康熙帝巡幸畿甸,胤礽等八皇子从行。 |
| 1709 | 康熙四十八年 | 二月,康熙帝以舜安颜附和胤禔,革退额驸,交与佟国维,并指出鄂伦岱、隆科多俱与胤禔相善。 |
| 1709 | 康熙四十八年 | 三月初九日,因将复立胤礽为皇太子,遣官告祭天地、宗庙、社稷。 |
| 1709 | 康熙四十八年 | 三月初十日,复立胤礽为皇太子,其妻石氏复为皇太子妃。 |
| 1709 | 康熙四十八年 | 三月初十日,康熙帝以在废皇太子事件中只有诸皇子关心他的健康,命封胤祉、胤禛、胤祺为亲王,胤祐、胤䄔为郡王,胤禟、胤䄉、胤䄍、胤祥为贝子。 |
| 1709 | 康熙四十八年 | 三月十一日,因复立皇太子诏告天下,说明胤礽是染患迷惑病被废,如今痊愈,故而复立。诏内附恩款十六条。 |
| 1709 | 康熙四十八年 | 三月,浙江布政使黄明贪赃八万,绞监候。 |
| 1709 | 康熙四十八年 | 三月,康熙四十八年殿试策论,题意是臣工应与朝廷一体,忠贞不贰,不可怀私背公植党。 |
| 1709 | 康熙四十八年 | 三月,赐贡士赵熊诏等二百九十二人进士及第出身有差。 |
| 1709 | 康熙四十八年 | 四月,康熙帝将要出巡塞外,以胤禔党羽众多,分别议处胤禔党人,加强对胤禔的监禁,不使皇帝出巡时发生变乱。 |
| 1709 | 康熙四十八年 | 四月二十六日,康熙帝巡幸塞外,皇太子胤礽等七皇子从行,此后经常驻跸热河行宫。 |
| 1709 | 康熙四十八年 | 五月,广东南澳镇兵丁在海上遇贼失利,总兵官林皋照渎职罪革退。 |
| 1709 | 康熙四十八年 | 六月,命地方官禁止民间香会,以防止男女混杂,买卖淫词小说和秘药。 |
| 1709 | 康熙四十八年 | 六月,绝户财产入官,对工部尚书杨义开恩,量留祭田。 |
| 1709 | 康熙四十八年 | 七月,湖广江西稻米丰收,贩至江浙价格仍高,朝廷筹商平准办法,然无善策。 |
| 1709 | 康熙四十八年 | 八月,致仕大学士熊赐履卒于江宁。 |
| 1709 | 康熙四十八年 | 九月二十三日,康熙帝从塞外回到京城。 |
| 1709 | 康熙四十八年 | 九月,光禄寺一年用银二十万两,工部用银四五十万至百万两不等,均较过去减少。 |

| 公元 | 年号 | 大事记 |
|---|---|---|
| 1709 | 康熙四十八年 | 九月,河南巡抚鹿祐陛辞,康熙帝说近来科道究参,皆受人指使,并无从公出于己见者,督抚亦然。 |
| 1709 | 康熙四十八年 | 十月,赐殿试武举田畯等一百零一人武进士及第出身有差。 |
| 1709 | 康熙四十八年 | 十月,学者朱彝尊卒。 |
| 1709 | 康熙四十八年 | 十月,赐有爵诸皇子嘉号,胤祉为诚亲王,胤禛为雍亲王,胤祺为恒亲王,胤祐为淳郡王,胤䄉为敦郡王。 |
| 1709 | 康熙四十八年 | 十月,琉球国王派遣使臣向英表贡方物。 |
| 1709 | 康熙四十八年 | 十月,编修熊本等篡改致仕大学士熊赐履遗疏,伪造推荐他的内容,论斩,秋后处决。 |
| 1709 | 康熙四十八年 | 十一月初十日,康熙帝因给事中郝林条奏各省钱粮亏空,讲户部存银五千万两。 |
| 1709 | 康熙四十八年 | 十一月十四日,康熙帝欲蠲免康熙五十年钱粮,户部尚书希福纳持异议,康熙帝命再议。 |
| 1709 | 康熙四十八年 | 十一月十八日,康熙帝与大臣定议,普免一年地丁钱粮,惟征收盐课关税六百万两,办法另定。 |
| 1709 | 康熙四十八年 | 十一月十八日,户部尚书张鹏翮奏言,自康熙元年至今,所免钱粮已达一亿有余。 |
| 1709 | 康熙四十八年 | 十一月,江宁有盗案八百件未结,康熙帝命江南总督噶礼迅速审结。 |
| 1709 | 康熙四十八年 | 十一月,康熙帝遵化谒陵,皇太子胤礽等七皇子从行。 |
| 1709 | 康熙四十八年 | 十一月,康熙帝令大臣讨论平准京城粮价,大学士李光地说是人口大增导致粮价上涨。 |
| 1710 | 康熙四十八年 | 十二月,释放马齐,令其管理对俄罗斯事务。 |
| 1710 | 康熙四十八年 | 十二月,从给事中郝林之议,准许候选中的历科进士六百余人自愿改任教职。 |
| 1710 | 康熙四十八年 | 十二月,湖南巡抚赵申乔疏参湖广提督俞益谟,命吏部尚书萧永藻往审。 |
| 1710 | 康熙四十八年 | 十二月,光禄寺卿莫音代误参属员,革职。 |
| 1709 | 康熙四十八年 | 本年,户部存银四千三百七十六万两有余。 |
| 1710 | 康熙四十九年 | 正月初六日,因本年为皇太后七旬大庆,康熙帝为皇太后设宴,亲自跳满洲蟒式舞祝寿。 |

| 公元 | 年号 | 大事记 |
|---|---|---|
| 1710 | 康熙四十九年 | 正月,康熙帝谕八旗大臣,旗人奢侈,透支俸米典卖,应行禁止。 |
| 1710 | 康熙四十九年 | 正月,命修《满洲蒙古合璧清文鉴》。 |
| 1710 | 康熙四十九年 | 正月,湖南巡抚赵申乔与湖广提督俞益谟互讦,康熙帝以二人有失大体,俱离任候审,终以俞益谟休致,赵申乔革职留任结案。 |
| 1710 | 康熙四十九年 | 二月,康熙帝巡幸五台山,皇太子胤礽等六皇子从行,返程巡视畿甸。 |
| 1710 | 康熙四十九年 | 二月,大计天下官员。 |
| 1710 | 康熙四十九年 | 二月,安南国王遣使黎维贞进贡。 |
| 1710 | 康熙四十九年 | 三月,康熙帝命编修字书,后有《康熙字典》之问世。 |
| 1710 | 康熙四十九年 | 三月,封波克塔呼图克图为六世达赖喇嘛,给以印策。 |
| 1710 | 康熙四十九年 | 四月,康熙帝谕差往蒙古会盟的都统苏满等人,不得接受馈赠马匹,亦不可采买。 |
| 1710 | 康熙四十九年 | 四月,康熙帝谕大学士等,钦天监对天象务取吉利者具奏,不可取。 |
| 1710 | 康熙四十九年 | 四月,康熙帝谕大学士等,宫中用度屡经节省,由每年七十万两减至七万,理藩院赏赐由八十万减至八万。 |
| 1710 | 康熙四十九年 | 五月初一日,康熙帝巡幸塞外,皇太子胤礽等八皇子从行,常驻热河行宫。 |
| 1710 | 康熙四十九年 | 五月,原任江苏布政使宜思恭兑收钱粮勒索加耗,绞监候,巡抚于准不行参奏,革职。 |
| 1710 | 康熙四十九年 | 五月,康熙帝以武官吃空额太多,谕大学士留心于此。 |
| 1710 | 康熙四十九年 | 五月,朝鲜商人高道弼等被风漂至江苏海州,康熙帝命资送朝鲜商人回国。 |
| 1710 | 康熙四十九年 | 七月,左副都御史祖允图疏参户部内仓亏空草豆案,尚书希福纳等六十四人受贿,欺侵银二十万两。立案审查。 |
| 1710 | 康熙四十九年 | 七月,以陕西多健壮人才,增加武举名额二十名。 |
| 1710 | 康熙四十九年 | 九月初三日,康熙帝自热河返抵京城。 |
| 1710 | 康熙四十九年 | 九月,浙江宁波海寇到奉天锦州抢劫。 |
| 1710 | 康熙四十九年 | 十月,康熙帝谕户部,康熙五十年普免钱粮,实行的省区是直隶、奉天、浙江、福建、广东、广西、四川、云南和贵州。 |

| 公元 | 年号 | 大事记 |
|---|---|---|
| 1710 | 康熙四十九年 | 十月,改定武科试题内容,武生、武童考论两篇,一题从《论语》《孟子》出,一题由《孙子》《吴子》《司马法》出,乡会试论题二,策题一。 |
| 1710 | 康熙四十九年 | 十一月,蠲免钱粮是业主得益,佃户向隅,朝廷为此定例,将所蠲免的部分,业主受益七成,其余三成归佃户。 |
| 1710 | 康熙四十九年 | 十一月,因查江苏官员亏空案,找到亏空原因与南巡的关系,即为供应南巡的需要所致。 |
| 1710 | 康熙四十九年 | 十一月,康熙帝遵化谒陵,皇太子胤礽等六皇子从行。 |
| 1710 | 康熙四十九年 | 本年,户部存银四千五百八十八万余两。 |
| 1711 | 康熙五十年 | 正月,康熙帝巡视通州河堤,皇太子胤礽等七皇子从行。 |
| 1711 | 康熙五十年 | 正月,给事中王懿因海盗出没,请禁止海洋商贾,康熙帝以海洋贸易与海盗是两回事,不许。 |
| 1711 | 康熙五十年 | 二月,举行经筵,康熙帝要求真正起到讲学问求治理的作用,亲自讲"四书""忠恕达道不远"一节,《易经》"九五飞龙在天"一节。 |
| 1711 | 康熙五十年 | 二月,赠故原任一等海澄公黄芳泰太子少保。 |
| 1711 | 康熙五十年 | 二月,陈显五等二千人活动于海洋,攻掠福建永春等县境;十月,被招抚;十二月,闽浙总督范时崇疏报其事。 |
| 1711 | 康熙五十年 | 三月,臣民因康熙帝登基五十周年,于生辰之际,请上"神圣文武,大德广运"尊号,康熙帝以虚文无益,不允。 |
| 1711 | 康熙五十年 | 三月十八日,康熙帝因圣诞日接受百官朝贺圣诞。 |
| 1711 | 康熙五十年 | 三月,在科尔沁地方捕捉盗贼、逃人五百六十余人。 |
| 1711 | 康熙五十年 | 三月,湖南巡抚潘宗洛陛辞,康熙帝谕:今太平无事,以不生事为贵,兴一利,即生一弊。 |
| 1711 | 康熙五十年 | 三月,衍圣公孔毓圻进呈《幸鲁盛典》。 |
| 1711 | 康熙五十年 | 四月,康熙帝谕大学士等,偷盗人参案甚多,为首者拟绞之刑,可以减轻。 |
| 1711 | 康熙五十年 | 四月,康熙帝谕大学士张玉书,《朱子全书》边编辑边刻印。 |
| 1711 | 康熙五十年 | 四月,增直省乡试中额,近二百名。 |
| 1711 | 康熙五十年 | 四月二十二日,康熙帝巡幸塞外启程,皇太子胤礽等九皇子从行。 |
| 1711 | 康熙五十年 | 五月,康熙帝遣员考察中国与朝鲜的边界。 |

| 公元 | 年号 | 大事记 |
|---|---|---|
| 1711 | 康熙五十年 | 五月,大学士张玉书卒于任,康熙帝为作挽诗。 |
| 1711 | 康熙五十年 | 五月,学者王士禛卒。 |
| 1711 | 康熙五十年 | 八月,雍亲王胤禛子弘历(乾隆帝)生于雍亲王府,生母钮祜禄氏。 |
| 1711 | 康熙五十年 | 九月,原任湖南布政使董昭祚扣克属员康熙四十五年俸工银五千两,斩监候。 |
| 1711 | 康熙五十年 | 九月,福建陆路提督蓝理以渎职、贪婪罪革职。 |
| 1711 | 康熙五十年 | 九月,原任四川布政使汴永式征收钱粮加派一成二,得银送巡抚能泰二万两,入己二万七千两,已死免议,能泰绞监候。 |
| 1711 | 康熙五十年 | 九月二十二日,康熙帝从塞外返抵京城。 |
| 1711 | 康熙五十年 | 九月,查为仁科场案。 |
| 1711 | 康熙五十年 | 九月,江南科场案发生,派尚书张鹏翮往审。 |
| 1711 | 康熙五十年 | 十月,福建巡抚黄秉中疏言,康熙五十年普免,台湾府向来只征本色稻米,不计银两,未免不得普免实惠,廷议免征台湾五十一年钱粮。 |
| 1711 | 康熙五十年 | 十月,陈四流劫案开审。 |
| 1711 | 康熙五十年 | 十月,宣布普免一年钱粮中于五十一年实施的省份:山西、河南、陕西、甘肃、湖北及湖南六省。 |
| 1711 | 康熙五十年 | 十月,左都御史赵申乔疏参翰林院编修戴名世,《南山集》案发。 |
| 1711 | 康熙五十年 | 十月,福建台湾总兵官夏相国三年任满,康熙帝命九卿、福建官员及养病的大学士、闽人李光地荐举继任者。 |
| 1711 | 康熙五十年 | 十月,康熙帝嘉奖朝鲜国王慎守封圻,岁时贡献方物,免其岁贡中的白金一千两、红豹皮一百四十二张。 |
| 1711 | 康熙五十年 | 十月,诏百官举荐孝义人员。 |
| 1711 | 康熙五十年 | 十月,康熙帝亲审皇太子党人。召见王公大臣,谴责都统鄂缮,尚书耿额、齐世武等为皇太子而结党,欲为索额图报仇,将他们拘禁。 |
| 1711 | 康熙五十年 | 十一月,琉球国王派遣使臣孟命时进贡。 |
| 1711 | 康熙五十年 | 十一月,授隆科多为步军统领。 |
| 1711 | 康熙五十年 | 十一月十六日,康熙帝遵化谒陵,皇太子胤礽等八皇子从行。 |
| 1711 | 康熙五十年 | 十一月,以编修杨绪、侍讲钱名世、修撰王式丹、编修贾国维及贾兆凤行止不端,革职,杨绪交地方官管制。 |

| 公元 | 年号 | 大事记 |
|---|---|---|
| 1712 | 康熙五十年 | 十二月,因湖广乡试少中举人十名,提调、布政使张圣犹降三级调用,监临、巡抚刘殿衡降二级,正考官、大理寺少卿张德桂降二级调用。 |
| 1712 | 康熙五十年 | 十二月十一日,康熙帝从遵化至热河行宫。 |
| 1712 | 康熙五十年 | 十二月,从左都御史赵申乔之请,不许新建寺庙,窝藏来历不明之人。 |
| 1712 | 康熙五十年 | 十二月,福建巡抚黄秉中疏言,生员陈树仪等以举人王汤三等系钻营中式,请复试。 |
| 1712 | 康熙五十年 | 十二月十九日,康熙帝谒陵返回京城。 |
| 1711 | 康熙五十年 | 岁计,康熙五十年人丁户口二千四百六十二万一千三百二十四,田亩六百九十三万三百四十四顷三十四亩有奇。 |
| 1711 | 康熙五十年 | 本年,康熙帝《御制避暑山庄诗》撰成。《佩文韵府》成书。 |
| 1712 | 康熙五十一年 | 正月,康熙帝因外任官于请安折内附陈密事,命朝中大臣亦为之。 |
| 1712 | 康熙五十一年 | 正月,康熙帝巡幸畿甸,皇太子胤礽等七皇子从行。 |
| 1712 | 康熙五十一年 | 二月,尊崇宋儒朱熹,将其配享孔庙,从东庑先贤之列升入大成殿十哲之次。 |
| 1712 | 康熙五十一年 | 二月,张伯行、噶礼互参案。江苏巡抚张伯行疏参总督噶礼得银五十万两,徇庇科场案中人,康熙帝命将噶礼解任审理;噶礼要求对质,张伯行亦解任;江宁、镇江、扬州人闻噶礼解任,罢市,请留任。 |
| 1712 | 康熙五十一年 | 二月,康熙帝谕大学士等,实行滋生人丁永不加赋政策。 |
| 1712 | 康熙五十一年 | 三月,康熙帝要求满汉文翻译本章,务必准确,不可似前将"假官"译作"伪官"。 |
| 1712 | 康熙五十一年 | 四月,赐殿试贡士王世琛等一百七十七人进士及第出身有差。 |
| 1712 | 康熙五十一年 | 四月,处置皇太子党人,都统鄂缮革职拘禁,副都统迓图罚入安亲王属下辛者库,康熙帝就此指责胤礽不仁不孝,无耻之甚。 |
| 1712 | 康熙五十一年 | 四月,户部书办案,涉及太子党人齐世武、托合齐等人。 |
| 1712 | 康熙五十一年 | 四月,大学士陈廷敬卒于任。 |
| 1712 | 康熙五十一年 | 四月,因康熙五十二年为皇帝六旬万寿,预定明年举行恩科考试,二月乡试,八月会试。 |
| 1712 | 康熙五十一年 | 四月二十四日,康熙帝巡幸塞外启程,皇太子胤礽等八皇子从行。 |
| 1712 | 康熙五十一年 | 五月,从闽浙总督范时崇之请,将佳里兴官兵移驻台湾淡水营,将台湾镇标兵拨防佳里兴。 |

| 公元 | 年号 | 大事记 |
|---|---|---|
| 1712 | 康熙五十一年 | 五月,山东移民口外者十万余,康熙帝谕大学士等不必强迫回籍,但应查明登记,否则会被蒙古同化。 |
| 1712 | 康熙五十一年 | 五月,川陕总督殷泰疏参纵容游民的地方官,康熙帝谕,应禁止的是不安定分子,而不是觅食小民。 |
| 1712 | 康熙五十一年 | 五月,居住于欧洲伏尔加河下游的蒙古土尔扈特部汗阿玉奇遣使假道俄国到京,康熙帝派遣内阁侍读图理琛等出使土尔扈特。 |
| 1712 | 康熙五十一年 | 六月,从翰林院侍讲文志鲸之请,将康熙帝诗文集、御评通鉴、御选古文颁翰林院,教习庶吉士。 |
| 1712 | 康熙五十一年 | 六月,江南督抚互控案及科场案,改由户部尚书穆和伦等审理。 |
| 1712 | 康熙五十一年 | 七月,江宁织造曹寅病故(疟疾)于任所。 |
| 1712 | 康熙五十一年 | 八月,有中国人到朝鲜境内捕鱼,朝鲜国王请求制止,康熙帝令其捕拿,送交朝廷。 |
| 1712 | 康熙五十一年 | 九月,甘肃州县官加耗,奉送上司,引发知州姚弘烈与知府陈弘道互控案,审结,涉案督抚布政使多人遭到处分。 |
| 1712 | 康熙五十一年 | 九月三十日,康熙帝从塞外回到京城。 |
| 1712 | 康熙五十一年 | 九月三十日,康熙帝谕诸皇子,皇太子胤礽狂疾未除,大失人心,祖宗弘业,不可托付,并命将其拘禁。 |
| 1712 | 康熙五十一年 | 十月,康熙帝谕王公大臣,胤礽秉性凶残,是非莫辨,与恶劣小人结党,大失人心,将胤礽再次废黜禁锢。 |
| 1712 | 康熙五十一年 | 十月,康熙帝谕户部,普免钱粮,康熙五十二年应免江苏、安徽、山东、江西四省,至此各省皆获蠲免之机会。 |
| 1712 | 康熙五十一年 | 十月,康熙帝就审理江南督抚互讦案,讲保护清官之情感及萧永藻、富宁安、张鹏翮、赵申乔、施世纶、殷泰、张伯行皆为清官。 |
| 1712 | 康熙五十一年 | 十月,将马齐原来管理的佐领,仍拨归其管理。 |
| 1712 | 康熙五十一年 | 十月,江南督抚互讦案审结,噶礼革职,张伯行革职留任。 |
| 1712 | 康熙五十一年 | 十月,赐殿试武举李显光等九十九人武进士及第出身有差。 |
| 1712 | 康熙五十一年 | 十月,贝勒海善违旨令太监李焕在各处妄行,又不据实陈奏,革爵。 |
| 1712 | 康熙五十一年 | 十一月,现任提镇以至守备及丁忧革职提镇等官,俱不准在任所入籍置产。 |

| 公元 | 年号 | 大事记 |
|------|------|--------|
| 1712 | 康熙五十一年 | 十一月,原任福建提督蓝理婪赃累万,被害不止一家,本应斩决,因出征台湾澎湖战功,从宽免死,调京入旗。 |
| 1712 | 康熙五十一年 | 十一月,以废黜皇太子胤礽,遣官告祭天地、太庙、社稷,并颁诏天下。 |
| 1712 | 康熙五十一年 | 十一月,朝审,勾决三十二人。 |
| 1712 | 康熙五十一年 | 十一月,康熙帝遵化谒陵,皇三子胤祉等五皇子从行。 |
| 1712 | 康熙五十一年 | 十二月,御史陈汝咸出洋招抚海贼陈尚义等成功。 |
| 1712 | 康熙五十一年 | 十二月,考察天下军政。 |
| 1712 | 康熙五十一年 | 本年,钦定《历代纪事年表》修成。 |
| 1713 | 康熙五十二年 | 正月,江南科场案审结,分别予案犯斩立决、绞监候、革职的刑罚。 |
| 1713 | 康熙五十二年 | 正月,福建科场案审结,贿通关节之同考官吴肇中斩立决,夤缘中式之王汤三、说事通贿之林英俱绞监候,正副主考革职。 |
| 1713 | 康熙五十二年 | 正月,册封班禅呼图克图为班禅额尔德尼,遂成制度。 |
| 1713 | 康熙五十二年 | 二月,因左都御史赵申乔请立皇太子召见诸大臣,谕:建储大事,朕岂忘怀,然此事未可轻定。 |
| 1713 | 康熙五十二年 | 二月,康熙帝巡幸畿甸,皇五子胤祺等六皇子从行。 |
| 1713 | 康熙五十二年 | 二月,《南山集》案审结,戴名世立斩,方登峄等并妻子充发黑龙江,千连人方苞等罚入旗籍。 |
| 1713 | 康熙五十二年 | 二月,从御史成文运之议,奉差收税官员,定限一年期满,不得携带家口置买婢妾,回京考核未清以前,不得擅买田宅和放债。 |
| 1713 | 康熙五十二年 | 三月,康熙帝谕王公大臣,在路途见民人为朕六十寿诞庆贺祈福,既劝阻不止,应以祈祷雨旸时若、万邦咸宁为内容。 |
| 1713 | 康熙五十二年 | 三月,各直省老人来京为康熙帝祝寿,各自在西直门搭祝寿棚。 |
| 1713 | 康熙五十二年 | 三月,许多直省官员来京为皇帝祝寿,康熙帝命其中因公违误降级革职的复还原品,于十八日圣诞日随班行礼。 |
| 1713 | 康熙五十二年 | 三月十八日,康熙帝御殿接受王公大臣六十寿辰庆贺礼,各省耆老士庶在午门外叩祝万寿;侍郎王原祁绘《万寿盛典图》,李绂作记。 |
| 1713 | 康熙五十二年 | 三月十八日,颁诏天下,康熙帝自许秦汉以来的一百九十三个皇帝中没有一个人有他这样享祚长久,表示一如既往地勤求治理,希望臣民各矢忠诚,敦本孝敬。 |

| 公元 | 年号 | 大事记 |
|---|---|---|
| 1713 | 康熙五十二年 | 三月,因广东米价猛涨,康熙帝命截江南漕粮十万石,海运广东赈济,并命左都御史赵申乔前往办理。 |
| 1713 | 康熙五十二年 | 三月,举行汉人官民千叟宴于畅春园正门前,与宴者三千余人,年在六十五岁以上。 |
| 1713 | 康熙五十二年 | 三月,举行旗人官民千叟宴,与宴者二千数百人。 |
| 1713 | 康熙五十二年 | 三月,举行旗人七十岁以上老妇宴会于畅春园皇太后宫门前。 |
| 1713 | 康熙五十二年 | 五月初十日,康熙帝避暑塞外启程,皇三子胤祉等六皇子从行。 |
| 1713 | 康熙五十二年 | 五月,在盛京金州设立水师营。 |
| 1713 | 康熙五十二年 | 六月,康熙帝命皇三子诚亲王胤祉在热河行宫内设蒙养斋馆修书,包括有律吕演算法诸书。 |
| 1713 | 康熙五十二年 | 六月,致仕原任延绥总兵官柯彩被家人杀害案审结,害死柯彩的家人王增保等五人凌迟处死,柯彩之子柯荫不行首告,绞监候。 |
| 1713 | 康熙五十二年 | 七月,根据康熙帝指示,将革退的宗室、觉罗子孙分别给予红带、紫带,载入玉牒。 |
| 1713 | 康熙五十二年 | 七月,赐大学士嵩祝《御制避暑山庄诗集》。 |
| 1713 | 康熙五十二年 | 九月,因州县官被民人控告,一经题参即行解任听审,改为暂不解任,先由藩、臬二司预审后决定是否题参。 |
| 1713 | 康熙五十二年 | 九月,苏州织造李煦折奏,《佩文韵府》样书印成,康熙帝命印一千册。 |
| 1713 | 康熙五十二年 | 九月二十日,康熙帝从避暑山庄返回京城。 |
| 1713 | 康熙五十二年 | 九月,《朱子全书》《四书注解》刊刻成功,康熙帝命迅速颁发,并命九卿举荐明了兴利实学之人。 |
| 1713 | 康熙五十二年 | 九月,康熙帝谕大学士等:言路不可不开,亦不可太杂,明朝国事,全为言官所坏。 |
| 1713 | 康熙五十二年 | 九月,江西兴国佃农组织会馆,强求县官不许地主夺佃。 |
| 1713 | 康熙五十二年 | 十月,从御史周祚显之条奏,禁止百姓保留地方官及督抚代为题请。 |
| 1713 | 康熙五十二年 | 十月,恩科会试,赐殿试贡士王敬铭等一百四十三人进士及第出身有差。 |
| 1713 | 康熙五十二年 | 十月,康熙帝谕大学士等,翰林官员内多有不识字义,不能做诗文的,以后修书,命庶吉士参加,勤加教育训练。 |

| 公元 | 年号 | 大事记 |
|---|---|---|
| 1713 | 康熙五十二年 | 十一月,皇四子胤禛奉命处置办理顺治帝淑惠妃丧事不敬谨的官员,内阁学士兼管光禄寺卿事马良革职,枷号两月,鞭一百。 |
| 1713 | 康熙五十二年 | 十一月,赐恩科殿试武进士宋如柏等九十六人为武进士及第出身有差。 |
| 1713 | 康熙五十二年 | 十一月,康熙帝遵化谒陵启程,皇五子盾胤祺等四皇子从行。 |
| 1713 | 康熙五十二年 | 十一月,公爵普照、星海在送淑惠妃灵柩时乘马,革爵禁锢。 |
| 1713 | 康熙五十二年 | 十一月,琉球国王遣使毛九经进贡方物。 |
| 1714 | 康熙五十二年 | 十二月,废皇太子胤礽党人案内有发遣而逃匿者,将刑部尚书哈山革职。 |
| 1714 | 康熙五十二年 | 十二月十九日,康熙帝谒陵经热河行宫回到京城。 |
| 1714 | 康熙五十二年 | 十二月,从步军统领隆科多之请,畅春园汛守地六十八处,增设马步兵防守。 |
| 1714 | 康熙五十二年 | 十二月,台湾换防官兵若遭风船坏及损失军器,旧例由官员赔偿,至是宽免。 |
| 1713 | 康熙五十二年 | 本年,人丁户口二千三百五十八万七千二百二十四,永不加赋滋生人丁六万四百五十五。 |
| 1713 | 康熙五十二年 | 本年,皇四子雍亲王胤禛制定谋取储位策略。 |
| 1713 | 康熙五十二年 | 本年,御史董之燧建议实行"统计丁银按亩均派"的赋役法,户部以不便更张而不准。 |
| 1713 | 康熙五十二年 | 本年,学者毛奇龄卒。 |
| 1714 | 康熙五十三年 | 正月,康熙帝巡幸畿甸,皇十二子胤祹等三皇子从行。 |
| 1714 | 康熙五十三年 | 三月,原任户部尚书王鸿绪进所撰《明史列传》,康熙帝命交明史馆。 |
| 1714 | 康熙五十三年 | 四月,为正人心厚风俗,毁禁小说淫词,犯者杖流,地方官不行查拿罚俸或调用。 |
| 1714 | 康熙五十三年 | 四月,原任江南江西总督噶礼之母叩阍,告噶礼与其弟色尔奇、子干都谋害,审实,命噶礼夫妻自尽,色尔奇、干都斩监候。 |
| 1714 | 康熙五十三年 | 四月二十日,康熙帝避暑塞外启程,皇三子胤祉等六皇子从行。 |
| 1714 | 康熙五十三年 | 四月,辅国公赖士命其太监串通大内太监,各处打探消息,散布流言,革爵监禁。 |
| 1714 | 康熙五十三年 | 六月,出使伏尔加河土尔扈特部之图理琛会见阿玉奇汗。 |

| 公元 | 年号 | 大事记 |
|---|---|---|
| 1714 | 康熙五十三年 | 六月,原任户部尚书希福纳叩阍,控告家人长命儿及皇子属人、太监勒索,家人虎儿首告希福纳侵盗库银。 |
| 1714 | 康熙五十三年 | 六月,原任都统朱麻喇、内阁学士巴格冒领银两三百两以上,斩监候。 |
| 1714 | 康熙五十三年 | 九月,副都统赫迣图强占优人毒打致死案,审实,免死,减等发落。 |
| 1714 | 康熙五十三年 | 九月二十八日,康熙帝自热河回到京城。 |
| 1714 | 康熙五十三年 | 十月,诚亲王胤祉奉命测得畅春园北极高三十九度五十九分三十秒。 |
| 1714 | 康熙五十三年 | 十月,江苏巡抚张伯行参奏布政使牟钦元藏匿海贼党羽张令涛,康熙帝令户部尚书张鹏翮往审。 |
| 1714 | 康熙五十三年 | 十月,严格科场管理制度,中式举人在揭晓后到衙门填写亲供,以便同试卷比勘笔迹。 |
| 1714 | 康熙五十三年 | 十月,确定安置甘肃失业穷民的六项措施。 |
| 1714 | 康熙五十三年 | 十一月,从诚亲王胤祉之请,派遣何国栋、索柱、白映棠等前往广东、云南、四川、陕西、河南、江南、浙江测量北极高度及日景。 |
| 1714 | 康熙五十三年 | 十一月,诚亲王胤祉等进呈《御制律吕正义》,康熙帝命律吕、历法、算法三书合为一部,命名《律历渊源》。 |
| 1714 | 康熙五十三年 | 十一月十八日,康熙帝巡幸塞外,皇十子胤䄉等五皇子从行。 |
| 1714 | 康熙五十三年 | 十一月,康熙帝谕诸皇子,胤禩结成党羽,密行险奸,防其有逼宫之事,故先告谕众人。 |
| 1715 | 康熙五十三年 | 十二月,从左都御史揆叙疏言,禁止刷写内容不实的"小报",违者从重治罪。 |
| 1715 | 康熙五十三年 | 十二月,户部尚书赵申乔因属员蔑视,愤而告退,康熙帝不准,并谓清官多刻待属员,不得下人心。 |
| 1715 | 康熙五十三年 | 十二月二十一日,康熙帝返回京城。 |
| 1715 | 康熙五十三年 | 十二月,定追赔赃银例。 |
| 1714 | 康熙五十三年 | 本年,学者胡渭卒。 |
| 1715 | 康熙五十四年 | 正月,蒙古地方大雪,派遣官员分张家口、古北口、喜峰口三路调查牲畜情形。 |
| 1715 | 康熙五十四年 | 正月,康熙帝以贝勒胤禩行止卑污,停止他及属下的俸银禄米。 |
| 1715 | 康熙五十四年 | 二月,康熙帝巡视畿甸,皇十五子胤禑等二皇子从行。 |

| 公元 | 年号 | 大事记 |
|---|---|---|
| 1715 | 康熙五十四年 | 二月,谕直隶巡抚赵弘燮,巡幸中见民生尚可,惟少读书者,应立义学,晓谕民间向学。 |
| 1715 | 康熙五十四年 | 三月,派员赈济遭受雪灾的蒙古人。 |
| 1715 | 康熙五十四年 | 三月,图理琛使团自伏尔加河土尔扈特部返京复命,并撰途中见闻《异域录》一书。 |
| 1715 | 康熙五十四年 | 三月,奉天府尹邵观陛辞,因所问之事皆不能奏对,革职。 |
| 1715 | 康熙五十四年 | 三月,厄鲁特蒙古策妄阿拉布坦所部二千人骚扰哈密,甘肃提督师懿德派肃州总兵官路振声率兵往战,西北战事兴起。 |
| 1715 | 康熙五十四年 | 三月,因四月初一日将有日蚀,四月十五日将有月蚀,康熙帝谕大学士等检讨政事,并云目前官员渐耽逸豫,于事稍涉疏忽而颂圣之语殊多。 |
| 1715 | 康熙五十四年 | 四月,殿试,策论题意为承平之世,如何讲求治理。 |
| 1715 | 康熙五十四年 | 四月,赐殿试贡士徐陶璋等一百九十人进士及第出身有差。 |
| 1715 | 康熙五十四年 | 四月,青海和硕特蒙古右翼贝勒戴青和硕齐、察汉丹津等奏称在里塘地方新出胡必尔汗格桑嘉措,命送往西宁口外红山寺居住,以便识别真伪。 |
| 1715 | 康熙五十四年 | 四月,为对付策妄阿拉布坦,分兵三路,吏部尚书富宁安前往甘肃;右卫将军费扬固等备兵往推河地方,散秩大臣祁里德前往理事;青海左卫加强防备。 |
| 1715 | 康熙五十四年 | 四月,谕哲卜尊丹巴呼图克图派人往谕策妄阿拉布坦,勿妄为。 |
| 1715 | 康熙五十四年 | 四月二十六日,康熙帝避暑塞外启程,皇三子胤祉等六皇子从行。 |
| 1715 | 康熙五十四年 | 五月,护军校赖图库妻叩阍,告顺承郡王布穆巴将御赐鞍马给优人乘坐。布穆巴革爵。 |
| 1715 | 康熙五十四年 | 五月,有愿往西北军前效力而盘费不足者,给予资助;轻罪犯人亦然。 |
| 1715 | 康熙五十四年 | 五月,康熙帝派员分别从喀尔喀、哈密出发,谕告策妄阿拉布坦,只许他在额尔齐斯河活动。 |
| 1715 | 康熙五十四年 | 五月,策妄阿拉布坦部再度骚扰哈密。 |
| 1715 | 康熙五十四年 | 六月,将御制子母炮发给西安将军席柱、费扬固备用。 |
| 1715 | 康熙五十四年 | 六月,席柱、富宁安议于九月进兵攻取吐鲁番,康熙帝以九月天已寒冷,不宜用兵,应于来年出征。 |
| 1715 | 康熙五十四年 | 七月,肃州总兵官路振声驻军哈密附近之巴尔库尔。 |

| 公元 | 年号 | 大事记 |
|---|---|---|
| 1715 | 康熙五十四年 | 七月,苏州织造李煦试种康熙帝特赐的御稻种,自种成熟,进呈御览,并奏称已于上月第二次种稻。 |
| 1715 | 康熙五十四年 | 七月,费扬固率军至推河绰诺河朔地方;派兵丁屯田。 |
| 1715 | 康熙五十四年 | 八月,费扬固因病回右卫任所,祁里德等公同管理军务。 |
| 17 15 | 康熙五十四年 | 九月,招抚乌梁海部人。 |
| 1715 | 康熙五十四年 | 九月,御史任奕鉴疏参左都御史刘谦殴打御史案。 |
| 1715 | 康熙五十四年 | 十月,康熙帝谕大学士等,奏折朱批向系亲书,出巡期间右手病不能写,乃以左手书写,不假手于人。 |
| 1715 | 康熙五十四年 | 十月十九日,康熙帝从热河行宫返抵京城。 |
| 1715 | 康熙五十四年 | 十月,户部尚书赵申乔以其子太原知府赵凤诏贪赃三十万两自责求罢,康熙帝谓其词意忿激,饬之,仍命供职。 |
| 1715 | 康熙五十四年 | 十月,康熙帝谕大学士等,大臣议事,每每汉臣一议,满洲一议,著将两议者查出治罪,禁止满汉两议。 |
| 1715 | 康熙五十四年 | 十一月,太原总兵官金国政请捐资铸造子母炮,康熙帝以此炮为八旗火器,不许。 |
| 1715 | 康熙五十四年 | 十一月,湖南巡抚陈殡因加派有至二三成者,请禁止,康熙帝谓其不去实行,而上疏邀誉。 |
| 1715 | 康熙五十四年 | 十一月,矾书案发。辅国公阿布兰首告都统、公普奇,通过医者贺孟烦使用矾水与胤礽秘密通讯。 |
| 1715 | 康熙五十四年 | 十一月,琉球遣使进贡。 |
| 1715 | 康熙五十四年 | 十一月,从江南学政余正键请,宋儒范仲淹从祀孔庙。 |
| 1715 | 康熙五十四年 | 十一月,贝勒胤禩宾客、翰林何焯,康熙帝斥其狂妄不端,革退何焯,革去进士、举人。 |
| 1715 | 康熙五十四年 | 十一月,赐殿试武举塞都等一百零七人武进士及第出身有差。 |
| 1715 | 康熙五十四年 | 十一月,康熙帝命部院满洲司官轮流在侍卫里行走,以识其贤否。 |
| 1715 | 康熙五十四年 | 十二月,江苏巡抚张伯行案审结,其妄奏良民张元龙为盗致死多人,应处死,因系清官,从宽免死,革职;被其误参之江苏布政使牟钦元复职。 |
| 1715 | 康熙五十四年 | 十二月,奉命青海办理达赖事的侍卫阿奇图疏报,贝勒察汉丹津可能有变,应防范。 |

| 公元 | 年号 | 大事记 |
|---|---|---|
| 1715 | 康熙五十四年 | 十二月,命江南等八省巡抚派人采买铸钱所用之铜,所用之铅由户部发银交商人采购。 |
| 1715 | 康熙五十四年 | 本年,英国东印度公司以商船为商馆,停留于广州;粤海关与其约定,可在广州贸易。 |
| 1715 | 康熙五十四年 | 本年,《聊斋》作者蒲松龄卒。 |
| 1715 | 康熙五十四年 | 本年,意大利传教士、画家郎世宁(Giuseppe Castiglione,1688-1766)到京。 |
| 1716 | 康熙五十五年 | 正月,安南国王遣使阮公基进贡方物。 |
| 1716 | 康熙五十五年 | 正月,康熙帝命在嘉峪关至哈密建设运粮台站,由甘肃巡抚绰奇负责。 |
| 1716 | 康熙五十五年 | 正月,策妄阿拉布坦遣策凌敦多卜率兵驱逐侵入额尔齐斯河地区的俄国军队。 |
| 1716 | 康熙五十五年 | 二月,派遣公爵傅尔丹带领土默特人一千名往乌兰古木屯田。 |
| 1716 | 康熙五十五年 | 二月,御史董之燧疏参会试同考官储在文等作弊。 |
| 1716 | 康熙五十五年 | 二月,康熙帝以运输不便,免安南之犀角、象牙之贡。 |
| 1716 | 康熙五十五年 | 二月,大计天下官员,以年老官员为多。 |
| 1716 | 康熙五十五年 | 二月,康熙帝巡幸畿甸,皇十二子胤祹等二皇子从行。 |
| 1716 | 康熙五十五年 | 二月,从御史董之燧之议,嗣后民间买卖田地,其丁银随地输纳。 |
| 1716 | 康熙五十五年 | 二月,张振麟承袭正一嗣教大真人。 |
| 1716 | 康熙五十五年 | 三月,遣往策妄阿拉布坦处之使臣克什图、保住及策妄阿拉布坦使人楚杨托音到京。 |
| 1716 | 康熙五十五年 | 三月,议政大臣、九卿议于明年进剿策妄阿拉布坦。 |
| 1716 | 康熙五十五年 | 三月,西安将军席柱以损失军器、倒毙马匹一万四千,革职,调京严审。 |
| 1716 | 康熙五十五年 | 三月,巴尔库尔驻扎兵丁七千五百名,另有五百名屯田,康熙帝命再派二千名前往。 |
| 1716 | 康熙五十五年 | 三月,贵州巡抚刘荫枢疏请缓图北征,康熙帝以其不懂边情,妄作陈奏,罚往军前了解形势。 |
| 1716 | 康熙五十五年 | 闰三月,在张家口、归化等地买得骆驼六千只,备北路运送军粮。 |
| 1716 | 康熙五十五年 | 闰三月,里塘格桑嘉措胡必尔汗送至塔尔寺(青海湟中)。 |

| 公元 | 年号 | 大事记 |
|---|---|---|
| 17 16 | 康熙五十五年 | 闰三月,原任太原知府赵凤诏贪赃十七万两,追比赃银,斩立决。 |
| 1716 | 康熙五十五年 | 闰三月,御定《康熙字典》修成。 |
| 1716 | 康熙五十五年 | 四月十四日,康熙帝避暑塞外启程,皇三子胤祉等五皇子从行。 |
| 1716 | 康熙五十五年 | 五月,康熙帝申饬大学士嵩祝软弱,趋奉李光地、赵申乔,使汉人看不起满人,乃起用马齐为大学士,穆和伦为户部尚书。 |
| 17 16 | 康熙五十五年 | 七月,銮仪使讷音图、冠军使钦拜迟误御轿,俱革职,康熙帝以此惩治满人办事之懈怠。 |
| 17 16 | 康熙五十五年 | 七月,凤阳关税交安徽巡抚征收,惩于各关所派监督之拖欠钱粮。 |
| 1716 | 康熙五十五年 | 八月,户部定例,各关监督任期一年,若捏称钱粮亏空题请展限,照渎职例革职。 |
| 1716 | 康熙五十五年 | 九月,皇八子胤禩患伤寒病,因皇十四子胤禵同他相好,罚其参与治病。 |
| 1716 | 康熙五十五年 | 九月,迫于属下兵丁的滋扰,驻防崇明县的苏松水师总兵官胡骏请求调职,不许,将江南江常镇道移驻于此,协助管理。 |
| 1716 | 康熙五十五年 | 九月,罚往哈密察看军情的贵州巡抚刘荫枢疏言军容雄壮,然忧虑寒冬粮草难济,康熙帝斥其荒谬。 |
| 1716 | 康熙五十五年 | 九月,康熙帝讲各地粮价,云及台湾米运至福建粜卖。 |
| 1716 | 康熙五十五年 | 九月二十八日,康熙帝从热河行宫回到京城。 |
| 1716 | 康熙五十五年 | 十月,中国商人拖欠俄国商人货款,康熙帝命拨内库银支付。 |
| 1716 | 康熙五十五年 | 十月,吏部尚书富宁安疏报,甘肃肃州以北西吉木等处屯田今年可收粮一万四千余石。 |
| 1716 | 康熙五十五年 | 十月,从福建巡抚陈瑸之请,往台湾澎湖贸易商船须集中二三十艘方准放行,并派哨船护送。 |
| 1716 | 康熙五十五年 | 十月,命署西安将军额伦特率师西宁,分兵戍守噶斯口。 |
| 1716 | 康熙五十五年 | 十月,禁止南洋贸易。康熙帝谕大学士、九卿等,民人出洋事应预为筹措,因出洋带出米多,将所造之船卖给外国,甚或留居国外。 |
| 1716 | 康熙五十五年 | 十一月,议政大臣等遵旨议定明年不进剿策妄阿拉布坦,但从阿尔泰、巴尔库尔两路奔袭准噶尔。 |
| 1716 | 康熙五十五年 | 十一月,康熙帝遵化谒陵,皇十子胤䄉等三皇子从行。 |
| 1716 | 康熙五十五年 | 十一月,绞杀盗掘明陵之王五等人。 |

| 公元 | 年号 | 大事记 |
|---|---|---|
| 1716 | 康熙五十五年 | 十一月,策妄阿拉布坦以护送拉藏汗之子噶尔丹丹衷夫妇为名,派遣宰桑都噶尔、策凌敦多卜率军六千,经和田向西藏进发。 |
| 1717 | 康熙五十五年 | 十二月,孟光祖事件。直隶总督赵弘燮疏言,真定知府报称诚亲王胤祉属人出行山西等省,命沿途预备,康熙帝命严查。 |
| 1717 | 康熙五十六年 | 正月,兵部与广东将军管源忠、闽浙总督觉罗满保、两广总督杨琳制定出洋贸易规则。 |
| 1717 | 康熙五十六年 | 二月,康熙帝巡幸畿甸,皇三子胤祉等三皇子从行。 |
| 1717 | 康熙五十六年 | 二月,因台湾民人日增,福建水师提督施世骠疏请加强台湾、澎湖两协联合防汛,康熙帝批准施行。 |
| 1717 | 康熙五十六年 | 二月,康熙帝命大盗案中为首者正法一两人,余人减刑发往黑龙江。 |
| 1717 | 康熙五十六年 | 三月,康熙帝责备可以密折言事的督抚提镇有事不报,如江南、山东盐枭余大麻子,惟曹寅、李煦密折启奏。 |
| 1717 | 康熙五十六年 | 三月,两广盐课累年亏空一百八十万两,户部堂官置之不问,而审核钱粮往往锱铢必较,康熙帝谓之抓不住大事。 |
| 1717 | 康熙五十六年 | 三月,任命富宁安为靖逆将军,率巴里库尔军,傅尔丹为振武将军,祁里德为协理将军率阿尔泰军,均于七月前袭击策妄阿拉布坦,秋季返回。 |
| 1717 | 康熙五十六年 | 三月,康熙帝巡视河西务堤岸。 |
| 1717 | 康熙五十六年 | 四月,记注官陈璋、赵熊诏抄写记注数据,供人利用,革职。 |
| 1717 | 康熙五十六年 | 四月,康熙帝命皇子及领侍卫内大臣等拜奠明朝诸陵。 |
| 1717 | 康熙五十六年 | 四月,重申天主教传播和信教之禁,从广东碣石总兵官陈昂之请。 |
| 1717 | 康熙五十六年 | 四月,红京米事件,太监邹海正法。 |
| 1717 | 康熙五十六年 | 四月十七日,康熙帝巡幸塞外启程,皇三子胤祉等八皇子从行。 |
| 1717 | 康熙五十六年 | 四月,命简亲王雅尔江阿为纂修玉牒总裁官。 |
| 1717 | 康熙五十六年 | 五月,因孟光祖事件,制定皇子属人外出规则。 |
| 1717 | 康熙五十六年 | 五月,河南宜阳亢珽暴动。 |
| 1717 | 康熙五十六年 | 五月,大学士王掞上密折,请立皇太子。 |
| 1717 | 康熙五十六年 | 六月,礼部尚书殷特布因未及时奏报京城降雨情形,革职。 |
| 1717 | 康熙五十六年 | 六月,振武将军傅尔丹出兵,于博罗布尔哈苏地方追击准噶尔,有所斩获。 |

| 公元 | 年号 | 大事记 |
|------|------|--------|
| 1717 | 康熙五十六年 | 六月,靖逆将军富宁安从巴尔库尔出兵。 |
| 1717 | 康熙五十六年 | 七月,因接待胤祉属人孟光祖,江西巡抚佟国勷革职,四川巡抚年羹尧革职留任。 |
| 1717 | 康熙五十六年 | 七月,俄国尼布楚长官为贸易而假借逃人事致函黑龙江将军,康熙帝令覆文驳之,指出清朝官方只能同俄皇及其西伯利亚总督往来。 |
| 1717 | 康熙五十六年 | 七月,康熙帝命理藩院尚书赫寿,以其名义致书拉藏汗,警告他不得与策妄阿拉布坦合谋扰犯青海蒙古。 |
| 1717 | 康熙五十六年 | 七月,富宁安兵至乌鲁木齐而返,败策妄阿拉布坦追兵。 |
| 1717 | 康熙五十六年 | 七月,河南阌乡民尹乔、王更一等聚众抗官,寻失败。 |
| 1717 | 康熙五十六年 | 七月,傅尔丹回军。 |
| 1717 | 康熙五十六年 | 七月,策凌敦多卜兵进西藏。 |
| 1717 | 康熙五十六年 | 八月,康熙帝讲其阅读明朝实录,发现讹误遗漏甚多,如永乐间建造北京城竟毫无记载。 |
| 1717 | 康熙五十六年 | 八月,因策凌敦多卜率兵进藏讯息,康熙帝命加强青海地区防务。 |
| 1717 | 康熙五十六年 | 九月,因朝鲜国王李焞病目,求购空青,康熙帝嘉其致力维持双方关系,特遣侍读学士阿克敦赍空青往赐。 |
| 1717 | 康熙五十六年 | 九月,四川提督康泰率部从成都移防松潘途中,千余四川兵丁哗变。 |
| 1717 | 康熙五十六年 | 十月二十日,康熙帝从热河行宫返回京城。 |
| 1717 | 康熙五十六年 | 十月,浙江武举吴之祉等告发新科举人陈凤墀作弊中式。 |
| 1717 | 康熙五十六年 | 十月,康熙帝谕,闻白莲教在河南盛行,山东巡抚李树德奏称白莲教已流行至鲁。 |
| 1717 | 康熙五十六年 | 十月,青海亲王罗卜藏丹津疏报策凌敦多卜进藏情形,有兵三千,然已疲敝。 |
| 1717 | 康熙五十六年 | 十月,康熙帝谕九卿等,自台湾置官之后,福建、广东之海贼便无容身之地。 |
| 1717 | 康熙五十六年 | 十月,康熙帝以身体无力,精神不及从前,允许太常寺之请,下月冬祭,遣人代行。 |
| 1717 | 康熙五十六年 | 十一月初,康熙帝因腿痛、感冒往京北汤泉调理。 |
| 1717 | 康熙五十六年 | 十一月,河南兰阳白莲教聚众活动,李兴邦在生员李山义家收徒聚众,被捕。 |

| 公元 | 年号 | 大事记 |
|---|---|---|
| 1717 | 康熙五十六年 | 十一月,因皇太后病危,命皇十二子胤裪署理内务府总管事。 |
| 1717 | 康熙五十六年 | 十一月二十一日,康熙帝召见皇子、臣工,云其目前身体状况、一生行事,相当于预先宣布遗诏。 |
| 1717 | 康熙五十六年 | 十一月,甘肃提督师懿德请勿进剿策妄阿拉布坦,康熙帝谕,若再妄言,律以军法。 |
| 1717 | 康熙五十六年 | 十一月,康熙帝谕大学士等,大学士王掞密奏请求立储,御史陈嘉猷等八人公疏,请立皇太子分理政务,此事朕岂遗忘,然天下事岂可分理。 |
| 1717 | 康熙五十六年 | 十一月,雍亲王胤禛属人、福建道员戴铎密启,谓诸皇子争取储位,台湾是屯聚好地方,请主子为其谋求台湾道以为将来失败的退路。 |
| 1718 | 康熙五十六年 | 十二月初,因皇太后病笃,康熙帝在苍震门内设帷幄居住,以便探视。 |
| 1718 | 康熙五十六年 | 十二月初六日,皇太后博尔济吉特氏崩于宁寿宫,享年七十七岁。 |
| 1718 | 康熙五十六年 | 十二月十二日,康熙帝将十一月二十一日所宣布的未来遗诏的手书汉文谕旨,令大学士等翻译成满文进呈。 |
| 1718 | 康熙五十六年 | 十二月二十四日,大学士等就康熙帝手书谕旨颁布方法,议请于二十八日集百官于午门前宣示,并请示是否还有其他内容,实即关心是否指定皇太子。 |
| 1718 | 康熙五十六年 | 十二月二十五日,康熙帝谕大学士等,手书谕旨该说的都有了,而诸臣惟关注什么未说之事,而不知关心朕躬。 |
| 1717 | 康熙五十六年 | 本年,《南巡图》作者王翚卒。 |
| 1717 | 康熙五十六年 | 《万寿盛典初集》养心殿版刊成。 |
| 1718 | 康熙五十七年 | 正月,因贵州定番州大华司土官狄守亨父子不法,裁革其土司,归州官辖制。 |
| 1718 | 康熙五十七年 | 正月,命护军统领温普率领荆州满兵五百人前往四川打箭炉驻扎。 |
| 1718 | 康熙五十七年 | 正月,朱天保案发。翰林院检讨朱天保奏请复立胤礽为皇太子。 |
| 1718 | 康熙五十七年 | 正月,大学士、九卿具折请立皇太子,康熙帝敷衍之,命先制订皇太子仪注。 |
| 1718 | 康熙五十七年 | 正月,命侍郎色尔图往甘州料理军务。 |
| 1718 | 康熙五十七年 | 正月,大学士等议大行皇太后尊谥,漏书"章皇后"字样,大学士嵩祝革职,其他大学士从宽免予处分。 |

| 公元 | 年号 | 大事记 |
|---|---|---|
| 1718 | 康熙五十七年 | 正月,大学士九卿将皇太子仪仗、冠服及礼仪议定请旨,康熙帝谓所议甚善。 |
| 1718 | 康熙五十七年 | 二月,从闽浙总督觉罗满保之奏请,在闽浙冲要地方增修和维修炮台城寨。 |
| 1718 | 康熙五十七年 | 二月,从闽浙总督觉罗满保之议,制定商船往来厦门、台湾规则。 |
| 1718 | 康熙五十七年 | 二月,从两广总督杨琳之议,允许旧有的夷商继续来广东贸易。 |
| 1718 | 康熙五十七年 | 二月,从靖逆将军富宁安之请,设立赤斤卫、靖逆卫、柳沟所,隶属于甘州。 |
| 1718 | 康熙五十七年 | 二月,从拉藏汗之请,由侍卫色楞带兵赴青海准备进藏,时尚不知拉藏汗已于上年十一月被准噶尔所害。 |
| 1718 | 康熙五十七年 | 二月,从两广总督杨琳之请,在广东相度地形,修筑炮台城垣,添设汛地,分驻官兵,以靖海洋。 |
| 1718 | 康熙五十七年 | 二月,将贵州巡抚刘荫枢发往傅尔丹处种地。 |
| 1718 | 康熙五十七年 | 二月,九卿、詹事、科道具疏请求建储,康熙帝以大行皇太后之丧尚未满百日,责众人愚昧不明事体。 |
| 1718 | 康熙五十七年 | 二月,考察天下军政。 |
| 1718 | 康熙五十七年 | 二月,澳门夷船往南洋贸易,内地商船往安南贸易,不予禁止。 |
| 1718 | 康熙五十七年 | 二月,琉球中山王世子尚敬遣使臣夏执中讣告曾祖、父之丧,请袭封,并贡方物。 |
| 1718 | 康熙五十七年 | 二月,原太原知府赵凤诏以婪赃十七万两,斩立决。 |
| 1718 | 康熙五十七年 | 二月,免福建省台湾、诸罗、凤山三县康熙五十六年份旱灾额赋。 |
| 1718 | 康熙五十七年 | 二月,命原任四川提督康泰、广东提督王文雄赴色楞军前效力,以观后效。 |
| 1718 | 康熙五十七年 | 二月,朱天保案审结,朱天保、戴保即行正法。 |
| 1718 | 康熙五十七年 | 三月,处分保举山东、浙江正副主考官之侍郎王懿、常泰等,革职留任,永停升转。 |
| 1718 | 康熙五十七年 | 三月,编修储在文、张起麟、徐用锡等因有玷官声,照溺职例革职。 |
| 1718 | 康熙五十七年 | 三月,从浙抚朱轼之请,南新关、北新关交由杭州府捕盗同知管理。 |
| 1718 | 康熙五十七年 | 四月,始知拉藏汗身亡。 |
| 1718 | 康熙五十七年 | 四月,殿试策论试题:论边塞屯田之策。 |

| 公元 | 年号 | 大事记 |
|---|---|---|
| 1718 | 康熙五十七年 | 四月,赐贡士汪应铨等一百七十一人进士及第出身有差。 |
| 1718 | 康熙五十七年 | 四月,从两广总督杨琳之请,添置外洋战船和水师要汛兵丁。 |
| 1718 | 康熙五十七年 | 四月,亢珽案审结。 |
| 1718 | 康熙五十七年 | 四月十三日,康熙帝巡幸热河启程,皇三子胤祉等七皇子从行。 |
| 1718 | 康熙五十七年 | 四月,册封皇七子胤祐之母戴佳氏等为妃。 |
| 1718 | 康熙五十七年 | 四月,兰阳白莲教案审结。 |
| 1718 | 康熙五十七年 | 五月,从闽浙总督觉罗满保之请,在台湾增修炮台并设淡水营。 |
| 1718 | 康熙五十七年 | 五月,以河南地连六省,设满洲、蒙古城守尉于开封。 |
| 1718 | 康熙五十七年 | 五月,从两广总督杨琳之请,给予遭风漂泊而来之柔佛(今马来西亚)唎哈等五十三人内地船只,资送遣返柔佛难民。 |
| 1718 | 康熙五十七年 | 五月,都统法喇疏言,在西藏的准噶尔策凌敦多卜暗通里塘之喇嘛,故遣员外郎巴特麻前往抚绥。 |
| 1718 | 康熙五十七年 | 五月,大学士李光地卒,皇五子胤祺奉命祭奠。 |
| 1718 | 康熙五十七年 | 六月,遣翰林院检讨海宝、编修徐葆光出使琉球,祭其故王,册封尚敬为王。 |
| 1718 | 康熙五十七年 | 六月,以上海县地处冲要,原驻军守备不足弹压,将提标右营官兵移驻。 |
| 1718 | 康熙五十七年 | 六月,侍卫色楞奏,已从穆鲁斯味素进军征讨准噶尔。 |
| 1718 | 康熙五十七年 | 六月,四川巡抚年羹尧奏报,已遣护军统领温普率军赴里塘驻防。 |
| 1718 | 康熙五十七年 | 六月,从闽浙总督觉罗满保之请,将嘉兴府同知移驻乍浦,以资弹压。 |
| 1718 | 康熙五十七年 | 六月,黄淑璥奏参学政查嗣庭保奏疆吏张圣佐不当。 |
| 1718 | 康熙五十七年 | 七月,废皇太子胤礽福晋石氏卒,康熙帝命以超过亲王福晋之侍卫穿孝。 |
| 1718 | 康熙五十七年 | 七月,从闽浙总督觉罗满保之请,赴台商船须经厦门盘验护送,如系江南、浙江各省贸易者,唯在原处收税,厦门不再征收。 |
| 1718 | 康熙五十七年 | 七月,以查拿赌博为名,南阳镇标兵扣押知府沈渊。 |
| 1718 | 康熙五十七年 | 七月,从左都御史蔡升元之请,为康熙帝阅河工、察吏治、访民俗编纂《省方盛典》。 |
| 1718 | 康熙五十七年 | 八月,内务府司库保住等侵盗库银四万九千余两,斩监候。 |

| 公元 | 年号 | 大事记 |
|---|---|---|
| 1718 | 康熙五十七年 | 八月,从左都御史蔡升元之请,严五城兵马司奉行牌票之禁,各衙门不得擅行牌票,锁禁人犯。 |
| 1718 | 康熙五十七年 | 八月,仇机光棍案发。原任浙江黄岩革职总兵仇机,潜住京城,讹诈官民,照光棍为首例斩立决。 |
| 1718 | 康熙五十七年 | 闰八月,廷议在科布多筑城,令在彼处的员外郎保住会同振武将军傅尔丹等筹建。 |
| 1718 | 康熙五十七年 | 九月,添设蒙古旗员缺,御史二员,六部司官二十员。 |
| 1718 | 康熙五十七年 | 九月,嘉奖青海贝勒察汉丹津在人心疑惧之时请求来朝,晋封多罗郡王。 |
| 1718 | 康熙五十七年 | 九月,西安将军额伦特、侍卫色楞在喀喇乌苏对准噶尔作战中全军覆没,额伦特丧师战死。 |
| 1718 | 康熙五十七年 | 九月二十九日,康熙帝从热河回到北京。 |
| 1718 | 康熙五十七年 | 十月,命皇十四子、贝子胤禵出任抚远大将军,出师青海,征讨策妄阿拉布坦,用正黄旗之纛,确定分三批出军的时间及目的地。 |
| 1718 | 康熙五十七年 | 十月,赐殿试武举封荣九等一百一十人武进士及第出身有差。 |
| 1718 | 康熙五十七年 | 十日,以年羹尧办事明敏,特设四川总督,以其充任,统一蜀中军政事权,以利大军进藏。 |
| 1718 | 康熙五十七年 | 十月,命皇子接管旗务。以皇七子胤祐、皇十子胤䄉、皇十二子胤祹分别管理正蓝、正黄、正白三旗事务。 |
| 1718 | 康熙五十七年 | 十月,安南国王黎维裪遣使讣告故王黎维正之丧,并请袭封。 |
| 1718 | 康熙五十七年 | 十月,福建巡抚陈瑸卒,康熙帝以其为卓绝的清官,厚予恩恤。 |
| 1718 | 康熙五十七年 | 十一月,西征第一队出发,康熙帝诣堂子行礼。 |
| 1718 | 康熙五十七年 | 十一月,康熙帝谕令九卿科道书写密折,反映各地吏治民生。 |
| 1719 | 康熙五十七年 | 十二月,抚远大将军胤禵出征起程,康熙帝于太和殿亲颁敕印。 |
| 1719 | 康熙五十七年 | 十二月,胤禵疏参奉旨往军前运送大炮的副都统祖维新推诿不前,革退副都统,仍在军前效力。 |
| 1719 | 康熙五十七年 | 十二月,以孝惠章皇后神主升祔太庙礼成,颁诏天下,内有恩款十六条。 |
| 1719 | 康熙五十七年 | 十二月,康熙帝遵化祭陵。 |
| 1719 | 康熙五十七年 | 十二月,册封宣妃、和妃、成妃、定嫔、勤嫔。 |

中华传世藏书

大清十二帝

康熙帝玄烨

四三五

| 公元 | 年号 | 大事记 |
|---|---|---|
| 1718 | 康熙五十七年 | 岁计,人丁户口二千四百七十二万二千四百 二十四,永不加赋滋生人丁二十五万一千零二十五。 |
| 1718 | 康熙五十七年 | 本年,户部存银四千四百三十一万九千零三十三两。 |
| 1718 | 康熙五十七年 | 本年,《桃花扇》作者孔尚任卒。 |
| 1719 | 康熙五十八年 | 正月,康熙帝巡幸畿甸。 |
| 1719 | 康熙五十八年 | 二月,命内阁中书邓廷喆出使安南,谕祭故安南国王黎维正,并封嗣子黎维裪为国王。 |
| 1719 | 康熙五十八年 | 二月,《皇舆全览图》成。 |
| 1719 | 康熙五十八年 | 二月,大计天下官员。 |
| 1719 | 康熙五十八年 | 三月,停止户部、工部在京购买旧铜器供铸钱之用。 |
| 1719 | 康熙五十八年 | 三月,抚远大将军胤禵到达西宁,疏参料理西宁兵饷的侍郎色尔图、统军进藏的都统胡锡图失职。 |
| 1719 | 康熙五十八年 | 四月,胤禵疏言,西藏人与准噶尔并不一心。 |
| 1719 | 康熙五十八年 | 四月,康熙帝谕大学士等,谓其年老体衰仍勤理国政,诸臣应诚心办事,亦不必虚词歌颂皇上圣明。 |
| 1719 | 康熙五十八年 | 四月十一日,康熙帝巡幸塞外,皇三子胤祉等八皇子从行。 |
| 1719 | 康熙五十八年 | 四月,因中国所产皮货甚多,理藩院致函俄 国西伯利亚总督加加林,暂停俄商来京贸易。 |
| 1719 | 康熙五十八年 | 四月,驻锡青海古木布庙、清朝允准之胡必 尔汗格桑嘉措谕告藏民,准噶尔无道,皇帝派大将军征讨,藏民应当顺从。 |
| 1719 | 康熙五十八年 | 七月,山东巡抚李树德以二麦丰收进贡土产麦面,康熙帝顾虑各省仿效,却之。 |
| 1719 | 康熙五十八年 | 八月,哈尔金收受馈金案发。浙江巡抚朱轼疏参巡盐御史哈尔金额外加派,狎妓酗酒;刑部尚书张廷枢往审。 |
| 1719 | 康熙五十八年 | 八月,命兵部尚书范时崇往喀尔喀建筑莫代察罕搜尔、鄂尔齐图呆尔二城。 |
| 1719 | 康熙五十八年 | 九月,加恩浙江衢州西安县孔子嫡裔,岁科两试,每次额取两名,同于山东兖州曲阜孔裔之优待。 |
| 1719 | 康熙五十八年 | 九月,康熙帝宣布将于明年护送在青海的新达赖格桑嘉措往拉萨坐床,并令抚远大将军胤禵在蒙藏地区广为传布。 |

| 公元 | 年号 | 大事记 |
|---|---|---|
| 1719 | 康熙五十八年 | 十月初八日,康熙帝从热河抵京。 |
| 1719 | 康熙五十八年 | 十月,命蒙养斋修书处举人王兰生编修《正音韵图》。 |
| 1719 | 康熙五十八年 | 十月,黔抚黄国材案。贵州巡抚黄国材进京陛见,因接受布政使迟炘等赠送盘费银一万四千两,解任,迟炘降三级调用。 |
| 1719 | 康熙五十八年 | 十月,依据宋儒邵雍、二程后裔拥有世袭博士的原则,给予关羽后裔世袭博士。 |
| 1719 | 康熙五十八年 | 十一月,户部左侍郎署正蓝旗满洲副都统事务傅尔笏纳,以办理旗务迟延革职。 |
| 1719 | 康熙五十八年 | 十一月,福建烽火门把总郑禄带兵乘船赴澎 湖换防,遭风船沉炮失,刑部将其议处,康 熙帝以意外事件,宽免处分。 |
| 1719 | 康熙五十八年 | 十一月,江西秋闱士子一万二千余人,取九十名举人,巡抚白潢请求名额如同浙江、湖广,遂增至九十九名。 |
| 1719 | 康熙五十八年 | 十一月,琉球中山王尚敬遣使向秉乾、杨联桂进贡方物,宴赉如例。 |
| 1719 | 康熙五十八年 | 十一月,安徽凤阳知府案。安徽颍州知州王承勋状告凤阳知府蒋国正、布政使年希尧。 |
| 1720 | 康熙五十八年 | 十二月,盛京户部员外郎麻尔塞侵盗钱粮,斩监候。 |
| 1720 | 康熙五十八年 | 十二月,琉球贡使杨联桂病故于通州,予祭,置地营葬,立碑石。 |
| 1720 | 康熙五十八年 | 十二月,江西南昌总兵官陈赤奉旨调京陛见,始称旧疾复发,照渎职例降五级解任。 |
| 1720 | 康熙五十八年 | 十二月,定议明年派兵一万二千名护送新达赖进藏。 |
| 1719 | 康熙五十八年 | 本年,户部存银四千九百三十六万八千六百四十五两。 |
| 1719 | 康熙五十八年 | 本年,御定《骈字类编》修成。 |
| 1719 | 康熙五十八年 | 本年,御定《子史精华》修成。 |
| 1720 | 康熙五十九年 | 正月,康熙帝谕议政大臣,安藏大军,决宜前进。 |
| 1720 | 康熙五十九年 | 正月,诸王大臣以康熙帝御极六十年,奏请行庆贺典礼,不允。 |
| 1720 | 康熙五十九年 | 正月,命抚远大将军胤禵移驻穆鲁斯乌苏,管理进藏军务粮饷。 |
| 1720 | 康熙五十九年 | 正月,授都统延信平逆将军,进军西藏。 |
| 1720 | 康熙五十九年 | 二月,刑部制定再犯之盐枭发配边远地方条例。 |
| 1720 | 康熙五十九年 | 二月,康熙帝巡幸畿甸,皇三子胤祉等五皇子从行。 |
| 1720 | 康熙五十九年 | 二月,授护军统领噶尔弼为定西将军,统领云南、四川兵马进藏。 |

| 公元 | 年号 | 大事记 |
|---|---|---|
| 1720 | 康熙五十九年 | 二月,封新胡必尔汗格桑嘉措为第六世达赖 喇嘛(实系七世达赖),派满汉官兵送往西 藏,并命蒙古信众遣使会送。 |
| 1720 | 康熙五十九年 | 二月,从广西巡抚宜思恭之请,土司参加大计考核,然标准依土司定例。 |
| 1720 | 康熙五十九年 | 三月,靖逆将军富宁安、征西将军祁里德分别议请奔袭准噶尔境内,配合大军进藏。 |
| 1720 | 康熙五十九年 | 四月十二日,康熙帝巡幸塞外启程,皇三子胤祉等九皇子从行。 |
| 1720 | 康熙五十九年 | 四月,以赵申乔老病,复还原职,免其应赔 银两。 |
| 1720 | 康熙五十九年 | 五月,镶红旗副都统永泰私阅实录,革去副都统、佐领。 |
| 1720 | 康熙五十九年 | 六月,封皇二子胤礽女为郡主,婿为和硕额驸。 |
| 1720 | 康熙五十九年 | 六月,振武将军傅尔丹、征西将军祁里德之阿尔泰军出征准噶尔。 |
| 1720 | 康熙五十九年 | 六月,直隶保安、怀来等处地震,派员赈济。 |
| 1720 | 康熙五十九年 | 六月,禁止沿海各省出洋商船携带炮位军器。 |
| 1720 | 康熙五十九年 | 七月,因各省亏空钱粮甚多,户部议定杜绝亏空钱粮之法:州县随征随解,以免挪移;严禁知府徇隐,否则由其独自赔偿;严分赔之制。 |
| 1720 | 康熙五十九年 | 八月,从琉球国王之请,允其官生入国子监读书。 |
| 1720 | 康熙五十九年 | 八月,于七月出兵袭击准噶尔的靖逆将军富宁安疏报,擒敌二十余人,解往京城;军至乌鲁木齐。 |
| 1720 | 康熙五十九年 | 八月,奈曼达尔汉郡王垂忠于康熙帝行围时,私自逃回,革爵,拘禁京城。 |
| 1720 | 康熙五十九年 | 八月,征西将军祁里德奏报,出征军擒贼四百余人,宰桑色布腾率众二千余人来降。 |
| 1720 | 康熙五十九年 | 八月,从四川进藏的定西将军噶尔弼率部进入拉萨;从青海进军的平逆将军延信战败在藏的准噶尔主力大策凌敦多卜部众,使其残余逃回准噶尔本部。 |
| 1720 | 康熙五十九年 | 九月,延信率部送达赖七世格桑嘉措进入拉萨。 |
| 1720 | 康熙五十九年 | 九月,云贵总督蒋陈锡、云南巡抚甘国璧因运送进藏军粮不力,革职,自备口粮运米进藏,否则正法。 |
| 1720 | 康熙五十九年 | 九月,振武将军傅尔丹奏报,擒获宰桑贝肯等百余人。 |
| 1720 | 康熙五十九年 | 十月初十日,康熙帝自热河返抵北京。 |

| 公元 | 年号 | 大事记 |
|------|------|--------|
| 1720 | 康熙五十九年 | 十月，朝鲜国王李焞卒，告讣使至北京。 |
| 1720 | 康熙五十九年 | 十月，户部尚书赵申乔卒。 |
| 1720 | 康熙五十九年 | 十月，因陕西灾荒，遣官赈济；又因西北用兵，陕甘运粮劳苦，免其康熙六十年应征地丁银。 |
| 1720 | 康熙五十九年 | 十月，俄罗斯特使伊兹麦伊洛夫至京，请求恢复贸易，在京设立总领事馆。 |
| 1720 | 康熙五十九年 | 十月，命抚远大将军胤禵同诸将军会议明年用兵计划。 |
| 1720 | 康熙五十九年 | 十一月，派遣散秩大臣渣克童出使朝鲜，吊唁朝鲜故王，兼册封世子李昑为国王。 |
| 1720 | 康熙五十九年 | 十一月，因大军进藏，康熙帝命将川、藏、青边地备民族语言名称对照清楚。 |
| 1720 | 康熙五十九年 | 十二月，诸王大臣再次以皇上登基六十年请行庆贺礼，康熙帝以西北用兵，京北地震，陕西灾荒，不允。 |
| 1720 | 康熙五十九年 | 十二月，封诚亲王胤祉子弘晟、恒亲王胤祺子洪昇为世子，班次俸禄，照贝子品级。 |
| 1720 | 康熙五十九年 | 十二月，哲卜尊丹巴呼图克图来朝。 |
| 1720 | 康熙五十九年 | 本年，户部存银三千九百三十一万七千一百零三两。 |
| 1720 | 康熙五十九年 | 本年，罗马教廷使臣嘉乐来华，康熙帝会见他，令其带回除愿意留下的技艺人才外的所有传教士。 |
| 1721 | 康熙六十年 | 正月，定西将军噶尔弼、靖逆将军延信等军自藏回撤。 |
| 1721 | 康熙六十年 | 正月，因康熙帝御极六十年大庆，命皇四子胤禛等往祭盛京三陵。 |
| 1721 | 康熙六十年 | 正月，俄罗斯特使伊兹麦伊洛夫向康熙帝辞行，回赠沙皇以礼品。清朝予俄方一百张入境文书，每次不得超过二百人。 |
| 1721 | 康熙六十年 | 二月，山东巡抚李树德奏报，拿获称将军之私盐犯王美公等人。 |
| 1721 | 康熙六十年 | 二月，因登基六十年，康熙帝遵化谒陵告祭，皇三子胤祉等从行。 |
| 1721 | 康熙六十年 | 二月，授西藏第巴阿尔布巴、康济鼐贝子，第巴隆布奈辅国公，酬赏他们襄助平定准噶尔在藏势力之功。 |
| 1721 | 康熙六十年 | 二月，大学士王掞密奏请立皇太子。 |
| 1721 | 康熙六十年 | 三月，赐参与编订《周易折中》《性理精义》《朱子全书》的举人王兰生及留保进士。 |

| 公元 | 年号 | 大事记 |
|---|---|---|
| 1721 | 康熙六十年 | 三月,康熙六十年会试风波。命皇三子胤祉、皇四子胤禛等人磨勘会试原卷。 |
| 1721 | 康熙六十年 | 三月十八日,康熙帝不许万寿节行礼筵宴,却群臣上尊号之请。 |
| 1721 | 康熙六十年 | 三月,御史陶彝等十二人奏请册立皇太子,康熙帝以王掞及众御史意欲使胤礽复立,实系结党为乱,罚往军前效力。 |
| 1721 | 康熙六十年 | 三月,下第举子至会试副主考左副都御史李绂门前喧闹,命礼部、刑部严审。 |
| 1721 | 康熙六十年 | 四月,享太庙,遣诚亲王胤祉行礼。 |
| 1721 | 康熙六十年 | 四月,康熙六十年殿试策论,题以王师西征,命贡士献策。 |
| 1721 | 康熙六十年 | 四月,赐殿试贡士邓钟岳等一百六十三人进士及第出身有差。 |
| 1721 | 康熙六十年 | 四月,诏增订历代帝王庙崇祀之帝王,除无道被弑亡国之主皆可入庙。 |
| 1721 | 康熙六十年 | 四月,两江总督长鼐奏参提督赵珀案,命张鹏翮往审。 |
| 1721 | 康熙六十年 | 四月十六日,康熙帝巡幸塞外出发,皇三子胤祉等十一皇子从行。 |
| 1721 | 康熙六十年 | 四月,原命平逆将军延信统兵赴藏驻防,因病改派定西将军噶尔弼,其后噶尔弼在赴藏途中重病,未能到任;改用公策旺诺尔布。 |
| 1721 | 康熙六十年 | 四月,台湾朱一贵起事,称中兴王,杀总兵官欧阳凯。 |
| 1721 | 康熙六十年 | 五月,以将向乌鲁木齐进军,命胤禵移驻甘州,就近指挥。 |
| 1721 | 康熙六十年 | 五月,笔帖式聂文鋐叩阍,首告河道总督赵世显侵蚀帑银,命前往江南的张鹏翮审理。 |
| 1721 | 康熙六十年 | 五月,康熙帝从胤禵之议,取消今年攻取乌鲁木齐计划。 |
| 1721 | 康熙六十年 | 五月,四川总督年羹尧兼理川陕总督事,署参将岳钟琪晋升为四川提督。 |
| 1721 | 康熙六十年 | 六月,康熙帝亲书谕旨晓谕台湾民众。 |
| 1721 | 康熙六十年 | 六月,封延信为辅国公,酬其进藏之功,且为宗室之光。 |
| 1721 | 康熙六十年 | 六月,因福建需食湖广之米,严禁从江浙输出外洋。 |
| 1721 | 康熙六十年 | 六月,准左都御史朱轼赈济山西饥民之法,被参贪劣官员从宽留任,抚绥饥民。 |

| 公元 | 年号 | 大事记 |
|---|---|---|
| 1721 | 康熙六十年 | 闰六月,因陕西钱粮事繁,道员以下、知县以上官员遇有丁忧,即在任守制。 |
| 1721 | 康熙六十年 | 七月,广东设商籍,允许商人子弟就近考试,入学名额二十名。 |
| 1721 | 康熙六十年 | 七月,福建水师提督施世骠奏报朱一贵就擒,台湾平定,康熙帝庆幸海宇清宁,安排平定朱一贵的善后措施。 |
| 1721 | 康熙六十年 | 七月,将坚守营地之台湾淡水营守备陈策不秩晋升为台湾总兵官,加左都督衔。 |
| 1721 | 康熙六十年 | 七月,闽浙总督觉罗满保丁母忧,以台湾待经营,命在任守制。 |
| 1721 | 康熙六十年 | 七月,策妄阿拉布坦使人至俄国彼得堡,建议结成反清联盟,俄国要求准噶尔臣属于她,清朝获得讯息,向俄国提出抗议。 |
| 1721 | 康熙六十年 | 八月,因黄河、沁水决口,致使运河堤决,决策堵筑黄河决口,引沁水入运河,命副都御史牛纽、侍讲齐苏勒主其事。 |
| 1721 | 康熙六十年 | 八月,准噶尔兵犯吐鲁番,击败之。 |
| 1721 | 康熙六十年 | 九月,左都御史朱轼请在山西建立社仓,康熙帝知不可行,姑命其主其事,朱轼遂请求免其试行。 |
| 1721 | 康熙六十年 | 九月二十七日,康熙帝从热河回到京城。 |
| 1721 | 康熙六十年 | 九月,在拉萨建立平藏纪功碑,康熙帝御制碑文。 |
| 1721 | 康熙六十年 | 九月,福建巡抚吕犹龙疏参署理甘肃巡抚事花善,审理张丑故杀田三十六案失入,致使凶手减等发配福建,遂将花善降二级调用。 |
| 1721 | 康熙六十年 | 九月,暹罗贡使回船,带有一百多名内地民人,从广东巡抚杨宗仁处置出洋人员建议,准许放行。 |
| 1721 | 康熙六十年 | 十月,增设巡察台湾御史,使讯息直达中央。 |
| 1721 | 康熙六十年 | 十月,台湾遭飓风之灾,康熙帝命速行赈恤。 |
| 1721 | 康熙六十年 | 十月,召抚远大将军胤禵、将军祁里德等赴京,会议明年大举进兵事项。 |
| 1721 | 康熙六十年 | 十月,康熙帝示意臣工关照居官清正的熊赐履两个幼子,表示他对臣下的关怀。 |
| 1721 | 康熙六十年 | 十月,赐殿试武举林德镛等一百十人武进士及第出身有差。 |
| 1721 | 康熙六十年 | 十月,安南国王遣使胡丕绩表谢册封谕祭,并贡方物。 |
| 1721 | 康熙六十年 | 十月,琉球中山王遣使毛廷辅表贡方物。 |

| 公元 | 年号 | 大事记 |
|---|---|---|
| 1721 | 康熙六十年 | 十月,福建水师提督施世骠卒,康熙帝谓为将星陨落,特谕加宫保衔,赐恤,并传谕各督抚提镇知之。 |
| 1721 | 康熙六十年 | 十月,达赖喇嘛、班禅呼图克图遣使请安。 |
| 1721 | 康熙六十年 | 十一月,冬至,遣皇四子胤禛祀天于圜丘。 |
| 1721 | 康熙六十年 | 十一月,陕西官员幕客贪赃案。川陕总督年羹尧疏参西安知府徐容、凤翔知府甘文煊亏空银米,派朱轼会同年羹尧审理。 |
| 1721 | 康熙六十年 | 十一月,抚远大将军胤禵陛见。 |
| 1722 | 康熙六十年 | 十二月,奉旨参与堵塞黄河决口、引沁济运的吏部尚书张鹏翮疏言,不必引沁济运,从之。 |
| 1721 | 康熙六十年 | 本年,人丁户口二千四百九十一万八千三白五十九,永不加赋滋生人丁四十六万七千八 百五十。 |
| 1721 | 康熙六十年 | 本年,户部库存银三千二百六十二万二千四百二十一两。 |
| 1721 | 康熙六十年 | 本年,历算学家梅文鼎卒。 |
| 1722 | 康熙六十一年 | 正月,召六十五岁以上八旗文武大臣官员及致仕退斥人员六百八十人,宴于乾清宫前。 |
| 1722 | 康熙六十一年 | 正月,召六十五岁以上汉人文武大臣官员及致仕退斥人员三百四十人,宴于乾清宫前;御制七律一首,命与宴满汉大臣官员和诗纪 盛,名曰《千叟宴诗》。 |
| 1722 | 康熙六十一年 | 正月,通过哲卜尊丹巴派遣喇嘛,下书策妄阿拉布坦,谕其归顺。 |
| 1722 | 康熙六十一年 | 正月,康熙帝巡幸畿甸,皇三子胤祉、皇四子胤禛、皇十三子胤祥等十二皇子从行。 |
| 1722 | 康熙六十一年 | 正月,从闽浙总督觉罗满保之请,台湾道府厅县官三年期满,果于地方有益,照升衔再留三年升转。 |
| 1722 | 康熙六十一年 | 二月,大计天下官员,分别升赏处分。 |
| 1722 | 康熙六十一年 | 二月,朱一贵、李勇等以谋反律凌迟处死,五服内亲皆斩立决,投诚之杜君英等斩立决。 |
| 1722 | 康熙六十一年 | 二月,协理将军阿喇衲议奏对准噶尔用兵之策。朝廷定议,今年仍袭击乌鲁木齐。 |
| 1722 | 康熙六十一年 | 二月,朝鲜国王李昀因体弱无嗣,请以其弟李昑为世弟,从之。四月,遣使阿克顿往封。 |

| 公元 | 年号 | 大事记 |
|---|---|---|
| 1722 | 康熙六十一年 | 二月,松江提督赵珀、原任提督师懿德侵蚀钱粮,均革职。 |
| 1722 | 康熙六十一年 | 三月,在京城郑家庄建造王府及八旗住房,康熙帝谓拟令皇子往驻,实系让废皇太子胤礽前往。 |
| 1722 | 康熙六十一年 | 三月,康熙帝两次幸皇四子胤禛之圆明园,见其子弘历,甚喜,命养于宫中。 |
| 1722 | 康熙六十一年 | 三月,台湾淡水民人林亨等以"合心王"为标识图谋起事,事泄被杀。此外黄潜、郑仕分别聚众谋变,为官军捕杀。 |
| 1722 | 康熙六十一年 | 四月,达赖喇嘛、贝子阿尔布巴、公隆布奈使人进贡。 |
| 1722 | 康熙六十一年 | 四月,从福建水师提督姚堂之议,台湾总兵官仍驻台湾,澎湖驻副将。 |
| 1722 | 康熙六十一年 | 四月十三日,康熙帝巡幸塞外启程,皇三子胤祉、皇四子胤禛等十一皇子从行。 |
| 1722 | 康熙六十一年 | 四月,抚远大将军胤禵离京赴军前。 |
| 1722 | 康熙六十一年 | 四月,暹罗国王遣使进贡。 |
| 1722 | 康熙六十一年 | 四月,为攒钱进京请愿事,福建驻防旗兵闹事,王殿吉等喧闹于将军黄秉钺衙前。 |
| 1722 | 康熙六十一年 | 五月,靖逆将军富宁安疏报西北两路军力军粮,在巴尔库尔、吐鲁番等处兵丁及随从夫役为三万三千余名,另有从阿尔泰遣来之官军及夫役为二万五千人。 |
| 1722 | 康熙六十一年 | 五月,康熙帝幸皇三子胤祉花园。 |
| 1722 | 康熙六十一年 | 六月,命总督鄂海管理吐鲁番屯田事务。 |
| 1722 | 康熙六十一年 | 七月,撤回西藏驻军之议。议定随定西将军噶尔弼进藏人员分别效力轻重议叙办法。 |
| 1722 | 康熙六十一年 | 八月,已故提督蓝理贪赃案审结,罚入旗籍之妻子放回原籍。 |
| 1722 | 康熙六十一年 | 九月,旌表福建烈女,闽县周泽聘妻汤氏,台渣陈越琪聘黄氏,给银建坊。 |
| 1722 | 康熙六十一年 | 九月,陕西督抚密请以火耗弥补各官之亏空,康熙帝宣示不许。 |
| 1722 | 康熙六十一年 | 九月二十八日,康熙帝由热河行宫返抵京城。 |
| 1722 | 康熙六十一年 | 九月,学者何焯卒。 |
| 1722 | 康熙六十一年 | 十月,命皇四子雍亲王胤禛率领理藩院尚书隆科多等清厘京仓、通仓。 |

| 公元 | 年号 | 大事记 |
|------|------|--------|
| 1722 | 康熙六十一年 | 十月二十一日,康熙帝南苑行围。 |
| 1722 | 康熙六十一年 | 十月,大学士等以来年皇上七旬大寿,公请详议庆典,康熙帝以无益却之。 |
| 1722 | 康熙六十一年 | 十一月初七日,康熙帝不豫,回驻畅春园。 |
| 1722 | 康熙六十一年 | 十一月初七日,以皇十二子、贝子胤裪为镶黄旗满洲都统,镇国公吴尔占为镶白旗满洲都统。 |
| 1722 | 康熙六十一年 | 十一月初八日,康熙帝传旨,偶患风寒,初十日至十五日静养斋戒,不收奏章。 |
| 1722 | 康熙六十一年 | 十一月初九日,康熙帝因病命雍亲王胤禛代行冬至祭天礼,先往斋所斋戒。 |
| 1722 | 康熙六十一年 | 十一月十二日,康熙帝传谕,朕体稍豫。 |
| 1722 | 康熙六十一年 | 十一月十三日丑刻,康熙帝以病危,召雍亲王胤禛至畅春园,命镇国公吴尔占代行祭天礼。 |
| 1722 | 康熙六十一年 | 十一月十三日戌刻,康熙帝驾崩,享年六十九岁;皇四子雍亲王胤禛嗣位。 |
| 1722 | 康熙六十一年 | 十一月二十四日,总理事务王大臣拟制康熙帝尊谥、庙号,雍正元年二月上谥号"合天弘运文武睿哲恭俭宽裕孝敬诚信功德大成仁皇帝",庙号"圣祖"。九月安葬康熙帝于遵化,陵名"景陵"。雍正帝将康熙帝幼年居住之所改定为福佑寺。 |